THIAGO MARRARA

VOLUME 4

2025

MANUAL DE DIREITO ADMINISTRATIVO

CONTROLES, RESPONSABILIDADES, SANÇÕES E ACORDOS

EDITORA FOCO

Dados Internacionais de Catalogação na Publicação (CIP) de acordo com ISBD

M358m   Marrara, Thiago
      Manual de direito administrativo: controles, responsabilidades, sanções e acordos / Thiago Marrara. - Indaiatuba, SP : Editora Foco, 2025.

      424 p. ; 17cm x 24cm. – (Manual de Direito Administrativo ; v.4)

      Inclui bibliografia e índice.

      ISBN: 978-65-6120-389-0

      1. Direito. 2. Direito administrativo. I. Título. II. Série.

2025-790   CDD 341.3   CDU 342.9

Elaborado por Odilio Hilario Moreira Junior - CRB-8/9949

Índices para Catálogo Sistemático:

    1. Direito Administrativo 341.3

    2. Direito Administrativo 342.9

THIAGO MARRARA

VOLUME 4

MANUAL DE DIREITO ADMINISTRATIVO

CONTROLES, RESPONSABILIDADES, SANÇÕES E ACORDOS

2025 © Editora Foco
Autor: Thiago Marrara
Diretor Acadêmico: Leonardo Pereira
Editor: Roberta Densa
Coordenadora Editorial: Paula Morishita
Revisora Sênior: Georgia Renata Dias
Revisora Júnior: Adriana Souza Lima
Capa Criação: Leonardo Hermano
Diagramação: Ladislau Lima e Aparecida Lima
Impressão miolo e capa: FORMA CERTA

DIREITOS AUTORAIS: É proibida a reprodução parcial ou total desta publicação, por qualquer forma ou meio, sem a prévia autorização da Editora FOCO, com exceção do teor das questões de concursos públicos que, por serem atos oficiais, não são protegidas como Direitos Autorais, na forma do Artigo 8º, IV, da Lei 9.610/1998. Referida vedação se estende às características gráficas da obra e sua editoração. A punição para a violação dos Direitos Autorais é crime previsto no Artigo 184 do Código Penal e as sanções civis às violações dos Direitos Autorais estão previstas nos Artigos 101 a 110 da Lei 9.610/1998. Os comentários das questões são de responsabilidade dos autores.

NOTAS DA EDITORA:

Atualizações e erratas: A presente obra é vendida como está, atualizada até a data do seu fechamento, informação que consta na página II do livro. Havendo a publicação de legislação de suma relevância, a editora, de forma discricionária, se empenhará em disponibilizar atualização futura.

Erratas: A Editora se compromete a disponibilizar no site www.editorafoco.com.br, na seção Atualizações, eventuais erratas por razões de erros técnicos ou de conteúdo. Solicitamos, outrossim, que o leitor faça a gentileza de colaborar com a perfeição da obra, comunicando eventual erro encontrado por meio de mensagem para contato@editorafoco.com.br. O acesso será disponibilizado durante a vigência da edição da obra.

Impresso no Brasil (2.2025) – Data de Fechamento (2.2025)

2025
Todos os direitos reservados à
Editora Foco Jurídico Ltda.
Rua Antonio Brunetti, 593 – Jd. Morada do Sol
CEP 13348-533 – Indaiatuba – SP

E-mail: contato@editorafoco.com.br
www.editorafoco.com.br

SOBRE O AUTOR

Professor de direito administrativo e urbanístico da USP (FDRP). Livre-docente pela USP (FD). Doutor pela Universidade de Munique (LMU). Advogado, consultor, parecerista e árbitro nas áreas de direito administrativo, regulatório e de infraestruturas. Editor da Revista Digital de Direito Administrativo. Entre outras obras, publicou: "Licitações e contratos administrativos"; "tratado de direito administrativo, v. 3: direito administrativo dos bens e restrições estatais à propriedade" (em coautoria com Luciano Ferraz, pela Revista dos Tribunais); "Sistema Brasileiro de Defesa da Concorrência", "Planungsrechtliche Konflikte in Bundesstaaten" (Dr. Kovac, Hamburgo); "Processo Administrativo: Lei n. 9.784/1999 comentada" (em coautoria com Irene Nohara); "Bens públicos, domínio urbano, infraestruturas"; "Direito Administrativo: transformações e tendências"; "Controles da Administração e judicialização de políticas públicas" e "Lei Anticorrupção comentada" (organizada em conjunto com Maria Sylvia Zanella Di Pietro). Encontre mais sobre o autor no LinkedIn, no Instagram e no Youtube. Artigos e outras obras disponíveis em https://usp-br.academia.edu/ThiagoMarraradeMatos. Contato: marrara@usp.br

https://www.youtube.com/channel/UClBRr7PF8ISJbu3yp8ylhoA

Esse livro é dedicado a todos os meus alunos e alunas, com os quais diariamente sou levado a repensar o direito administrativo brasileiro. Dedico, com igual alegria, aos meus professores de direito administrativo, com especial carinho à Maria Sylvia Zanella Di Pietro, pelo estímulo e pelos ensinamentos de sempre.

Meus agradecimentos a Gabrielly Verçosa, Kelly Canedo e Paulo Macera, que leram os originais deste volume, auxiliaram em revisões e fizeram comentários para o aprimoramento do texto.

ABREVIATURAS E SIGLAS

ACP – Ação Civil Pública

ADC – Ação Declaratória de Constitucionalidade

ADI – Ação Direta de Inconstitucionalidade

ADO – Ação de Inconstitucionalidade por Omissão

ADPF – Arguição de Descumprimento de Preceito Fundamental

AgRg – Agravo Regimental

ANA – Agência Nacional de Águas

ANAC – Agência Nacional de Aviação Civil

ANATEL – Agência Nacional de Telecomunicações

ANCINE – Agência Nacional do Cinema

ANEEL – Agência Nacional de Energia Elétrica

ANP – Agência Nacional do Petróleo, Gás Natural e Biocombustíveis

ANPD – Autoridade Nacional de Proteção de Dados

ANS – Agência Nacional de Saúde Suplementar

ANTAQ – Agência Nacional de Transportes Aquaviários

ANVISA – Agência Nacional de Vigilância Sanitária

ANM – Agência Nacional de Mineração

AP – Ação Popular

BACEN – Banco Central

CADE – Conselho Administrativo de Defesa Econômica

CC – Código Civil

CCE – Cargos Comissionados Executivos

CDC – Código de Defesa do Consumidor – Lei n. 8.078/1990

CDUSP – Código de Defesa do Usuário de Serviços Públicos – Lei n. 13.460/2017

CE – Constituição Estadual

CF – Constituição Federal

CLT – Consolidação das Leis do Trabalho

CNJ – Conselho Nacional de Justiça

CNMP – Conselho Nacional do Ministério Público

CP – Código Penal
CPC – Código de Processo Civil
CPI – Comissão Parlamentar de Inquérito
CPP – Código de Processo Penal
CR – Constituição da República
CVM – Comissão de Valores Mobiliários
DNIT – Departamento Nacional de Infraestrutura de Transportes
EC – Emenda Constitucional
ECid – Estatuto da Cidade – Lei n. 10.257/2001
EEE – Estatuto das Empresas Estatais – Lei n. 13.303/2016
EP – Empresa pública
FCE – Funções Comissionadas Executivas
FNDE – Fundo Nacional de Desenvolvimento da Educação
FUNAI – Fundação Nacional do Índio
IBGE – Instituto Brasileiro de Geografia e Estatística
INMETRO – Instituto Nacional de Metrologia, Qualidade e Tecnologia
IPEA – Instituto de Pesquisa Econômica Aplicada
IPHAN – Instituto do Patrimônio Histórico e Artístico Nacional
LACP – Lei da Ação Civil Pública – Lei n. 7.347/1985
LAI – Lei de Acesso à Informação – Lei n. 12.527/2011
LGD – Lei de Governo Digital – Lei n. 14.129/2021
LGPD – Lei Geral de Proteção de Dados Pessoais – Lei n. 13.709/2018
LINDB – Lei de Introdução às Normas do Direito Brasileiro – Decreto-Lei n. 4.657/1942
LLE – Lei de Liberdade Econômica – Lei n. 13.874/2019
LLic – Lei de Licitações – Lei n. 14.133/2021
LMS – Lei do Mandado de Segurança – Lei n. 12.016/2009
LOM – Lei Orgânica Municipal
LPA – Lei de Processo Administrativo Federal – Lei n. 9.784/1999
LRF – Lei de Responsabilidade Fiscal – Lei Complementar n. 101/2000
MC – Medida Cautelar
MI – Mandado de Injunção
MP – Ministério Público
MPE – Ministério Público Estadual
MPF – Ministério Público Federal

MPV – Medida Provisória
MS – Mandado de Segurança
OS – Organização Social
OSC – Organização da Sociedade Civil
OSCIP – Organização da Sociedade Civil de Interesse Público
PL – Projeto de Lei
PNCP – Portal Nacional de Contratações Públicas
RAP – Revista de Administração Pública
RBDP – Revista Brasileira de Direito Público
RDA – Revista de Direito Administrativo (FGV)
RDDA – Revista Digital de Direito Administrativo (USP/FDRP)
RDPE – Revista de Direito Público da Economia
RE – Recurso Extraordinário
REsp – Recurso Especial
RFDUSP – Revista da Faculdade de Direito da USP
RGPS – Regime Geral da Previdência Social
RIL – Revista de Informação Legislativa do Senado
RPPS – Regime Próprio da Previdência Social
RSP – Revista do Serviço Público
s.p. – sem número de página
SEBRAE – Serviço de Apoio às Micro e Pequenas Empresas
SEM – Sociedade de Economia Mista
SENAC – Serviço Social de Aprendizagem Comercial
SENACON – Secretaria Nacional do Consumidor
SENAI – Serviço Nacional de Aprendizagem Industrial
SENAR – Serviço Nacional de Aprendizagem Rural
SENAT – Serviço Nacional de Aprendizagem do Transporte
SESC – Serviço Social do Comércio
SESI – Serviço Social da Indústria
SEST – Serviço Social de Transporte
ss. – seguintes
STF – Supremo Tribunal Federal
STJ – Superior Tribunal de Justiça
TCE – Tribunal de Contas do Estado

TCM – Tribunal de Contas do Município
TCU – Tribunal de Contas da União
TDA – Títulos da Dívida Agrária
TJ – Tribunal de Justiça
TRF – Tribunal Regional Federal
UFBA – Universidade Federal da Bahia
UFRJ – Universidade Federal do Rio de Janeiro
UFSC – Universidade Federal de Santa Catarina
USP – Universidade de São Paulo

APRESENTAÇÃO E INSTRUÇÕES DE ESTUDO

A função precípua de um manual consiste em oferecer aos leitores, de modo rápido, claro e direto, os fundamentos, os conceitos e um panorama da legislação e da jurisprudência de certa disciplina científica. Não é outra a finalidade desta obra, que busca apresentar ao leitor o conteúdo essencial acerca dos tópicos nucleares do direito administrativo brasileiro contemporâneo. Como manual, não é seu foco aprofundar excessivamente os temas, esgotar todas as discussões, nem valorizar análises históricas ou de comparação do direito pátrio com o direito estrangeiro. Com ele se objetiva somente traçar as estruturas do direito administrativo *brasileiro contemporâneo*. Isso abarca: seus conceitos fundamentais; suas fontes, princípios e a teoria da discricionariedade; a organização da Administração Pública e dos entes de colaboração; os agentes públicos; as funções administrativas (serviço público, intervenção econômica, regulação, polícia etc.); os atos, contratos e processos administrativos, inclusive as licitações; os bens estatais públicos e privados; o controle da Administração e a responsabilidade dos entes estatais, seus agentes e terceiros que com eles se relacionem.

Ao longo da exposição, apontam-se os aspectos primordiais das temáticas mencionadas e que conformam uma matéria jurídica bastante complexa. Nessa análise, são levadas em conta "leis *nacionais*" (válidas para todos os três entes políticos da Federação) e "leis *federais*" (relativas à Administração Pública da União). É verdade que também há um direito administrativo estadual e municipal, mas não é possível nem oportuno sistematizá-lo em obra geral e introdutória, daí porque o direito administrativo brasileiro é geralmente exposto pela doutrina aos iniciantes com base na legislação editada pelo Congresso Nacional e na realidade da União.

Ao expor os principais capítulos da matéria, seus conceitos fulcrais e leis de referência, este manual aponta algumas questões polêmicas de cada tema, acompanhadas de posicionamentos doutrinários e jurisprudenciais, quando cabíveis. Para permitir o aprofundamento da matéria e de seus problemas mais complexos, pareceu-me relevante indicar ao final de cada capítulo uma lista de obras doutrinárias nacionais sobre os temas nele tratados. Diversos julgados e súmulas também constam diretamente do texto. Aos interessados em examinar com mais detalhes a jurisprudência sugiro a consulta às páginas eletrônicas do Supremo Tribunal Federal, do Superior Tribunal de Justiça, dos Tribunais de Justiça dos Estados e dos Tribunais Regionais Federais. Para obter informações atualizadas sobre a jurisprudência mais significante, recomendo ainda a leitura dos informativos publicados por vários tribunais, principalmente os do STF e do STJ. A consideração dos informativos é essencial tanto para fins de preparação a concursos públicos, quanto para o acompanhamento das principais tendências de interpretação do direito positivo.

Igualmente imprescindível para o estudo do direito administrativo se mostra a jurisprudência de entidades e órgãos públicos diversos (não judiciários), cuja quantidade impede aqui uma enumeração exaustiva. No estudo da jurisprudência administrativa, convém consultar as páginas eletrônicas do governo. Dentre elas, merece destaque a da Rede de Informações Legislativa e Jurídica (www.lexml.gov.br). Outra fonte relevante de decisões para inúmeros temas da disciplina são os Tribunais de Contas, principalmente o da União, e as agências reguladoras.

Para imprimir mais eficiência e segurança aos estudos do direito administrativo apresentado neste manual, sugiro ainda que os leitores se dediquem simultaneamente ao exame da legislação. No entanto, inexiste um código geral de direito administrativo, como no direito civil, penal, processual civil etc., senão dezenas de leis e diversos códigos setoriais (sobre mineração, águas, florestas...). Diante dessa legislação vastíssima e fragmentada, o manuseio de coletâneas de legislação organizadas revela-se como solução bastante útil a facilitar a compreensão da matéria. Porém, como as leis são muitas e sofrem constantes alterações, o uso das coletâneas deve ser combinado com a consulta frequente às bases de dados oficiais de legislação, sobretudo às páginas eletrônicas do Senado e da Presidência da República.

SUMÁRIO

SOBRE O AUTOR V

ABREVIATURAS E SIGLAS IX

APRESENTAÇÃO E INSTRUÇÕES DE ESTUDO XIII

23. CONTROLES DA ADMINISTRAÇÃO 1
    23.1 Introdução, definição e classificação 1
        23.1.1 Controle: definição e relevância 1
        23.1.2 O "ciclo do controle" e suas etapas 2
        23.1.3 Classificações do controle 3
        23.1.4 Controle prévio, concomitante e posterior 5
        23.1.5 Controle pelo critério material 8
        23.1.6 Controle pelo critério subjetivo ativo 11
        23.1.7 Controle pelo critério subjetivo passivo 12
        23.1.8 Controle interno e externo 12
    23.2 Controle administrativo 15
        23.2.1 Definição e distinções 15
        23.2.2 Controle administrativo interno na Constituição 16
        23.2.3 Três formas do controle administrativo interno 17
        23.2.4 Controladorias, corregedorias e ouvidorias 20
        23.2.5 Controladoria Geral da União (CGU) 22
        23.2.6 Controle administrativo externo e híbrido 23
        23.2.7 Controles híbridos: CNJ e CNMP 24
    23.3 Desafios do sistema de controle administrativo 27
        23.3.1 Baixa profissionalização 27
        23.3.2 Proximidade entre os atores 28
        23.3.3 Corporativismo e clientelismo 30
        23.3.4 Deficiências do sistema repressivo 31

	23.3.5	Custos do controle	33
	23.3.6	Controle e Governo Digital (LGD)	34
23.4	Controle da Administração pelo Legislativo		35
	23.4.1	Classificação e fundamentos	35
	23.4.2	Controle legislativo direto e seus instrumentos	37
	23.4.3	Comissões e CPI	39
	23.4.4	Crimes de responsabilidade	39
	23.4.5	Tribunais de Contas	41
23.5	Controle da Administração pelo Judiciário		44
	23.5.1	Fundamentos e esgotamento de instâncias	44
	23.5.2	Esgotamento de instâncias administrativas	46
	23.5.3	Panorama dos instrumentos de controle judicial	46
	23.5.4	Mandado de segurança	47
	23.5.5	Mandado de injunção	51
	23.5.6	*Habeas data*	54
	23.5.7	*Habeas corpus*	55
	23.5.8	Ação popular	57
	23.5.9	Ação civil pública	59
23.6	Controle da Administração por MASC		62
	23.6.1	Definição e fundamentos	62
	23.6.2	Vantagens potenciais	63
	23.6.3	Conciliação, mediação e outros meios	64
	23.6.4	Comitê de resolução de disputas	66
	23.6.5	Arbitragem: aspectos gerais	69
	23.6.6	Avanço legislativo da arbitragem	71
	23.6.7	Peculiaridades da arbitragem na Administração	72
23.7	Controle social da Administração		76
	23.7.1	Definição e fundamentos	76
	23.7.2	Controle social por peticionamento	78
	23.7.3	Delação por terceiros ("whistleblowing")	80
	23.7.4	Controle por participação popular	82
23.8	Súmulas		84
23.9	Referências para aprofundamento		88

24. RESPONSABILIDADE ADMINISTRATIVA 93

24.1 Introdução à teoria geral da responsabilidade 93

    24.1.1 Sobre o conceito de responsabilidade... 93

    24.1.2 Esferas, sistemas híbridos e subsistemas de responsabilidade.......... 94

    24.1.3 As responsabilidades no direito administrativo 97

24.2 Responsabilidade administrativa: linhas gerais e subsistemas....................... 98

    24.2.1 Direito administrativo sancionador ou responsabilidade administrativa... 98

    24.2.2 Subsistemas de responsabilidade administrativa 99

    24.2.3 Expansão da responsabilidade administrativa.................................... 100

    24.2.4 Princípios e elementos estruturantes da responsabilidade administrativa... 104

24.3 Princípios e regras gerais em espécie 105

    24.3.1 Reserva legal mitigada e segurança jurídica 105

    24.3.2 Tipicidade e princípio da insignificância... 109

    24.3.3 Anterioridade e proibição da retroatividade 110

    24.3.4 Interpretação restritiva e proibição de analogia prejudicial.............. 112

    24.3.5 Presunção de inocência... 114

    24.3.6 Razoabilidade punitiva e vedação do *bis in idem* 116

    24.3.7 Individualização das sanções 119

    24.3.8 Intranscendência relativa.. 120

24.4 Infração, infrator e responsável 121

    24.4.1 Infração administrativa: definição e classificação............................. 121

    24.4.2 O infrator e o responsável (indireto, solidário ou subsidiário) 123

    24.4.3 Coautoria nas infrações administrativas.. 124

24.5 Sanção administrativa 126

    24.5.1 A sanção e sua relação com a infração.. 126

    24.5.2 Funções da sanção e parâmetros de aplicação................................... 127

    24.5.3 Classificações das sanções administrativas....................................... 129

    24.5.4 As multas administrativas... 130

    24.5.5 Sanções de fazer, sanções suspensivas e extintivas.......................... 131

    24.5.6 Dosimetria e cumulação de sanções 132

24.6 Processualidade da responsabilidade administrativa 135

24.6.1	Elementos básicos da processualidade	135
24.6.2	Fiscalização, denúncias e procedimento preparatório	136
24.6.3	Devido processo administrativo sancionador	138
24.6.4	Medidas cautelares e verdade sabida	139
24.6.5	Abertura e instrução	141
24.6.6	Julgamento: absolvição e condenação	142
24.6.7	Recursos, revisão e reformatio *in pejus*	144
24.6.8	Comunicabilidade entre responsabilidades administrativa, penal e civil	146
24.7	Acordos na responsabilidade administrativa	149
24.7.1	Consensualização da responsabilidade administrativa	149
24.7.2	Acordos integrativos e substitutivos	151
24.7.3	Características dos acordos na responsabilização	153
24.7.4	Fases básicas dos acordos	155
24.8	Ajustamentos de conduta ou de efeitos nocivos	156
24.8.1	Definição e fundamentos (art. 26 da LINDB)	156
24.8.2	Requisitos finalísticos	157
24.8.3	Requisitos materiais	159
24.8.4	Requisitos formais	161
24.9	Acordos de leniência	162
24.9.1	Definição e função	162
24.9.2	Premissas para o sucesso da leniência	165
24.9.3	Classificação da leniência	166
24.9.4	Comparativo das modalidades de leniência	167
24.10	Súmulas	171
24.11	Bibliografia para aprofundamento	172
25. RESPONSABILIDADE DISCIPLINAR		**177**
25.1	Introdução	177
25.1.1	Responsabilidade disciplinar	177
25.1.2	Características do subsistema disciplinar	179
25.2	Sujeitos do subsistema disciplinar	181

	25.2.1	Objeto tutelado e sujeito passivo	181
	25.2.2	Sujeito ativo: usuário de serviço público	182
	25.2.3	Sujeito ativo: agentes públicos	182
25.3	Infrações disciplinares dos agentes públicos		184
	25.3.1	Violação de deveres funcionais	184
	25.3.2	Violação de proibições funcionais	186
	25.3.3	O elemento volitivo: culpa ou erro grosseiro?	187
25.4	Sanções disciplinares dos agentes públicos		188
	25.4.1	Panorama das sanções e competências	188
	25.4.2	Advertência, suspensão, conversão em multa	189
	25.4.3	A demissão do agente público	190
	25.4.4	Destituição de cargo em comissão ou de função comissionada	192
	25.4.5	Proibição de nova investidura pelo demitido ou destituído	193
	25.4.6	Cassação de aposentadoria ou de disponibilidade e aposentadoria compulsória	194
	25.4.7	Dosimetria das sanções, cumulação e *bis in idem*	196
25.5	Processos e acordos disciplinares		198
	25.5.1	Panorama processual e defesa técnica	198
	25.5.2	Denúncia, anonimato e proteção de denunciante	200
	25.5.3	Sindicância investigativa ou punitiva	202
	25.5.4	PAD sumário: abandono, inassiduidade e acumulação ilegal	204
	25.5.5	PAD ordinário: instauração, comissão processante e suas formas	205
	25.5.6	Proibições de desligamento e cautelar de afastamento preventivo	209
	25.5.7	PAD ordinário: inquérito (provas, defesa e relatório)	210
	25.5.8	PAD ordinário: julgamento e recursos	212
	25.5.9	Decadência do poder punitivo e prescrição	214
	25.5.10	Revisão, invalidação e cancelamento de sanções disciplinares	216
	25.5.11	Comunicabilidade: processos disciplinar, penal e civil	219
	25.5.12	Acordos administrativos no campo disciplinar	221
25.6	Súmulas		223
25.7	Bibliografia para aprofundamento		224

26. RESPONSABILIDADE POR IMPROBIDADE 227
    26.1   Introdução 227
            26.1.1   Fundamentos constitucionais 227
            26.1.2   LIA – Lei de Improbidade Administrativa 228
    26.2   Sujeitos e modos de responsabilização 229
            26.2.1   Sujeitos passivos e legitimados para ação 229
            26.2.2   Sujeitos ativos 231
            26.2.3   Improbidade, agentes políticos e partidos 232
            26.2.4   Responsabilidade direta e indireta 234
    26.3   As infrações de improbidade 234
            26.3.1   Atos de improbidade: características principais 234
            26.3.2   Improbidade por enriquecimento ilícito 236
            26.3.3   Improbidade por lesão ao erário 237
            26.3.4   Improbidade por violação de princípios 239
            26.3.5   Tipos especiais de improbidade 242
    26.4   As sanções por improbidade 243
            26.4.1   Sanções na LIA: aspectos gerais 243
            26.4.2   Sanções em espécie e dosimetria 245
            26.4.3   Perda da função pública 248
            26.4.4   Suspensão dos direitos políticos 250
            26.4.5   Proibição de contratar 251
            26.4.6   Multa e perda de bens ou valores 255
            26.4.7   Reparação de danos 256
            26.4.8   Sanções da LIA e da Lei Anticorrupção 259
    26.5   Processos e acordos 260
            26.5.1   Notícia de fato e representação 260
            26.5.2   Apuração em processo administrativo 262
            26.5.3   Influência do processo administrativo sobre o judicial ... 264
            26.5.4   Inquérito civil no Ministério Público 264
            26.5.5   Indisponibilidade de bens 267
            26.5.6   Afastamento temporário do acusado 269
            26.5.7   A ação de improbidade 270

		26.5.8	Prescrição..	273
		26.5.9	Acordo de não persecução civil (ANPC).......................................	276
	26.6	Súmulas...		280
	26.7	Bibliografia para aprofundamento..		281

27. RESPONSABILIDADE POR CORRUPÇÃO..				285
	27.1	Introdução...		285
		27.1.1	Definição e tratamento penal da corrupção..................................	285
		27.1.2	Combate à corrupção na esfera internacional..............................	287
		27.1.3	A Lei Anticorrupção brasileira...	288
		27.1.4	Relações entre a LAC, LAI, LLic e LDC.......................................	289
	27.2	Sujeitos e modos de responsabilização da LAC...................................		291
		27.2.1	Sujeito passivo..	291
		27.2.2	Sujeito ativo (infrator)..	292
		27.2.3	Responsabilidade indireta e desconsideração da personalidade jurídica..	295
	27.3	As infrações de corrupção..		296
		27.3.1	Características gerais da infração...	296
		27.3.2	Ato de corrupção em espécie..	298
	27.4	As sanções por corrupção...		301
		27.4.1	A dualidade repressiva...	301
		27.4.2	Sanções administrativas...	302
		27.4.3	Sanções judiciais...	304
		27.4.4	Critérios de dosimetria...	306
		27.4.5	Cadastros nacionais: CNEP e CEIS...	307
	27.5	Aspectos processuais..		308
		27.5.1	Processo administrativo de responsabilização (PAR)...................	308
		27.5.2	Processo judicial e cautelares...	312
		27.5.3	Prescrição..	313
	27.6	Programa de leniência..		314
		27.6.1	Definição...	314
		27.6.2	Natureza e finalidade da leniência...	314
		27.6.3	Proposta e memorando de entendimentos..................................	315

	27.6.4	Negociação do acordo	317
	27.6.5	Reparação de danos em leniência	318
	27.6.6	Discricionariedade de celebração e proposta frustrada	319
	27.6.7	Competências para celebração	320
	27.6.8	Requisitos de celebração	322
	27.6.9	Consequências da celebração	325
	27.6.10	Modificação do acordo	326
	27.6.11	Execução e fiscalização	327
	27.6.12	Descumprimento das obrigações	328
	27.6.13	Cumprimento do acordo e benefícios	329
	27.6.14	Benefícios para grupos econômicos	332
27.7	Súmula		333
27.8	Bibliografia para aprofundamento		333

28. RESPONSABILIDADE CIVIL EXTRACONTRATUAL 337

28.1	Fundamentos gerais		337
	28.1.1	Responsabilidade civil contratual e extracontratual	337
	28.1.2	Peculiaridades da responsabilidade civil extracontratual	339
	28.1.3	A reparação civil: restituição ou indenização	340
	28.1.4	Modelos de responsabilidade civil extracontratual do Estado	341
28.2	A legislação brasileira		344
	28.2.1	Evolução do direito brasileiro	344
	28.2.2	Art. 37, § 6º, da CF: três normas gerais	346
	28.2.3	Art. 43 do CC e suas deficiências	349
	28.2.4	Art. 28 da LINDB e limites da responsabilidade do agente	350
	28.2.5	Responsabilidade integral: casos excepcionais	352
	28.2.6	Elementos da responsabilidade civil extracontratual	354
28.3	O comportamento danoso		355
	28.3.1	A definição de "comportamento"	355
	28.3.2	Espécies de comportamentos estatais danosos	357
	28.3.3	Funções privadas desempenhadas pelo Estado	358
	28.3.4	Funções públicas por particulares e responsabilidade do Estado	359

	28.3.5	Responsabilidade por atividades lícitas	361
	28.3.6	Responsabilidade do Estado por omissão	363
28.4	O comportamento do agente público		365
	28.4.1	Conduta humana e responsabilidade da pessoa jurídica	365
	28.4.2	Conduta humana e responsabilidade do agente	366
	28.4.3	Dolo ou intenção	367
	28.4.4	Culpa e erro grosseiro	368
	28.4.5	Espécies de atos danosos praticados pelo agente	370
28.5	Regimes especiais de responsabilidade		371
	28.5.1	Condutas do Poder Legislativo	371
	28.5.2	Atos normativos da Administração	374
	28.5.3	Atos opinativos	375
	28.5.4	Condutas do Poder Judiciário	377
	28.5.5	Mediadores, conciliadores e árbitros	381
	28.5.6	Notários e registradores	382
28.6	O dano		384
	28.6.1	O dano antijurídico	384
	28.6.2	O dano material	385
	28.6.3	O dano moral	386
28.7	A causa e as excludentes		386
	28.7.1	Nexo de causalidade	386
	28.7.2	Causalidade indireta e omissão estatal	387
	28.7.3	Causalidade indireta e atos normativos	389
	28.7.4	Causa da vítima ou de terceiros	390
	28.7.5	Caso fortuito e força maior	391
28.8	Aspectos processuais		393
	28.8.1	Reparação judicial, regresso e dupla garantia	393
	28.8.2	Reparação na esfera administrativa	394
	28.8.3	Prescrição	396
28.9	Súmulas		398
28.10	Bibliografia para aprofundamento		398

23
CONTROLES DA ADMINISTRAÇÃO

23.1 INTRODUÇÃO, DEFINIÇÃO E CLASSIFICAÇÃO

23.1.1 Controle: definição e relevância

Proveniente do francês, "controlar" equivale originariamente a examinar, censurar, regrar ou organizar. Na atualidade e em sentido amplo, o verbo pode ser tomado como "ter algo sob domínio ou sob vigilância" ou "verificar a regularidade de algo segundo critérios predefinidos", inclusive de natureza jurídica.

Em decorrência de caráter invasivo do controle em relação à esfera de seus destinatários, Günter Püttner destaca que essa atividade é usualmente vista como um incômodo, um símbolo da desconfiança, uma ameaça à autonomia do indivíduo e de algumas instituições.[1] Exatamente por isso, o exercício de funções de controle usualmente ocasiona conflitos internos e disputas de poder, além de ser passível de manipulação e favoritismos de todas as espécies. Apesar desses riscos, conflitos e eventuais distorções, é inevitável e imprescindível o controle do exercício das funções estatais.

O Estado Democrático de Direito apoia-se na representação de todos, devendo-se voltar ao povo, facilitando e promovendo seus direitos fundamentais. Sob essa perspectiva democrática, o controle se destina a verificar se os entes e órgãos estatais se guiam pelos anseios da população ou se é orientado indevidamente por desejos meramente pessoais de agentes públicos, descolados de interesses públicos primários. Diante disso e em linha com o que observa Carvalho Filho,[2] tentativas de impedir o controle adequado do Estado, dos agentes públicos e privados que com ele se relacionam, são práticas típicas de modelos autoritários.

O controle se fundamenta igualmente no Estado de Direito, que submete todas as pessoas ao ordenamento jurídico. A juridicidade não se compatibiliza com assimetrias arbitrárias, privilégios injustificáveis, com a divisão da cidadania em classes. Não aceita que se submeta os cidadãos e o mercado a uma ordem jurídica e,

---

1. PÜTTNER, Günter. *Verwaltungslehre*, 3ª ed. Munique: Beck, 2000, p. 374.
2. CARVALHO FILHO, José dos Santos; MENEZES DE ALMEIDA, Fernando Dias. *Tratado de direito administrativo*, v. 7: controle da Administração Pública e responsabilidade do Estado. São Paulo: Revista dos Tribunais, 2014, p. 27.

ao mesmo tempo, coloquem-se as autoridades acima dela. Sob essa perspectiva, o controle serve para evitar que agentes públicos se desgarrem do direito e que atuem em desobediência aos preceitos criados pelo legislador na sua função de representação do povo. Num Estado de Direito, todos devem ser igualmente submetidos à mesma ordem a despeito de sua condição econômica ou poder político.

Em termos operacionais, o exercício do controle deflagra efeitos preventivos e corretivos. A prevenção se dá pela identificação de riscos de ilegalidades e conflitos de interesses envolvendo agentes públicos. Ao gerir e afastar riscos, evita-se que agentes públicos ou particulares possam gerar danos ao patrimônio estatal ou agir no sentido de violar tanto algum direito fundamental, quanto interesses públicos primários. Adicionalmente, o controle deflagra efeito corretivo, na medida em que aponta soluções para corrigir situações desconformes, evitando que danos ocorram ou que os danos, já causados, aumentem ou se prolonguem.

23.1.2 O "ciclo do controle" e suas etapas

Em uma perspectiva abstrata, o ciclo do controle se desenvolve basicamente em três etapas essenciais: (i) conhecer; (ii) examinar e (iii) determinar correções quando necessárias. Confirmadas ilegalidades ou irregularidades, o controle é seguido de eventual apuração de responsabilidade das pessoas envolvidas. A responsabilidade anda sempre próxima ao controle, porém com ele não se confunde. O controle se preocupa com as ações e atividades, enquanto a responsabilidade se direciona às pessoas envolvidas direta ou indiretamente na prática.

"Conhecer" é a primeira etapa do ciclo de controle. O controlador busca informações sobre uma determinada situação ou realidade (controle de meio) ou sobre a consecução de um objetivo (controle de resultado). Esse conhecimento se origina principalmente a partir de ações de fiscalização, acompanhamento e monitoramento realizados pelo próprio órgão controlador. Além disso, é cada vez mais frequente a colaboração dos particulares nessa etapa, seja por meio de denúncias premiadas ("*whistleblowing*"), seja por acordos de cooperação, como a leniência.

"Examinar" é a segunda etapa do ciclo. Dependente da primeira, trata-se de organizar as informações e os dados obtidos pela fiscalização para verificar se as ações e omissões controladas estão conforme o ordenamento jurídico, levando em conta não apenas a legalidade em sentido estrito, mas uma visão de juridicidade, que engloba normas infralegais, legais, constitucionais e internacionais, escritas e não escritas. Nos casos concretos, essa análise técnica permite identificar se existem riscos de violação do ordenamento (vícios potenciais), irregularidades (vícios não danosos), ilegalidades sanáveis (vícios danosos passíveis de convalidação) ou ilegalidades insanáveis (vícios danosos não passíveis de convalidação ou nulidades).

"Corrigir" é a terceira e última etapa do ciclo de controle. Diferentemente das demais, essa etapa é eventual, não necessariamente será executada, pois depende das conclusões da fase de exame. Se verificar riscos de violação do ordenamento, irregularidades ou ilegalidades, aí sim a correção entra em cena. Nessa etapa, o órgão competente pelo controle busca construir soluções preventivas ou corretivas a depender da ocorrência ou não da desconformidade. Essas soluções são viabilizadas ora por meras ações materiais de caráter extrajurídico (como consertos, substituições, reparos e ajustes), ora por medidas propriamente jurídicas (como a convalidação, a confirmação, a invalidação ou a cassação de atos etc.). Nas situações em que o controle identifica meros riscos de problemas futuros, então utilizará medidas preventivas como a orientação, a conscientização, a educação dos agentes envolvidos, ou a exigência de que coloquem em prática programas de integridade.

Vale reiterar que o controle não se confunde exatamente com a responsabilidade pessoal dos envolvidos, embora ambas as atividades caminhem de modo muito próximo. O controle se volta a conhecer, analisar e determinar medidas de correção de uma realidade levando em conta problemas reais ou riscos de problemas futuros. Já a responsabilidade visa a identificar, sempre por meio do devido processo administrativo ou jurisdicional, os responsáveis por riscos, irregularidades ou ilegalidades para, em seguida, promover o ajustamento de suas condutas ou aplicar punições em diferentes esferas (disciplinar, improbidade, criminal, civil etc.).

Enquanto o controle prioriza a conformidade das ações e das situações envolvendo o Estado e quem atua em seu nome perante o ordenamento, a responsabilização trata dos sujeitos que tenham dado causa a riscos ou ilegalidades, adotando contra os responsáveis as medidas punitivas ou de ajustamento comportamental. Assim, o fato de se corrigir uma determinada situação no âmbito do controle não impede que se conduzam processos de responsabilização contra aqueles que causaram a irregularidade ou a ilegalidade.

23.1.3 Classificações do controle

O direito brasileiro prescinde de uma lei geral sobre o controle do Estado. Essa omissão é compreensível. A estrutura federativa tripartite impede que o Congresso Nacional tente criar normas para unificar o sistema de controle em todos os seus aspectos, pois isso afastaria a autonomia da União, dos Estados e dos Municípios para deliberar sobre sua auto-organização. Apesar disso, a Constituição da República traz algumas disposições básicas que padronizam minimamente o controle pelas diferentes esferas da federação. Essas normas constitucionais têm conteúdo restrito, não tratam de todos os órgãos, nem de todos os instrumentos de controle. Com isso, abrem espaços para diferentes experiências e modelos subnacionais, estimulando a inovação no controle e diferenciando o Brasil de outros sistemas jurídicos que o inspiraram, como o português e o francês (Estados unitários).

Somando-se às particularidades próprias da estrutura federativa, os modelos de controle do Estado variam e se multiplicam por força de outros fatores. Assim, para que se compreenda toda a riqueza do controle é fundamental ter em mente uma classificação panorâmica e introdutória, tomando-se em conta a iniciativa, o momento, o objeto e o sujeito.[3] Nesse sentido:

(i) Pelo critério da **iniciativa**, o controle de ofício (conduzido por iniciativa do próprio órgão público controlador) se diferencia do controle provocado (ou seja, realizado após pedido, denúncia ou representação de pessoas físicas ou jurídicas externas ao Estado brasileiro, como cidadãos, empresas e entidades do terceiro setor);

(ii) Pelo critério **temporal**, separam-se o controle prévio à execução da atividade ou do comportamento controlado, o controle concomitante, que ocorre ao longo da execução da atividade, e o controle posterior, que sucede a atividade controlada;

(iii) Pelo critério **material**, considera-se o objeto do controle, ou seja, aquilo que é controlado. Disso se extraem inúmeras distinções, como (a) a do controle da função administrativa em relação ao controle da função financeira, da função política, da legiferante ou da jurisdicional; (b) a do controle de meios em relação ao controle de resultados e (c) a do controle de legalidade em relação ao controle de mérito, ou seja, da discricionariedade;

(iv) Pelo critério **subjetivo ativo**, destaca-se o sujeito responsável por controlar. Sob essa perspectiva, diferenciam-se: o controle social, realizado pela população, do controle estatal, a cargo dos órgãos públicos; o controle estatal pelo Poder Legislativo, pelo Judiciário, pelo Executivo e o controle por órgãos administrativos a despeito do Poder em que se inserem; e

(v) Pelo critério **subjetivo passivo**, toma-se em consideração o sujeito controlado. Nesse sentido, é possível diferenciar; o controle interno do controle externo, assim como o controle administrativo por vinculação e o controle administrativo por subordinação.

QUADRO: classificação geral do controle

Critério	Significado	Espécies de controle
Iniciativa	Quem dá início ao controle?	De ofício ou controle provocado
Temporal	Quando o controle ocorre?	Prévio, concomitante ou posterior
Material	O que se controla?	Função administrativa, financeira, política, legiferante ou jurisdicional
		Meios ou resultados
		Legalidade ou mérito

---

3. Para uma classificação ampla do controle, recomenda-se a leitura de MEDAUAR, Odete. *Controle da Administração Pública*, 4ª ed. Belo Horizonte: Fórum, 2020, em especial o capítulo 3.

Subjetivo ativo	Quem controla?	Estatal ou social
		O legislativo, o Judiciário, o Executivo
Subjetivo passivo	Quem é controlado?	Controle interno e controle externo
		Órgãos subordinados ou entes vinculados

Fonte: elaboração própria

Na prática, o ordenamento jurídico combina esses vários critérios, gerando modelos de controle muito variados. Para o direito administrativo, não interessa estudar todos os arranjos possíveis. O mais relevante é verificar como o controle atinge (i) as tarefas que formam a administração pública (serviço público, polícia, regulação etc.) e (ii) os sujeitos que as executam, sejam eles estatais ou não.

Antes de se adentrar o controle da Administração Pública propriamente dito, vale aprofundar as classificações do controle nas perspectivas temporal, material e subjetiva, conferindo-se destaque à clássica bipartição entre controle interno e externo.

23.1.4 Controle prévio, concomitante e posterior

A classificação entre controle prévio, controle concomitante ou controle posterior se baseia no momento em que o controle incide sobre a atividade ou o comportamento controlado. Embora possa parecer irrelevante, o momento em que o controlador age é um tema estratégico, pois se mostra capaz de influenciar, entre outros aspectos, os graus de eficiência, efetividade e, até mesmo, de criatividade e inovação das funções estatais.

O **controle prévio** é aquele que se desenvolve antes da prática da atividade ou da realização de certo comportamento. Trata-se de técnica que marca o modelo da Administração burocrática, baseada na desconfiança em relação ao agente que detém poder. Nesse contexto, torna-se imprescindível controlar previamente as ações e os comportamentos para prevenir ilegalidades ou abusos dos agentes públicos, evitando-se os danos e as infrações daí resultantes.

Vários dos institutos mais tradicionais do direito administrativo contemporâneo são ferramentas de controle prévio. Veja o exemplo do concurso público. De um lado, esse processo busca escolher bons agentes públicos para o Estado em favor da eficiência, da meritocracia e do profissionalismo. De outro, porém, visa a impedir que os dirigentes ou governantes escolham uma pessoa qualquer para ocupar cargos, empregos e funções. Nesse sentido, o concurso desponta como forma de controle do Estado.

Semelhante função cumprem as licitações antes da celebração de contratos administrativos. É claro que esses processos visam, ao menos em teoria, permitir a celebração de contratos vantajosos e favoráveis ao desenvolvimento sustentável. Porém, ao mesmo tempo, as licitações servem para evitar que os órgãos públicos contratem qualquer profissional ou empresa. Nesse aspecto, a licitação é forma de controle, pois busca forçar a Administração a respeitar os princípios da ordem econômica, sobretudo a livre-concorrência e a livre-iniciativa.

Não é só isso. Vários mecanismos pontuais refletem o controle prévio. Veja o dever da Administração de realizar, em certas ocasiões, audiências públicas, consultas públicas ou avaliação de impacto regulatório, bem como o dever de obter parecer jurídico antes da tomada de certas decisões. Esses e outros instrumentos se destinam a evitar escolhas estatais abusivas, arbitrárias, viciadas, baseadas em sentimentos ou intenções subjetivas dos agentes públicos em prejuízo da racionalidade, da legalidade, dos direitos fundamentais e dos interesses públicos primários.

O controle prévio não é empregado apenas nas relações internas das instituições estatais, ou seja, como controle interno. Seu uso se revela frequente também no controle externo exercido por um Poder sobre outro, como o controle realizado pelo Legislativo ou pelo Judiciário sobre o Executivo para promover a harmonia estatal (art. 2º da Constituição da República).

Exemplos disso se verificam nas autorizações prévias do Congresso Nacional para que o Executivo federal possa nomear certas autoridades, desempenhar atividades nucleares ou explorar recursos hídricos e minerais em terras indígenas. Já o Judiciário exerce controle prévio quando profere decisões em mandados de segurança preventivos ou em outras ações judiciais que se antecipam à prática de uma atividade ou comportamento estatal.

Ao longo do tempo, a atuação prévia dos controladores passou a ser objeto de questionamentos por ocasionar alguns inconvenientes como a lentidão de processos administrativos, a demora na tomada de decisões estatais e o aumento de custos. Outro problema do controle prévio é o que chamo de falta de seletividade, já que ele incide sobre ações que, muitas vezes, são de baixo risco e não precisariam ser controladas de antemão. O controle prévio fica também impossibilitado de cotejar os resultados, focando apenas na preparação e no planejamento.

Por tudo isso, entendo como extremamente relevante que o legislador crie mecanismos de controle prévio de modo seletivo, dando destaque para situações e comportamentos de maior risco. Deve, ainda, dosar a intensidade e a rigidez do controle prévio conforme a importância e o impacto do objeto controlado. Por conseguinte, quando controladas de antemão, atividades e comportamentos simples e pouco impactantes necessitam se sujeitar a controles mais brandos e ágeis.

Diferentemente do prévio, o **controle concomitante** opera de forma contínua ou intermitente ao longo da execução de determinada atividade estatal. Não cabe, por consequência lógica, para ações ou comportamentos de execução imediata. Com a emergência da administração eletrônica e a disseminação de tecnologias de comunicação e informação, a tendência é que o controle concomitante se expanda cada vez mais, valendo-se da capacidade de se obter e transferir dados sobre a realidade controlada imediatamente ao controlador. Com isso, poderá rapidamente identificar os riscos e as situações de irregularidade ou ilegalidade, tomando as providências necessárias de correção.

Exemplo de controle concomitante se encontra na Lei de Transparência (LC n. 131/2009), que modificou a Lei de Responsabilidade Fiscal para introduzir os sistemas integrados de administração financeira e controle, os quais permitem o monitoramento ininterrupto do que ocorre na Administração Pública. O Código de Defesa dos Usuários (Lei n. 13.460) também prevê meios de controle que acompanham a execução das funções administrativas, como as Ouvidorias e os Conselhos de Usuários de Serviços Públicos, que detêm poderes de fiscalizar a prestação de serviços públicos (art. 18, parágrafo único). O controle concomitante é também bastante frequente pela atuação do Judiciário sobre a execução de políticas públicas pela Administração.

O **controle posterior**, de sua parte, é aquele que incide tão somente após a prática de uma determinada atividade ou comportamento pelo Estado. A vantagem dessa forma de controle consiste em não tornar mais lentos, nem burocratizar os processos de decisão ou a execução das funções administrativas. Outra vantagem se vislumbra na possibilidade de se considerar os resultados do comportamento ou da atividade que se controla. Note, porém, que nem todo controle posterior é controle de resultados. Os conceitos são distintos, pois o primeiro é baseado no critério temporal e o segundo, no critério material.

Apesar de ser valorizado nos novos modelos de Administração Pública, o controle posterior também apresenta certas desvantagens e gera algumas preocupações. Uma delas está relacionada como a resposta estatal tardia. Como a observância da atividade ocorre após seu término, nem sempre será viável reverter lesões à legalidade, a direitos fundamentais ou a interesses públicos. Melhor dizendo: o efeito corretivo do controle posterior é mitigado. Essa discussão está intimamente relacionada com a do efeito preventivo. Como incide após a ocorrência do objeto controlado, o controle posterior não tem a mesma capacidade preventiva de riscos, irregularidades, ilegalidades ou danos que o controle prévio.

A meu ver, essa desvantagem é relativa. Explico. O mero fato de existir controle, mesmo que posterior, estimula os futuros controlados a observar o ordenamento com mais cuidado. O efeito preventivo do controle posterior advém do conhecimento da fiscalização da atividade ou do comportamento e, mais que isso, do risco de medidas de correção e de responsabilização contra os sujeitos envolvidos. Note, porém, que esse raciocínio vale desde que o Estado conte com sistemas de fiscalização, correção e responsabilização efetivos. Se esses sistemas não funcionarem, não haverá risco aos controlados e, por conseguinte, insignificante será o efeito preventivo.

Exemplos de controle posterior se vislumbram frequentemente tanto no controle interno, quanto no controle externo. Veja o controle realizado pelas entidades quanto aos ocupantes de cargos públicos de provimento efetivo no final do estágio probatório ou o controle que as universidades públicas exercem sobre as publicações científicas de seus docentes. Veja, ainda, os vários instrumentos de controle do Congresso Nacional sobre o Executivo federal tanto em suas ações administrativas quanto nas legislativas. Derrubada de vetos a dispositivos de leis, apreciação de medidas provisórias, determinação de suspensão de execução de lei declarada inconstitucional, avaliação do sistema tributário nacional e tomada de contas do Presidente da República são medidas típicas de controle posterior.

23.1.5 Controle pelo critério material

A classificação do controle pelo critério material leva em conta aquilo que é controlado. A partir daí, torna-se possível traçar inúmeras diferenciações:

- A primeira leva em conta a **função estatal controlada**, falando-se de controle da função administrativa, da política, da financeira, da legiferante ou da jurisdicional. Essa classificação é útil para revelar que o controle do Estado não se resume ao controle da Administração Pública. O primeiro conceito é bem mais amplo que o segundo;

- A segunda considera o **foco do controle**. Existem momentos em que o controlador se preocupa com as atividades ou os comportamentos apenas, ou seja, com os meios que o Estado se vale para agir. Esse controle de meios difere do controle de resultados, que busca verificar se as atividades ou comportamentos foram capazes de atingir metas e objetivos esperados, sejam eles jurídicos ou extrajurídicos; e

- A terceira distinção baseada no **objeto** é a que se estabelece entre o controle da legalidade, destinado a verificar a observância do ordenamento nas atividades ou comportamentos, e o controle de mérito, que incide sobre as escolhas que o Estado realiza ao agir.

Essa enumeração é a prova de que o critério material permite à doutrina visualizar o controle de muitas maneiras. Sem o intuito de esgotar as perspectivas de análise, nas próximas linhas, apresento considerações adicionais sobre alguns dos conceitos apontados.

O **controle da atividade política** se destina basicamente a promover o equilíbrio na atuação dos vários Poderes que formam o Estado. Seu fundamento maior se encontra no art. 2º da Constituição da República, segundo o qual: "são Poderes da União, *independentes e harmônicos entre si, o Legislativo, o Executivo e o Judiciário*". Embora esse artigo se refira à União em seu trecho inicial, ele sustenta a teoria da separação e do equilíbrio entre os Poderes nas três esferas federativas. Seu comando deixa claro que (i) como conjunto de órgãos e entes estatais, cada Poder assume função política primária que o separa dos demais dentro da organização estatal, mas (ii) a independência funcional não é absoluta, dado que eles se controlam reciprocamente conforme um sistema de "freios e contrapesos" que visa a promover harmonia nas relações interestatais e a evitar que o próprio Estado, por suas subdivisões e forças internas, aniquile-se.

Exemplos do controle político realizado pelo próprio Estado sobre si mesmo se verificam no veto que o Presidente da República apresenta a projetos de leis aprovados no Congresso, assim como na possibilidade de o Legislativo rejeitar o veto e derrubá-lo (art. 66, §§ 1º e 4º da Constituição). Igualmente político é o controle que o Supremo Tribunal Federal realiza em ações judiciais de controle concentrado de constitucionalidade a respeito de leis ou atos normativos (art. 102, I, a, da Constituição da República). A mesma natureza tem o ato de nomeação de ministros dos tribunais de mais alta hierarquia pelo Presidente da República (arts. 101, 104 e 107), bem como o conjunto de aprovações de nomeação exercido sobre o Senado sobre a escolha presidencial desses magistrados e doutros ocupantes de cargos de cúpula (art. 52, III).

Apesar de se misturar em certas ocasiões com o controle político, cuja função primária é a de garantir o bom funcionamento e a harmonia entre os Poderes, o **controle da função administrativa** debruça-se principalmente sobre as atividades restritivas e prestativas que os órgãos públicos das mais diversas hierarquias executam no cotidiano, de maneira a atender às necessidades da população ou a viabilizar a operação eficiente da máquina estatal. Seu objetivo é verificar as ações operacionais diárias da Administração Pública dentro do Poder Executivo e fora dele. Afinal, as funções administrativas não se circunscrevem ao Executivo. O Judiciário e o Legislativo as exercem, por exemplo, ao realizar concursos públicos, conduzir processos disciplinares, desempenhar ações materiais de gestão de arquivos, segurança, comunicação, atendimento, zeladoria de edifícios, gestão de patrimônio, entre tantas outras.

Como uma faceta da administração pública, o controle das *funções financeiras* se dirige basicamente à análise do planejamento orçamentário, bem como das entradas e saídas de recursos públicos, visando a proteger o erário e a economicidade. Exemplo desse controle se verifica nas atividades do Tribunal de Contas da União, cujas funções abrangem julgar contas de administradores e demais responsáveis por dinheiros, bens e valores públicos; fiscalizar a aplicação de quaisquer recursos repassados pela União a outros entes federados, bem como realizar auditorias contábeis, financeiras, orçamentárias, dentre outras (art. 71 da Constituição da República).

Outra forma de classificar o controle pelo critério material consiste em apartar os controles de meios daqueles relativos aos resultados. No **controle de meios**, o objetivo principal do controlador reside em verificar que ferramentas jurídicas ou extrajurídicas foram empregadas em certa atividade ou comportamento. O foco desse controle são os institutos e procedimentos adotados pelo Estado no desempenho de suas funções. É sob essa lógica que se controlam os processos de concurso público, de licitação, de contratação direta, de concessão de benefícios, de fomento, entre outros.

No **controle de resultados**, o controlador se coloca a examinar, quantificar e qualificar as consequências de condutas estatais à luz de critérios objetivos. Busca-se mapear as consequências da decisão, no sentido de aferir sua efetividade e o atingimento de metas e objetivos, jurídicos ou não. Por conseguinte, ele se revela bastante útil para identificar boas e más práticas, políticas públicas exitosas ou fracassadas, desperdícios e desvios de recursos públicos. Apesar de seu foco nas consequências, o controle de resultados não deixa de ser jurídico, uma vez que se guia pela observância dos princípios constitucionais da legalidade, da eficiência, do interesse público, da razoabilidade, entre outros.

A despeito do resultado concreto, respeitar as normas procedimentais e os meios usados para a realização das funções administrativas serve para proteger inúmeros valores constitucionais. Por exemplo, na contratação pública, não basta verificar se um contrato foi bem executado. Saber se a licitação transcorreu como deveria é essencial a despeito dos resultados do contrato, dado que ela, por si só, é meio de concretização de valores maiores como a livre-concorrência e a livre-iniciativa. Esse exemplo, entre tantos outros, evidencia os perigos de se adotar uma visão exclusivamente "consequencialista" em matéria de controle, ou seja, de um padrão de controle que tente justificar qualquer ilegalidade de meios em razão de um resultado obtido ou a se obter no caso concreto. De outro lado, porém, não se deve cair num raciocínio puramente formalista, voltado a proteger a forma pela forma, ou seja, a forma como um fim em si mesma e não como instrumento para desempenho de funções administrativas, promoção de interesses públicos e direitos fundamentais. Afinal, a Administração Pública deve se guiar pelo formalismo mitigado ou informalismo, salvo exceções expressas.

Uma relevante classificação pelo critério material é a que diferencia controle de legalidade ou de mérito. O **controle de legalidade** objetiva verifica se as ordens contidas no ordenamento jurídico foram observadas pelo legislador. Por ordenamento, entenda-se não somente o conjunto de fontes constitucionais e legisladas, mas também os atos normativos que as próprias entidades estatais criam para disciplinar suas funções ou regulamentar comandos legais.

Já o **controle de mérito** é muito mais interventivo e polêmico, pois se dirige às escolhas que as autoridades públicas realizam a partir da discricionariedade conferida pela legislação. Seu foco são os juízos de conveniência e oportunidade que baseiam decisões discricionárias dos agentes estatais, dentro ou fora da Administração Pública. Exatamente por isso, é frequentemente realizado por meio do instituto da revogação de leis, atos e decisões, restringindo-se ao âmbito interno da entidade em que o órgão decisor controlado se insere. O controle de mérito aparece, assim, principalmente nas medidas de autotutela (utilizadas pela autoridade sobre seus próprios atos) ou nas medidas de controle interno baseadas no poder hierárquico.

Questionável e polêmico é o controle do mérito administrativo como controle externo. Em virtude da tripartição de Poderes e da autonomia das pessoas jurídicas que formam o Estado federativo, a princípio, não pode um Poder controlar os juízos de conveniência e oportunidade de outro, nem uma esfera federativa atacar as escolhas discricionárias de outra. Afinal, apenas para exemplificar, se o Judiciário pudesse substituir a escolha discricionária do Legislativo ou Executivo, ele se transformaria nesses Poderes.[4] Da mesma forma, se pudesse a União refazer as escolhas discricionárias de Estados e Municípios, faria desaparecer a autonomia dos entes políticos na federação tripartite.

23.1.6 Controle pelo critério subjetivo ativo

Na **perspectiva subjetiva**, o controle é observado com foco nas pessoas, permitindo variadas classificações. A primeira delas leva em conta a figura do "controlador" e diferencia:

(i) O **controle judicial**, que fica a cargo dos órgãos com função jurisdicional do Poder Judiciário e se vale de ações ordinárias ou ações especiais contra o Estado, como o *habeas corpus*, o *habeas data*, o mandado de injunção, o mandado de segurança e a ação popular. Nessas várias ações, é bastante comum que o Judiciário examine o exercício das funções administrativas, falando-se de controle judicial da Administração Pública. No entanto, existem mecanismos de controle judicial sobre o exercício das funções políticas e legislativas, a exemplo das ações de controle concentrado de constitucionalidade julgadas pelo Supremo Tribunal Federal. Existe, ainda, o controle judicial que o Judiciário exerce sobre si mesmo;

(ii) O **controle legislativo**, que é desempenhado por órgãos com função legiferante primária e seus órgãos de apoio no âmbito do Poder Legislativo. Nessa categoria, insere-se o controle exercido pela Câmara dos Deputados, pelo Senado, pelas Assembleias Legislativas e pelas Câmaras de Vereadores sobre as atividades desenvolvidas, principalmente, pelo Poder Executivo. Exemplo bastante comum desse controle é a sabatina do Senado para pessoas indicadas pelo Presidente da República a ocupar certos cargos de revelo. Ademais, o controle pelo Poder Legislativo se desenvolve de maneira especializada no âmbito dos Tribunais de Contas, como o TCU; e

(iii) O **controle pelo Poder Executivo**, que se desdobra tanto em ações de controle político, como o veto a projetos de leis, como o controle administrativo, como o exercido por tutela ou supervisão dos Ministérios e das Secretarias sobre as entidades da Administração Indireta.

---

4. Para mais detalhes sobre a discricionariedade e seu controle, sugere-se a leitura do capítulo dedicado ao tema no primeiro volume deste manual.

Sob essa perspectiva subjetiva, o controle pelo Poder Executivo jamais deve ser confundido com o **controle administrativo**. Os conceitos são muito parecidos e, por vezes, tomados como sinônimo. No entanto, o controle administrativo é o exercido por órgãos com função administrativa primária, dentro do Poder Executivo ou fora dele. Esse tipo de controle não se esgota no exercido pelos entes e órgãos componentes do Poder Executivo, porque a função administrativa é comum aos três Poderes. Por consequência, o Judiciário e o Legislativo também podem exercer controle administrativo. Veja o Conselho Nacional de Justiça. Esse órgão se encontra dentro do Poder Judiciário da União e exerce controle administrativo (art. 92, I-A da Constituição). A ouvidoria parlamentar da Câmara dos Deputados é também órgão de controle administrativo, conquanto situada dentro do Poder Legislativo federal. A mesma lógica vale para os tribunais de contas em geral como órgãos de controle administrativo pertencentes ao Poder Legislativo.

23.1.7 Controle pelo critério subjetivo passivo

Ainda em termos gerais, a doutrina e o ordenamento frequentemente utilizam duas classificações do controle a partir de um critério subjetivo passivo, ou seja, que leva em conta a figura do controlado. Sob essa perspectiva, entram em jogo os conceitos de controle: (a) por subordinação ou por vinculação e (b) interno ou externo.

Em qualquer dos três Poderes, o controle administrativo sobre as atividades e comportamentos se dá por dois tipos de relações jurídicas entre controlador e controlado. No **controle por subordinação**, um órgão público superior controla órgão inferior dentro da mesma entidade. A relação é de hierarquia funcional. Assim, por exemplo, o conselho universitário (órgão superior) de uma universidade pública controla as faculdades (órgãos inferiores) dentro dessa mesma autarquia pela relação de subordinação interna. Diversamente, no **controle por vinculação**, uma entidade da Administração Indireta se submete a um órgão da Administração Direta. A vinculação implica sujeição das entidades especializadas, como empresas estatais, autarquias e fundações, aos poderes de tutela ou supervisão da Administração Direta. Além disso, sempre envolve duas pessoas jurídicas distintas.

23.1.8 Controle interno e externo

Outra importante classificação baseada na figura do "controlado" ou no seu posicionamento em relação ao controlador é a que difere o controle interno do externo. O **controle interno** se apresenta teoricamente como o exercido por órgãos de um mesmo Poder sobre si mesmos nos limites de uma entidade apenas. Para que se caracterize como interno, é preciso que o controlador e o controlado estejam (i) no âmbito do mesmo poder e (ii) da mesma entidade (pessoa jurídica). Sobre esse segundo requisito, porém, existem divergências que serão logo debatidas.

O controle exercido pelas próprias autoridades sobre seus atos (autotutela em sentido estrito) é mecanismo de controle interno. Da mesma forma, as ações de uma controladoria ou corregedoria como órgão da Administração Direta sobre os órgãos de mesma natureza dentro dessa mesma entidade representam controle interno. Nesse sentido, por exemplo, o controle que certo Ministro exerce sobre as secretarias e departamentos ministeriais é interno e baseado na relação de subordinação, ou seja, de sujeição hierárquica entre os órgãos do Executivo federal.

Existe certa dúvida, porém, sobre a natureza do controle quando exercido por uma entidade sobre outra, mas dentro do mesmo Poder. Por exemplo, quando o Conselho Nacional de Justiça (CNJ), como órgão federal do Poder Judiciário, controla órgãos da justiça estadual, há controle interno ou externo? Se um Ministério desempenhar controle sobre autarquias, ele será interno ou externo? Em última instância, a questão consiste em saber se pode haver controle interno sem que duas ou mais pessoas jurídicas estejam envolvidas na relação.

A partir de uma interpretação estrita do art. 74, *caput*, da Constituição da República, seria possível afirmar que, nos dois exemplos citados, o controle seria interno pelo fato de que tanto o controlador quanto o controlado se situam no âmbito do mesmo Poder, apesar de pertencerem a entidades distintas e, até mesmo, a esferas federativas diferentes. A justificativa para essa conclusão é simples: o artigo mencionado aponta que os "Poderes Legislativo, Executivo e Judiciário manterão, de forma integrada, sistema de controle interno (...)". Empregando-se uma análise textual literal, se o controlador e o controlado estiverem no mesmo Poder, então o controle será interno.

Todavia, entendo mais adequada outra interpretação do dispositivo constitucional. Não vejo como possível rotular o controle como interno nas situações em que o controlador e o controlado, apesar de se situarem dentro do mesmo Poder, não fazem parte da mesma entidade, isto é, da mesma pessoa jurídica. Sob essa lógica, por exemplo, como o CNJ é órgão federal, considero que seu controle sobre órgãos da justiça estadual é externo, pois há duas entidades e duas esferas federativas envolvidas. Da mesma forma, reputo externo o controle por supervisão exercido por um Ministério sobre uma autarquia da Administração Indireta federal. Embora controlador e controlado estejam dentro do Executivo e da mesma esfera federativa nesse último exemplo, cada sujeito representa uma pessoa jurídica distinta. Assim, não me parece possível tratar esse controle como interno simplesmente pelo fato de que os dois sujeitos pertencem ao mesmo Poder.

Essa discussão pode se afigurar meramente teórica e inútil na prática. Porém, gera implicações jurídicas significativas. A uma, as regras aplicáveis ao controle interno e ao externo não são idênticas, a começar pelos preceitos constitucionais. A duas, os instrumentos de controle utilizados são distintos para cada tipo. A três, a relação com o princípio da legalidade muda bastante conforme o tipo de controle.

Como todo ente estatal é resultado da vontade popular, expressa em leis de criação ou de autorização legislativa aprovadas pelos representantes do povo no Legislativo e no Executivo, seu comportamento deve-se guiar constantemente pelos limites dos atos de criação e pelo ordenamento jurídico administrativo. Compreender esse procedimento de instituição de entes estatais, da Administração Direta ou Indireta, explica a razão de o controle interno ser natural, imanente, indissociável de todo e qualquer ente estatal.

O controle interno se mostra indispensável e inafastável, pois é garantia básica de manutenção do compromisso de qualquer entidade estatal, nas suas práticas diárias, com aquilo que o povo estipulou para o funcionamento da Administração Pública. Sob essa lógica, entendo ser totalmente dispensável qualquer reserva legal para criação de órgãos de controle interno. Trata-se de mandamento constitucional explícito do art. 74, *caput* da Constituição. A despeito de previsão em lei, cabe a todos os Poderes estruturar sistema de controle interno, bastando, para tanto, atos normativos infralegais. Sob essa lógica, por exemplo, uma universidade pública, instituída como autarquia, não necessita de previsão legal para criar controladorias, comissões de ética, corregedorias e outros órgãos de controle, uma vez que, ao fazê-lo, atua para reforçar suas missões e competências, bem como para assegurar o respeito ao ordenamento jurídico.

No tocante à legalidade e à reserva legal, portanto, o controle interno se diferencia totalmente do controle externo. Este envolve uma interferência de uma entidade ou Poder sobre outro, razão pela qual sempre depende de previsão legal explícita. Nenhum órgão público detém poder para se arrogar à função de controladores externos sem previsão legal. Para que seja válido e eficaz, o controle externo pressupõe autorização legal.[5]

Seguindo a interpretação aqui defendida do art. 74, *caput*, da Constituição da República, o controle externo abrange, residualmente, todas as formas que não se mostrem internas. Isso inclui as situações em que o controlador e o controlado:

(a) Pertencem a uma **mesma esfera política da federação, mas a Poderes distintos**, a exemplo do controle do STF sobre os agentes políticos do Executivo e do Legislativo como Poderes da União ou do controle do Congresso sobre atos da Presidência da República. Nesses dois casos, controlador e controlado pertencem a Poderes diferentes, ainda que dentro da mesma pessoa jurídica estatal; ou

(b) Pertencem a **pessoas jurídicas estatais distintas**, conquanto situadas dentro do mesmo Poder e da mesma esfera federativa. Exemplo disso é o

---

5. Nesse sentido, Di Pietro aduz: "O controle sobre as entidades da Administração Indireta, também chamado de *tutela*, é um controle externo que só pode ser exercido nos limites estabelecidos em lei, sob pena de ofender a autonomia que lhes é assegurada pela lei que as instituiu. Esses limites dizem respeito aos *órgãos* encarregados do controle, aos *atos* de controle possíveis e aos *aspectos* sujeitos ao controle". DI PIETRO, Maria Sylvia Zanella. *Direito administrativo*, 35ª ed. São Paulo: Atlas, 2023, p. 912.

controle de determinado Ministério, como órgão do Poder Executivo da União, sobre uma autarquia federal, entidade da Administração Indireta federal. Reitero, porém, que esse controle é frequentemente chamado de interno pelo fato de que o controlador e o controlado pertencem ao mesmo Poder. Contudo, no entendimento que adoto, se houver dissociação entre a pessoa jurídica controladora e a controlada, ainda que pertençam ao mesmo Poder, o controle será externo, não interno. Nessa mesma linha, Maria Sylvia Zanella Di Pietro explica ser externo o controle exercido por um dos Poderes sobre o outro, como também o controle da Administração Direta sobre a Indireta.[6]

23.2 CONTROLE ADMINISTRATIVO

23.2.1 Definição e distinções

A partir da definição de controle, suas utilidades e classificações teóricas gerais, torna-se possível aprofundar o controle exercido sobre a Administração Pública em específico. Nessa análise, cumpre separar o controle que a própria Administração exerce sobre si mesma; o controle que o Legislativo e o Judiciário desempenham sobre as funções administrativas e seus agentes, bem como o controle por mecanismos de solução extrajudicial de controvérsias e as formas de controle social.

O **controle administrativo** propriamente dito envolve meios que os Poderes utilizam para garantir que suas atividades administrativas e seus agentes se alinhem aos blocos de legalidade que os guiam. Esse controle é denominado "administrativo" pelo fato de que os órgãos competentes para sua execução assumem natureza administrativa e empregam ferramentas típicas do direito administrativo, ou seja, sanções, acordos e processos administrativos. Com essas ferramentas, o controle propriamente administrativo se soma ao controle judicial e ao controle legislativo sobre a Administração Pública e as atividades que ela desempenha.

Há uma diferença conceitual entre o controle administrativo propriamente dito e o controle desempenhado pelo Poder Executivo. Órgãos de natureza administrativa com função de controle existem dentro do Executivo, mas não são exclusividade sua. Na verdade, o controle administrativo existe no âmbito dos três Poderes. Veja-se o Conselho Nacional de Justiça (CNJ). Trata-se de órgão de controle administrativo que opera dentro do Poder Judiciário. A Ouvidoria Parlamentar é igualmente órgão de controle administrativo do Legislativo. Já o Conselho Nacional do Ministério Público (CNMP) e a Controladoria Geral da União (CGU) são controles administrativos situados no Poder Executivo. Esses exemplos demonstram que as funções administrativas e os controles administrativos não se resumem ao Poder Executivo,

---

6. DI PIETRO, Maria Sylvia Zanella. *Direito administrativo*, 35ª ed. São Paulo: Atlas, 2023, p. 911.

espalhando-se pelos três Poderes. Exatamente por isso, não se deve confundir o conceito de controle administrativo com o de controle realizado pelo Poder Executivo.

É preciso fazer outra distinção conceitual relevante entre controle administrativo e controle interno. Enquanto o interno deriva da classificação baseada na relação entre o controlador e o controlado, indicando que o controle se resume a um Poder dentro de uma mesma entidade, o controle administrativo leva em conta a natureza do controlador e de suas ferramentas. Isso atesta que os conceitos não se identificam, embora possam ser combinados. Desse modo, o controle administrativo se mostra ora interno (como o da Ouvidoria de uma universidade pública), ora externo (como os Tribunais de Contas sobre a Administração Pública). Também é concebível estruturar órgãos de **controle administrativo híbrido**, pois desempenham ações de controle interno e externo simultaneamente.

23.2.2 Controle administrativo interno na Constituição

A Constituição da República limita-se corretamente a exigir o controle administrativo interno nos três Poderes e a definir suas funções básicas, não entrando em detalhes organizacionais. O art. 70 explicita que a "fiscalização contábil, financeira, orçamentária, operacional e patrimonial da União e das entidades da Administração Direta e Indireta, quanto à legalidade, legitimidade, economicidade, aplicação das subvenções e renúncia de receitas, será exercida pelo Congresso Nacional, mediante controle externo, e pelo **sistema de controle interno de cada Poder**" (g.n.). Já o art. 74 dispõe que "os Poderes Legislativo, Executivo e Judiciário manterão, de forma integrada, *sistema de controle interno* (...)" e lhes atribui quatro funções básicas, a saber:

(i) Avaliar o cumprimento de metas previstas no plano plurianual, a execução de programas de governo e orçamentos da União;

(ii) Comprovar a legalidade e avaliar resultados, quanto à eficácia e eficiência, da gestão orçamentária, financeira e patrimonial nos órgãos e nas entidades federais, bem como a aplicação de recursos públicos por entidades de direito privado;

(iii) Exercer controle sobre operações de créditos, avais e garantias, bem como dos direitos e haveres da União e

(iv) Apoiar o controle externo no exercício de sua missão institucional.

Ao estipular essas funções do controle interno, o art. 74 refere-se constantemente à União e ao nível federal. Essa referência demonstra que as Constituições Estaduais e Leis Orgânicas Municipais necessitam adaptar o controle interno às suas realidades à luz dos parâmetros gerais do precitado art. 70 da Constituição da República. Não há, por conseguinte, um modelo nacional de sistema de controle interno imposto a todas as esferas federativas. No exercício de suas autonomias e respeitadas as normas básicas da Constituição, cada esfera tem autonomia para estruturar seu sistema, inclusive diferenciando-o conforme os Poderes e, dentro do Poder Executivo, conforme as realidades e peculiaridades da Administração Direta e da Indireta.

23.2.3 Três formas do controle administrativo interno

Reconhecida a ausência de um modelo nacional de sistema de controle administrativo interno definido pela Constituição para todas as esferas federativas, cabe à doutrina mapear e classificar as formas e instrumentos existentes. Nessa tarefa, entendo pertinente dividir essa forma de controle em três modalidades principais, quais sejam:

(i) O controle direto, baseado no poder de autotutela em sentido estrito;

(ii) O controle hierárquico, realizado por relação de subordinação hierárquica e

(iii) O controle especializado, atribuído a órgãos com funções exclusivas de controle.

A primeira modalidade, aqui denominada de **controle interno direto**, desenvolve-se por meio da **autotutela**, como poder de controle que as autoridades exercem sobre seus próprios atos. Esse poder se materializa, por exemplo, nos poderes de revogação, de invalidação, de modificação, de convalidação, de correção ou de reconsideração de decisões administrativas, assim como nos poderes de revisão sancionatória ou de homologação. A autotutela desponta como o mais amplo dos controles internos, já que, nos limites do ordenamento, pode tratar da legalidade e do mérito, dos meios e dos resultados da atividade ou do comportamento controlado. Além disso, ocorre de ofício ou por provocação, de maneira prévia, concomitante ou posterior.

A segunda modalidade equivale ao **controle interno hierárquico**, como poder que um órgão superior exerce em relação vertical sobre um ou mais órgãos inferiores dentro da estrutura de distribuição de poder de cada entidade estatal. Aqui entra em jogo a relação de subordinação do inferior ao superior dentro da estrutura organizacional. De maneira geral, esse controle ocorre de ofício ou por provocação, por exemplo, em razão de recursos administrativos interpostos por cidadãos ou agentes públicos. A princípio, ele também abarca o exame de meios e de resultados, bem como de legalidade e de mérito. No entanto, é possível que normas internas estabeleçam competências exclusivas para o órgão inferior controlado, caso em que o controlador, apesar da hierarquia, não poderá realizar o controle de discricionariedade (mérito). Essa limitação depende do exame da estrutura e da distribuição interna de competências de cada entidade estatal.

O controle hierárquico é conhecido como controle por **subordinação**, dado que o controlado se sujeita aos comandos do órgão superior por força da relação de hierarquia. A responsabilidade pelo exercício dessa forma de controle sempre se desenvolve em relação vertical direta, ou melhor, na direção do órgão controlador superior sobre os órgãos inferiores, respeitando-se as instâncias existentes em cada entidade estatal. No direito alemão, Günter Püttner destaca que ao órgão superior se impõe a responsabilidade pelos atos dos subordinados diretos, encontrando, portanto, limites bem definidos.[7] Essa advertência é essencial também para o direito brasileiro por dois motivos. A uma, não pode o órgão superior renunciar aos seus poderes de fiscalização e controle administrativo sobre o imediatamente inferior. A duas, porém, não cabe atribuir ao órgão superior de certa entidade qualquer responsabilidade por comportamentos de todos os órgãos inferiores nela existentes.

É obviamente impossível que dirigentes de entidades complexas possam zelar pelas condutas de centenas ou milhares de agentes públicos em todos os níveis hierárquicos inferiores. Por força dessa impossibilidade natural, criam-se níveis de estrutura hierárquica piramidal, instâncias com atribuições executórias próprias e de controle sobre seus atos (autocontrole) e sobre os atos de um ou mais órgãos imediatamente inferiores (controle por subordinação hierárquica). Seguindo essa lógica, entendo que uma autoridade superior somente poderá ser responsabilizada por comportamentos ilícitos de agentes situados fora da instância inferior imediatamente subordinada quando norma legal ou interna expressamente prever a extensão dos poderes hierárquicos. Fora dessas hipóteses excepcionais, a regra deve ser a de responsabilidade do órgão superior apenas pelos comportamentos indevidos dos órgãos subordinados de maneira imediata, ou seja, aqueles situados na instância imediatamente inferior e que lhe caiba fiscalizar e orientar de modo direto.

A terceira e última modalidade é a do **controle interno especializado**, conduzido por órgãos com função exclusiva ou predominante de fiscalização e correção de comportamentos e atividades da entidade como um todo, a despeito de não se encontrarem em linha hierárquica direta com os controlados. Exemplos de órgãos que se dedicam a essas tarefas especializadas são as controladorias, dotadas de poder para verificar a regularidade de despesas públicas, o uso de recursos financeiros e contratações públicas; as ouvidorias constituídas para fins de recebimento de direito de manifestação de usuários de serviços públicos; as corregedorias dedicadas a apurar infrações disciplinares; as comissões de ética e os órgãos de integridade para prevenção e combate à corrupção.

As principais vantagens dessa terceira modalidade de controle administrativo interno em confronto com as anteriores são de duas ordens. De um lado, a criação de órgãos especializados garante maior distanciamento do controlador em relação às atividades e às pessoas controladas, o que tende a aumentar sua neutralidade e sua autonomia. De outro, como esses órgãos especializados contam com agentes

---

7. PÜTTNER, Günter. *Verwaltungslehre*, 3ª ed. Munique: Beck, 2000, p. 355.

públicos voltados unicamente a funções de controle, eles tendem a operar com maior grau de tecnicidade e profissionalismo.

A classificação tripartite do controle administrativo interno que aqui proponho, de ordem meramente teórica, apresenta algumas utilidades.

Em primeiro lugar, afasta de pronto a impressão de que o controle administrativo se baseia unicamente na hierarquia. Como demonstrado, algumas funções de controle realizam-se em razão das posições hierárquicas, mas outras não dependem de subordinação do órgão controlado diante do controlador. O fundamento do controle é a necessidade de garantir a legalidade como juridicidade. Sua instituição visa assegurar que certa entidade cumpra as finalidades que a lei de criação ou autorização lhe atribui e que respeite tanto seus próprios atos normativos internos quanto as normas contidas em fontes legais e constitucionais que regem suas condutas e atividades. Repito: o controle administrativo interno se justifica pela juridicidade e pela necessidade de respeito aos fins institucionais que os representantes do povo atribuíram por lei a cada entidade. A hierarquia é apenas um elemento incidental que marca uma parcela dessa forma de controle.

Em segundo lugar, a classificação tripartite se mostra útil para esclarecer as várias formas de estruturação dos sistemas de controle interno, impedindo pretensões de se impor um modelo único que ignore a riqueza de estruturas organizacionais das várias entidades estatais. Um modelo único é inaceitável tanto por ser artificial e inflexível, quanto por violar o ordenamento jurídico. Como se apontou anteriormente, a Constituição da República não define, nem impõe um modelo de controle administrativo interno,[8] nem existe qualquer lei nacional que trate do tema, até porque essa pretensão violaria a autonomia organizacional e administrativa das esferas federativas.

Em terceiro lugar, o reconhecimento das diversas modalidades revela que o conceito de **sistema de controle interno** deve ser entendido como a combinação de formas de autocontrole, controle hierárquico e controle especializado. Esse sistema não se limita aos órgãos públicos especializados, como as controladorias e ouvidorias. Por isso, mesmo que certa entidade prescinda de órgãos especializados como esses, será incorreto dizer que ela não detém mecanismos de controle interno. O controle interno é imanente, sempre existe, dado que se embute nos poderes de autotutela das próprias autoridades públicas e nos poderes hierárquicos que exercem sobre os agentes e órgãos subordinados. É ideal, porém, que as entidades trabalhem para ampliar esses instrumentos e estruturar os órgãos especializados, de maneira a conferir ao sistema de controle administrativo interno mais efetividade.

---

8. Também nesse sentido, cf. o estudo de PICCINI, Óthon Castrequini. O controle interno na Administração Pública Brasileira. In: CONTI, José Maurício; MOUTINHO, Donato Volkers; NASCIMENTO, Leandro Maciel do (Coord.). *Controle da Administração no Brasil*. São Paulo: Blucher, 2022, p. 109 e ss.

23.2.4 Controladorias, corregedorias e ouvidorias

Nos últimos anos, o controle interno especializado da Administração Pública se desenvolveu de maneira intensa, sobretudo a partir do entendimento de que nenhum sistema de controle interno será completo e verdadeiramente efetivo se baseado apenas em mecanismos de autotutela e de subordinação hierárquica.

No movimento de consagração de sistemas de controle mais robustos, determinados tipos de órgãos públicos especializados em funções de monitoramento e determinação de correções tornaram-se comuns na Administração brasileira. É o caso das controladorias, corregedorias e ouvidorias. Ocorre que não existe, nem poderia existir, uma lei nacional a tratar do tema de modo sistemático e padronizado para todas as esferas federativas, dado que a autonomia lhes permite estruturar seus próprios sistemas.

Embora existam inúmeros modelos Brasil afora, é possível conceber as **controladorias** como órgãos públicos incumbidos de monitorar e fiscalizar as atividades e operações de entidades estatais com o objetivo maior de promover a conformidade com as políticas e diretrizes internas, bem como com o bloco de legalidade que as rege. É usual que as controladorias se debrucem sobre a gestão de recursos financeiros e do patrimônio. Elas geralmente buscam fiscalizar os órgãos internos que cuidam da arrecadação de valores, orçamento e gastos de recursos financeiros, bem como os que lidam com a aquisição de bens, serviços e obras, alienação ou outorga de uso de bens públicos.

Entre outras tarefas, as controladorias avaliam a execução orçamentária, examinam a vantajosidade de políticas públicas, verificam a evolução do nível de receitas, custos, despesas e investimentos. Ademais, frequentemente analisam demonstrações financeiras e registros contábeis e verificam o cumprimento de normas de direito financeiro, de maneira a auxiliar o controle externo, sobretudo o desenvolvido pelos Tribunais de Contas. Em alguns casos, as controladorias cuidam também do mapeamento e identificação de riscos da entidade, podendo envolver comitês interdisciplinares de gestão de riscos. Em síntese, seu papel central recai principalmente no controle interno financeiro, patrimonial, contábil e a gestão de riscos, de modo a contribuir com a **governança das entidades públicas**, isto é, com sua capacidade de conseguir desenvolver suas competências e atingir suas finalidades institucionais de modo eficiente e efetivo. Como dito, porém, essas funções variam conforme o modelo adotado por cada entidade e esfera federativa. Nesse sentido, no âmbito da União, porém, a Controladoria Geral (CGU) tem um papel bastante ampliado, já que funciona como órgão guarda-chuva, indo muito além das funções apontadas.

Diferentemente das controladorias, as **corregedorias** consistem em órgãos públicos dedicados a controlar a gestão de recursos humanos na Administração Pública, além de monitorar o desempenho dos agentes públicos, objetivando apurar e coibir **infrações disciplinares** em geral, abusos e desvios de poder, corrupção, improbidade, situações de conflito de interesses, entre outras práticas ilegais ou antiéticas. Exemplos de corregedorias se vislumbram dentro de órgãos de polícia e de advocacia pública, nos conselhos profissionais, nas universidades públicas ou nos Tribunais de Justiça.

Apesar de inexistir um modelo jurídico padronizado para os três níveis da federação, no desempenho de suas tarefas, as corregedorias se destacam no uso de instrumentos de administração consensual, já que assumem competências para celebrar acordos de ajustamento de condutas ou acordos de leniência com o objetivo de receber cooperação instrutória de infratores confessos. Sua atuação ainda pode abranger o recebimento de delações por parte de terceiros não infratores sobre comportamentos ilícitos de agentes públicos ("*whistleblowing*"), a abertura e condução de sindicâncias e outros tipos de procedimentos de apuração preliminar, bem como de processos administrativos disciplinares (PAD) e processos de responsabilização congêneres.

Nos últimos anos, para além das infrações disciplinares, de improbidade e de corrupção, as infrações a normas de conflitos de interesses e a outras normas éticas ganharam relevância. Nesse cenário, não é raro que as corregedorias tenham suas atribuições alargadas para zelar pelo respeito a códigos de ética ou de integridade e a políticas internas de prevenção de conflitos de interesse. Em certas entidades estatais, contudo, essas funções específicas são distribuídas a órgãos ainda mais especializados, como as Comissões, Comitês ou Tribunais de Ética e a órgãos de integridades voltados à prevenção ou à repressão de práticas de corrupção ou lesivas à integridade.

Apesar de serem mais notórias por suas funções repressivas, é fundamental que se confira às corregedorias a possibilidade de atuar por meio de políticas de prevenção, esclarecimento, capacitação e conscientização. Assim, elas tenderão a obter maior efetividade na promoção da ordem, legalidade, impessoalidade, integridade e moralidade por parte dos agentes públicos na execução de suas tarefas funcionais.

As **ouvidorias**, por sua vez, são órgãos especializados de controle interno cuja função precípua é a de ouvir os usuários ou beneficiários dos serviços ou funções administrativas desenvolvidas por certo órgão ou entidade. Seu papel fundamental é conectar a sociedade com a Administração Pública, seja por meio da transparência, seja por permitir a qualquer pessoa exercer seu direito fundamental a manifestações para apresentar elogios ou sugestões, críticas ou denúncias. Dois são, portanto, os papéis centrais das ouvidorias: promover a transparência das atividades exercidas pela instituição e ouvir pessoas externas com o objetivo de mapear falhas, irregularidades ou ilegalidades no funcionamento do serviço, buscando, a partir disso, estimular que os órgãos da entidade ofereçam soluções para esses problemas.

No Brasil, as ouvidorias ganharam protagonismo com a **Lei de Defesa dos Usuários de Serviços Públicos** (Lei n. 13.460/2017).[9] Aplicável a todos os entes

---

9. Para obter um panorama dos instrumentos de proteção dos usuários previstos nessa lei, cf. o capítulo sobre serviços públicos no segundo volume deste manual.

federativos, esse importante diploma exige que as entidades prestadoras de serviços públicos instituam ouvidorias com funções de: promover a participação do usuário na Administração; acompanhar a prestação dos serviços públicos; propor seu aperfeiçoamento; auxiliar a prevenção e correção de ilegalidades; propor adoção de medidas de proteção dos usuários; receber, analisar e encaminhar às autoridades competentes as manifestações dos usuários; promover a mediação e a conciliação entre o usuário e a entidade pública, além de apresentar relatório anual (arts. 13 e 14). Sem prejuízo dessas atribuições básicas, cada Poder e esfera federativa deverá disciplinar a organização e o funcionamento das ouvidorias por atos normativos próprios (art. 17). Desse modo, respeitadas as atribuições mínimas apontadas na lei, as esferas federativas e Poderes detêm autonomia para estruturar a ouvidoria da maneira que melhor atenda às suas peculiaridades.

23.2.5 Controladoria Geral da União (CGU)

Um órgão de controle administrativo interno e especializado que ganhou extrema notoriedade e respeito nos últimos anos é a Controladoria Geral da União (CGU), ministério responsável pela defesa do patrimônio público, o controle interno e a auditoria governamental, pela fiscalização e avaliação de políticas públicas e programas de governo, pela integridade pública e privada, pela correição e responsabilização de agentes públicos e entes privados, pela prevenção e combate à corrupção, pela ouvidoria e incremento da transparência, pela promoção da ética pública, pela prevenção ao nepotismo e aos conflitos de interesse, bem como pela gestão de riscos e articulação com organismos internacionais e órgãos nos temas apresentados (art. 49 da Lei n. 14.600/2023).

Essas amplíssimas funções da CGU revelam que a controladoria é um órgão "guarda-chuva" da União. Sua atuação é amplíssima e envolve tarefas de controle interno, promoção da transparência governamental, além de, ao mesmo tempo, cuidar da prevenção e do combate à corrupção. Dentro de seu organograma, inserem-se seis unidades finalísticas que atuam de maneira coordenada. São elas:

(i) A **Secretaria Federal de Controle Interno**, que fiscaliza e avalia a execução de políticas públicas e programas, inclusive as ações descentralizadas, ou seja, as realizadas por outras esferas federativas e agentes privados com recursos federais. Esse órgão ainda realiza auditorias e avalia os administradores públicos federais; apura denúncias e representações, além de exercer o controle de operações de crédito e prestar apoio ao controle externo;

(ii) A **Ouvidoria Geral da União** busca fundamentalmente orientar as ouvidorias dos órgãos e demais entes federais, examinar manifestações sobre a prestação de serviços públicos, elaborar medidas para correção e prevenção de falhas e omissões em serviços públicos, além de fomentar a participação popular no acompanhamento e fiscalização desses serviços;

(iii) A **Corregedoria-Geral da União** assume basicamente funções disciplinares, cabendo-lhe apurar a responsabilidade administrativa de agentes públicos administrativos. Ademais, compete-lhe capacitar servidores para atuar em comissões disciplinares e fortalecer o sistema de correição do Poder Executivo Federal;

(iv) A **Secretaria de Integridade Privada** tem o papel central de propor a normatização, sistematização e padronização de procedimentos e atos normativos para disciplinar acordos de leniência e responsabilização de particulares. Ademais, o órgão traça e implementa planos, programas e projetos sobre leniência, responsabilidade e integridade privada; faz a análise de admissibilidade de propostas de acordo de leniência e conduz os processos de negociação que antecedem sua celebração;

(v) A **Secretaria de Integridade Pública** é o órgão central do Sistema de Integridade do Poder Executivo Federal com funções de desenvolver e colocar em prática planos, programas e projetos para a promoção da transparência, o governo aberto, a integridade, a conduta ética e a prevenção de conflitos de interesses. Esse órgão também coordena e fomenta pesquisas sobre transparência, integridade, ética e conflitos de interesses; e

(vi) A **Secretaria Nacional de Acesso à Informação**, cuja função primordial consiste em receber e analisar as manifestações de ouvidoria e pedidos de acesso a informações encaminhados à CGU, cabendo-lhe desenvolver e implementar medidas em favor da transparência.[10]

23.2.6 Controle administrativo externo e híbrido

Embora se tenha dado destaque aos mecanismos *internos* até aqui, o ordenamento aponta hipóteses de controle administrativo *externo ou híbrido*. Em certas situações, o controle realizado por órgãos com funções administrativas e com base em instrumentos de direito administrativo deflagra efeitos extroversos. Melhor dizendo: há órgãos públicos com poderes de controle administrativo que extrapolam o âmbito da entidade ou do Poder em que se situam, atingindo pessoas físicas ou jurídicas externas. Vejamos três situações ilustrativas desse fenômeno.

A primeira delas é a do controle administrativo desempenhado por órgão de um Poder sobre órgão pertencente a outro, ainda que dentro da mesma esfera política. Exemplo disso se vislumbra no controle externo do Tribunal de Contas sobre as ações do Poder Executivo e do Judiciário. Diferentemente, quando o Tribunal de Contas age sobre o Poder Legislativo de sua mesma esfera federativa, realiza controle administrativo interno e não externo.

---

10. Essas e outras competências constam da Lei n. 14.600/2023, que reorganizou a estrutura ministerial da União, bem como da página oficial da CGU, acessível por meio do endereço eletrônico: www.gov.br/cgu.

A segunda situação é aquela em que o controle administrativo ocorre dentro do mesmo Poder, mas para além do nível federativo do controlador. Exemplo disso se vislumbra no controle exercido pela CGU sobre o Executivo de Municípios que recebem recursos públicos federais. Semelhante caso se verifica no controle do Conselho Nacional de Justiça (CNJ) sobre atividades e comportamentos de membros dos Judiciários dos Estados e do Distrito federal, bem como nas ações do Conselho Nacional do Ministério Público (CNMP) sobre as atividades dos Ministérios Públicos estaduais.

A terceira situação é a da supervisão ministerial ou secretarial, ou seja, o poder de controle administrativo exercido por um Ministério da União ou por uma Secretaria (estadual ou municipal) sobre as respectivas entidades da Administração Pública Indireta dentro da mesma esfera federativa. Na lição de Alberto Ramon Real, essa forma de controle, também chamado de tutela ou supervisão, configura um mecanismo de união das pessoas públicas por vinculação a um grande centro administrativo e político, o qual mantém a unidade do sistema organizacional pelo uso de autorizações, aprovações e outros instrumentos.[11]

A respeito da natureza da supervisão existe certa divergência doutrinária. José dos Santos Carvalho Filho e Odete Medauar, por exemplo, entendem que o controle da Administração Direta do Executivo sobre as entidades da Administração Indireta não configura controle externo, mais sim interno.[12] A meu ver, porém, a falta de identidade entre o ente controlador e o ente controlado não permite que se fale de relação propriamente interna. Parto da premissa de que o controle interno exige sempre a identidade institucional, enquanto o externo pressupõe a separação institucional, ainda que ocorra no âmbito de um mesmo Poder. Assim, na supervisão ou tutela ministerial ou secretarial, apesar de o controlador e o controlado participarem do Poder Executivo, eles não se confundem como pessoas jurídicas. Por isso, é mais acertado tomar essa relação como manifestação do controle administrativo externo.[13]

23.2.7 Controles híbridos: CNJ e CNMP

Existem dois órgãos que merecem destaque doutrinário por exercerem uma forma de controle administrativo híbrido. São eles o Conselho Nacional de Justiça (CNJ) e o Conselho Nacional do Ministério Público (CNMP). Quando agem em

---

11. REAL, Alberto Ramon. El control de la administración. *Revista de Direito Público*, v. 32, 1974. Reproduzido em DI PIETRO, Maria Sylvia Zanella; SUNDFELD, Carlos Ari. *Controle da Administração, processo administrativo e responsabilidade do Estado* (coleção doutrinas essenciais: direito administrativo, v. III). São Paulo: Revista dos Tribunais, 2012, p. 29.
12. CARVALHO FILHO, José dos Santos; MENEZES DE ALMEIDA, Fernando Dias. *Tratado de direito administrativo*, v. 7: controle da Administração Pública e responsabilidade do Estado. São Paulo: Revista dos Tribunais, 2014, p. 40 e MEDAUAR, Odete. Controles internos da Administração Pública. *Revista da Faculdade de Direito da Universidade de São Paulo*, v. 84/85, 1989/1990, p. 41.
13. Para mais sobre a supervisão ministerial, cf. o capítulo sobre a Administração Direta no primeiro volume deste Manual.

relação aos órgãos federais, esses Conselhos exercem controle administrativo interno. Porém, quando atuam sobre órgãos estaduais, executam controle administrativo externo. Assim, o mesmo órgão acumula os papéis de controlador interno e externo a depender do posicionamento do sujeito controlado.

Criado pela Emenda Constitucional n. 45/2004 (art. 92, I-A e art. 103-B da CF), o **CNJ** é órgão público colegiado do Poder Judiciário brasileiro que se insere na pessoa jurídica da União e opera o controle administrativo e financeiro do Judiciário e de seus membros, além de promover a eficiência, a transparência, a uniformidade e a autonomia na prestação jurisdicional.

Com sede no Distrito Federal e jurisdição sobre todos os órgãos do Judiciário, em qualquer esfera da federação, o CNJ é presidido pelo Presidente do STF e se compõe de 15 membros oriundos do Supremo, dos demais tribunais superiores, dos tribunais de Justiça, dos tribunais regionais federais, dos tribunais do trabalho e dos tribunais militares. Além disso, conta com membros advindos da advocacia, dos Ministérios Públicos e cidadãos de notório saber jurídico e reputação ilibada. Todos esses membros são indicados pelo Presidente da República e aprovados pelo Senado. Uma vez investidos, desempenham mandato de 2 anos, admitida uma recondução (art. 103-B da CF).

Da perspectiva funcional, como dito, o CNJ exerce o **controle da atuação administrativa e financeira** do Poder Judiciário, zela pela autonomia judiciária e busca promover o cumprimento dos deveres funcionais dos juízes e o respeito ao Estatuto da Magistratura (art. 103-B, § 4º da CF). Nesse escopo, o Conselho:

- Expede atos regulamentares ou recomenda providências;
- Aprecia, de ofício ou mediante provocação, a legalidade de atos administrativos praticados pelos membros ou órgãos do Poder Judiciário;
- Pode desconstituir ou rever os referidos atos administrativos, bem como fixar prazos para providências necessárias ao cumprimento da lei;
- Recebe e conhece reclamações contra membros ou órgãos do Judiciário, incluindo seus serviços auxiliares, serventias e prestadores de serviços notariais e de registro, sem prejuízo das competências disciplinares e correicionais dos tribunais;
- Pode avocar processos disciplinares em curso, determinar a remoção ou a disponibilidade, além de aplicar outras sanções administrativas, assegurada ampla defesa;
- Representa ao Ministério Público, no caso de crime contra a administração pública ou de abuso de autoridade;
- Revê, de ofício ou mediante provocação, os processos disciplinares de juízes e membros de tribunais julgados há menos de um ano;

- Elabora semestralmente relatório estatístico sobre processos e sentenças prolatadas, por unidade da Federação, nos diferentes órgãos do Poder Judiciário; e
- Elabora relatório anual com indicação de providências sobre a situação do Poder Judiciário no país.

Também instituído pela Reforma do Judiciário, o **CNMP** é órgão colegiado que integra o sistema do Ministério Público brasileiro. Sua composição abrange 14 membros nomeados pelo Presidente da República e aprovados pelo Senado Federal, os quais também exercem mandato de 2 anos, com possibilidade de uma recondução (art. 130-A da CF). Esses membros são o Procurador-Geral da República, que o preside, além de representantes do Ministério Público da União, do Ministério Público dos Estados, da Magistratura, bem como advogados e cidadãos de notável saber jurídico e reputação ilibada.

Posicionado no Poder Executivo da União, o CNMP age no controle da atuação administrativa e financeira do Ministério Público em qualquer esfera federativa, buscando zelar por sua autonomia e promover o cumprimento dos deveres funcionais de seus membros (art. 130-A, § 2º da CF). Para tanto, entre outras tarefas, cabe ao Conselho:

- Expedir atos regulamentares, no âmbito de sua competência, ou recomendar providências;
- Apreciar, de ofício ou mediante provocação, a legalidade dos atos administrativos praticados por membros ou órgãos do Ministério Público da União e dos Estados, podendo desconstituí-los, revê-los ou fixar prazo para que se adotem as providências necessárias ao exato cumprimento da lei, sem prejuízo da competência dos Tribunais de Contas;
- Receber e conhecer das reclamações contra membros ou órgãos do Ministério Público da União ou dos Estados, inclusive contra seus serviços auxiliares, sem prejuízo da competência disciplinar e correcional da instituição;
- Avocar processos disciplinares em curso, determinar a remoção ou a disponibilidade e aplicar outras sanções administrativas, assegurada ampla defesa;
- Rever, de ofício ou mediante provocação, os processos disciplinares de membros do Ministério Público da União ou dos Estados julgados há menos de um ano; e
- Elaborar relatório anual, propondo as providências que julgar necessárias sobre a situação do Ministério Público no país.

Embora o CNMP faça parte do Poder Executivo e o CNJ integre o Poder Judiciário, ambos como órgãos públicos colegiados, as competências enumeradas atestam que: (i) a função principal dos Conselhos é a de exercer controle tipicamente administrativo e (ii) esse controle é híbrido, pois se mostra interno em relação aos controlados situados no Poder Judiciário da União e externo em relação aos controlados dos Poderes Judiciários estaduais. Nessa última situação, conquanto o controle permaneça no âmbito do mesmo poder, controlador e controlado se colocam em diferentes esferas federativas. Por isso, diante da autonomia dos entes políticos, o controlador (na União) somente poderá atuar sobre os controlados (nas esferas estaduais) dentro dos estritos limites da legalidade. Não é por outra razão que o próprio texto constitucional institui esses Conselhos e fixa suas competências básicas. Fossem eles órgãos de mero controle interno, não haveria necessidade de consagrar suas tarefas em normas constitucionais.

23.3 DESAFIOS DO SISTEMA DE CONTROLE ADMINISTRATIVO

Apesar de significativos, os avanços gerados pela instituição de novas modalidades de controle especializado (como ouvidorias, corregedorias, controladorias) não se revelaram suficientes para combater todos os "inimigos" do controle administrativo interno na realidade brasileira. Ainda é preciso superar muitas deficiências e falhas que reduzem a efetividade dessa forma de controle, principalmente nas esferas federativas locais, em que a Administração Pública se encontra frequentemente precária, desestruturada e fragilizada em termos financeiros e organizacionais.

Conforme expus em estudo sobre o tema,[14] os problemas do controle administrativo, em especial na modalidade interna, resumem-se a basicamente cinco: (i) a baixa profissionalização ou "amadorismo"; (ii) o reduzido distanciamento adequado entre controlador e controlado ou "excesso de proximidade"; (iii) o corporativismo; (iv) as deficiências do sistema repressivo e a impunidade, bem como (v) os custos associados. Em alguma medida, muitos desses problemas também explicam as deficiências que atingem o controle administrativo externo ou híbrido no Brasil.

23.3.1 Baixa profissionalização

Controlar pressupõe conhecer uma situação ou objeto e entendê-lo. Sem isso, não se controla ou, na melhor das hipóteses, controla-se muito mal. Caso o agente responsável pelo controle não compreenda tecnicamente o assunto ou a matéria sob sua observação, dificilmente terá condições de avaliá-la de verdade para nela encontrar elementos de regularidade ou irregularidade. Isso revela uma regra geral básica: o controle demanda conhecimentos técnicos. O problema é que o controlador nem sempre assume o posto de executor da tarefa, nem sempre conhece adequadamente a tarefa que controla.

---

14. As presentes considerações sobre os desafios do controle foram extraídas, com certas adaptações, de MARRARA, Thiago. Controle interno da Administração Pública: suas facetas e seus inimigos. In: MARRARA, Thiago; GONZÁLEZ, Jorge Agudo (Coord.). *Controles da Administração e judicialização de políticas públicas*. São Paulo: Almedina, 2016, p. 45 e ss.

Apenas para ilustrar, dificilmente será possível controlar com a devida qualidade as despesas de um órgão ou suas licitações sem noções de direito administrativo e contabilidade pública. Tampouco controlará a eficiência de serviços hospitalares aquele que não dispõe de noções de administração e medicina; ou a qualidade de uma obra pública, sem conhecimentos de engenharia e/ou arquitetura.

No autocontrole, o problema da especialidade técnica pode parecer menos relevante, já que cabe à autoridade com competência para executar a tomada de medidas a solução de eventuais falhas por ela mesma causada. No entanto, a especialização aqui assume extremo relevo, pois as deficiências nesse quesito geram um duplo efeito negativo. A uma, levam a autoridade a praticar, sem a devida consciência, atos irregulares ou ilícitos. A duas, ainda impedem que a autoridade identifique suas próprias falhas e as corrija.

Já no controle hierárquico e no controle especializado, o cenário se afigura problemático, mas por outros motivos. Neles, raramente os órgãos controladores detêm suficiente expertise técnica para fiscalizar as ações do controlado. Tome-se o exemplo de especializações pagas em universidades públicas. Os órgãos universitários de hierarquia superior, geralmente compostos por acadêmicos, em geral desconhecem mandamentos de ordem contábil e, por isso, dificilmente se apegam a planilhas de custos e despesas, na qual se escondem as tentativas de desvios de recursos públicos ou superfaturamentos dolosos. É natural que, nessa situação, falte ao órgão controlador interno expertise, o que lhe impede de visualizar irregularidades e ilícitos cometidos por órgãos inferiores e, por conseguinte, de exercitar com a eficiência desejada a função de controle que lhe cabe.

No controle interno, sobretudo nas modalidades hierárquica e especializada, há que se elaborar soluções para superar a deficiência técnica do controlador. No âmbito do controle especializado, uma boa estratégia consiste em fixar um corpo de controladores selecionados entre agentes públicos com notória especialização nas tarefas e atividades centrais que se desenvolvem dentro da entidade pública. Uma alternativa é a contratação de corpo técnico especializado por concurso público para ocupação de cargo ou emprego com autonomia plena em relação aos órgãos internos controlados. Em contraste, no controle hierárquico, mostra-se mais complexo aplicar soluções como as apontadas. No entanto, há caminhos igualmente adequados, incluindo a solicitação de elaboração de laudos ou pareceres por especialistas externos "ad hoc".

23.3.2 Proximidade entre os atores

A Administração Pública, seja em suas tarefas executórias, seja nas funções de controle que lhe cabem, sofre forte influência, ora lícita, ora ilícita, de uma série de fatores, incluindo os de ordem política e econômica, assim como as influências pessoais derivadas de sentimentos, relações de amizade, coleguismo, inimizade, parentesco etc. Mesmo o modelo burocrático, como alerta Jacques Chevalier, não funciona de modo mecânico, previsível e coerente.[15] Reconhecer que, a despeito do princípio constitucional da legalidade e da impessoalidade, o ambiente administrativo jamais foi ou será neutro representa o primeiro passo para se entender a importância do isolamento, da autonomia ou do distanciamento entre controlador em relação ao controlado e seus poderes.

Nas situações em que a proximidade entre controlador é muito alta, como costuma ocorrer no controle interno hierárquico dentro de um mesmo órgão público (intraorgânico), as pressões desfavoráveis à ação efetiva do controlador aumentam de maneira diretamente proporcional. A razão para tanto é simples. Essas pressões derivam de eventuais articulações políticas manejadas contra o controlador, de seu medo frente a eventuais retaliações presentes ou futuras, de ameaças expressas e, não é de se descartar a hipótese, de reais danos físicos, morais ou profissionais.

É muito comum que isso ocorra em ambientes públicos nos quais as chefias são exercidas por um mandato predeterminado, após o qual o chefe retorna à antiga função executória e aquele que antes era controlado, assume o posto de controlador, dentro de um mecanismo cíclico de alternância de papéis. Nessas situações de chefia rotativa, há forte estímulo para que o controle seja abafado por força do temor do chefe quanto às consequências futuras de suas ações de correção de irregularidades.

Outra situação imaginável em que o controle resta dificultado é aquela em que o controlador está em posição profissional inferior à dos controlados e, por conseguinte, depende dos próprios controlados para ascender na carreira. Sob tais condições, o risco de represália ou de danos profissionais dissuade que o agente de menor hierarquia, a quem se atribui a função de controle interno, aponte vícios, falhas e ilegalidades cometidos por agentes de mais alta hierarquia, mas que circunstancialmente se submetem a controle. Exatamente por isso, em muitos regimentos internos, vincula-se as posições de chefia e de controle hierárquico aos que estão em degrau profissional mais elevado, reduzindo-se com isso os riscos de captura do controlador que existiriam no cenário anteriormente descrito.

Esses exemplos evidenciam duas coisas: os poderes existentes dentro de uma instituição não se ligam necessariamente às posições jurídicas de chefia, como explica Jacques Chevalier "o poder, dentro da administração como em qualquer organização, não se concentra apenas nas mãos do superior hierárquico, investido formalmente de autoridade".[16] Para além disso, os exemplos atestam que quanto mais o controlador estiver distante ou em posição de autonomia diante do controlado, mais difícil será atacá-lo, ameaçá-lo ou capturá-lo. Quanto maior a distância, mais ele estará imune à influência do controlado em termos físicos, morais e profissionais; mais autônoma, neutra e impessoal será a fiscalização e as possibilidades de descoberta de ilegalidades

---

15. CHEVALIER, Jacques. *Science administrative*, 4ª ed. Paris: PUF, 2007, p. 361.
16. CHEVALIER, Jacques. *Science administrative*, 4ª ed. Paris: PUF, 2007, p. 361.

ou falhas. Por conseguinte, é concebível pressupor que a intensidade do controle e sua efetividade se elevem conforme aumenta o distanciamento funcional.

No âmbito do controle interno, uma boa solução aos problemas resultantes do baixo distanciamento entre controlador e controle reside na constituição de órgãos especializados que acompanham o desenvolvimento das funções executórias da entidade estatal por monitoramento constante ou por provocação de cidadãos ou agentes públicos em casos específicos. Na Alemanha, a preferência por esses órgãos internos decorre do "princípio da separação da ação e do controle" e da "independência do controlador", que também encontram guarida no âmbito da administração privada.[17] No Brasil, essa lógica ganhou força com a consagração do princípio da **segregação de funções** na Lei n. 14.133/2021, que trata de contratações públicas, dedicando normas ao controle.[18]

A tendência à melhoria do controle pelo aumento do distanciamento e da imunidade do controlador sobre o controlado não é, porém, infinita. O distanciamento também ocasiona efeitos negativos e complicadores do próprio controle efetivo. O primeiro efeito consiste na maior dificuldade de se conhecer com exatidão e profundidade a realidade ou situação controlada, dada a baixa proximidade entre ela e o controlador-espectador. O distanciamento, nesse aspecto, facilita distorções da realidade controlada e, por isso, exige que os processos administrativos instrumentais do controle sejam muito bem instruídos, de sorte a evitar julgamentos distorcidos e incompatíveis com os fatos. O segundo efeito negativo se relaciona aos custos do controle. Quanto maior a instrução processual, maior o tempo e os esforços relacionados com a atividade de controle, fatores que elevam seus custos finais para a Administração Pública.

23.3.3 Corporativismo e clientelismo

Outro grave impeditivo da execução efetiva de mecanismos de controle interno resulta do corporativismo[19] dentro da Administração, simplificadamente entendido como um movimento de autoproteção dos interesses de classes profissionais de agentes públicos e, em estágio mais avançado, de imunização recíproca de seus membros contra os fatores desestabilizadores externos e de manutenção de privilégios ou benefícios, inclusive pelo sufocamento de instrumentos de controle interno capazes de afetá-los.

Como nem todas as entidades estatais dispõem de corpos neutros e especializados de controladores, é comum que as tarefas de controle interno se desenvolvam

---

17. PÜTTNER, Günter. *Verwaltungslehre*, 3ª ed. Munique: Beck, 2000, p. 346.
18. Para saber mais a respeito, cf. o capítulo de licitações no terceiro volume deste manual.
19. Para um panorama histórico e político das várias significações do corporativismo e do Estado corporativista, cf. VIEIRA, Evaldo. *Autoritarismo e corporativismo no Brasil*, 3ª ed. São Paulo: Unesp, 2010, p. 19 e ss. A respeito de algumas estratégias corporativistas na Administração Pública, cf. as considerações de CHEVALIER, Jacques. *Science administrative*, 4ª ed. Paris: PUF, 2007, p. 374 e ss.

exclusivamente por meio de mecanismos de autocontrole e de controle hierárquico. O perigo que aí reside deriva do fato de que o controle interno hierárquico se torna extremamente suscetível ao corporativismo nas entidades em que a composição profissional dos órgãos decisórios se destaca pela baixa heterogeneidade, sendo dominada por um grupo específico de profissionais.

É exatamente o caso das universidades públicas e do judiciário. Nas duas instituições estatais, a liderança numérica e política dos órgãos decisórios cabe a apenas um grupo profissional (docentes e juízes, respectivamente). Desse modo, outros grupos que porventura participem da gestão pública e da tomada de decisões estratégicas e de controle dificilmente lograrão obter poder suficiente para quebrar ou mitigar o corporativismo da classe profissional dominante.

Em ambientes semelhantes, torna-se praticamente impossível o controle hierárquico efetivo de falhas ou ilegalidades cometidas por membros do grupo dominante, cuja correção naturalmente afetaria o sucesso na proteção dos interesses do coletivo. Mesmo que se consiga dar início ao controle por técnicas tradicionais de provocação (como a representação, as denúncias ou os recursos administrativos), ao final, serão os "representantes" do próprio grupo denunciado que decidirão ou, na pior hipótese, influenciarão de maneira significativa o controlador com o objetivo de prevenir efeitos negativos à categoria.

Mesmo nas hipóteses em que as decisões de controle hierárquico contra falhas ou ilegalidades cometidas pelo membro do grupo dominante não gerem efeitos nocivos reflexos para o coletivo, mas somente efeitos individuais contra aquele que agiu irregularmente, ainda assim o corporativismo poderá mitigar o potencial de fiscalização e de correção de problemas administrativos. Isso se explica pela geração de laços intensos de reciprocidade. Quando o ambiente corporativo passa a funcionar não somente como um sistema de autoproteção de interesses coletivos, porém como um espaço de troca de favores entre seus membros e de manutenção de privilégios pessoais, baseado em um pacto de proteção recíproca ou de imunidade contra qualquer elemento de ataque externo, a colaboração recíproca dificultará inclusive o controle pontual, aparentemente inofensivo aos membros do grupo como um todo.

Diante dessa contaminação, o controle interno hierárquico e mesmo o autocontrole tendem a sucumbir. Não é por outro motivo que se tem valorizado a criação do controle interno especializado, por órgãos separados, autônomos e distanciados dos órgãos executórios. Outra técnica igualmente relevante é a aplicação de normas sobre conflitos de interesses, impedimento e suspeição, de maneira a obstar a autofavorecimento ou a atuação em processos administrativos com interesses próprios em jogo.

23.3.4 Deficiências do sistema repressivo

A impunidade reinante na Administração Pública brasileira e as insuficiências do sistema repressivo por força de deformações institucionais e procedimentais ou por falhas de gestão configuram outro inimigo do controle administrativo. Antes de se ingressar no tema, duas advertências sobre essa afirmação inaugural não poderiam ser deixadas de lado sob pena de se induzirem graves mal-entendidos.

A uma, a honestidade e o respeito ao direito não variam de modo diretamente proporcional à gravidade das sanções. Fosse assim, bastaria enrijecer o sistema punitivo para extirpar a corrupção e, por reflexo, inúmeros males da Administração Pública. A boa administração não se promove com sanções inúteis ou imotivadamente severas, mas com sanções negativas justas e, em certas hipóteses, com sanções positivas ou premiais – modalidade ainda pouco valorizada no direito administrativo. Não acredito, portanto, que o terror da sanção repressiva opere o milagre da prevenção geral.

A duas, há que se entender a impunidade e a insuficiência sancionatória que obstam o controle em termos práticos, não em sentido normativo. Melhor dizendo: é notório que o direito administrativo brasileiro oferece todas as armas jurídicas para se combater a má gestão pública. Estão aí a Lei de Improbidade, as normas disciplinares, os códigos de ética, os crimes de responsabilidade e os crimes contra a administração pública, além da própria Lei Anticorrupção, para provar que não faltam mecanismos jurídicos. Tampouco são necessários grandes ajustes ou aprimoramentos legais no arcabouço normativo existente. A impunidade e as insuficiências punitivas a que se faz menção são fáticas, reais, ocorrentes no mundo do ser, no quotidiano da Administração Pública.

As várias normas de controle, para serem levadas a sério, necessitam sair do papel, ganhar aplicação frequente, gerar algum tipo de consequência – justa por óbvio. É preciso, assim, que o direito positivo seja transformado em realidade, tarefa que demanda, porém, a observância de uma série de condições estruturais, procedimentais e humanas.

Em termos humanos ou pessoais, há que se investir em capacitação, em especialização e aprofundamento técnico das autoridades responsáveis pelo controle. Não se trata de tarefa fácil, na medida em que tais órgãos dependem de uma dupla expertise: a jurídico-administrativa ou financeira, conforme suas funções, e a técnica, útil para o controle de qualidade e eficiência de tarefas complexas exercidas pela Administração no âmbito de seus serviços, atividades de polícia, fomento e intervenção econômica.

Em adição, sob a perspectiva estrutural, mostra-se oportuno discutir certas modificações orgânicas que possam, como dito, garantir às autoridades controladoras um mínimo de autonomia para deflagrarem os processos devidos, conduzirem-nos sem pressões e aplicarem, quando for cabível, as medidas de correção, reparação e punição aos agentes públicos e privados responsáveis. Nesse sentido, extremamente relevante se mostra a profissionalização da função de controle e, quando possível, a consolidação de órgãos internos especializados, sustentados pelo trabalho de servidores estáveis, minimamente protegidos contra influências indevidas internas ou externas.

De outra parte, no plano procedimental, é preciso reordenar as normas condutoras dos processos administrativos precedentes das ações de controle no intuito de torná-los: (i) compreensíveis aos diferentes tipos de autoridade que o conduzem, sobretudo as *ad hoc*; (ii) passíveis de fácil e rápida interpretação, em favor da previsibilidade e da segurança jurídica; (iii) garantidores dos direitos processuais fundamentais do acusado e (iv) marcados por um grau adequado de celeridade.

Para se atingir esse escopo, entre outras medidas, é imprescindível a adoção de um papel proativo pela advocacia pública de cada instituição. Há que se superar a mera visão reativa que marca a atuação desses órgãos e os limita tradicionalmente ao controle posterior dos processos de controle. Há que se deslocar a advocacia pública ao papel de protagonista da execução de boa parte das ferramentas de controle, de forma a evitar insuficiências da ação punitiva, a ampliar o grau de profissionalização do controle e, principalmente, a mitigar os riscos de questionamento administrativo e de judicialização que, muitas vezes, alimentam-se de deficiências formais das atividades de controle para ocasionar, ao final, impunidade indevida.

23.3.5 Custos do controle

Custo é termo alienígena para boa parte da ciência jurídica, a qual frequentemente ignora uma obviedade: o direito não é movido sem custos! As normas não saltam do texto legal e transformam-se em realidade sem intervenções naturais. Normas dependem de pessoas, de sua vontade, de sua interpretação, de seu desejo de as aplicar como se deve, de energia, de comportamentos. Tudo isso gera custos, gastos, despesas das mais variadas espécies. E se regressarmos ainda mais no processo jurídico, chegar-se-á à conclusão de que a própria existência das normas custa. A gênese normativa não ocorre gratuitamente, sem dor, sem tensões e conflitos – sem custos, portanto.

O exame do controle interno jamais escaparia a essa regra. Não há dúvida de que ele gera custos de muitas espécies, dentre os quais merecem destaque os financeiros, os humanos e os profissionais. Vejamos os mais simples deles: os financeiros.

Nesse particular, levando em conta o controle interno, cumpre mais uma vez separar a situação do controle hierárquico e da autotutela, de um lado, em relação ao controle especializado, de outro. Nos dois primeiros, basicamente não existem grandes custos financeiros adicionais. Afinal, a autoridade que executa (no autocontrole) ou a autoridade que exerce chefia (no controle hierárquico) são as mesmas que realizam a fiscalização, a prevenção e a repressão. Não emergem custos funcionais extraordinários, nem despesas organizacionais significativas. Essas autoridades existem naturalmente em toda entidade estatal e o controle faz parte de suas funções. Os custos são unicamente decorrentes das medidas corretivas em cada caso. Anular um edital ou revogar um ato administrativo pode exigir novo trabalho, novos processos e, portanto, novos gastos. Está aí a problemática financeira.

No controle especializado, por sua vez, a situação se torna mais complexa, pois além dos custos derivados das medidas corretivas em si, soma-se o custo da organização desses órgãos, da seleção e investidura de agentes públicos voltados unicamente para tais funções. Esse é um dos motivos a explicar por que nem sempre o controle especializado se mostra tão corriqueiro nas entidades públicas. Seus impactos financeiros mostram-se altos e nem sempre compensam os benefícios por ele gerados em termos de efetividade do controle interno.

Fora isso, todo controle traz consigo custos humanos, ou melhor, desvantagens, prejuízos, represálias, ameaças ao controlador, sem falar no trabalho adicional a ele gerado em muitas ocasiões. Nesse contexto, porém, a situação das modalidades de controle especializado diante do autocontrole e do controle hierárquico se invertem. Supõe-se que o especializado é menos custoso, uma vez que seus agentes se voltam exclusivamente à função de controle, gozando de mais autonomia, mais distanciamento e mais conhecimento técnico, o que lhes permite executar tais tarefas com eficiência.

De maneira inversa, nas modalidades de autocontrole e de controle hierárquico, os custos humanos das funções de controle aumentam por uma gama de razões. Em primeiro lugar, não existe distanciamento tão significativo entre sujeito ativo e passivo, de modo que o controlador se submete a mais pressões, mais represálias e riscos de prejuízos em termos profissionais. Em segundo lugar, o exercício intensivo do controle ainda é capaz de gerar danos à reputação do controlador ou submetê-lo a hostilidades decorrentes da ação articulada e responsiva de grupos altamente corporativistas, cujos interesses coletivos venham a ser afrontados pelas medidas de controle interno ou que, mesmo na falta desse motivo, atuam no sentido de proteger os interesses individuais de seus membros dentro de uma lógica de imunização recíproca.

Por esses e outros fatores, vencer os inimigos do controle administrativo pressupõe superar dificuldades financeiras e restrições orçamentárias de cada entidade estatal, além de afastar restrições culturais a investimentos em atividades de controle efetivo. Mais que isso: a derrota desses inimigos depende da redução, ao máximo possível, dos custos pessoais do controlador, daí a necessidade de se lhe garantir tanto certa blindagem física, quanto a maior independência possível contra as retaliações injustas em termos profissionais.

23.3.6 Controle e Governo Digital (LGD)

Os desafios do controle administrativo tendem a assumir nova feição com o incremento do chamado governo digital e o uso de processos eletrônicos com frequência cada vez maior. Atento a esse contexto, o Congresso Nacional inseriu na

Lei do Governo Digital (LGD) uma série de normas sobre governança e controle interno que merecem consideração.

Em primeiro lugar, as autoridades competentes dos órgãos e das entidades sujeitos à LGD têm a tarefa de implementar e manter mecanismos, instâncias e práticas de governança. Para tanto, deverão, ao menos: empregar formas de acompanhamento dos resultados atingidos pela entidade; apontar soluções para a melhoria do desempenho institucional e adotar instrumentos de promoção do processo decisório fundamentado em evidências (art. 47, parágrafo único, da Lei n. 14.129/2021).

Essas exigências legais se mostram bastante oportunas, pois de nada adiantaria exigir a implementação de técnicas de governo digital sem que as entidades estatais fossem orientadas a observar seu próprio funcionamento e avaliar os resultados das soluções adotadas para, quando necessário, corrigi-las.

Em segundo lugar, a LGD realça o papel dos órgãos de controle interno em relação ao governo digital, atribuindo-lhes as tarefas de identificar, avaliar, tratar, monitorar e realizar análise crítica dos riscos da prestação digital de serviços públicos, sobretudo os eventos que possam impactar os objetivos institucionais ou a proteção dos usuários (art. 48 da Lei n. 14.129/2021).

Ao traçar suas políticas de gestão de riscos de governo digital, as entidades deverão: integrá-la ao planejamento estratégico, atividades e projetos em todos os níveis organizacionais; criar meios de controle interno proporcionais aos riscos identificados, levando em conta suas causas, fontes e impactos; utilizar avaliações de resultado da gestão de risco para promover a melhoria da governança e do controle; além de proteger, sempre, os direitos fundamentais dos usuários. Ao mesmo tempo, deverão se valer de auditoria interna para melhorar as operações e avaliar os processos de governança, de gestão de riscos e de controle. Entre outras tarefas, cabe às auditorias internas a função de realizar trabalhos de avaliação e promover a prevenção, detecção e investigação de fraudes praticadas por agentes públicos ou privados no campo do governo digital (art. 49 da Lei n. 14.129/2021).

23.4 CONTROLE DA ADMINISTRAÇÃO PELO LEGISLATIVO

23.4.1 Classificação e fundamentos

O controle que o Poder Legislativo exerce sobre a Administração Pública nas três esferas da federação divide-se basicamente em: (i) **controle legislativo direto** e (ii) **controle pelos Tribunais de Contas**. Embora os mecanismos utilizados em cada forma de controle variem, os fundamentos que os sustentam são os mesmos.

A mais evidente base para o exercício do controle da Administração Pública pelo Poder Legislativo se apresenta no art. 49, X, da Constituição da República. Esse dispositivo atribui ao Congresso Nacional o poder de "fiscalizar e controlar, diretamente, ou por qualquer de suas Casas, os atos do Poder Executivo, incluídos os da administração indireta". A palavra "ato", utilizada no inciso transcrito, aparece de maneira imprópria. É preciso interpretá-la no sentido de incluir não somente os atos unilaterais da Administração propriamente ditos, como outros meios de atuação administrativa. Sob esse ângulo de análise, planos, contratos, processos e outros instrumentos de execução das funções administrativas também se submetem ao controle legislativo.

O autorizativo constitucional do controle legislativo sobre o Executivo foi regulamentado pela Lei n. 7.295/1984. Além de estipular os órgãos incumbidos da fiscalização e tratar das ferramentas para seu desempenho, essa lei prevê as **comissões permanentes de fiscalização e controle** no âmbito da Câmara dos Deputados e do Senado (art. 3º). De outro lado, estabelece parâmetros à atuação do Poder Legislativo, por exemplo, ao indicar que a fiscalização exercida sobre a Administração Pública "respeitará os princípios de independência e harmonia entre os Poderes do Estado" e ocorrerá de modo geral e permanente, por iniciativa de qualquer membro do Congresso Nacional (art. 2º, § 2º).

Outro dispositivo fundamental que sustenta o controle da Administração pelo Legislativo é o art. 70 da Constituição da República. Sua redação assim dispõe: "a fiscalização contábil, financeira, orçamentária, operacional e patrimonial da União e das entidades da administração direta e indireta, quanto à legalidade, legitimidade, economicidade, aplicação das subvenções e renúncia de receitas, será exercida *pelo Congresso Nacional, mediante controle externo*, e pelo sistema de controle interno de cada Poder". No mesmo sentido, o art. 71, *caput*, atribui ao Poder Legislativo, com auxílio dos Tribunais de Contas, o controle externo.

Os artw. 70 e 71, *caput*, da Constituição abrem espaço para um controle bastante alargado e frequente das funções administrativas por parte do Legislativo. O foco do comando constitucional é precisamente o controle do uso de recursos públicos, o que se percebe pela menção à fiscalização contábil, financeira e orçamentária, e pela referência explícita à "aplicação de subvenções e renúncia de receitas". No entanto, as tarefas não se esgotam nisso. A Constituição também autoriza o controle do patrimônio público, o que abarca a gestão dos bens estatais privados e públicos, afetados ou não.

Polêmica especial suscita o tema do **controle operacional**. Caso se observasse exclusivamente o art. 70 da Constituição, seria possível afirmar que o controle operacional se limitaria a questões administrativas com evidente impacto contábil, financeiro, patrimonial ou orçamentário. Na prática, todavia, o que se percebe é que o Legislativo interfere com frequência em decisões operacionais ou de execução de políticas públicas pela Administração ainda que sem qualquer relação com questões financeiras ou patrimoniais. Seria esse grau de intervenção constitucional ou inconstitucional?

Uma resposta para justificar o controle operacional mais amplo se encontra no próprio texto constitucional. Para além do art. 70, o cotejo do art. 49, X da Constituição autoriza sustentar que o poder de controle do Legislativo sobre a Administração não se limita a questões financeiras. Sob essa premissa, o controle operacional pode se estender também à execução de políticas públicas, ao exercício de funções administrativas, bem como ao atingimento de metas e resultados.[20] Apesar dessa possibilidade, o Legislativo deve respeitar o art. 2º da Constituição, que prevê a harmonia entre os Poderes. Disso resulta a vedação de que se substitua o administrador público. Não lhe cabe utilizar os poderes de controle para realizar as escolhas discricionárias que a legislação permite apenas ao administrador público, não ao controlador.

23.4.2 Controle legislativo direto e seus instrumentos

O denominado *controle legislativo direto* é o exercido pelos agentes políticos que compõem as casas dos Poderes Legislativos sobre a Administração Pública, não se confundindo com o desempenhado pelos Tribunais de Contas. No controle direto, incluem-se as ações desenvolvidas pelas Câmaras de Vereadores sobre a Administração Municipal, as ações das Assembleias Legislativas sobre o governo estadual e as ações do Congresso Nacional – seja pela Câmara ou pelo Senado – sobre a Administração Pública federal.

Várias são as ferramentas empregadas pelo legislativo no desempenho do controle direto. De acordo com Dalla Pacce, no âmbito da União, utilizam-se: (i) pedidos escritos de informação aos Ministros de Estado; (ii) a convocação para o comparecimento de autoridades; (iii) a fiscalização de atos (em sentido amplo) da Administração Pública direta e indireta; (iv) as comissões parlamentares de inquérito; (v) as aprovações de decisões do poder executivo; (vi) a fiscalização financeira e orçamentária; (vii) a sustação de atos normativos do poder executivo; e (viii) o recebimento de petições e reclamações dos cidadãos.[21]

Dessas várias medidas, são típicas ferramentas de **controle prévio** as aprovações de decisões do Poder Executivo. De acordo com o art. 49 da Constituição Federal, cabe exclusivamente ao Congresso Nacional autorizar: o Presidente da República a declarar guerra, celebrar a praz, permitir que forças estrangeiras transitem pelo território nacional ou neles permaneçam temporariamente (inciso II); o Presidente e o Vice a se ausentar do país por mais que quinze dias (inciso III); o Presidente a declarar estado de defesa, estado de sítio, intervenção federal (inciso IV) e estado de calamidade pública (inciso XVIII).

---

20. Também nesse sentido, cf. MOUTINHO, Donato Volkers. *Conta dos governantes*: apreciação das contas dos chefes de Poder Executivo pelos Tribunais de Contas do Brasil. São Paulo: Blucher, 2020, p. 79.
21. DALLA PACCE, Carolina. Controle parlamentar da Administração Pública na legislação brasileira: a eficácia dos mecanismos de solicitação de informações. *RDDA*, v. 1, n. 2, 2014, p. 382.

O controle prévio exercido pelo Congresso também se verifica na fixação dos subsídios do Presidente, Vice-Presidente e dos Ministros de Estado (inciso VIII), na apreciação de concessões de emissoras de rádio e televisão (inciso XII), na aprovação de atividades nucleares (inciso XIV), na autorização para exploração de recursos hídricos e minérios em terras indígenas (como bens públicos federais – inciso XVI) e na alienação de terras públicas com área superior a dois mil e quinhentos hectares.

Ainda no plano do controle prévio, é de especial importância o papel do Senado. O art. 52, III e IV, da Constituição lhe reserva o poder de aprovar previamente, por voto secreto e *após arguição pública* (**sabatina**), a escolha de inúmeras autoridades, como ministros do TCU, o Presidente e os Diretores do Banco Central, o Procurador Geral da República, entre outras autoridades. Cabe-lhe também aprovar a indicação dos chefes de missões diplomáticas permanentes, mas, neste caso, mediante arguição secreta. O Senado, ainda, impõe vários limites e condições para operações financeiras e dívida das esferas federativas.

As medidas de **controle concomitante** exercidas pelo Congresso Nacional sobre o Executivo se materializam por mecanismos como:

- A **convocação**, por comissões do Congresso ou de suas Casas, **de Ministros** de Estado para prestar informações sobre assuntos inerentes às suas atribuições, ou por solicitação de depoimento de qualquer autoridade pública (arts. 50, *caput* e 58, § 2º, III e V). A despeito da convocação, os Ministros podem comparecer ao Legislativo por iniciativa própria com o intuito de expor assuntos de relevância ministerial (art. 50, § 1º);

- A **convocação**, pelas comissões ou pelas casas, **de titulares de órgãos** diretamente subordinados à Presidência da República para prestarem, pessoalmente, informações sobre assunto previamente determinado, implicando crime de responsabilidade a ausência sem justificação adequada (art. 50, *caput*);

- O **encaminhamento** de pedidos escritos de informações a Ministros de Estados e outras autoridades subordinadas à Presidência, sob pena de configuração de crime de responsabilidade (art. 50, § 2º);

- A **fiscalização** de obras, planos nacionais, regionais ou setoriais de desenvolvimento, incluindo o poder de emitir parecer sobre eles (art. 58, § 2º, VI); e

- A **avaliação periódica**, exclusivamente pelo Senado, do Sistema Tributário Nacional e do desempenho das administrações tributárias nas três esferas federativas (art. 52, XV).

Já o **controle posterior** do Congresso Nacional sobre a Administração se realiza por meio de:

- **Sustação de atos normativos** editados pelo Poder Executivo para além de suas competências, ou seja, que exorbitem o poder regulamentar ou ultrapassem os limites da delegação legislativa (art. 49, V);

- **Sustação de contratos administrativos** irregulares no prazo de noventa dias, cabendo ao Tribunal de Contas agir subsidiariamente, ou seja, se houver omissão do Congresso (art. 71, § 1º e § 2º);

- **Tomada das contas** do Presidente da República quando não apresentadas ao Congresso em 60 dias após abertura da sessão legislativa – tarefa essa atribuída exclusivamente à Câmara (art. 51, II);

- **Suspensão da execução de lei**, declarada no todo ou em parte inconstitucional por decisão definitiva do STF – tarefa de incumbência privativa do Senado (art. 52, X); e

- **Julgamento de crimes de responsabilidade** de diversas autoridades federais – tarefa igualmente privativa do Senado após recebimento da denúncia pela Câmara, como se demonstrará logo mais.

23.4.3 Comissões e CPI

Dentre os vários mecanismos de controle direto do Legislativo sobre a Administração Pública, destaca-se a figura das comissões. O Congresso Nacional e suas casas estão autorizados a instituir comissões permanentes ou temporárias. Entre outras tarefas, essas instâncias organizam e conduzem audiências com entidades da sociedade civil, convocam ministros para prestar informações, solicitam depoimentos de autoridades ou cidadãos, recebem petições, reclamações, representações ou queixas de qualquer pessoa contra atos ou omissões de autoridades ou entidades públicas (art. 58, *caput*, da CF).

Dentre as inúmeras comissões, a Comissão Parlamentar de Inquérito (CPI) é figura peculiar. Regida pelo art. 58, § 3º, da Constituição, essa instância colegiada detém poderes de investigação próprios de autoridades judiciais, além de outros previstos em regimento. Sua criação se dá por decisão isolada ou conjunta da Câmara dos Deputados e do Senado, mediante requerimento de um terço dos membros. Sua atuação, porém, não é genérica. A validade da criação depende da vinculação da CPI à apuração de **fato determinado e por prazo certo**. Assim, todos os seus atos posteriores devem guardar relação estrita com esse objeto, sob pena de desvio de finalidade. As conclusões da investigação, ao final, são obrigatoriamente encaminhadas ao Ministério Público para que, se cabível, apure a responsabilidade dos envolvidos.

23.4.4 Crimes de responsabilidade

As autoridades públicas, mesmo as da mais alta cúpula dos Poderes, podem cometer: (i) infrações administrativas; (ii) crimes comuns descritos na legislação penal ou (iii) crimes de responsabilidade. Essa última figura suscita muitas confusões, pois o assim chamado crime de responsabilidade não é crime propriamente dito e, por conseguinte, escapa do direito penal.

Sob essa figura se encontra um conjunto de comportamentos infrativos de natureza político-administrativa e relacionados ao exercício das funções públicas pelos agentes de cúpula, como Prefeitos, Governadores, Presidente, Ministros de Estado, do Poder Judiciário e dos Tribunais de Contas, entre outras autoridades. Essas infrações são de direito público, mas claramente prescindem de natureza criminal.

O art. 85 da Constituição da República arrola os crimes de responsabilidade do Presidente da República de maneira exemplificativa. Nessa categoria inclui os comportamentos que atentem contra a Constituição e, em especial, contra a existência da União, o livre exercício dos Poderes e do Ministério Público, os direitos políticos, individuais e sociais, a segurança do país, a probidade administrativa, a legislação orçamentária, as leis e decisões judiciais. O rol é extremamente extenso e aberto, permitindo que nele se enquadrem condutas das mais diversas naturezas e que se contaminem os processos de responsabilização por muitos interesses políticos e partidários.

A Constituição também cuida expressamente do crime de responsabilidade em vários outros dispositivos. Por exemplo, o art. 29-A, § 2º, aponta o crime de responsabilidade do Prefeito Municipal; o art. 29-A, § 3º, enumera infrações do mesmo gênero cometidas por Presidentes de Câmaras Municipais; o art. 50, § 2º, indica como crime de responsabilidade de Ministros ou de qualquer autoridade de cúpula do governo a recusa ou não atendimento a pedido escrito de informações formulado pelas Mesas da Câmara dos Deputados ou do Senado. Já o art. 100, § 7º, caracteriza como crime de responsabilidade a ação ou omissão dos Presidentes de Tribunais para retardar ou tentar frustrar a liquidação regular de precatório.

No âmbito infraconstitucional, algumas leis abordam o tema e detalham seu regime jurídico. A Lei n. 1.079 de 1950 cuida dos crimes do Presidente da República. De outro lado, o Decreto-Lei n. 201 de 1967 dispõe particularmente sobre a responsabilidade dos Prefeitos e Vereadores. Isso revela que, em termos processuais, o regime jurídico da apuração e do julgamento dos crimes de responsabilidade como infrações político-administrativos varia conforme o agente político acusado.

A Constituição da República igualmente aponta algumas **regras procedimentais**, sobretudo em relação aos comportamentos do Presidente da República e às competências para processamento. Em apertada síntese, diante de indícios de crime de responsabilidade pelo Presidente, Vice-Presidente da República ou por Ministros de Estado, apresenta-se denúncia ao Congresso Nacional. A Câmara de Deputados passa, então, a decidir se autoriza ou não a instauração do processo (art. 51, I). Admitida a acusação por dois terços da Câmara dos Deputados, o agente político ficará suspenso de suas funções e se submeterá ao julgamento pelos membros do Senado Federal (art. 86). Se o julgamento não ocorrer em 180 dias, o agente retornará às suas funções, sem prejuízo do andamento do processo.

Em crime de responsabilidade, a competência privativa de julgamento do Senado não se restringe ao Presidente, Vice-Presidente e a Ministros de Estado. Essa casa legislativa julga igualmente os chefes das forças armadas, ministros do Tribunal de Contas da União, membros do CNJ e do CNMP, o Procurador-Geral da República e o Advogado-Geral da União (art. 52, I e II). Em todas essas situações, o Presidente do STF atuará como Presidente do Senado e a condenação do acusado dependerá do voto de dois terços dos senadores. As sanções aplicáveis, nos termos da Constituição, consistem na perda do cargo público e na inabilitação, por oito anos, para o exercício da função pública (art. 52, parágrafo único).

23.4.5 Tribunais de Contas

O controle do Poder Legislativo sobre a Administração Pública não se exaure na atuação direta do Senado, da Câmara de Deputados, das Assembleias Legislativas e das Câmaras de Vereadores. Em muitos países, existem Tribunais de Contas, que nada mais são que órgãos especializados do Poder Legislativo com funções extremamente relevantes de controle externo. No Brasil, há inúmeros tribunais do gênero. O legislativo federal conta com o Tribunal de Contas da União (TCU), enquanto, no nível dos Estados, atuam os Tribunais de Contas Estaduais (TCE).

A situação dos Municípios é mais complicada. De acordo com a Constituição da República (art. 31, § 1º), "o controle externo da Câmara Municipal será exercido com o auxílio dos *Tribunais de Contas dos Estados ou do Município ou dos Conselhos ou Tribunais de Contas dos Municípios*, onde houver". Dessa regra se extraem três modelos possíveis para o nível local:

(i) O controle realizado pelo próprio Tribunal de Contas do Estado (TCE) em que o Município se localiza, como se vislumbra no Estado de São Paulo;

(ii) O controle realizado por um Tribunal de Contas dos Municípios, como órgão do Poder Legislativo estadual, mas que cuida exclusivamente dos Municípios – a exemplo do que se verifica no Estado de Goiás – ou

(iii) A atuação excepcional de Tribunais de Contas Municipais propriamente ditos, isto é, como órgãos do Legislativo local, como os existentes nos Municípios de São Paulo (TCM-SP) e do Rio de Janeiro (TCM-RJ).

A complexa regra demonstra que a Constituição da República não deu plena autonomia federativa aos Municípios, já que lhes nega a possibilidade de instituir um Tribunal de Contas local e exclusivo. Com pouquíssimas exceções, não há um órgão auxiliar do Legislativo Municipal que atua nessa função. De maneira geral, o controle recai sobre um Tribunal Estadual, com membros nomeados sem qualquer participação ou ingerência dos próprios Municípios. De um lado, esse modelo se justifica, porque boa parte dos Municípios brasileiros tem pequeno porte, de modo que prescindem de condições financeiras ou institucionais para manter um Tribunal próprio no Poder Legislativo local. De outro lado, porém, é inegável que o modelo gera assimetria significativa entre as esferas federativas e reduz a autonomia local.

Na Constituição da República, as normas relativas aos Tribunais de Contas se encontram principalmente nos arts. 71 e 73. Esses dispositivos se direcionam em grande parte ao Tribunal de Contas da União (TCU). Já os Tribunais de Contas dos Estados e do Distrito Federal, bem como os Tribunais e Conselhos de Contas dos Municípios, sujeitam-se a regras das Constituições Estaduais. Não obstante, a Constituição da República tenta padronizar todos esses órgãos minimamente, pois exige que respeitem o número de sete conselheiros e que observem, no que couber, as normas de organização, composição e fiscalização indicadas para o TCU (art. 75). Esses mandamentos comprovam que a organização e a atuação dos Tribunais de Contas podem ser compreendidas em grande medida a partir da abordagem das normas constitucionais relativas ao TCU.

Em relação à atuação, o art. 71 da Constituição reconhece que o TCU auxilia o Congresso nas funções de controle externo e enumera suas atribuições, as quais se resumem a cinco grandes grupos, a saber:

(a) **Julgamento de contas**, como as prestadas anualmente pelo Presidente da República e pelos responsáveis por dinheiros, bens e valores públicos da Administração Direta e Indireta. Sobre o tema, o art. 70, parágrafo único, da Constituição prevê que as contas serão prestadas por qualquer pessoa física ou jurídica que utilize, arrecade, guarde, gerencie ou administre dinheiros, bens e valores públicos ou pelos quais a União responda, ou que, em nome dela, assuma obrigações de natureza pecuniária. O conteúdo documental da prestação de contas da União está explicitado nos arts. 56 e 58 da Lei de Responsabilidade Fiscal (Lei Complementar n. 101/2000 – LRF). Esses documentos se submetem à análise prévia do Tribunal de Contas, que emite parecer antes da avaliação pela casa legislativa (art. 57 da LRF). Além disso, ficam disponíveis juntamente com o parecer prévio para consulta e apreciação pelos cidadãos e instituições sociais (art. 49, *caput*, da LRF);

(b) **Controle de legalidade de atos** de admissão de pessoal, salvo para cargos comissionados, e de atos de concessões de aposentadorias, reformas e pensões;

(c) **Fiscalização**, inclusive por meio de inspeções e auditorias, de ofício ou a pedido das Casas do Legislativo, de natureza contábil, financeira, orçamentária, operacional e patrimonial, nas unidades administrativas dos três Poderes e entidades da Administração Indireta, incluindo empresas supranacionais de cujo capital social a União participe. Além disso, o TCU pode "fiscalizar a aplicação de quaisquer recursos repassados pela União mediante convênio, acordo, ajuste ou outros instrumentos congêneres" aos demais entes federativos (inciso VI);

(d) **Prestação de informações**, requeridas pelo Poder Legislativo ou suas Comissões, acerca das atividades de fiscalização, incluindo os resultados de auditorias e inspeções. Sem prejuízo desses pedidos, o TCU tem o dever de encaminhar relatório trimestral e anual de suas atividades ao Congresso (art. 71, § 4º, da CF);

(e) Fixação de prazo para a **correção de ilegalidades** e, caso seja desrespeitado, **sustação** da execução do ato controlado, comunicando-se, em seguida, o Congresso Nacional. Vale notar que o inciso IX do art. 71 não atribui ao TCU poder de se substituir ao administrador e decidir em seu lugar. O texto constitucional é claro ao limitar o poder do Tribunal à definição do prazo de regularização e à sustação do ato ilegal. Deixa-se corretamente ao órgão controlado a discricionariedade sobre como restaurar a legalidade. Além disso, o poder de sustação se limita primariamente a atos. A sustação de *contratos* é atribuição do Congresso Nacional por disposição expressa (art. 71, § 1º, da CF). Desse modo, o TCU somente poderá sustar contratos se o Congresso não o fizer no prazo de 90 dias (art. 71, § 2º); e

(f) **Sancionamento** aos responsáveis por despesa ilegal ou contas irregulares, inclusive mediante cominação de multa proporcional ao dano causado ao erário, além de **representação** ao Poder competente para apurar irregularidades e abusos observados e impor a devida responsabilização aos envolvidos.

Todas essas variadas tarefas de controle são exercidas pelo TCU de ofício, a pedido dos Poderes ou por estímulo do controle social. Nesse sentido, a Constituição reconhece que qualquer cidadão, partido político, associação ou sindicato é "parte legítima para, na forma da lei, denunciar irregularidades ou ilegalidades perante o Tribunal de Contas da União" (art. 74. § 2º).

Além de estipular as várias atribuições gerais e delimitar o campo de atuação funcional do controle externo, a Constituição traz muitas normas sobre a organização e a composição do TCU.

Com sede no Distrito Federal, o Tribunal é conduzido por nove ministros e possui quadro próprio de pessoal, além de jurisdição sobre todo o território nacional. Os ministros são escolhidos dentre brasileiros com mais de 35 anos e menos de 70 anos (nos termos da EC n. 22/2022); idoneidade moral e reputação ilibada; notórios conhecimentos jurídicos, contábeis, econômicos e financeiros ou de administração pública; mais de dez anos no exercício de função ou de efetiva atividade profissional que exija referidos conhecimentos. A Constituição, portanto, estipula **requisitos etários, éticos e técnicos** (art. 73, § 1º). Entretanto, não requer formação acadêmica específica, de modo que um médico, um veterinário ou qualquer outro profissional poderá ser nomeado ministro do TCU desde que detenha os notórios conhecimentos e comprove sua experiência prévia nas áreas indicadas.

A forma de escolha dos Ministros é híbrida, já que resulta tanto do Poder Executivo, quanto do Legislativo (art. 73, § 2º da CF). Um terço dos Ministros do TCU é indicado pelo Presidente da República (art. 84, XV), com aprovação por voto secreto do Senado Federal (art. 52, III, 'b'), a partir de uma lista tríplice apontada pelo próprio Tribunal, respeitando-se o mínimo de escolha dentre auditores e membros do Ministério Público de Contas. Os dois terços restantes são indicados pelo Congresso Nacional livremente, sem necessidade de observar o mínimo de auditores ou membros do MP (art. 49, XIII, da CF).

No exercício de suas relevantes funções, os Ministros do TCU gozam das mesmas garantias, prerrogativas, impedimentos, vencimentos e vantagens dos Ministros do STJ, aplicando-se a eles as regras de aposentadoria e pensão do art. 40 da Constituição. Dentre as principais garantias, vale destacar a *vitaliciedade*, que protege o vínculo jurídico da pessoa ao cargo e dificulta a demissão. As garantias e os impedimentos apontados para os Ministros se estendem aos auditores que os substituem. Fora da substituição, porém, os auditores se submetem às regras aplicáveis aos juízes de Tribunal Regional Federal (art. 73, § 4º, da CF).

Por suas medidas e decisões, os Ministros do TCU enfrentam riscos de responsabilização. Diante de indícios de que cometeram infração penal, o STF será competente para julgá-los. O Supremo igualmente julgará mandado de segurança, mandado de injunção e *habeas data* impetrados contra atos do TCU (art. 102, I, 'c' e 'd'). Por outro lado, ao STJ cabe julgar os crimes comuns praticados por membros dos Conselhos ou Tribunais de Contas dos Municípios e dos Estados (art. 105, I, 'a' da CF).

23.5 CONTROLE DA ADMINISTRAÇÃO PELO JUDICIÁRIO

23.5.1 Fundamentos e esgotamento de instâncias

Muitas são as funções de controle exercidas pelo Poder Judiciário. Internamente, assim como os demais Poderes, o Judiciário de cada esfera federativa controla os atos de seus próprios servidores, inclusive por sistemas de controle interno, como as corregedorias e as ouvidorias de justiça (art. 103-B, § 7º, da CF). Nessa perspectiva interna, realiza um controle que abarca suas funções administrativas e atinge seus agentes por meio das normas de direito disciplinar. Esse controle interno é administrativo e não se confunde, nem substitui o sistema processual, suas ações e meios recursais próprios. Por isso, diante de falhas do Judiciário ou seus agentes na prática da gestão pública, é possível utilizar tanto os meios administrativos, quanto o próprio controle judicial.

Imagine, por exemplo, que agentes de um Tribunal de Justiça realizem gastos excessivos e desnecessários com sistemas eletrônicos de péssima qualidade, afrontando a economicidade e o patrimônio público, bem como o princípio da eficiência. Contra essa situação, os cidadãos podem lançar mão de denúncias aos sistemas de controle administrativo interno do Tribunal ou ações judiciais, como a ação popular.

Além de controlar a si mesmo por mecanismos judiciais ou administrativos, o Judiciário é o responsável último pela verificação da conformidade dos atos estatais e das condutas dos agentes públicos dos três Poderes.[22] Com a exceção de alguns comportamentos de agentes políticos, tipificados como crimes de responsabilidade e sujeitos a julgamento pelo Poder Legislativo, a função jurisdicional exerce o controle externo de todo e qualquer ato ou comportamento estatal que cause ou possa causar lesão a direitos. Uma vez estimulado, o Judiciário dá a palavra final acerca da juridicidade não apenas das leis, como também dos comportamentos formados da administração pública.

Dois são os fundamentos centrais para sustentar esse amplo papel de controle externo do Judiciário sobre os demais Poderes. O primeiro deles é a regra da **unicidade de jurisdição**, segundo a qual "a lei não excluirá da apreciação do Poder Judiciário lesão ou ameaça a direito" (art. 5º, XXXV, da Constituição). Esse comando submete ao controle judicial tanto as condutas estatais efetivamente lesivas, quanto aquelas que demonstram possibilidade de ocasionar lesão a direitos.

O mencionado inciso XXXV também prevê que nenhuma lei poderá excluir o poder de apreciação judicial. Disso resulta que nem mesmo o Legislativo poderá impedir o controle judicial sob pena de afrontar a tripartição de poderes, que constitui cláusula pétrea. Se a lei pudesse excluir a apreciação do Poder Judiciário, o Legislativo lograria blindar o Executivo ou a si mesmo contra processos judiciais, aniquilando o papel do terceiro poder. Para evitar que isso ocorra, o inciso XXXV proíbe a restrição da unicidade, ainda que mediante lei em sentido formal. Sob essas circunstâncias, garante que tudo seja controlado pelo Judiciário à luz do ordenamento, mas sempre com respeito ao dever maior de "harmonia entre os Poderes" (art. 2º da CF).

O segundo fundamento constitucional para o controle judicial da Administração Pública reside no **direito fundamental de petição**. A Constituição assegura a todos, independentemente do pagamento de taxas, "o direito de petição aos Poderes Públicos em defesa de direitos ou contra ilegalidade ou abuso de poder" (art. 5º, XXXIV, 'a'). Qualquer pessoa física ou jurídica está primariamente autorizada pela norma constitucional em questão a solicitar manifestações ou medidas aos Poderes Públicos seja para proteger seus direitos contra outros particulares, seja para se defender contra ações ou omissões ilegais ou abusivas praticadas por qualquer agente ou órgão estatal em qualquer esfera federativa.

---

22. Sobre as três fases da evolução do controle judicial no Brasil e seus problemas, cf. JORDÃO, Eduardo. *Estudos antirromânticos sobre controle da Administração Pública*. São Paulo: JusPodivm, 2022, p. 23 e ss.

23.5.2 Esgotamento de instâncias administrativas

De maneira geral, qualquer assunto envolvendo a Administração Pública é passível de apreciação pelo Judiciário. Entretanto, há uma questão interessante e ainda mal resolvida a respeito do direito fundamental de petição e da unicidade de jurisdição. São inconstitucionais regras que exigem o esgotamento das instâncias administrativas como condição para o ajuizamento de ações judiciais?

Essa discussão é bastante relevante na prática, pois se refere aos limites que o próprio Estado enfrenta para condicionar o direito de petição e porque, embora a Constituição não preveja regras a tal respeito, algumas leis brasileiras caminham no sentido de impor o esgotamento das instâncias administrativas como condição para emprego de algum remédio judicial. Exemplos disso se vislumbram no tocante ao uso do **habeas data** e da **reclamação** (art. 8º, parágrafo único, da Lei n. 9.507/1997 e art. 7º, § 1º da Lei n. 11.417/2006). Além disso, verifica-se a exigência de uso da via administrativa antes da judicial nos pleitos de concessão de uso especial de bem público para fins de moradia (art. 6º, *caput*, da MP n. 2.220/2001).

Sobre o debate, a meu ver, o art. 5º, XXXIV 'a' e XXXV, da Constituição não afasta a possibilidade de se exigir o esgotamento de instâncias administrativas como condição para se recorrer ao Judiciário. O direito de ação, como uma faceta do direito de petição, já encontra muitos condicionamentos que objetivam fazer o Poder Judiciário funcionar de maneira adequada. Veja a necessidade de defesa por advogados em grande parte dos casos ou o dever de se cumprir certos requisitos para a ação. Esses e outros mandamentos representam limites claros ao direito fundamental de petição. Nessa mesma linha, o esgotamento das instâncias administrativas seria apenas mais um dentre vários requisitos legais impostos ao exercício do direito de petição.

Isso não significa que a condição do esgotamento de instâncias administrativas possa ser determinada de qualquer forma. Para que se torne compatível com a Constituição, entendo que esse tipo de regra deverá: (i) constar de maneira expressa de lei em sentido formal aprovada pelo Congresso Nacional (que detém competência exclusiva sobre direito processual) e (ii) observar o princípio da razoabilidade, demonstrando-se que a restrição é adequada para tutelar algum interesse público primário; necessária diante das alternativas e, sobretudo, proporcional em sentido estrito, de modo que seus benefícios superem seus malefícios.

23.5.3 Panorama dos instrumentos de controle judicial

Em termos teóricos, é possível afirmar que o controle judicial sobre a Administração Pública é instrumentalizado de três maneiras. O primeiro grupo de instrumentos abarca as **ações judiciais em geral**, como as ordinárias, as cautelares e as especiais. Essas ações podem ser manejadas na busca tanto de soluções para conflitos entre particulares, quanto para conflitos envolvendo a função administrativa. Nessa última hipótese, o ordenamento por vezes impõe algumas modificações ao regime jurídico da ação em virtude da presença da Fazenda Pública em um dos polos em conflito.

O segundo instrumento do controle judicial são os **acordos** firmados pela Administração Pública e homologados em juízo, a exemplo do acordo de não persecução civil em matéria de improbidade administrativa. Os entes estatais podem negociar e firmar esses acordos seja para tutelar interesses públicos primários com base em seu poder de polícia, seja quando eles mesmos são os responsáveis por comportamentos ilícitos ou abusivos que necessitam de ajustamento. A consensualização que marca o Estado brasileiro desde as últimas décadas traz, portanto, novas alternativas para o controle judicial para a além das decisões impositivas e unilaterais por despacho, sentença ou acórdão.

O terceiro e último instrumento de controle judicial se dá no âmbito de **ações especiais**, ou seja, constituídas especialmente para viabilizar o controle dos comportamentos estatais. Nesse grupo se incluem:

a. Ações de controle da atividade legislativa, *i.e.*, as de controle de constitucionalidade, incluindo a ação direta de inconstitucionalidade (ADI), a ação declaratória de constitucionalidade (ADC), a ação direta de inconstitucionalidade por omissão (ADO) e a arguição de descumprimento de preceito fundamental (ADPF);

b. Ações especiais de responsabilização, que atingem tanto os agentes públicos, quanto os particulares em relação com a Administração, a exemplo da ação de improbidade; e

c. Os remédios especiais de controle da ação administrativa, incluindo a ação popular, o *habeas corpus*, o *habeas data*, o mandado de injunção e o mandado de segurança, nas modalidades individual ou coletiva.

Como esses três grupos de instrumentos empregados no controle externo realizado pelo Judiciário sobre a Administração Pública são objeto de estudo aprofundado no âmbito do direito constitucional e do direito processual, não cabe tratá-los à exaustão neste manual. Para o direito administrativo, importa basicamente resgatar os traços gerais das ações especiais que pessoas físicas e jurídicas empregam para combater ilegalidades, imoralidades ou abusos estatais. Por isso, os itens seguintes tratarão do mandado de segurança, do mandado de injunção, do *habeas data*, do *habeas corpus*, da ação popular e da ação civil pública. As ações de improbidade e de combate a atos de corrupção serão igualmente abordadas, mas em capítulos específicos.

23.5.4 Mandado de segurança

O mandado de segurança é uma das ações judiciais de controle especial da Administração Pública mais frequentemente empregadas pela sociedade. Seu fundamento se encontra no art. 5º da Constituição da República, que o consagra em duas modalidades: a **individual** (inciso LIX) e a **coletiva** (inciso LXX).

Ainda que os legitimados ativos variem conforme a modalidade, a função do mandado de segurança é sempre a mesma. Trata-se de remédio destinado a "proteger **direito líquido e certo**, não amparado por *habeas corpus* ou *habeas data*, quando o responsável pela ilegalidade ou abuso de poder for autoridade pública ou agente de pessoa jurídica no exercício de atribuições do Poder Público" (art. 5º, inciso LXIX).

A partir desse comando constitucional, o Congresso Nacional editou a Lei n. 12.016, de 07 de agosto de 2009, detalhando o regime jurídico dessa importante ação, sobretudo no tocante à legitimidade ativa, ao sujeito passivo, ao cabimento, ao prazo de prescrição e aos aspectos procedimentais.

O primeiro passo para a verificação do cabimento do mandado de segurança reside na identificação de (i) um comportamento, omissivo ou comissivo, passado, presente ou futuro, (ii) de caráter concreto, (iii) imputável a um agente público ou a um particular que atue em nome do Estado e (iii) que se caracterize ou pela ilegalidade, como desconformidade a uma regra ou princípio, ou pela abusividade, isto é, pelo desvio de finalidade ou pelo excesso de poder. O comportamento que cumpre esses vários requisitos é denominado **ato coator** e contra ele se impetra o mandado de segurança.

É possível que o ato coator seja expedido por qualquer autoridade dos três Poderes, bem como por entes da Administração Pública Indireta em todas as esferas federativas. A autoridade coatora pode equivaler a agente público de qualquer categoria (estatutário, empregado etc.), de qualquer nível federativo (federal, estadual, distrital ou municipal) e no exercício de qualquer função estatal. Porém, há que se considerar federal a autoridade coatora sempre que as consequências patrimoniais do ato coator forem suportadas pela União ou entidades por ela controladas (art. 2º da Lei n. 12.016/2009).

Pessoas jurídicas de direito privado e pessoas naturais também são capazes de praticar atos coatores. As empresas estatais, como entes da Administração Indireta com personalidade de direito privado, sujeitam-se inegavelmente a mandado de segurança, salvo em relação aos **atos de gestão comercial** (art. 1º, § 2º, da Lei n. 12.016 confirmado no âmbito da **ADI 4296** de 2021).

A legislação contém regra que equipara a autoridades públicas: (i) os representantes de órgãos de partidos políticos, (ii) os dirigentes de pessoas jurídicas e (iii) pessoas naturais no exercício de atribuições do poder público, mas somente no que diz respeito a essas atribuições (art. 1º, § 1º, da Lei n. 12.016/2009). Assim, esse dispositivo permite que se impetre mandado de segurança contra atos de bancas julgadoras organizadas por instituições privadas dedicadas à realização de concursos públicos em nome do Estado. O mesmo comando legal autoriza que se questionem atos de concessionárias, permissionárias ou autorizatárias de serviços públicos, desde que não se trate de ato de gestão comercial (art. 1º, § 2º).

A jurisprudência e a legislação preveem outras inúmeras situações que afastam o mandado de segurança. De acordo com o STF, o ato coator não se confunde com a conduta imoral ou lesiva ao patrimônio público, objeto da ação popular (**Súmula 101**), nem pode ser lei em tese (**Súmula 266**). A lei também impede o uso do mandado de segurança contra ato do qual caiba recurso administrativo com efetivo suspensivo (art. 5º, I, da Lei n. 12.016/2009). Em sentido semelhante, a concessão da ordem somente atingirá atos do Poder Judiciário que não se mostrarem passíveis de recurso ou correição (**Súmula 267**), nem representarem decisão judicial com trânsito em julgado (**Súmula 268**). A lei reforça esses enunciados ao impedir a concessão de mandado de segurança quando se tratar de ato judicial sujeito a recurso "com efetivo suspensivo" ou de decisão judicial transitada em julgado (art. 5º, II e III, da Lei n. 12.016/2009).

Todas essas regras evidenciam a importância da correta delimitação do ato coator para o recebimento do mandado de segurança. Não bastasse isso, é preciso que esse remédio especial se destine à proteção de um direito líquido e certo, individual ou metaindividual, titularizado pelo impetrante.

Por **direito líquido e certo**, há que se entender um direito passível de comprovação imediata, por meio de documentos ou do próprio ordenamento, dispensando-se instrução probatória. Por isso, é incompatível com o mandado de segurança a proteção de direitos que dependam de prova pericial ou testemunhal. O remédio judicial em questão deve se sustentar unicamente em provas documentais, juntadas com a petição inicial. Caso essas provas estejam nas mãos da própria Administração, o juiz mandará que as exiba, viabilizando a comprovação do direito líquido e certo do impetrante (art. 6º, § 1º).

Além de delimitar o ato coator e demonstrar o direito líquido e certo de pronto, é essencial que o impetrante comprove que seu direito não é objeto próprio de *habeas corpus*, manejado para tutelar a liberdade de locomoção, ou *habeas data*, para tutelar de direitos informacionais. Na jurisprudência do STF, ademais, já se entendeu que o mandado de segurança não se destina a substituir ações de cobrança (**Súmula 269**).

A **legitimidade ativa** para impetrar mandado de segurança recai sobre pessoa física, jurídica ou ente despersonalizado (como o espólio ou a massa falida). Diferentemente do individual, o *mandado de segurança coletivo* pode ser impetrado por: a) partido político com representação no Congresso Nacional na defesa de seus interesses legítimos relativos a seus integrantes ou finalidade partidária ou b) organização sindical, entidade de classe ou associação legalmente constituída e em funcionamento há pelo menos um ano, em defesa dos interesses de seus membros ou associados (art. 21 da Lei n. 12.016/2019).

O **prazo de impetração** do mandado de segurança é de 120 dias da data em que a pessoa tomou conhecimento do ato ilegal ou abusivo (art. 23). Note-se bem: o termo inicial do prazo não recai na data de ocorrência do comportamento, mas sim na data de seu conhecimento pelo sujeito afetado. Esgotado esse prazo, opera-se a decadência (**ADI 4296, Súmula 632/STF**), restando ao interessado o uso de outras ações, mas não o mandado de segurança.

Se for utilizado depois da prática do ato e dentro do prazo prescricional, o mandado de segurança será repressivo, pois buscará combater os efeitos de um comportamento estatal já materializado. Vale, porém, uma advertência. O STF repele o uso do remédio em questão como ação de cobrança (**Súmula 269**) e entende que os efeitos patrimoniais anteriores ao ajuizamento devem ser reclamados na esfera administrativa ou por via judicial própria (**Súmula 271**).

Diferentemente do repressivo, o **mandado de segurança preventivo** é impetrado antes mesmo da realização da conduta estatal ilegal ou abusiva.

A definição do órgão jurisdicional competente para apreciar o mandado de segurança não é simples. Em primeiro lugar, essa escolha depende da identificação da *autoridade coatora* como a capaz de reverter o ato coator atacado. Em segundo, depende de uma análise competencial, ou seja, da identificação do órgão competente para processar ações contra a autoridade coatora identificada.

Apenas para exemplificar, compete ao Supremo Tribunal Federal julgar o mandado de segurança sempre que o sujeito passivo equivaler ao Presidente da República, às Mesas da Câmara dos Deputados ou do Senado, ao Tribunal de Contas da União (**Súmula 248**), ao Procurador-Geral da República ou ao próprio STF (art. 102, I, 'd'). A competência do Supremo igualmente se estende para os recursos ordinários sobre mandado de segurança decididos em única instância pelos Tribunais Superiores, se denegatória for a decisão recorrida (art. 102, II, 'a'). Já ao Superior Tribunal de Justiça cabe julgamento sobre os impetrados contra ato de Ministro de Estados, Comandantes da Marinha, do Exército ou da Aeronáutica, ou do próprio Tribunal (art. 105, I, 'b').

Uma vez interposto perante o juízo competente, os processos de mandado de segurança e os respectivos recursos deverão receber prioridade de tramitação no Poder Judiciário, inclusive na esfera recursal, salvo com relação ao *habeas corpus*, que se beneficia de prioridade máxima no processamento judicial (art. 20 da Lei n. 12.016/2009).

Ao despachar a inicial do mandado de segurança, a autoridade judicial competente notificará o coator para que preste informações em dez dias e dará ciência ao órgão de representação judicial da pessoa jurídica interessada. Além disso, poderá proferir **decisão liminar** para suspender o ato coator quando houver (i) fundamento relevante e (ii) do ato atacado puder resultar a ineficácia da medida judicial, caso venha a ser deferida na sentença.

Note, contudo, que a Lei n. 12.016/2009 objetivou proibir a liminar em casos específicos, como de compensação de crédito tributário, de entrega de bens provenientes do exterior, pagamentos de qualquer natureza, entre outros (art. 7º, § 2º e art. 22, § 2º). Porém, o STF julgou esses dois artigos da lei inconstitucionais. De acordo com o entendimento do Supremo, "a cautelaridade do mandado de segurança é ínsita à proteção constitucional ao direito líquido e certo". Desse modo, "não será possível edição de lei ou ato normativo que vede a concessão de medida liminar na via mandamental, sob pena de violação à garantia de pleno acesso à jurisdição e à própria defesa do direito líquido e certo" (ADI 4296).

Na concessão da liminar, o Judiciário poderá exigir garantia na forma de caução, fiança ou depósito do impetrante com o objetivo de assegurar o ressarcimento posterior à pessoa jurídica – faculdade essa declarada constitucional na ADI 4296 de 2021. A liminar ocasionará prioridade de julgamento e persistirá até a sentença, salvo se for cassada, revogada ou decretada sua perempção ou caducidade pelo fato de o impetrante criar obstáculo ao normal andamento do processo ou deixar de promover atos e diligências que lhe cumprirem (art. 7º, § 3º e § 4º e art. 8º).

Após a informação da autoridade coatora, o Judiciário ouvirá a opinião do representante do Ministério Público também no prazo de 10 dias e, em seguida, decidirá em até 30 dias (art. 12 da Lei n. 12.016). Concedida a segurança, o juiz transmitirá o inteiro teor da sentença à autoridade coatora e à pessoa jurídica interessado (art. 13). Os efeitos dessa decisão, especificamente no mandado de segurança coletivo, atingirão apenas os membros do grupo ou categoria substituídos pelo impetrante (art. 22, *caput*).

A concessão da segurança estará sujeita obrigatoriamente ao duplo grau de jurisdição (art. 14, § 1º) e poderá ser executada provisoriamente, salvo nos casos de vedação de liminar (art. 14, § 3º). O problema é que o STF julgou inconstitucionais os artigos que tratam de vedação de liminar, razão pela qual prejudicou igualmente a parte final do art. 14, § 3º da Lei n. 12.016/2009.

Diferentemente, da sentença de indeferimento do mandado de segurança caberá apelação ou, quando a competência originária for de tribunal, agravo interno (art. 10, § 1º e art. 14). Se o Judiciário denegar a segurança sem decidir o mérito, o requerente poderá pleitear seus direitos e respectivos efeitos patrimoniais em ação própria (art. 19 da Lei n. 12.016/2009).

23.5.5 Mandado de injunção

Também explícito na Constituição da República (art. 5º, LXXI), o mandado de injunção é ação judicial destinada basicamente a combater a **omissão regulamentar** por parte do Poder Legislativo, do Poder Judiciário ou do Poder Executivo. Esse remédio será cabível sempre que a falta de lei ou regulamento impossibilitar o exercício de direitos, liberdades constitucionais ou prerrogativas inerentes à nacionalidade, à soberania ou à cidadania.

Por longo período, o mandado de injunção teve utilização bastante rara. Ele não era ajuizado com grande frequência pelo fato de que o Supremo Tribunal Federal adotava posição não concretista ao apreciá-lo. Mesmo quando reconhecia a omissão legislativa ou regulamentar, o Tribunal não dava solução efetiva ao problema. Isso tornou o mandado de injunção praticamente inútil, pois, quando bem-sucedido, ele atingia o mesmo resultado de uma ação de inconstitucionalidade por omissão. O Supremo se limitava a reconhecer a lacuna e a notificar o Poder responsável por editar a norma faltante.

A história mudou em 2007,[23] quando o Tribunal passou a adotar *posição concretista*, evidentemente mais ativista. Ao conceder a injunção, o Tribunal não se resume a reconhecer a lacuna. Ele vai além ao estabelecer soluções específicas para superar a falta de norma até que o Poder em mora tome a iniciativa de agir. Essa mudança de posicionamento do STF em relação à injunção se inicia no julgamento dos MI n. 670, 708 e 712, relativos à falta de lei específica para regulamentar a greve de servidores públicos como direito reconhecido no texto constitucional. Ao decidir, o Supremo reconheceu a omissão legislativa e estipulou o uso provisório de certos dispositivos da lei de greve aplicável ao setor privado até que a lei própria seja criada para os agentes públicos – o que, inexplicavelmente, não ocorreu até hoje!

Por conta dessa mudança na postura do Supremo, operou-se a *"ressureição do mandado de injunção"*,[24] que passou a ser utilizado com crescente frequência desde 2007. Alguns anos mais tarde, o Congresso editou a Lei n. 13.300/2016 e, com isso, robusteceu o regime jurídico do remédio em questão, tanto na modalidade individual, quanto na coletiva. Esse diploma legal prevê a concessão da injunção sempre que "a falta total ou parcial de norma regulamentadora" tornar o exercício dos "direitos e liberdades constitucionais e das prerrogativas inerentes à nacionalidade, à soberania e à cidadania" (art. 2º).

Note que a omissão de regulamentação não se confunde com qualquer lacuna. A omissão passível de injunção é aquela que viola um dever explícito de regulamentar.[25] Assim, abrem-se duas situações: (i) a ausência de norma ou (ii) a existência de regulamentação incompleta e incapaz de viabilizar o direito ou liberdade. Nesse último caso, portanto, a regulamentação existe, mas é insuficiente.

A falta total ou parcial de regulamentação deve atingir um direito ou liberdade de hierarquia constitucional. Por exemplo, se uma universidade pública conferir em suas resoluções certo direito a seus estudantes, mas deixar de regulamentá-lo,

---

23. Para um panorama das várias decisões do Supremo nesse momento de transição, cf. HACHEM, Daniel Wunder. *Mandado de injunção e direitos fundamentais*. Belo Horizonte: Fórum, 2012, p. 147 e ss.
24. A expressão foi consagrada, entre outros, por NIDEJELSKI, Gabriel Machado. A ressureição do Mandado de Injunção na jurisprudência do Supremo Tribunal Federal: os efeitos do *writ* em face da separação de poderes. *Direito & Justiça*, v. 35, n. 2, 2009, p. 101 e ss.
25. Nesse sentido, ABBOUD, Georges. *Processo constitucional brasileiro*, 5ª ed. São Paulo: Thomson Reuters Brasil, 2021, p. 1003.

não caberá injunção. Diferentemente, caso se demonstre que a Constituição da República prevê um direito impossível de ser exercido pela falta de norma legal ou administrativa, o remédio será adequado.

A **legitimidade ativa** para a impetração do mandado de injunção recai sobre pessoas naturais ou jurídicas que se apresentam como titulares de liberdades, prerrogativas ou direitos obstados pela falta de regulamentação. Já o mandado na modalidade coletiva pode ser impetrado:

(i) Pelo Ministério Público para tutelar a ordem jurídica, o regime democrático, interesses sociais ou individuais indisponíveis;

(ii) Por partido político com representação no Congresso em favor de seus integrantes ou em temas relacionados com a finalidade partidária;

(iii) Por organização sindical, entidade de classe ou associação legalmente constituída e em funcionamento há pelo menos 1 ano para defender a totalidade ou parte de seus membros ou associados ou

(iv) Pela defensoria pública, para promover direitos humanos, direitos individuais ou coletivos dos necessitados (art. 12 da Lei n. 13.300).

A seu turno, a **legitimidade passiva** recai sobre o Poder, o órgão ou a autoridade com atribuição para editar a norma faltante (art. 3º). Embora a lei por vezes passe a impressão de que a norma regulamentadora é apenas a editada pelo Legislativo, essa impressão é falsa. O Poder Executivo e o Poder Judiciário também exercem funções de regulamentação, de modo que podem figurar na qualidade de impetrados. O importante é apenas que a omissão regulamentar afete, como já dito, um direito, liberdade ou prerrogativa de natureza constitucional.

A definição da competência para julgamento depende da figura do impetrado. Nos termos do art. 102 da Constituição da República, compete ao STF julgar o MI quando a norma regulamentadora depender do Presidente da República, do Congresso Nacional, suas casas e respectivas mesas, do Tribunal de Contas da União, dos Tribunais Superiores ou do próprio Supremo. De outra parte, o art. 105 reserva ao STJ competência para julgar o MI contra omissão de órgão, entidade ou autoridade federal, da Administração Direta ou Indireta, salvo os casos sob competência do STF e dos órgãos das Justiças Militar, Eleitoral, Trabalhista e da Justiça Federal.

Em termos procedimentais, uma vez recebida a petição inicial do mandado de injunção, o juiz competente determinará a notificação do impetrado para que preste informações em dez dias e dará ciência da ação ao órgão de representação judicial da pessoa jurídica interessada (art. 5º). Esgotado o prazo de informações, será ouvido o Ministério Público, que opinará igualmente em dez dias (art. 7º). Com ou sem seu parecer, o processo seguirá e, uma vez reconhecido o estado de mora na normatização, a injunção será deferida de modo a se determinar prazo razoável para que o impetrado crie a norma regulamentadora. A decisão igualmente estabelecerá as condições provisórias de exercício do direito, liberdade ou prerrogativa caso a mora não seja solucionada no prazo determinado (art. 8º, II).

A decisão judicial no mandado de injunção terá eficácia subjetiva limitada às partes e produzirá efeitos até que surja a norma regulamentadora. Porém, a Lei n. 13.300 autoriza que se confira **eficácia ultra partes ou erga omnes** à decisão, quando for inerente ao objeto da ação (art. 9º, § 1º). Além disso, após o trânsito em julgado, faculta que o relator estenda os efeitos da decisão para casos análogos (art. 9º, § 2º). Assim, a depender dos efeitos conferidos pelo Judiciário, é possível que todos os órgãos e entes da Administração Pública fiquem vinculados à decisão proferida no mandado de injunção.

23.5.6 Habeas data

O *habeas data* é ação judicial formatada especialmente para solucionar problemas relativos ao acesso e à gestão de informações pessoais na Administração Pública. Consagrado no texto constitucional (art. 5º, LXXII), esse remédio constitucional serve para:

(i) Assegurar o **conhecimento de informações** relativas à pessoa do impetrante, constantes de registros ou bancos de dados de entidades governamentais ou de caráter público. Nesse sentido, o remédio poderia ser empregado por um paciente do SUS para ter acesso a seu prontuário e informações sobre seu estado de saúde, indevidamente ocultadas;

(ii) **Retificar dados** do impetrante constantes de bancos de dados públicos, quando não queira fazê-lo por processo sigiloso, judicial ou administrativo. Nesse caso, por exemplo, o remédio poderia ser impetrado para corrigir a informação sobre a situação de uma sociedade perante cadastros nacionais, como o de empresas punidas; e

(iii) **Anotar contestação ou explicação**, nos assentamentos do impetrante, sobre dado verdadeiro, mas justificável e que esteja sob pendência judicial ou amigável. Essa terceira hipótese não consta do texto constitucional, mas foi consagrada no art. 7º, III, da Lei n. 9.507/1997.

Não há qualquer fundamento para o uso do *habeas data* quando, porém, a Administração Pública não se recusa a tomar as providências solicitadas. A **Súmula n. 2 do STJ** é explícita ao dispor que o remédio não cabe quando inexiste recusa por parte da autoridade administrativa. Em sentido semelhante, a Lei 9.507/1997, que define o regime jurídico dessa ação judicial especial, exige comprovação da recusa da autoridade responsável pela gestão do banco de dados que abarca as informações do impetrante (art. 8º, parágrafo único). Entendo, porém, que a recusa deve ser considerada quando a Administração Pública indevidamente tenta obstar o direito à informação com base em cobranças indevidas. Aqui, entra em jogo o art. 21 da Lei n.

9.507/1997, segundo o qual os procedimentos de acesso e retificação de informações caracterizam-se pela gratuidade.

A **legitimidade ativa** para o *habeas data* recai sobre qualquer pessoa física ou jurídica que deseje obter informações de sua titularidade que tenham sido recusadas ou que almeje retificar informações a seu respeito ou adicionar anotações quanto a elas. É preciso que essas informações constem de bancos de dados de entidades governamentais e caracterizados como públicos. Se os bancos de dados forem sigilosos, nos termos autorizados pela LAI, ou se destinados ao uso privativo do ente, não serão considerados públicos (art. 1º, parágrafo único, da Lei n. 9.507/1997). Da mesma forma, se os bancos de dados pertencerem a particulares, sem relação com a Administração Pública, não caberá *habeas data*.

A **legitimidade passiva** recai sobre a autoridade com poder de modificar a decisão de recusa de fornecimento da informação, de retificação de informação ou de inclusão de esclarecimentos no banco de dados. Da perspectiva competencial, cabe ao STF julgar o *habeas data* contra atos do Presidente da República, das Mesas da Câmara dos Deputados e do Senado, do TCU, do Procurador-Geral da República e do próprio Supremo (art. 102, I, 'd'), bem como recursos pela denegatória do *habeas data* julgado em única instância pelos Tribunais Superiores. Já o STJ julgará os impetrados contra atos de Ministro de Estado, Comandantes da Marinha, Exército e Aeronáutica ou do próprio Tribunal (art. 105, I, 'b'). Os TRF julgarão, a seu turno, os impetrados contra ato do próprio Tribunal ou de juiz federal (art. 108, I, 'c'), enquanto os juízes federais julgarão os impetrados contra atos das demais autoridades federais (art. 109, VIII). As Constituições Estaduais definirão as competências dos Tribunais de Justiças, cabendo aos juízes estaduais os demais casos (art. 20 da Lei n. 9.507/1997).

Em termos procedimentais, o *habeas data* é cabível somente após o **esgotamento da instância administrativa**, *i.e.*, após a tentativa frustrada de se solucionar a questão perante o órgão público responsável pelo banco de dados. Baseado na recusa, o impetrante apresentará a petição inicial ao órgão jurisdicional competente e, ao despachar, o juiz determinará a notificação da autoridade coatora para que preste informações em dez dias (art. 9º). Findo o prazo, ouvirá o Ministério Público em cinco dias e procederá à decisão em cinco dias (art. 12). Caso julgue procedente o pedido, marcará data e hora para que a autoridade coatora apresente a informação ou comprove a retificação ou a anotação solicitada (art. 13). Denegado o pedido sem julgamento do mérito, o *habeas data* poderá ser renovado (art. 18).

23.5.7 Habeas corpus

Introduzido no Brasil pelo Código de Processo Penal de 1832 e consagrado na primeira Constituição da República, de 1891, o *habeas corpus* é remédio constitucional hoje previsto no art. 5º, LXVIII, da Constituição de 1988. Seu emprego é mais frequente no campo criminal, pois sua finalidade reside em evitar que alguém sofra ou seja ameaçado de sofrer "violência ou coação em sua liberdade de locomoção, por ilegalidade ou abuso de poder".

A redação constitucional deixa evidente o objetivo especialíssimo desse remédio no sentido de proteger a liberdade de locomoção dos cidadãos contra ações estatais ilegais ou abusivas, ressalvadas limitações decorrentes de punições disciplinares a militares (por força de menção expressa do art. 142, § 2º, da CF).

Apesar de sua enorme relevância para o direito público, não há uma lei própria a detalhar o regime jurídico do *habeas corpus* no Brasil. As normas que o disciplinam constam do Código de Processo Penal (art. 647 e seguintes) e dos regimentos dos Tribunais, que repetem sua vinculação à **tutela da liberdade de locomoção**. Guiado por esse objetivo, a ação pode ser utilizada de maneira repressiva ou preventiva. Isso significa que servirá tanto para combater uma restrição de direito ilegal ou abusiva em curso quanto para afastar a ameaça de uma restrição do gênero.

O Código de Processo Penal (art. 648) enumera como hipóteses de coações ilegais à liberdade de ir e vir: (i) a que prescinde de "justa causa"; (ii) a prisão por tempo maior que o determinado em lei; (iii) a ordenada por sujeito que não detenha competência para tanto; (iv) aquela cujo o motivo autorizativo tenha cessado; (v) quando se impedir ilegalmente a prestação de fiança; (vi) quando o processo for manifestamente nulo (sem necessidade de dilação probatória), o que se interpreta de modo ampliativo também para abranger inquéritos e demais investigações criminais[26] ou (vii) quando extinta a punibilidade (art. 107 do Código Penal). Em razão dessas hipóteses e de sua finalidade de tutelar especificamente a locomoção, é bastante usual que o *habeas corpus* seja empregado contra ações ou omissões penais, policiais ou penitenciárias.

A **legitimidade** para impetração do *habeas corpus* é bastante ampla, pois recai sobre qualquer pessoa, mesmo que não seja ela a atingida pela restrição ilegal do direito de ir e vir. O Ministério Público também poderá impetrá-lo. Porém, segundo Douglas Fischer,[27] é lícita a concessão judicial de ofício (art. 654, § 2º do CPP).

Em termos procedimentais, na petição inicial, deverá o legitimado indicar aquele que sofre a restrição de seu direito fundamental e a autoridade pública que a realiza. Essa petição deverá ser encaminhada ao Tribunal competente, levando-se em conta a natureza da autoridade coatora. Nesse sentido, por exemplo, o STF julgará originariamente esse tipo de ação "quando o coator for Tribunal Superior ou quando o coator ou o paciente for autoridade ou funcionário cujos atos estejam sujeitos diretamente à jurisdição do Supremo Tribunal Federal, ou se trate de crime sujeito à

---

26. FISCHER, Douglas. Art. 5º, LXVIII. In: MORAES, Alexandre *et al. Constituição Federal comentada*. Rio de Janeiro: Forense, 2018, p. 301.
27. FISCHER, Douglas. Art. 5º, LXVIII. In: MORAES, Alexandre *et al. Constituição Federal comentada*. Rio de Janeiro: Forense, 2018, p. 301.

mesma jurisdição em uma única instância" (art. 102, I, 'i' da Constituição). Já o STJ o julgará, entre outras hipóteses, quando o coator ou paciente for governador estadual, desembargador estadual, membros de Tribunais de Contas Estaduais, ou quando o coator for Ministro de Estado ou comandante das forças armadas (art. 105, I, 'a' e 'c'). Sobre a competência e os aspectos processuais, vasta é a jurisprudência brasileira, inclusive com inúmeras súmulas sobre a matéria (*e.g.* **STF, Súmulas 690-695**).

23.5.8 Ação popular

Enraizada no direito romano e fundamentada na Constituição da República, a ação popular constitui um remédio judicial manejado para "anular ato lesivo ao patrimônio público ou de entidade de que o Estado participe" ou ato lesivo "à moralidade administrativa, ao meio ambiente" ou "ao patrimônio público e cultural" (art. 5º, LXXIII).

No nível infraconstitucional, essa ação foi disciplinada pela Lei n. 4.717/1965, muito antes da Constituição de 1988. Por isso, essas regras legais devem ser interpretadas com cautela e as devidas atualizações.

A **legitimidade ativa** para o manejo da ação popular é bastante ampla. Qualquer cidadão poderá ajuizá-la se estiver no gozo de seus direitos políticos. A comprovação da cidadania ativa para ingresso em juízo deve ser realizada pela apresentação de título eleitoral ou documento a ele correspondente (art. 1º, § 3º da Lei n. 4.717/1995). Note que o título de eleitor é tão somente um meio para comprovar a legitimidade, não se confundindo com ela.[28] Dessa maneira, o autor da ação popular poderá ajuizá-la mesmo fora do domicílio eleitoral. No entanto, as pessoas jurídicas não detêm legitimidade para se valer desse remédio constitucional, conforme reconhece a **Súmula 365** do STF.

A **legitimidade passiva** é igualmente abrangente, pois a ação popular pode ser empregada contra as medidas praticadas pela União, pelos Estados, pelo Distrito Federal ou pelos Municípios, bem como pelas entidades da Administração Indireta. A Lei n. 4.717/1965 estende o uso da ação também para combater atos expedidos no âmbito dos serviços sociais autônomos (como SESC e SENAC), bem como atos de instituições ou fundações para cuja criação ou custeio o Estado concorra ou haja concorrido com mais de cinquenta por cento do patrimônio ou da receita anual. Ademais, a lei permite seu ajuizamento contra qualquer pessoa jurídica subvencionada pelos cofres públicos (art. 1º).

O **objetivo** da ação popular consiste principalmente na invalidação de atos ou contratos da Administração. Isso significa que a ação pode tanto ocasionar a anulação de medidas que contenham vícios sanáveis, quanto a declaração de nulidade

---

28. Nesse sentido, cf. ABBOUD, Georges. *Processo constitucional brasileiro*, 5ª ed. São Paulo: Thomson Reuters Brasil, 2021, p. 1011.

quando os vícios se mostrarem insanáveis. O art. 2º da Lei n. 4.717/1965 enumerou espécies de atos gravemente viciados em razão de elementos subjetivos (competência), causais (motivos), teleológicos (finalidades), materiais (objeto) ou formais. Esses vícios ensejarão a invalidação quando afrontarem o patrimônio das entidades estatais ou de entidades por elas subvencionadas.

A finalidade **primordialmente invalidatória** não impede que a ação popular seja eventualmente manejada contra omissões estatais, caso em que a decisão judicial terá conteúdo mandamental, impondo um agir ao agente público competente. Tampouco obsta que se adicione à invalidação a determinação de condenação ao pagamento de perdas e danos (art. 11 da Lei n. 4.717/1965).

A ação popular se mostrará adequada sempre que a medida impugnada for nociva a (i) interesses públicos primários, como o ambiente e o patrimônio histórico e cultural, a exemplo da expedição de licenças ambientais para atividades altamente poluentes sem as devidas condicionantes; (ii) ao patrimônio público, abarcando bens e direitos de valor econômico, artístico, estético, histórico ou turístico, a exemplo de contratações com sobrepreço ou (iii) à moralidade administrativa, a exemplo da nomeação, para cargos comissionados, de pessoas em conflito de interesses com as funções que exercerá.

Essas três situações revelam que a ação popular configura um mecanismo extremamente relevante para a tutela de interesses metaindividuais. O cidadão que a ajuíza visa um benefício para além de seus próprios interesses. Seu objetivo é promover o respeito ao ordenamento jurídico.

O reconhecimento dessa função primordial da ação popular ocasiona algumas implicações. A uma, a função esclarece por que a Constituição garante a isenção de custas judiciais e ônus de sucumbência, salvo diante de comprovada má-fé do autor. A duas, a natureza metaindividual do bem tutelado justifica a **Súmula 101** do STF, segundo a qual o mandado de segurança não substitui a ação popular.

Em termos procedimentais, a ação popular será proposta sempre contra as entidades e as autoridades responsáveis pela medida ou omissão questionada, bem como contra os beneficiários diretos, quando conhecidos e determinados (art. 6º, *caput*, da Lei n. 4.717/1965). O Ministério Público deverá acompanhar a ação e, quando cabível, promoverá a responsabilidade civil ou criminal dos envolvidos (art. 6º, § 4º).

O trâmite da ação correrá pelo procedimento ordinário do CPC, mas sujeito a algumas peculiaridades indicadas na Lei n. 4.717/1965 (art. 7º), como (i) a possibilidade de que qualquer cidadão ou o Ministério Público prossigam com a ação em caso de desistência do autor (art. 9º) ou (ii) que recorram de decisões proferidas contra o autor da ação (art. 19, § 2º), bem como (iii) a eficácia *erga omnes* da coisa julgada, salvo quando improcedente por falta de provas (art. 18) e (iv) a sujeição ao duplo grau obrigatório para confirmação da sentença de carência ou de improcedência da ação pelo Tribunal competente (art. 19, *caput*).

23.5.9 Ação civil pública

Extremamente útil para assuntos da administração pública, a ação civil pública é remédio judicial sujeita a rito especial definido pela Lei n. 7.347/1985. Em comparação com as demais ações especiais de controle, a ACP (i) apresenta escopo mais amplo, pois serve para a tutela de inúmeros interesses públicos primários; (ii) não configura um meio exclusivo de controle estatal, podendo também ser interposta contra atos de particulares sem qualquer relação com o Estado ou com as funções administrativas e (iii) não está consagrada no art. 5º da Constituição, aparecendo sem grande detalhamento apenas no art. 129, inciso III. Esse dispositivo atribui ao Ministério Público a competência de promover inquérito civil e ação civil pública para a "proteção do patrimônio público e social, do meio ambiente e de outros interesses difusos e coletivos".

O regime jurídico criado pela Lei n. 7.347/1985, recepcionado pela Constituição de 1988, traz regras mais ampliadas quanto à utilidade da ACP e à legitimação, além de tratar de aspectos procedimentais relevantíssimos, tal como se demonstrará a seguir.

Os bens tutelados pela ACP consistem em **interesses públicos primários** em geral. O art. 1º da Lei n. 7.347/1985, ampliado por inúmeras leis anteriores, indica o uso da ação para promover a responsabilização por danos morais e patrimoniais causados ao meio ambiente; ao consumidor (aqui tomado de modo coletivo); a bens e direitos (igualmente metaindividuais) de valor artístico, estético, histórico, turístico e paisagístico; à ordem urbanística; à honra e à dignidade de grupos raciais, étnicos ou religiosos; ao patrimônio público e social. O art. 1º, IV é claro ao caracterizar esse rol de bens tutelados como meramente exemplificativos. Por conseguinte, qualquer outro interesse difuso ou coletivo aceita proteção por meio da ação em debate.

Importante para a delimitação do bem tutelado pela ACP é seu **caráter metaindividual**. O problema de um consumidor específico com uma loja não deve ser solucionado pelo remédio em questão, a não ser que revele um assunto que interesse às relações de consumo como um todo. Da mesma forma, irregularidades de uma construção urbanística específica somente poderão ser combatidas pela ação se tiverem impacto para a ordem urbanística em termos difusos ou coletivos.

Os **direitos ou interesses difusos** são metaindividuais indivisíveis e seus titulares se conectam por meio de uma situação fática. É o caso dos cidadãos afetados pela poluição do ar. Não há relação jurídica que os una, senão a mera circunstância de, como seres humanos, respirarem e serem prejudicados por uma mesma ação poluente. Os **direitos ou interesses coletivos**, de outra parte, são divisíveis e seus titulares equivalem a grupos, categorias ou classes de pessoas que se unem por uma relação jurídica base, como os moradores de um condomínio de lotes.

O art. 129, III, da Constituição da República e o art. 1º, IV, da Lei 7.437/1985 fazem menção expressa tão somente a interesses difusos e coletivos, ou seja, não apontam os **individuais homogêneos**, definidos pelo Código de Defesa do Consumidor como os "decorrentes de origem comum" (art. 81, parágrafo único, III). Porém, em linha com o que defende Carvalho Filho,[29] entendo que a omissão do ordenamento não afasta a possibilidade de uso da ACP para defesa desse tipo de interesse ou direito sempre que caracterizada a necessidade de tutela de bens partilhados por um conjunto de indivíduos.

Em todos esses casos, como se vislumbra, a ação civil pública deve ser manejada para responsabilização dos responsáveis por danos morais ou patrimoniais aos direitos ou interesses metaindividuais. Tanto faz se os danos já ocorreram (tutela repressiva) ou se estão por ocorrer (tutela preventiva). Nesse ponto, a ACP se diferencia da ação popular, cuja finalidade central consiste na invalidação de atos praticados pela Administração Pública ou quem lhe faça as vezes.

A **legitimidade** para ajuizamento da ACP também é diferente da aplicável à ação popular. De acordo com o art. 5º da Lei n. 7.347/1985, essa ação somente poderá ser ajuizada pelos Ministérios Públicos (federal, estaduais etc., isoladamente ou em litisconsórcio facultativo), pela Defensoria Pública, pela União, pelos Estados, Distrito Federal, pelos Municípios, por autarquia, empresa pública, fundação estatal ou sociedade de econômica mista.

Como se verifica, todos esses legitimados ativos são pessoas jurídicas estatais. Particulares em geral não possuem legitimidade para utilizar o remédio em questão com a exceção de *associações* constituídas há um ano no mínimo e que persiga, segundo os atos de sua instituição, o objetivo de proteger os interesses públicos que busca tutelar mediante ACP. Assim, por exemplo, uma associação privada constituída para tutelar exclusivamente a ordem urbanística, não está legitimada a ajuizar a ação diante de atos danosos apenas aos consumidores.

A legitimidade específica da Defensoria Pública foi introduzida na Lei da ACP pela Lei n. 11.448/2007 e merece destaque, pois foi questionada pela Associação Nacional dos Membros do Ministério Público (CONAMP) na ADI 3943. De acordo com a Associação, a Defensoria somente poderia atuar para defender hipossuficientes e seria praticamente impossível verificar se os beneficiados nos casos concretos se limitariam a pessoas carentes. Todavia, em julgamento de 2015, o STF entendeu que a legitimidade da Defensoria é compatível com a Constituição, sobretudo diante da redação do art. 134, que lhe confere a missão de promover direitos humanos e defender direitos individuais e coletivos. Ademais, a Ministra Carmen Lúcia pontuou que a ampliação da legitimidade é favorável ao acesso à justiça e à cidadania.

Em termos procedimentais, a ACP segue rito próprio definido por sua lei de regência. A princípio, a ação é precedida de inquérito civil realizado pelo Ministério

---

29. CARVALHO FILHO, José dos Santos. *Ação civil pública*, 7ª ed. Rio de Janeiro: Lúmen Juris, 2009, p. 30-33.

Público. A função principal desse expediente é verificar a existência de fundamentos para a propositura da ação. Se o inquérito for arquivado, seus autos serão remetidos ao controle do Conselho Superior do MP, que poderá homologar o arquivamento ou rejeitá-lo (art. 9º).

Durante o inquérito ou após ajuizada a ação, qualquer titular poderá tomar dos interessados compromissos de ajustamento de conduta (TAC), tornando o processo desnecessário (art. 5º, § 6º). As exigências e obrigações negociadas nos ajustamentos de conduta necessitam ter relação direta com o bem tutelado e buscar, sempre que possível, promover a reparação dos danos, deixando-se a indenização e pagamentos para segundo plano. Parece-me imprescindível à luz do princípio da moralidade administrativa que as obrigações do termo de ajustamento guardem relação lógica com o objeto tutelado. Por exemplo, se um determinado acordo for negociado para reparar ou prevenir danos ao ambiente, nenhum sentido fará prever medidas para beneficiar a população carente ou os consumidores. O conteúdo do acordo necessita guardar pertinência com o que se deseja tutelar na ACP, tornando-se imoral que seja empregado para extrair vantagens de toda ordem, descoladas completamente do objeto do inquérito civil ou da ação civil pública.

Uma vez instaurado o processo judicial a pedido de qualquer dos legitimados, o juiz poderá conceder liminar mediante cumprimento dos requisitos legais (art. 12) e o Ministério Público, quando não intervier como parte, atuará obrigatoriamente como fiscal da lei (art. 5º, § 1º). O Poder Público e as Associações legitimadas poderão sempre habilitar-se como litisconsortes (art. 5º, § 2º). Já o abandono da ação ou a desistência infundada, quando proposta por associação, fará que o Ministério Público ou outro legitimado assuma a titularidade (art. 5º, § 3º).

Caso se dê provimento à ACP, a sentença ensejará condenação em dinheiro (revertido a fundo) ou determinação de cumprimento de obrigação de fazer ou não fazer sob pena de execução específica ou multa diária (art. 3º e art. 11 da Lei n. 7.347/1985). Apesar da redação legal, entendo que, por razoabilidade, deve o juiz verificar se a correção ou prevenção do dano é viável por meio de comportamentos reparatórios que desfaçam os efeitos danosos sobre o objeto tutelado. A meu ver, a determinação de indenização se guia pela subsidiariedade, ou seja, caberá quando não for possível ou não houver utilidade de se restabelecer a situação anterior. O objetivo da ação não é gerar recursos financeiros para fundos públicos, mas, essencialmente, promover a defesa de interesses públicos em sua perspectiva metaindividual, daí a importância de que as indenizações sejam estabelecidas somente de maneira subsidiária.

Embora a lei não trate de determinação de invalidação de atos ou contratos, o Judiciário poderá entender cabível essa determinação para que a ação atinja seu objetivo de repressão de danos ou sua prevenção. A esse respeito, Carvalho Filho agrega que a finalidade anulatória encontra fundamento em diversos mandamentos legais (art. 51, § 4°, do CDC e art. 25, IV, 'b', da Lei Orgânica Nacional do Ministério Público, Lei n. 8.625/1993).[30]

A despeito do mandamento contido na sentença da ACP, os efeitos da coisa julgada valerão *erga omnes*, mas nos "limites da competência territorial do órgão prolator". Por exemplo, se a sentença for expedida pela justiça estadual do Rio Grande do Norte, seus efeitos se limitarão a esse território estadual. No entanto, a eficácia não será *erga omnes* quando a sentença julgar improcedente o pedido por falta de provas. Nesses casos, para proteger os interesses públicos, os legitimados poderão intentar outra ação com idêntico fundamento, agregado de novas provas (art. 16). Essa norma legal visa claramente a evitar que ações mal instruídas por certos legitimados e, por isso, julgadas improcedentes se transformem em um obstáculo para a efetiva tutela de relevantes interesses ou direitos da coletividade.

23.6 CONTROLE DA ADMINISTRAÇÃO POR MASC

23.6.1 Definição e fundamentos

Os "métodos adequados" ou "**métodos alternativos de solução de conflitos**" (MASC) representam caminhos alternativos ao sistema judicial tradicional. Trata-se de um conjunto de ferramentas mais flexíveis, colaborativas e eficientes para lidar com conflitos e superá-los. Apesar de alguma resistência inicial, sobretudo diante da atuação de particulares no lugar de juízes, esses mecanismos foram paulatinamente aceitos pelo direito administrativo e passaram a ser utilizados com frequência crescente na solução de conflitos, sobretudo relativos a direitos patrimoniais disponíveis.

Os métodos alternativos variam bastante em termos de funcionamento, custos e celeridade. Alguns fazem surgir decisões impositivas à Administração Pública. Isso se vislumbra na arbitragem e em alguns tipos de comitês de resolução de disputas. Outros não ocasionam a imposição de mandamentos comportamentais aos entes estatais em conflito, resumindo-se a tentativas de aproximação das partes em conflito ou à apresentação de meras recomendações.

A despeito dessa variedade de métodos, entendo que todos eles despontam como uma nova forma de controle da Administração Pública. Afinal, destinam-se a verificar os comportamentos estatais ou comportamentos de sujeitos que se relacionam com o Estado, por exemplo, em razão de contratos administrativos. A partir dessa verificação, os MASC trazem medidas de correção de comportamentos e de superação de conflitos, atuando de modo análogo ao controle judicial, mas sem envolver necessariamente um controlador estatal.

---

30. CARVALHO FILHO, José dos Santos. *Manual de direito administrativo*, 31ª ed. São Paulo: Atlas, 2017, p. 1145.

No direito administrativo, esses mecanismos têm se proliferado por meio de previsões legais pontuais e gerais. A Lei de Mediação e a Lei de Arbitragem fazem referência direta ao uso de MASC pela Administração Pública, embora com algumas limitações e regras próprias. Para além disso, encontra-se a previsão específica desses mecanismos na legislação de licitações (art. 151 da Lei n. 14.133/2021), de concessões (art. 23-A da Lei n. 8.987/1995, inserido em 2005) e de desapropriação (art. 10-B do Decreto-Lei n. 3.365/1941, inserido em 2019).

23.6.2 Vantagens potenciais

Várias são as vantagens potenciais que têm justificado o fortalecimento dos MASC no direito administrativo. Em primeiro lugar, eles ganharam destaque pela capacidade de promover eficiência e **celeridade** na solução de conflitos em comparação com o Poder Judiciário. Isso resulta, de um lado, da possibilidade de se escolher especialistas na matéria controlada e que suscita conflito e, de outro, da maior flexibilidade no tocante aos ritos procedimentais e aos prazos.

Em segundo lugar, a **flexibilidade procedimental** e a celeridade do MASC podem ocasionar uma significativa redução de custos para as partes em conflito em comparação com o que se despenderia em um demorado processo judicial. Muitos dos mecanismos alternativos independem de contratação de advogados e prescindem de etapas procedimentais complexas. A remuneração dos terceiros que atuam na solução do conflito, porém, recai diretamente sobre as partes, diferentemente do que ocorre no Judiciário, que, apesar de recolher taxas próprias, tem grande parte de seus custos e despesas cobertos por dotações orçamentárias públicas, formadas com impostos da população.

Em terceiro lugar, os envolvidos no conflito gozam de **maior autonomia** e controle sobre o MASC que sobre o processo judicial. As pessoas podem decidir o que será objeto desses meios de solução de conflitos dentro dos limites da lei, bem como definir quem conduzirá o procedimento e como isso ocorrerá. No direito administrativo, essa autonomia é relativa, mas ainda assim existe. Assim, é possível afirmar que os MASC abrem espaço para participação mais ativa das partes na estruturação do ambiente de solução do conflito e essa participação tende a estimular a concordância com as decisões estipuladas.

Em quarto lugar, esses instrumentos de solução em questão valorizam bastante a comunicação e o **diálogo** das partes em conflito, de modo a favorecer a preservação dos relacionamentos e a tranquilidade para a busca de melhores soluções. A menor conflituosidade é fundamental, sobretudo para conflitos envolvendo partes em relação contínua e duradoura, como os contratantes nas longuíssimas concessões de serviços públicos. Em casos como esses, mais que solucionar o conflito, busca-se preservar a estabilidade e a efetividade da relação no intuito de evitar conflitos futuros.

Em quinto lugar, os MASC ampliam as formas de solução de controvérsias, deixando que as partes optem pelo instrumento que demonstre **maior adequação** a cada tipo específico de conflito. Por exemplo, em um contrato de concessão de serviços públicos, é possível estabelecer mediação e conciliação para controvérsias simples e prever o uso de comitê de disputas para questões técnicas de engenharia. A arbitragem ficaria reservada aos conflitos mais graves sobre direitos patrimoniais disponíveis e o Judiciário figuraria como instância subsidiária para solucionar conflitos não arbitráveis e complexos.

Em sexto lugar, por todos os motivos apontados, os mecanismos alternativos também contribuem para a **desjudicialização**, contribuindo para desafogar o Poder Judiciário e torná-lo mais célere e eficiente. Afinal, a redução do estoque permite que os magistrados se concentrem em um conjunto menor de processos e, por isso, consigam lhes dedicar mais tempo e atenção. Aqui se percebe a importância de o ordenamento autorizar o Estado a usar esses mecanismos para controlar e resolver os conflitos em que ele mesmo se envolve. Certos entes estatais são grandes litigantes e, por isso, permitir que utilizem métodos alternativos ao Judiciário é crucial para reduzir a judicialização e combater os males atrelados a ela.

23.6.3 Conciliação, mediação e outros meios

A conciliação e a mediação podem ser chamadas de mecanismos de "controle suave" sobre a Administração Pública. A razão para essa denominação é simples. A submissão do Estado a esses mecanismos de solução de conflitos não ocasiona um dever de aceitar qualquer decisão imposta por terceiro. Enquanto as decisões judiciais e arbitrais vinculam o comportamento estatal, as manifestações de mediadores e conciliadores não são impositivas.

Apesar dessa peculiaridade, entendo possível inserir tanto a mediação quanto a conciliação no rol de instrumentos de controle do Estado pelo fato de que, para solucionar um conflito, ambas as técnicas envolvem operações de identificação de falhas ou ilegalidades e a busca de caminhos para superá-las. O controle está embutido na resolução da controvérsia. Resta saber, porém, como os mecanismos se diferenciam.

Basicamente, a **mediação** é realizada por um terceiro imparcial, denominado mediador, que se coloca ao lado da Administração Pública e dos demais sujeitos em conflito para auxiliá-los na construção de uma solução. O mediador não entrega a solução. Ele guia as partes a encontrá-la. Seu papel se resume a orientar as partes em conflito de maneira flexível e com o objetivo de superar de modo pontual o conflito deflagrado. Sob essas circunstâncias, as capacidades analíticas e comunicativas do mediador são cruciais, pois viabilizam que as partes identifiquem seus eventuais erros e acertos, os interesses em jogo, os pontos de divergência e de convergência, as alternativas e suas respectivas vantagens e desvantagens, conferindo-lhes autonomia para superar a controvérsia.

Diferentemente da mediação, a **conciliação** é guiada por um terceiro que, ao agir, oferece soluções às partes envolvidas no conflito, sem qualquer tipo de imposição. O papel do conciliador é identificar pontos de convergência e trabalhar na estruturação de soluções para o problema, superando a dificuldade das partes de encontrar um caminho para superar a controvérsia. Isso revela que suas funções são mais proativas e propositivas que a de um mero mediador. Não obstante, a autonomia das partes é igualmente preservada, já que não estão obrigadas a se submeter à solução proposta.

No Brasil, a mediação e a conciliação se fortaleceram a partir da Lei n. 13.140/2015. Nesse diploma se encontram os princípios, as diretrizes e os procedimentos para o uso dessas duas importantes ferramentas. Entre outros mandamentos, a lei prevê que os Tribunais criarão centros judiciários de solução consensual de conflitos com o objetivo de realizar conciliação e mediação, buscando estimular a autocomposição (art. 24). Já o capítulo II da lei se dedica a traçar regras sobre a "autocomposição de conflitos em que for parte pessoa jurídica de direito público", mostrando-se extremamente importante para o direito administrativo. Em apertada síntese, esse capítulo da Lei n. 13.140:

- Faculta que a União, os Estados e os Municípios criem **câmaras de prevenção e resolução administrativa de conflitos** no âmbito de seus órgãos de advocacia pública (art. 32, *caput*). Essas instâncias servirão para dirimir conflitos entre órgãos e entes da Administração; para avaliar pedidos de resolução de conflitos por composição nas controvérsias da Administração com particulares e para negociar **termos de ajustamento de conduta**. Uma vez criadas, a Administração poderá optar entre submeter um conflito ao Judiciário ou utilizar as câmaras nos casos previstos em regulamento de cada ente federado (art. 32, § 2º). Porém, a lei veda expressamente sujeitar às câmaras os conflitos que dependam de atos do Poder Legislativo (art. 32, § 4º);

- Autoriza, transitoriamente, a utilização do regime privado de mediação e de conciliação para solucionar conflitos envolvendo a Administração Pública até que as referidas câmaras venham a ser instituídas (art. 33);

- Prevê a suspensão da prescrição em razão da instauração de procedimento administrativo para resolução consensual de conflitos no âmbito da Administração Pública (art. 34). A instauração equivale ao momento de emissão do juízo de admissibilidade, retroagindo os efeitos suspensivos da prescrição à data do pedido da resolução do conflito;

- Cria o instrumento da **transação por adesão** como técnica de solução de conflitos de massa envolvendo a Administração Pública direta ou indireta da União e particulares. Para tanto, exige-se parecer e autorização do Advogado-Geral da União (art. 35). Esse formato de acordo é definido em resolução administrativa e tem como característica marcante a deflagração de efeitos gerais. Trata-se de um instrumento pró-consensual destinado à superação de conflitos de massa envolvendo o Estado. Exatamente por isso, somente se aplica a casos conflitivos idênticos e em favor das pessoas que se habilitarem de maneira tempestiva. Em vez de litigar com a Administração, o envolvido no conflito poderá aderir à transação formulada pelo órgão público. Isso implicará sua renúncia automática ao direito que fundamenta ações judiciais ou recursos pendentes (art. 35, § 4°). Contudo, a adesão não ocasionará a renúncia tácita à prescrição, nem sua interrupção ou suspensão (art. 35, § 6°);

- Estipula que controvérsias envolvendo exclusivamente órgãos ou entidades de direito público que integram a Administração Federal devem ser solucionadas pela AGU por meio da composição extrajudicial (art. 36, *caput*).[31] Se não houver acordo entre os entes públicos em conflito, recairá sobre o Advogado-Geral da União o dever de dirimir a controvérsia com fundamento na legislação (art. 36, § 1°). Ademais, se o conflito for objeto de ação de improbidade, o acordo envolvendo os entes públicos dependerá de anuência expressa do juiz (art. 36, § 4°);

- Faculta os Estados e Municípios, suas autarquias e fundações, bem como as empresas estatais federais a se valer da AGU para buscar a composição extrajudicial de conflitos com ente das Administração Pública federal (art. 37);

- Traz regras especiais quanto a conflitos relativos a tributos administrados pela Secretaria da Receita Federal do Brasil ou créditos inscritos em dívida ativa da União (art. 38);

- Exige prévia autorização do Advogado-Geral da União para a propositura de ação judicial em que figurem concomitantemente nos polos ativo e passivo órgãos ou entidades de direito público da Administração Pública federal (art. 39); e

- Prevê que servidores e empregados públicos envolvidos em processos de composição extrajudicial de conflitos somente responderão na esfera civil, administrativa ou criminal quando, por dolo ou fraude, receberem vantagem patrimonial indevida, permitirem ou facilitarem sua recepção por terceiro ou para tal concorrerem (art. 40). Essa norma tem o claro intuito de proteger os agentes públicos que atuam na solução de controvérsias.

23.6.4 Comitê de resolução de disputas

Sobretudo no campo dos contratos administrativos, é comum que surjam questões muito específicas e cuja solução dependa de conhecimento técnicos extrajurídicos. Contratos públicos para edificação de obras, realização de serviços de

---

[31] Esse dispositivo legal faz referência apenas a pessoas de direito público, excluindo as empresas estatais federais de seu âmbito.

engenharia ou desenvolvimento de projetos complexos, por exemplo, suscitam debates pormenorizados sobre tamanho de tubulações e fios, qualidade de materiais, técnicas de impermeabilização e pintura, qualidade do solo e estrutura geológica, entre outros temas distantes e estranhos ao direito. Por isso, submeter a juristas conflitos sobre assuntos dessa natureza geraria nenhuma ou reduzidíssima utilidade. Para resolver essas questões, é indubitavelmente mais útil ouvir um ou um conjunto de especialistas com formação pertinente e capazes de oferecer respostas mais adequadas e aprofundadas.

É sob essas circunstâncias que entra em jogo o comitê de resolução de disputas (CRD). Esse instrumento de solução de conflitos técnicos foi trazido do direito norte-americano, em que aparece como *"dispute resolution board"* (DRB) ou *"dispute adjudication board"* (DAB). Inicialmente, a menção do instituto no direito nacional ocorreu em atos normativos locais. Exemplo disso é a Lei Paulistana n. 16.873/2018, de iniciativa do vereador Caio Miranda, e posteriormente regulamentada na gestão do Prefeito Bruno Covas no Decreto n. 60.067/2021. Esses diplomas locais introduziram os "Comitês de Prevenção e Solução de Disputas em contratos de obras públicas e de execução continuada".

Seguindo esse movimento, a Lei de Licitações de 2021 consagrou de maneira expressa o comitê de resolução de disputas (art. 151 da Lei n. 14.133) e o submeteu a algumas regras gerais, igualmente aplicáveis à arbitragem. No tratamento extremamente sucinto do tema conferido pela LLIC, esses comitês estão limitados a resolver questões sobre direitos patrimoniais disponíveis, como as que tenham impacto sobre a equação de equilíbrio econômico-financeiro de contratos administrativos, inadimplemento de obrigações contratuais e cálculo de indenizações (art. 151, parágrafo único). Para além dessas poucas regras gerais, a lei exige que se estipulem critérios isonômicos, técnicos e transparentes para a escolha dos membros dos comitês (art. 154). Embora a lei não mencione, é possível e útil aplicar, nessa escolha, o credenciamento para celebração de contratos padronizados.[32]

Afora esses parâmetros básicos, a LLIC nada mais indica, tornando essencial que se teçam algumas considerações sobre as várias características possíveis desses comitês.

Em relação à **composição**, os CRD geralmente são formados por um grupo de especialistas em número ímpar com o objetivo de evitar empates decisórios. Esse grupo geralmente abrange três membros, mas pode envolver mais que isso. O importante é que a quantidade de membros não se eleve indevidamente a ponto de comprometer a decidibilidade, ou seja, a capacidade de decidir de maneira rápida e eficiente. Comitês muito grandes são nocivos, pois aumentam custos e ocasionam lentidão decisória.

---

32. Para mais sobre o credenciamento, cf. o terceiro volume deste manual, em especial, o capítulo sobre licitações.

Quanto aos **membros**, é fundamental que se garanta a participação de profissionais com conhecimentos técnicos aprofundados sobre aspectos do objeto contratado, além de autonomia e isenção em relação às partes contratantes. Como os CRD são comuns para contratos de obras e projetos complexos, é frequente sua composição por engenheiros, geólogos, arquitetos ou profissionais congêneres. Isso não obsta, porém, que juristas formem o comitê, sempre ao lado dos demais especialistas. Entendo que a participação de, ao menos, um profissional do direito é bastante recomendável, sobretudo porque contratos públicos são guiados pela legalidade administrativa e a autonomia das partes é fortemente limitada pelo legislador. Além disso, é preciso zelar pela devida processualidade na solução de conflitos. Para além da adequação da formação profissional, a autonomia e isenção do CRD recomendam que cada membro seja indicado por uma das partes contratantes e os dois membros então apontem o terceiro, que atuará como presidente.

No tocante ao **funcionamento**, é possível diferenciar os comitês permanentes e os comitês pontuais, transitórios ou *ad hoc*. Os permanentes acompanham o contrato desde o seu início. Isso os torna os membros mais familiares com as questões e conflitos das partes, de modo a permitir que tomem decisões rápidas e coerentes umas com as outras. Porém, ao mesmo tempo, a atuação constante tende a elevar os custos, onerando as partes. Já os comitês pontuais são formados para lidar com problemas específicos ao longo da execução, razão pela qual se exaurem com o proferimento da decisão ou recomendação. Por isso, os custos que geram às partes tendem a ser menores.

Em relação à **decisão**, os CRD gozam ora de mero poder de recomendação, assemelhando-se à conciliação, ora de poder de expedir decisões vinculantes às partes, aproximando-se da arbitragem, mas sem a definitividade que lhe é inerente. Em qualquer caso, a expedição de decisões ou recomendações somente ocorrerá após uma das partes submeter questões ao comitê, que as examinará, coletará provas e proferirá sua manifestação técnica.

Dada a presença de controvérsia, apesar do silêncio da LLIC, entendo fundamental que esses comitês respeitem a ampla defesa e o contraditório ao atuarem sobre conflitos envolvendo a Administração Pública e particulares, sem prejuízo da flexibilidade das partes para estipular os procedimentos e os prazos dentro dos parâmetros definidos pela legislação. A inafastabilidade da ampla defesa e do contraditório é resultado expresso de norma constitucional, aplicável sempre que a Administração utilizar qualquer procedimento para tratar de situação adversarial (art. 5º, LV).

Em síntese, a grande vantagem dos comitês de resolução de disputas, consagrados na LLIC de 2021, é oferecer resolução rápida e eficiente de conflitos extremamente técnicos e extrajurídicos, frequentes em obras e projetos complexos. Ao agir com apoio de especialistas e solucionar questões especializadas, os comitês contribuem para a continuidade das atividades contratadas, para a boa relação entre as partes, assim como para evitar processos judiciais ou arbitrais, com as delongas e os desgastes típicos desses meios de solução de controvérsias mais complexos. Reitero, porém, que a LLIC não dá detalhes sobre o funcionamento desses comitês, cabendo aos entes federativos a tarefa de criar suas próprias normas antes de utilizá-los.

23.6.5 Arbitragem: aspectos gerais

A arbitragem nada mais é que um processo não estatal de solução impositiva de controvérsias por um árbitro ou tribunal arbitral. A decisão arbitral é final e vinculante, substituindo a necessidade de provimento judicial. No Brasil, esse instituto é objeto da Lei n. 9.307/1996, alterada pela Lei 13.129/2015 para incluir normas explícitas sobre o uso da arbitragem pela Administração Pública. Paralelamente à Lei Geral de Arbitragem, muitos diplomas de direito administrativo tratam do assunto, como a já mencionada legislação de licitações, de concessões e de desapropriações.

A consolidação da arbitragem como meio não estatal de solução de controvérsias e sua expansão para o campo da Administração Pública vinculam-se fortemente com a busca de mais segurança jurídica, sobretudo em áreas que demandam elevados investimentos e parcerias de longo prazo entre o setor público e o privado. Como sustentei alhures,[33] um dos fatores centrais à criação de um ambiente de estabilidade e segurança que estimule os particulares a assumir riscos em novos empreendimentos reside na possibilidade de se solucionar, com celeridade e eficácia, eventuais conflitos derivados das relações jurídicas em que eles se inserem. O mesmo pressuposto vale para a relação dos cidadãos e igualmente de investidores com a Administração Pública. Para atrair investimentos e parceiros privados, o Poder Público necessita demonstrar que é capaz de resolver conflitos emergentes de seus negócios com seriedade, profissionalismo e eficiência.

A segurança jurídica não esgota, porém, as razões que motivam o uso crescente da arbitragem no âmbito da Administração Pública, sobretudo das relações contratuais. Em linha com os demais MASC, a arbitragem oferece vantagens potenciais como (i) maior celeridade em comparação com o processo judicial; (ii) alta flexibilidade procedimental; (iii) maior tecnicidade; (iv) elevada confiabilidade e (v) menores custos em certos casos.

Os ganhos de **celeridade** resultam de um procedimento contencioso não estatal e diferenciado, no qual as possibilidades de questionamento da decisão são reduzidas e os prazos de julgamento são menores. A Lei de Arbitragem, em seu artigo 21, prevê que se aplica o procedimento que as partes assim estabelecem para a solução do litígio. Isso abre uma infinidade de caminhos procedimentais. As partes podem buscar a trajetória desejada em determinadas instituições especializadas ou dele-

---

33. MARRARA, Thiago; PINTO, João Otávio Torelli. Arbitragem e Administração Pública – considerações sobre propostas de alteração da legislação. *Revista de Direito Público da Economia*, n. 46, 2024, p. 223 e ss.

gar ao árbitro a tarefa de traçar os procedimentos. Com isso, oferece-se um meio de configuração procedimental aberta e extremamente flexível, na medida em que o legislador não precisa expressar sua vontade para que trâmites sejam alterados.

Todavia, existem certos parâmetros legais que guiam e, por vezes, limitam a liberdade das partes, como a regra relativa ao tempo de elaboração da decisão final. De acordo com a Lei de Arbitragem, quando não houver estipulação entre as partes, os árbitros deverão proferir a sentença no prazo máximo de 6 (seis) meses. Esse prazo se inicia com a instituição da arbitragem ou da substituição do árbitro e, ao longo do procedimento, somente se alterará mediante comum acordo entre as partes e o próprio árbitro (art. 23 da Lei n. 9.307/1996). Como o prazo de seis meses não é regra cogente, mas sim regra de mera aplicação subsidiária, nem sempre garantirá efetivamente que a arbitragem será mais célere que a resolução de conflitos judiciais. Há muitas arbitragens em que as partes convencionam prazos de postulação e defesa bastante alargados e bem maiores que os do processo judicial. Esse alongamento procedimental se justifica por vezes em razão da complexidade do caso e da necessidade de se construir com calma uma boa solução, deixando-se a celeridade em segundo plano.

Apesar dessas situações especiais, a celeridade do processo arbitral é uma vantagem potencial que não pode ser negada e que está diretamente relacionada à ausência de um sistema recursal propriamente dito. Após a sentença, a legislação nacional limita o direito de petição das partes à solicitação de correção de erro material ou de esclarecimento de algum ponto obscuro, dúvida ou contradição da mesma (art. 30 da Lei n. 9.307/1996). Ademais, os prazos de interposição desse pedido e de seu julgamento são extremamente exíguos, equivalendo, respectivamente, a cinco e dez dias. No entanto, com a edição da Lei 13.129 de 2015, passou-se a permitir a alteração desses prazos por vontade das partes. Essa modificação deu a possibilidade de se tornar o processo mais lento ou mais célere.

Outra vantagem potencial da arbitragem é a **flexibilidade**, que resulta tanto da faculdade no tocante ao seu uso, quanto da possibilidade de escolha de árbitros e do procedimento. É possível que as partes optem pela arbitragem mediante convenção arbitral, que toma forma ou de "cláusula compromissória" em contrato ou, na ausência de disposição contratual, de compromisso arbitral, judicial ou extrajudicial. Ademais, no direito privado, é possível decidir se a arbitragem se guiará pelo direito ou pela equidade e escolher livremente as regras de direito aplicáveis, desde que não haja violação dos bons costumes e da ordem pública (art. 2º da Lei de Arbitragem). Vale alertar, porém, que essa flexibilidade inexiste em conflitos envolvendo a Administração Pública. Nesses casos, será imprescindível julgar de acordo com a legalidade administrativa.

Uma terceira vantagem da arbitragem reside na **tecnicidade**, ou seja, na análise e no julgamento da controvérsia por especialistas. Ao contrário do que ocorre no âmbito judicial, a legislação permite que as partes selecionem os árbitros dentre quaisquer pessoas capazes. O árbitro não necessita ser bacharel em direito, não precisa sequer ter concluído terceiro grau, nem apresentar conhecimento notório em qualquer área. Isso abre espaço para que a escolha recaia sobre indivíduos com aprofundado conhecimento em direito ou outras áreas técnicas, como economia, administração e engenharia. Toda essa liberdade na escolha dos julgadores representa, notadamente, uma grande vantagem em relação ao Judiciário. Afinal, juízes são necessariamente bacharéis em direito, mas nada garante que detenham conhecimento aprofundado quer na área jurídica que permeia o conflito, quer em questões técnicas de ordem extrajurídica.

Outras duas vantagens potenciais da arbitragem são a confiabilidade e a redução de custos. A maior **confiabilidade** indica a presença de grau amplificado de confiança das partes no julgador ou no conjunto de julgadores que compõem o tribunal arbitral, uma vez que eles são escolhidos pelos envolvidos no conflito e, a princípio, detentores de conhecimentos adequados ao julgamento do caso, o que certamente leva a decisões mais acertadas e menos sujeitas a críticas. Não bastasse isso, o controle de neutralidade dos julgadores é extremamente cuidadoso. Já a *redução de custos* tende a resultar da celeridade na resolução do conflito e da maior confiabilidade nas decisões, que desestimula a contestabilidade. Assim, embora o custo da arbitragem se mostre bastante elevado em certos casos por conta da estrutura especializada e das instituições envolvidas, o gasto tende a ser menor quando comparado com o gerado pelo processo judicial em virtude da celeridade procedimental e da qualidade da decisão.

23.6.6 Avanço legislativo da arbitragem

Em sua redação originária, a Lei de Arbitragem de 1996 não se referia de modo explícito a conflitos envolvendo a Administração Pública ou a contratos administrativos. Suas regras se resumiam a explicitar que o instituto da arbitragem se limitava a conflitos relativos a direitos patrimoniais disponíveis. Aos poucos, porém, a legislação brasileira se transformou para absorver o instituto e outros MASC. Após muitos debates, concluiu-se ser benéfico oferecer ao Estado caminhos alternativos ao Poder Judiciário, dado que eles podem ser mais adequados para a boa resolução de certos conflitos.

Note-se bem: não digo que a arbitragem e outros MASC são necessariamente mais adequados em qualquer caso. Esses instrumentos muitas vezes se revelam como uma boa alternativa ao Judiciário, mas desde que observadas certas condições e as características dos conflitos em jogo. É por isso que as cláusulas de solução de controvérsias necessitam ser muito bem pensadas e elaboradas, evitando-se a busca por soluções mágicas ou idealizadas para os conflitos que envolvem a Administração Pública. Mais que isso, é preciso escalonar os instrumentos de solução de controvérsias, deixando-se os mais caros e complexos como última alternativa.

Feitas essas advertências introdutórias, cabe rememorar como a arbitragem se robusteceu e se consolidou no direito administrativo. Esse movimento ganhou força especialmente em 2005, quando a Lei de Concessões foi alterada e passou a incluir o art. 23-A, falando de arbitragem. Dez anos mais tarde, em 2015, novo avanço ocorreu. A Lei n. 13.129 alterou vários comandos da Lei Geral de Arbitragem, incluindo um § 1º no art. 1º com a seguinte redação: "a *Administração Pública direta e indireta* poderá utilizar-se da arbitragem para dirimir conflitos relativos a *direitos patrimoniais disponíveis*" (g.n.).

Em 2019, foi a vez de incluir o instituto em questão no Decreto-Lei 3.365/1941, que trata de desapropriações por utilidade ou necessidade públicas. Seguindo essa linha, em 2021, a Lei de Licitações também consagrou a arbitragem para as frequentes controvérsias contratuais envolvendo a Administração Pública. A respeito, seu art. 152 dispõe que a "arbitragem será sempre de *direito* e observará o princípio da *publicidade*". Já o art. 153 permite que se use a arbitragem mesmo para contratos que não a prevejam, bastando que se realize o aditamento, enquanto o art. 154 exige uso de critérios isonômicos, técnicos e transparentes para a escolha dos árbitros.

Desses vários dispositivos legais extraem-se algumas questões relevantes sobre a arbitragem envolvendo a Administração Pública. É preciso verificar: (i) o limite da arbitrabilidade subjetiva e objetiva; (ii) os impactos do princípio da legalidade; (iii) os impactos do princípio da publicidade e (iv) os do princípio da impessoalidade, sobretudo na escolha das instituições envolvidas.

23.6.7 Peculiaridades da arbitragem na Administração

A *arbitrabilidade* indica a possibilidade de uso da arbitragem. A subjetiva aponta as pessoas que podem se valer da arbitragem e, nesse particular, a legislação brasileira é clara: tanto as pessoas de direito público, quanto as pessoas estatais de direito privado estão autorizadas a utilizar esse mecanismo de solução de controvérsia. Assim, a União, os Estados, o Distrito Federal, os Municípios, as autarquias, as associações, fundações e empresas estatais podem usar a arbitragem dentro ou fora de relações contratuais.

Ocorre que a arbitrabilidade subjetiva não basta para validar o uso do MASC em tela. É preciso considerar igualmente a **arbitrabilidade objetiva**. Cumpre verificar se o objeto da controvérsia é passível de arbitragem. Nesse sentido, tanto a Lei n. 9.307/1996, quanto a Lei de Licitações são claras: sujeitam-se à arbitragem somente os conflitos relativos a **direitos patrimoniais disponíveis**. O problema é que nem a Lei de Arbitragem, nem a LLIC definem essa expressão, o que gera inúmeras dúvidas e estimula questionamentos de arbitragens em curso ou já finalizadas.

Sob esse contexto, mostra-se imprescindível a compreensão do conceito a partir de seus componentes essenciais: as ideias de patrimônio e de disponibilidade. Em apertada síntese, patrimônio é o conjunto de relações jurídicas de relevância econômica que expressa o conjunto de riquezas de uma pessoa física ou jurídica. De um lado, patrimônio bruto é expressão que abarca bens e relações jurídicas positivas (ou seja, de crédito). De outro, patrimônio líquido inclui o resultado que decorre da riqueza total menos débitos. Isso serve para demonstrar que as relações jurídicas patrimoniais são as que envolvem valores e, em última instância, estão associadas a conflitos de natureza econômica em sentido amplo. Tais relações não estão circunscritas ao campo estrito das atividades econômicas, nem das relações contratuais. A patrimonialidade aparece em inúmeras funções administrativas, com ou sem natureza contratual. É o que se vislumbra nas ações estatais de restrição da propriedade privada, como a desapropriação, na responsabilização civil por danos, nas alterações de contratos públicos etc.

Sucede que nem todas as relações patrimoniais são disponíveis e, portanto, suscetíveis de arbitragem. A disponibilidade pode ser analisada tanto pelo viés processual, quanto pelo material. Cintra, Grinover e Dinamarco consideram que ela designa: "(...) a liberdade que as pessoas têm de exercer ou não seus direitos. Em direito processual tal poder é configurado pela possibilidade de apresentar ou não sua pretensão em juízo, bem como de apresentá-la da maneira que melhor lhes aprouver e renunciar a ela (desistir da ação) ou a certas situações processuais. Trata-se do princípio da disponibilidade processual". No processo civil, grande parte das questões é caracterizada pela disponibilidade, a qual acaba derivando da disponibilidade do direito que está no centro do litígio. Daí que a disponibilidade processual vai sofrer limitações "quando o próprio direito material é de natureza indisponível, por prevalecer o interesse público sobre o privado".[34]

Ao trazer o debate para o campo específico dos bens, César Pereira resgata a origem da disponibilidade no direito romano, ou melhor, na diferenciação entre os bens sujeitos ou não sujeitos à comercialidade privada. Segundo o autor,[35] há três categorias de bens inalienáveis no direito atual: a) os naturalmente indisponíveis (ex.: o ar, o mar); b) os legalmente indisponíveis (ex.: bens públicos de uso comum e especial); c) os inalienáveis pela vontade humana (e.g. em razão de certas doações ou sucessões). Caso o bem não se enquadre em nenhuma das categorias, aí sim se poderia afirmar que sua situação de (in)disponibilidade depende do exercício de uma mera faculdade de seu proprietário.

Essa ideia de disponibilidade é útil, mas não esgota o tema, já que nem todos os assuntos podem ser trabalhados sob a perspectiva da alienabilidade. Assim, entendo que a disponibilidade pode ser interpretada de maneira mais ampla para abranger todos os assuntos de natureza patrimonial e que se submetem à discricionariedade

---

34. CINTRA, Antônio Carlos de Araújo; GRINOVER, Ada Pellegrini; DINAMARCO, Cândido Rangel. *Teoria geral do processo*, 26ª ed. São Paulo: Malheiros, 2010, p. 66.
35. PEREIRA, César Guimarães. Arbitragem e Administração Pública na jurisprudência do STJ. In: PEREIRA, César Guimarães; TALAMINI, Eduardo (Coord.). *Arbitragem e Poder Público*. São Paulo: Saraiva, 2010, p. 451-452.

do administrador público. Se o legislador reputa que o administrador pode decidir se realiza algo ou não (discricionariedade de ação) ou se atribui certo conteúdo a uma determinada decisão (discricionariedade de conteúdo), então essas questões são disponíveis. Porém, nos aspectos em que os assuntos estão vinculados ao comando legal, sem alternativas decisórias, não há disponibilidade. Portanto, inexistirá arbitrabilidade objetiva para o conflito envolvendo a Administração Pública.

Uma segunda discussão sobre a arbitragem na Administração Pública diz respeito à inafastabilidade do princípio da legalidade, que deve ser entendido como juridicidade, ou seja, legalidade em sentido amplo, de maneira a absorver também os princípios e normas não escritas. De acordo com a Lei 9.307/1996, "a arbitragem que envolva a administração pública será **sempre de direito** (...)" (art. 2º, § 3º). Isso significa que o ordenamento jurídico-administrativo jamais poderá ser ignorado ou colocado em segundo plano diante de regras de outros ramos. Em um conflito envolvendo contratos públicos, por exemplo, não se poderá aplicar normas da teoria geral dos contratos ou do Código Civil com preferência a normas específicas da legislação própria. Esses detalhes do direito administrativo tornam especialmente importante a indicação de árbitros que conheçam bem a matéria.

Mais que isso, o respeito à legalidade repele a arbitragem por equidade nos casos de que participa a Administração Pública. Melhor dizendo: veda-se o uso da equidade substitutiva no julgamento. De acordo com Carmona, esse tipo de julgamento permitiria que os árbitros elegessem "as situações em que a norma não merece mais aplicação, ou porque a situação não foi prevista pelo legislador, ou porque a norma envelheceu e não acompanhou a realidade, ou porque a aplicação da norma causará injusto desequilíbrio entre as partes".[36] Porém, a legalidade administrativa não autoriza esse tipo de técnica. É óbvio que os árbitros podem interpretar a legislação administrativa, mas não podem ignorá-la, nem a substituir por uma decisão baseada no sentimento de justiça. Como aponta Guilherme Reisdorfer,[37] como o administrador público está obrigado a observar constantemente os mandamentos determinados pelo povo por meio da legislação, seria estranho julgar o caso com suporte em normas outras que não as determinadas pela própria sociedade. Isso traria um elemento surpresa indevido para a regulação de conflitos públicos, geraria extrema insegurança para os gestores e ainda subverteria a lógica do Estado democrático.

Uma terceira questão importante para as arbitragens com a Administração Pública diz respeito à **transparência**. De modo geral, muitos conflitos arbitrais são solucionados de modo sigiloso. Porém, se aplicada em conflitos públicos, essa técnica contrariará o princípio democrático, o dever de transparência e o direito de acesso à informação da população quanto a assuntos de interesse difuso e coletivo. Mais que

---

36. CARMONA, Carlos Alberto. *Arbitragem e processo*. São Paulo: Atlas, 2009, p. 65.
37. REISDORFER, Guilherme Dias. A estrutura e a flexibilidade do procedimento arbitral. In: PEREIRA, Cesar Guimarães; TALAMINI, Eduardo (Coord.). *Arbitragem e Poder Público*. São Paulo: Saraiva, 2010, p. 319.

isso, a falta de transparência gera o que chamo de "**invisibilidade da jurisprudência**" e dificulta enormemente o exame de casos pretéritos.

Por esses e outros motivos, a arbitragem deverá ser necessariamente pública e transparente, vedando-se o sigilo, salvo no tocante às hipóteses compatíveis com a lei de acesso a informações. Nessa linha de análise, também se posiciona Amaral, sustentando a possibilidade de sigilo tão somente nos casos de informações que, se abertas a todos, poderiam acarretar risco à segurança da sociedade e do Estado.[38] Agregue-se a isso o caso de informações que possam lesar gravemente a honra, imagem, a intimidade ou a vida privada de outrem, bem como informações comerciais que possam distorcer o bom funcionamento da concorrência, ou outras informações sensíveis protegidas por lei.

Na prática, é preciso verificar como a transparência será garantida. A princípio, entendo que o dever primário de zelar pela publicidade recai sobre a Administração Pública, que detém canais de comunicação com a população e não encontra dificuldades para disponibilizar as peças processuais para sua análise. Esse dever primário da Administração deve ser estendido às câmaras de arbitragem e instituições congêneres que venham a ser contratadas ou credenciadas pelo Estado. Assim, será essencial incluir nos documentos de formalização da escolha da instituição arbitral os seus papéis exatos na concretização ao princípio da publicidade.

Em quarto lugar, nas arbitragens com a Administração, é preciso que se dedique especial atenção ao princípio da impessoalidade, seja em relação às câmaras, seja em relação aos árbitros, consultores, advogados públicos e peritos que venham a atuar no caso. Todo e qualquer sujeito capaz de influenciar a decisão arbitral deve ser isento de conflitos de interesses e não se enquadrar em situações de suspeição ou impedimento. Para mapear essas situações, é prudente que se verifique o cumprimento de requisitos de imparcialidade, como os contidos na LPA federal, no CPC, no CPP, em regulamentos de câmaras arbitrais e documentos internacionais de referência. Nessa análise, os sujeitos envolvidos também desempenham um papel fundamental. De um lado, cabe às partes as impugnações de indicações de árbitros e as arguições de impedimento ou suspeição. De outro lado, cabe aos árbitros o *dever de revelação* de qualquer fato que denote dúvida justificada quanto à sua imparcialidade e independência (art. 14, § 1º da Lei n. 9.307/1996 e ADPF 1050). Substancialmente, o árbitro deve revelar esses fatos quando solicitado ou de ofício, sempre que já não sejam públicos e acessíveis às partes.

No tocante à escolha da Câmara, especificamente, o cumprimento da objetividade necessita ser regulamentado. Na prática, um instituto útil para a escolha é a do **credenciamento** previsto na LLIC, dada a inviabilidade de competição e a

---

38. AMARAL, Paulo Osternack. Vantagens, desvantagens e peculiaridades da arbitragem envolvendo o Poder Público. In: PEREIRA, Cesar Guimarães; TALAMINI, Eduardo (Coord.). *Arbitragem e Poder Público*. São Paulo: Saraiva, 2010, p. 344-345.

possibilidade de se utilizar a contratação padronizada e simultânea de diversas câmaras que tenham interesse. Antes mesmo da Lei de Licitações de 2021, que instituiu o procedimento auxiliar de credenciamento para todos os entes federativos, a União adotava essa solução. O art. 10 do Decreto Federal n. 10.025/2019 prevê credenciamento de câmaras arbitrais pela AGU, desde que respeitados vários requisitos, como funcionamento da entidade há no mínimo três anos, reconhecida idoneidade, competência e experiência, além de regulamento próprio em língua portuguesa.

23.7 CONTROLE SOCIAL DA ADMINISTRAÇÃO

23.7.1 Definição e fundamentos

O Estado é uma construção social. No modelo democrático, o povo funda o Estado e o sustenta para perseguir finalidades públicas e promover direitos fundamentais. Isso fica bastante claro no art. 1º, *caput*, da Constituição da República, que aponta a cidadania e a dignidade da pessoa como fundamentos do Estado brasileiro. Já o parágrafo único reconhece que "todo poder emana do povo, que o exerce por meio de representantes eleitos ou diretamente, nos termos desta Constituição". Com essas palavras, o Brasil consagra o modelo democrático.

A Constituição da República revela que o Estado não existe sem o povo, nem atua senão para beneficiá-lo, ainda quando limita suas liberdades e direitos. As funções e os poderes dos entes estatais são conferidos e delimitados pela sociedade por meio de seus representantes eleitos. Como o poder estatal se enraíza no povo, ele mesmo pode exercê-lo, inclusive no sentido de fiscalizar as ações dos Poderes Públicos e pleitear medidas de correção de irregularidades ou ilegalidades ora diretamente, ora com apoio de órgãos e entes oficiais de controle.

Sob esse contexto normativo, o controle social é o que um ou vários cidadãos, isoladamente ou reunidos em entidades representativas, exercem sobre o Estado e, por conseguinte, sobre a Administração Pública. Classificar esse controle social como interno ou externo não é adequado, porque, o controle social por vezes se realiza sem instâncias estatais, mas, em grande parte das situações, associa-se a meios de controle estatal e deles frequentemente depende para ser bem-sucedido.

Exemplo maior do controle social dissociado de estruturas estatais e realizado diretamente são os movimentos populares e suas manifestações públicas, como as ocorridas em 2013 a respeito dos aumentos no transporte coletivo urbano. Baseada na liberdade constitucional de reunião pacífica (art. 5º, XVI, da Constituição), essa forma de controle social da Administração Pública é direta e independente de mecanismos administrativos. Seu uso busca chamar a atenção das autoridades para uma medida ou política que gera insatisfação popular, sem se valer de instrumentos oficiais de controle. Exatamente por isso, classificar o controle social como interno ou externo não é possível, nem gera utilidade. Mais adequado, a meu ver, é tratá-lo de acordo com os tipos de mecanismos utilizados. Seguindo essa lógica, é pertinente apartar:

(i) O **controle social direto** sobre a Administração Pública, que se caracteriza pela pressão da população sem o uso de qualquer meio ou órgão oficial de controle, a exemplo do realizado por meio da imprensa, dos movimentos populares ou por reuniões para fins lícitos em logradouros públicos;

(ii) O **controle social indireto por peticionamento**, diferentemente, inclui recursos administrativos, representações, manifestações e outros tipos de pedidos a órgãos públicos. Ao pedir, o povo impulsiona os órgãos estatais a se movimentar no sentido de avaliar os comportamentos ou fatos questionados e, eventualmente, determinar a correção e a apuração de responsabilidades; e

(iii) O **controle social indireto por participação**, por exemplo, em audiências, consultas, plebiscitos, referendos, convenções, conselhos, entre outros meios ou instâncias pró-consensuais em que os cidadãos apreciam as medidas da Administração Pública, visando a identificar sua regularidade e legalidade.

Essa proposta de classificação tripartite merece alguns esclarecimentos. Em primeiro lugar, o controle social chamado de direto se diferencia das categorias de controle indireto pela independência ou dependência dos cidadãos em relação a órgãos oficiais de controle para exercer suas finalidades. No direto, a população atua fora de instâncias estatais e sem o uso de instrumentos administrativos. Já no indireto, o povo atua, mas sua ação controladora somente se torna efetiva porque o Estado oferece meios de peticionamento ou de participação. Aqui, o controle social depende do próprio aparato estatal.

Em segundo lugar, a classificação que sugiro revela que a participação popular está atrelada apenas a uma das três categorias de controle. Isso demonstra que "participação popular" e "controle social" são conceitos que não se confundem, embora se interpenetrem.

A **participação popular** persegue finalidades próprias e amplas. Ela serve para o controle, mas não se esgota nisso. Mecanismos participativos também se destinam a fortalecer a democratização, a gestão consensual e a viabilizar a colaboração do povo na construção, implementação e avaliação de políticas públicas, decisões administrativas e outras formas de ação administrativa, como planos, contratos e procedimentos. Dada a variedade desses mecanismos participativos, Paulo Modesto os classifica quanto à eficácia da ação (vinculantes e não vinculantes); quanto à matéria e à estrutura (consultivos ou executivos).[39]

---

39. Cf. MODESTO, Paulo. Participação popular na Administração Pública: mecanismos de operacionalização. *Revista Eletrônica de Direito do Estado*, n. 2, 2005, p. 5-6.

De outra parte, o controle propriamente dito equivale ao monitoramento e à verificação da legalidade do comportamento da Administração Pública. Essas tarefas podem ser rotuladas como sociais, ainda que não envolvam interação direta com o Estado ou o emprego de canais participativos. Melhor dizendo: existe controle social mesmo sem participação popular. Veja o exemplo do controle direto por meio da liberdade de reunião. Não há dúvida de que se trata de espécie de controle social, ainda que independa de instrumentos de direito administrativo, como audiências, consultas ou conselhos. Há controles sociais, porém, que necessitam da interação do cidadão com o Estado, como o controle social por peticionamento e o controle por participação popular, comentados a seguir.

23.7.2 Controle social por peticionamento

O controle social indireto por peticionamento indica todas as situações em que o ordenamento jurídico reconhece ao cidadão, isoladamente ou em conjunto, o poder de levar informações a órgãos ou entes estatais de controle e lhes solicitar providências no sentido de monitorar e/ou corrigir irregularidades ou ilegalidades praticadas pela Administração Pública, bem como de apurar responsabilidades dos sujeitos envolvidos. Trata-se de modalidade de controle indireto, pois, de acordo com a classificação aqui proposta, a atuação do cidadão depende dos órgãos públicos. São eles que examinam as petições e, quando cabível, tomam as providências necessárias para fins de controle.

Em última instância, essas formas de controle se fundamentam no art. 5º, XXXIV, 'a' da Constituição, que garante a todos o **direito de petição aos Poderes Públicos em defesa de direitos ou contra ilegalidade ou abuso de poder**". Esse comando não se resume a garantir o direito de pedir. Seu conteúdo vai muito além, porque destaca o papel do direito de petição como ferramenta de proteção da sociedade contra o Estado. Trata-se de arma fundamental de controle contra qualquer desvio, abuso ou ilegalidade, ou qualquer afronta às normas que o povo, por meio de seus representantes, estipulou como guias ao funcionamento dos entes estatais.

A partir do direito de petição, desdobram-se inúmeros mecanismos específicos pelos quais a sociedade pede direta ou indiretamente algo ao Estado com o objetivo de controlá-lo. Muitos desses mecanismos restam consagrados expressamente no texto da Constituição da República, dado seu papel histórico no processo de redemocratização. Isso se vislumbra nas normas que:

- Autorizam qualquer pessoa a apresentar "petições, reclamações, representações ou queixas" contra "atos ou omissões das autoridades ou entidades públicas" às comissões permanentes ou temporárias do Congresso Nacional (art. 58, § 2º, IV);

- Reconhecem que qualquer cidadão é parte legítima para "propor ação popular que vise a anular ato lesivo ao patrimônio público ou de entidade de que o Estado participe, à moralidade administrativa, ao meio ambiente e ao patrimônio histórico e cultural" (art. 5º, LXXIII);

- Reconhece a iniciativa popular como mecanismos da soberania do povo (art. 14, III) e exige que a Lei Orgânica dos Municípios reconheça a "iniciativa popular de projetos de lei de interesse específico do Município, da cidade ou de bairros, através da manifestação de, pelo menos, cinco por cento do eleitorado" (art. 29, XIII);

- Garante o direito de manifestação dos cidadãos e requer a regulamentação das "reclamações relativas à prestação dos serviços públicos em geral, asseguradas a manutenção de serviços de atendimento ao usuário e a avaliação periódica, externa e interna, da qualidade dos serviços" (art. 37, § 3º, I);

- Confere o direito de pedir acesso a registros administrativos e informações sobre atos de governo (art. 37, § 3º, II) e o direito de pedir informações de seu "interesse particular, ou de interesse coletivo ou geral, que serão prestadas no prazo da lei" (art. 5º, XXXIII);

- Garante o direito de representação contra o exercício negligente ou abusivo de cargo, emprego ou função na administração pública (art. 37, § 3º, III); e

- Permite que qualquer cidadão, partido político, associação ou sindicato, na forma de lei, denuncie "irregularidades ou ilegalidades perante o Tribunal de Contas da União" (art. 74, § 2º).

No âmbito infraconstitucional, essas regras constitucionais são detalhadas e ampliadas. Apenas para ilustrar, a Lei da Ação Civil Pública (Lei n. 7.347/1985) autoriza qualquer pessoa a "provocar a iniciativa do Ministério Público, ministrando-lhe informações sobre fatos que constituam objeto da ação civil e indicando-lhes os elementos de convicção" (art. 6º). A Lei de Acesso a Informações trata dos pedidos de informações e as hipóteses excepcionais de sigilo. Já a Lei de Defesa dos Usuários de Serviços Públicos inclui no conceito de manifestação "reclamações, denúncias, sugestões, elogios e demais pronunciamentos de usuários que tenham como objeto a prestação de serviços públicos e a conduta de agentes públicos..." (art. 2º, V, da Lei n. 13.460/2017).[40]

Em última instância, essas várias normas constitucionais e legais atestam o quanto dito ao início. Apesar de o legislador utilizar ferramentas e conceitos distintos, como representações, denúncias, queixas, reclamações, representações ou recursos, entre outros, todos esses meios possuem uma raiz comum: o direito fundamental de pedir providências ao Estado para afastar irregularidades, ilegalidades, desvios ou abusos praticados por seus agentes. No exercício desse direito fundamental, ora o

---

40. Um panorama dos mecanismos de proteção do usuário de serviço público foi apresentado no capítulo de serviços públicos dentro do segundo volume deste manual.

cidadão se dirige aos órgãos de controle interno, ora aos órgãos de controle externo inseridos nos três Poderes.

De nada valerá esse amplo rol de instrumentos constitucionais garantidores do direito fundamental de petição sem que se garanta, porém, um **dever reflexo de resposta estatal**. É preciso que o cidadão, ao exercitar o controle social sobre autoridades, encontre o respaldo, a cooperação, orientação e o apoio necessários dos órgãos demandados. Daí a necessidade de sustentar como consequência essencial e inevitável do direito de petição o dever estatal de responder. Cabe aos órgãos públicos oferecer reações oficiais, fundamentadas e em prazo razoável a toda e qualquer denúncia, queixa, manifestação, recurso ou qualquer outra petição com finalidade de controle estatal. Mais que isso, a temática impõe recordar que a Administração Pública, por força da moralidade administrativa, submete-se a um dever de cooperação, devendo sempre agir para facilitar os direitos dos cidadãos (art. 3º, I, da LPA federal).[41]

Em razão da dependência entre petição e resposta como requisito para o sucesso do controle social, tem tornado extremamente relevante o debate acerca do "dever de decidir" e das implicações da inércia administrativa. Na legislação, esse debate estimulou a consagração de regras mais claras sobre prazos para decidir e sobre o silêncio da Administração Pública.[42] Estimulou igualmente a consagração legal de vias administrativas e judiciais de peticionamento. Nesse particular, de especial relevância para o direito administrativo brasileiro atual é o papel dos sistemas de controle interno, sobretudo pelas ouvidorias, regulamentadas em detalhes pela Lei de Defesa dos Usuários de Serviços Públicos (Lei n. 13.460/2017).[43]

23.7.3 Delação por terceiros ("whistleblowing")

Dentre os instrumentos de controle social por peticionamento incluem-se os pedidos que os cidadãos direcionam aos órgãos oficiais de controle com informações sobre possíveis irregularidades, abusos, fraudes ou ilegalidades, solicitando sua apreciação e providências seja para invalidar atos ilegais, seja para punir os responsáveis. É nesse conceito que se enquadra a figura do *"whistleblowing"*, ou seja, da denúncia ou delação realizada espontaneamente por cidadãos.

Diferentemente do que ocorre nos acordos de leniência, em que a delação provém de um infrator confesso e que passa a operar como colaborador do Estado na instrução de processos administrativos sancionatórios, o *"whistleblower"* ou delator é uma pessoa, física ou jurídica, que revela informações acerca de condutas potencialmente ilegais, antiéticas ou fraudulentas, de outras pessoas físicas ou jurídicas.

---

41. Sobre o assunto, confira os comentários ao princípio da moralidade no primeiro volume deste manual.
42. Esses tópicos foram abordados em mais detalhes no capítulo de processo administrativo dentro do terceiro volume deste manual.
43. Cf. o capítulo de serviços públicos no volume III deste manual.

Assim, diferentemente do que ocorre com o colaborador na leniência, que figura como acusado no processo administrativo e receber "descontos" nas penalidades, o delator é **mero colaborador externo**, não assumindo a condição de acusado. Ao entregar informações ou provas, ele permite que autoridades competentes fiscalizem, apurem irregularidades, determinem correções e instaurem eventuais processos de responsabilização dentro ou fora do direito administrativo. Em troca dessa colaboração, o Estado pode lhe oferecer recompensas e proteção contra eventuais retaliações dos delatados.

No Brasil, o instituto do delator, informante ou "**reportante**"[44] ganhou bastante destaque com a edição da sucinta Lei n. 13.608/2018, ainda pouco valorizada e debatida no direito administrativo. Conquanto essa normativa não utilize a palavra "*whistleblower*", proveniente do direito inglês, ela evidentemente introduz o instituto no direito brasileiro ao prever que:

- A União, os Estados, o Distrito Federal e os Municípios, bem como os entes de suas administrações indiretas, deverão manter unidade de ouvidoria ou correição, para "*assegurar a qualquer pessoa o direito de relatar informações sobre crimes contra a administração pública, ilícitos administrativos ou quaisquer ações ou omissões lesivas ao interesse público*" (art. 4º-A);

- Esses mesmos entes estatais, dentro do âmbito de suas competências, "*poderão estabelecer formas de recompensa pelo oferecimento de informações que sejam úteis para a prevenção, a repressão ou a apuração de crimes ou ilícitos administrativos*". Essa recompensa poderá assumir diferentes naturezas, desde honrarias, reconhecimentos ou, até mesmo, o pagamento de valores em espécie (art. 4º). Nesse sentido, de acordo com a lei, informações que resultarem em "recuperação de produto de crime contra a administração pública" poderão gerar ao informante uma recompensa de até 5% do valor recuperado (art. 4º-C, § 3º).

A Lei n. 13.608 é fundamental para o estudo do controle social, pois, em primeiro lugar, obriga todas as esferas federativas a instituir canais de denúncias com finalidades amplas e capacidade para tratar de informações sobre: (i) infrações ocorridas ou que possam ocorrer; e (i) infrações penais ou administrativas. Em segundo lugar, faculta que as unidades da federação criem políticas de incentivo ao controle social por meio de informantes, oferecendo-lhes recompensas, inclusive em dinheiro.

Ocorre que nenhum sistema de controle social desse gênero será efetivo sem que conte com mecanismos de proteção dos cidadãos que se dispõem a prestar informações sobre ilegalidades e solicitar providências ao Estado. Exatamente por isso, a Lei n. 13.608/2018 confere ao delator ou informante uma série de direitos

---

44. Sobre as dificuldades terminológicas do instituto no Brasil e suas raízes no direito estrangeiro, cf. a excelente pesquisa de RAFIH, Rhasmye El. *Whistleblowing, delinquência econômica e corrupção*. São Paulo: Tirant lo Blanch, 2022, em geral.

relevantíssimos, como os de (i) **preservação de sua identidade**, a ser revelada apenas por interesse público ou interesse concreto na apuração de fatos, sempre mediante comunicação prévia ao sujeito e mediante sua concordância formal (art. 4°-B) e de (ii) **proteção contra retaliação** ao exercício do direito de relatar, como "demissão arbitrária, alteração injustificada de funções ou atribuições, imposição de sanções, de prejuízos remuneratórios ou materiais de qualquer espécie", entre outras (art. 4°-C).

Mais que isso, de acordo com a Lei n. 13.608, qualquer medida de retaliação configurará infração disciplinar grave e sujeitará o agente público envolvido à demissão a bem do serviço público (art. 4°-C, § 1°), além de gerar ao informante retaliado direito de ressarcimento em dobro pelos "danos materiais causados por ações ou omissões praticadas (...), sem prejuízo de danos morais" (art. 4°-C, § 2°).

Esse regime jurídico torna a figura do "whistleblower" central no exercício do chamado controle social indireto da Administração Pública brasileira. Ao impor a criação de canais de denúncia, facultar a recompensa e garantir direitos básicos aos informantes, a lei estimula claramente que o instituto venha a ser utilizado com crescente frequência. Será preciso, contudo, monitoramento dessa estratégia para evitar desvios e abusos, mormente diante dos riscos para fins de lesão indevida à imagem e à honra de agentes públicos. Por isso, todo e qualquer pedido de apresentação de informações necessita de investigação cuidadosa e responsável.

23.7.4 Controle por participação popular

O segundo grupo de controle social indireto abrange os mecanismos baseados na participação popular. Como reiterado antes, porém, é preciso separar claramente os dois conceitos. O controle social propriamente dito abrange o monitoramento da Administração Pública pelos cidadãos com o objetivo de promover correções de irregularidades ou ilegalidades. De outro lado, a participação popular consiste na contribuição do cidadão com o desempenho das funções administrativas, seja na preparação de decisões ou políticas, seja na sua aprovação ou durante sua execução. A finalidade maior da participação é a cooperação, o trabalho conjunto e apoio no exercício das funções estatais, além de promover a democratização e a consensualização.

É inegável que, ao utilizar certos mecanismos participativos, o cidadão também se informa sobre o que a Administração Pública executa e como os agentes públicos atuam. Esse incremento de transparência lhe possibilita monitorar os comportamentos estatais e trabalhar em medidas para correção de irregularidades ou ilegalidades, bem como para a promoção de responsabilização. É nesse sentido que a participação popular se interpenetra ao controle social. Contudo, não se confunde com ele, seja porque os mecanismos participativos servem para várias outras funções, seja porque o controle social pode ocorrer sem qualquer forma de participação nas atividades estatais.

Essa diferença conceitual não impede que se afirme uma relação positiva e de fortalecimento recíproco dos fenômenos. Sempre que o ordenamento jurídico consagra um novo mecanismo de participação popular, o controle social também se fortalece. Assim, como a Constituição de 1988, na esteira da redemocratização, promoveu fortemente os espaços de participação, ela automaticamente incrementou o controle social indireto, aqui entendido como aquele dependente de estruturas estatais.

Evidências desse movimento favorável ao incremento da participação popular se vislumbram em muitos mandamentos constitucionais. Apenas para exemplificar, a Constituição de 1988:

- Exige que se assegure a possibilidade de cooperação das **associações representativas** no planejamento municipal (art. 29, XII);
- Reconhece a participação popular por meio de **plebiscito** e do **referendo** para que o povo delibere sobre matéria de acentuada relevância, de natureza constitucional, legislativa ou administrativa (art. 14, I e II). De acordo com a legislação, no plebiscito, o povo é convocado *com anterioridade* ao ato legislativo ou administrativo para, pelo voto, aprovar ou denegar o que lhe tenha sido submetido (art. 2º, § 1º da Lei n. 9.709/1998). Já no referendo, o povo é convocado *com posterioridade* a ato legislativo ou administrativo, para o ratificar ou rejeitar (art. 2º, § 2º);
- Consagra as **consultas populares** sobre questões locais, as quais serão realizadas concomitantemente às eleições municipais e encaminhadas à Justiça Eleitoral até 90 (noventa) dias antes da data das eleições (art. 14, § 12 incluído pela EC n. 111/2021);
- Garante a participação dos trabalhadores e empregados nos colegiados dos órgãos públicos em que seus interesses profissionais ou previdenciários sejam objeto de discussão ou deliberação (art. 10);
- Prevê a participação da comunidade no SUS (art. 198, III); a participação de produtores e trabalhadores rurais, bem como dos setores de comercialização, armazenamento e de transportes na formulação da política agrícola (art. 187, *caput*); a participação da sociedade na formulação, monitoramento, controle e avaliação das políticas sociais em geral (art. 193); a gestão quadripartite, com participação dos trabalhadores, empregadores, aposentados, para além do governo, no sistema de seguridade social (art. 194, parágrafo único, VII); a participação da população no sistema nacional de cultura (art. 216-A, § 1º, X) etc.

As leis administrativas foram no mesmo caminho ao abrir gradualmente espaço para as mais variadas técnicas participativas. Nota-se, sobretudo, o aumento da reserva de assentos em órgãos públicos colegiados para representantes da sociedade (participação orgânica, sobretudo em conselhos), bem como o uso cada vez mais frequente de mecanismos procedimentais em questões pontuais (como se vislumbra nas audiências, nas consultas públicas e em conferências de políticas públicas).

Apesar de sua diversidade, os instrumentos apontados dividem aspectos comuns pelo seu caráter participativo, como também pelo regime jurídico das garantias que devem ser oferecidas aos participantes. Diferentemente do controle social por peticionamento, o controle por participação somente ocorrerá de maneira efetiva caso se garantam aos cidadãos ao menos quatro direitos básicos, a saber:

(i) O **direito a consultar** os autos de processos administrativos ou legislativos;

(ii) O **direito de se manifestar** de maneira oral ou por escrito;

(iii) O **direito à consideração** das manifestações apresentadas e

(iv) O **direito à resposta** fundamentada, individualizada ou comum a todos que apresentam considerações idênticas.

Esses direitos básicos dos participantes não estão consolidados em lei específica, mas se extraem de sua lógica de funcionamento e de certos diplomas legais, como as regras sobre consultas e audiências públicas na LPA federal. Sem a garantia desses quatro direitos, nenhuma participação será efetiva e, portanto, os instrumentos dialógicos não cumprirão sua função de viabilizar o controle social. Dada a relação entre os direitos e a efetividade do instrumento, mesmo quando lei específica não os apontar com precisão, eles deverão ser assegurados pelo Estado por derivarem de forma direta do poder que a Constituição atribui ao povo para controlar a Administração Pública, estimulando-a a cumprir seus desígnios primordiais.

23.8 SÚMULAS

SUPREMO TRIBUNAL FEDERAL

- Súmula n. 101: O mandado de segurança não substitui a ação popular.
- Súmula n. 248: É competente, originariamente, o Supremo Tribunal Federal, para mandado de segurança contra ato do Tribunal de Contas da União.
- Súmula n. 266: Não cabe mandado de segurança contra lei em tese.
- Súmula n. 267: Não cabe mandado de segurança contra ato judicial passível de recurso ou correição.
- Súmula n. 268: Não cabe mandado de segurança contra decisão judicial com trânsito em julgado.
- Súmula n. 269: O mandado de segurança não é substitutivo de ação de cobrança.
- Súmula n. 271: Concessão de mandado de segurança não produz efeitos patrimoniais em relação a período pretérito, os quais devem ser reclamados administrativamente ou pela via judicial própria.
- Súmula n. 304: Decisão denegatória de mandado de segurança, não fazendo coisa julgada contra o impetrante, não impede o uso da ação própria.

- Súmula n. 330: O STF não é competente para conhecer de mandado de segurança contra atos dos Tribunais de Justiça dos Estados.
- Súmula n. 347: O Tribunal de Contas, no exercício de suas atribuições, pode apreciar a constitucionalidade das leis e dos atos do Poder Público.
- Súmula n. 365: Pessoa jurídica não tem legitimidade para propor ação popular.
- Súmula n. 392: O prazo para recorrer de acórdão concessivo de segurança conta-se da publicação oficial de suas conclusões, e não da anterior ciência à autoridade para cumprimento da decisão.
- Súmula n. 405: Denegado o mandado de segurança pela sentença, ou no julgamento do agravo dela interposto, fica sem efeito a liminar concedida, retroagindo os efeitos da decisão contrária.
- Súmula n. 429: A existência de recurso administrativo com efeito suspensivo não impede o uso do mandado de segurança contra omissão da autoridade.
- Súmula n. 430: Pedido de reconsideração na via administrativa não interrompe o prazo para o mandado de segurança.
- Súmula n. 433: É competente o TRT para julgar mandado de segurança contra ato de seu presidente em execução de sentença trabalhista.
- Súmula n. 510: Praticado o ato por autoridade, no exercício de competência delegada, contra ela cabe o mandado de segurança ou a medida judicial.
- Súmula n. 512: Não cabe condenação em honorários de advogado na ação de mandado de segurança.
- Súmula n. 597: Não cabem embargos infringentes de acórdão que, em mandado de segurança, decidiu, por maioria de votos, a apelação.
- Súmula n. 622: Não cabe agravo regimental contra decisão do relator que concede ou indefere liminar em mandado de segurança.
- Súmula n. 623: Não gera por si só a competência originária do Supremo Tribunal Federal para conhecer do mandado de segurança com base no art. 102, I, n, da Constituição, dirigir-se o pedido contra deliberação administrativa do tribunal de origem, da qual haja participado a maioria ou a totalidade de seus membros.
- Súmula n. 624: Não compete ao Supremo Tribunal Federal conhecer originariamente de mandado de segurança contra atos de outros tribunais.
- Súmula n. 625: Controvérsia sobre matéria de direito não impede concessão de mandado de segurança.
- Súmula n. 626: A suspensão da liminar em mandado de segurança, salvo determinação em contrário da decisão que a deferir, vigorará até o trânsito em julgado da decisão definitiva de concessão da segurança ou, havendo recurso, até a sua manutenção pelo Supremo Tribunal Federal, desde que o objeto da liminar deferida coincida, total ou parcialmente, com o da impetração.

- Súmula n. 629: A impetração de mandado de segurança coletivo por entidade de classe em favor dos associados independe da autorização destes.

- Súmula n. 630: A entidade de classe tem legitimação para o mandado de segurança ainda quando a pretensão veiculada interesse apenas a uma parte da respectiva categoria.

- Súmula n. 631: Extingue-se o processo de mandado de segurança se o impetrante não promove, no prazo assinado, a citação do litisconsorte passivo necessário.

- Súmula n. 632: É constitucional lei que fixa o prazo de decadência para a impetração de mandado de segurança.

- Súmula n. 690: Compete originariamente ao Supremo Tribunal Federal o julgamento de *habeas corpus* contra decisão de turma recursal de juizados especiais criminais.

- Súmula n. 691: Não compete ao Supremo Tribunal Federal conhecer de *habeas corpus* impetrado contra decisão do Relator que, em habeas corpus requerido a tribunal superior, indefere a liminar.

- Súmula n. 692: Não se conhece de *habeas corpus* contra omissão de relator de extradição, se fundado em fato ou direito estrangeiro cuja prova não constava dos autos, nem foi ele provocado a respeito.

- Súmula n. 693: Não cabe *habeas corpus* contra decisão condenatória a pena de multa, ou relativo a processo em curso por infração penal a que a pena pecuniária seja a única cominada.

- Súmula n. 694: Não cabe *habeas corpus* contra a imposição da pena de exclusão de militar ou de perda de patente ou de função pública.

SÚMULAS VINCULANTES

- Súmula Vinculante n. 3: Nos processos perante o Tribunal de Contas da União asseguram-se o contraditório e a ampla defesa quando da decisão puder resultar anulação ou revogação de ato administrativo que beneficie o interessado, excetuada a apreciação da legalidade do ato de concessão inicial de aposentadoria, reforma e pensão.

- Súmula Vinculante n. 21: É inconstitucional a exigência de depósito ou arrolamento prévios de dinheiro ou bens para admissibilidade de recurso administrativo.

SUPERIOR TRIBUNAL DE JUSTIÇA

- Súmula n. 2: Não cabe o *habeas data* (CF, art. 5º, LXXII, letra "a") se não houve recusa de informações por parte da autoridade administrativa.

- Súmula n. 39: Prescreve em vinte anos a ação para haver indenização, por responsabilidade civil, de sociedade de economia mista.
- Súmula n. 105: Na ação de mandado de segurança não se admite condenação em honorários advocatícios.
- Súmula n. 169: São inadmissíveis embargos infringentes no processo de mandado de segurança.
- Súmula n. 177: O Superior Tribunal de Justiça é incompetente para processar e julgar, originariamente, mandado de segurança contra ato de órgão colegiado presidido por Ministro de Estado.
- Súmula n. 208: Compete à justiça federal processar e julgar prefeito municipal por desvio de verba sujeita a prestação de contas perante órgão federal.
- Súmula n. 209: Compete a justiça estadual processar e julgar prefeito por desvio de verba transferida e incorporada ao patrimônio municipal.
- Súmula n. 213: O mandado de segurança constitui ação adequada para a declaração do direito à compensação tributária.
- Súmula n. 329: O Ministério Público tem legitimidade para propor ação civil pública em defesa do patrimônio público.
- Súmula n. 333: Cabe mandado de segurança contra ato praticado em licitação promovida por sociedade de economia mista ou empresa pública.
- Súmula n. 373: É ilegítima a exigência de depósito prévio para admissibilidade de recurso administrativo.
- Súmula n. 376: Compete a turma recursal processar e julgar o mandado de segurança contra ato de juizado especial.
- Súmula n. 628: A teoria da encampação é aplicada no mandado de segurança quando presentes, cumulativamente, os seguintes requisitos: a) existência de vínculo hierárquico entre a autoridade que prestou informações e a que ordenou a prática do ato impugnado; b) manifestação a respeito do mérito nas informações prestadas; e c) ausência de modificação de competência estabelecida na Constituição Federal.
- Súmula n. 647: São imprescritíveis as ações indenizatórias por danos morais e materiais decorrentes de atos de perseguição política com violação de direitos fundamentais ocorridos durante o regime militar.

TRIBUNAL DE CONTAS DA UNIÃO

- Súmula n. 187: Sem prejuízo da adoção, pelas autoridades ou pelos órgãos competentes, nas instâncias, próprias e distintas, das medidas administrativas, civis e penais cabíveis, dispensa-se, a juízo do Tribunal de Contas, a tomada de contas especial, quando houver dano ou prejuízo financeiro ou patrimonial, causado por pessoa estranha ao serviço público e sem conluio com servidor da Administração Direta ou Indireta e de Fundação instituída ou mantida pelo Poder Público, e, ainda, de qualquer outra entidade que gerencie recursos públicos, independentemente de sua natureza jurídica ou do nível quantitativo de participação no capital social.

23.9 REFERÊNCIAS PARA APROFUNDAMENTO

ABBOUD, Georges. *Processo constitucional brasileiro*, 5ª ed. São Paulo: Thomson Reuters Brasil, 2021.

ACCIOLY, João Pedro. *Arbitragem em conflitos com a Administração Pública*. Rio de Janeiro: Lúmen Juris, 2019.

AFONSO DA SILVA, José. *Ação popular constitucional*. São Paulo: Malheiros, 2007.

AGUIAR, Ubiratan; ALBUQUERQUE, Marcio André S. de; MEDEIROS, Paulo Henrique R. *A Administração Pública sob a perspectiva do controle externo*. Belo Horizonte: Fórum, 2011.

BARROS, Laura Mendes Amando de. *Compliance e controle social do setor público*: auditorias democráticas. São Paulo: Quartier Latin, 2019.

CAMMAROSANO, Márcio (Org.). *Controle da Administração Pública*: temas atuais II. Rio de Janeiro: Lúmen Juris, 2016.

CARMONA, Carlos Alberto. *Arbitragem e processo*: um comentário à Lei n. 9.307/96, 4ª ed. São Paulo: Atlas, 2023.

CARVALHO FILHO, José dos Santos. *Ação civil pública*, 7ª ed. Rio de Janeiro: Lúmen Juris, 2009.

CARVALHO FILHO, José dos Santos; ALMEIDA, Fernando Dias Menezes de. *Tratado de Direito Administrativo*, v. 3: controle da administração pública e responsabilidade do Estado, 3ª ed. São Paulo: Thomson Reuters Brasil, 2022.

CARVALHO NETO, Antônio Alves de et al. *Sistema de Controle Interno da Administração Pública na União Europeia e no Brasil*. Belo Horizonte: Fórum, 2019.

CASTRO, Domingos Poubel de. *Auditoria, contabilidade e controle interno no setor público*, 7ª ed. São Paulo: Atlas, 2018.

CASTRO, Guilherme de Siqueira; FERREIRA, Olavo Augusto Vianna Alves. *Mandado de injunção*. Salvador: JusPodivm, 2018.

CHADDAD, Maria Cecília Cury. *A efetividade das normas constitucionais através do mandado de injunção*. Belo Horizonte: Fórum, 2011.

CONTI, José Maurício; MARRARA, Thiago; IOCKEN, Sabrina Nunes; CARVALHO, André Castro (Coord.). *Responsabilidade do gestor na Administração Pública*. Belo Horizonte: Fórum, 2022.

CONTI, José Maurício; MOUTINHO, Donato Volkers; NASCIMENTO, Leandro Maciel do (Coord.). *Controle da Administração no Brasil*. São Paulo: Blucher, 2022.

CUNHA, Leonardo Carneiro da. *A fazenda pública em juízo*. Rio de Janeiro: Forense, 2021.

DALLA PACCE, Carolina. Controle parlamentar da Administração Pública na legislação brasileira: a eficácia dos mecanismos de solicitação de informação. *RDDA*, v. 2, n. 1, 2014.

DI PIETRO, Maria Sylvia Zanella. Participação popular na Administração Pública. *Revista Trimestral de Direito Público*, n. 1, 1993.

FACCI, Lucio Picanço. *Meios adequados de resolução de conflitos administrativos*, 2ª ed. Rio de Janeiro: Lúmen Juris, 2021.

FARIA, Edimur Ferreira de (Org.). *Controle da Administração Pública direta indireta e das concessões*. Belo Horizonte: Fórum, 2018.

FELIPE, Renata Ribeiro. *Novos Meios de Controle da Administração Pública*: controle social e das políticas públicas. Belo Horizonte: Del Rey, 2018.

FERRAZ, Leonardo; LOBO, Luciana Mendes; MIRANDA, Rodrigo Fontenelle (Coord.). *Controle interno contemporâneo*. Belo Horizonte: Fórum, 2021.

FERRAZ, Luciano. *Controle e consensualidade*: Fundamentos para o controle consensual da Administração Pública (TAG, TAC, SUSPAD, acordos de leniência, acordos substitutivos e instrumentos afins), 2ª ed. Belo Horizonte: Fórum, 2020.

FRANÇA, Phillip Gil. *Controle da Administração Pública*: combate à corrupção, discricionariedade administrativa e regulação econômica, 4ª ed. São Paulo: Saraiva, 2016.

GOMES JÚNIOR, Luiz Manoel. *Comentários à Lei da Ação Popular*. São Paulo: Revista dos Tribunais, 2022.

GUERRA, Evandro Martins. *Controle externo da Administração Pública*, 4ª ed. Belo Horizonte: Fórum, 2019.

GUERRA, Evandro Martins. *Os controles externos e internos da administração pública*. Belo Horizonte: Fórum, 2005.

HACHEM, Daniel Wunder. *Mandado de injunção e direitos fundamentais*. Belo Horizonte: Fórum, 2010.

JORDÃO, Eduardo. *Controle judicial da Administração Pública complexa*. São Paulo: Malheiros, 2016.

JORDÃO, Eduardo. *Estudos antirromânticos sobre controle da Administração Pública*. Salvador: JusPodivum, 2022.

JUNQUEIRA, André Rodrigues. *Arbitragem nas parcerias público-privadas*: um estudo de caso. Belo Horizonte: Fórum, 2020.

LEMES, Selma. *Arbitragem na Administração Pública*: fundamentos jurídicos e eficiência econômica. São Paulo: Quartier Latin, 2007.

LIMA, Luiz Henrique. *Controle Externo*: teoria e jurisprudência para os tribunais de contas, 9ª ed. Rio de Janeiro: Forense; Método, 2021.

MANCUSO, Rodolfo Camargo. *Ação popular*. São Paulo: Revista dos Tribunais, 2019.

MARRARA, Thiago. Comitês de Resolução de Disputas na nova Lei de Licitações e Contratos. *Conjur*, 23 de julho de 2023.

MARRARA, Thiago; GONZALEZ, Jorge Agudo (Org.). *Controles da Administração e judicialização de políticas públicas*. São Paulo: Almedina, 2016.

MARRARA, Thiago; PINTO, João Otávio Torelli. Arbitragem e administração pública: considerações sobre propostas de alteração da legislação. *Revista de Direito Público da Economia*, v. 12, 2014.

MEDAUAR, Odete. *Controle da Administração Pública*, 4ª ed. Belo Horizonte: Fórum, 2020.

MEGNA, Bruno Lopes. *Arbitragem e Administração Pública:* fundamentos teóricos e soluções práticas. Belo Horizonte: Fórum, 2020.

MENDES, Gilmar Ferreira; MEIRELLES, Hely Lopes; WALD, Arnoldo. *Mandado de Segurança e Ações Constitucionais*, 37ª ed. São Paulo: Malheiros, 2016.

MILESKI, Hélio Saul. *O Controle da Gestão Pública*, 3ª ed. Belo Horizonte: Fórum, 2017.

MODESTO, Paulo. Participação popular na Administração Pública: mecanismos de operacionalização. *Revista Eletrônica de Direito do Estado,* n. 2, 2005.

MOREIRA NETO, Diogo de Figueiredo. *Direito da participação política*. Rio de Janeiro: Renovar, 1992.

MOREIRA, Antônio Júdice; NASCIMBENI, Asdrubal Franco; BEYRODT, Christiana (Coord.). *Mediação e arbitragem na Administração Pública*. São Paulo: Almedina, 2020.

MOREIRA, Rafael Martins Costa. *Direito administrativo e sustentabilidade*: o novo controle judicial da Administração Pública. Belo Horizonte: Fórum, 2017.

MOURA, Emerson Affonso da Costa; MENDONCA, Alex Assis de; PORTO, Márcia Maria Tamburini. *Controle e responsabilização na Administração Pública*: estudos em homenagem a José dos Santos Carvalho Filho. Rio de Janeiro: Institutas, 2020.

MOUTINHO, Donato Volkers. *Conta dos governantes:* apreciação das contas dos chefes de Poder Executivo pelos Tribunais de Contas do Brasil. São Paulo: Blucher, 2020.

PEREIRA, Cesar Guimarães; TALAMINI, Eduardo (Coord.). *Arbitragem e Poder Público*. São Paulo: Saraiva, 2010.

PEREZ, Marcos Augusto; SOUZA, Rodrigo Pagani (Org.). *Controle da Administração Pública*. Belo Horizonte: Editora Fórum, 2017.

POLEZZE, Rogério Volpatti. *Mandado de Injunção*: alcance, limitações e perspectivas. *Conteúdo Jurídico*, p. 05-30, 2014.

POZZO, Augusto Dal; MARTINS, Ricardo Marcondes (Org.). *Aspectos controvertidos do compliance na administração pública*. Belo Horizonte: Fórum, 2020.

RAFIH, Rhasmye El. *Whistleblowing, delinquência econômica e corrupção*: desafios para a consolidação de uma política geral de reportantes no Brasil. São Paulo: Tirant lo Blanch, 2022.

RIOS, Carolina Barbosa. *Gestão democrática da cidade:* a visão dos Tribunais. São Paulo: USP/FDRP (dissertação de mestrado), 2021.

ROSILHO, André (Org.). *Direito administrativo e controle de contas*. Belo Horizonte: Fórum, 2023.

SALLES, Carlos Alberto de; LORENCINI, Marco Antônio Garcia Lopes; SILVA, Paulo Eduardo Alves da (Coord.). *Negociação, mediação, conciliação e arbitragem*. Rio de Janeiro: Forense, 2021.

SANTOS, Rodrigo Valgas dos. *Direito administrativo do medo*, 2ª ed. São Paulo: Revista dos Tribunais, 2022.

SEABRA FAGUNDES, Miguel. *Controle jurisdicional dos atos administrativos pelo Poder Judiciário*, 5ª ed. Rio de Janeiro: Forense, 1979.

SOUZA, Patrícia Verônica Nunes Carvalho Sobral de. *O termo de ajustamento de gestão como forma de tutela de direitos sociais*. Belo Horizonte: Fórum, 2022.

TONIN, Maurício Morais. *Arbitragem, medição e outros métodos de solução de conflitos envolvendo o Poder Público*. São Paulo: Almedina, 2019.

ZYMLER, Benjamin. *Direito administrativo e controle*, 4ª ed. Belo Horizonte: Fórum, 2015.

24
RESPONSABILIDADE ADMINISTRATIVA

24.1 INTRODUÇÃO À TEORIA GERAL DA RESPONSABILIDADE

24.1.1 Sobre o conceito de responsabilidade

Antes de se ingressar no exame da responsabilidade administrativa propriamente dita, é imprescindível retornar à teoria geral para compreender alguns conceitos fundamentais da ciência jurídica. A despeito do ramo estudado, em linhas gerais, a responsabilidade equivale ao **estado jurídico de sujeição** de uma pessoa física ou jurídica a uma ou mais sanções negativas em razão de comportamento, seu ou de outrem, que caracterize infração ou que, embora lícito, acarrete dano antijurídico a outrem. A responsabilidade pressupõe: (a) um sujeito a quem se atribui (b) um comportamento infrativo ou a ocorrência de um dano antijurídico e que, por isso, (c) ocasiona punição contra si ou contra outrem (d) determinada ou autorizada pelo ordenamento jurídico.

O **responsável** é sempre uma pessoa, física ou jurídica, de direito público ou de direito privado. No modelo padrão de responsabilidade direta, esse sujeito se confunde com o **infrator**. Porém, nos modelos de responsabilidade indireta, esse sujeito é pessoa diversa do infrator, mas o ordenamento lhe imputa responsabilidade seja por um dever de cuidar, zelar ou fiscalizar, seja por uma relação jurídica de sucessão ao infrator, seja por se beneficiar dos seus comportamentos infrativos.

Num ou noutro modelo, as consequências da infração constituem **sanções negativas**, entendidas como atos de coerção que restringem ou limitam a liberdade, o patrimônio ou algum outro direito fundamental do responsável. A sanção se manifesta, por exemplo, no pagamento de multas, na perda de bens, na reparação de danos, na restrição à liberdade de iniciativa, na suspensão ou impedimento do exercício de direitos, como o de contratar, na perda de direitos adquiridos, como o de ocupar cargos públicos. Em todas as situações, a sanção tem natureza coercitiva, impondo-se a despeito da vontade do responsável. Em compensação, sua validade jurídica depende do devido processo sancionador, seja como processo administrativo, seja como processos criminais e civis, tanto na esfera interna quanto na internacional.

O **comportamento** capaz de ocasionar a responsabilidade ora é uma infração, ora um comportamento lícito, não infrativo, mas gerador de dano antijurídico.

Essa conduta pode ser tanto comissiva (ação), quanto omissiva (inação), de autoria própria do responsável, de autoria conjunta ou de autoria alheia. Como dito, o ordenamento prevê a responsabilidade das pessoas tanto por condutas suas, isoladas ou associadas às de outros sujeitos, quanto por condutas alheias. Existem modelos de **responsabilidade direta** do infrator e, em situações excepcionais indicadas pela legislação, **responsabilidade indireta, responsabilidade solidária e responsabilidade subsidiária**. Por exemplo, o Estado como pessoa jurídica responde diretamente na esfera civil pelos comportamentos danosos que seus agentes públicos cometem a terceiros. Responde também na esfera trabalhista, mas apenas subsidiariamente, pelos encargos laborais que as empresas por ele contratadas não honrem. Já no tocante aos encargos previdenciários, a responsabilidade é solidária a das empresas que contrata.

A despeito das formas comportamentais e dos modelos apontados, as razões subjacentes à responsabilidade jurídica se resumem basicamente a duas.

A primeira delas reside na **ilicitude do comportamento**, a despeito de seus resultados práticos. Um sujeito poderá ser responsabilizado pelo simples fato de agir ou deixar de agir, de maneira a violar o ordenamento, ainda que nenhum dano efetivo resulte do comportamento. A mera conduta desconforme à norma desponta como o fundamento da responsabilização, pois a norma no contexto democrático é expressão da vontade do povo e, consequentemente, afrontá-la é a princípio uma conduta socialmente indesejada. Isso se vislumbra na responsabilização do condutor de veículo automotor que extrapola os limites de velocidade nas rodovias, a despeito de estar sozinho na via e de causar ou não qualquer acidente.

A segunda razão a justificar a responsabilidade se encontra no **dano antijurídico** ocasionado a alguém, direta ou indiretamente. Certos sistemas de responsabilidade dependem da comprovação de um efeito negativo sobre um objeto, uma situação ou uma pessoa ou, ao menos, da comprovação da sua potencialidade. Exemplo desse último modelo se vislumbra na responsabilidade por infração contra a ordem econômica, apurada no âmbito do direito administrativo da concorrência. A Lei de Defesa da Concorrência é explícita ao afirmar que somente serão punidas condutas comissivas que ocasionem danos efetivos ou demonstrem a potencialidade de gerá-los. Outro exemplo se vislumbra na responsabilidade extracontratual civil do Estado. Não interessa se o comportamento é infrativo ou não, mas apenas se o dano sofrido por alguém é antijurídico.

24.1.2 Esferas, sistemas híbridos e subsistemas de responsabilidade

Muitas são as esferas e os subsistemas de responsabilidade que o direito positivo alberga. Essa variedade torna bastante desafiadora a tarefa de elaborar uma teoria geral que explique aspectos básicos e comuns a todas elas. Tradicionalmente, falava-se de três esferas paralelas e autônomas de responsabilidade: a administrativa, a penal e a civil. Com o tempo, o ordenamento avançou e alcançou um nível de elevadíssima complexidade, mostrando-se insuficiente e anacrônica a concepção tripartite clássica por, ao menos, duas razões: (i) dentro das esferas civil, penal e administrativa, diferenciam-se **subsistemas** com regras próprias, bastante detalhadas e destinadas a viabilizar políticas públicas específicas e (ii) existem **sistemas híbridos**, que permeiam duas ou mais esferas ao misturarem suas regras materiais ou processuais.

As grandes questões que inicialmente se põem diante dessa realidade são evidentes: por que os ordenamentos jurídicos não se valem de uma esfera única de responsabilidade? Por simplesmente não tratar todos os ilícitos como penais ou como administrativos ou como civis? Por que a responsabilidade foi tripartida nas esferas civil, penal e administrativa? E por que essas esferas continuam sendo diferenciadas em subsistemas e sistemas híbridos? Existem muitas possíveis respostas para essas indagações, inclusive a própria irracionalidade do processo cultural de criação do direito.

Há, porém, justificativas racionais. Embora não se mostre cabível responder as apontadas indagações em um manual de direito administrativo, limito-me a registrar que a consolidação da tripartição das esferas está fortemente atrelada à necessidade de se adaptar o Estado a diferentes situações, setores e contextos, oferecendo-lhe as ferramentas eficientes e efetivas para apurar, reprimir e prevenir comportamentos muito diversos quanto aos seus motivos, finalidades e manifestações. A complexidade do mundo impõe uma complexidade jurídica. O ordenamento é aprimorado constantemente para lidar melhor com a realidade. Exatamente por isso, as três esferas clássicas de responsabilidade se diferenciam principalmente por elementos como o tipo de infração examinada, o processo de apuração utilizado e as sanções determinadas.[1]

Com a multiplicação das esferas de responsabilização, dando origem a subsistemas e sistemas híbridos, o uso desses elementos básicos (infração, processo e sanção) tem se tornado incapaz de explicar tantas diferenças e especificidades. Veja os sistemas híbridos de responsabilidade utilizados no combate à corrupção e à improbidade. Por misturarem elementos de variadas naturezas em sua estruturação, eles não se encaixam perfeitamente em uma única esfera de responsabilidade. Em realidade, partilham elementos ora de uma esfera, ora de outra, fazendo nascer ornitorrincos jurídicos.

Para se evidenciar o rompimento das três esferas clássicas, assim como a complexidade da teoria, da legislação e da prática da responsabilidade na atualidade, não basta apontar os sistemas híbridos. É igualmente relevante proceder

---

1. Kelsen já apontava esses três elementos como explicações jurídicas para sustentar diferentes esferas de responsabilidade. Cf. KELSEN, Hans. *General theory of Law and State*. Cambridge: Harvard University Presse, 1945, p. 50.

a um exame amplo do direito positivo, empregando-se um critério subjetivo para destacar como cada tipo de pessoa responde por comportamentos infrativos seus ou alheios ou, mesmo na falta de infração, por danos antijurídicos a outrem. Vejamos:

- O **Estado**, aqui entendido como sinônimo de pessoa estatal, de direito público ou privado, sujeita-se à responsabilidade no direito internacional público, à responsabilidade administrativa contratual, à responsabilidade administrativa baseada no poder de polícia, à responsabilidade criminal (em áreas específicas como o direito ambiental) e à responsabilidade civil extracontratual. Apenas por ilustração, imagine uma empresa estatal que polua gravemente um rio, causando a morte de animais e pessoas. Além de reparar civilmente o dano, estará sujeita a sanções por crime ambiental e por infração administrativa ambiental. Se a poluição ultrapassar fronteiras e atingir pessoas em outros países, será também concebível a responsabilidade do Estado brasileiro como sujeito de direito internacional público;

- Os **agentes públicos**, em todas as suas inúmeras modalidades, sujeitam-se, de igual modo, a diferentes esferas, sistemas e subsistemas, incluindo a responsabilidade criminal, a responsabilidade administrativa disciplinar, a responsabilidade civil, bem como as responsabilidades por ato de corrupção, por ato de improbidade e por crime de responsabilidade. Vale um exemplo: o servidor municipal que, ao lado de empresas, participar de cartel para fraudar licitações poderá ser responsabilizado por crime contra a Administração Pública, por crime contra a ordem econômica, por infração administrativa contra a ordem econômica (perante o CADE), por improbidade administrativa, por infração disciplinar etc.;

- As **pessoas que se relacionam com o Estado** também se submetem a diferentes responsabilidades. O usuário de serviços públicos de educação universitária que agredir outro sofrerá não apenas implicações criminais e civis decorrentes da lesão corporal. Estará, ainda, sujeito à esfera disciplinar. Já uma empresa que fraudar licitações estará sujeita ao direito penal (crimes licitatórios), ao direito administrativo (infrações licitatórias da LLic) e a sistemas híbridos, como os da Lei Anticorrupção ou da Lei de Improbidade.

Esse panorama das esferas atuais de responsabilidade autoriza três conclusões. A uma, como adiantado, a tripartição clássica está definitivamente superada. A duas, a multiplicação das esferas e subsistemas é uma realidade que cria desafios para a doutrina, para os três Poderes e para o operador do direito. Hoje, mais do que nunca, é preciso desenvolver mecanismos de articulação processual, razoabilidade punitiva, caracterização do *bis in idem* e comunicabilidade entre esferas. A três, especialmente diante dos vários subsistemas de responsabilidade que se estruturaram dentro do direito administrativo, é imprescindível discutir sob quais condições eles funcionarão paralelamente ou se excluirão.

Essa última discussão é fundamental e especialmente tormentosa, porque retoma o problema originário apontado. Qual é a razão para a diferenciação de tantas esferas de responsabilidade e de tantos subsistemas? O que diferencia o subsistema de punição de infrações administrativas da Lei de Licitações do subsistema administrativo de defesa da concorrência? O que diferencia o sistema híbrido da Lei Anticorrupção do sistema híbrido da Lei de Improbidade? A perspectiva de análise baseada apenas na consideração da natureza da infração, do processo ou da sanção é completamente insuficiente para responder a essas indagações.

A meu ver, mais útil e relevante que todos esses elementos distintivos materiais, subjetivos e processuais é a consideração da finalidade e do bem tutelado por cada sistema. Seguindo essa lógica, entendo que a razão para se aceitar a incidência simultânea de dois ou mais sistemas ou subsistemas de responsabilidade, dentro ou fora do direito administrativo, reside no **elemento teleológico** ou finalístico. Se duas ou mais esferas de responsabilidades servirem para tutelar o mesmo bem da vida, não sobrarão motivos para utilizá-las em conjunto, ou seja, uma deveria excluir a outra. Contudo, esse entendimento é meramente doutrinário e, como se verá neste e nos próximos capítulos, a legislação frequentemente prescinde de qualquer racionalidade sistêmica nesse tocante, abrindo espaço para sobreposições desnecessárias de esferas e para riscos tanto de responsabilização irrazoável, quanto de incoerência operacional.

24.1.3 As responsabilidades no direito administrativo

Embora clássico e inerente a várias disciplinas jurídicas, o tema da responsabilidade no âmbito do direito administrativo ainda se mostra bastante problemático. Na doutrina brasileira, com exceção de poucas obras que fornecem um exame mais abrangente da infração e da sanção administrativa,[2] os cursos e manuais frequentemente resumem a discussão da responsabilidade a um capítulo de responsabilidade extracontratual civil do Estado, seus delegatários e seus agentes, concentrando esforços na interpretação do art. 37, § 6º, da Constituição da República e, mais recentemente, do polêmico art. 28 da LINDB. Essa fixação teórica à discussão da responsabilidade extracontratual resulta de clara influência do direito francês, em que se diferencia a "responsabilidade das administrações" da "responsabilidade administrativa" como a responsabilidade extracontratual do Estado discutida no âmbito da Justiça Administrativa.[3]

Ocorre que a temática é muito mais ampla e a realidade do direito brasileiro é distinta da existente em Estados Unitários e Estados que contam com justiças espe-

---

2. Cf. o capítulo sobre infrações e sanções administrativas em BANDEIRA DE MELLO, Celso Antônio; ZOCKUN, Carolina Zancaner; ZOCKUN, Maurício; ZANCANER, Weida. *Curso de direito administrativo*, 37ª ed. Belo Horizonte: Fórum, 2024, p. 735.
3. MOREAU, Jacques. La responsabilité administrative. In: GONOD, Pascale; MELLERAY, Fabrice; YOLKA, Philippe. *Traité de droit administratif*, tomo 2. Paris: Dalloz, 2011, p. 633.

cializadas em conflitos envolvendo a Administração Pública. Por aqui, os sistemas de responsabilidade incidentes sobre entes estatais, agentes públicos ou particulares que ora agem como Estado, ora interagem com a Administração não se atrelam a uma justiça administrativa e vão muito além do campo civil extracontratual. O direito administrativo brasileiro absorve inúmeros subsistemas próprios de responsabilização, além de adotar sistemas híbridos, forjando uma realidade normativa multifacetada e intricada. Para se compreender teoricamente essa realidade, reputo fundamental distinguir dois conceitos:

(i) A **responsabilidade da Administração Pública**, como conceito amplíssimo que abarca qualquer tipo de responsabilização (inclusive civil ou penal) envolvendo sujeitos incumbidos de desempenhar funções administrativas; e

(iii) A **responsabilidade administrativa** propriamente dita, como um conjunto de subsistemas baseados predominantemente na apuração de responsabilidades com base em poderes e ferramentas de direito administrativo. Esse conceito equivale ao de **direito administrativo sancionador** (DAS), hoje frequentemente utilizado pela doutrina nacional, mas que me afigura inadequado para representar as características contemporâneas dos modelos de responsabilização.

24.2 RESPONSABILIDADE ADMINISTRATIVA: LINHAS GERAIS E SUBSISTEMAS

24.2.1 Direito administrativo sancionador ou responsabilidade administrativa

O conceito de responsabilidade administrativa em sentido estrito é equivalente ao que se tem chamado de **direito administrativo sancionador (DAS)**. Como já adiantei e repito, essa última expressão se mostra doutrinariamente inadequada por uma razão fundamental: a superação da sanção como ferramenta única e principal da responsabilização em razão da emergência de um modelo de gestão pública dialógica, baseada em instrumentos de negociação e ajustamentos consensuais de condutas ou de seus efeitos nocivos.

Ainda não é o momento de explicar esses vários instrumentos dialógicos e seu regime jurídico. Por ora, basta reconhecer que esses mecanismos orientados à construção de consensos ingressaram nos sistemas de responsabilidade dos mais diversos ramos jurídicos. A sanção perdeu seu posto de ferramenta central e essencial, embora seja imprescindível para o conceito estrito de responsabilidade. Explicando melhor: o conceito de responsabilidade, a partir da caracterização de uma infração, ocasiona a sanção ao infrator ou alguém que por ele responda. No entanto, o conceito de responsabilidade não se confunde com o de **sistemas de responsabilidade**. Ainda que a sanção esteja na essência da responsabilidade, não é mais o destino único dos sistemas de responsabilidade.

Com a consensualização da administração pública e das atividades estatais em geral, inclusive as fiscalizatórias e repressivas, os sistemas de responsabilidade tornaram-se capazes de atingir suas finalidades de tutelar certos bens jurídicos ainda que não se conduza um processo de responsabilização até o final, *i.e.*, ainda que não se tipifique uma infração e se comine uma sanção. Dada a alternativa legalmente chancelada das vias consensuais, os sistemas de responsabilidade são capazes de funcionar de modo efetivo e atingir seus objetivos sem que se proceda à responsabilização tradicional de um sujeito tido como infrator. Em vez de responsabilizar, ou seja, a despeito de saber se houve infração e de se aplicar uma sanção, os sistemas podem desempenhar suas funções mediante o ajustamento de condutas e de seus efeitos nocivos.

24.2.2 Subsistemas de responsabilidade administrativa

A esfera de responsabilidade administrativa não é unitária e homogênea. Existem subsistemas diversos de responsabilidade, cada qual com infrações e sanções próprias. Existem processos administrativos de responsabilização com fases e regras distintas, conduzidos ora por comissões, ora por agentes isolados. Existem acordos gerais utilizados em todos eles e acordos específicos, consagrados apenas em determinados subsistemas, mas não em outros, a exemplo do acordo de leniência.

Postas essas circunstâncias, a compreensão da responsabilidade administrativa, de seus desafios, traços gerais e peculiaridades, requer um mapeamento prévio dos subsistemas. Sem o intuito de ser exaustivo, entendo que a adoção de uma classificação pautada na **relação jurídico-administrativa** envolvida parece bastante útil para esse fim.[4] Seguindo esse critério, é possível apontar as responsabilidades administrativas baseadas:

- No **poder de polícia**, como poder extroverso conferido pela legislação apenas a certos entes da Administração Pública. Aqui se incluem os subsistemas utilizados pelo CADE no direito concorrencial, pela CVM no mercado de capitais, pelas agências reguladoras nos seus respectivos setores regulados, pelos órgãos ambientais, urbanísticos e de trânsito, pelos órgãos da Administração Tributária, dentre outros. A chamada responsabilidade ético-disciplinar, que as autarquias de regulação profissional como a OAB impõem nos seus respectivos âmbitos, também se enquadra nessa categoria. Esses subsistemas geralmente atingem pessoas físicas e jurídicas, inclusive as entidades estatais de direito privado ou de direito público interno. Por exemplo, apesar de ser universidade

---

4. Pimenta e Grotti, de outro lado, apresentam uma rica classificação baseada nos Poderes e atividades estatais. Cf. OLIVEIRA, José Roberto Pimenta de; GROTTI, Dinorá Adelaide Musetti. Direito administrativo sancionador brasileiro: breve evolução, identidade, abrangência e funcionalidades. *Interesse Público*, n. 120, 2020, p. 96 e ss.

pública estadual, a USP deve cumprir normas ambientais, urbanísticas e de trânsito, sob o risco de sofrer sanções administrativas;

- No **poder disciplinar**, como poder introverso de que dispõem todas as entidades estatais, a despeito de uma lei específica, para manter a ordem e o bom funcionamento de suas atividades. Esse poder atinge agentes públicos e usuários de serviços públicos que se vinculam a cada entidade. Por isso, as sanções disciplinares deflagram um efeito interno e limitado ao vínculo firmado entre a pessoa física e a Administração Pública, com algumas exceções legalmente previstas. Apesar de parecer homogêneo, o poder disciplinar se fragmenta em múltiplos subsistemas, como aqueles existentes no âmbito das universidades públicas, dos hospitais públicos, das entidades esportivas e culturais do Estado, das entidades de produção de pesquisa, das agências reguladoras (nas suas relações internas), do Ministério Público e dos órgãos do Poder Judiciário; e

- Nas **relações de contratação pública**. Isso abrange a responsabilidade por comportamentos: (i) no momento pré-contratual, como os realizados por particulares durante a licitação, chamamentos públicos e procedimentos auxiliares diversos, bem como as condutas estatais consistentes em anulação, revogação, suspensão ou atraso de procedimentos de seleção de contratantes[5] e (ii) durante a execução contratual, como superfaturamentos, mora ou inadimplemento obrigacional. Embora o sistema de responsabilidade contratual mais conhecido seja o constante da LLic, existem vários outros, a exemplo do previsto na Lei das Parcerias Sociais com Organizações da Sociedade Civil como entidades do terceiro setor (MROSC, Lei n. 13.019/2014). Aqui ainda se pode incluir os microssistemas próprios de responsabilidade criados no âmbito de acordos de leniência e compromissos, inclusive os de ajustamento de conduta. Essa riqueza de situações demonstra que, embora a LLic ainda seja o diploma legal mais detalhado nessa temática, suas regras não devem ser estendidas sem qualquer cautela para outras relações contratuais públicas, quer porque a analogia é limitada no direito sancionador, quer porque a lógica dos contratos instrumentais da LLic não se identifica com a que guia todos os demais contratos que o Estado utiliza.

24.2.3 Expansão da responsabilidade administrativa

O panorama traçado a partir do ordenamento brasileiro e das relações jurídico-administrativas revela um número elevadíssimo de subsistemas de responsabilidade administrativa. Para além da perplexidade, dos riscos e desafios que esse cenário

---

5. A respeito da responsabilidade do Estado no momento pré-contratual, vale consultar a robusta tese de REISDORFER, Guilherme Dias. *Responsabilidade pré-contratual do Estado*. Belo Horizonte: Fórum, 2024, em geral.

traz consigo, resta saber se há razões a justificar tamanha expansão, seja no plano legislativo, seja no plano doutrinário.

Sem o intuito de ser exaustivo e tomando-se como premissa que o Poder Legislativo age de modo racional – o que, por óbvio, é apenas uma ingênua premissa teórica –, mostra-se possível afirmar que a **expansão legislativa** da responsabilidade administrativa está associada a três fatores básicos, a saber:

- **Limitações da responsabilidade penal.** O direito penal é aplicado por meio do processo judicial penal e volta-se basicamente a combater infrações cometidas por pessoas físicas, com a exceção dos crimes ambientais. Isso mostra que: a uma, esse sistema de responsabilidade não foi pensado para controlar as condutas de pessoas jurídicas, nem é capaz de realizar esse controle atualmente[6] e, a duas, a apuração de crimes é muito lenta e custosa, já que baseada em um processo rígido, acompanhado de garantias amplas e compatíveis com as graves sanções previstas na legislação penal, como as de privação da liberdade de ir, vir e permanecer do condenado. O processo administrativo utilizado na responsabilidade administrativa, diferentemente, é baseado no princípio do formalismo mitigado, o que abre espaço para mais flexibilidade, até porque as decisões administrativas estão sujeitas ao controle jurisdicional graças à unicidade de jurisdição;

- **Limitações da responsabilidade civil.** Diferentemente da penal, a responsabilidade civil extracontratual não se preocupa exatamente com a licitude ou ilicitude de uma conduta, mas sim com danos antijurídicos causados direta ou indiretamente a alguém. O foco dessa esfera é a reparação do dano, seja por meio da restituição da situação anterior, seja pela indenização. Embora possa ser apurada por meios alternativos e até em processos administrativos, essa responsabilidade depende frequentemente do Poder Judiciário e do processo civil. Por consequência, ainda que o Estado se valha desse sistema, quer como causadora de danos, quer como vítima de danos alheios, ele não serve para tutelar os bens jurídicos que ficam a cargo da Administração Pública. Já a responsabilidade contratual civil é guiada por contratos marcados pela maior horizontalidade e pelo direito privado, sem as amarras e prerrogativas que se manifestam nos contratos administrativos. Isso mostra que a responsabilidade civil contratual não se harmoniza com a dinâmica da contratação pública, exigindo sua substituição por sistemas próprios de responsabilidade administrativa; e

- **À sobrecarga e à baixa especialização do Judiciário.** A responsabilidade civil e sobretudo a penal se apoiam no Poder Judiciário, extremamente sobrecarrega-

---

6. Voronoff chega a falar de uma "frustração generalizada com a efetividade do direito penal". VORONOFF, Alice. Direito administrativo sancionador: um olhar pragmático a partir das contribuições da análise econômica do direito. *RDA*, v. 278, 2019, p. 112.

do pela alta judicialização, que ocasiona, entre outras consequências, lentidão na apuração de infrações e na solução dos casos concretos e dificuldades para análises mais aprofundadas das questões complexas submetidas a juízo. Nesse contexto, a permissão de uso do processo administrativo pelos órgãos públicos dos três Poderes para apurar infrações, aplicar sanções ou formalizar acordos abre espaço para uma atuação mais célere e efetiva do Estado no combate a ilegalidades e no ajustamento de condutas perniciosas. Além disso, no processo administrativo, são geralmente os agentes vinculados ao exercício de uma determinada função que conduzem os processos de responsabilização, o que – supõe-se – autoriza análises mais especializadas. Afinal, embora o Judiciário se reparta em diferentes justiças e conte com órgãos especializados em certas matérias, isso não é suficiente para lidar com toda a carga técnica envolvida nas mais diversas funções administrativas, como a regulação de distintos serviços públicos, infraestruturas e atividades econômicas.

Esses três fatores básicos, dentre outros, explicam a expansão legislativa da esfera de responsabilidade administrativa, dando origem a subsistemas variados baseados no poder de polícia, no poder disciplinar e nas relações contratuais públicas. Soma-se a isso uma série de outros fatores que fomentam a **expansão doutrinária** sobre a matéria. É verdade que há muito tempo já se produz sobre esse assunto na academia brasileira.[7] Entretanto, a partir da Constituição de 1988, a atenção científica à responsabilidade administrativa se incrementou fortemente.[8] A meu ver, isso está atrelado a fatores próprios, incluindo:

- A consagração do **devido processo administrativo.** Uma das diferenças marcantes da Constituição de 1988 em relação às Cartas precedentes está na expansão da garantia do devido processo também ao âmbito da Administração Pública. Desde então, passou-se a exigir que a Administração Pública reestruture seus modos de agir para respeitar a ampla defesa, o contraditório

---

7. Sobre responsabilidade administrativa antes da Constituição de 1988, cf., por exemplo, OLIVEIRA, Régis Fernandes de. *Infrações e sanções administrativas*. São Paulo: Revista dos Tribunais, 1985 (com várias reedições); CRETELLA JÚNIOR, José. Prescrição da falta administrativa. *Revista dos Tribunais*, v. 70, 1981, p. 11; MARTINS, Ives Gandra da Silva. Sanções tributárias. *Revista Forense*, v. 79, 1983, p. 430 e SUNDFELD, Carlos Ari. A defesa nas sanções administrativas. *Revista Forense*, v. 83, 1987, p. 99.
8. De trabalhos da década de 1990, vale mencionar GRINOVER, Ada Pellegrini. Do direito de defesa em inquérito administrativo. *RDA*, v. 183, 1991, p. 9 e ss.; ARAÚJO, Edmir Netto de. *O ilícito administrativo e seu processo*. São Paulo: Revista dos Tribunais, 1994; MARTINS, Ives Gandra da Silva. Fundamentos do devido processo legal e da responsabilidade administrativa na Constituição. *Revista do Ministério Público do Trabalho*, v. 1, 1991, p. 24; RIGOLIN, Ivan Barbosa. Sanções, seu procedimento e seu âmbito. *Boletim de Licitações e Contratos*, v. 7, 1994, p. 428 e NOBRE JÚNIOR, Edilson Pereira. Sanções administrativas e princípios de direito penal. *Revista dos Tribunais*, v. 89, 1999, p. 449. Já em 2000, surgem monografias importantes, a exemplo de FERREIRA, Daniel. *Sanções administrativas*. São Paulo: Malheiros, 2001, MELLO, Rafael Munhoz de. *Princípios constitucionais de direito administrativo sancionador*. São Paulo: Malheiros, 2007 e FERREIRA, Daniel. *Teoria geral da infração administrativa a partir da Constituição Federal de 1988*. Belo Horizonte: Fórum, 2009.

e outras garantias processuais básicas sempre que desejar aplicar sanções,[9] o que naturalmente impôs à doutrina uma nova forma de olhar para o agir administrativo;

- A emergência de **leis gerais de processo administrativo**. Em razão das mudanças operadas pela Carta de 1988 e seu extenso rol de garantias processuais, das transformações econômicas e o desejo de criar um ambiente de segurança jurídica mais atrativo de investimentos privados, bem como do movimento de reforma do Estado da década de 1990, o Poder Legislativo, nas três esferas, passou a editar leis gerais de processo administrativo com regras e princípios básicos sobre as diferentes fases processuais, desde a interna, passando pela postulação e pela instrução, até a decisão e os recursos. Essas leis incrementaram a processualidade nas mais diversas frentes de ação administrativa, já que, até então, predominavam regras processuais fragmentadas e setorializadas, como as concorrenciais e tributárias, deixando-se grande parte dos procedimentos da Administração sem qualquer regramento processual básico. As novas leis estimularam estudos, obras de comentários e grande produção doutrinária, inclusive no tocante aos processos de responsabilização ou punitivos;

- A emergência de muitos **subsistemas de responsabilização administrativa**. Além das leis gerais, inúmeros diplomas editados a partir da década de 1990 passaram a adotar a esfera de responsabilização administrativa, de maneira a dar mais força à Administração no controle direto da efetividade de políticas públicas. Exemplos disso são o Código de Defesa do Consumidor, a Lei de Licitações, a Lei de Crimes Ambientais, diversas das leis instituidoras de agências reguladoras, entre outras. Disso também adveio forte impulso para trabalhos doutrinários, sobretudo numa perspectiva setorial;[10] e

- A **preocupação com a desarticulação** interna e externa. Com a emergência de diversos subsistemas, tornou-se recorrente e evidente uma série de problemas no funcionamento interno da esfera de responsabilidade administrativa, como a contradição decisória, a sobreposição de sanções administrativas, ocasionando excessos punitivos, a ausência de mecanismos de comunicabilidade, a falta de regras acerca de conflitos de competência negativos ou positivos e o grau de vinculatividade de acordos processuais. Gradualmente, a doutrina

---

9. Cf. GRINOVER, Ada Pellegrini. As garantias constitucionais do processo administrativo sancionatório. *Revista do Advogado*, v. 34, n. 125, 2014, p. 7 e ss. Os princípios do processo administrativo também foram tratados em detalhes no capítulo do terceiro volume deste manual.
10. Exemplos de análises doutrinárias setoriais se encontram em: ANDRADE, Vitor Morais de. *Sanções administrativas no Código de Defesa do Consumidor*. São Paulo: Atlas, 2008; ISHIDA, Valter Kenji. *A infração administrativa no Estatuto da Criança e do Adolescente*. São Paulo: Atlas, 2009; MARRARA, Thiago. *Sistema Brasileiro de Defesa da Concorrência*. São Paulo: Atlas, 2015 e CUNHA, Amanda Guimarães da Cunha; BASTOS JÚNIOR, Luiz Magno Pinto. *Direito eleitoral Sancionador*: o dever de imparcialidade da autoridade judicial. Rio de Janeiro: Lúmen Juris, 2024.

tem se sensibilizado a esses temas e reagido com a elaboração de soluções técnicas próprias ou emprestadas do processo judicial, como demonstra a tese de Patrícia Cichocki.[11] Para além disso, observam-se preocupações acadêmicas com a articulação externa, ou seja, com a interação entre subsistemas de responsabilidade administrativa e os sistemas penal, civil e híbridos.[12] Como já notava Guardia, o incremento da esfera de responsabilidade administrativa nem sempre equivale a uma redução de outras esferas (como a descriminalização). A partir do momento em que as esferas se desenvolvem, surgem inúmeras duplicidades e sobreposições.[13] Isso torna necessário o aprofundamento de estudos sobre ferramentas de articulação, como as regras de comunicabilidade decisória.

24.2.4 Princípios e elementos estruturantes da responsabilidade administrativa

A afirmação de que existem subsistemas de responsabilidade administrativa embute uma premissa: esses subconjuntos encontram uma raiz comum. Que raiz é essa? Melhor dizendo: quais são os elementos normativos que unem os vários subsistemas e formam as bases para uma teoria geral da responsabilidade administrativa? A meu ver, a resposta a essa indagação essencial se encontra tanto nas características dos quatro elementos estruturantes da responsabilidade administrativa quanto numa principiologia comum que permeia todos os subsistemas.

Os **elementos estruturantes** se resumem basicamente a quatro: (i) o processo de responsabilização, que recebe diferentes nomes conforme o subsistema; (ii) as infrações; (iii) as sanções e (iv) os acordos. Em primeiro lugar, na responsabilidade administrativa, a despeito do subsistema, todos esses institutos são manejados necessariamente por autoridades administrativas em qualquer um dos três Poderes, diferenciando-se dos institutos propriamente jurisdicionais. Em segundo, referidos elementos são juridicamente estáveis, mas não definitivos, já que passivos de constante questionamento perante o Poder Judiciário em razão da unicidade de jurisdição. Em terceiro, esses elementos escapam da reserva legal em muitos aspectos, sujeitando-se a uma legalidade mais branda, que será explicada oportunamente.

Já os **princípios comuns** aos subsistemas de responsabilidade administrativa desdobram-se em, pelo menos, três grandes grupos. O primeiro deles é composto pelos princípios gerais do direito administrativo (legalidade, impessoalidade, mo-

---

11. CICHOCKI, Patrícia Toledo de Campos. *A comunicabilidade de processos administrativos sancionadores*. São Paulo: FDUSP (tese de doutorado), 2021, p. 92 e seguinte.
12. ARAÚJO, Valter Shuenquener. O princípio da interdependência das instâncias punitivas e seus reflexos no Direito Administrativo Sancionador. *Revista Jurídica da Presidência Brasília*, v. 2, n. 131, 2022 p. 629-653.
13. GUARDIA, Gregório Edoardo Rapahel Selingardi. Princípios processuais no direito administrativo sancionador: um estudo à luz das garantias constitucionais. *Revista da Faculdade de Direito da USP*, v. 109, 2013, p. 776.

ralidade, publicidade, eficiência, interesse público e segurança jurídica). O segundo é composto pelos princípios gerais do processo administrativo, já que, por força de norma constitucional, nenhum trâmite que possa culminar em sanções poderá ser conduzido sem as garantias do devido processo. O terceiro grupo, mais obscuro e polêmico, é formado pelos **princípios específicos da responsabilidade administrativa**, usualmente chamados de **princípios do direito administrativo sancionador**.

Refiro-me à obscuridade desse terceiro grupo de princípios por uma razão simples. O ordenamento os reconhece como categoria normativa própria, a exemplo do que atesta o art. 1º, § 4º, da LIA, mas não há qualquer sistematização legislativa desses comandos. Paralelamente, na doutrina, sobram dúvidas e divergências sobre quais seriam eles. Isso faz com que alguns meramente repitam os princípios gerais do direito administrativo ou apenas importem princípios do direito penal sem qualquer adaptação.

Ocorre que os princípios da responsabilidade administrativa não devem ser misturados ou confundidos com os princípios gerais da Administração e os princípios do processo. Embora derivem e se conectem fortemente a esses dois grupos principiológicos, os princípios da responsabilidade administrativa encontram sua peculiaridade na função de guiar os subsistemas de processo, infração, sanção e acordo. Na falta de uma sistematização legislativa, entendo que se incluem nesse pacote: a reserva legal mitigada, a tipicidade e a insignificância, a anterioridade e a proibição de retroatividade de normas nocivas, a interpretação restritiva e a proibição de analogia prejudicial, a presunção de inocência, a razoabilidade punitiva e a vedação do *bis in idem*, a individualização das sanções e a intranscendência relativa.

24.3 PRINCÍPIOS E REGRAS GERAIS EM ESPÉCIE

24.3.1 Reserva legal mitigada e segurança jurídica

Uma das mais polêmicas questões sobre a responsabilidade administrativa diz respeito à reserva legal. As infrações e sanções administrativas devem ser necessariamente indicadas e descritas por lei em sentido formal ou a Administração Pública está legitimada a criá-las por meio de fontes normativas infralegais, como decretos e resoluções?

Uma leitura rigorosa do texto constitucional levaria à conclusão de que a previsão em lei é imprescindível para garantir a validade de normas sobre infrações e sanções. Digo isso por dois motivos. Em primeiro lugar, o art. 5º, II, da Constituição da República ancora uma reserva legal geral ao dispor que "ninguém está obrigado a fazer ou deixar de fazer alguma coisa senão em virtude de lei". Em segundo lugar, o art. 5º, XXXIX, prevê que "não há crime sem lei anterior que o defina, nem pena sem prévia cominação legal". A partir desses dois mandamentos, é perfeitamente compreensível a afirmação de muitos intérpretes no sentido de que jamais poderia a Administração Pública condenar alguém por comportamento não previsto em lei anterior como infração administrativa ou cominar sanção não enumerada expressamente em lei.

Ocorre que a interpretação rígida da Constituição não se coaduna com a diversidade e assimetria de relações e regimes jurídicos de responsabilidade administrativa, nem com a dinâmica da Administração Pública atual. Como se viu, essa esfera de responsabilidade abarca situações muito distintas, que variam desde relações de contratação, relações disciplinares e de polícia administrativa (incluindo a regulação estatal de serviços públicos, atividades econômicas em sentido estrito e desempenho de profissões).

A tripartição da responsabilidade administrativa demonstra que defender um regime jurídico único e baseado no direito penal no tocante à legalidade é irreal. Isso fica evidente, de imediato, no âmbito do poder disciplinar e do poder contratual, que também se valem de processos, acordos, infrações e sanções. Principalmente a esses campos, o transporte da rígida lógica penal se mostra totalmente inadequado. A definição das infrações e sanções no corpo de leis em sentido formal não é imprescindível em matéria disciplinar ou contratual, ainda que, no Brasil, inúmeras leis cuidem da matéria. Em ambas as relações jurídicas, a legislação pode atribuir à Administração Pública a competência de definição de infrações e respectivas sanções em atos normativos internos. Com isso, a legalidade é cumprida não pela descrição individualizada de cada infração e sanção no texto de uma lei em sentido formal, mas simplesmente pela autorização (implícita ou explícita) da lei para que atos internos ou instrumentos contratuais prevejam ilícitos e suas respectivas consequências punitivas.

Um exemplo ajuda a compreender o posicionamento que desejo sustentar. A definição das **infrações e sanções disciplinares** de discentes de universidades públicas federais, vinculadas à União, não necessita ser realizada pelo Congresso Nacional. Por dispor de poder disciplinar lastreado em sua lei de criação, a própria universidade está autorizada a descrever as infrações e estipular as respectivas sanções para garantir o bom andamento de seus serviços públicos e o comportamento adequado dos usuários. Essencial é apenas que o poder punitivo seja manejado nos termos dos princípios gerais da responsabilidade administrativa, respeitando, igualmente, o devido processo.

O mesmo entendimento vale para infrações e sanções nas **relações de contratação pública**, aplicáveis aqueles que cometem infrações durante a licitação, a contratação direta ou os procedimentos auxiliares, bem como em razão de mora ou inadimplemento de obrigações contidas nos mais diversos tipos de módulos convencionais (desde os contratos instrumentais, passando pelos instrumentos concessórios e os cooperativos). Conquanto inúmeras leis contratuais enumerem infrações e indiquem sanções em seu texto, é juridicamente aceitável que a legislação atribua à própria Administração a tarefa de estipulação de infrações e sanções nessas relações jurídicas – obviamente, desde que respeitados os demais princípios.

Veja os contratos administrativos instrumentais, como os de obra, fornecimento de bens e de serviços para entes estatais. A LLic elenca as infrações, aponta que deverão ser apuradas no processo administrativo de responsabilização (PAR) e indica as sanções. No entanto, a legislação contratual é extremamente lacunosa sobre esse assunto ao tratar dos contratos de concessão ou de parceria público-privada, bem como dos contratos celebrados no exercício dos poderes de autoridade, como compromissos de cessação de prática ou acordos de leniência. Para esses ajustes, não existe uma disciplina legal detalhada sobre responsabilidade administrativa na relação de contratação pública. Sendo assim, em havendo lacuna, a Administração Pública pode estipular sanções e infrações em atos convocatórios e diretamente nos instrumentos contratuais, não se podendo falar de sua inconstitucionalidade pelo simples fato de não constarem de lei em sentido formal. A Lei de Concessões, nesse sentido, aponta ser cláusula essencial dos contratos aquela que discipline as "penalidades contratuais e administrativas a que se sujeita a concessionária e sua forma de aplicação" (art. 23, VIII, da Lei n. 8.987/1995).

Isso serve para demonstrar que o papel desempenhado pela reserva legal no direito penal não se repete em boa parte dos subsistemas de responsabilidade administrativa. É incorreto afirmar que a reserva legal se mostra essencial para garantir a validade de normas definidoras de infrações e sanções administrativas nas relações disciplinares e de contratação pública. Na verdade, a reserva se mostra essencial somente nas situações de desempenho de poderes estatais extroversos, como o de polícia, regulação econômica ou profissional. É preciso advertir, porém, que mesmo nesse tipo de relação jurídica, a jurisprudência brasileira tem mitigado a reserva legal para admitir que a Administração Pública defina infrações e sanções administrativas por normas infralegais.

Essa discussão apareceu muito fortemente no campo regulatório. Algumas leis de criação de agências lhes dão amplos poderes para regular serviços públicos ou atividades econômicas em sentido estrito, mas não definem em seu texto infrações e sanções em espécie, fazendo surgir questionamentos sobre a competência dos reguladores para normatizar a responsabilidade administrativa e para cominar sanções não constantes de lei em sentido formal.

Ao examinar esse assunto, o Supremo Tribunal Federal reconheceu que as agências podem criar infrações e sanções por ato normativo infralegal, afastando a visão rígida da reserva legal em casos de "deslegalização". Na **ADI 5906**, julgada em 2023, o STF declarou constitucionais as regras da Lei n. 10.233/2001 que autorizam a Agência Nacional de Transportes Terrestres (ANTT) a definir infrações e sanções administrativas sobre serviços de transporte rodoviário por meio de resolução. No caso concreto, o art. 24, XVIII, da referida lei federal prevê que a agência detém competência para "dispor sobre as infrações, sanções e medidas administrativas aplicáveis aos serviços de transportes". Em outras palavras, a lei utiliza a **técnica da deslegalização**, conferindo explícita competência para que o ente regulador discipline os ilícitos e as penalidades em fontes infralegais. Na visão do STF, trata-se de técnica legítima e que não viola o princípio constitucional da legalidade administrativa.

Sem prejuízo desse relevante julgado, ainda não parece haver consenso jurisprudencial sobre o tema. O STF julgou assunto semelhante em 2019, mas de forma diversa. Em contraste com o julgamento sobre os poderes da ANTT, na **ADI 2998**, declarou inconstitucional por violação da reserva legal o dispositivo do Código Brasileiro de Trânsito que autorizava o Conselho Nacional de Trânsito (CONTRAN) a definir sanções administrativas mediante resolução (art. 161, *caput*, da Lei n. 9.503/1997 na sua redação originária). Em 2020, esse dispositivo legal foi definitivamente alterado e afastou a previsão de normatização pelo Conselho, absorvendo a decisão do Supremo. De todo modo, a decisão serve para exemplificar que ora a Corte pende para uma visão mais próxima à do direito penal, exigindo o respeito estrito à reserva legal, até mesmo em detrimento da deslegalização explícita, ora busca criar uma lógica própria e mais flexível para a responsabilidade administrativa, por exemplo, aceitando a deslegalização de normas definidoras de infrações e sanções no campo da polícia administrativa.

A despeito dos rumos da jurisprudência, percebe-se que a visão rigorosa da reserva legal, típica do direito penal, não se harmoniza com o direito administrativo. Em primeiro lugar, como dito, embora leis em sentido formal possam estipular infrações e sanções para relações contratuais e disciplinares, não há necessidade de que assim seja em toda e qualquer relação jurídico-administrativa, tal como o próprio ordenamento reconhece há décadas. Em segundo lugar, mesmo nas relações baseadas no poder de polícia como poder extroverso conferido apenas a certas entidades por meio de lei em sentido formal, entendo ser aceitável a competência da Administração Pública para definir infrações e sanções administrativas por fontes infralegais quando: (i) estiver implícita na lei e esta lei não definir taxativamente as sanções e infrações em seu texto ou (ii) a própria lei deslegalizar expressamente a competência normativa.

Admitir a mitigação da reserva legal de forma alguma equivale a aceitar que a Administração Pública ignore a **segurança jurídica** e os demais princípios regentes da responsabilidade administrativa. A segurança jurídica, em especial, não se manifesta apenas na exigência de se descrever claramente a infração e suas consequências punitivas para que todos possam compreender os pressupostos jurídicos da responsabilização (*lex certa*). O princípio também impõe a descrição oficial e escrita das infrações e sanções administrativas (*lex scripta*), o respeito à anterioridade da norma em relação à conduta e ao sancionamento (*lex praevia*) e a interpretação restritiva das normas limitativas de direitos fundamentais (*lex stricta*). Esses temas serão explorados oportunamente a seguir.

24.3.2 Tipicidade e princípio da insignificância

A tipicidade constitui um pressuposto da caracterização da infração e, por conseguinte, um elemento importante para a operação dos subsistemas de responsabilidade administrativa. Para compreendê-la, vale incorporar a classificação do direito penal e dividir o conceito em três vertentes:

- A **tipicidade formal** nada mais é que a subsunção do fato à norma, ou melhor, o enquadramento da conduta fática ao tipo infrativo descrito na norma geral e abstrata. A conduta será típica apenas caso se identifique com uma infração caracterizada pelo ordenamento. Por conseguinte, se a conduta não se enquadrar no tipo abstrato, não se poderá falar de infração administrativa;

- A **tipicidade material** representa um avanço do conceito, na medida em que exige para a caracterização de uma infração não apenas o enquadramento da conduta no tipo, mas também uma lesão relevante ao bem jurídico tutelado. A ideia de tipicidade material serve para evitar que se considerem infrativas condutas que, embora se enquadrem no tipo, não ocasionam qualquer lesão ou risco de lesão relevantes ao bem tutelado; e

- A **tipicidade conglobante**, consagrada por Zaffaroni,[14] indica a necessidade de se verificar se a conduta que se enquadra no tipo é autorizada ou determinada por alguma outra norma do ordenamento jurídico. É preciso que o ordenamento mostre coerência. Desse modo, se outra norma, de qualquer ramo jurídico, impuser ou autorizar a conduta, não se poderá caracterizá-la como infrativa. Há que se afastar do conceito de infração toda conduta resultante do exercício de um direito ou do cumprimento de um dever.

A superação do conceito simplista de tipicidade meramente formal é essencial para não se caracterizar como infrações condutas irrelevantes em termos de lesividade ou condutas que tenham sido autorizadas ou determinadas pelo próprio ordenamento, ainda que fora das normas do subsistema de responsabilidade administrativa em que se apura a conduta.

Em particular, a tipicidade material é o fundamento do chamado **princípio da insignificância** ou da bagatela. Comportamentos formalmente típicos, mas incapazes de acarretar expressiva lesão ou risco de lesão ao bem jurídico não devem ser tratados como infrações administrativas. Um exemplo ajuda a entender esse relevante mandamento. O Estatuto do Servidor Público Civil da União proíbe o agente público federal de utilizar recursos materiais da repartição em serviços ou atividades particulares. Imagine um servidor que, por exemplo, utilize as redes de energia da repartição para recarregar a bicicleta elétrica que usa para se locomover ao trabalho ou aquele que carrega diariamente seu celular na repartição. Em termos formais, ambos se valem de material da repartição, de forma que suas condutas se

---

14. Cf. ZAFFARONI, Eugenio Raúl. *Derecho penal*: parte general, 2ª ed. Buenos Aires: Ediar, 2002, p. 498.

enquadram na norma que define a infração. No entanto, em virtude do princípio da insignificância ou à luz da tipicidade material, não existe qualquer lesão relevante ao bem tutelado, descabendo falar de infração.

No âmbito penal, o STJ consolidou na **Súmula 599** o entendimento de que "o princípio da insignificância é inaplicável aos crimes contra a Administração Pública". Concordo aqui com Cezar Bitencourt no sentido de que inexiste razão para se fazer essa diferenciação de acordo com o tipo de infração, porque, na prática, o que interessa é a lesividade quanto ao bem jurídico.[15] Sem prejuízo, diante desse enunciado, parece oportuno sustentar o seguinte: todas as infrações administrativas cujo tipo equivalha ao tipo penal devem seguir a mesma lógica. Diferentemente, as infrações administrativas que não encontrem equivalente no âmbito penal podem ser apreciadas no tocante à sua tipicidade material, não havendo, a meu ver, qualquer impedimento para que se aplique ao caso concreto o princípio em debate.

Superando essa discussão, é fundamental que os órgãos públicos desenvolvam parâmetros metodológicos minimamente capazes de garantir previsibilidade na aplicação do princípio da insignificância e tratamento isonômico a todos os acusados. Cuidando dessa relevante questão, Luiz Régis Prado adverte que a verificação da insignificância pressupõe a "análise acurada do caso em exame, com o emprego de um ou mais vetores – v.g., mínima ofensividade da conduta do agente, nenhuma periculosidade social da ação, reduzidíssimo grau de reprovabilidade do comportamento e inexpressividade da lesão jurídica provada", bem como, em certos tipos de infração, a "valoração socioeconômica média existente em certa sociedade".[16] Esses e outros parâmetros devem ser absorvidos pelos subsistemas de responsabilidade administrativa para conferir operatividade isonômica ao princípio em questão.

24.3.3 Anterioridade e proibição da retroatividade

Como expressão cultural e democrática, os ordenamentos jurídicos são vivos e dinâmicos. As normas se sucedem no tempo. Revogam-se ou sobrepõem-se, gerando debates sobre a intertemporalidade, isto é, sobre os limites temporais de sua aplicação a condutas, atos e processos encerrados, em curso ou futuros. Disso resulta a necessidade de se analisar como condutas potencialmente infrativas e processos de responsabilização são afetados pelo fluxo de elaboração e sucessão de normas.

No campo específico da responsabilidade, o emprego do direito material é guiado pela regra da anterioridade por um imperativo de segurança e previsibilidade. A ideia é simples: somente haverá infração administrativa se a definição do tipo no plano da norma jurídica for anterior ao comportamento praticado no plano fático. Da mesma forma, somente se poderá impor uma determinada sanção contra o con-

---

15. BITENCOURT, Cezar Roberto. *Tratado de direito penal*: parte geral, 30ª ed. v. 1. São Paulo: Saraiva Jur., 2024, p. 28.
16. PRADO, Luiz Regis. *Curso de direito penal brasileiro*, 17ª ed. Rio de Janeiro: Forense, 2019, p. 178.

denado se sua definição no plano jurídico se der anteriormente ao comportamento tido por infrativo. Dessas regras se extraem as seguintes conclusões: (i) nenhuma pessoa poderá ser julgada e condenada por infração caso a norma que define o tipo seja posterior à ocorrência da conduta e (ii) a sanção não poderá ser cominada ao responsável caso tenha sido estipulada em norma editada após a conduta.

Esses comandos caracterizadores da anterioridade, conhecida como "*lex praevia*", foram ancorados na Constituição da República para o direito penal. Vale a transcrição do importante mandamento: "não há crime sem lei anterior que o defina, nem pena sem prévia cominação legal" (art. 5º, XXXIX). Para a esfera de responsabilidade administrativa, porém, não existe uma norma constitucional específica. Isso não impede que se eleve a anterioridade à condição de regra geral, pois se trata, como dito, de expressão do princípio maior da segurança jurídica, em especial na sua vertente da previsibilidade.

A anterioridade também guarda relação direta com o princípio da moralidade. Fosse possível estabelecer o tipo infrativo e as respectivas sanções em norma criada após a ocorrência da conduta, as autoridades públicas teriam a possibilidade de adaptar maliciosamente o ordenamento para perseguir ou beneficiar determinadas pessoas. Ocorre que o desvio de finalidade é incompatível com a moralidade. Dessa maneira, os parâmetros que definem a ilicitude de certo comportamento e as penalidades decorrentes da responsabilização necessitam sempre preceder a conduta no plano do ser.

De nada adiantaria consagrar o princípio da anterioridade caso as autoridades públicas estivessem autorizadas a aplicar retroativamente, atingindo condutas pretéritas, novas normas definidoras de infrações e sanções administrativas. A anterioridade implica a **vedação de aplicação retroativa** de novas normas ou de novas interpretações que se revelem mais limitativas dos direitos dos acusados ou condenados. A princípio, somente regras criadas antes da ocorrência da conduta devem ser aplicadas na análise da responsabilização. Se a conduta já ocorreu, **normas materiais posteriores e mais limitativas** sobre elas não devem incidir. Isso vale não apenas para as regras definidoras de infrações e sanções, mas também, por exemplo, para novas regras sobre decadência do poder punitivo da Administração que se mostrem desfavoráveis aos acusados. A aplicação imediata ou retroativa de novas normas ou interpretações somente é aceitável quando forem mais benéficas.

Já as normas processuais podem ser aplicadas imediatamente, salvo quando a legislação as afastar. Como as leis de processo administrativo ou leis especiais são geralmente lacunosas sobre esse assunto, é preciso importar à esfera da responsabilidade administrativa o art. 14 do Código de Processo Civil. Diz esse dispositivo que: "a norma processual não retroagirá e será aplicável imediatamente aos processos em curso, respeitados os atos processuais praticados e as situações jurídicas consolidadas sob a vigência da norma revogada". O artigo alberga a regra do "*tempus regit actum*". Cada ato processual será praticado conforme a norma vigente no seu tempo.

De acordo com Zulmar Duarte, o comando visa a compatibilizar o tempo jurídico de eficácia da norma processual com os processos em andamento no início da sua vigência. A norma processual tem aplicação imediata, mas ficam protegidos os atos processuais já constituídos com base na nova anterior revogada.[17]

24.3.4 Interpretação restritiva e proibição de analogia prejudicial

No âmbito da responsabilidade administrativa, os princípios constitucionais da segurança jurídica e da moralidade também fundamentam a exigência de interpretação restritiva de normas que descrevem infrações e definem sanções e a proibição da analogia prejudicial ao acusado (analogia *"in malam partem"*).

A exigência da interpretação restritiva de normas equivale à proibição da interpretação extensiva. A autoridade pública está impedida de se valer dos métodos de interpretação do texto escrito para ampliar o sentido do mandamento escrito, extraindo dele mandamentos implícitos com conteúdo restritivo de direitos.[18] Veda-se que, por extensão interpretativa do texto normativo, aplique-se o tipo infrativo para condutas não explicitamente previstas como infração. Da mesma forma, impede-se que se extraiam do texto sanções não previstas de forma expressa.

O caso da Lei Anticorrupção é útil para ilustrar o tema. Seu art. 5º se refere apenas a infrações cometidas por pessoas jurídicas, enquanto o art. 6º prevê sanções tão somente contra as pessoas jurídicas. Como a Lei Anticorrupção não se refere a infrações de pessoas físicas, nem aponta sanções contra elas, não pode a Administração Pública usar a interpretação extensiva para avaliar comportamentos desse grupo de pessoas como infrações de corrupção, nem lhes aplicar as respectivas sanções.

O dever de interpretação restritiva de normas limitadoras de direitos nos subsistemas de responsabilidade administrativa se dirige tanto à autoridade pública que conduz os processos de responsabilização, quanto àquela que os julga. O comando se refere à concretização das normas gerais e abstratas. Por essa razão, é importante diferenciá-lo de técnicas utilizadas não propriamente na concretização, mas sim na redação das normas de responsabilidade, a saber: as remissões, as normas em branco e os conceitos jurídicos indeterminados.

É perfeitamente possível que um certo subsistema de responsabilidade faça **remissão** a infrações ou sanções contidas em outra lei. Não é necessário que toda lei administrativa disponha de um subsistema infrativo, sancionador e processual exclusivo, isolado e baseado em regras próprias. A lei regente de certo subsistema de responsabilidade pode fazer remissão às normas de outro ou, de modo semelhante,

---

17. DUARTE, Zulmar. Comentários ao art. 14 do CPC. In: GAJARDONI, Fernando da Fonseca; DELLORE, Luiz *et al. Comentários ao Código de Processo Civil*, 5ª ed. Rio de Janeiro: Forense, 2022, p. 41-42.
18. A respeito dessa técnica interpretativa, cf. MAXIMILIANO, Carlos. *Hermenêutica e aplicação do direito*, 23ª ed. Rio de Janeiro: Forense, 2022, p. 182 e FERRAZ JÚNIOR, Tércio Sampaio. *Introdução ao estudo do direito*: técnica, decisão, dominação, 12ª ed. Barueri: Atlas, 2024, p. 185.

valer-se de sua **aplicação subsidiária**, tomando suas normas de empréstimo para que opere.

O importante é que a remissão ou a determinação de aplicação subsidiária sejam explícitas em cada subsistema de responsabilidade administrativa. Na presença de uma lacuna dentro de certa lei, sem qualquer norma de remissão ou de aplicabilidade subsidiária, não poderá a autoridade pública se valer de analogia para trazer ao subsistema infrações e sanções criadas para outro. Trata-se da proibição da **analogia em prejuízo do acusado**. Como explica Carlos Maximiliano, "em matéria de privilégios, bem como em se tratando de dispositivos que limitam a liberdade ou restringem quaisquer outros direitos, não se admite o uso da analogia".[19] No direito sancionador, portanto, a analogia somente é aceita para beneficiar o acusado, nunca para o colocar em pior situação.

O uso de **normas em branco** é também bastante comum e está diretamente ligado com as técnicas de remissão. É concebível que o ordenamento defina uma infração sem todos os detalhes da conduta ilícita, exigindo que o intérprete recorra a outras normas para delimitar precisamente o tipo infrativo. Imagine que certa lei defina como infração administrativa a "poluição sonora superior ao limite definido pelo órgão técnico municipal". A tipificação formal da conduta ao tipo somente poderá ocorrer após a definição do limite de ruído pelo órgão técnico. Sem essa norma complementar, a anterior não terá eficácia nem efetividade, não se podendo cogitar de infração administrativa – nem mesmo pela analogia, já que é proibida em desfavor do acusado.

Diferente e mais complexa é a discussão sobre o uso de **conceitos jurídicos indeterminados** em textos normativos que definem infrações administrativas. Imagine comandos que caracterizem como infrações as condutas de perturbar o sossego público, limitar a livre-concorrência ou deteriorar a ordem urbanística. Somente se poderá falar de tipicidade formal, ou seja, de subsunção de uma conduta a essas normas abstratas caso se definam os conceitos de sossego público, limitação de concorrência ou ordem urbanística. Sem isso, será impossível configurar a tipicidade formal. Abre-se, com isso, um grande espaço de interpretação para as autoridades públicas que julgam os processos de responsabilização.[20]

Na prática, os conceitos jurídicos indeterminados transferem para as autoridades públicas a competência para dar os reais contornos do tipo infrativo ao julgar o caso concreto, ferindo a lógica da anterioridade em prejuízo último da segurança jurídica e da previsibilidade. Mais que isso, a delimitação do conteúdo do conceito indeterminado apenas no caso concreto abre espaço para tratamento eventualmente incompatível com a isonomia e a impessoalidade, já que a mesma autoridade poderá

---

19. MAXIMILIANO, Carlos. *Hermenêutica e aplicação do direito*, 23ª ed. Rio de Janeiro: Forense, 2022, p. 194.
20. A problemática dos conceitos indeterminados, sua aplicação pela Administração e seu controle foi objeto do artigo clássico de BACHOF, Otto. Beurteilungsspielraum, Ermessen und unbestimmter Rechtsbegriff im Verwaltungsrecht. *JuristenZeitung*, n. 4, fevereiro de 1955, p. 97 e ss.

empregar interpretações diversas do mesmo conceito de acordo com as peculiaridades do caso e a figura dos acusados. Para contornar esses riscos, é ideal que a Administração Pública se valha de medidas prévias de orientação geral no sentido de fixar um sentido básico para os conceitos abertos constantes de tipos infrativos. Somente assim permitirá que as pessoas sujeitas ao sistema de responsabilidade possam efetivamente extrair da norma jurídica o sentido do lícito e do ilícito, de maneira a formar um juízo sobre as condutas que desejam adotar.

24.3.5 Presunção de inocência

Também conhecida como princípio da inocência ou da não culpabilidade,[21] a presunção de inocência é um dos grandes pilares da responsabilidade administrativa. Seu conteúdo é evidente: toda pessoa é inocente até que venha a ser condenada por decisão administrativa irrecorrível no âmbito do devido processo de responsabilização. Disso se extrai que os conceitos de investigado, acusado e condenado são distintos. O investigado e o acusado não podem ser tratados como condenados antes de uma decisão irrecorrível que comprove sua responsabilidade pela infração administrativa cometida. A posição jurídica de condenado somente se estabelecerá quando a última decisão administrativa sem possibilidade de recurso ou reconsideração for expedida.

Tamanha é a importância desse princípio que inúmeros documentos internacionais o consagram. A Declaração Universal dos Direitos Humanos de 1948 assim dispõe: "Todo ser humano acusado de um ato delituoso tem o direito de ser presumido inocente até que a sua culpabilidade tenha sido provada de acordo com a lei, em julgamento público no qual lhe tenham sido asseguradas todas as garantias necessárias à sua defesa" (art. 11, 1). A seu turno, o Pacto Internacional sobre Direitos Civis e Políticos de 1966 aponta que "toda pessoa acusada de um delito terá direito a que se presuma sua inocência enquanto não for legalmente comprovada sua culpa" (art. 14, § 2º). Esse mandamento é igualmente reproduzido na Convenção Americana sobre Direitos Humanos (Pacto de São José da Costa Rica, art. 8, 2).

Alinhada ao direito internacional, a Constituição de 1988 determina que "ninguém será considerado culpado até o trânsito em julgado de sentença penal condenatória" (art. 5º, LVII). Embora o dispositivo se refira expressamente aos processos judiciais de apuração de crimes, mencionando expressamente sentenças penais, o princípio vale de igual modo para o direito administrativo sancionador, cujas sanções, atualmente, são tão ou mais graves que as penas. Ademais, como explica Adilson Dallari e Sérgio Ferraz, é dever da Administração não permitir a existência de dúvidas, devendo observar o princípio "na dúvida, pró administrado".[22]

---

21. NUCCI, Guilherme. Art. 5º, LVII. In: MORAES, Alexandre de *et al*; Equipe Forense (Org.). *Constituição Federal comentada*. Rio de Janeiro: Forense, 2018, p. 247.
22. FERRAZ, Sérgio; DALLARI, Adilson Abreu. *Processo administrativo*, 3ª ed. São Paulo: Malheiros, 2012, p. 254.

Ainda que fragilizada em um mundo de descontextualização, notícias falsas e julgamentos precipitados em redes sociais, a presunção de inocência é um princípio que necessita ser reiterado e valorizado por desempenhar inúmeras funções. Em primeiro lugar, visa a proteger a pessoa física ou jurídica contra denúncias ou representações despropositadas ou abusivas, utilizadas única e exclusivamente para lhe causar prejuízos. Em segundo lugar, serve para impedir qualquer tipo de medida punitiva sem que efetivamente uma decisão condenatória tenha sido prolatada após a condução do devido processo administrativo sancionador, com todas as garantias inerentes. É verdade que durante o processo ou antes dele, a Administração Pública está autorizada a se valer de medidas cautelares, inclusive sem a oitiva do acusado. Porém, jamais poderá infligir sanções ou tratar o acusado como condenado antes da decisão condenatória formal e irrecorrível na esfera administrativa.

O princípio da presunção de inocência acarreta inúmeras consequências, por exemplo:

- Quanto ao **ônus da prova**: ninguém poderá ser condenado pela Administração Pública sem comprovação da autoria e da materialidade do comportamento que se enquadra no tipo infrativo. Em alguns subsistemas de responsabilidade, será ainda necessário comprovar determinados elementos volitivos, como o dolo ou a culpa. Além disso, a responsabilidade de provar o ilícito recai primariamente sobre o órgão público que conduz o processo e analisa a acusação. Nos subsistemas de responsabilidade administrativa, compete às autoridades públicas colher as provas necessárias e suficientes para a condenação, podendo fazê-lo diretamente ou com apoio de terceiros;

- Quanto à **condução do processo:** o acusado tem direito a ser tratado com dignidade ao longo do processo administrativo sancionador. É preciso que goze das garantias processuais fundamentais, em especial o direito à ampla defesa e ao contraditório, tudo dentro do devido processo administrativo. Isso abrange o direito de produzir as provas lícitas, necessárias e pertinentes para comprovar sua inocência, bem como os direitos de acompanhar a produção de provas, de acessar os autos, de apresentar alegações adicionais etc.; e

- Quanto ao **julgamento**: a validade jurídica da condenação depende necessariamente das provas que atestem a autoria e a materialidade, sem prejuízo de outros elementos exigidos por cada subsistema de responsabilidade. Se sobrarem dúvidas sobre algum desses elementos, a absolvição se imporá por falta de provas. Melhor dizendo: a presunção de inocência veda que se condene qualquer pessoa caso ainda pairem dúvidas sobre a ocorrência da conduta ou a participação do acusado na sua realização. Na dúvida, absolve-se o administrado.

24.3.6 Razoabilidade punitiva e vedação do *bis in idem*

Ao elaborar as normas que disciplinam o exercício do poder sancionador nos mais diversos campos administrativos e ao concretizá-las, o legislador e os órgãos públicos com funções decisórias necessitam respeitar o princípio da razoabilidade ou proporcionalidade em sentido amplo. O exame do princípio requer, portanto, uma análise dúplice: a referente à criação normativa e a relativa à aplicação normativa.[23] Em ambas, o método é o mesmo. A razoabilidade somente estará cumprida quando se observar cumulativamente três regras básicas: a adequação, a necessidade e a proporcionalidade.

Adequação é a relação lógica entre meio e fim. O meio necessita ser capaz de atingir o fim público esperado – regra que vale tanto para normas de definição de infração, de sanções, de processos e de acordos. Nesse sentido, por ilustração, sanção adequada é aquela que serve para a consecução das finalidades que dela se espera. A finalidade poderá consistir na repressão, na prevenção da reincidência, ou seja, da repetição da conduta ilícita pelo condenado, bem como na prevenção de condutas semelhantes por terceiros. Isso significa que a sanção poderá ter finalidade retributiva ou preventiva, específica ou geral. Por conseguinte, o cumprimento da regra da adequação na escolha de uma sanção administrativa pelo legislador ou pela própria Administração dependerá, sempre, da verificação de sua aptidão para atingir a finalidade pública esperada.

Ocorre que nem toda medida estatal adequada será necessária – o que vale, novamente, para qualquer dos elementos estruturantes da responsabilidade administrativa. Tomemos o caso da sanção. Para que se torne necessária, é preciso que seja a menos interventiva dentre aquelas que servem para cumprir o propósito objetivado, isto é, a finalidade da punição. Como dizia Fritz Fleiner, "não pode o Estado abater pardais com canhões".[24] Se existem duas armas igualmente adequadas para se atingir um objetivo, cabe ao Estado utilizar a mais branda delas. Desnecessária será a sanção mais gravosa diante da existência de uma mais branda e que se presta exatamente ao mesmo fim. Por isso, ao se definir as sanções aplicáveis na norma geral e abstrata e ao se determiná-las no caso concreto, é preciso que as autoridades competentes optem não apenas pelas medidas punitivas capazes de alcançar os fins públicos, como também pelas mais brandas dentre as adequadas. Excessos punitivos desnecessários são inconstitucionais.

Em terceiro lugar, para ser razoável, há que se observar a **proporcionalidade em sentido estrito**. Esta regra exige uma ponderação entre o bem particular sacrificado por determinada medida estatal (por exemplo, a liberdade ou

---

23. Sobre a aplicação extensa da razoabilidade, cf. NOHARA, Irene Patrícia. *Limites da razoabilidade nos atos administrativos*. São Paulo: Atlas, 2006, p. 108 e ss.
24. FLEINER, Fritz. *Institutionem des deustchen Verwaltungsrechts*. Tuebingen: Sicentia Verlag Aalen, 1963, p. 404. No original: *die Polizei soll nicht mit Kanonen auf Spatzen schiessen*.

o patrimônio do destinatário do ato) e os benefícios ocasionados a interesses públicos primários (como a proteção do meio ambiente, da concorrência e da saúde coletiva). É possível visualizar facilmente essas regras ao se observar as sanções administrativas. Essas medidas coercitivas serão proporcionais se o mal que ocasionarem ao condenado e, por vezes, a terceiros for compensado por benefícios em termos de promoção ou proteção de um ou mais interesses públicos. A regra da proporcionalidade implica o dever de ponderação de interesses públicos e direitos fundamentais. A tarefa de tutelar interesses públicos primários não permite à Administração Pública aplicar qualquer tipo de sanção aos condenados, quer porque uma punição mal escolhida poderá desproporcionalmente aniquilar direitos fundamentais, quer porque poderá, como sequela, prejudicar indevidamente outros interesses públicos primários.

Em síntese, a razoabilidade punitiva necessita ser observada pelo cumprimento simultâneo das regras da adequação, necessidade e proporcionalidade em sentido estrito tanto no plano do dever-ser por aquele que elabora normas de direito sancionador, quanto no plano do ser pelas autoridades que manejam os subsistemas de responsabilidade administrativa. Não adianta, porém, respeitar a razoabilidade no âmbito interno de um subsistema, mas ignorar a relação desse subsistema com outros. Como já anotado, o direito administrativo contém múltiplos subsistemas paralelos de responsabilização. Uma mesma conduta pode ser apurada em distintos processos administrativos, ocasionando inúmeras condenações subsequentes. Mais que isso, essa mesma conduta poderá eventualmente deflagrar condenações adicionais nas esferas da responsabilidade civil e penal. Numa concepção teórica e ideal, portanto, a verdadeira razoabilidade somente poderia ser alcançada se o ordenamento lograsse articular adequadamente todas as esferas e subsistemas de responsabilidade, dentro e fora do direito administrativo.

No sentido de aproximar o ordenamento brasileiro desse modelo ideal de articulação, a LINDB passou a dispor que: "as sanções aplicadas ao agente serão levadas em conta na **dosimetria** das demais sanções de mesma natureza e relativas ao mesmo fato" (art. 22, § 3º). Esse mandamento embute um dever de coerência sistêmica das esferas e subsistemas de responsabilização, tentando combater excessos punitivos que somente podem ser identificados quando se considera não um processo sancionador isoladamente, mas os processos de responsabilização numa perspectiva conglobante e macroscópica. Para atingir a coerência e evitar excessos punitivos, a LINDB impõe o uso de parâmetros amplos de dosimetria.

É também nesse contexto que se deve compreender a **vedação do bis idem** ou *"non bis in idem"*. Embora não exista uma regra geral sobre essa vedação para a esfera responsabilidade administrativa, na prática, ela se extrai do princípio da razoabilidade punitiva. Nessa linha, não são aceitáveis juridicamente:

(i) A repetição de sanções de qualquer espécie dentro do mesmo subsistema de responsabilidade administrativa em relação a um comportamento anteriormente avaliado e a um sujeito já condenado e punido. Salvo em casos de invalidação processual, uma mesma conduta somente poderá ser objeto de apuração em certo subsistema de responsabilidade por uma única vez. Se o Poder Público teve a possibilidade de sancionar e não o fez devidamente em processo anterior, não poderá reabrir outros processos, submetendo o acusado à eterna incerteza. Alguns exemplos ajudam a esclarecer a regra. Imagine que certa empresa já tenha sido punida com multa por infração ambiental por determinado Município. Não é lícito que, poucos meses mais tarde, esse mesmo Município ou qualquer outro ente federativo instaure processo sancionador para apurar novamente a mesmíssima conduta e aplicar sanções adicionais contra a empresa já condenada. É perfeitamente aceitável que essa conduta seja apurada em outros subsistemas de responsabilidade administrativa e em outras esferas de responsabilidade, mas não novamente no mesmo subsistema em que já foi analisada; e

(ii) A repetição de sanções de igual espécie e natureza contra o condenado em um mesmo processo administrativo sancionador. Cada espécie de sanção prevista na norma geral e abstrata é determinada contra o condenado por uma única vez em certo processo de responsabilização. Retomando o exemplo anterior da empresa que comete infração administrativa ambiental, a Administração não está autorizada a condená-la a duas ou mais sanções de multa no processo do mesmo subsistema. Poderá tão somente cumular a sanção de multa com outras penalidades, como o embargo de atividade e a suspensão de venda ou fabricação de produto. Duas ou mais multas administrativas somente podem ser licitamente infligidas contra a mesma pessoa pela mesma conduta quando esta for considerada infrativa em diferentes subsistemas de responsabilidade.

Em síntese: a vedação do *bis in idem* no direito administrativo deve ser lida da seguinte forma: o infrator ou quem por ele responda não poderá: (i) ser sancionado mais de uma vez em um novo processo administrativo do mesmo subsistema de responsabilidade pelo mesmo comportamento ilícito[25] nem (ii) ser reprimido com duas ou mais sanções de igual natureza no mesmo processo administrativo. Ambas as regras refletem a razoabilidade administrativa e encontram fundamento em inúmeros tratados internacionais, como o Pacto Internacional de Direitos Civis e Políticos (art. 14, 7) e o Pacto de São José da Costa Rica (art. 8º, 4). Conquanto esses tratados se refiram mais explicitamente ao direito penal, os mandamentos se estendem à responsabilidade administrativa por assentar suas raízes na razoabilidade que se impõe a toda e qualquer atuação estatal de limitação de liberdades e direitos.

---

25. Também nesse sentido, FERRAZ, Sérgio; DALLARI, Adilson Abreu. *Processo administrativo*, 3ª ed. São Paulo: Malheiros, 2012, p 257.

24.3.7 Individualização das sanções

Ainda que o princípio da individualização da sanção tenha sido consagrado pelo poder constituinte apenas para o direito penal (art. 5º, XLVI, da Constituição), é indiscutível a sua incidência à esfera de responsabilidade administrativa por se tratar de reflexo do princípio da moralidade. Individualizar nada mais é que personalizar, tornar algo adequado para alguém. No âmbito da responsabilidade, a individualização pede que cada infrator receba uma sanção compatível e proporcional ao ilícito, ao seu envolvimento na prática e aos critérios materiais ou subjetivos de dosimetria devidamente aplicados à situação em que se envolve.

Um exemplo ajuda a esclarecer a importância da individualização. Imagine que cinco empresas de diferentes portes econômicos tenham participado de um cartel licitatório e cada uma delas tenha obtido ganhos ilícitos expressivamente diversos com a prática infrativa. Aplicar uma multa idêntica contra todas as empresas condenadas será evidentemente irrazoável. Em primeiro lugar, se algumas delas têm faturamentos significativamente maiores que outras, o impacto efetivo da multa sobre cada uma será obviamente distinto se o valor nominal da penalidade for idêntico. Em segundo lugar, mesmo que se desconsidere o porte econômico, ainda assim as multas não poderão ser idênticas, pois o envolvimento de cada uma na infração e as vantagens ilícitas obtidas diferem. Sob essas circunstâncias, somente será justa a multa personalizada, cuja mensuração leve em conta todos os fatores subjetivos e materiais relativos a cada infrator.

deve adotar a **tripartição da individualização**. Segundo Nucci, há que se apartar as dimensões da: (i) individualização normativa; (ii) individualização da decisão e (iii) individualização executória.[26] Nesse sentido:

- No **plano normativo**, o legislador ou, quando cabível, a Administração Pública deve criar normas gerais e abstratas que prevejam as sanções adequadas (em natureza e quantidade) para cada espécie de infração, observando-se as características do ilícito, por exemplo, em termos de lesividade ao bem jurídico tutelado[27] e aos demais interesses públicos primários pertinentes. Não deve a norma prever uma sanção rígida e fixa para os mais diferentes tipos de infração, pois isso aniquilará a individualização;

- No **plano decisório concreto**, a individualização necessita ser observada pela autoridade administrativa competente para julgar. Isso lhe impõe diferentes tarefas. A primeira delas consiste em analisar a participação de cada infrator no ato ilícito; a segunda, em escolher as sanções adequadas a cada um e a terceira, em dosá-las de maneira personalizada conforme os critérios materiais e subjetivos de dosimetria; e

---
26. NUCCI, Guilherme. Art. 5º, XLVI. In: MORAES, Alexandre de *et al*; Equipe Forense (org.). *Constituição Federal comentada*. Rio de Janeiro: Forense, 2018, p. 196.
27. PRADO, Luiz Regis. *Curso de direito penal brasileiro*, 17ª ed. Rio de Janeiro: Forense, 2019, p. 169.

- No **plano executório da sanção**, cabe à Administração Pública considerar a realidade e o comportamento de cada condenado, por exemplo, para examinar pedidos de reabilitação (como os autorizados pela LLic) ou de revisão sancionatória (como os autorizados na legislação disciplinar e na LPA federal).

24.3.8 Intranscendência relativa

Diferentemente do princípio da individualização da sanção, que aceita importação tranquila do direito penal ao direito administrativo, o princípio da intranscendência merece adaptações. De acordo com a Constituição da República, no processo penal, "nenhuma pena passará da pessoa do condenado" (5º, XLV). Isso significa que o direito penal adota um modelo rígido de responsabilidade direta pelo qual a figura do infrator se confunde integralmente com a figura do responsável. As sanções são dirigidas à pessoa do infrator, não podendo transcendê-la para recair sobre seus familiares, amigos, colegas de trabalho ou qualquer outra pessoa. Por isso, fala-se de intranscendência das penas, pessoalidade das penas ou princípio da responsabilidade pessoal.[28]

No direito administrativo, os subsistemas de responsabilidade são mais amplos e flexíveis. Em alguns casos, adota-se o modelo de **responsabilidade direta**, ou seja, de identidade entre o infrator e o responsável. Porém, em outros, adota-se a **responsabilidade indireta**, permitindo-se que a sanção incida sobre pessoa que não se confunde com o infrator. Aqui, opera-se uma dissociação entre o infrator, como autor do ato ilícito e punível, e o responsável, como pessoa que sofre a penalidade no lugar do infrator.

Como esse modelo de dissociação entre infrator e responsável implica limitações a direitos fundamentais de uma pessoa que não violou o ordenamento, a responsabilidade indireta é excepcional e somente lícita quando determinada expressamente na legislação. Ao fazê-lo, o ordenamento emprega algumas técnicas distintas. Ora o responsável indireto figura como único responsável, ora se apresenta como responsável solidário ao infrator, ora como responsável subsidiário.

A despeito das peculiaridades de cada subsistema, fato é que a responsabilidade indireta é uma realidade na legislação administrativa brasileira. Isso permite afirmar que a intranscendência na esfera da responsabilidade administrativa se mostra meramente relativa. No silêncio da legislação, o infrator responde diretamente, valendo a responsabilidade direta. Contudo, muitas leis repelem essa regra geral, impondo que uma pessoa física ou jurídica seja indicada como responsável no lugar do infrator, ao lado dele ou subsidiariamente a ele. Na prática, ao adotar essa sistemática, busca-se incrementar os controles sociais em desfavor de algumas infrações. A premissa é simples: ao ter conhecimento do risco de responsabilização por comportamento

---

28. NOVAES, Felipe Guimarães Vieites. Art. 5º, XLV. In: MORAES, Alexandre de *et al*; Equipe Forense (Org.). *Constituição Federal comentada*. Rio de Janeiro: Forense, 2018, p. 192.

alheio, o potencial responsável terá estímulos para agir no sentido de dissuadir a prática de infrações alheias.

Vários são os exemplos de regras que reconhecem essa técnica de responsabilidade indireta nos subsistemas de responsabilidade administrativa. A Lei Anticorrupção prevê que as sanções de multa e reparação integral do dano causado serão transferidas ao sucessor em casos de fusão ou incorporação de empresas (art. 4º, § 1º, da Lei n. 12.846/2013). A Lei de Licitações também autoriza a desconsideração da personalidade jurídica para estender suas sanções administrativas à pessoa jurídica sucessora ou à empresa do mesmo ramo com relação de coligação ou controle, de fato ou de direito, com o condenado (art. 160 da Lei n. 14.133/2021). Já a Lei de Defesa da Concorrência aponta a responsabilidade solidária de empresas ou entidades integrantes de grupo econômico, de fato ou de direito, quando pelo menos uma delas praticar infração à ordem econômica (art. 33 da Lei n. 12.529/2011).

24.4 INFRAÇÃO, INFRATOR E RESPONSÁVEL

24.4.1 Infração administrativa: definição e classificação

O conceito de infração tem duplo sentido, pois se refere ora a uma espécie de norma jurídica, ora a uma conduta real. No primeiro sentido, para o direito positivo, a infração equivale à descrição abstrata de um comportamento cuja prática é o pressuposto da aplicação de uma ou mais sanções após a condução do devido processo de responsabilização. No segundo sentido, no plano fático, a infração equivale a uma ou mais condutas, omissivas ou comissivas, que se enquadram na descrição normativa abstrata de maneira a autorizar o Estado a cominar sanções no caso concreto seja contra o infrator propriamente dito, seja contra terceiro que eventualmente responda por ele.

Afunilando-se essa ideia, torna-se possível definir a **infração administrativa** também nos dois sentidos. Em termos normativos, trata-se da descrição abstrata do comportamento, praticado no âmbito de alguma relação jurídico-administrativa, que se mostra como pressuposto do exercício do poder de sancionar no âmbito do devido processo administrativo de responsabilização. De outro lado, no plano fático, infração é o comportamento ou conjunto de comportamentos de uma pessoa física ou jurídica, envolvida em relações jurídico-administrativas, que autoriza a Administração Pública a infligir uma ou mais sanções contra o infrator ou terceiro que por ele responda.

A infração administrativa é introduzida no ordenamento de modo positivo e explícito quando ou o Poder Legislativo ou a Administração Pública descrevem em norma geral e abstrata a conduta a ser evitada para que não se opere a responsabilização. Há, porém, situações de descrição negativa. O direito positivo não detalha a conduta a se evitar, mas simplesmente traça um rol de deveres comportamentais e estabelece como infração qualquer conduta que não coincida com a determinada na norma. Isso se vislumbra, por exemplo, na lista de proibições estabelecidas aos agentes públicos nos estatutos disciplinares. A conduta oposta à proibição é o que caracteriza a infração.

Também vale destacar que o direito administrativo positivo apresenta as infrações ora de modo sistematizado, ora de modo esparso ou fragmentado. A LLic, por exemplo, organiza as infrações administrativas contratuais e pré-contratuais em um único dispositivo (art. 155 da Lei n. 14.133/2021), o que facilita significativamente a compreensão das condutas que devem ser evitadas e aumenta a previsibilidade para os licitantes e contratantes. Diferentemente, muitas leis não contêm listas organizadas. O Código de Defesa do Consumidor, por exemplo, resume-se a caracterizar a infração administrativa como qualquer comportamento que viole os deveres e proibições da política consumerista (art. 56 da Lei n. 8.078/1990). No mesmo sentido caminha a legislação ambiental. Embora a Lei n. 9.605/1998 tipifique os crimes ambientais um a um, ao tratar da responsabilidade administrativa, resume-se a prescrever que se considera "infração administrativa ambiental toda ação ou omissão que viole as regras jurídicas de uso, gozo, promoção, proteção e recuperação do meio ambiente" (art. 70).

Muitas são as classificações possíveis das infrações administrativas. Emprestando-se a lógica do direito penal, é possível diferenciá-las, por exemplo:

- Quanto ao **infrator**, como infrações comuns (praticadas por qualquer pessoa, como as ambientais) e infrações próprias (praticadas apenas por sujeitos determinados, como agentes públicos, agentes regulados, usuários de serviços públicos ou pessoas contratadas pela Administração Pública);
- Quanto ao **comportamento**, como infrações omissivas (consistentes em não fazer algo) ou comissivas (consistentes em fazer algo);
- Quanto ao **elemento volitivo**, como infrações objetivas (que independem de comprovação de dolo ou culpa/erro grosseiro), infrações subjetivas dolosas e infrações subjetivas culposas;
- Quanto à **duração**, como infrações instantâneas (por se esgotarem imediatamente), permanentes (quando a consumação se prolonga no tempo) ou continuadas[29] (quando duas ou mais condutas da mesma espécie se repetem sucessivamente, podendo ser reunidas em uma única infração em razão de aspectos temporais, espaciais, executórios e da relação entre elas);[30]
- Quanto à **autonomia**, como infrações principais, independentes de qualquer outra, e infrações acessórias, que somente podem ser cometidas após uma infração anterior; e

---

29. Cf. OLIVEIRA, Régis Fernandes de. *Infrações e sanções administrativas*, 2ª ed. São Paulo: Revista dos Tribunais, 2005, p. 108.
30. SCHMITT, Ricardo Augusto. *Sentença penal condenatória*: teoria e prática, 13ª ed. Salvador: JusPodivm, 2019, p. 315.

• Quanto ao **resultado**, como infrações materiais (que dependem da ocorrência de um resultado natural, como a morte de um animal ou planta), formais (que dispensam a ocorrência do resultado, embora ele esteja previsto e seja possível) ou de mera conduta (em que o resultado sequer é previsto na norma e, por vezes, é impossível). As materiais se subdividem em infrações de dano (em que a lesão ao bem jurídico é fundamental), infrações de perigo abstrato (em que basta o risco de lesão ao bem tutelado, sendo esse risco presumido de modo absoluto) e infrações de perigo concreto (em que basta o risco de lesão, mas o risco necessita ser comprovado no processo).[31]

QUADRO: classificação das infrações administrativas

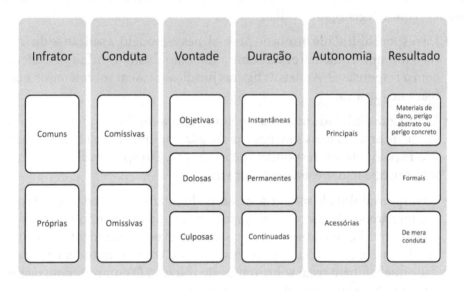

Fonte: elaboração própria

24.4.2 O infrator e o responsável (indireto, solidário ou subsidiário)

No direito sancionador, infrator é aquele que pratica o comportamento omissivo ou comissivo típico que se mostra como pressuposto para a aplicação de uma ou mais sanções. Já o responsável é aquele contra o qual se dirige a sanção pelo ilícito. Isso revela que existe uma diferença fundamental entre infrator e responsável. O primeiro é caracterizado a partir de uma relação de causalidade (seu comportamento se enquadra na descrição abstrata); o segundo é caracterizado a partir de uma relação de imputação meramente jurídica.

---

31. Também nesse sentido, FERREIRA, Daniel. Infrações e sanções administrativas. In: *Enciclopédia Jurídica da PUC-SP*. São Paulo: PUC-SP, 2017, edição digital, s.p., item 3.

Em sua teoria pura do direito, Kelsen esclarece essa diferença com precisão: "(...) a sanção como consequência do ilícito não tem de ser necessariamente dirigida (...) contra o indivíduo obrigado, quer dizer, contra o indivíduo cuja conduta é pressuposto do ato coercitivo, contra o delinquente, mas pode ser também dirigido contra um outro indivíduo que se encontre com aquele numa relação determinada pela ordem jurídica. O indivíduo contra quem é dirigida a consequência do ilícito responde pelo ilícito, é juridicamente responsável por ele".[32]

Da lição de Kelsen se extrai a conclusão de que o ordenamento jurídico pode adotar diversos modelos de responsabilização administrativa, inclusive de maneira a afastar o princípio da intranscendência, marcante no direito penal. No direito administrativo, aproximando-se mais da responsabilidade civil, é perfeitamente concebível que a legislação se valha:

- Da **responsabilidade direta** ou pessoal: nesse modelo, a sanção se dirige contra o infrator, como autor do comportamento ilícito. O infrator se identifica com o responsável. Ambas as figuras jurídicas recaem sobre a mesma pessoa física ou jurídica;

- Da **responsabilidade indireta**: nesse modelo, a conduta que ocasiona a cominação de uma ou mais sanções é praticada por uma pessoa física ou jurídica diversa daquela que responderá pela infração. O responsável se diferencia do infrator, que não sofrerá qualquer sanção;

- Da **responsabilidade solidária**: nesse modelo, tanto o autor da conduta quanto um terceiro são tidos como responsáveis ao mesmo tempo pela mesma infração. Note bem: não se trata de coautoria, mas simplesmente de se atribuir igualmente a um terceiro, não caracterizado como infrator, a responsabilidade que também recai sobre o próprio infrator. O cumprimento da sanção é aceitável por qualquer desses sujeitos; e

- Da **responsabilidade subsidiária**: nesse modelo, a sanção recai a princípio sobre o próprio infrator, como no modelo de responsabilidade direta. Porém, caso o infrator condenado não cumpra a sanção ou demonstre impossibilidade de fazê-lo, o ordenamento transfere a responsabilidade a um terceiro, que passa a substituir o infrator.

24.4.3 Coautoria nas infrações administrativas

Algumas infrações administrativas são cometidas isoladamente por uma pessoa física ou jurídica, enquanto outras, geralmente as mais complexas e sofisticadas, são praticadas por um conjunto de sujeitos. Nesse contexto, a devida responsabiliza-

---

32. KELSEN, Hans. *Teoria pura do direito*. São Paulo: Martins Fontes, 1998, p. 133 e 134.

ção administrativa pede que a autoridade pública competente para exercer o poder punitivo, sempre que possível:

(i) Na acusação, explicite os comportamentos que serão apurados em relação a cada um dos sujeitos envolvidos e quais as possíveis consequências para cada um na hipótese de condenação; e

(ii) No julgamento, trate cada um dos acusados em linha com o princípio da individualização, de maneira a trazer provas sobre a participação de cada um no ilícito, proibindo-se condenações genéricas; e

(iii) Na condenação, escolha as sanções administrativas e defina sua intensidade conforme critérios de dosimetria, agravantes e atenuantes aplicados de modo personalizado a cada coautor.

A inobservância da individualização representa violação evidente aos princípios da motivação e da isonomia. Por isso, existe uma relação inafastável entre personalização da conduta apurada e individualização das sanções, de um lado, e validade jurídica da condenação e da aplicação de sanções administrativas, de outro.

Todo ato administrativo, sobretudo os de restrição de direitos, depende de pressupostos fáticos e normativos verdadeiros e corretos. Em processos administrativos sancionatórios, o respeito aos pressupostos fáticos somente existirá na medida em que a Administração Pública considere a real conduta de cada um dos coautores para fins de acusação, de julgamento e de condenação. Por conseguinte, não lhe cabe acusar alguém com base em comportamento alheio; julgar alguém por comportamento alheio ou punir alguém com base em condenação alheia.

Esses mandamentos também guardam relação direta com a moralidade e a isonomia. Cabe ao Estado tratar cada um de acordo com a peculiaridade de seu ser e as suas ações. A desigualdade fática impõe desequiparação estatal. Expressão maior dessa afirmação se encontra no art. 29 do Código Penal, nos termos do qual "quem, de qualquer modo, concorre para o crime incide nas penas a estes cominadas, na medida de sua culpabilidade". Absorvendo essa lógica, a LIA consagrou a regra de que a petição de acusação por infração de improbidade deverá "individualizar a conduta do réu e apontar os elementos probatórios mínimos que demonstrem a ocorrência" do ilícito (art. 17, § 6º, I, da Lei n. 8.429/1992).

Essa lógica se estende perfeitamente a todo e qualquer subsistema de responsabilidade administrativa. Como o processo administrativo sancionador desempenha função análoga ao processo penal e, muitas vezes, autoriza a cominação de sanções muito mais graves que as penas em termos de restrição do patrimônio ou da liberdade, seria no mínimo incoerente aceitar que a Administração Pública se valesse de acusações, julgamentos e condenações genéricas diante de infrações administrativas praticadas em coautoria.

24.5 SANÇÃO ADMINISTRATIVA[33]

24.5.1 A sanção e sua relação com a infração

A sanção é uma medida coercitiva e restritiva de direitos que se impõe àquele que se comporta de maneira contrária aos mandamentos regentes de suas condutas ou a terceiro que, mesmo não tendo praticado a infração, responde por força do ordenamento ao lado ou no lugar infrator. No âmbito do direito administrativo, a sanção se origina do descumprimento de preceitos legais ou infralegais por agentes públicos, cidadãos ou por pessoas jurídicas, estatais ou não estatais, que se relacionam com a Administração Pública. A sanção nasce dessa violação que se opera no plano de relações jurídicas baseadas no poder disciplinar, na função de contratação pública e no poder de polícia (incluindo a regulação econômica e a regulação profissional).

Diferentemente da responsabilidade civil, em que interessa sobretudo a antijuridicidade do dano, a despeito da licitude da conduta do responsável, no sistema de responsabilidade administrativa, assim como ocorre no direito penal, não há sanção administrativa sem prévia infração. Para que se aplique a penalidade ao condenado no final do processo administrativo, há que se comprovar tanto a materialidade da conduta (isto é, sua existência), quanto a autoria (isto é, a participação do acusado na prática).

Embora toda sanção administrativa pressuponha a configuração precedente da infração administrativa, o inverso não é verdadeiro. Nem toda infração administrativa ocasionará uma sanção. Existem duas razões para tanto. Em primeiro lugar, é possível que se configure a infração, mas tenha se operado a **decadência** do poder punitivo da Administração. Em segundo lugar, apesar de certa infração ter sido comprovada ou confessada, por vezes o ordenamento autoriza que o Estado celebre com o infrator acordo que o torna imune a sanções. Isso se vislumbra em certos acordos de leniência, bem como naqueles ajustamentos de conduta que requerem a confissão como condição da celebração.

Existe relativa autonomia da infração em relação à sanção administrativa. Por isso, como já dito e repetido, a sanção é figura importante dos sistemas de responsabilidade, mas não é essencial dentro deles. Sancionar não é o desfecho único e necessário. Esses sistemas evoluíram e absorveram ferramentas que mitigam o papel da sanção e, por vezes, tornam-na desnecessária no caso concreto.

O fato de não serem empregadas em certas situações não implica, todavia, que as sanções tenham se tornado inúteis ou devam ser dispensadas pela teoria e pela

---

33. Com atualizações e ajustes, esse item reproduz boa parte do que já expus sobre o tema em MARRARA, Thiago; NOHARA, Irene Patrícia. *Processo administrativo*: Lei n. 9.784/1999 comentada, 2ª ed. São Paulo: Revista dos Tribunais, 2018, capítulo XVII (das sanções), p. 529 e ss.

legislação. Muito pelo contrário. Como defendi alhures,[34] o risco da sanção como medida de autoridade, unilateral e coercitiva é o combustível que move os instrumentos pró-consensuais nos sistemas de responsabilidade administrativa. Pouco estímulo restaria à consensualização se o Estado não dispusesse de meios punitivos. Isso revela, em síntese, que entre o modelo de administração coercitiva e de administração consensual não existe competição, mas sim relações de dependência e retroalimentação.

24.5.2 Funções da sanção e parâmetros de aplicação

Embora definida como um mal imposto pelo Estado contra o infrator no âmbito de um processo administrativo, a finalidade da sanção não é naturalmente pagar o mal com outro mal, assumindo o caráter de mera represália ou castigo, como sempre alertou Bandeira de Mello.[35] Em um contexto democrático e pautado em interesses públicos, é de se esperar que as sanções tenham por intuito: (i) reverter ou dissolver os efeitos nocivos da infração (**efeito restaurador**); (ii) desestimular o infrator a reincidir (**prevenção específica**) e/ou (iii) dissuadir outras pessoas a cometerem a mesma infração (**prevenção geral**).

Em linha com essas finalidades, a autoridade competente para escolher, mensurar e aplicar as sanções necessita observar certos parâmetros básicos, como:

- O dever de escolher as **sanções predeterminadas** pelo ordenamento. Não pode a autoridade inventar sanções ou aplicá-las em medida maior que a prevista;
- O dever de escolher **sanções adequadas** às finalidades públicas. Por exemplo, se a finalidade maior do CADE é tutelar a concorrência como bem difuso, ao punir uma empresa com sanção de suspensão da atividade comercial, é sua função observar se essa medida não deflagrará o efeito nocivo de concentrar o mercado relevante de maneira excessiva a ponto de contradizer os objetivos institucionais do sistema de defesa da concorrência;
- O dever de escolher **sanções necessárias**, ou seja, a mais branda dentre as adequadas para se atingir a finalidade esperada, evitando-se excessos punitivos desnecessários. Se, por exemplo, certa universidade pode atingir a finalidade punitiva por meio de uma suspensão do estudante infrator condenado em processo disciplinar, não deverá cancelar sua matrícula;
- O dever de escolher **sanções proporcionais**, no sentido de que os benefícios gerados a interesses públicos primários sejam maiores que os malefícios. Retome-se o exemplo do aluno condenado em processo disciplinar. Impor o cancelamento de matrícula como sanção pode equivaler não apenas a reprimir

---
34. MARRARA, Thiago. *Sistema brasileiro de defesa da concorrência*. São Paulo: Atlas, 2015, p. 391.
35. BANDEIRA DE MELLO, Celso Antônio; ZOCKUN, Carolina Zancaner; ZOCKUN, Maurício; ZANCANER, Weida. *Curso de direito administrativo*, 37ª ed. Belo Horizonte: Fórum, 2024, p. 736.

o infrator, mas também a ferir gravemente interesses públicos, já que a sanção implicará desperdiçar os recursos investidos em sua formação, tornar a vaga ociosa e retirar do mercado um futuro profissional; e

- O dever de escolher **sanções isonômicas**, levando em conta o contexto e as condições do condenado em linha com o princípio da individualização. Veja o exemplo da multa. Um mesmo montante pecuniário terá efeitos punitivos completamente diversos a depender da condição financeira do infrator ou do proveito que tenha extraído do ilícito cometido. Assim, por exemplo, o órgão ambiental que, pelo mesmo comportamento infrativo, impuser multa idêntica a um pequeno agricultor e a uma grande corporação internacional violará gritantemente a igualdade material.

Esses e outros importantes parâmetros do sancionamento no sistema de responsabilidade administrativa resultam de princípios gerais da Administração e direitos fundamentais, mas carecem de maior sistematização no plano infraconstitucional. Conquanto a legislação brasileira tenha evoluído na estruturação de um arcabouço normativo básico a todos os subsistemas, ainda são poucas as leis que expressam esses comandos em termos gerais. Dentre elas, merecem registro a LPA federal e a LINDB.

No campo da responsabilidade administrativa, a **LPA federal** de 1999 deu passos tímidos. Seu lacônico art. 68 contém apenas duas normas fundamentais. De um lado, oferece uma precária sistematização das sanções ao afirmar que terão natureza pecuniária (de dar algum valor) ou consistirão em obrigação de fazer (agir forçosamente) ou não fazer (omitir-se ou tolerar). De outro, reforça a garantia fundamental de defesa em processos administrativos sancionatórios.

Como registrei em outra oportunidade, era de se esperar mais ousadia do Congresso Nacional, já que poderia ter abordado na LPA federal princípios como o da individualização, a vedação do *bis in idem*, acordos em processos de responsabilização e regras de comunicabilidade de decisões administrativas absolutórias e condenatórias. Se introduzidas na LPA, essas normas traziam benefícios enormes aos subsistemas de responsabilidade administrativa no Brasil por duas razões. A uma, porque as leis setoriais são extremamente lacunosas e, a duas, porque a LPA federal, ainda que criada para a União, inspira os ordenamentos subnacionais e serve como base para analogia em processos de integração de lacunas das leis estaduais e locais.

Parte dessa preocupação restou superada em 2018 com a edição da Lei n. 13.655. Essa lei conferiu um papel de destaque à **LINDB** no campo da responsabilidade administrativa, já que nela introduziu um conjunto expressivo de normas com o claro intuito de corrigir algumas disfunções dos processos de responsabilização administrativa. Isso se verifica: no art. 22, § 1º, segundo o qual a legalidade de condutas, atos, contratos ou processos necessita ser avaliada conforme as circunstâncias práticas que houverem imposto, limitado ou condicionado a ação do agente; no art.

22, § 2º, que traz critérios de dosimetria para o sancionamento administrativo; no art. 22, § 3º, que exige a observância de punições anteriores de mesma natureza relativas ao mesmo fato antes da aplicação de novas medidas punitivas; no art. 26, que prevê compromissos de ajustamento, capazes de substituir o processo sancionador, e determina que contenham sanções pelo descumprimento das obrigações pactuadas, assim como no art. 28, que estabelece regras de responsabilização, inclusive administrativa, de agentes públicos em função decisória ou opinativa.

24.5.3 Classificações das sanções administrativas

Muitos são os critérios úteis para classificar as sanções administrativas. Apesar de não haver uma norma nacional que proceda a essa classificação, a doutrina brasileira já avançou no sentido de propor algumas diferenciações com o sentido de esclarecer o regime jurídico de cada espécie de penalidade. Sem o intuito de ser exaustivo, vale destacar a distinção das sanções:

- Pelo **efeito jurídico**, diferenciando-se, na linha de Daniel Ferreira, as sanções reais (incluindo as pecuniárias e as que gravam coisas, como a interdição definitiva de estabelecimento ou a perda de bem) e as sanções pessoais (que atingem a liberdade ou os direitos do infrator ou de quem por ele responda);[36]

- Pelo um **critério subjetivo**, apartando-se as sanções intransmissíveis (aplicada sobre o infrator e vinculada a sua pessoa, de modo que a sanção desaparecerá caso o sujeito se extinga) e as sanções transmissíveis (que podem ser transferidas a terceiros, seja a um responsável solidário ou subsidiário, como sucessores ou empresas do grupo econômico);

- Pelo tipo de **relação jurídica**, separando-se as sanções de polícia (incidentes a princípio sobre qualquer pessoa sujeita ao poder soberano do Estado), as sanções disciplinares (restritas àqueles que estão em relação funcional ou de usuário de serviço público) e as sanções pré-contratuais e contratuais (aplicáveis aos que se encontram em procedimentos de contratação ou tenham celebrado algum contrato com a Administração Pública); e

- Pelo **modo de punição**, dividindo-se as sanções pecuniárias (como a multa de trânsito), as sanções que impõem determinação de fazer (como a de reflorestar certa área ou de publicar a decisão condenatória na imprensa), as que impõem um não fazer ou tolerar, de modo a obstar ou suspender o exercício de um direito (como a de não participar de licitações ou de não exercer o comércio por certo período), assim como as sanções que extinguem direitos (como o de rescisão unilateral de contrato administrativo, perda de cargo público ou o cancelamento oficial da matrícula em uma universidade pública).

---

36. FERREIRA, Daniel. *Sanções administrativas*. São Paulo: Malheiros, 2001, p. 46.

24.5.4 As multas administrativas

Na categoria das sanções pecuniárias encontram-se as multas, que consistem na exigência de que o responsável transfira um determinado valor pecuniário ao Estado em razão da prática do ato ilícito. Essa multa pode ser estipulada pelo ordenamento segundo diferentes modelos:

- A multa em valor fixo é aquela cujo valor é determinado expressamente na norma abstrata, sem espaço para dosagem pela autoridade competente para sancionar. A desvantagem desse modelo é sua rigidez e incapacidade de se adaptar às condições do caso e do responsável pelo pagamento;
- A multa fixada em faixa de valor, geralmente tem um piso e um teto indicados em reais pelo legislador, permitindo a definição de um montante adequado no caso concreto conforme critérios de dosimetria. O inconveniente desse modelo é que a inflação corrói os valores e exige atualizações normativas constantes para manter o efeito punitivo da medida;
- A multa fixada em percentual ou dentro de uma faixa de percentuais é o modelo mais flexível. O legislador não determina um montante em reais, mas simplesmente a exigência de proporção a uma base de cálculo, como o faturamento anual da empresa condenada ou da remuneração do servidor. Esse modelo é o mais flexível e tende a ser mais justo, pois considera as diferentes situações dos condenados, promovendo igualdade material. Ainda que a Administração fixe uma multa a dois ou mais sujeitos diferentes com base no mesmo percentual, o valor pecuniário a ser pago variará de acordo com a situação ou o contexto de cada responsável.

Em termos econômicos, para que a multa desempenhe seu papel preventivo de novas infrações, é importante que o legislador a mensure de modo a garantir que o benefício econômico extraído do ilícito não seja maior que o valor pecuniário a ser pago pelo responsável. Nesse sentido, a Lei de Defesa da Concorrência é clara ao apontar que a multa "**nunca será inferior à vantagem** auferida, quando for possível sua estimação" (art. 37, I, da Lei n. 12.529/2011). Esse tipo de regra nem sempre é claro nas várias leis que regem os subsistemas de responsabilidade administrativa, mas deveria ser adotado em todos os casos.

Igualmente útil é a adoção de **modelo de multas escalonadas**. O legislador estipula uma multa básica para as infrações mais leves e as eleva conforme critérios de dosimetria e agravantes, como a gravidade da infração e a reincidência. Seguindo essa lógica, a legislação concorrencial prevê que a multa será aplicada em dobro quando se configurar a reincidência. Já o Código Brasileiro de Trânsito prevê, em caso de reincidência, a elevação da multa do dobro até o quíntuplo (art. 77-E da Lei n. 9.503/1997), sem prejuízo de sanções adicionais.

Ainda numa leitura econômica, não há como ignorar o debate sobre a "**indústria da multa**". Essa expressão é frequentemente utilizada para designar um pretenso movimento de atuações abusivas ou injustificadas pela Administração Pública não com o intuito de restabelecer o respeito à legislação administrativa, mas sim com a finalidade maior de arrecadar recursos financeiros pela via punitiva. O tema está inevitavelmente atrelado ao destino que a legislação confere aos recursos financeiros gerados por multas.

Na legislação brasileira, mais uma vez, não há qualquer norma geral sobre o tema. A depender do contexto, os valores são depositados em favor da entidade que aplicou a sanção e em outros são destinados a uma entidade distinta. Isso mostra que a indústria da multa dificilmente funcionará quando o recurso arrecadado for destinado a outra entidade e tiver seu uso legalmente atrelado a certas políticas públicas, como as de prevenção dos ilícitos. Diferentemente, haverá incentivo a uma postura arrecadatória nas situações em que a entidade estatal competente por punir se beneficiar dos recursos das multas e, mais que isso, atrelar esses recursos de alguma forma a vantagens na remuneração de seus agentes. Modelos assim aparentam violar a moralidade administrativa. Independentemente disso, nessas situações, há inúmeros meios para controlar os desvios, como o incremento da transparência quanto aos valores arrecadados e ao seu uso.

24.5.5 Sanções de fazer, sanções suspensivas e extintivas

Além das multas, é extremamente comum a aplicação de sanções administrativas impositivas ou suspensivas, obstando o livre exercício de direitos do infrator ou do terceiro que responda por ele. Já as sanções extintivas são as que encerram um vínculo jurídico, com ou sem efeitos limitativos para a formação de novos. Apesar de não envolverem a transferência de valores pecuniários ao Estado, os efeitos econômicos dessas sanções são frequentemente mais intensos que os de uma mera multa, já que equivalem ora a perdas expressivas de oportunidades e receitas, ora ao aumento de despesas e custos.

As **sanções administrativas de fazer** consistem em exigir que o infrator ou quem por ele responda se comporte de determinada maneira, realizando uma ação compulsoriamente, com ou sem atingimento de uma finalidade. A depender da infração, a legislação ora prevê um mero dever de agir, ora um dever de atingir algum resultado, a despeito dos meios necessários para tanto.

Exemplo de sanção que consiste em mero dever de agir consta da Lei Anticorrupção, que prevê a divulgação da decisão condenatória expedida no processo administrativo de responsabilização às custas do condenado. Já o Código de Defesa do Consumidor prevê a **contrapropaganda**, pela qual o infrator é obrigado a anunciar em desfavor de seu produto ou serviço (art. 56, XII, da Lei n. 8.078/1990). De outra parte, é exemplo de sanção de alcançar resultado a de reflorestamento compulsório de área desmatada ilicitamente.

As **sanções administrativas suspensivas**, por sua vez, acarretam a impossibilidade de exercer um direito ou uma liberdade, mas por tempo limitado. A penalidade implica um dever de não fazer. Por exemplo, a LLic prevê a sanção de proibição de contratação com o Poder Público por certo número de anos. Já a legislação disciplinar estipula a suspensão do agente público ou do usuário condenado, enquanto a legislação ambiental aponta, dentre outras, a suspensão temporária de atividade, a suspensão de fornecimento de produtos ou serviços e a proibição de fabricação. Decorrido o prazo assinalado no ato que impõe a medida punitiva, com ou sem cumprimento de encargos adicionais, restaura-se plenamente o exercício do direito.

Geralmente mais graves que as sanções de fazer e as suspensivas, as **sanções extintivas de direito** dissolvem um vínculo jurídico, de modo a ocasionar efeitos impeditivos secundários. Exemplos são dos mais diversos, incluindo a cassação de registro necessário à comercialização de produto, a destruição de mercadoria, a revogação de concessão ou permissão de uso, a extinção de contrato, a cassação de admissão para uso de serviço público e a perda do cargo público. Essas sanções são eventualmente majoradas com proibições acessórias. Isso se vislumbra na demissão qualificada, que ocasiona a perda do cargo e impede a formação de novo vínculo laboral do condenado com o Estado por um certo período de anos, como se demonstrará no capítulo dedicado à responsabilidade disciplinar.

A sanção extintiva, que aniquila um direito ou extingue um vínculo jurídico entre a Administração e o sujeito sancionado, difere claramente da sanção suspensiva. Nesta, o vínculo jurídico, nas situações em que houver, persistirá apesar de o condenado ter o exercício de um determinado direito obstado por certo tempo. Encerrado esse período, os direitos relacionados ao vínculo passam a ser fruídos normalmente. Além disso, para as sanções suspensivas, algumas leis preveem o instituto da **reabilitação**. Mediante o cumprimento de certos requisitos de "bom comportamento", o condenado poderá readquirir a fruição plena do direito suspenso pela sanção antes do decurso do prazo estipulado na condenação. Exemplo disso se vê no subsistema de responsabilidade contratual, dentro do qual a reabilitação faz cessar antecipadamente os efeitos punitivos da sanção de impedimento para contratar ou licitar ou da sanção de declaração de inidoneidade.

24.5.6 Dosimetria e cumulação de sanções

Conduzido o processo administrativo e comprovadas tanto a autoria quanto a materialidade, a Administração Pública estará autorizada a proceder à condenação. Ao fazê-lo, caso haja margem de escolha, deverá deliberar: (i) se infligirá uma sanção isolada ou várias cumulativamente e (ii) qual será a intensidade das sanções que requeiram mensuração. Em sentido amplo, a dosimetria abarca essas duas tarefas e se destina a individualizar a sanção, levando em conta tanto aspectos inerentes ao sujeito condenado, quanto aspectos externos à sua pessoa.

No direito penal, essa tarefa é cuidadosamente regrada. Diversamente, na esfera da responsabilidade administrativa, o assunto ficou por longo tempo esquecido. Em certas leis, o legislador inseriu regras específicas de dosimetria, como se verifica no âmbito do CADE (art. 45 da Lei n. 12.529/2011) ou da ANATEL (art. 176 da Lei 9.472/1997). Em outros casos, porém, ignorou por completo o assunto, deixando de apontar qualquer parâmetro de ponderação.

Sob essas circunstâncias caóticas, ora o administrador público encontrava parâmetros nas leis especiais, ora não encontrava qualquer norma e, nesse contexto, restava-lhe buscar apoio nas regras do direito penal ou se socorrer da **razoabilidade**. Esse princípio, aliás, foi e continua sendo o grande orientador da ação punitiva do Estado. No STJ, por exemplo, a Ministra Laurita Vaz declarou que o sancionamento, "ainda que na esfera administrativa, deve observar os princípios da proporcionalidade e da individualização da pena" (RMS 13.617 de 2002). Já no STF, segundo Di Pietro, há muito se formou vasta jurisprudência uniforme, materializada em súmulas como a 70, a 323 e a 547, "todas elas impedindo o exercício do poder sancionatório de forma irrazoável, ainda que fundado na lei".[37]

Embora não tenha conferido a atenção merecida à dosimetria, a LPA federal também absorve a lógica da razoabilidade punitiva. Seu rol de diretrizes gerais exige que a Administração Pública, na condução de processos administrativos, observe a "adequação entre meios e fins, vedada a imposição de obrigações, restrições e **sanções em medida superior àquelas estritamente necessárias** ao atendimento do interesse público" (art. 2º, parágrafo único, VI). O texto legal menciona expressamente sanções, de modo que impõe à autoridade julgadora observar qual a finalidade pública que o processo de responsabilização persegue, se a penalidade que pretende impor ao condenado se mostra apta a alcançá-la e se a penalidade escolhida é a mais branda dentre as adequadas, ou seja, se é necessária. A LPA não abordou, porém, questões sobre responsabilidades múltiplas, *bis in idem* ou qualquer parâmetro de dosimetria.

Foi somente em 2018 que esses temas avançaram no plano da legislação geral. Digo isso por duas razões básicas, com a reforma de 2018, a **LINDB** passou a apresentar:

- Em primeiro lugar, um rol básico de **critérios de dosimetria**. Se não houver norma especial, o administrador público deverá observá-los e considerar, na discricionariedade punitiva, alguns parâmetros subjetivos, materiais ou contextuais. Os critérios subjetivos dizem respeito aos antecedentes do infrator, enquanto os materiais incluem a natureza da infração, sua gravidade (diante do bem tutelado) e os danos ocasionados para a Administração Pública. O comando também impõe a consideração de circunstâncias agravantes e atenuantes (art. 22, § 2º). Nesse contexto, cada um dos critérios necessitará ser avaliado segundo os fatos do processo de responsabilização, devendo o julgador zelar pela ampla e congruente motivação. Apesar dos avanços, o

---

[37]. DI PIETRO, Maria Sylvia Zanella. *Discricionariedade administrativa na Constituição de 1988*, 2ª ed. São Paulo: Atlas, 2001, p. 199.

dispositivo em questão traz problemas e desafios. É tímido nos critérios subjetivos, deixando de abordar, por exemplo, a situação econômica do infrator. É igualmente acanhado no tratamento dos danos, pois se refere unicamente aos acarretados para a Administração. De outro lado, aponta circunstâncias agravantes e atenuantes, mas não dá qualquer pista do que se trata, de modo que, a meu ver, será preciso ou estipular essas circunstâncias em decreto ou importá-las, com as devidas adaptações, do direito penal; e

- Em segundo lugar, regras sobre a **cumulação de sanções** ao estipular que "as sanções aplicadas ao agente serão levadas em conta na dosimetria das demais sanções de mesma natureza e relativas ao mesmo fato" (art. 22, § 3º, da LINDB). A redação exige atenção dos intérpretes, já que não indica se a condenação anterior será observada na posterior para aumentar a punição (afinal, uma conduta infrativa que viola inúmeros comandos tende a ser mais grave que a que viola poucos) ou para amenizá-la. Apesar da redação ambígua, entendo que o dispositivo deve ser interpretado em favor do acusado e no sentido de coibir excessos punitivos. Se uma mesma conduta for punível em múltiplas esferas (subsistemas administrativos ou de outras naturezas), será preciso verificar a dosagem conjunta das penalidades, não a dosagem isolada no último processo, de maneira a evitar que a repressão estatal se torne desproporcional.

Esses dispositivos da LINDB demonstram que a legislação brasileira avançou no sentido de absorver critérios mais palpáveis de dosimetria da sanção administrativa, inclusive nas situações de responsabilidade múltipla. A legislação poderia ter um pouco além ao falar expressamente da vedação do *bis in idem* e explicar seu conteúdo. Na falta desse detalhamento legal, é preciso extrair essa vedação do princípio da razoabilidade e construir doutrinariamente seus contornos para torná-la aplicável. Nesse sentido, conforme exposto anteriormente, o *ne bis in idem* há que ser compreendido no direito administrativo de forma que o infrator ou quem por ele responda:

- Não seja sancionado mais de uma vez em um novo processo administrativo do mesmo subsistema de responsabilidade pelo mesmo comportamento ilícito;
- Nem seja reprimido com duas ou mais sanções de igual espécie e natureza no mesmo processo administrativo.

A vedação do *bis in idem* não impede, contudo, que a mesma pessoa seja punida pelo mesmo comportamento diante de esferas e subsistemas de responsabilidade distintos, inclusive com sanções da mesma espécie, desde que eles tutelem diferentes bens jurídicos. Imagine um cartel licitatório. Não seria lícito sancionar os infratores em dois processos de responsabilização baseados na LLic, nem possível repetir sanções de mesma espécie e igual natureza contra o mesmo infrator dentro do mesmo processo – por exemplo, duas ou três multas administrativas na mesma condenação. Todavia, seria lícito cominar duas ou mais multas contra os condenados pelo cartel, desde que cada uma dessas sanções, embora da mesma espécie, fosse imposta em processo administrativo sancionador de subsistemas distintos, como o da LLic, o da LDC e o da LAC.

24.6 PROCESSUALIDADE DA RESPONSABILIDADE ADMINISTRATIVA

24.6.1 Elementos básicos da processualidade

As inúmeras ramificações da responsabilidade administrativa por relações jurídicas de polícia, disciplina e contratação somadas à ausência de uma legislação geral sobre o tema dá origem a um conjunto bastante assimétrico e rico de modelos procedimentais e processuais. Não existe um rito sancionador único, nem qualquer padronização de etapas. Na verdade, nem se poderia falar de modelo único, pois disciplinar procedimento administrativo é competência de cada esfera federativa, afastando-se a possibilidade de um código nacionalizante.

Mesmo que inexistisse federação e o Brasil passasse a adotar o unitarismo, ainda assim, padronizar seria uma péssima ideia. A multiplicidade de trâmites é oportuna, entre outras razões, porque: (i) confere flexibilidade para que os procedimentos se harmonizem à realidade de cada ente federativo e aos diferentes tipos de entidades estatais, cada qual com recursos humanos, financeiros e técnicos diversos; (ii) autoriza a experimentação de técnicas e modelos, favorecendo a criatividade em favor do aprimoramento normativo e prático; e (iii) viabiliza a adaptação dos procedimentos às peculiaridades de cada subsistema de responsabilidade administrativa.

A ausência de um modelo ou rito procedimental único não repele a processualidade na responsabilidade administrativa, nem obsta que a teoria ofereça parâmetros básicos para a atuação da Administração Pública nesse campo. Melhor dizendo: ainda que inexista regime jurídico único ou padronizado de procedimentos e processos na responsabilidade administrativa, existe sim um **regime jurídico estrutural**, consistente em um corpo de mandamentos básicos comuns aos subsistemas. Isso ocorre, porque a Constituição da República, a LINDB e as leis de processo administrativo oferecem comandos gerais sobre a processualização. A partir deles se torna possível sustentar doutrinariamente que a processualização da responsabilidade administrativa se expressa em fases básicas, incluindo a de preparação, a de abertura ou instauração do processo sancionador, a de instrução e a de julgamento, com ou sem subfases de recursos administrativos.

Tomando-se essa premissa, a seguir examinam-se: os instrumentos que fazem a Administração Pública colocar em prática os subsistemas de responsabilidade; os procedimentos preparatórios; a abertura do processo administrativo sancionador; as medidas cautelares; a instrução; o julgamento com condenação ou absolvição; os recursos e a revisão, além de aspectos relativos à execução da decisão condenatória e da comunicabilidade. O intuito da exposição a seguir não é reproduzir toda a teoria do processo administrativo, já abordada em capítulo próprio. Busca-se simplesmente destacar as principais questões processuais no tocante à responsabilidade administrativa sob perspectiva geral, isto é, sem ingressar nas peculiaridades dos subsistemas.

24.6.2 Fiscalização, denúncias e procedimento preparatório

Processos administrativos sancionatórios ocasionam custos e despesas à Administração Pública e, de outro lado, acarretam inúmeras consequências aos acusados, como exposição, desgaste de reputação, sofrimento, prejuízos financeiros, sociais e familiares. Exatamente por isso, nenhum processo administrativo deve ser instaurado sem elementos básicos a respeito dos sujeitos envolvidos e das potenciais infrações. O início de qualquer apuração oficial depende da obtenção desses elementos. Por isso, cabe ao Estado munir-se de instrumentos para produzi-los e canais para obtê-los. Em termos práticos, isso significa que as autoridades públicas ora coletam os elementos sobre potencial infração de ofício, ora os acessam com o apoio de particulares.

Em razão da indisponibilidade dos interesses públicos primários e do princípio da legalidade, é dever do Estado construir meios de controle interno e externo para constantemente fiscalizar os comportamentos dos agentes públicos e de todas as demais pessoas que se relacionam com a Administração Pública. A fiscalização nada mais é que a extração de informações sobre uma dada realidade, as quais são empregadas tanto para permitir a correção de desvios e o aprimoramento das funções públicas, quanto para viabilizar a responsabilização com o objetivo de reprimir e prevenir condutas indevidas. A fiscalização se desenvolve ora por mecanismos de controle interno direto, hierárquico ou especializado, ora por mecanismos de controle estatal externo. Assim, de ofício, uma entidade ou órgão coleta diretamente as informações que justificam procedimentos de responsabilização ou solicita de outros Poderes os elementos necessários.

Paralelamente, o Estado democrático se vale de mecanismos de controle social que autorizam os particulares a trazer elementos indicativos e provas de infrações ao conhecimento das autoridades administrativas. Nessa função de controle social, os particulares utilizam denúncias, representações e reclamações. Além disso, a legislação brasileira adota alguns meios especiais, dentre os quais: (i) o *"whistleblowing"* ou reporte, pelo qual uma pessoa física denuncia uma infração administrativa da qual não participa, podendo receber prêmios pela colaboração (Lei n. 13.608/2018) e (ii) o **programa de leniência**, pelo qual determinada pessoa física ou jurídica, necessariamente na condição de infratora confessa, entrega provas sobre a prática ilícita cometida juntamente com outras pessoas para se beneficiar, ao final do processo sancionador, da suavização de sua punição.[38]

---

38. Sobre essas ferramentas, cf. o item sobre controle social no capítulo anterior deste volume.

É dever da autoridade competente verificar a pertinência dos elementos recebidos por meios externos ou internos acerca de potencial infração administrativa. Embora a apuração da conduta equivalha a medida predominantemente vinculada, isso não significa que a Administração deva instaurar de mediato um processo administrativo sancionador em toda e qualquer situação. Muito pelo contrário. Ao receber elementos a respeito de eventual infração, três caminhos se abrem às autoridades: o arquivamento, a condução de procedimento preparatório ou a instauração imediata do processo sancionador. Vejamos:

- **Arquivamento.** Se as informações e elementos trazidos a conhecimento da Administração revelarem infração impossível ou inexistente, bem como assuntos que fogem por inteiro à competência do órgão público, a autoridade os arquivará de forma motivada, podendo, eventualmente, encaminhá-los para outros órgãos públicos com competência para agir. Imagine, por exemplo, que a ouvidoria de certa universidade pública receba denúncia de infração cometida por empresas em licitação organizada em uma empresa estatal. Em não havendo competência da universidade para a apuração do pretenso ilícito, não se deverá instaurar qualquer procedimento. Caberá à universidade simplesmente arquivar a denúncia e remeter as informações recebidas à empresa estatal competente;

- **Procedimento preparatório.** Caso os elementos obtidos ainda não conformem os indícios necessários de autoria e de materialidade, a autoridade competente geralmente se valerá de um procedimento preparatório de natureza inquisitória. O nome desse procedimento varia de acordo com a lei e o subsistema de responsabilidade. No disciplinar, é chamado de sindicância. Em campos regulatórios, por vezes é denominado inquérito administrativo ou averiguação preliminar. A despeito do nome, todos eles configuram procedimentos preparatórios, não verdadeiros processos. Como não existem acusados propriamente ditos, não há que se falar de processo, nem se aplicam garantias de ampla defesa e contraditório. O intuito da Administração é simplesmente levantar os indícios de autoria e materialidade. Caso os obtenha, instaurará um processo verdadeiramente sancionador, intimando o acusado a exercer sua plena defesa. Diversamente, caso não logre obter indícios mínimos, a Administração determinará o arquivamento do procedimento preparatório; e

- **Processo sancionador.** Tendo em mãos os indícios de autoria e materialidade, com ou sem a condução de procedimento preparatório, competirá às autoridades competentes instaurar o processo administrativo sancionador. De acordo com as diversas leis setoriais, o nome desses processos também varia. Veja os processos administrativos disciplinares (PAD), mencionados nos vários Estatutos de Servidores Públicos, ou os processos administrativos de responsabilização (PAR), empregado tanto na LLic, quanto na LAC. A despeito da nomenclatura jurídica, a instauração é medida predominantemente vinculada. Não cabe à autoridade decidir não apurar infrações cometidas por alguns, mas apurar a de outros. Cabe-lhe tão somente priorizar temporalmente as acusações nas situações em que os recursos estatais se mostrem escassos para viabilizar a condução simultânea de múltiplos processos. Fora dessas e doutras situações excepcionais, a omissão imotivada quanto ao exercício da competência sancionatória configurará ato ilegal, pois contrariará a **proibição geral de renúncia de competência** (art. 2º, parágrafo único, II, da LPA federal).

Ademais, a omissão quanto à instauração por motivos pessoais impertinentes, como as relações de amizade entre a autoridade e o potencial infrator, poderá caracterizar crime de prevaricação.

24.6.3 Devido processo administrativo sancionador

Nem toda notícia de uma pretensa infração acarreta a abertura imediata de um processo. Como visto, é possível que os elementos sejam insuficientes para se identificar o que realmente ocorreu (materialidade) e quem efetivamente se envolveu na prática (autoria). Nessas hipóteses, a Administração conduzirá procedimentos preparatórios com o objetivo de angariar indícios suficientes à abertura de um processo sancionador. Isso revela que o procedimento preparatório, de um lado, e processo administrativo sancionador, de outro, caracterizam expedientes distintos tanto em suas finalidades, quanto em seu regime jurídico.

O processo administrativo sancionador equivale a um procedimento qualificado, porque, em primeiro lugar, contém uma acusação de cometimento de infração administrativa contra uma ou mais pessoas físicas. Não existe processo sancionador sem acusação. Em segundo lugar, é qualificado, pois se mostra capaz de ocasionar a condenação do acusado, acarretando-lhe uma ou mais sanções de natureza administrativa. Exatamente por esse risco de punição não se autoriza a condução de processos de qualquer maneira. É imprescindível que a Administração Pública zele pelo devido processo sancionador.

Esse modelo de processualidade administrativa ganhou destaque em 1988 quando, em contraste com as Cartas anteriores, a Constituição da República estendeu de forma expressa as garantias do devido processo a todos os trâmites estatais (judiciais ou administrativos) que possam resultar em sanções. Não por outro motivo, as leis que disciplinam as várias espécies de processo administrativo sancionador geralmente asseguram o contraditório e a ampla defesa aos acusados. Diante da letra constitucional, mesmo que uma lei especial qualquer não trate do tema, essas garantias fundamentais continuarão a incidir no caso concreto por refletirem comandos expressos da Constituição da República e de leis processuais gerais. A inobservância das garantias pela autoridade competente, por conseguinte, justifica a invalidação processual.

Desdobrando o mandamento da Constituição, a LPA federal consagra e detalha o devido processo administrativo em vários dispositivos (art. 2º, parágrafo único, X; art. 3°, inciso III, art. 26; art. 28 e art. 46). O art. 68 merece realce, pois expressamente aponta que a Administração está proibida de aplicar qualquer sanção sem respeito à ampla defesa. Desse e dos demais comandos legais, extrai-se que o devido processo administrativo sancionador abarca os **direitos básicos** de: (i) conhecer os motivos da acusação; (ii) ter ciência dos atos processuais, a começar pelo de instauração do processo; (iii) obter vista e cópias dos autos; (iv) defender-se diretamente ou por meio de representante; (v) formular alegações, inclusive em defesa inicial e ao final da instrução; (vi) produzir e juntar provas aos autos, salvo as ilícitas, impertinentes, desnecessárias ou meramente protelatórias; (vii) solicitar e acompanhar a produção de provas; (viii) obter a motivação de qualquer ato que restrinja direito ou interesse; (ix) pedir reconsideração da decisão; (x) interpor pedido de reconsideração e recursos voluntários hierárquicos e (xi) requerer a revisão da sanção após a condenação.[39]

24.6.4 Medidas cautelares e verdade sabida

As garantias da ampla defesa e do contraditório não impedem que a Administração Pública adote **medidas cautelares** que restrinjam direitos fundamentais antes ou durante o processo administrativo sancionador. Essas medidas configuram atos coercitivos e discricionários, cujo pressuposto é a necessidade de tutelar um interesse público antes da condenação ou de resguardar a utilidade do processo.

A validade das cautelares, segundo Flávio Garcia Cabral, depende de requisitos como o perigo de demora (*"periculum in mora"*), a fumaça do bom direito (*"fumus boni juris"*), a motivação, a proporcionalidade, a preservação da reversibilidade (quando cabível) e a garantia da defesa (salvo em situações urgentes).[40]

As espécies de cautelares variam conforme a legislação, podendo incluir, a título de exemplo, o afastamento temporário do servidor acusado de infração disciplinar para evitar que influencie a apuração ou continue a praticar o comportamento, a indisponibilidade de bens dos acusados com o objetivo de permitir que reparação de danos seja viável em caso de condenação, a interdição temporária de estabelecimentos para evitar riscos a terceiros, o recolhimento transitório de mercadorias etc.

Na legislação especial, é bastante frequente a menção a essas medidas cautelares. Em contraste, na legislação processual administrativa, não há muitos comandos de ordem geral sobre o assunto, com a exceção do importantíssimo **art. 45 da LPA federal**.[41] Apesar de seu texto enxuto, esse dispositivo exerce um papel fundamental

---

39. Para detalhes sobre as implicações da ampla defesa e do contraditório, cf. os princípios do processo administrativo no terceiro volume deste manual.
40. Em mais detalhes, cf. CABRAL, Flávio Garcia. *Medidas cautelares administrativas*. Belo Horizonte: Fórum, 2021, p. 93 e ss.
41. Para mais, cf. NOHARA, Irene Patrícia; MARRARA, Thiago. *Processo administrativo* – Lei n. 9.784/1999, 2ª ed. São Paulo: Revista dos Tribunais, 2018, comentários ao art. 45.

para a prática e a teoria geral das medidas cautelares na esfera da responsabilidade administrativa. Digo isso por muitas razões:

- Em primeiro lugar, o art. 45 se refere expressamente a "providências acauteladoras" e reconhece que nem toda medida restritiva praticada em processos administrativos punitivos se limita a uma sanção em sentido estrito. Com isso, o dispositivo consagra o **poder geral de cautela da Administração Pública** em paralelo ao poder sancionador propriamente dito;
- Em segundo lugar, o dispositivo citado não sistematiza ou enumera as medidas cautelares em espécie, dando a entender que a Administração Pública goza de margem de escolha para defini-las à luz do caso concreto ou em atos regulamentares, salvo, por óbvio, quando o legislador as indicar de modo taxativo em lei especial;
- Em terceiro lugar, revela que as medidas cautelares, em situações ordinárias, devem ser precedidas de manifestação da pessoa afetada. Embora a cautelar não tenha natureza de sanção, seu conteúdo afeta direitos e interesses juridicamente tutelados, justificando a oitiva prévia como regra geral decorrente da garantia constitucional da ampla defesa;
- Em quarto lugar, o art. 45 da LPA reconhece a excepcionalidade da cautelar **sem prévia manifestação do interessado** ("*inaudita altera parte*"), mas a limita aos casos de risco iminente. Quando houver urgente risco de perecimento ou lesão de direitos fundamentais ou de interesses públicos primários, a Administração Pública estará autorizada a determinar uma ou mais providências acauteladoras antes mesmo de ouvir a pessoa atingida. Mesmo nesses casos extremos, a garantia da defesa não será aniquilada, mas tão somente diferida, ou seja, postergada para o momento posterior ao de implementação da medida cautelar.

Essa última característica das medidas cautelares é um dos fatores que as diferenciam das sanções administrativas propriamente ditas. Nenhuma sanção pode ser validamente imposta antes de instaurado ou de concluído o devido processo administrativo. Mesmo quando for flagrante, público e notório o comportamento infrativo, ainda assim o processo será a condição essencial para a validade da condenação e, por conseguinte, das sanções. O ordenamento não se coaduna com a chamada "**verdade sabida**". Conforme explica Di Pietro, trata-se de situação em que uma autoridade, tomando conhecimento imediato da falta praticada pelo administrado ou pelo servidor que lhe está subordinado, aplica-lhe direta e pessoalmente a sanção.[42] Além de incompatível com a garantia constitucional da ampla defesa, esse instituto viola diversos outros mandamentos relevantes, como a moralidade e a impessoalidade.

---

42. DI PIETRO, Maria Sylvia Zanella. *Direito administrativo*, 37ª ed. Rio de Janeiro: Forense, 2024, p. 726.

24.6.5 Abertura e instrução

Com ou sem procedimento preparatório, a partir do momento em que dispõe de indícios suficientes de materialidade e autoria, certa entidade estatal deverá efetivamente instaurar o processo administrativo sancionador. Na chamada fase de abertura, a entidade geralmente se valerá de uma **portaria** para indicar os fatos que serão averiguados, as pessoas físicas ou jurídicas acusadas, os fundamentos jurídicos aplicáveis, bem como os agentes públicos que conduzirão o processo.

A portaria de instauração e os demais elementos são organizados e numerados dentro dos **autos** do processo administrativo. Os autos são a materialização, física ou digital, dos atos que formam o processo sancionador. É imprescindível que todos os elementos relativos à apuração sejam introduzidos nos autos para viabilizar a transparência e a ampla defesa, não se mostrando lícito que as autoridades se valham de elementos ocultos aos acusados para tomar suas decisões ou julgar.

Publicada a portaria e organizados os autos, uma autoridade isolada ou a comissão processante procederá à intimação dos acusados. Essa intimação inaugural, como o equivalente à citação do processo judicial, serve para dar aos acusados conhecimento da instauração do processo e permitir que tomem as medidas de controle e defesa desejadas quer na esfera administrativa, quer judicial. Geralmente, a intimação já estipula ao acusado um prazo para manifestação, mas há muitas variações entre os subsistemas de responsabilidade quanto ao momento e quanto ao seu nome jurídico.

Uma vez apresentadas a acusação e eventuais peças de defesa ao início do processo, a depender da legislação e das nuances do caso concreto, é possível que se abra uma fase de instrução, ou seja, de **produção de provas**. Os elementos probatórios, contidos em diferentes meios, servem basicamente para comprovar os fatos discutidos no processo e, igualmente, para tratar de questões relativas ao enquadramento desses fatos no ordenamento jurídico. A comprovação dos fatos e sua caracterização jurídica são essenciais, porque constituem os motivos do julgamento, seja ele de condenação ou absolvição.

Dado o formalismo mitigado que guia os processos administrativos, inclusive quando conduzidos para fins repressivos, a instrução não é a única etapa do processo em que as provas poderão ser juntadas aos autos. Já com a acusação e com a defesa, tanto a Administração quanto o acusado ficam autorizados a trazer provas, as quais geralmente assumem natureza documental ou técnica (laudos e pareceres). No entanto, em determinados contextos, as peculiaridades do caso exigem um aprofundamento da análise dos fatos e pedem-se provas adicionais às pré-constituídas.

Para que isso ocorra, abre-se a fase de instrução. Durante seu curso, colhem-se depoimentos pessoais, ouvem-se as testemunhas, realizam-se eventuais perícias, produzem-se pareceres e laudos. A depender da lei que rege cada subsistema de responsabilidade administrativa, é possível que a produção de certas provas seja limitada ora em termos temporais, ora em termos quantitativos, para não se comprometer a duração razoável do processo.

Durante a instrução, o direito à produção de provas deve ser exercido de boa-fé e nos limites da legalidade. Não se aceitam no processo administrativo **provas ilícitas** por violação de direito material ou processual, nem as ilícitas por contaminação, ou seja, aquelas produzidas a partir de uma prova anterior ilícita (teoria do fruto da árvore envenenada). Tampouco são aceitáveis as **provas impertinentes** (que não guardam relação lógica com os fatos debatidos no processo) e as **provas desnecessárias** (provas repetidas ou que não agregam no esclarecimento dos fatos, por exemplo, porque já são conhecidos ou notórios). Por conseguinte, ao se mostrarem impertinentes ou desnecessárias, destinando-se meramente a protelar o curso do processo em detrimento da garantia da duração razoável, as provas serão igualmente proibidas e indeferidas.[43]

Ao final da instrução, é bastante usual que a autoridade ou a comissão responsável pela condução do processo intime os acusados para a apresentação optativa de **manifestações finais** (art. 44 da Lei n. 9.784/1999) e, em seguida, elabore o **relatório final** (art. 47). Esse relatório nada mais é que um parecer. Suas funções consistem em resumir a acusação e seus motivos, descrever o trâmite processual, indicar as provas produzidas e, ao final, apresentar a proposta amplamente motivada de decisão pela absolvição, pela condenação ou pelo reconhecimento da decadência do poder punitivo, por exemplo.

Segundo a LPA federal, o relatório final se faz necessário nas situações em que o órgão público responsável pela instrução difere do órgão responsável pela fase subsequente de julgamento. Na prática, essa dissociação entre autoridades instrutórias e julgadoras ocorre na enorme maioria dos processos administrativos sancionadores, a exemplo do que se vê nos processos disciplinares, nos processos de apuração de infração em contratações públicas, nos processos sancionadores regulatórios e nos processos de responsabilização por corrupção.

24.6.6 Julgamento: absolvição e condenação

Seja na esfera penal, seja na administrativa, os processos sancionadores apresentam quatro possíveis desfechos: (i) a absolvição do acusado por falta de provas; (ii) a absolvição por comprovada ausência de materialidade ou de autoria; (iii) o reconhecimento da decadência do poder punitivo da Administração Pública ou da prescrição intercorrente, devendo-se procurar as normas de cada subsistema sobre o tema e (iv) a condenação, desde que reconhecidas tanto a materialidade, quanto a autoria em relação a cada acusado.

Como espécie de decisão administrativa, o julgamento do processo sancionador requer ampla motivação. Esse dever se reforça na condenação, dado seu caráter

---

43. Em detalhes sobre os meios de prova e as provas proibidas, cf. o capítulo sobre processo administrativo no terceiro volume deste manual.

restritivo de direitos (art. 50, II, da LPA federal). Caso não se demonstrem cabalmente a autoria e a materialidade, a decisão condenatória será inválida. Em razão da **presunção de inocência**, não se autoriza que o Estado condene qualquer pessoa na presença de dúvidas sobre a ocorrência do comportamento infrativo ou sobre o envolvimento do acusado. Repetindo: na dúvida, absolve-se!

Em adição à comprovação da autoria e da materialidade, a condenação deverá conter a indicação das sanções e sua mensuração em linha com a razoabilidade, levando em conta não apenas os objetivos buscados com a repressão estatal, mas também as sanções eventualmente aplicadas em processos sancionadores anteriores que tratam do mesmo comportamento (art. 22, § 3º, da LINDB).

Se houver discricionariedade na mensuração das sanções (como os valores de multas), a autoridade competente necessitará incrementar a motivação com a indicação dos critérios de dosimetria, relacionando-os um a um ao caso concreto. Como esclarecido anteriormente, esses critérios são frequentemente apontados pelas leis especiais e, na falta deles, basta empregar os requisitos constantes da legislação geral (art. 22, § 2º, da LINDB).

A condenação administrativa, assim como a maioria das decisões proferidas pela Administração, não requer chancela judicial prévia, nem a concordância do acusado para ser imposta. Trata-se de **medida unilateral e coercitiva**. Disso não resulta, porém, que a condenação administrativa goze de autoexecutoriedade integral ou em todas as situações. Coercitividade e autoexecutoriedade são características distintas.

Embora a coerção seja inerente a sanção, a meu ver, a **autoexecutoriedade** existirá somente quando reconhecida de modo expresso pela legislação. Exemplo disso é a regra da LLic que permite ao ente contratante descontar da garantia de execução obrigacional o valor da multa aplicada contra a pessoa contratada (art. 97 da Lei n. 14.133/2021). Existem outras leis, porém, que se resumem a autorizar a Administração Pública a impor medidas punitivas adicionais pelo descumprimento da condenação. Isso se vislumbra na Lei de Defesa da Concorrência, que prevê multa complementar ao agente econômico que não cesse a prática que o CADE julgou ilícita (art. 39 da Lei n. 12.529/2011).

Seja nessa última situação, seja naquelas em que o legislador absolutamente nada diz sobre o cumprimento forçado da decisão administrativa, não há como se reconhecer autoexecutoriedade à condenação. Restará ao ente estatal recorrer ao Judiciário para que se force o condenado a cumprir as sanções administrativas impostas. Em complemento, quando se tratar de pessoa física, caberá igualmente recorrer à justiça criminal. Afinal, o art. 330 do Código Penal prevê como **crime de desobediência** o descumprimento de ordens lícitas emanadas por agentes públicos em geral.[44]

---

44. CARVALHO FILHO, José dos Santos. *Processo administrativo federal*, 3ª ed. Rio de Janeiro: Lúmen Juris, 2007, p. 351.

24.6.7 Recursos, revisão e reformatio *in pejus*

No sentido mais literal, recorrer é percorrer novamente. Em termos jurídicos, o verbo significa reanalisar e rediscutir uma decisão. Interpor um recurso em processo administrativo sancionador nada mais é que peticionar para que a decisão condenatória ou absolutória seja reexaminada e modificada em vista de motivos fáticos ou jurídicos. O recurso é expressão do direito fundamental de petição e da garantia da ampla defesa. Mesmo que não previsto expressamente em lei ou regulamento, sempre poderá ser manejado, pois está ancorado no texto constitucional e constitui uma ferramenta de controle externo e social da Administração Pública em favor da legalidade e da moralidade.[45]

A não ser pelos motivos próprios que ensejam o questionamento da decisão e sustentam o recurso administrativo, a recorribilidade nos subsistemas de responsabilidade administrativa se estrutura sobre elementos conhecidos da teoria geral do processo administrativo. Por consequência, mesmo que certo subsistema trate do assunto de modo lacunoso ou imperfeito, o intérprete poderá recorrer subsidiariamente às normas básicas constantes das leis de processo administrativo ou, subsidiariamente, do Código de Processo Civil, no que couber. Poderá, ainda, valer-se da analogia, emprestando a lógica normativa de certos subsistemas administrativos para outros.

Ainda que recursos de ofício não fiquem descartados, principalmente como forma de controle de arquivamento de denúncias e procedimentos de apuração, os recursos administrativos mais frequentes do processo sancionador são **voluntários e hierárquicos**. A legitimidade recursal se limita a princípio ao acusado, que interpõe o pedido conforme seu desejo, submetendo-o à autoridade que julgou para que, se não reconsiderar, encaminhe o processo ao exame da instância superior. Além disso, embora seja mais usual o manejo de recurso administrativo contra a decisão condenatória, seja com o objetivo de obter a absolvição, seja para reduzir as sanções, na prática, recursos contra decisões originariamente absolutórias são igualmente concebíveis. Imagine o interessado que recorre contra a "absolvição por falta de provas" com o objetivo de substituí-la pela "absolvição por inocência comprovada". À primeira vista, soa estranho recorrer da absolvição, mas, juridicamente, o reconhecimento da inocência comprovada faz toda diferença para o acusado.

O recurso caminha sempre em sentido ascendente, partindo de uma instância inferior a uma superior. Ocorre que alguns processos administrativos tramitam excepcionalmente em **instância única**, como se vê em agências reguladoras. Em casos assim, o recurso hierárquico se tornará inviável e a recorribilidade será garantida somente pelo pedido de reconsideração, a despeito de inexistir duplo grau de apreciação. Em outro extremo, existem subsistemas com um enorme número

---

[45]. A teoria dos recursos foi exposta em detalhes no capítulo de processo administrativo no terceiro volume deste manual.

de instâncias, exigindo que se limite de algum modo a recorribilidade para se harmonizá-la com a duração razoável do processo e a segurança jurídica. Na falta de norma especial, há que se aplicar o **teto de três instâncias** constante da LPA federal (art. 57 da Lei n. 9.784/1999).

A apreciação dos recursos nos processos sancionadores tampouco escapa à lógica geral. A princípio, a autoridade procede ao exame do **conhecimento ou recebimento**. Nesse momento, examinam-se os quatro elementos formais básicos: a legitimidade recursal (quem pode recorrer), a tempestividade (observância do prazo de interposição), a competência do destinatário (órgão *ad quem*) e o respeito ao limite de instâncias.

Cumpridas as regras formais, o recurso é recebido, passando-se ao exame do mérito, ou seja, do seu conteúdo. Com base nessa análise, a autoridade *ad quem* decide pelo **deferimento**, de modo a aceitar os argumentos do recorrente e modificar a decisão, ou **indeferimento**, de maneira a recusar os argumentos do recorrente e manter a decisão. É igualmente possível que, a despeito das razões de decidir, a autoridade recursal verifique vícios insanáveis na decisão, determinando sua **invalidação**.

Questão interessante diz respeito à possibilidade de o órgão recursal, ao examinar o recurso, modificar a condenação, mas de maneira a piorar a situação do recorrente. Imagine que a instância superior não apenas mantenha a condenação, como determine sanções adicionais ou intensifique uma sanção já cominada. Essa medida é denominada reforma para pior ("*reformatio in pejus*") e, a princípio, não há norma geral de processo administrativo que a proíba. Em realidade, a LPA federal aponta ser lícita a reforma para pior, desde que respeitada a ampla defesa. Se a autoridade *ad quem* tiver elementos justificadores para a aplicação de sanções mais intensas, deverá ouvir previamente o recorrente (art. 64, parágrafo único, da Lei n. 9.784/1999). Há, porém, uma exceção.

A reforma para pior é expressamente vedada nos procedimentos de **revisão sancionatória**. Resumindo-se a explicação apresentada no capítulo dedicado ao processo administrativo, a revisão sancionatória nada mais é que um processo específico, instaurado a qualquer tempo após a condenação, para rediscutir a adequação de uma ou várias sanções administrativas em razão de (i) um **fato novo**, como uma prova reveladora da inocência, mas obtida somente depois da condenação ou (ii) uma **circunstância relevante**, como elemento externo ao processo que demonstra a inconveniência da sanção diante de um interesse público primário.

Seguindo-se o modelo da União, a revisão é requerida pelo condenado voluntariamente ou realizada de ofício pela Administração Pública. O requisito básico do pedido são os elementos capazes de demonstrar que a sanção se tornou inadequada (fato novo ou circunstância relevante). Após análise, no julgamento, a autoridade ou a comissão processante poderá: (i) reconhecer a inadequação da sanção e extinguir a sanção administrativa; (ii) reconhecer a inadequação da sanção e substituí-la por outra mais branda ou (iii) manter a sanção. Em hipótese alguma, a LPA federal autoriza a Administração a substituir a sanção por outra mais gravosa. Isso mostra que a legislação proíbe de modo expresso a reforma para pior no âmbito da revisão sancionatória (art. 65, parágrafo único, da Lei n. 9.784/1999), mas não determina idêntica proibição no julgamento de recursos administrativos em geral.

24.6.8 Comunicabilidade entre responsabilidades administrativa, penal e civil

Diante de uma mesma conduta, vários sistemas ou subsistemas de responsabilidade podem ser ativados, levando o Estado a apurá-la em diferentes âmbitos processuais. Quanto mais esferas de responsabilidade um ordenamento prever, maiores serão os riscos de decisões contraditórias e excessos punitivos. Por resultado, maior será a necessidade de articulação processual e orgânica entre os sistemas e subsistemas para evitar insegurança jurídica e, pior, a perda da legitimidade estatal. As regras de comunicabilidade despontam nesse contexto como um conjunto de "pontes jurídicas" que desempenham função articuladora, visando à coordenação dentro do direito administrativo ou na interação entre a esfera de responsabilidade administrativa com outras.

Imagine que um médico do SUS mate propositalmente pacientes dentro de um esquema de corrupção envolvendo a venda ilegal de órgãos. Essa conduta poderá abrir espaço para processos de improbidade, processos de apuração de ato de corrupção, processos disciplinares, processos ético-profissionais, processos criminais, sem contar os destinados a tratar da responsabilidade extracontratual civil. Diante dessas circunstâncias, seria no mínimo estranho a Justiça Criminal absolver o médico por entender que não participou do esquema, mas o processo disciplinar e o de responsabilização civil culminarem em sua condenação.

É exatamente para evitar esse tipo de desarticulação que os ordenamentos são equipados com regras de comunicabilidade. Ocorre, porém, que a legislação brasileira ainda não oferece um sistema completo e eficiente de "pontes jurídicas", tornando-se incapaz de gerar a perfeita coordenação processual e decisória entre os mais diferentes sistemas e subsistemas. Das poucas normas que tratam do assunto, grande parte se refere à relação entre as esferas de responsabilidade penal e civil, restando muito a ser construído no tocante aos subsistemas de responsabilidade administrativa. Vejamos.

O art. 935 do Código Civil trata da comunicabilidade ao prever que "a responsabilidade civil é independente da criminal, não se podendo questionar mais sobre a existência do fato, ou sobre quem seja o seu autor, quando estas questões se acharem decididas no juízo criminal". O art. 65 do Código de Processo Penal, a seu turno, estipula que "faz coisa julgada no cível a sentença penal que reconhecer ter sido o ato praticado em estado de necessidade, em legítima defesa, em estrito cumprimento de dever legal ou no exercício regular de direito", enquanto o art. 66

reconhece que, a despeito da "sentença absolutória no juízo criminal, a ação civil poderá ser proposta quando não tiver sido, categoricamente, reconhecida a inexistência material do fato".

Em leis específicas e estatutos de servidores encontram-se disposições semelhantes. A Lei n. 13.869/2019, que disciplina o abuso de autoridade, dispõe que: "As responsabilidades civil e administrativa são independentes da criminal, não se podendo mais questionar sobre a existência ou a autoria do fato quando essas questões tenham sido decididas no juízo criminal" (art. 7º) e que "faz coisa julgada em âmbito cível, assim como no administrativo-disciplinar, a sentença penal que reconhecer ter sido o ato praticado em estado de necessidade, em legítima defesa, em estrito cumprimento de dever legal ou no exercício regular de direito" (art. 8º). Já o art. 66 do Estatuto do Servidor Civil da União, seguindo a mesma lógica, prevê que "a responsabilidade administrativa do servidor será afastada no caso de absolvição criminal que negue a existência do fato ou sua autoria" (art. 126 da Lei n. 8.112/1990).

Interpretados em conjunto e de modo indutivo, esses inúmeros comandos legais permitem erigir normas sobre comunicabilidade que também abarcam a responsabilidade administrativa na sua interação com o sistema penal e civil. Assim, é possível afirmar que:

(i) A manifestação do processo penal favorável ao réu prevalece sobre a do processo civil e, por conseguinte, do processo administrativo. A lógica por trás dessa superioridade do penal está no amplo conjunto de garantias processuais que o acompanha;

(ii) Se a autoria for comprovadamente negada no processo criminal (absolvição por não participação comprovada), o processo civil e o processo administrativo sancionador não poderão afirmar a autoria;

(iii) Se a materialidade for comprovadamente negada no processo criminal (absolvição por comprovação de inexistência de fato criminoso), o processo civil e o processo administrativo sancionador não poderão afirmar a materialidade;

(iv) Se o processo criminal reconhecer a legítima defesa, o estado de necessidade, o cumprimento de dever legal ou o exercício regular de direito, o processo civil e o processo administrativo sancionador não poderão negá-los;

(v) Se a materialidade e a autoria não forem comprovadamente negadas no processo criminal – o que geralmente ocorre na absolvição por falta de provas de autoria ou materialidade –, o processo civil e o processo administrativo poderão reconhecê-las, desde que respeitada a ampla defesa;

(vi) Se a materialidade e a autoria forem afirmadas no processo penal, o processo civil e o processo administrativo deverão considerá-la diante do que prevê o art. 935 do Código Civil; e

(vii) A condenação criminal ocasionará certas implicações adicionais em relação ao processo administrativo sancionador envolvendo agentes públicos. Exemplo disso se vê no art. 132 da Lei n. 8.112/1990, que prevê a aplicação de **pena de demissão** do servidor federal sempre que o processo penal culminar em sua condenação por crime contra a administração pública. De outra parte, o art. 92 do Código Penal estipula a **perda do cargo, função pública ou mandato eletivo** como efeito da condenação criminal: "a) quando aplicada pena privativa de liberdade por tempo igual ou superior a um ano, nos crimes praticados com abuso de poder ou violação de dever para com a Administração Pública; b) quando for aplicada pena privativa de liberdade por tempo superior a 4 (quatro) anos nos demais casos".

Essas inúmeras regras extraídas da interpretação sistemática de diversos diplomas revelam que há evidente primazia do processo penal em relação ao processo civil e ao processo administrativo sancionador. No entanto, como o processo penal não se volta contra pessoas jurídicas, a não ser em matéria ambiental, as regras de comunicabilidade apontadas são principalmente úteis aos processos administrativos sancionadores que tenham como acusados pessoas físicas, seja na qualidade de agentes públicos, seja como indivíduos sujeitos ao poder disciplinar, ao poder de polícia ou aos poderes exorbitantes do regime de contratação pública.

Por consequência, as regras examinadas apresentam duas grandes insuficiências em termos de comunicabilidade. Em primeiro lugar, não promovem a articulação necessária entre os processos administrativos sancionadores e os processos judiciais em que pessoas jurídicas figurem como acusadas. Sobre esse assunto, a meu ver, assim como o processo administrativo sancionador se submete ao penal por força de seu regime processual mais rígido e pela força de coisa julgada de suas decisões, a mesma lógica se estende a suas relações com o processo civil. Se a autoria e a materialidade forem comprovadamente negadas ou afirmadas no processo civil, deverá a autoridade administrativa observar essa decisão, não podendo contrariá-la. Todavia, se a decisão judicial civil for absolutória por não lograr comprovar esses elementos, nada impede que a autoridade administrativa os comprove e promova a responsabilização administrativa.

Em segundo lugar, as regras citadas do Código Civil, do Código de Processo Penal e do Estatuto do Servidor Federal não avançam na comunicabilidade interna entre os vários subsistemas de responsabilidade administrativa. Exatamente por isso, a legislação tem buscado forjar soluções próprias e adicionais para lidar com desarticulações e sobreposições de certos subsistemas administrativos. Exemplos dessas soluções de comunicabilidade se vislumbram: (i) na regra que exige a **unificação de processos administrativos** de responsabilização (PAR) que tratem de uma mesma conduta tipificada como ilícita perante a LLic e a LAC (art. 159 da Lei n. 14.133/2021); (ii) na regra que exige a articulação entre as decisões administrativas de condenação por ato de corrupção com as decisões judiciais de condenação por improbidade (art. 3º, § 2º, da LIA) e (iii) na já comentada regra que estimula a articulação entre processos administrativos sancionadores de qualquer natureza, exigindo que a autoridade competente para sancionar examine condenações administrativas antecedentes para harmonizá-las e não incorrer em excessos repressivos (art. 22, § 3º, da LINDB). Esses mandamentos serão oportunamente retomados no exame de cada subsistema de responsabilidade.

24.7 ACORDOS NA RESPONSABILIDADE ADMINISTRATIVA

24.7.1 Consensualização da responsabilidade administrativa[46]

Também chamada de concertação, a **consensualização** tem permeado inúmeras funções administrativas. Em complemento aos mecanismos unilaterais, coercitivos e autoexecutórios, a Administração Pública tem gradualmente se enriquecido com a absorção de instrumentos baseados na construção de consensos. Esse modelo de gestão pública valoriza o fomento ao consentimento, tomado como aceitação, e do consenso, entendido como aceitação recíproca pelas partes envolvidas ou como acordo sobre um determinado objeto que interessa a dois ou mais sujeitos, sendo um deles a Administração Pública. Ao utilizar essas ferramentas, busca-se incrementar a **consensualidade**, ou seja, o grau de aceitação dos processos administrativos de tomada de decisão e sua execução. Enquanto a consensualização aponta um movimento doutrinário e legislativo de estruturação de meios pró-consensuais de gestão pública, a consensualidade é a finalidade maior perseguida.

As justificativas da promoção da consensualidade na gestão pública são muitas. Há uma importante premissa psicológica por trás desse movimento. Quanto maiores a compreensão e a aceitação das ações estatais, menores tendem a ser a resistência, o questionamento, a litigiosidade e a judicialização das decisões administrativas pelos seus destinatários. A lógica é simples: supõe-se que o ser humano tende a aceitar e a cumprir com mais facilidade aquilo que conhece e ajuda a construir. Por isso, espera-se que os instrumentos de construção de consensos sejam capazes de aumentar a efetividade de políticas públicas e, em última instância, de reforçar a legitimidade estatal.

A concertação ou consensualização na Administração Pública se expressa em uma série de instrumentos jurídicos, ora já consagrados como parte do direito administrativo geral, ora ainda restritos a algum ramo do direito administrativo especial. Apesar de sua grande variedade, entendo útil classificá-los teoricamente em três grandes grupos:

---

46. Esse item retoma ideias e trechos de MARRARA, Thiago. Regulação consensual: o papel dos compromissos de cessação de prática no ajustamento de conduta dos regulados. *RDDA*, v. 4, n. 1, 2017, p. 275 e ss.

- Os **mecanismos procedimentais**, como audiências e consultas públicas, são empregados pontualmente em dada fase dos processos administrativos para viabilizar a escuta de terceiros pela Administração Pública, favorecer o diálogo e abrir espaço para edificação de consensos nos processos de tomada de decisões, sobretudo as mais polêmicas ou impactantes. Isso não significa que o consenso seja um resultado obrigatório ou natural. Muito pelo contrário. Esses mecanismos buscam viabilizar decisões que aproximem os atores, mas não afastam os riscos de criar ou aumentar dissensos entre eles;
- Os **mecanismos orgânicos** indicam canais de diálogo permanente no âmbito de órgãos colegiados por meio da garantia de direito de voz e de voto a representantes de grupos sociais, políticos ou econômicos. Exemplos tradicionais são as vagas para representantes da sociedade em conselhos de políticas públicas ou as vagas para representantes discentes no colegiados das universidades públicas; e
- Os **mecanismos contratuais**, como o próprio nome diz, indicam o consenso instrumentalizado em pactos jurídicos, formais, com prazo determinado, bilaterais ou multilaterais. É aqui que a consensualização se interpenetra com um outro fenômeno marcante do direito administrativo atual: a contratualização.

No campo das funções administrativas restritivas, a **contratualização** se faz sentir de maneira bastante intensiva desde a Constituição de 1988.[47] Veja as figuras dos acordos de leniência, dos acordos sobre condicionantes em processos liberatórios (como os de licenciamento), dos acordos na elaboração de medidas cautelares e dos ajustamentos de conduta, muitas vezes denominados de compromissos de cessação ou alteração de prática.[48] Vários desses ajustes revelam que a **responsabilidade administrativa** também tem sido diretamente afetada e beneficiada por novas ferramentas pró-consensuais.

O espraiamento dos acordos nos procedimentos e processos primariamente destinados ao exercício do poder sancionador da Administração encontra algumas justificativas especiais:

- Em primeiro lugar, a tendência de questionamento e judicialização é mais comum contra ações estatais unilaterais que restringem direitos, como as sanções ou as medidas cautelares. Como meios consensuais, os acordos em processos sancionadores tendem a **reduzir a conflituosidade** e todas as consequências negativas atreladas a ela, como a perda de celeridade e a instabilidade das relações jurídicas;

---

47. A respeito, vale conferir a tese de MENEZES DE ALMEIDA, Fernando Dias. *Contrato administrativo*. São Paulo: Quartier Latin, 2007, em geral.
48. Um ótimo panorama dos acordos na legislação e na prática é oferecido na obra de OLIVEIRA, Gustavo Justino de; BARROS FILHO, Wilson Accioli de (Coord.). *Acordos administrativos no Brasil*. São Paulo: Almedina, 2020, p. 33 e ss.

- Em segundo, alguns acordos **viabilizam a cooperação** nas relações entre Administração Pública e acusado, permitindo a obtenção de provas e a apuração de infrações complexas que dificilmente seriam esclarecidas pelos meios tradicionais de fiscalização e instrução processual;

- Em terceiro, certos acordos permitem resolver e superar os inconvenientes de condutas questionáveis sem a necessidade de se atingir a conclusão do processo sancionador. Eles embutem um **efeito restaurativo imediato**, já que fazem cessar um comportamento e seus efeitos independentemente de qualquer decisão punitiva e, melhor que isso, sem os riscos de absolvição por falta de provas; e

- Em quarto lugar, como consequência do efeito anterior, os acordos tendem a ocasionar **economia de recursos** humanos, físicos e materiais. Ao solucionar rapidamente certos problemas mediante acordo, a Administração Pública libera esforços e recursos, podendo direcioná-los a ações estatais prioritárias.

Nem tudo são flores, porém. Há certo tempo, a consensualização ultrapassou a fase do idealismo ingênuo e atingiu uma fase mais realista. Já se sabe que o uso de mecanismos dialógicos traz suas vantagens, mas também apresenta **desafios e problemas**. Os benefícios enumerados são meramente potenciais. Não necessariamente ocorrerão em todos os casos e sempre variarão conforme o acordo empregado em cada processo de responsabilização administrativa.

A isso se soma outra advertência relevante. Para que os acordos produzam os efeitos esperados, é fundamental que a Administração Pública se profissionalize e se estruture. Acordos dependem de negociação cuidadosa e modelagem inteligente. Não devem ser elaborados de qualquer forma. Por essa razão, cabe ao Estado organizar equipes preparadas para lidar com as formas de consensualização. Mostra-se também imprescindível organizar setores de negociação e de fiscalização eficientes. Assim como um condenado eventualmente descumpre sanções administrativas, um particular é perfeitamente capaz de violar acordos. Para que esses ajustes tenham efetividade, cabe à Administração Pública realizar o devido monitoramento das obrigações ajustadas e impor as medidas constritivas aptas a corrigir eventuais inadimplementos.

24.7.2 Acordos integrativos e substitutivos

Os acordos celebrados pela Administração Pública no exercício de seus poderes de autoridade são bastante diversificados. Em termos teóricos, a doutrina brasileira absorve a lógica do art. 11 da Lei de Procedimento Administrativo Italiana (Lei n. 241 de 1990) e frequentemente os divide em acordos integrativos ou substitutivos.[49]

---
49. Cf. PALMA, Juliana Bonacorsi. *Sanção e acordo na Administração Pública*. São Paulo: Malheiros, 2015, p. 247 e FERRAZ, Luciano. *Controle e consensualidade*: Fundamentos para o controle consensual da Admi-

Essa distinção é extremamente útil tanto para fins pedagógicos, quanto no campo prático, sobretudo porque orienta as autoridades públicas na escolha do mecanismo adequado para cada tipo de responsabilidade administrativa. Retomando o que expliquei em outras oportunidades:[50]

- **Acordos integrativos** são todos aqueles que se acoplam aos processos administrativos sancionadores ou liberatórios e com eles convivem até a decisão final. A celebração do acordo não afasta o processo. Muito pelo contrário. A técnica pró-consensual convive com o processo e a decisão administrativa clássica, unilateral e coercitiva. Isso se vislumbra nos acordos de leniência firmados em processos administrativos sancionatórios, bem como nos acordos usados em funções liberatórias, a exemplo dos acordos de condicionantes em processos de licenciamento ou de autorização; e

- **Acordos substitutivos** são todos aqueles que tornam desnecessário um processo, porque viabilizam um ajustamento de conduta, dispensando uma medida coercitiva e punitiva determinada em decisão de condenação administrativa. Exemplo maior desse conceito é o compromisso em procedimentos investigatórios ou em processos sancionadores. Ao celebrar um acordo dessa natureza, o investigado ou acusado se obriga a cessar a conduta ou seus efeitos, enquanto a autoridade pública competente soluciona questionamentos que pairam sobre ela, mas sem a necessidade de reconhecer sua licitude ou ilicitude, ou seja, sem que necessite conduzir a instrução e prolatar uma decisão condenatória ou absolutória. Ao promover o ajustamento de conduta em si ou a correção de seus efeitos danosos, torna-se dispensável o processo administrativo de análise de sua licitude para fins repressivos.

Embora a classificação bipartite se mostre bastante clara, na **legislação brasileira**, o tratamento do assunto é fragmentado e complexo. Não existe uma lei geral que sistematize os acordos substitutivos ou integrativos seja no campo da responsabilidade administrativa, seja em outras funções exercidas pela Administração, como as liberatórias. Certos acordos se limitam a normas especiais, como as constantes da LAC, LLic, LDC ou da LIA. Outros já encontram fundamentos em normas gerais, como se vislumbra na LINDB, na Lei da Ação Civil Pública ou na Lei de Mediação.

Dificuldade adicional que se põe ao intérprete e ao operador do direito advém da **variedade terminológica**. Em primeiro lugar, acordos que perseguem idêntica finalidade dentro da esfera de responsabilidade administrativa podem receber nomes completamente distintos conforme o subsistema examinado. Em segundo, nem sempre a legislação indica de modo preciso se o acordo tem caráter substitutivo

---

nistração Pública (TAG, TAC, SUSPAD, acordos de leniência, acordos substitutivos e instrumentos afins), 2ª ed. Belo Horizonte: Fórum, 2020, p. 218.
50. Cf., por exemplo, MARRARA, Thiago. Compromissos como técnica de administração consensual: breves comentários ao art. 26 da LINDB. *RDA*, v. 283, n. 1, 2024, em geral.

ou integrativo. O ordenamento frequentemente se vale de conceitos mais vagos e abertos, demandando esforço interpretativo.

O conceito de **compromisso** empregado no art. 26 da LINDB demonstra essa dificuldade. Por força da normatização aberta, sua natureza não fica evidente de imediato. A meu ver, a figura apontada na Lei de Introdução abarca tanto acordos de natureza integrativa, quanto acordos substitutivos de processos administrativos.[51] Já quanto ao conteúdo, o compromisso serve: (i) para negociação de encargos e condicionantes em processo liberatórios, acoplando-se a eles (natureza integrativa); (ii) como mecanismo de ajustamento de conduta no âmbito de procedimentos de investigação e de processos administrativos sancionadores (natureza substitutiva) e (iii) para definição consensual da interpretação ou integração do direito com o objetivo de gerar segurança jurídica nas relações administrativas (natureza integrativa). É principalmente no segundo sentido que ele revela sua importância à esfera da responsabilidade administrativa.

24.7.3 Características dos acordos na responsabilização

Sem prejuízo dos acordos interpretativos e dos celebrados na adoção de medidas cautelares, fato é que, para a responsabilidade administrativa, dois acordos são especialmente relevantes. De um lado, colocam-se os **compromissos de ajustamento de conduta**, como espécie de acordo substitutivo, e, de outro, os **acordos de leniência**, como espécie de acordo integrativo para fins de cooperação instrutória. Na falta de uma lei geral que os trate em conjunto e de modo racional, é doutrinariamente essencial traçar suas características e as fases básicas de sua processualidade.

Em comparação com os módulos convencionais instrumentais (como contratos de obras, serviços e de fornecimento de mercadorias à Administração Pública) e dos módulos concessórios (como concessões plenas, administrativas e patrocinadas), os acordos celebrados no âmbito da responsabilidade administrativa apresentam características próprias que podem ser resumidas da seguinte forma:

- **Vinculação ao poder sancionador**: esses acordos envolvem necessariamente um investigado ou acusado, de um lado, e um ente estatal com poder de sancionamento administrativo, de outro. Por isso, ajustamentos e leniências não se harmonizam com processos administrativos seletivos, liberatórios ou declaratórios. Eles se limitam aos procedimentos e processos destinados ao exercício do poder punitivo pela Administração Pública em qualquer campo (ou seja, no disciplinar, na polícia administrativa e na regulação, bem como nas relações de contratação pública);

---

51. Em igual sentido, ALMEIDA, Luiz Antônio Freitas de Almeida. O termo de compromisso do artigo 26 da LINDB, o licenciamento ambiental e a proteção do direito ao meio ambiente. *Revista Direito Público*, v. 17, n. 95, 2020, p. 134.

- **Contratação direta (sem licitação):** como acordos personalíssimos, firmados de modo exclusivo com um ou mais investigados/acusados em procedimentos de apuração ou processos administrativos sancionatórios, a contratação é direta. Não cabe qualquer licitação ou processo seletivo prévio. Em algumas hipóteses, aplica-se tão somente uma regra de qualificação cronológica, como se verifica em algumas modalidades de leniência. A ausência de processo seletivo explica outra característica desses acordos: a personalização. Diferente dos contratos administrativos em geral, eles não apresentam caráter de adesão, salvo em situações muito especiais, como a da **transação por adesão** (art. 35 da Lei n. 13.140/2015);

- **Discricionariedade:** nem a Administração Pública nem o investigado/acusado é obrigado a firmar esses acordos. É perfeitamente possível que as autoridades competentes prefiram conduzir os procedimentos de apuração ou processos sancionatórios até o final, por exemplo, para formar jurisprudência sobre um assunto e orientar a sociedade ou o mercado. Também é concebível que o particular acusado não deseje se submeter às condições do acordo, por exemplo, por ter consciência de sua inocência. Valem duas advertências a esse respeito. A discricionariedade de celebração não significa discricionariedade de negociação. Há direito subjetivo do investigado ou do acusado em ter sua petição de negociação apreciada, ainda que a Administração Pública não seja, ao final, obrigada a celebrar qualquer ajuste. Em segundo lugar, a não celebração do acordo necessita ser motivada, não podendo ser arbitrária, destinada a beneficiar indevidamente uns em detrimento de outros;

- **Horizontalidade:** os acordos celebrados no âmbito do poder sancionador não embutem poderes exorbitantes da Administração Pública. Não há que se falar de alteração unilateral, sancionamento unilateral, extinção unilateral ou outros poderes administrativos, como de intervenção. A princípio, as partes estão em pé de igualdade, guiando-se por um regime jurídico de maior horizontalidade. Nesse particular, os acordos usados na responsabilidade administrativa diferem significativamente dos contratos administrativos tradicionais, marcados pela verticalidade. Isso não impede que as partes negociem e fixem cláusulas autorizativas de certos poderes unilaterais ou que norma especial preveja algo no mesmo sentido. Na falta de cláusula ou norma nesse sentido, há que se respeitar a horizontalidade contratual; e

- **Gratuidade.** As partes dos acordos em processos de responsabilidade administrativa são diretamente responsáveis pelos custos, pelas despesas e pelos investimentos necessários ao cumprimento das obrigações pactuadas. A Administração Pública não paga, não oferece contraprestação, nem recebe para executar suas obrigações. Tampouco se aplicam fontes extraordinárias, tarifas ou taxas. Eventualmente, porém, os acordos em processos sancionadores embutirão transferência de valores do investigado ou acusado ao Estado:

(i) como contribuição para promover o bem jurídico afetado e tutelado pelo subsistema de responsabilidade no âmbito do qual o acordo é firmado ou (ii) para fins de reparação de danos relativos às condutas praticadas e questionadas no processo administrativo. Além disso, é imprescindível que os ajustes contenham cláusulas com sanções contratuais por descumprimento das obrigações, nisso se incluindo, eventualmente, o pagamento de multas.

24.7.4 Fases básicas dos acordos

Além de características próprias, os acordos utilizados nos subsistemas de responsabilidade administrativa sujeitam-se a procedimentos de elaboração, celebração e execução que não se confundem com a dos demais contratos celebrados pela Administração Pública. Conquanto os acordos de leniência e os compromissos de ajustamento de conduta persigam finalidades distintas, do ponto de vista procedimental, compartilham fases muito parecidas. A meu ver, há um ciclo básico de cinco fases, a saber:

(i) **A fase de propositura e admissibilidade**: essa é a etapa em que as autoridades públicas recebem propostas de acordos e verificam alguns requisitos formais antes de iniciar a negociação. A propositura pode ocorrer durante o processo sancionador ou antes dele, isto é, ou durante os procedimentos de apuração ou antes mesmo de a Administração Pública ter conhecimento da conduta. No geral, porém, são incabíveis propostas de acordos posteriores à decisão administrativa condenatória ou absolutória, pois já não serão capazes de atingir as finalidades públicas esperadas;

(ii) **A fase de negociação**: recebidas as propostas conforme os requisitos legais ou regulamentares, a Administração Pública coloca-se a negociar o acordo com o investigado ou acusado. Diferentemente dos contratos administrativos tradicionais, isso mostra que, com raríssimas exceções, os acordos não têm caráter de adesão, não são modelados unilateralmente pela Administração, mas sim construídos em conjunto conforme as circunstâncias do caso. A negociação é igualmente marcada pela horizontalidade, mas, em certos subsistemas, existem normas que conferem ao Poder Público alguma superioridade nas negociações e maior poder de barganha para impor suas condições ao investigado ou acusado.

(iii) **A fase de celebração**: finalizada com sucesso a negociação, passa-se à celebração, que é discricionária. Em outras palavras: mesmo depois de concluir com êxito a negociação, é possível que a Administração entenda haver motivos de interesse público que justifiquem a não celebração. Exemplos desse tipo de motivo de recusa é a necessidade de se formar jurisprudência sobre determinada prática infrativa para orientar a sociedade ou o mercado. A depender de norma especial, a celebração pode ou não ser divulgada ao público por diferentes meios. A publicidade, nesse campo, nem sempre é uma medida imperativa de ordem lógica. Afinal, em certos casos, a transparência é capaz de gerar implicações negativas graves, como a destruição de provas por outros envolvidos;

(iv) **Fase de execução:** após a celebração do acordo, com ou sem publicação, inicia-se a execução das obrigações pactuadas. Não há uma regra geral sobre a duração dos acordos na legislação, mas é ideal que eles contenham prazos para início e finalização, com ou sem etapas de avaliação intermediária, bem como eventuais cronogramas de execução. Durante essa fase, é usual que cada parte arque com os custos e as despesas para o cumprimento de suas obrigações, não havendo, no geral, pagamento de uma parte a outra. Em certos acordos, porém, o acusado ou investigado assume obrigações pecuniárias de recolher contribuições para tutelar o bem jurídico afetado e de antecipar indenizações para reparar danos, além de poder ser punido com multas por eventual inadimplemento; e

(v) **Fase de avaliação e encerramento:** sem prejuízo de monitoramentos periódicos ao longo da execução do acordo, ao final do período ajustado, o acordo é avaliado para se atestar se as obrigações foram cumpridas e as finalidades atingidas. Essa avaliação varia conforme o tipo de acordo. Nos compromissos de ajustamento, verifica-se se a conduta foi cessada ou se os efeitos nocivos da conduta foram corrigidos. Cumpridas as obrigações, o processo sancionador é definitivamente arquivado. Como o acordo é substitutivo, não se conclui o processo com uma decisão absolutória ou condenatória. Já nas leniências, verifica-se se o infrator confesso realmente colaborou com a entrega de provas para a instrução. Caso a avaliação seja positiva, na condenação, obterá a redução das sanções ou ficará imune a elas. Como o acordo é integrativo, o processo administrativo segue até o final, encerrando-se com a emissão da decisão que não mais aceite recursos.

24.8 AJUSTAMENTOS DE CONDUTA OU DE EFEITOS NOCIVOS[52]

24.8.1 Definição e fundamentos (art. 26 da LINDB)

Desde que foi alterada e ampliada pela Lei n. 13.655 em 2018, a LINDB passou a contribuir significativamente com o movimento de consensualização da Administração Pública ao criar normas nacionais, aplicáveis a todos os entes da Federação, acerca: (i) de mecanismos dialógicos procedimentais, como as consultas públicas

---

52. Esse item retoma ideais e trechos de MARRARA, Thiago. Compromissos como técnica de administração consensual: breves comentários ao art. 26 da LINDB. *Revista de Direito Administrativo – RDA*, v. 283, n. 1, 2024, p. 131 e ss.

(art. 29), e (ii) de instrumentos contratuais no exercício de poderes de autoridade, como os compromissos.

Sobre o último tema, a LINDB contém dois dispositivos de especial relevância. De um lado, o art. 27 prevê que os compromissos servem para prevenir ou regular a compensação por benefícios indevidos ou prejuízos anormais ou injustos, resultantes do processo ou da conduta dos envolvidos. Aqui, os compromissos embutem negociações que visam a evitar danos ou a regular a reparação de danos já ocorridos, seja por falha da Administração Pública na condução do processo, seja por comportamentos nocivos dos interessados. Trata-se de um acordo voltado à reparação civil, abrangendo tanto técnicas restitutórias quanto indenizatórias. Além disso, é possível seu uso para ajustar custos e despesas processuais.[53]

De outro lado, o art. 26 da LINDB prevê os compromissos como figura central voltada a outras variadas finalidades e, de maneira definitiva, consagra essa espécie de acordo para todos os níveis da Federação, em todas as formas de processo administrativo, dispensando autorizativo próprio em leis ou regulamentos,[54] ainda que detalhamentos normativos se mostrem recomendáveis para tornar o instrumento exequível e mais seguro.

Nos termos desse dispositivo, qualquer ente estatal pode celebrar compromisso para "eliminar irregularidade, incerteza jurídica ou situação contenciosa na aplicação do direito público, inclusive no caso de expedição de licença". Com isso, o art. 27 da LINDB, em primeiro lugar, reconhece o compromisso para três finalidades distintas e lhe confere natureza ora integrativa, ora substitutiva. Em segundo lugar, embora não se refira literalmente a processos sancionadores, revela que o legislador criou uma autorização geral para ajustamentos de conduta ou de seus efeitos nocivos no âmbito de todos os subsistemas de responsabilidade administrativa. Sempre que não houver norma especial (como se vislumbra na legislação ambiental ou na concorrencial), os acordos de ajustamento em processos administrativos sancionadores deverão seguir as regras gerais da LINDB e observar seus requisitos finalísticos, materiais e formais.

24.8.2 Requisitos finalísticos

A validade dos compromissos celebrados com suporte no art. 26 da LINDB depende inicialmente de sua capacidade para eliminar irregularidade, incerteza jurídica ou situação contenciosa. Ao tratar dos compromissos para "irregularidades" ou "situações contenciosas", o legislador reconhece que, nos processos administrativos, esses instrumentos são úteis para relações bipolares (entre a Administração e um interessado específico), triangulares (entre a Administração e dois interessados em

---

53. Nesse sentido, cf. SUNDFELD, Carlos Ari; VORONOFF, Alice. Quem paga pelos riscos dos processos? *RDA*, edição especial, 2018, p. 179-180.
54. Também nesse sentido, cf. GUERRA, Sérgio; PALMA, Juliana Bonacorsi de. Art. 26 da LINDB: novo regime jurídico da negociação com a Administração Pública. *RDA*, edição especial, 2018, p. 140.

polos contrapostos) ou multipolares (entre a Administração e vários interessados). Partindo dessa premissa, nos processos administrativos sancionadores, a Administração Pública está autorizada a celebrar com um ou mais acusados ou investigados um ajustamento, tornando desnecessários o processo, bem como a tomada de uma decisão final, unilateral e coercitiva.

O compromisso de ajustamento nos subsistemas de responsabilidade administrativa aceita duas finalidades específicas diferentes. A primeira delas, mais comum, é a de **ajustar de maneira imediata a conduta** sobre a qual pairam dúvidas de ilegalidade ou exista alguma disputa. O acordo serve para promover a modificação de um comportamento omissivo ou comissivo de modo consensual, sem a necessidade de qualquer condenação, para torná-lo juridicamente adequado. A segunda situação é aquela em que a conduta já ocorreu, não havendo como modificá-la, mas dela resultam efeitos que ainda podem ser controlados, corrigidos ou desfeitos. Aqui, não há propriamente ajustamento de conduta, mas sim um **"ajustamento" de efeitos nocivos**. É exatamente isso que autoriza o emprego do art. 26 para comportamentos passados e encerrados.

Não mais havendo qualquer conduta, nem efeito nocivo em curso, não sobrará motivo de interesse público a justificar um compromisso de ajustamento. Digo isso pois esse instrumento não cumpre a função de perdão ou anistia. A lógica contratual é aplicada nesse contexto para gerar benefícios recíprocos, públicos e privados. Ao particular, investigado ou acusado, o ajustamento afasta os riscos e os malefícios decorrentes da investigação ou acusação. Em benefício da Administração Pública, o ajustamento torna desnecessário o procedimento de apuração ou o processo sancionador, viabilizando a economia de recursos e a concentração de esforços em assuntos prioritários. Desse modo, se já restarem esgotadas as possibilidades fáticas de correção da conduta ou de reversão de seus efeitos nocivos, a Administração Pública não terá como justificar o compromisso de ajustamento.

Por semelhante lógica, a princípio, não haverá motivo para compromissos de ajustamento quando a decisão administrativa condenatória já tiver sido expedida. Se a decisão administrativa no processo sancionador tiver determinado o ajustamento de forma unilateral e coercitiva, não sobrará razões para um acordo, a não ser em situações especiais, como aquelas em que a decisão administrativa se encontra suspensa por determinação judicial. É por esse motivo que os compromissos geralmente são negociados em apenas três momentos: (i) antes de a Administração Pública tomar conhecimento de uma conduta potencialmente lesiva e por iniciativa de seu próprio autor; (ii) durante o curso de procedimentos de investigação, sem que ainda haja propriamente acusação e (iii) durante o curso do processo administrativo sancionador, mas em geral até o final da instrução, já que, depois desse momento, dificilmente o compromisso será de interesse público.

Além de ser importante por condicionar a validade jurídica dos compromissos e esclarecer os momentos em que devem ser empregados, a definição das finalidades dos ajustamentos serve para coibir **desvios** por parte das autoridades administrativas. O intuito desses acordos é solucionar ilegalidades ou situações contenciosas no sentido de tutelar determinados bens jurídicos de interesse público, como a concorrência, o ambiente, a ordem urbanística, a eficiência da regulação setorial ou a disciplina interna das entidades estatais.

Tomando-se essa premissa, é completamente ilícito introduzir nos acordos obrigações que persigam objetivo de satisfazer interesses meramente privados de certas autoridades ou interesses descolados do bem jurídico protegido. Imagine um ajustamento negociado para tratar de eventual poluição de uma fábrica sobre os rios. Nenhum sentido haverá em prever nesse acordo, por exemplo, doação de computadores para um órgão do Ministério Público que lida com corrupção ou de ração para cachorros abandonados. É preciso que tanto o uso do ajustamento, quanto as obrigações nele contidas se harmonizem com suas finalidades como instrumento pró-consensual na esfera da responsabilidade administrativa.

24.8.3 Requisitos materiais

Requisitos materiais designam exigências quanto ao conteúdo obrigacional dos compromissos de ajustamento. A LINDB prevê claramente seis requisitos compulsórios dessa natureza, como se demonstrará a seguir.

Em primeiro lugar, o compromisso necessitará observar a **legislação aplicável** (art. 26, *caput*). A palavra "legislação" deve ser lida como o ordenamento, num sentido de juridicidade, para englobar não apenas leis, mas também normas constitucionais e princípios gerais, expressos ou implícitos. Disso se extrai que as cláusulas dos compromissos não derrogarão o direito posto, tornando-se ilícita e inválida qualquer previsão com disposição contrária a fontes normativas superiores (vedação do compromisso *contra legem*). Por exemplo, se a lei estabelecer um determinado limite para poluição, não poderá um empreendedor realizar um compromisso com a autoridade ambiental para ultrapassá-lo.

Em segundo lugar, o compromisso será firmado apenas se presentes **razões de relevante interesse geral** (art. 26, *caput*). Isso impõe à Administração Pública, na celebração desse acordo, apontar explícita e claramente os motivos de interesse público que a levaram a preferir o mecanismo pró-consensual, não se podendo firmar compromissos com base em benefícios exclusivos aos particulares,[55] nem como mera finalidade de anistia ou perdão. Como já adiantado, é fundamental que o compromisso também gere vantagens de interesse público. Essas vantagens abrangem tanto a tutela do bem jurídico que é objeto do subsistema de responsabilidade administrativa, quanto a extinção do processo sancionador de forma a permitir que

---

55. ALMEIDA, Luiz Antônio Freitas de Almeida. O termo de compromisso do artigo 26 da LINDB, o licenciamento ambiental e a proteção do direito ao meio ambiente. *Revista Direito Público*, v. 17, n. 95, 2020, p. 138.

a Administração Pública promova a resolução célere do problema e priorize outros assuntos relevantes.

Em terceiro lugar, o compromisso buscará **solução jurídica proporcional, equânime, eficiente** e compatível com interesses gerais (art. 26, § 1º, I). O acordo não deverá beneficiar excessiva ou desproporcionalmente certos signatários, estabelecendo entre eles tratamento diferenciado injustificado, nem deverá ser realizado quando não gerar qualquer benefício aos interesses públicos primários (gerais) ou não tornar a atuação do Estado mais eficiente, seja num sentido de efetividade decisória ou de racionalidade procedimental. Além disso, como já se advertiu, a exigência de proporcionalidade também equivale ao dever de adequação, que proíbe a Administração de empregar o acordo para obter benefícios indevidos.

Em quarto lugar, o compromisso não poderá conferir **desoneração permanente de dever ou condicionamento de direito** reconhecidos por orientação geral (art. 26, § 1º, III).[56] Essa é, sem dúvida nenhuma, a norma de mais difícil interpretação no dispositivo legal em comento. Aparentemente, deseja-se proibir que, de um lado, o compromisso seja utilizado para estipular requisitos ao exercício de um direito que, embora não se mostre evidente na legislação, tenha sido consagrado em orientação geral resultante de "interpretações e especificações contidas em atos públicos de caráter geral ou em jurisprudência judicial ou administrativa majoritária, e ainda [sic] as adotadas por prática administrativa reiterada e de amplo conhecimento público" (art. 24, parágrafo único, da LINDB). Se o direito já estiver reconhecido nas orientações com as respectivas condições, quando cabíveis, o compromisso não poderá contradizer o que as orientações apontaram, sob pena de a Administração incorrer em *"venire contra factum proprium"*. Busca-se, de outro lado, evitar que o compromisso seja empregado para afastar deveres de maneira permanente, tornando-se um acordo de imunização dos compromissários contra a legislação e, ao mesmo tempo, uma estratégia de renúncia ilegal de competências.

Em quinto lugar, o compromisso deverá conter as obrigações de cada parte, com os respectivos **prazos para seu cumprimento** (art. 26, § 1º, inciso IV). Esse mandamento deve ser interpretado como referência não apenas aos prazos de cada obrigação, mas também ao prazo geral de duração do acordo. É igualmente possível e adequado organizar as obrigações em etapas conforme um cronograma estabelecido consensualmente. Essa modelagem viabiliza avaliações periódicas, tende a facilitar o monitoramento e a permitir correções do compromisso ao longo do seu curso no sentido de garantir sua efetividade.

---

56. Sobre o requisito, cf. VALIATI, Thiago Priess; FERREIRA, Pedro Henrique. LINDB, consensualidade e seus impactos na aplicação da Lei de Licitações e Contratos Administrativos (Lei n. 14.133/2021). In: MAFFINI, Rafael; RAMOS, Rafael (Coord.). *Nova LINDB*: proteção da confiança, consensualidade, participação democrática e precedentes administrativos. Rio de Janeiro: Lúmen Juris, 2021. p. 98 e ss.

Em sexto lugar, o compromisso deverá conter as **sanções por descumprimento**. A lei não aponta quais sanções seriam essas, mas, de modo geral, é comum que os compromissos prevejam duas espécies: (a) o pagamento de multas pecuniárias, cabendo ao acordo definir seus valores, formas de cálculo e critérios de dosimetria, e (b) a eventual extinção unilateral do acordo, com as consequências disso resultantes.

Se o processo administrativo no qual o compromisso for celebrado perseguir finalidade sancionatória, a extinção do acordo imporá a retomada do processo até então suspenso. Já em processos liberatórios, o descumprimento do acordo poderá ser combinado com a cassação do ato administrativo liberatório, sem prejuízo de multas. A LINDB, porém, não oferece todos esses detalhamentos, deixando à Administração a tarefa e o desafio de construir, em cada acordo ou por regulamentação, um regime sancionador claro, explícito, previsível e adequado às diferentes formas e gravidades de descumprimento. Nessa construção, a Administração Pública também deverá indicar o regime processual que se empregará para fins de imposição de sanções por violação do acordo, garantindo, por força de mandamento constitucional, o contraditório e a ampla defesa ao acusado.

24.8.4 Requisitos formais

Diferentemente dos requisitos materiais, todos obrigatórios, a LINDB previu requisitos de natureza formal, que ora se apresentam como imprescindíveis, de observação necessária, ora se mostram meramente facultativos. Esses requisitos formais se reduzem a basicamente quatro.

O primeiro é a **oitiva do órgão jurídico** competente (art. 26, *caput*), que deve ser entendida como a manifestação do órgão incumbido de tarefas de consultoria jurídica da Administração. Destinada a avaliar basicamente o conteúdo obrigacional negociado, essa manifestação, além de obrigatória, necessita ser prévia à celebração, sobretudo no sentido de garantir que as cláusulas do acordo se harmonizem com o ordenamento. Nada impede que um representante do próprio órgão jurídico acompanhe ou participe das negociações no sentido de realizar um controle de legalidade concomitante. A LINDB não pede a oitiva do órgão jurídico sobre o cumprimento do compromisso, mas essa medida também se revela adequada e oportuna, sobretudo nas hipóteses em que o compromisso tiver efeito substitutivo do processo administrativo, ou seja, nas situações em que seu cumprimento implicar o arquivamento do processo.

O segundo requisito é a **realização de consulta pública** "quando for o caso" (art. 26, *caput*). Consulta pública nada mais é que procedimento de participação popular pelo qual se abre uma minuta de decisão administrativa, como a de celebração de acordo, para manifestação escrita e formal, eletrônica ou não, de qualquer pessoa física ou jurídica a despeito de qualquer relação sua com o processo. O participante da consulta não é automaticamente um interessado, embora interessados possam dela participar. Por isso, eles têm direitos restritos, incluindo o de acesso aos autos, de manifestação, de consideração e de resposta.[57] A LINDB não impõe a consulta pública ou outro mecanismo de participação popular como requisito essencial de validação dos compromissos. Aponta, tão somente, uma advertência ao intérprete para que verifique se, no âmbito de sua entidade, decisões de celebração do acordo devem ou não ser objeto de controle social pela população à luz de normas como as constantes das leis de processo administrativo, das leis de processo ambiental, das leis de regulação, entre outras que tratam de participação popular. Seguindo essa lógica, ainda que a LINDB se refira à consulta, mecanismos análogos são perfeitamente cabíveis, como as audiências públicas.

O terceiro requisito é a **clareza redacional** (art. 26, § 1º, IV), ou seja, a estipulação de cláusulas com redação técnica, direta e que possam ser compreendidas com relativa facilidade, evitando-se termos desnecessariamente vagos, obscuridades, contradições ou lacunas sobre pontos essenciais à exequibilidade do acordo.

O quarto e último requisito formal equivale à **publicação oficial** como condição de eficácia das cláusulas presentes no compromisso (art. 26, *caput*, parte final). Não esclarece a LINDB em que meio o compromisso será publicado, nem se a publicação será integral ou resumida. Caberá aos entes que usam o instrumento regulamentar a publicação e sua forma ou, na falta de regulamento, resolver essas questões em cláusulas. Há que se conferir atenção a eventuais conteúdos sensíveis e sujeitos a restrições de acesso. A Lei de Licitações de 2021 é clara ao afirmar que contratos administrativos seguem a regra da transparência, mas podem ser objeto de classificação como reservados, secretos ou ultrassecretos. Essa lógica se estende aos compromissos de ajustamento de conduta em processos administrativos sancionadores. Algumas de suas cláusulas ou partes delas poderão, em parte ou na íntegra, ser classificadas como restritas em situações especiais, legalmente autorizadas e mediante motivação no caso concreto conforme os ditames da Lei de Acesso à Informação ou outras leis pertinentes.

24.9 ACORDOS DE LENIÊNCIA

24.9.1 Definição e função [58]

Leniência indica brandura ou suavidade.[59] No processo administrativo sancionador, o chamado acordo de leniência designa um ajuste entre certo ente estatal

---

57. Em mais detalhes sobre esses direitos do participante, cf. NOHARA, Irene Patrícia; MARRARA, Thiago. *Processo administrativo*: Lei 9.784/1999 comentada, 2ª ed. São Paulo: Revista dos Tribunais, 2018, p. 317.
58. Esse item retoma ideias e trechos de MARRARA, Thiago. Acordos de leniência no processo administrativo brasileiro: modalidades, regime jurídico e problemas emergentes. *RDDA*, v. 2, n. 2, 2015, p. 509 e ss.
59. SOBRAL, Ibrahim Acácio Espírito. O acordo de leniência: avanço ou precipitação? *Revista do IBRAC*, v. 8, 2001, p. 133.

e um infrator confesso pelo qual o primeiro recebe a **colaboração probatória** do segundo em troca da **suavização da punição** ou mesmo da sua extinção. Trata-se de instrumento negocial com obrigações recíprocas entre uma entidade pública e um particular, o qual assume os riscos e as contas de confessar uma infração e colaborar com o Estado no exercício de suas funções repressivas. A leniência envolve uma efetiva transação entre "o Estado e o delator, que em troca de informações viabilizadoras da instauração, da celeridade e da melhor fundamentação do processo, possibilita um abrandamento ou extinção da sanção em que este incorreria, em virtude de haver também participado na conduta ilegal denunciada".[60]

Em algumas áreas, como no direito concorrencial, costuma-se apontar o particular que celebra o acordo como "leniente". A terminologia em questão mostra-se claramente inadequada. Na prática, o papel de leniente é exercido pela entidade pública. É ela que age com brandura no exercício de seu poder punitivo perante o infrator colaborador. Leniente é o Estado e apenas ele. O particular deve ser chamado de infrator colaborador ou de beneficiário da leniência. A despeito dos problemas terminológicos verificados no Brasil, das nuances dos sistemas estrangeiros e das peculiaridades das diversas espécies de acordo, a leniência apresenta algumas características essenciais, quais sejam:

- Trata-se de **acordo administrativo integrativo**, ou seja, de ajuste que se acopla a procedimento de apuração ou processo administrativo sancionador com a finalidade de robustecer sua instrução. Note que a leniência pode ser firmada antes mesmo da abertura de procedimento ou processo. Por isso, é importante diferenciar doutrinariamente a leniência concomitante (firmada com o infrator confesso durante ou procedimento ou processo) da prévia (firmada antes do conhecimento de qualquer conduta pela Administração). O ideal é que a legislação ofereça maiores benefícios para a modalidade prévia com o objetivo de estimular a "**corrida pela leniência**", ou seja, a propositura por algum infrator antes mesmo de os sistemas de fiscalização estatal identificarem a prática. Na legislação brasileira, todavia, nem sempre essa diferenciação é feita;

- A leniência **não exclui a ação unilateral** do Estado. Como o acordo serve para que a autoridade pública obtenha do próprio infrator confesso provas que facilitem a instrução e a condenação no processo administrativo sancionador, é normal que o acordo conviva com o processo e com um ato administrativo final de natureza punitiva ou absolutória. Essa observação é relevante para evitar qualquer impressão no sentido de que os modelos de administração consensual e contratual sepultarão o estilo de administração unilateral. Qualquer impressão nesse sentido é falsa. Técnicas de administração consensual e unilateral convivem e se retroalimentam em muitos cenários. A leniência

---
60. OLIVEIRA, Gesner; RODAS, João Grandino. *Direito e economia da concorrência*. Rio de Janeiro: Renovar, 2004, p. 253.

comprova essa afirmação, na medida em que o acordo subsidia a formação de uma decisão administrativa final no processo punitivo;

- Para o infrator beneficiário ou colaborador, a leniência gera a **obrigação de cooperar** com a investigação do procedimento preparatório ou com a instrução do processo administrativo sancionador por sua **conta e risco**. O colaborador, sempre um infrator confesso, assume o risco de ser acusado por terceiros e até por outras entidades públicas com base em tipos de responsabilização não cobertos pela leniência. Assume também os riscos de represálias por parte dos demais coautores do ilícito. Ademais, arca com os custos financeiros de praticar os atos de cooperação com o Estado. A depender da lei, é preciso que ainda se obrigue a suspender a prática infrativa de imediato. Todas essas obrigações se compensam por benefícios de redução das sanções ou sua extinção, oferecidos no momento da condenação. Os benefícios ora se restringem às sanções do processo administrativo, ora se estendem, por força de lei, para outras esferas, como a penal – efeito que gera inúmeros questionamentos, sobretudo pelo fato de que a decisão da autoridade administrativa ocasionará efeitos limitativos para a atuação do Ministério Público e o Judiciário. A despeito da abrangência, é importante que a lei defina o benefício mínimo e máximo pelo cumprimento do acordo, mas o direito positivo brasileiro nem sempre traz esses parâmetros, o que gera alta imprevisibilidade para os colaboradores;

- Para o Estado, a leniência implica a **obrigação de reduzir ou extinguir as sanções** que seriam aplicadas ao infrator confesso caso não houvesse cooperação. No processo administrativo sancionador, a Administração Pública tem o dever de mensurar as sanções para então conceder os benefícios de redução ou extinção esperados em razão do cumprimento do acordo. Em certos casos, a legislação prevê a **regra da menor pena**, pela qual a sanção administrativa final imposta ao colaborador em nenhuma hipótese poderá superar a sanção imposta a outros infratores não beneficiados pelo acordo. O cumprimento dessas obrigações pelo Estado supõe que se julgue positivamente a cooperação prestada pelo particular. Sem que veja satisfeito seu direito à obtenção de provas e à cooperação necessária para que o processo acusatório atinja um resultado útil, o Estado não deve conceder qualquer benefício. É discutível, todavia, se o resultado útil necessariamente terá que representar uma decisão administrativa condenatória. Defendo que a obrigação do colaborador é de meio e não de resultado. O que importa é seu comprometimento efetivo com a colaboração processual. Embora pareça desimportante, essa discussão é fundamental, porque os documentos obtidos pela leniência em um processo administrativo frustrado podem ser empregados em outros processos e pelo fato de que algumas leniências não deflagram efeitos apenas no campo administrativo.

24.9.2 Premissas para o sucesso da leniência

O bom funcionamento de um programa de leniência depende de inúmeras condições que ultrapassam o acordo em si. Isso abrange a transparência, a credibilidade e a efetividade dos benefícios.

A **transparência** pressupõe que infratores interessados no programa possam obter de maneira rápida, simples e inteligível todas as informações sobre a participação, os custos, riscos e benefícios do programa. É preciso igualmente esclarecer as relações da leniência com os diversos subsistemas de responsabilidade, já que, por exemplo, o acordo firmado no âmbito da política anticorrupção não imuniza o infrator colaborador em todas as demais esferas de responsabilidade. Quanto mais transparente e previsível for o regime jurídico do programa, mais atrativo será para os infratores.

Já a **credibilidade** do programa de leniência é construída por meio do profissionalismo, da boa-fé e da respeitabilidade das entidades, dos órgãos e das autoridades competentes para conduzi-lo. É preciso que se respeite a fila de propostas, que se negocie de boa-fé, que não se celebre leniência com infratores sem capacidade colaborativa, que o acordo seja devidamente respeitado e fiscalizado, que se cobrem seus resultados e que se insiram no instrumento apenas obrigações pertinentes e vinculadas estritamente ao processo. Esse último ponto merece destaque. A meu ver, viola o princípio da moralidade administrativa a autoridade que utiliza o poder de celebrar leniência com o objetivo de impor obrigações impertinentes ou abusivas, descoladas integralmente do objeto do processo e dos bens jurídicos nele tutelados.

Em complemento, a **efetividade** dos benefícios do programa consiste na evidenciação de que a colaboração com o Estado vale mais ao infrator do que a não cooperação. Há pelo menos três fatores essenciais à construção dessa condição:

- Em primeiro lugar, o Estado necessita demonstrar capacidade de punir os infratores de forma exemplar. A impunidade destrói qualquer estímulo à colaboração, haja vista que o infrator não busca auxiliar a Administração por altruísmo, mas sim pelo desejo de obter um benefício individual. Caso o Estado não logre punir da maneira devida, seja porque conduz mal os processos administrativos, seja porque não desempenha as tarefas probatórias com êxito ou mesmo porque, quando condena, não executa suas sanções, os infratores não verão benefícios em participar de programa de leniência;

- Em segundo, ao punir, o Estado deve ser capaz de aplicar uma sanção, pelo menos, maior que o benefício obtido pelo infrator. Na medida em que o ordenamento impõe o cálculo da punição no mínimo a partir do benefício do infrator, geram-se alguns estímulos tanto à redução do cometimento de ilícitos, quanto para a adesão a programas de cooperação capazes de mitigar as sanções. Assim, andou bem o Congresso ao prever, no art. 6º, I, da LAC, que a multa administrativa por infração de corrupção não será inferior à vantagem auferida, quando for possível sua estimação;

- Em terceiro lugar, é oportuno garantir ao infrator colaborador uma sanção mais leve que a aplicada a todos os outros infratores que não cooperaram. A isso se dá o nome de **benefício da menor sanção**. Com isso, o programa se manterá atrativo para os infratores sujeitos a sanções potencialmente mais altas que as aplicáveis aos coautores sujeitos a sanções mais brandas por qualquer motivo. A LDC prevê essa lógica, enquanto a LAC a ignora. Mesmo na falta de norma legal, as autoridades competentes poderão introduzir o benefício em cláusula do acordo.

24.9.3 Classificação da leniência

Diferentemente dos compromissos de ajustamento de conduta, hoje reconhecidos em normas gerais de várias leis, como a LINDB e a Lei de Mediação, de maneira que podem ser negociados e celebrados nos mais diversos subsistemas de responsabilidade administrativa das três esferas federativas, os acordos de leniência ainda continuam limitados a determinados processos administrativos sancionadores. Apesar disso, considerando-se as várias espécies de acordos existentes no ordenamento brasileiro, é possível elaborar um conjunto básico de classificações para expressar a riqueza desses instrumentos e demonstrar suas diferentes formas de uso. Nesse sentido, os acordos podem ser organizados da seguinte maneira:

- **Quanto ao momento**, há leniência prévia ou concomitante. Se a propositura da leniência ocorrer antes da instauração de qualquer procedimento de apuração ou de processo administrativo sancionador, haverá leniência prévia. Se ocorrer ao longo do procedimento ou do processo, haverá leniência concomitante. O ideal é que o legislador ofereça mais benefícios para a modalidade prévia que para a concomitante, pois assim conseguirá estimular que os infratores levem ao conhecimento das autoridades públicas infrações ainda desconhecidas e não identificadas pelos mecanismos oficiais de fiscalização e monitoramento. No direito positivo, essa diferenciação aparece em alguns subsistemas de responsabilidade, como o concorrencial, mas não em outros, como se vê na LAC. Note que não existe leniência posterior à conclusão do processo por um motivo de ordem lógica. Como esse acordo serve exatamente para viabilizar a instrução, de nada adiantará sua celebração quando o processo sancionador já tiver esgotado essa fase processual;

- **Quanto aos beneficiários**, há leniência de pessoa física ou de pessoa jurídica. Essa distinção parece inútil, mas é muito relevante na legislação brasileira. Geralmente, não se define qualquer limite para o número de acordos com infratores com natureza de pessoa física, mas se limita rigidamente o número de acordos com infratores com natureza de pessoa jurídica. Tanto a LAC, quanto a LDC utilizam o modelo do *"first come, first serve"*. Somente a primeira pessoa jurídica a se qualificar para o acordo poderá celebrá-lo. Caso outras pessoas jurídicas infratoras demonstrem interesse e possam colaborar com a instrução, ainda assim a Administração Pública não poderá celebrar acordos adicionais. Na LDC, existe uma única exceção, chamada de **leniência múltipla ou *plus***. Nesse caso, uma pessoa jurídica infratora poderá celebrar um acordo adicional ao de outra em um processo sancionador em curso desde que revele nova infração concorrencial, desconhecida das autoridades. Assim, essa mesma pessoa jurídica obterá benefícios reduzidos da leniência secundária no primeiro processo administrativo e benefícios amplos de leniência prévia no segundo processo.[61] Em outros ordenamentos jurídicos, em vez de se utilizar a regra de leniência única com pessoas jurídicas, empregam-se modelos de escalonamento de benefícios, de modo que se reduzem para cada novo infrator que venha a celebrar o acordo de cooperação instrutória; e

- **Quanto aos efeitos**, há leniência com efeitos puramente administrativos no processo administrativo em que se integra ou leniência com efeitos amplos, de forma a alcançar outros processos administrativos ou, até mesmo, esferas de responsabilidade externas ao direito administrativo. Veja o caso da leniência concorrencial. Quando celebrado por pessoa física, esse acordo gera imunização do infrator colaborador em relação às sanções criminais aplicáveis no processo penal pelo mesmo comportamento apurado no processo administrativo no controle de condutas contra a ordem econômica. É importante advertir que não existe uma regra geral sobre os efeitos ou benefícios. Eles variam de acordo com cada lei. Todas as leniências deflagram algum benefício administrativo interno, ou seja, no processo em que se integram, mas não necessariamente geram benefícios em relação a outros subsistemas administrativos, à responsabilidade penal ou à responsabilidade civil. Dada a possibilidade jurídica de um comportamento ser apurado e reprimido em inúmeras esferas de responsabilidade, a celebração de leniência necessita ser cuidadosamente avaliada no caso concreto, dado que pode criar riscos significativos ao infrator que pretende colaborar com a Administração Pública.

24.9.4 Comparativo das modalidades de leniência

A primeira modalidade de leniência foi introduzida no Brasil em 2000 no âmbito do direito concorrencial (Lei n. 10.149) e até o momento existem três espécies principais, cujos regimes jurídicos diferem de modo significativo, em especial no tocante aos efeitos para o infrator colaborador. Essas modalidades equivalem aos acordos previstos na LLic, na LAC e na LDC, embora outros existam que, mesmo sem receberem o nome, acabam desempenhando a função de leniência.

---

61. MARRARA, Thiago. *Sistema Brasileiro de Defesa da Concorrência*. São Paulo: Atlas, 2015, p. 373.

Cada uma das três modalidades apontadas terá seus detalhes apresentados nos capítulos específicos deste manual.[62] No âmbito da teoria geral da responsabilidade administrativa, aqui exposta, importa tão somente comparar as modalidades principais, destacando os elementos processuais e materiais de cada uma no sentido de revelar como e em que medida os regimes de cooperação entre Estado e infrator variam no ordenamento jurídico pátrio.

O quadro I resume aspectos referentes: (i) à entidade administrativa competente para a celebração do acordo; (ii) à existência de vedação de leniência múltipla que, de modo geral, é indicada pela presença da regra *"first come, first serve"* em certas leis, ou seja, pela determinação de que a Administração Pública somente celebre a leniência com o primeiro infrator (pessoa jurídica) a se qualificar para colaborar no processo sancionatório, restando proibidas leniências com outros coautores da conduta ilícita; (iii) à necessidade ou não de obrigatoriedade de confissão da prática ilícita pelo infrator interessado em colaborar; (iv) à previsão legal de sigilo na negociação e execução do acordo; (v) à existência de leniência oral, técnica utilizada em alguns países para evitar o risco de que documentos entregues na negociação do acordo venham a ser empregados pelo Estado ou por terceiros para iniciar processos administrativos, civis ou penais na hipótese de frustração da negociação da leniência; (vi) à necessidade de suspensão da prática infrativa pelo colaborador na leniência, técnica que gera questionamentos pelo fato de poder suscitar desconfianças dentro da rede de infratores, ocasionando a destruição ou a ocultação de provas; (vii) aos efeitos da negociação frustrada, aspecto relevante na medida em que alguns acordos de leniência não se concretizam, mas os documentos e informações gerados na negociação podem cair na mão de terceiros ou ser empregados pelo próprio Estado para iniciar outras medidas punitivas ou reparatórias; e (viii) às consequências do inadimplemento do acordo, sobretudo para o colaborador.

Em relação a todos esses aspectos, o quadro I considera exclusivamente as informações e previsões normativas contidas nas leis de criação de cada acordo, deixando de lado normas estabelecidas em decretos regulamentares e em outros atos normativos infralegais. Note que a LDC contém o acordo nos processos administrativos de controle de condutas sob poder do CADE, enquanto a LAC contém normas sobre a leniência para atos de corrupção (art. 16) e para infrações licitatórias ou contratuais (art. 17). Nesse último dispositivo legal, existem muitas lacunas e a Lei de Licitações de 2021 infelizmente não as corrigiu como deveria. Isso torna o acordo de leniência nos processos de responsabilização por infrações licitatórias e contratuais bastante obscuro e inseguro, como se demonstrará.

---

62. Cf. o capítulo sobre intervenção econômica, para o acordo de leniência concorrencial empregada pelo CADE; o capítulo sobre licitações, para a leniência em infrações licitatórias e contratuais, e o capítulo sobre responsabilidade por corrupção, para a leniência da LAC.

Quadro comparativo I

	Lei 12.846 – art. 16 (leniência para atos de corrupção)	Lei 12.529 – (leniência para infrações concorrenciais)	Lei 12.846 – art. 17 (leniência para licitações)
Entidade competente	Entidade administrativa, CGU, MP	CADE	Lei não prevê
First come, first serve	Sim, apenas pessoas jurídicas	Sim, apenas pessoas jurídicas	Lei não prevê
Obrigatoriedade da confissão	Sim	Sim	Sim
Uso do sigilo	Sim	Sim	Lei não prevê
Leniência oral	Lei não prevê	Lei não prevê	Lei não prevê
Necessidade de suspensão da conduta	Sim	Sim	Lei não prevê
Efeitos da negociação frustrada	Afastamento da confissão	Afastamento da confissão	Lei não prevê
Consequências do inadimplemento	Vedação por 3 anos	Vedação por 3 anos	Lei não prevê

No tocante aos aspectos apontados até o momento, o primeiro quadro comparativo demonstra muito claramente que o acordo de leniência para infrações por atos de corrupção se baseou no acordo de leniência previsto na legislação de defesa da concorrência. Todos os aspectos são idênticos, com a diferença de que, na LAC, o Ministério Público pode atuar de maneira subsidiária em relação à autoridade administrativa, quando esta deixa de tomar as medidas de instauração do processo sancionador. Por conta dessa competência subsidiária, a legitimidade para celebração da leniência pode ser eventualmente transferida para o *parquet*, situação impossível de ocorrer no programa de leniência de defesa da concorrência. Ainda no que diz respeito à legitimidade ativa para celebração do acordo, a LAC é mais abrangente, pois qualquer ente público está autorizado a aplicar suas sanções administrativas, diferentemente do que ocorre no sistema concorrencial, em que o CADE monopoliza o poder sancionatório na esfera administrativa. Fora isso, na LAC se vislumbra a competência exclusiva de atuação da Controladoria Geral da União para celebrar leniências a respeito de práticas nacionais contra o Poder Executivo federal e práticas contra a Administração Pública estrangeira (art. 16, § 10, da Lei n. 12.846).

Esses aspectos procedimentais não esgotam os elementos essenciais deste relevante acordo integrativo a processos administrativos sancionatórios. O quadro comparativo II traz elementos adicionais que mostram diferenças significativas entre as modalidades de leniência previstas no direito positivo brasileiro. Nessa segunda sistematização, sintetizam-se: (i) as subespécies de leniência previstas em cada lei, separando-se a leniência prévia ao processo administrativo sancionador da leniência que lhe é concomitante, o que pode ter certos impactos em relação aos efeitos do ajuste para o colaborador; (ii) a existência ou não de leniência *plus*, consistente em uma segunda leniência de pessoa jurídica no mesmo processo administrativo sancionador somada a uma leniência nova e prévia, baseada em uma infração diversa e desconhecida do Estado, mitigando a regra do "*first come, first serve*" aplicável às pessoas jurídicas; (iii) os efeitos administrativos internos da leniência, isto é, os benefícios gerados no processo sancionador no qual ela se integra; (iv) a existência do benefício da menor multa, pela qual não se permite punir o colaborador de maneira mais gravosa que coautores da infração que não assumem o papel de colaboradores; (v) os efeitos administrativos externos, isto é, em relação a esferas de responsabilidade administrativa adicionais a do processo em que a leniência é celebrada; (vi) os efeitos penais; (vii) os efeitos civis e (viii) os efeitos internacionais. Novamente, a comparação foi baseada no exame da lei formal, sem considerações sobre decretos regulamentares e normas administrativas internas.

Quadro comparativo II

	Lei 12.846 – art. 16 (leniência para atos de corrupção)	Lei 12.529 – (leniência para infrações concorrenciais)	Lei 12.846 – art. 17 (leniência para licitações)
Leniência prévia e concomitante	Lei não diferencia	Sim	Lei não diferencia
Leniência *plus*	Lei não prevê	Sim	Lei não prevê
Efeitos administrativos internos	Multa: até 2/3 de redução, mas sem mínimo de redução previsto em lei	Multa: pode ser extinta e lei garante o mínimo de 1/3 de redução	Isenção ou redução, mas sem indicação legal de percentual
Benefício da menor multa	Lei não prevê	Sim	Lei não prevê
Efeitos administrativos externos (*i.e.* para outros subsistemas de responsabilidade administrativa)	Lei não prevê	Lei não prevê	Lei não prevê
Efeitos penais	Lei não prevê	Sim, para pessoas físicas.	Lei não prevê
Efeitos civis	Parcial. Apenas para sanção do art. 19, IV. Não afeta dever de reparação (art. 16, § 3º).	Sim. Os signatários do acordo não respondem pela indenização em dobro, nem se sujeitam à responsabilidade solidária pelos danos dos demais infratores (art. 47, § 2º e § 3º).	Lei não prevê
Efeitos internacionais	Lei não prevê	Lei não prevê	Lei não prevê

O segundo quadro comparativo revela mais intensa diferenciação das espécies de acordo de leniência no tocante aos efeitos do ajuste celebrado pelo infrator com a entidade pública responsável pelo processo administrativo sancionador. É essa variação de efeitos que torna um programa mais ou menos atrativo para os infratores. Note, porém, que nenhum dos acordos gera efeitos protetivos para o colaborador em outros subsistemas de responsabilidade administrativa. Inexistem, portanto, **efeitos administrativos externos**. Isso significa que a celebração da leniência dentro de certo subsistema de responsabilidade administrativa não gera benefícios em relação a potenciais sanções administrativas de outro subsistema.

Tome-se como exemplo uma prática de cartel licitatório. A celebração de acordo de leniência com o CADE não protege o infrator contra processos administrativos conduzidos por outras entidades estatais com base na LAC ou na LLic. Da mesma forma, pelo acordo assinado com base na Lei Anticorrupção, o infrator colaborador não se imunizará contra sanções aplicadas pelo CADE. Disso resulta a necessidade de que, para certas práticas, o infrator interessado em cooperar com o Estado busque celebrar múltiplos acordos simultâneos para adquirir uma blindagem minimamente segura. Todavia, nada garante que o mesmo infrator logrará cumprir os requisitos de cada subsistema de responsabilidade para celebrar os vários acordos previstos no direito positivo. Essa imprevisibilidade torna a negociação de um acordo extremamente arriscada na prática.

No mais, a comparação demonstra que a LAC ficou aquém do modelo adotado no direito da concorrência, porque não oferece **benefícios penais** às pessoas físicas que decidem colaborar com a instrução após confessarem uma infração. Isso tende a tornar o programa de leniência da LAC muito menos atrativo se comparado com o da LDC. Já no tocante aos **efeitos civis**, as espécies variam bastante. A LAC garante apenas benefícios no tocante a uma das sanções aplicadas na ação civil pública, o que será comentado em detalhes no capítulo sobre a responsabilidade por corrupção. Já a LDC adota sistemática completamente diversa e que somente foi estruturada em 2022. Neste ano, a legislação concorrencial foi alterada para prever que o infrator responde pela reparação em dobro dos danos civis, além de assumir responsabilidade solidária pelos danos causados pelos demais infratores. Diante dessa modificação, a legislação passou a oferecer dois novos benefícios de natureza civil ao colaborador na leniência. O primeiro consiste no dever de reparação do montante exato do dano, não do dobro. O segundo consiste no afastamento da regra de responsabilidade solidária pelos danos causados pelos demais coautores da infração concorrencial (art. 47, § 2º e § 3º, da Lei n. 12.529/2011).

24.10 SÚMULAS

SUPREMO TRIBUNAL FEDERAL

- Súmula n. 70: É inadmissível a interdição de estabelecimento como meio coercitivo para cobrança de tributo.

- Súmula n. 323: É inadmissível a apreensão de mercadorias como meio coercitivo para pagamento de tributos.

SUPERIOR TRIBUNAL DE JUSTIÇA

- Súmula n. 312: No processo administrativo para imposição de multa de trânsito, são necessárias as notificações da autuação e da aplicação da pena decorrente da infração.
- Súmula n. 373: É ilegítima a exigência de depósito prévio para admissibilidade de recurso administrativo.
- Súmula n. 434: O pagamento da multa por infração de trânsito não inibe a discussão judicial do débito.
- Súmula n. 510: A liberação de veículo retido apenas por transporte irregular de passageiros não está condicionada ao pagamento de multas e despesas.
- Súmula n. 652: A responsabilidade civil da Administração Pública por danos ao meio ambiente, decorrente de sua omissão no dever de fiscalização, é de caráter solidário, mas de execução subsidiária.
- Súmula n. 675: É legítima a atuação dos órgãos de defesa do consumidor na aplicação de sanções administrativas previstas no CDC quando a conduta praticada ofender direito consumerista, o que não exclui nem inviabiliza a atuação do órgão ou entidade de controle quando a atividade é regulada.

24.11 BIBLIOGRAFIA PARA APROFUNDAMENTO

ABBOUD, Marcela Halah Martins. *Acordo de leniência*: controle de constitucionalidade e seus requisitos. São Paulo: Revista dos tribunais, 2024.

AKAOUI, Fernando Reverendo Vidal. *Compromisso de ajustamento de conduta ambiental*. São Paulo: Revista dos tribunais, 2015.

ANDRADE, Vitor Morais de. *Sanções administrativas no Código de Defesa do Consumidor*. São Paulo: Atlas, 2008.

ARAÚJO, Edmir Netto de. *O ilícito administrativo e seu processo*. São Paulo: Revista dos Tribunais, 1994.

ARAÚJO, Valter Shuenquener. O princípio da interdependência das instâncias punitivas e seus reflexos no direito administrativo sancionador. *Revista Jurídica da Presidência Brasília*, v. 2, n. 131, 2022 p. 629-653.

ATHAYDE, Amanda. *Manual dos acordos de leniência no Brasil*. Belo Horizonte: Fórum, 2019.

BARATA, Ana Maria Rodrigues; GONTIJO, Danielly Cristina Araújo; PEREIRA, Flávio Henrique Unes (Orgs.). *Direito administrativo sancionador disciplinar*. Rio de Janeiro: Centro para Estudos Empírico-Jurídicos (CEEJ), 2021.

CANETTI, Rafaela Coutinho. *Acordo de leniência*: fundamentos do instituto e os problemas de seu transplante ao ordenamento jurídico brasileiro. Belo Horizonte: Fórum, 2019.

CARDOSO, Raphael de Matos; GONTIJO, Danielly Cristina Araújo (Orgs.). *Direito administrativo sancionador na LGPD*. Rio de Janeiro: Centro para Estudos Empírico-Jurídicos (CEEJ), 2023.

CARNAES, Mariana. *Compromisso de ajustamento de conduta e eficiência administrativa*. Rio de Janeiro: Lúmen Juris, 2016.

CASTRO, Leonardo Bellini de; VALENTE, Marcella Querino Mangullo; SILVA, Mateus Camilo Ribeiro (Orgs.). *Direito administrativo sancionador e tutela da probidade*. Rio de Janeiro: Centro para Estudos Empírico-Jurídicos (CEEJ), 2024.

CICHOCKI, Patrícia Toledo de Campos. *A comunicabilidade de processos administrativos sancionadores*. São Paulo: FDUSP (tese de doutorado), 2021.

CONTI, José Maurício; MARRARA, Thiago; IOCKEN, Sabrina Nunes; CARVALHO, André Castro (Coord.). *Responsabilidade do gestor na Administração Pública*, v. 3: improbidade e temas especiais. Belo Horizonte: Fórum, 2022.

CONTI, José Maurício; MARRARA, Thiago; IOCKEN, Sabrina Nunes; CARVALHO, André Castro (Coord.). *Responsabilidade do gestor na Administração Pública*, v. 2: aspectos fiscais, financeiros, políticos e penais. Belo Horizonte: Fórum, 2022.

CONTI, José Maurício; MARRARA, Thiago; IOCKEN, Sabrina Nunes; CARVALHO, André Castro (Coord.). *Responsabilidade do gestor na Administração Pública*, v. 1: aspectos gerais. Belo Horizonte: Fórum, 2022.

CRISTÓVAM, José Sérgio da Silva; EIDT, Elisa Berton. O compromisso do artigo 26 da LINDB e a sua celebração no âmbito das câmaras administrativas de prevenção e de solução de conflitos. In: MAFFINI, Rafael; RAMOS, Rafael (Coord.). *Nova LINDB*: proteção da confiança, consensualidade, participação democrática e precedentes administrativos. Rio de Janeiro: Lúmen Juris, 2021.

CUNHA, Amanda Guimarães da Cunha; BASTOS JÚNIOR, Luiz Magno Pinto. *Direito eleitoral Sancionador*: o dever de imparcialidade da autoridade judicial. Rio de Janeiro: Lúmen Juris, 2024.

DEZAN, Sandro Lucio. *Ilícito administrativo disciplinar*: da atipicidade ao devido processo legal substantivo, 2ª ed. Curitiba: Juruá, 2014.

DEZAN, Sandro Lucio. *Sanção administrativa e ne bis in idem*. Rio de Janeiro: Lúmen Juris, 2022.

DEZAN, Sandro Lucio. *Uma teoria do direito público sancionador*: fundamentos da unidade do sistema punitivo. Rio de Janeiro: Lúmen Juris, 2021.

DEZAN, Sandro. *Princípios de direito administrativo sancionador*. São Paulo: Tirant Lo Blanch, 2022.

FÉO, Rebeca. *Direito administrativo sancionador e os princípios constitucionais penais*: análise dos processos da ANP. Rio de Janeiro: Lúmen Juris, 2021.

FERRAZ, Luciano. *Controle e consensualidade*: Fundamentos para o controle consensual da Administração Pública (TAG, TAC, SUSPAD, acordos de leniência, acordos substitutivos e instrumentos afins), 2ª ed. Belo Horizonte: Fórum, 2020.

FERREIRA, Daniel. *Sanções administrativas*. São Paulo: Malheiros, 2001.

FERREIRA, Daniel. *Teoria geral da infração administrativa a partir da Constituição Federal de 1988*. Belo Horizonte: Fórum, 2012.

FERREIRA, Gustavo Costa. *Responsabilidade sancionadora da pessoa jurídica*: critérios para aferição da sua ação e culpabilidade no direito administrativo sancionador. São Paulo: Dialética, 2021.

GABRIEL, Yasser. *Sanções do direito administrativo*. São Paulo: Almedina, 2023.

GOMES, Carla Amado; BITENCOURT, Eurico et al. (Coord.). *Responsabilidade nos contratos públicos*. Lisboa: ICJP/CIDP, 2020.

GRINOVER, Ada Pellegrini. As garantias constitucionais do processo administrativo sancionatório. *Revista do Advogado*, v. 34, n. 125, 2014.

GRINOVER, Ada Pellegrini. Do direito de defesa em inquérito administrativo. *RDA*, v. 183, 1991.

ISHIDA, Valter Kenji. *A infração administrativa no Estatuto da Criança e do Adolescente*. São Paulo: Atlas, 2009.

LAMY, Anna Carolina Pereira Cesarino Faraco. *Reflexos do acordo de leniência no processo penal*. Rio de Janeiro: Lúmen Juris, 2014.

LIMA, Guilherme Corona Rodrigues. *Direito administrativo sancionador e a função social da empresa*. Rio de Janeiro: Lúmen Juris, 2022.

LIMA, José Antonio Farah Lopes de. Delação premiada e acordo de leniência. Leme: JH Mizuno, 2020.

LINS, Raniere Rocha. *Consensualidade e enfrentamento à corrupção*: análise empírica dos acordos de leniência na prevenção e repressão de atos corruptivos à luz da Lei n. 12.846/2013. Rio de Janeiro: Lúmen Juris, 2021.

LOBO FILHO, Fernando Rissoli. *A lei anticorrupção e o direito administrativo sancionador*. São Paulo: IASP, 2019.

LUZ, Denise. *Direito administrativo sancionador judicializado*: improbidade administrativa e devido processo aproximações e distanciamentos do direito penal. Curitiba: Juruá, 2014.

MARQUES, Camila Dias. Sanções administrativas ambientais. Rio de Janeiro: Lúmen Juris, 2015.

MARRARA, Thiago. Acordos de leniência no processo administrativo brasileiro: modalidades, regime jurídico e problemas emergentes. *Revista Digital de Direito Administrativo – RDDA*, v. 2, p. 509-527, 2015.

MARRARA, Thiago. Acordos no direito da concorrência. *Revista de Defesa da Concorrência – RDC*, v. 8, p. 78-103-103, 2020.

MARRARA, Thiago. Compromissos como técnica de administração consensual: breves comentários ao art. 26 da LINDB. *Revista de Direito Administrativo – RDA*, v. 283, p. 131-157, n. 1, 2024.

MARRARA, Thiago. Infração contra a ordem econômica: parâmetros para superação da insegurança jurídica no direito administrativo da concorrência. *Revista de Direito Público da Economia – RDPE*, v. 59, p. 219-237, 2017.

MARRARA, Thiago. Infrações, sanções e acordos na nova Lei de Licitações. In: DI PIETRO, Maria Sylvia Zanella (Org.). *Manual de licitações e contratos administrativos*, 4ª ed. Rio de Janeiro: Forense, 2025.

MARRARA, Thiago. Quem responde perante a Administração Pública? Contribuições para a delimitação de fronteiras entre as responsabilidades de pessoas físicas e jurídicas no direito administrativo sancionador. In: CONTI, Maurício; MARRARA, Thiago; IOCKEN, Sabrina;

CARVALHO, André Castro (Org.). *Responsabilidade do gestor na Administração Pública*, v. 1. Belo Horizonte: Fórum, 2022.

MATTOS, Mauro Roberto Gomes de. *Fishing expedition no direito administrativo sancionador*: Inquérito Civil Público, Processo Administrativo Disciplinar e Ação de Improbidade Administrativa. Salvador: JusPodivm, 2023.

MAZONNI, Marco. *Acordos de leniência anticorrupção e conflitos institucionais*. Belo Horizonte: Fórum, 2024.

MEDAUAR, Odete. *A processualidade no direito administrativo*. São Paulo: Revista dos Tribunais, 1990.

NERY, Ana Luiza. *Compromisso de ajustamento de conduta*: teoria e análise de casos práticos. São Paulo: Revista dos tribunais, 2012.

NERY, Ana Luiza. *Teoria geral do termo de ajustamento de conduta*. São Paulo: Revista dos tribunais, 2018.

NOBRE JÚNIOR, Edilson Pereira (Org.). *Paradigmas do direito administrativo sancionador no Estado constitucional*. São Paulo: Dialética, 2022.

NOBRE JÚNIOR, Edilson Pereira; VIANA, Ana Cristina Aguilar; XAVIER, Marília Barros (Orgs.). *Direito administrativo sancionador comparado*. Rio de Janeiro: Centro para Estudos Empírico-Jurídicos (CEEJ), 2021.

NOHARA, Irene Patrícia; MARRARA, Thiago. *Processo administrativo*: Lei 9.784/1999 comentada, 2ª ed. São Paulo: Revista dos Tribunais, 2018.

OLIVEIRA, Gustavo Justino de; BARROS FILHO, Wilson Accioli (Coords.). *Acordos administrativos no Brasil*. São Paulo: Almedina, 2020.

OLIVEIRA, José Roberto Pimenta (Coord.). *Direito administrativo sancionador*. São Paulo: Malheiros, 2019.

OLIVEIRA, Regis Fernandes de. *Infrações e sanções administrativas*. São Paulo: Revista dos Tribunais, 2012.

OSÓRIO, Fábio Medina (Org.). *Direito sancionador*: sistema financeiro nacional. Belo Horizonte: Fórum, 2011.

OSÓRIO, Fábio Medina. *Direito administrativo sancionador*, 9ª ed. São Paulo: Revista dos Tribunais, 2023.

PALMA, Juliana Bonacorsi de. *Sanção e acordo na administração pública*. São Paulo: Malheiros, 2015.

PANICACCI, Fausto Luciano. *Compromisso de ajustamento de conduta*. São Paulo: Saraiva Jur., 2017.

PARZIALE, Aniello. *As sanções nas contratações públicas*. Belo Horizonte: Fórum, 2021.

PELEGRINI, Márcia. *A competência sancionatória do tribunal de contas*: contornos constitucionais. Belo Horizonte: Fórum, 2014.

PRATES, Marcelo Madureira. *Sanção administrativa geral*: anatomia e autonomia. São Paulo: Almedina, 2005.

REISDORFER, Guilherme. *Responsabilidade pré-contratual do Estado*. Belo Horizonte: Fórum, 2024.

RODRIGUES, Carlos Alberto. *Os acordos na esfera federal e a controvérsia entre órgãos*. Rio de Janeiro: Lúmen Juris, 2020.

SADDY, André; GARCIA DE SOUZA, Diogo Alves Verri; SOUZA, Paulo Ademir de (Orgs.). *Direito administrativo sancionador nas estatais*. Rio de Janeiro: Centro para Estudos Empírico-Jurídicos (CEEJ), 2023.

SANTOS, Kleber Bispo dos. *Acordo de leniência na lei de improbidade administrativa e na anticorrupção*. Rio de Janeiro: Lúmen Juris, 2018.

SCHNEIDER, Luiz Cláudio Araújo. *Infrações administrativas ambientais*. Belo Horizonte: Fórum, 2023.

SOUZA, Renee do Ó. *Os efeitos transversais da colaboração premiada e do acordo de leniência*. São Paulo: D'plácido, 2019.

TAMASAUSKA, Igor Sant'Anna. *O acordo de leniência anticorrupção*: uma análise sob o enfoque da teoria das redes. Curitiba: Appris, 2021.

VERZOLA, Maysa Abrahão Tavares. *Sanção no direito administrativo*. Barueri: Saraiva Jur, 2012.

VIANNA, Marcelo Pontes; SIMÃO, Valdir Moysés. *O acordo de leniência na lei anticorrupção*: histórico, desafios e perspectivas. São Paulo: Trevisan, 2017.

VIANNA, Rodrigo França. *Direito administrativo concorrencial sancionador*: antijuridicidade, elementos típicos e culpabilidade das infrações à ordem econômica. Curitiba: Juruá, 2024.

VITTA, Heraldo Garcia. *A sanção no direito administrativo*. São Paulo: Malheiros, 2003.

VORONOFF, Alice. *Direito administrativo sancionador no Brasil*. Belo Horizonte: Fórum, 2018.

VORONOFF, Alice; PALMA, Juliana Bonacorsi de; TOLEDO, Renato (Orgs.). *Direito administrativo sancionador regulatório*. Rio de Janeiro: Centro para Estudos Empírico-Jurídicos (CEEJ), 2022.

XAVIER, Marília Barros. *Direito administrativo sancionador tributário*. Belo Horizonte: Fórum, 2021.

XAVIER, Marília Barros. *O modelo brasileiro de direito sancionador*: do processo civil sancionador ao ne bis in idem. Belo Horizonte: Fórum, 2023.

ZARDO, Francisco. *Infrações e sanções em licitações e contratos administrativos*. São Paulo: Revista dos Tribunais, 2014.

25
RESPONSABILIDADE DISCIPLINAR

25.1 INTRODUÇÃO

25.1.1 Responsabilidade disciplinar

A **responsabilidade administrativa disciplinar é interna ou introversa**.[1] Volta-se para dentro das entidades estatais. Trata-se de um dos mais importantes subsistemas do direito administrativo sancionador, baseando-se no poder que toda e qualquer entidade estatal dispõe para zelar pela ordem e pelo bom funcionamento de suas funções.

O poder disciplinar se desenvolve mediante a estipulação de regras comportamentais para os agentes públicos e todos os cidadãos que interagem com certa entidade estatal. Por conseguinte, a responsabilidade disciplinar pressupõe ou um vínculo jurídico funcional ou um vínculo jurídico prestacional direto. Esses vínculos ou relações envolvem, de um lado, a entidade estatal, de direito público ou privado, e, de outro, as pessoas físicas que agem no âmbito dessa entidade e se submetem a essas normas de disciplina interna.

Uma universidade pública, por exemplo, detém poder disciplinar sobre seus docentes, demais agentes administrativos e estudantes que frequentam cursos e atividades na qualidade de usuários de serviços públicos educacionais. Contudo, nenhuma universidade exerce poder disciplinar sobre membros de outras, nem sobre seus próprios agentes ou estudantes quando eles agirem fora das relações universitárias. O estudante que cometer lesão corporal na festa de aniversário de seu vizinho, sem qualquer relação com atividades acadêmicas, não se sujeitará às normas disciplinares, respondendo unicamente no âmbito penal ou no civil. Entretanto, se esse mesmo estudante cometer lesão corporal dentro da sala de aula, em laboratórios de pesquisa ou em projetos extensão da universitária, claramente responderá na esfera disciplinar, pois aí estará na condição de usuário de serviço público, submetido ao poder de organização e ordem interna.

A responsabilidade administrativa disciplinar é independente da responsabilidade penal e da responsabilidade civil, bem como de outras esferas de responsa-

---

1. Nesse sentido e em detalhes sobre o poder disciplinar, cf. BACELLAR FILHO, Romeu Felipe. *Processo administrativo disciplinar*, 3ª ed. São Paulo: Saraiva, 2012, p. 77.

bilidade administrativa. O fato de certo indivíduo ser condenado em processo civil ou penal por lesão corporal não impedirá que a Administração o condene na esfera disciplinar. Além disso, a responsabilidade aqui debatida poderá ser combinada com outras esferas de responsabilidade administrativa, como a baseada no poder de polícia ou na regulação ético-profissional. Imagine um médico do SUS que trafique órgãos humanos. Pelo ilícito, responderá perante o Conselho de Medicina, perante o Judiciário em processo penal e em processo disciplinar dentro do hospital público em que atua.

Esse exemplo revela que a responsabilidade disciplinar caracteriza um subsistema próprio dentro do direito administrativo, não se confundindo com a responsabilidade ético-disciplinar ou com a responsabilidade baseada no poder de polícia ou de regulação. É importante esclarecer em mais detalhes como esses subsistemas se distinguem, embora pertençam todos eles à esfera do direito administrativo.

O **poder de polícia** ou de ordenação abarca um conjunto de atividades de restrição de direitos fundamentais que apenas certas entidades estatais exercem com suporte em expressa previsão legal. As sanções impostas por autoridades de trânsito, de proteção ambiental ou de agências reguladoras atuantes em certo setor econômico, são expressão da responsabilidade baseada no poder de polícia. Trata-se de responsabilidade extroversa, que se volta para fora, atingindo sujeitos que atuam na sociedade ou no mercado a despeito de qualquer relação jurídica direta com o ente estatal. Diferentemente do poder disciplinar, que é inerente a toda entidade estatal, o poder de polícia depende de previsão legal e é conferido apenas a certas entidades, pois materializa a intervenção do Estado na liberdade privada e nos direitos fundamentais.

A **responsabilidade ético-disciplinar** também corresponde a uma das várias expressões do poder de polícia ou de ordenação estatal. Ocorre que esse poder é exercido particularmente por entidades de regulação das profissões sobre aqueles que pretendam exercê-las ou as exerçam efetivamente. Por ilustração, a OAB fiscaliza o exercício da profissão de advogado, enquanto os Conselhos de Medicina cuidam do exercício da profissão de médico. Nessa função, essas entidades criam inúmeras normas de conduta, como as relativas a conflitos de interesse, vedações de atuação, sigilo profissional e habilitação técnica. Se o profissional regulado as afrontar, incorrerá em infração ético-disciplinar, sujeitando-se à apuração por meio de sindicância ou processo administrativo e sanção imposta pelos conselhos profissionais. A responsabilidade ético-disciplinar tem natureza administrativa, mas não se confunde com a responsabilidade disciplinar que incide sobre agentes públicos e usuários de serviços públicos no seio de uma entidade estatal.

Apesar de algumas semelhanças – como a natureza administrativa, a falta de definitividade das decisões e os institutos processuais utilizados –, tanto a responsabilidade ético-disciplinar apurada pelos conselhos profissionais, quanto a responsabilidade baseada na polícia administrativa, como as apuradas no CADE, no IBAMA e nas agências reguladoras, diferem claramente da responsabilidade disciplinar. Repita-se: aquelas se restringem a algumas entidades e dependem da legalidade forte (reserva legal). Já a disciplinar existe em toda e qualquer entidade estatal como expressão do poder de auto-organização interna. Porém, limita-se aos sujeitos que se encontram dentro dessa entidade, pautando-se por parâmetros de legalidade mais brandos (legalidade fraca ou relação de compatibilidade com o ordenamento). Tanto é assim que muitas infrações e sanções disciplinares não são traçadas por lei, senão por meros regulamentos internos, como se vislumbra no âmbito das universidades públicas.

25.1.2 Características do subsistema disciplinar

A responsabilidade disciplinar apresenta características que a tornam um subsistema próprio de responsabilidade administrativa. São elas:

- A **essencialidade**: toda e qualquer entidade estatal detém poder disciplinar e pode aplicar sanções na esfera disciplinar. Essa afirmação se baseia nos princípios constitucionais da legalidade, da moralidade e da eficiência. Deles se extrai o imperativo de que toda e qualquer entidade estatal zele pelo bom funcionamento de suas funções e atividades, estruturando um sistema disciplinar que lhe permita atingir de forma objetiva seus objetivos institucionais. O poder disciplinar se vislumbra no Poder Executivo, no Legislativo e no Judiciário. Em alguns casos, é exercido por chefias. Em outros, é atribuído a órgãos especializados, como as Corregedorias, o Conselho Nacional de Justiça, a Controladoria Geral da União e o Conselho Nacional do Ministério Público;

- A **natureza administrativa**: a responsabilidade disciplinar se insere no direito administrativo. Por conseguinte, as infrações disciplinares e as respectivas sanções, assim como os procedimentos e acordos utilizados no âmbito desse subsistema são institutos de direito administrativo. Isso faz que esses instrumentos se sujeitem às normas e princípios gerais do direito administrativo sancionador. Por exemplo, as decisões em processos disciplinares não gozam de definitividade, podendo ser questionadas perante o Poder Judiciário em razão da unicidade de jurisdição;

- A **função introversa**: como já demonstrado, a responsabilidade administrativa disciplinar recai sobre agentes públicos (como docentes de uma universidade pública ou reguladores de uma agência) ou usuários de serviços públicos (como usuários do sistema penitenciário, do sistema de saúde, de serviços públicos culturais ou educacionais). Isso demonstra que o subsistema disciplinar se volta para dentro das entidades, pressupondo uma relação jurídica direta entre o infrator, que ora será o agente público, ora será o usuário.

- **A limitação à pessoa física:** uma peculiaridade evidente da responsabilidade disciplinar reside em sua limitação às pessoas físicas que se relacionam com certa entidade estatal. Assim como o direito penal (salvo em crimes ambientais), a responsabilidade disciplinar não se volta contra pessoas jurídicas de direito público ou de direito privado. Seu foco são os comportamentos de pessoas físicas que agem dentro dos espaços físicos e nas atividades das entidades estatais. Essa semelhança com o direito penal autoriza que muitos dos institutos criminais sejam trazidos ao âmbito disciplinar por meio de analogia para colmatar lacunas da legislação administrativa;

- **A legalidade mitigada:**[2] por sua vinculação com os princípios constitucionais da legalidade, da moralidade e da eficiência, o poder disciplinar prescinde de reserva legal. Embora certas leis, como Estatutos de Servidores, definam as infrações, as sanções e o processo disciplinar, não entendo a reserva legal como imprescindível. A esfera disciplinar requer flexibilidade, agilidade e contém muitas especificidades. Seria no mínimo estranho exigir, por exemplo, que o Congresso Nacional decidisse quais comportamentos de estudantes de pós-graduação de universidades federais deveriam configurar infrações disciplinares. Seria igualmente absurdo exigir que o Congresso tratasse de infrações disciplinares de pacientes do SUS. Nesse contexto, a mitigação da reserva legal autoriza que infrações e sanções disciplinares sejam definidas em regimentos ou regulamentos infralegais. Não permite, entretanto, que o poder disciplinar seja exercido sem a observância do devido processo, do dever de motivar, da razoabilidade, entre outros mandamentos constitucionais processuais e materiais; e

- **A tipicidade aberta:** dada a dinâmica interna das entidades estatais, é usual que se estabeleçam as infrações disciplinares tipos normativos abertos ou vagos, capazes de absorver uma série ampla de comportamentos. Essa abertura semântica viabiliza ao sistema disciplinar se adaptar mais facilmente. Contudo, não autoriza que a Administração Pública aja sem a observância da boa-fé e da segurança jurídica. Aplicando-se a LINDB ao sistema de improbidade, a Administração deve respeitar suas orientações gerais na matéria, ser fiel às interpretações que estabeleceu no passado e, inclusive, às respostas a consultas que proferiu em matéria disciplinar. Para gerar segurança jurídica, as entidades estatais também podem se valer de alguns expedientes, como súmulas internas e guias de orientação voltados aos seus agentes públicos e usuários.

---

2. No tema 703, o STF discutiu a questão da reserva legal e a possibilidade de, por meio de decreto regulamentar, estipular casos de prisão e detenção disciplinares por transgressão militar. Na tese fixada em 2024, o Supremo entendeu que o art. 47 da Lei n. 6.880/1980, que autoriza a criação de normas disciplinares em regulamento, foi recepcionado pela Constituição de 1988. Por isso, os incisos IV e V do art. 24 do Decreto n. 4.346/2002, não ofendem o princípio da reserva legal. Cf. STF, RE 603116, Relator Dias Toffoli, Tribunal Pleno, julgado em 19.08.2024.

25.2 SUJEITOS DO SUBSISTEMA DISCIPLINAR

25.2.1 Objeto tutelado e sujeito passivo

O subsistema de responsabilidade disciplinar tutela o princípio constitucional da eficiência. Afinal, seu objetivo é permitir que as entidades estatais desempenhem bem suas funções, cumprindo as finalidades institucionais previstas nas leis de criação ou de autorização. Alinhado a isso, as normas de disciplina interna tentam promover a tranquilidade e o respeito no ambiente laboral público, garantir o bom atendimento da população, assegurar a adequada utilização dos bens e recursos públicos.

Como o bom funcionamento das entidades estatais está diretamente atrelado ao respeito à legalidade e à moralidade administrativa, os regimes disciplinares também abrangem normas que se destinam a combater o desvio de finalidade, os conflitos de interesses, situações de impedimento e suspeição, fraudes e corrupção dentro das entidades públicas. É exatamente por isso que o subsistema disciplinar se interpenetra parcialmente às esferas de responsabilidade criminal e por ato de improbidade. Muitos crimes e atos de improbidade caracterizam simultaneamente infrações disciplinares, sugerindo medidas punitivas ou ajustamentos de conduta na esfera da Administração Pública.

O sujeito passivo do subsistema de responsabilidade disciplinar é sempre a pessoa jurídica estatal, de direito público ou privado, em que o agente público ou o usuário do serviço público comete a infração disciplinar. Essas pessoas jurídicas são designadas aqui como sujeito passivo, pois sofrem as consequências da infração disciplinar. Por conseguinte, cabe-lhes tomar as medidas necessárias para apurar eventuais infrações, condenar envolvidos ou com eles celebrar algum acordo de ajustamento de conduta, quando pertinente.

De maneira geral, o sujeito passivo da responsabilidade disciplinar se confunde com o ente estatal competente para apurar e julgar. Isso torna o **processo disciplinar bipartite**. A "vítima" da infração age simultaneamente como acusadora, investigadora e julgadora. Por essa característica, o processo disciplinar é bipartite e não triangular ou tripartite, como se vislumbra no processo penal ou no processo civil (juiz, autor e réu). Existem, porém, situações excepcionalmente tripartites, pois certas leis diferenciam o sujeito passivo do ente que apurará e julgará a infração disciplinar.

Exemplo desse modelo triangular são os processos disciplinares do CNJ ou do CNMP. É possível que uma infração disciplinar seja cometida por um juiz estadual e apurada pelo CNJ. Ainda que o sujeito passivo seja o Judiciário Estadual, é possível que o processo disciplinar tramite na União. A Constituição da República é clara ao prever que o CNJ receberá e conhecerá reclamações contra membros do Judiciário em qualquer esfera, poderá aplicar sanções administrativas, desde que respeitada a ampla defesa, e poderá avocar processos disciplinares em curso (art.

103-B, § 4º, III). Já o Estatuto do Servidor Público Civil da União também autoriza processos disciplinares tripartites ao prever que o órgão em que a infração ocorre poderá delegar o poder de apuração a outro órgão, dentro ou fora da entidade (art. 143, § 3º, da Lei 8.112/1990).

25.2.2 Sujeito ativo: usuário de serviço público

Sujeito ativo da responsabilidade disciplinar é a pessoa que comete a infração disciplinar. Esse sujeito se caracteriza por: (i) ser pessoa física, nunca pessoa jurídica; (ii) manter uma relação jurídica direta com a entidade estatal, quer como agente público, quer como usuário de serviço público; e (iii) ter praticado o comportamento no âmbito dessas relações institucionais, não na sua esfera de vida privada.

O usuário de serviços públicos, como potencial sujeito ativo da infração disciplinar, tem seus direitos e deveres regidos por inúmeros diplomas legais ou infralegais. Por exemplo, a Lei de Defesa dos Usuários de Serviços Públicos elenca como deveres: "utilizar adequadamente os serviços, procedendo com urbanidade e boa-fé", "prestar as informações pertinentes ao serviço prestado quando solicitadas", "colaborar para a adequada prestação do serviço" e "preservar as condições dos bens públicos por meio dos quais lhe são prestados os serviços" (art. 8º da Lei n. 13.460/2017). Já a Lei Geral de Concessões impõe ao usuário o dever de "contribuir para a permanência das boas condições dos bens públicos através dos quais lhes são prestados os serviços" (art. 7º, VI, da Lei n. 8.987/1995).

A Lei Geral de Concessões ainda estipula que os demais deveres para obtenção e utilização do serviço serão objeto de cláusulas contratuais (art. 23, VI). Esse último mandamento é de suma importância, pois revela que a reserva legal é efetivamente mitigada no subsistema disciplinar. Melhor dizendo: embora muitos deveres dos usuários se encontrem em leis, o legislador deixa claro que a disciplina dos usuários de serviços pode ser estruturada em normas infralegais. Nas universidades públicas, isso se vislumbra com bastante facilidade. As infrações, sanções e processos disciplinares relativos aos comportamentos dos estudantes de graduação e pós-graduação são geralmente regrados pelos regimentos internos, não por leis em sentido formal.

25.2.3 Sujeito ativo: agentes públicos

O agente público é o segundo e, decerto, mais importante sujeito ativo da responsabilidade disciplinar. Na realidade brasileira, parte significativa das teorias e da jurisprudência desenvolvidas sobre a responsabilidade administrativa disciplinar diz respeito exclusivamente a esse sujeito.

Os agentes administrativos envolvem os estatutários, os celetistas e os temporários. Apesar disso, há entendimento de que as normas disciplinares geralmente previstas nos Estatutos dos Servidores Civis se aplicam a todos eles. Dizendo de outro modo: ainda que esses estatutos se refiram ao ocupante de cargo público, salvo na presença de norma especial, as regras disciplinares de comportamento aplicáveis aos estatutários também devem ser observadas por celetistas e temporários da mesma entidade, como adequadamente ressalta Araújo.[3]

Alguns colaboradores também se sujeitam a regimes disciplinares próprios, como os **notários e registradores**. A Lei n. 8.935/1994 (art. 31 e seguintes), nesse sentido, estipula as infrações disciplinares e as respectivas sanções de repreensão, multa, suspensão e perda da delegação. O interessante desse sistema é que a competência para o processo disciplinar recai sobre o Poder Judiciário dos Estados. Além disso, a Constituição confere ao CNJ o poder disciplinar em relação aos prestadores de serviços notariais e de registro (art. 103-B, § 4º, III).

Já os **agentes políticos**, no geral, sujeitam-se a normas próprias. Em grande parte das situações, não se fala de processo disciplinar, mas sim de "crime de responsabilidade", uma espécie de infração político-administrativa, apurada segundo procedimentos peculiares. Apesar disso, existem processos disciplinares contra agentes políticos. Na Câmara de Deputados, por exemplo, o Conselho de Ética e a Corregedoria Parlamentar conduzem sindicâncias e processos disciplinares.

A despeito das peculiaridades e nuances de cada categoria funcional, é oportuno esclarecer que **a responsabilidade disciplinar é apenas uma das inúmeras esferas de responsabilidade em que o ordenamento insere o agente público**. A depender do contexto, do comportamento praticado e do tipo de agente, a responsabilidade disciplinar se somará à responsabilidade civil, à responsabilidade criminal, à responsabilidade ético-disciplinar dos conselhos profissionais, à responsabilidade por improbidade, à responsabilidade política e à responsabilidade financeira. O quadro abaixo sintetiza as esferas e subsistemas de responsabilidade que atingem os agentes públicos e operam de modo independente:

Tipo de responsabilidade do agente público	Fundamentos/fontes
Responsabilidade civil extracontratual	Art. 37, § 6º da CF Art. 28 da LINDB Normas especiais dos Códigos de Processo
Responsabilidade administrativa disciplinar	Estatutos de Servidores Regimentos internos Leis Especiais
Responsabilidade administrativa ético-disciplinar	Códigos de Ética e Condutas dos diversos Conselhos Profissionais (OAB, CAU, CRM, CREA etc.)
Responsabilidade por improbidade (não é penal)	Lei n. 8.429/1992 Estatuto da Cidade

---

3. ARAÚJO, Edmir Netto de. *Curso de direito administrativo*, 8ª ed. Rio de Janeiro: Saraiva, 2018. p. 442.

Responsabilidade por crime de responsabilidade (não é penal, mas sim político-administrativa)	Lei n. 1.079/1950
	Decreto-Lei n. 201/1967
Responsabilidade penal	Código Penal e Leis Penais Especiais
	Lei n. 14.133/2001 (LLic)
	Lei n. 13.869/2019 (Abuso de autoridade)
Responsabilidade financeira	Lei n. 8.443/1992 (Lei Orgânica do TCU)
	Leis dos TCEs

Fonte: elaboração própria

25.3 INFRAÇÕES DISCIPLINARES DOS AGENTES PÚBLICOS

25.3.1 Violação de deveres funcionais

As infrações disciplinares cometidas por agentes públicos consistem basicamente em violações de deveres (determinações de agir) ou de proibições (determinações de não agir). Trata-se de afronta às normas de comportamento indicadas em Estatutos criados pelo legislador e nos regulamentos editados no âmbito de cada entidade estatal. Como os três níveis federativos possuem autonomia para legislar sobre a matéria disciplinar, a doutrina geralmente utiliza a legislação federal como exemplo para apresentação do tema. Advirta-se, porém, que os Estados e Municípios também criam seus próprios regimes e, ao fazê-lo, ora reproduzem infrações contidas na legislação federal, ora deixam certas infrações de fora de sua legislação, ora inovam ao prever infrações que inexistem na esfera federal.

No Estatuto dos Servidores Civis da União (Lei n. 8.112/1990), os **deveres dos agentes públicos** estão sistematizados no art. 116. Esse dispositivo aponta os deveres de: "I – exercer com zelo e dedicação as atribuições do cargo; II – ser leal às instituições a que servir; III – observar as normas legais e regulamentares; IV – cumprir as ordens superiores, exceto quando manifestamente ilegais; V – atender com presteza: a) ao público em geral, prestando as informações requeridas, ressalvadas as protegidas por sigilo; b) à expedição de certidões requeridas para defesa de direito ou esclarecimento de situações de interesse pessoal; c) às requisições para a defesa da Fazenda Pública; VI – levar as irregularidades de que tiver ciência em razão do cargo ao conhecimento da autoridade superior ou, quando houver suspeita de envolvimento desta, ao conhecimento de outra autoridade competente para apuração; VII – zelar pela economia do material e a conservação do patrimônio público; VIII – guardar sigilo sobre assunto da repartição; IX – manter conduta compatível com a moralidade administrativa; X – ser assíduo e pontual ao serviço; XI – tratar com urbanidade as pessoas; e XII – representar contra ilegalidade, omissão ou abuso de poder".

Esse dispositivo legal revela, em primeiro lugar, que os deveres se conectam intensamente aos princípios constitucionais da eficiência, da legalidade e da moralidade, buscando sempre viabilizar o bom funcionamento das atividades públicas. Em segundo lugar, demonstra que muitos dos deveres citados representam:

a. **Normas em branco**, já que dependem de outras normas para completar seu sentido e para as tornar exequíveis. Exemplos disso são os conceitos técnicos de assiduidade e de pontualidade. Para se saber se o indivíduo é assíduo, cumpre verificar normas que disciplinam sua carga horária e disponibilidade para o órgão em que está lotado. Veja que, nas universidades públicas, há docentes com diferentes regimes de trabalho, cada um deles com cargas horárias diferentes, o que impacta no exame da assiduidade. No Estatuto do Servidor Civil da União, a violação do dever de assiduidade encontra parâmetros próprios. O art. 138 indica como **abandono de cargo** a ausência intencional do servidor por mais de trinta dias consecutivos. Já o art. 139 aponta como **inassiduidade habitual** a falta injustificada por sessenta dias, interpoladamente, durante o período de doze meses. Da mesma forma, a pontualidade exige que outras normas internas estabeleçam o início e o fim de jornada, bem como horários para atividades específicas como reuniões etc. Igual lógica vale para o dever de manter sigilo. O princípio geral da Administração é a publicidade. O sigilo se mostra excepcional e somente pode ser usado em situações específicas indicadas por outras normas e materializadas em atos administrativos. Assim, para haver violação do dever de guardar sigilo é preciso que, de antemão, certa autoridade tenha classificado licitamente um documento como sigiloso, por exemplo, nos termos da LAI; ou

b. **Normas polissêmicas**, plurissignificativas, já que embutem conceitos demasiadamente vagos e abertos, os quais poderiam abarcar um número incontável de condutas. Exemplo disso é o dever de "ser leal" à instituição. De acordo com Araújo, o entendimento do que é a lealdade ocorre dos mais diversos modos, desde a lealdade política até um espírito de colaboração com a Administração Pública, sendo coincidente entre os autores apenas que este dever se refere às instituições, não a dirigentes.[4] Outros conceitos vagos aparecem no dever de exercer as funções com "zelo" e no de se comportar em linha com a "moralidade administrativa". Poderíamos incluir nesse último conceito figuras como o assédio moral e o assédio sexual ou figuras como as previstas na legislação de improbidade? O Estatuto federal não oferece respostas a essas dúvidas, cabendo ao operador interpretar os referidos conceitos, levando em conta as necessidades e peculiaridades de cada entidade estatal e das tarefas nela executadas. Na falta de parâmetros legais mais detalhados, é igualmente oportuno que a Administração Pública edite atos de detalhamento e esclarecimento dos deveres funcionais, como

---

4. ARAÚJO, Edmir Netto de. *Curso de direito administrativo*, 8ª ed. Rio de Janeiro: Saraiva, 2018. p. 449.

regimentos, cartilhas e códigos de ética, concretizando-os de acordo com suas peculiaridades funcionais. O estabelecimento desses parâmetros cria orientações e, em última instância, serve para evitar que a vagueza dos deveres legais atribuídos ao agente público autorize abusos, perseguições e violações da isonomia.

25.3.2 Violação de proibições funcionais

As infrações disciplinares dos agentes públicos são geralmente descritas de modo positivo (como violação de dever) e negativo (como violação de proibição). As proibições consistem em mandamentos de não fazer ou de abster-se. O agente público agirá de maneira lícita quando deixar de praticar condutas proibidas. Diferentemente, agirá de maneira ilícita quando fizer o que estiver proibido.

No âmbito da União, os art. 117, 118 e 119 da Lei n. 8.112 enumeram um amplo conjunto de proibições, incluindo:

- **Proibições relativas ao exercício da função pública**, como as de ausentar-se do serviço durante o expediente e sem autorização da chefia imediata; cometer a pessoa estranha à repartição o desempenho de atribuição; opor resistência ao andamento do serviço ou de processo e proceder de forma desidiosa;

- **Proibições relativas aos meios de trabalho**, como as de retirar documento ou objeto sem anuência da autoridade competente; recusar fé a documento público; utilizar pessoal ou recursos materiais da repartição em serviços ou atividades particulares, bem como a de valer-se do cargo para obter proveito pessoal ou para outrem;

- **Proibições relativas ao ambiente de trabalho**, como as de promover manifestação de apreço ou desapreço na repartição; coagir ou aliciar subordinados para associação profissional, sindicato ou partido político; manter como subordinado cônjuge, companheiro ou parente de até segundo grau; e

- **Proibições relativas a atividades externas**, como as de participar de gerência ou administração de sociedade privada, personificada ou não personificada, ou exercer o comércio, exceto na qualidade de acionista, cotista ou comanditário; atuar como procurador ou intermediário, junto a repartições públicas, salvo quando se tratar de benefícios previdenciários ou assistenciais de parentes até o segundo grau, e de cônjuge ou companheiro; exercer qualquer atividade incompatível com o exercício do cargo ou função e com o horário de trabalho; acumular indevidamente cargos, empregos ou funções remunerados;[5] ocupar dois ou mais cargos comissionados, salvo quando expressamente autorizado, ou receber por funções em órgãos de deliberação coletiva, salvo nos conselhos

---

5. Em mais detalhes sobre a acumulação de cargos, empregos e funções, cf. o capítulo sobre agentes públicos neste manual.

fiscais e conselhos de administração de empresas estatais e em empresas com participação da União.

Apesar de vastíssimo, esse rol de proibições não esgota as infrações disciplinares que o agente público poderá cometer. Em complemento aos estatutos, diversas leis preveem proibições importantes, como a Lei Federal sobre Conflitos de Interesses e a Lei de Processo Administrativo Federal (por exemplo, ao tratar de regras de impedimento e suspeição). Além disso, normativas infralegais frequentemente detalham as disposições legais, dando concretude às suas determinações comportamentais. Isso se vê frequentemente nos regimentos internos das entidades estatais e em seus códigos de ética. Na prática, esse detalhamento é imprescindível para a efetividade do direito disciplinar, pois, assim como os deveres, muitas proibições se valem de conceitos vagos e outras configuram "normas em branco", isto é, somente serão aplicáveis quando outra norma fixar parâmetros. Veja a proibição de ausentar-se durante o expediente. Não há como se falar de infração a essa proibição sem uma norma adicional que estabeleça o período temporal em que o agente deverá estar à disposição da repartição.

25.3.3 O elemento volitivo: culpa ou erro grosseiro?

Questão interessante diz respeito ao elemento volitivo na prática de infrações disciplinares. Nesse aspecto, mais uma vez, o regime disciplinar se aproxima do direito penal. Além de ambos os sistemas de responsabilidade se voltarem contra pessoas físicas, adotam o modelo de responsabilidade subjetiva. Dessa maneira, o comportamento violador de deveres e proibições constantes de normas disciplinares somente configurará uma infração quando se demonstrar a vontade do agente infrator.

Quando se fala de responsabilidade extracontratual civil, a própria Constituição da República indica o elemento volitivo no art. 37, § 6º – tema que será debatido em capítulo próprio. No que se refere à responsabilidade administrativa disciplinar, porém, a Constituição silencia por uma razão simples: não há competência do Congresso Nacional para padronizar o regime disciplinar para todos os entes federativos. Trata-se de questão tipicamente administrativa. Desse modo, compete à União, aos Estados e aos Municípios ditar suas próprias normas sobre o tema. Seguindo essa lógica, é perfeitamente lícito que os Estatutos de Servidores de cada nível federativo tragam regras próprias sobre o elemento volitivo. Frente a essa possibilidade, surgem duas situações distintas:

- Se a legislação própria for omissa quanto ao elemento volitivo (a exemplo do que se vê no Estatuto do Servidor Civil da União – Lei n. 8.112/1990), caberá aplicar a disposição geral do art. 28 da LINDB, segundo o qual o agente público responderá apenas por dolo (intenção) ou erro grosseiro (ou seja, negligência, imprudência ou imperícia graves). Ausentes esses elementos, não se poderá falar de infração disciplinar. Embora não mencione explicitamente a responsabilidade disciplinar, entendo que os comandos do art. 28, por sua abertura semântica, também incidem nesse campo de responsabilidade, assim como na apuração da responsabilidade extracontratual civil do agente, como se comentará no capítulo oportuno; e

- Se a legislação própria de cada nível federativo contiver uma regra sobre o elemento volitivo, caberá aplicá-la diretamente, em detrimento do art. 28 da LINDB, já que normas especiais prevalecem sobre normas gerais e, como dito, a competência para legislar sobre direito disciplinar é de cada ente federativo, não se tratando de assunto sob competência legislativa privativa do Congresso Nacional. Veja a infração de abandono de cargo. Embora o Estatuto do Servidor Civil Federal não preveja uma regra geral sobre o elemento volitivo, especificamente para essa infração, há norma expressa a exigir o dolo do agente público (art. 138 da Lei n. 8.112/1990). Nesse caso, evidentemente, descabe por completo qualquer aplicação de regras gerais como as da LINDB.

25.4 SANÇÕES DISCIPLINARES DOS AGENTES PÚBLICOS

25.4.1 Panorama das sanções e competências

Sanções disciplinares nada mais são que consequências punitivas infligidas contra o sujeito ativo da infração disciplinar na esfera administrativa. Como não há competência privativa do Congresso para legislar sobre direito disciplinar, leis das variadas esferas federativas estruturam seus próprios mecanismos repressivos. Isso permite que tanto as infrações, quanto as modalidades de sanção variem em certa medida conforme a legislação examinada. Pela mesma razão, os procedimentos utilizados e a competência para impor cada sanção também podem diferir.

Diante da pluralidade de modelos, para fins meramente pedagógicos, as sanções apresentadas e debatidas neste capítulo equivalem às indicadas pelo Estatuto do Servidor Público Civil da União. Além de indicar as penalidades em espécie, essa lei traz regras próprias de competência em matéria sancionatória, levando em conta a intensidade de cada sanção. De acordo com o art. 127 da Lei n. 8.112/1990, a infração disciplinar no âmbito federal sujeita o infrator à:

- **Advertência**, aplicada pela chefia imediata ou por outras autoridades indicadas em regimentos ou regulamentos de cada entidade estatal federal (art. 141, III, da Lei n. 8.112/1990);

- **Suspensão**, aplicada pelas autoridades imediatamente inferiores às competentes pela sanção de demissão, quando maior que 30 dias, e pelos chefes de repartição ou outras autoridades indicadas em regimentos ou regulamentos, quando até 30 dias;

- **Demissão**, aplicada no âmbito da União somente pelo Presidente da República, Presidente das Casas do Poder Legislativo e dos Tribunais Federal ou pelo Procurador-Geral da República (art. 141, I, da Lei n. 8.112/1990);
- **Cassação de aposentadoria ou disponibilidade**, sob competência das mesmas autoridades indicadas para a demissão;
- **Destituição de cargo em comissão**, aplicada pela autoridade que houver nomeado o agente público condenado pela infração disciplinar (art. 141, IV) e
- **Destituição da função em comissão**, aplicada pela autoridade nomeante por analogia com a situação anterior ou por autoridade indicada em regimento ou regulamento, já que a Lei n. 8.112/1990 não indica competência específica neste caso.

25.4.2 Advertência, suspensão, conversão em multa

Ao longo do exercício das funções públicas, é natural que colegas e chefias exerçam papéis de orientação para que os agentes públicos possam executar suas tarefas de modo eficiente, efetivo, moral e legal. Os superiores hierárquicos também emitem **ordens**, cuja observância pelos subordinados é compulsória, salvo quando manifestamente ilegais (art. 116, IV, da Lei n. 8.112/1990). Essas orientações e ordens não são penalidades em sentido jurídico, senão meras indicações de comportamentos funcionais ora com natureza de mera recomendação, ora com natureza mandamental.

Diferentemente dessas orientações e ordens quotidianas, a advertência é verdadeira penalidade disciplinar. Trata-se de uma **medida formal e escrita** que indica motivadamente o exercício irregular da função administrativa por determinado agente público. De acordo com o art. 129 da Lei n. 8.112/1990, a advertência caberá por violação de determinadas espécies de proibição (art. 117, incisos I a VIII e XIX), bem como por violação de outros deveres previstos em lei, regulamento ou norma interna, desde que não se justifique a imposição de penalidade mais grave.

Apesar de se tratar de **medida punitiva branda**, a natureza e as consequências da advertência exigem o respeito a garantias e deveres básicos, como a ampla defesa e o contraditório (art. 5º, LV, da Constituição), a motivação e a razoabilidade. Por mais que certas leis disciplinares estabeleçam procedimentos mais simples e rápidos para a advertência, não há como ignorarem os mandamentos maiores sob pena de nulidade da sanção. Não se pode em hipótese alguma aplicar advertência como penalidade funcional de modo informal ou verbal, sem procedimento adequado para tanto.

Como verdadeira sanção, a advertência gera consequências importantes, pois: (i) é registrada nos assentamentos funcionais do agente punido e (ii) abre espaço para aplicação de sanções mais graves, como a suspensão, em caso de reincidência.

Em termos práticos, a suspensão do servidor é penalidade que impede o exercício de suas funções por período certo e ocasiona a **perda de remuneração** durante esse mesmo período. Durante o cumprimento dessa sanção, o servidor não pode desempenhar suas funções, nem receber por elas. No âmbito federal, o art. 130 da Lei n. 8.112/1990 prevê a suspensão para casos de: (i) reincidência em faltas punidas com advertência e (ii) violação das proibições que não impliquem a penalidade de demissão. Isso mostra que a suspensão configura sanção de gravidade intermediária, posicionando-se entre a advertência e a suspensão.

O Estatuto dos Servidores Civis da União não estipula um prazo mínimo de suspensão, mas estabelece alguns tetos. A regra geral é de suspensão por até 90 dias por violações de deveres e proibições. Porém, a suspensão ficará limitada até 15 dias para o agente que injustificadamente deixar de se submeter a inspeção médica determinada, cessando seus efeitos quando cumprida essa determinação (art. 130, § 1º, da Lei n. 8.112). Ivan Rigolin explica que, nesse último caso, a suspensão poderia ser aplicada de imediato, já que não se compatibilizaria com a condução de um longo processo disciplinar. Uma vez constatada a recusa, a Administração já estaria autorizada a determinar a suspensão.[6]

Apesar de seu caráter punitivo, a suspensão é capaz de deflagrar efeitos muito nocivos para a própria Administração Pública. O servidor condenado, ausente do serviço, poderá ocasionar prejuízos à continuidade, ao bom atendimento da população e a certos interesses públicos primários. Consciente desse risco, a legislação autoriza que os entes federais procedam à **conversão da penalidade de suspensão em multa**, "na base de 50% por dia de vencimento da remuneração, ficando o servidor obrigado a permanecer em serviço" (art. 130, § 2º). Essa solução sujeita-se à decisão discricionária da autoridade pública, cabendo ao condenado tão somente acatá-la.[7] Em outras palavras: não se trata de opção do condenado.

Tanto a suspensão, quanto a advertência são **registradas nos assentamentos funcionais** do agente público condenado disciplinarmente. Esse registro é de duração indeterminada. Contudo, é possível que se solicite o cancelamento dessa informação após o decurso de 3 anos da aplicação da advertência ou de 5 anos da aplicação da suspensão. A solicitação somente poderá ser atendida se o servidor não houver praticado, nesse período temporal, qualquer nova infração disciplinar. O cancelamento do registro, uma vez praticado, terá efeitos para o futuro, ou seja, não gerará qualquer tipo de efeito retroativo (art. 131 da 8.112/1990).

25.4.3 A demissão do agente público

A demissão é a grave sanção de desligamento funcional do agente público. Em razão da infração cometida, é destituído de seu cargo ou emprego, ocasionando-se

---

6. RIGOLIN, Ivan Barbosa. *Comentários ao regime único dos servidores públicos civis*, 7ª ed. São Paulo: Saraiva, 2012, p. 320.
7. Nesse sentido, ARAÚJO, Edmir Netto de. *Curso de direito administrativo*, 8ª ed. São Paulo: Saraiva, 2018, p. 1068.

sua vacância. Como se trata de medida punitiva e de efeitos cogentes, a demissão difere claramente da exoneração e da aposentadoria. Todos esses conceitos implicam desligamento, mas a demissão é medida punitiva, compulsória, independente da vontade do agente público, devendo-se aplicá-la somente após a condução do devido processo disciplinar.

No âmbito federal, o Estatuto do Servidor Civil indica a demissão como sanção para infrações graves e específicas (art. 132). Será demitido o agente que cometer: crime contra a administração pública; abandono de cargo (falta por mais de 30 dias seguidos); inassiduidade habitual (ausência por 60 dias interpoladamente durante 12 meses); improbidade administrativa; incontinência pública e conduta escandalosa na repartição, insubordinação grave em serviço; ofensa física em serviço, salvo em legítima defesa própria ou de outrem; aplicação irregular de dinheiros públicos; revelação de segredo do qual se apropriou em razão do cargo; lesão aos cofres públicos e dilapidação do patrimônio nacional; corrupção; acumulação ilegal de cargos, empregos ou funções públicas, desde que garantido previamente ao acusado o direito de opção; e transgressão de determinadas proibições (art. 117, IX a XVI, da Lei n. 8.112/1990).[8]

Não existe discricionariedade nesses casos. De acordo com a **Súmula 650 do STJ**, "a autoridade administrativa não dispõe de discricionariedade para aplicar ao servidor pena diversa de demissão quando caracterizadas as hipóteses previstas no art. 132 da Lei n. 8.112/1990". O STJ também já firmou tese de que "o fato de o acusado estar em licença para tratamento de saúde não impede a instauração de processo administrativo disciplinar, nem mesmo a aplicação de pena de demissão" (MS 19451/DF).

Há modalidades mais ou menos graves de demissão. Pode-se denominar de **demissão simples** a que implica tão somente o desligamento. De outro lado, pode-se chamar de **demissão qualificada** a que acarreta outros efeitos negativos ao agente público condenado. Em certas leis estaduais, fala-se de **demissão a bem do serviço público**, como espécie de demissão qualificada que deflagra consequências adicionais. Por exemplo, o Estatuto do Servidor Público Civil do Estado de São Paulo incompatibiliza o demitido a bem do serviço público com a readmissão pelo prazo mínimo de 5 anos contados do ato demissório (art. 39, § 2º, da Lei Paulista n. 10.261/1968). Já no Estatuto do Servidor Público da União, não se utiliza o conceito de demissão a bem de serviço público, mas, como se demonstrará adiante, certas infrações também ocasionam a proibição de nova investidura pelo período de 5 anos (art. 137, da Lei n. 8.112/1990).

---

8. Para comentários detalhados sobre essas espécies infrativas, cf. ARAÚJO, Edmir Netto de. *Curso de direito administrativo*, 8ª ed. São Paulo: Saraiva, 2018, p. 443 e ss.

25.4.4 Destituição de cargo em comissão ou de função comissionada

Cargos em comissão são criados por lei para funções exclusivas de chefia, assessoramento ou direção. Seu provimento depende de livre nomeação e sua vacância resulta de livre exoneração. Isso significa que a autoridade competente escolhe a pessoa que ocupará o cargo comissionado e pode a qualquer tempo a destituir do cargo, salvo nas situações de comissionados especiais, que contam com mandato, como os dirigentes de agências reguladoras federais.

Todo ocupante de cargo comissionado é agente público. Nessa qualidade, pode cometer infrações disciplinares, sujeitando-se a sanções igualmente disciplinares, como a de desligamento do cargo, aqui chamada de "destituição". No Estatuto do Servidor Civil da União, prevê-se que a destituição de cargo em comissão será praticada quando cometida **infrações sujeitas às penalidades de suspensão ou demissão**, sem prejuízo de eventual dever de ressarcimento ao erário e outras medidas de responsabilização, como na esfera penal (art. 135 e art. 136 da Lei n. 8.112/1990). Além disso, essa sanção aplica-se igualmente para casos de acumulação ilegal de má-fé (art. 133, § 6º).

A interpretação desses dispositivos legais permite afirmar que: (i) o comissionado sujeita-se à sanção de advertência para infrações leves, mas (ii) não se sujeita a suspensão ou demissão. Sempre que incorrer em infrações que seriam capazes de ocasionar as sanções mais graves para servidor de provimento efetivo, o comissionado deverá ser destituído. Mesmo que se trate de infração a princípio punível com suspensão, a destituição será obrigatória para o comissionado condenado e poderá lhe ocasionar, adicionalmente, incompatibilidade para nova investidura, como se comentará a seguir.

Diferentemente da destituição de cargo em comissão, a **destituição de função comissionada** é sanção que se aplica aos casos em que um servidor estatutário, já ocupante de cargo público, assume funções adicionais, remuneradas ou não. Embora os cargos e empregos sejam conjuntos de funções criados por lei, existem funções autônomas, desprendidas de cargos e empregos. Imagine o indivíduo que ocupe cargo de docente em uma universidade pública após ser aprovado em concurso. Ao longo de sua carreira, esse docente eventualmente assumirá funções eletivas de diretor da Faculdade ou de chefe de departamento. Poderá, ainda, assumir funções comissionadas de assistência ou assessoria, mas sem a necessidade de ocupar um segundo cargo. Neste último caso, não há cargo comissionado, mas sim, como dito, função comissionada desempenhada por alguém que já ocupa um cargo na mesma entidade. Em paralelo ao cargo comissionado, aqui existe livre designação e livre destituição.

No âmbito dessas funções adicionais do ocupante de cargo público, o servidor poderá praticar infrações disciplinares. E exatamente por isso que o Estatuto do servidor público federal menciona a sanção de destituição de função comissionada.

Entretanto, não oferece detalhes sobre as hipóteses de incidência dessa penalidade. Diante dessa lacuna, entendo caber analogia com a destituição de cargo comissionado, de modo que, para infrações de servidores de provimento efeito puníveis com suspensão ou demissão, caberá a destituição de função comissionada em relação ao agente que a exerce.

25.4.5 Proibição de nova investidura pelo demitido ou destituído

A demissão do servidor efetivo e a destituição do servidor comissionado ora são aplicadas como sanções puras ou simples, implicando apenas o desligamento do condenado em relação ao cargo, ora são aplicadas de maneira qualificada, impondo-lhe consequências negativas adicionais. No Estatuto do Servidor Público Civil da União, a demissão ou destituição qualificadas são apontadas no art. 137 em duas hipóteses distintas:

- Para certas infrações graves, como de uso do cargo para proveito pessoal, participação indevida em gerência de sociedade privada ou atuação como procurador ou intermediário de particulares em repartições públicas (art. 117, IX a XI), a demissão ocasionará a incompatibilização do ex-servidor para a nova investidura em cargo público federal pelo **prazo de cinco anos**. Esse servidor, mesmo que aprovado em concurso, não poderá ser nomeado, nem empossado em cargo da Administração Direta ou Indireta federal até o término do período quinquenal;

- Para outras infrações ainda mais graves, incluindo crime contra a administração, improbidade e corrupção (art. 132, I, IV, VIII, X e XI), o ex-servidor ficaria proibido de retornar ao serviço público federal de modo perpétuo (art. 137, parágrafo único). Dada a gravidade dessas infrações, o Congresso Nacional não estipulou limite para a incompatibilização com cargos federais como consequência dessas situações. Ocorre, porém, que o STF apreciou o dispositivo e declarou sua inconstitucionalidade. Ao julgar a **ADI 2975**, em dezembro de 2020, o Supremo apontou que o art. 137, parágrafo único, continha sanção perpétua, afrontando de modo direto o art. 5º, XLVII, 'b' – tese já apontada há tempo por especialistas como Mauro Mattos e Ivan Rigolin.[9] Por isso, no acórdão, declarou a inconstitucionalidade e determinou a comunicação do teor da decisão ao Congresso Nacional para que, caso entenda pertinente, defina o prazo de proibição de retorno nas hipóteses indicadas no parágrafo único.

Em razão da decisão da ADI 2975 e da omissão do Congresso Nacional em definir o prazo de proibição de nova investidura para as infrações disciplinares

---

9. MATTOS, Mauro Roberto Gomes de. *Lei n. 8.112/90 interpretada e comentada*, 3ª ed. Rio de Janeiro: América Jurídica, 2006, p. 793 e RIGOLIN, Ivan Barbosa. *Comentários ao regime único dos servidores públicos civis*, 7ª ed. São Paulo: Saraiva, 2012, p. 338.

gravíssimas previstas nos citados incisos do art. 132 do Estatuto Federal, formou-se um regime jurídico incongruente. Se interpretada a letra da lei nos termos atuais, a demissão e a destituição ocasionarão a proibição de retorno por cinco anos para infrações graves, mas não ocasionarão qualquer proibição de retorno ao que cometeram infrações gravíssimas. Na falta de nova norma editada pelo Congresso, portanto, não me parece haver outra solução, senão concluir, à luz da isonomia, que a aplicação da proibição quinquenal de retorno se estende a todas as infrações indicadas no art. 137, inclusive as mencionadas no parágrafo único, objeto da ADI 2975.

Vale igualmente registrar que o Estatuto da União deixa indevidamente de mencionar a proibição de retorno para o agente que sofre a sanção de destituição de função comissionada. Contudo, como essa sanção é análoga à de demissão e de destituição, a consequência deve ser a mesma, ou seja, cabe igualmente aplicar a proibição de cinco anos para a assunção de novas funções no âmbito federal.[10]

25.4.6 Cassação de aposentadoria ou de disponibilidade e aposentadoria compulsória

Alguns servidores públicos não se sujeitam à demissão pelo fato de não mais ocuparem o cargo. Esse é o caso de: (i) servidores aposentados por qualquer razão (voluntariamente, por invalidez ou de modo compulsório) e (ii) servidores estáveis colocados em disponibilidade, ou seja, aqueles que se encontram em inatividade remunerada proporcionalmente ao tempo de serviço pelo fato de seu cargo ter sido extinto (art. 41, § 3º, da Constituição).

Esses dois tipos de servidores, conquanto fora do cargo e inativos, podem ter cometido infrações disciplinares diversas. Imagine o servidor inativo que tenha inventado doença grave para se valer indevidamente de aposentadoria por invalidez; o servidor aposentado que se envolva em um esquema de corrupção para obter valores indevidos ou o servidor em disponibilidade que tenha se envolvido em atos de improbidade administrativa.

Todas essas situações hipotéticas apontam infrações disciplinares cometidas por servidores inativos, que não mais ocupam o cargo público. Exatamente por isso, não cabe aplicar as sanções de suspensão, de demissão, de perda de cargo comissionado ou de função. Para essas situações, o legislador previu a sanção específica

---

10. Os embargos de declaração à ADI 2.975 analisaram o acórdão que declarou inconstitucional o parágrafo único do artigo 137 da Lei n. 8.112/1990 e foram providos para corrigir erro material na ementa, bem como esclarecer a aplicação da sanção do art. 137, *caput*, às situações do parágrafo único, até que nova lei regule a matéria. Considerando a gravidade das infrações mencionadas no parágrafo único (como crimes contra a administração pública e corrupção), o Tribunal decidiu que esses casos devem estar sujeitos, pelo menos, à mesma restrição do *caput*. Isso se justifica por critérios de proporcionalidade e pelo possível enquadramento das condutas como descumpridoras da vedação do art. 117, IX, da mesma lei (ED na ADI 2971, rel. min. Gilmar Mendes, Tribunal Pleno, j. em 27.03.2023, Dje 17.05.2023).

de **cassação de aposentadoria ou de disponibilidade**. Essa sanção incidirá sobre aposentados e sobre servidores em disponibilidade que tiverem cometido infrações disciplinares desde que, para um servidor ativo, essas infrações sejam puníveis com demissão (art. 134, da Lei n. 8.112/1990)

A cassação de disponibilidade atingirá o servidor inativo e terá dois efeitos. O primeiro é fazer cessar a remuneração desse servidor estável, mas inativo, que se beneficiava do direito à disponibilidade. O segundo é impedir que ele volte a ocupar um cargo público, fazendo extinguir o chamado **direito ao aproveitamento** a cargo de atribuições e vencimentos compatíveis com o anteriormente ocupado (art. 30 da Lei n. 8.112/1990).

Já a cassação de aposentadoria implica a anulação do direito ao recebimento de proventos. Trata-se de sanção bastante polêmica, sobretudo porque a aposentadoria é mantida por contribuições previdenciárias recolhidas ao longo da vida funcional do servidor. Não obstante, o STJ firmou a tese de que: "a pena de cassação de aposentadoria prevista nos art. 127, IV e art. 134 da Lei n. 8.112/1990 é constitucional e legal, inobstante o caráter contributivo do regime previdenciário" (RMS 61108/DF). No STF, porém, o tema foi objeto da **ADPF 418**. No acórdão de 2020, o Supremo entendeu que: (i) a contribuição previdenciária paga pelo servidor público não é um direito representativo de uma relação sinalagmática entre a contribuição e eventual benefício previdenciário futuro" e (ii) a aplicação da penalidade de cassação de aposentadoria ou disponibilidade é compatível com o caráter contributivo e solidário do regime próprio de previdência dos servidores públicos". O acórdão também destacou o seguinte: se fosse impossível aplicar essa sanção ao aposentado, o ordenamento criaria um tratamento discriminatório inaceitável, pois, pela mesma infração, servidores ativos seriam punidos, mas os inativos não. Disso se extrai que a declaração de constitucionalidade da cassação de aposentadoria como sanção disciplinar está diretamente amparada nos princípios constitucionais da isonomia e da moralidade.

Outra sanção disciplinar extremamente polêmica, mas que não se confunde com as anteriores, é a de **aposentadoria compulsória**. Muitas são as diferenças entre ambas as sanções. A cassação de aposentadoria gera para o condenado a perda ao direito de receber seus proventos e se aplica apenas para os servidores ocupantes de cargos de provimento efetivo. De outra parte, a aposentadoria compulsória é a inatividade determinada por decisão administrativa disciplinar, valendo exclusivamente para os ocupantes de cargos vitalícios que cometem infrações graves, como juízes e promotores. Trata-se da mais intensa sanção administrativa a esses agentes, que não podem se sujeitar à demissão por decisão administrativa em razão de sua vitaliciedade. Dizendo de outro modo: como a decisão administrativa pode demitir servidor estável, mas não o servidor vitalício, a solução que o legislativo encontrou foi a de impor a esses últimos a aposentadoria compulsória como pena máxima do processo disciplinar.

Embora a proibição de demissão de vitalícios em processo administrativo disciplinar seja uma forma de garantir suas importantes funções dentro do Estado de Direito, a sanção de aposentadoria compulsória tem sido extremamente contestada pela sociedade e objeto de iniciativas legislativas. Na PEC 32, que contém a proposta de reforma administrativa, prevê-se sua extinção definitiva. A razão para esse desprestígio tem relação com os efeitos da sanção. Diante de gravíssima infração cometida por agentes vitalícios, como juízes e promotores, a aposentadoria lhes fará cessar a função pública, mas permitirá que recebam proventos. Para muitos, portanto, não se trata de verdadeira sanção, mas sim de um prêmio ou benefício. Enquanto o servidor estável que comete grave infração é demitido. O servidor vitalício que comete infração semelhante aposenta-se antecipadamente, recebendo para não trabalhar. Já os vitalícios que agem corretamente no exercício de suas funções continuam trabalhando.

Infelizmente, porém, extinguir a aposentadoria compulsória não resolverá todos os problemas. Como dito, a vitaliciedade impede a demissão desses agentes por decisão emitida em processo administrativo disciplinar. A demissão de vitalícios somente é aceita por força de decisão judicial, como a expedida no processo penal ou em processo de improbidade (art. 95, I, da Constituição Federal). Sob essas circunstâncias, extinta a aposentadoria compulsória, sobrarão apenas sanções disciplinares mais brandas como a suspensão. A necessidade de efetiva demissão continuará obstada, pois, como reiterado, a Constituição veda sua determinação no campo administrativo disciplinar.

25.4.7 Dosimetria das sanções, cumulação e *bis in idem*

Para determinadas infrações disciplinares, a legislação pertinente aponta expressamente a sanção administrativa cabível. Em casos assim, o julgador não terá discricionariedade caso decida pela condenação disciplinar. Confirmada determinada infração, terá que aplicar a sanção indicada pela lei. Veja a Lei n. 8.112/1990. Seu art. 132 indica precisamente as infrações que ocasionam demissão, não cabendo qualquer margem de escolha ao agente público. Confirmando a ausência de discricionariedade nessas hipóteses, o STJ firmou teses no sentido de que:

- "Não há falar em ofensa ao princípio da proporcionalidade e da razoabilidade quando a única reprimenda prevista para a infração disciplinar apurada é a pena de demissão" (MS 22289/DF);

- "O fato de o servidor ter prestado anos de serviços ao ente público, e de possuir bons antecedentes funcionais, não é suficiente para amenizar a pena a ele imposta se praticadas infrações graves a que a lei, expressamente, prevê a aplicação de demissão" (MS 8526/DF);

- "Na esfera administrativa, o proveito econômico auferido pelo servidor é irrelevante para a aplicação da penalidade no processo disciplinar, pois o ato de demissão é vinculado (art. 117, c/c art. 132 da Lei 8.112/1990), razão pela qual é despiciendo falar em razoabilidade ou proporcionalidade da pena" (MS 18090/DF).

Em certos casos, porém, a legislação abre espaço para a dosagem das sanções. Exemplo disso se vislumbra na fixação do período de suspensão do servidor condenado. Para orientar o juízo discricionário realizado pelo julgador nessas situações, entram em jogo os critérios de dosimetria da sanção. Como não há uma lei nacional e unificada sobre direito disciplinar, esses critérios devem ser a princípio buscados nos estatutos e outras leis que disponham sobre o regime dos agentes públicos.

Na União, o art. 128 da Lei n. 8.112/1990[11] estipula como critérios de dosimetria a natureza e a gravidade da infração cometida, os danos que dela provierem para o serviço público e os antecedentes funcionais, bem como as circunstâncias agravantes ou atenuantes. Na ausência de critérios como esses em legislação específica dos entes federativos subnacionais, a autoridade competente deverá então lançar mão dos critérios gerais de dosimetria do **art. 22, § 2º da LINDB**. Esse dispositivo basicamente copia o art. 128 do Estatuto Federal ao apontar que: "na aplicação de sanções, serão consideradas a natureza e a gravidade da infração cometida, os danos que dela provierem para a administração pública, as circunstâncias agravantes ou atenuantes e os antecedentes do agente".

Nem o Estatuto do Servidor Civil da União, nem a LINDB detalham as **circunstâncias agravantes ou atenuantes**. Na falta de disposição expressa, entendo como melhor solução aplicar por analogia as disposições do direito penal naquilo que for cabível (arts. 61, 62 e 65 do Código Penal). Dentro desses dispositivos legais, percebe-se que a **reincidência** é apontada como uma das agravantes, mas sujeita a certos limites temporais. Em outras palavras, não se pode considerar eternamente uma infração anterior como motivo para caracterização da reincidência. Se o tempo entre a infração anterior e a nova for longo, não se deverá cogitar de reincidência.

Ora, assim como o direito penal, é preciso observar essa lógica também no direito disciplinar. Ocorre que nem todas as leis disciplinares se referem ao assunto, deixando lacunas para solução do intérprete. Na falta de norma específica de direito administrativo, porém, entendo que a analogia com o direito penal será útil e lícita, já que realizada em benefício do acusado. Desse modo, não se caracterizará a reincidência sempre que transcorridos mais de 5 anos entre a infração nova e a infração anterior.

Além dos critérios de dosimetria, o direito disciplinar sujeita-se à **vedação do bis in idem** e à **coisa julgada administrativa**. Nenhuma sanção de mesma natureza deve ser imposta duas ou mais vezes pelo mesmo comportamento infrativo. Além disso, se o agente já tiver respondido pelo comportamento em certa sindicância ou

---

11. Nesse sentido, cf. RIGOLIN, Ivan Barbosa. *Comentários ao regime único dos servidores públicos civis*, 7ª ed. Rio de Janeiro: Saraiva, 2012. p. 317.

processo disciplinar, não poderá responder pelo mesmo comportamento em processo de igual natureza no futuro. A única exceção a essa regra se vê em casos de invalidação. A Administração poderá sujeitar o agente a novo processo somente quando a sindicância ou PAD tiverem sido invalidados por vício insanável de legalidade.

Não haverá *bis in idem*, porém, quando o agente público se sujeitar a sanções de diferentes naturezas pelo mesmo comportamento, apurado em esferas ou subsistemas de responsabilidade distintos e independentes. Imagine o servidor que tenha desviado recursos públicos de merenda escolar. Além da provável sanção disciplinar de demissão, certamente será condenado na esfera civil para reparar o prejuízo e, na esfera penal, pelo crime cometido, sem falar na possível condenação por improbidade administrativa. Essas múltiplas condenações são possíveis, pois o ordenamento brasileiro reconhece a **independência das instâncias**. Isso se vê, por exemplo, no Estatuto do Servidor Público Civil da União, conforme o qual "o servidor responde civil, penal e administrativamente pelo exercício irregular de suas atribuições" (art. 121 da Lei n. 8.112/1990).

O problema da independência das instâncias está no risco de desproporcionalidade da resposta punitiva estatal. Ainda que uma sanção considerada individualmente se afigure justa, a cumulação das responsabilidades eventualmente acarretará injustiças e excessos. Para contornar esse risco, o ordenamento tem gradualmente buscado estimular a consideração ampla do direito sancionador e exigido dos julgadores análises que extrapolam o seu campo próprio de atuação. Seguindo essa linha, o **art. 22, § 3º, da LINDB**, introduzido em 2018, prevê que "as sanções aplicadas ao agente serão levadas em conta na dosimetria das demais sanções de mesma natureza e relativas ao mesmo fato".[12] Toda sanção anterior imposta contra o servidor em razão do mesmo comportamento necessitará ser considerada na aplicação das sanções futuras, desde que naturalmente sobre margem de discricionariedade em sua dosagem.

25.5 PROCESSOS E ACORDOS DISCIPLINARES

25.5.1 Panorama processual e defesa técnica

Um traço marcante da Constituição de 1988 em relação às Constituições anteriores se vê na consagração do devido processo administrativo. Sempre que a Administração Pública desejar aplicar qualquer tipo de sanção, deverá conduzir um processo acompanhado de garantias fundamentais, como a ampla defesa e o contraditório. Seja na regulação, na polícia administrativa ou nas relações contratuais,

---

12. Para aprofundamento, cf. MAFFINI, Rafael. LINDB, Covid e sanções administrativas aplicáveis a agentes públicos. In: MAFFINI, Rafael; RAMOS, Rafael (Org.). *Nova LINDB*: consequencialismo, deferência judicial, motivação e responsabilidade do gestor público. Rio de Janeiro: Lúmen Juris, 2020, p. 207 e 208.

seja no âmbito disciplinar, sanções serão impostas tão somente após a condução do devido processo, sob pena de nulidade.

Ocorre que o poder disciplinar está na esfera autônoma de competência de cada ente federativo. Por isso, a forma e o rito do devido processo disciplinar não constam de uma lei nacional unificada. As normas processuais constam de diferentes estatutos gerais e especiais nos níveis federal, estaduais e municipais, combinando-se com as disposições presentes em leis de processo administrativo, na LINDB, na LAI e outras fontes.

Dada a multiplicidade de regimes processuais existentes, a exposição dos aspectos processuais disciplinares neste capítulo também levará em conta as disposições do Estatuto do Servidor Civil da União (Lei n. 8.112/1990). Nesse diploma, quatro são os mecanismos procedimentais tipicamente empregados para fins disciplinares. O primeiro deles é a sindicância, ora com finalidade unicamente investigativa, ora com finalidades investigativa e punitiva. O segundo e o terceiro correspondem aos processos administrativos disciplinares, conhecidos como PAD, divididos em ordinários e sumários (para infrações específicas). O quarto procedimento consiste na revisão, destinada exclusivamente a permitir a reanálise de uma penalidade já aplicada. O quadro abaixo oferece um panorama geral desses institutos, comentados em mais detalhes nos próximos itens.

	Finalidade	Prazos	Condução
Sindicância	- Apuração de indícios de materialidade ou autoria (**sindicância investigativa**) - Facultativa para aplicação de sanções de advertência ou suspensão de até 30 dias (**sindicância punitiva**)	30 dias com prorrogação de mais 30 dias (máximo de 60)	- Não há indicação legal - Aceita condução por um único agente ou por uma comissão
PAD sumário	- Obrigatório para três espécies de infração disciplinar: (i) abandono de cargo; (ii) inassiduidade habitual e (iii) acumulação ilegal.	60 dias com prorrogação de mais 60 dias e mais 20 para decisão (máximo de 140)	Comissão de 3 servidores estáveis
PAD ordinário	- Obrigatório para aplicação de demissão, suspensão superior a 30 dias, destituição de cargo ou função, cassação de aposentadoria; - Facultativo para advertência e suspensão de até 30 dias.	30 dias com prorrogação por até 15 dias e 5 dias para decidir (máximo de 50 dias)	Comissão de 2 servidores estáveis
Revisão	Reanálise a qualquer tempo da sanção disciplinar aplicada, proibida a *reformatio in pejus*	- Aberta a qualquer tempo - Duração de 60 dias, mais 20 para decidir (máximo de 80 dias)	Comissão de 3 servidores estáveis

Fonte: elaboração própria

É importante alertar que, **em nenhum desses procedimentos, a defesa técnica por advogado se impõe**. Embora seja bastante salutar o acompanhamento por advogados, a **Súmula Vinculante n. 5** do STF é explícita sobre a facultatividade. Assim diz: "a falta de defesa técnica por advogado no processo administrativo disciplinar não ofende a Constituição". Essa disposição tem como precedente representativo o RE 434.059, julgado em 2008, sob relatoria de Gilmar Mendes. Nele, o Supremo ponderou o seguinte: "se devidamente garantido o direito (i) à informação, (ii) à manifestação e (iii) à consideração dos argumentos manifestados, a ampla defesa foi exercida em sua plenitude, inexistindo ofensa ao art. 5º, LV, da CF/1988 (...). Por si só, a ausência de advogado constituído ou de defensor dativo com habilitação não importa nulidade de processo administrativo disciplinar (...)". E ressaltou: "mesmo em determinados processos judiciais – como no *habeas corpus*, na revisão criminal, em causas da Justiça Trabalhista e dos Juizados Especiais –, esta Corte assentou a possibilidade de dispensa da presença de advogado", reforçando que o art. 133 da Constituição não é absoluto, haja vista que a própria Constituição confere o direito de postular em juízo a outras pessoas.[13]

25.5.2 Denúncia, anonimato e proteção de denunciante

Não se apura o desconhecido. Nem se defende do desconhecido. Por consequência lógica, não se pode instaurar qualquer PAD para apurar algo indefinido. Para que a Administração Pública possa agir no campo disciplinar, é preciso que obtenha indícios mínimos de uma possível infração. A forma de obtenção desses elementos varia significativamente. De um lado, a Administração institui programas de integridade e estabelece sistemas próprios de monitoramento da conduta de seus servidores e usuários, inclusive por ferramentas automatizadas e com inteligência artificial. Fala-se aqui de fiscalização de ofício. De outro lado, é possível que qualquer agente público ou pessoa externa traga certos fatos ao conhecimento de autoridades, impulsionando-as a apurar uma infração.

No Estatuto dos Servidores Civis da União, algumas dessas técnicas são explicitamente abordadas. Por exemplo, o art. 116, XII, atribui a qualquer servidor federal o **dever de "representar contra ilegalidade, omissão ou abuso de poder"**. Já o parágrafo único prevê que a representação será encaminhada pela via hierárquica e apreciada pela autoridade superior àquela contra a qual é formulada, assegurando-se ao representando ampla defesa.

A representação nada mais é que uma indicação formal de indícios de cometimento de infração. Ao impor esse dever de representação, a lei federal busca transformar todos os servidores em fiscais do bom funcionamento interno das entidades federais. Na prática, contudo, há muitos estímulos negativos ao exercício desse dever. Não raramente, o denuncismo gera consequências gravosas ao representante, como represálias disfarçadas e prejuízos à carreira.

---

13. Criticamente sobre o tema, cf. BACELLAR FILHO, Romeu. *Processo administrativo disciplinar*, 3ª ed. São Paulo: Saraiva, 2012. p. 314 a 341. Para mais sobre o papel do advogado em processos administrativos, veja as considerações no capítulo sobre processo administrativo no terceiro volume deste manual.

Diante desses riscos, é bem mais usual que a Administração receba **denúncias anônimas**, sobretudo quando disponibiliza canais de comunicação próprios, como ouvidorias, corregedorias e controladorias. A questão da denúncia anônima suscita muitos debates, sobretudo porque a não identificação do denunciante é capaz de estimular excessos, abusos e perseguições contra o denunciado. Exatamente por isso, alguns estatutos exigem identificação do denunciante. Na União, por exemplo, prevê-se que "as denúncias sobre irregularidades serão objeto de apuração, desde que contenham a identificação e o endereço do denunciante e sejam formuladas por escrito, confirmada a autenticidade" (art. 144, *caput*, da Lei n. 8.112/1990).

Diante de normas como a mencionada, resta saber como a Administração deverá proceder ao receber denúncia anônima. Ao tratar do tema, o STJ solucionou a questão na **Súmula n. 611**, de 2018, segundo a qual: "Desde que devidamente motivada e com amparo em investigação ou sindicância, **é permitida a instauração de processo administrativo disciplinar com base em denúncia anônima**, em face do poder-dever de autotutela imposto à Administração". Mesmo quando anônima a denúncia, a Administração não poderá ficar inerte, permitindo ataques à legalidade e ao interesse público. Seu poder-dever de autotutela lhe impõe realizar as devidas apurações, ainda que a partir de elementos contidos em denúncia anônima. Assim, na prática, a partir da denúncia anônima é possível tanto caminhar para uma sindicância investigativa, quanto diretamente para um processo disciplinar.

A discussão da denúncia anônima ganhou destaque com as normas trazidas pela Lei n. 13.608/2018. Entre outras coisas, essa lei obriga os entes da Administração Pública federal, estadual e municipal a manter "**unidade de ouvidoria ou correição, para assegurar a qualquer pessoa o direito de relatar informações** sobre crimes contra a administração pública, **ilícitos administrativos** ou quaisquer ações ou omissões lesivas ao interesse público" (art. 4º-A). Mais que isso, a lei permite a concessão de recompensas por denúncias e **obriga que o Estado preserve a identidade do informante**, que somente será revelada "em caso de relevante interesse público ou interesse concreto para a apuração dos fatos" (art. 4º-B). Com isso, garante-se o anonimato do denunciante perante o denunciado. Também no sentido de proteger os denunciantes, o Estatuto do Servidor Civil Federal proíbe a responsabilização civil, penal ou administrativa do servidor que informe a Administração de práticas suspeitas (art. 126-A, da Lei n. 8.112/1990).

Seja a fiscalização disciplinar conduzida de ofício ou como resultado de denúncia, identificada ou anônima, fato é que a obtenção de informações sobre potencial infração ocasionará para a autoridade competente um dever de apurar. Recusar-se a cumprir esse dever equivale a infração disciplinar das autoridades superiores e, em situações mais graves, a crime de prevaricação. Nos termos do art. 143 da Lei n. 8.112, "**a autoridade que tiver ciência de irregularidade no serviço público é obrigada a promover a sua apuração imediata**, mediante sindicância ou processo administrativo disciplinar, assegurada ao acusado ampla defesa". Já a prevaricação, de acordo com o art. 319 do Código Penal, consiste em "retardar ou deixar de praticar, indevidamente, ato de ofício, ou praticá-lo contra disposição expressa de lei, para satisfazer interesse ou sentimento pessoal".

O dever de apuração não implica que toda e qualquer informação, por mais esdrúxula que seja, venha a ser examinada em procedimentos formais como a sindicância ou o PAD. Situações existem em que os elementos trazidos pela denunciante são absurdos, evidentemente descabidos. Em casos assim, a autoridade competente poderá, motivadamente, **arquivar a denúncia**. O Estatuto do Servidor Civil da União é claro a esse respeito: "Quando o fato narrado não configurar evidente infração disciplinar ou ilícito penal, a denúncia será arquivada, por falta de objeto" (art. 144, parágrafo único, da Lei n. 8.112/1990).

25.5.3 Sindicância investigativa ou punitiva

Sindicar é sinônimo de investigar, colher informações ou perquirir. No direito administrativo disciplinar, a sindicância indica o mais simples dos procedimentos, pois geralmente se destina tão somente ao levantamento de indícios sobre a materialidade (ocorrência de algum evento ou conduta) e a autoria (envolvimento de pessoas). Essa é clássica e pleonástica **sindicância investigativa**. Trata-se de um procedimento administrativo, não de verdadeiro processo, pois não há propriamente acusados, nem ampla defesa ou contraditório. Quando encontrados os indícios necessários, a sindicância investigativa se encerrará e eventualmente abrirá espaço ao processo administrativo disciplinar. Nele, certas pessoas físicas serão acusadas e chamadas a se defender da prática de comportamento potencialmente infrativo.

Em certas leis, a sindicância é apontada quer para se apurar indícios de infrações, quer para se aplicar sanções disciplinares mais brandas. Aqui desponta a chamada **sindicância punitiva**, dado que, ao seu término, já se torna possível a condenação disciplinar. Se a legislação autorizar e, no caso concreto, houver chance de uso da sindicância para fins sancionatórios, deixará de ser mero procedimento e assumirá a feição de verdadeiro processo sancionador simplificado. Por isso, as autoridades competentes deverão respeitar, no seu curso, todas as garantias constitucionais, em especial a ampla defesa e o contraditório.

No Estatuto do Servidor Público federal, essa figura punitiva é expressamente autorizada. De acordo com o art. 145 da Lei n. 8.112/1990, a sindicância poderá culminar em: **"I – arquivamento do processo; II – aplicação de penalidade de advertência ou suspensão de até 30 dias; III – instauração de processo disciplinar"**. Contra servidores civis federais, é lícito, portanto, aplicar as sanções mais brandas de advertência ou de suspensão até 30 dias dentro da própria sindicância, sem a necessidade de abertura de processo administrativo disciplinar. No entanto, o PAD será obrigatório sempre que se pretender infligir sanções de suspensão por mais de 30 dias, destituição de cargo comissionado ou função, cassação de aposentadoria ou demissão.

Ainda no Estatuto Federal, há regras sobre a duração da sindicância. De maneira geral, espera-se sua **conclusão em 30 dias** com possibilidade de **prorrogação por mais 30 dias** por decisão da autoridade superior (art. 145, parágrafo único). Na prática, o total de 60 dias acaba sendo frequentemente superado, já que algumas infrações se mostram bastante complexas. Diante da necessidade de prolongamento da apuração, é possível extrapolar o prazo máximo e convalidar o vício, já que se trata de prazo impróprio. Nessa situação, evidentemente, a garantia constitucional da duração razoável exigirá motivação por parte da autoridade competente, não se podendo estender a sindicância de maneira desnecessária sob pena de se gerar constrangimentos indevidos aos envolvidos, além de consumo questionável de recursos públicos. Todo e qualquer desvio de finalidade, como o prolongamento abusivo de sindicância para fins de constrangimento ou assédio, necessita ser adequadamente combatido.

Como a sindicância interrompe a prescrição, entendo que, uma vez superado o prazo máximo de 60 dias, a prescrição voltará imediatamente a correr. Essa é a mesma lógica da **Súmula 635 do STJ**, que determina a retomada do prazo prescricional quando exaurido o prazo máximo de condução do PAD. Embora a Súmula trate especificamente do processo disciplinar, sua aplicação à sindicância punitiva é imperativa. Nessa linha, esgotado o prazo máximo de 60 dias, ainda que a sindicância não se conclua, o prazo prescricional deverá voltar a correr.

Quanto à condução da sindicância, o Estatuto Federal não aponta regra específica. Na falta de disposição legal, as entidades federais podem dispor em seus regimentos e regulamentos sobre o tema. Podem escolher entre permitir a condução por um único servidor ou por uma comissão sindicante. Como a sindicância é procedimento mais simples, a condução por um único agente público se mostra como excelente solução seja em termos de celeridade, seja em termos de economia de recursos humanos.

O mais relevante no tocante à condução é que o servidor público designado para a sindicância respeite todas as regras aplicáveis de **impedimento e suspeição**, evitando-se riscos de quebra da impessoalidade. O Estatuto federal proíbe que participem de sindicância o "cônjuge, companheiro ou parente do acusado, consanguíneo ou afim, em linha reta ou colateral, até o terceiro grau" (art. 149, § 2º, da Lei 8.112/1990). É preciso interpretar esse dispositivo com cuidado, já que à hipótese nele prevista se somam muitas outras, como as da LPA federal e, subsidiariamente, do Código de Processo Civil.

Além disso, ainda que a legislação nada diga a respeito, é sempre mais salutar estabelecer de antemão os servidores responsáveis para a condução de sindicância. A escolha do servidor que conduzirá o procedimento de modo "ad hoc", ou seja, após a ocorrência do fato, sempre traz o risco de desvios e de quebra da neutralidade. Para contornar esse risco, é oportuno aplicar ao âmbito disciplinar a lógica do juiz natural, essencial no processo judicial, evitando-se julgadores *ad hoc*, escolhidos após o evento que será apurado.

Igualmente salutar é a possibilidade de apuração dos fatos fora da entidade em que eles ocorreram, imprimindo-se mais neutralidade à apuração. No Estatuto do Servidor Civil da União, a possibilidade de **delegação da apuração** é claramente registrada nos seguintes termos: "A apuração... poderá ser promovida por autoridade de órgão ou entidade diverso daquele em que tenha ocorrido a irregularidade, mediante competência específica para tal finalidade, delegada em caráter permanente ou temporário pelo Presidente da República, pelos presidentes das Casas do Poder Legislativo e dos Tribunais Federais e pelo Procurador-Geral da República, no âmbito do respectivo Poder, órgão ou entidade, preservadas as competências para o julgamento que se seguir à apuração" (art. 143, § 3º, da Lei n. 8.112/1990). Como o texto indica, a delegação da apuração não embute a competência para o julgamento, salvo na presença de norma especial.

Como dito, de acordo com a legislação federal, a sindicância se concluirá com a decisão de: (i) arquivamento; (ii) abertura de PAD ou (iii) aplicação das sanções de advertência ou suspensão até 30 dias. A conclusão é naturalmente antecedida de um relatório detalhado, que apontará os motivos fáticos e jurídicos do desfecho escolhido. Caso se proceda à instauração de PAD, a sindicância passará a integrar seus autos como peça informativa da instrução. Além disso, se o relatório indicar que a infração também pode configurar ilícito penal, a autoridade competente necessitará encaminhar cópia da sindicância ao Ministério Público, sem prejuízo da instauração do processo disciplinar (art. 154 da Lei n. 8.112/1990).

25.5.4 PAD sumário: abandono, inassiduidade e acumulação ilegal

Com ou sem a realização de sindicância investigativa, uma vez que obtenha indícios suficientes de autoria e materialidade para formular uma acusação, a Administração Pública deverá instaurar o processo administrativo disciplinar (PAD). Apesar das variações de regime jurídico nas várias leis disciplinares brasileiras, nesse processo basicamente: (i) realiza-se a produção de provas sobre a materialidade e a autoria; (ii) apresentam-se e analisam-se as peças de defesa e, ao final, (iii) a comissão processante elabora um relatório final com as sugestões para a autoridade competente pelo julgamento.

Certas leis disciplinares indicam ritos diferenciados para o PAD, levando-se em conta, por exemplo, o tipo da infração a se apurar. No Estatuto do Servidor Público Civil da União, o PAD ordinário é o que segue o rito geral, enquanto o sumário caminha por um rito mais breve, valendo para certos tipos de infração. São elas:

- O **abandono do cargo público**, definido legalmente como a ausência intencional em serviço por mais de 30 dias consecutivos (art. 138 da Lei n. 8.112/1990);

- A **inassiduidade habitual**, definida como falta ao serviço, sem causa justificada, por ao menos sessenta dias interpoladamente durante um período de doze meses (art. 139); e

- A **acumulação ilegal de cargo, empregos ou funções remuneradas**, seja na Administração Direta ou Indireta, salvo quando houver compatibilidade de horários nos limitadíssimos casos autorizados expressamente pela Constituição, a saber: (a) dois cargos de professor; (b) um cargo de professor com outro técnico ou científico, ou (c) dois cargos ou empregos privativos de profissionais de saúde com profissionais regulamentadas (art. 37, XVI, da Constituição). Aqui, especificamente, antes da abertura do PAD sumário, há que se notificar o agente público e lhe garantir o **direito de opção** no prazo improrrogável de 10 dias contados da ciência. Não expressa qualquer opção, aí sim o processo disciplinar será instaurado.

Para as três infrações citadas, o Estatuto Federal desenha um procedimento mais simples e objetivo que se desdobra em três etapas (art. 133 da Lei n. 8.112/1990). O PAD sumário se inicia com a publicação do ato de **instauração**, no qual se indicam a autoria e a materialidade da infração e nomeiam-se dois servidores estáveis para conduzir o processo. Em seguida, parte-se para a etapa de **instrução sumária**, compreendendo a elaboração de termo de indiciação, a citação pessoal do acusado, o recebimento de sua defesa escrita no prazo de 5 dias e elaboração do relatório conclusivo (com natureza de mero ato opinativo). Por fim, remetem-se os autos do PAD sumário para a autoridade superior competente, que realizará o **julgamento** em 5 dias, decidindo pela absolvição ou pela condenação, com a imediata demissão.

Os prazos indicados pelo Estatuto federal para a prática de atos processuais são exíguos. Soma-se a isso o prazo geral de 30 dias para a conclusão do PAD sumário, contado da publicação do ato de constituição da comissão processante. Possibilita-se, ainda, a prorrogação por até 15 dias, quando as circunstâncias o exigirem (art. 133, § 7º). Em caso de lacuna normativa sobre aspectos desse PAD sumário, a autoridade deverá aplicar subsidiariamente as disposições do rito ordinário, a seguir comentado (art. 133, § 8º).

25.5.5 PAD ordinário: instauração, comissão processante e suas formas

No âmbito da União, o processo administrativo disciplinar no rito ordinário é conduzido: (i) facultativamente para sanções de advertência ou suspensão de até 30 dias e (ii) obrigatoriamente para sanções de suspensão por mais de 30 dias, de demissão, cassação de aposentadoria ou disponibilidade ou destituição de cargo em comissão (art. 146 da Lei n. 8.112/1990). Comparativamente ao sumário, o PAD ordinário é mais lento, pois conta com fases complexas, prazos alargados para atos processuais e para a sua conclusão. Basicamente, suas fases abrangem: (i) a instauração; (ii) o inquérito administrativo, subdividido em instrução, defesa e relatório, e (iii) o julgamento, com ou sem eventuais recursos.

A **instauração** equivale à inauguração oficial do processo disciplinar. Essa fase desempenha importância central, pois: (i) indica a comissão que conduzirá o processo, denominada comissão processante; (ii) aponta os fatos que serão apurados, condição essencial para a garantia da defesa; (iii) embute a intimação do agente público acusado; (iv) ocasiona a interrupção da prescrição e (v) dá início às atividades processuais e à contagem do prazo de conclusão do processo (60 dias, com possibilidade de prorrogação por mais 60 dias nos termos do art. 152 da Lei n. 8.112/1990).

Na legislação que cuida dos servidores civis da União, o PAD ordinário é conduzido por uma **comissão processante formada por três servidores estáveis**. Embora esse processo possa culminar em sanções mais simples, a lei federal é desnecessariamente rígida nesse aspecto. Não admite condução isolada do PAD por um único servidor, nem comissão menor que a de 3 membros.

Dentre os três servidores da comissão, um será de início designado para exercer a função de **presidente**, cabendo-lhe dar andamento ao processo, expedir atos em nome da comissão, conduzir audiências etc. A função de presidente depende do cumprimento de **requisitos adicionais**. O Estatuto Federal exige que ocupe cargo efetivo superior ou de mesmo nível do acusado ou que tenha nível de escolaridade igual ou superior ao do indiciado (art. 149). Os requisitos são alternativos. É perfeitamente lícito que o presidente esteja em posição hierárquica inferior ao do acusado, desde que seu nível de escolaridade seja igual ou maior. Também é lícito que tenha nível de escolaridade menor que o do acusado, mas desde que esteja em posição hierárquica superior. Essa regra não vale, porém, para os demais membros da comissão.

Os trabalhos da comissão processante devem ser registrados em **atas**, sem prejuízo da adoção de técnicas de sigilo para resguardar o interesse público e viabilizar a apuração dos fatos. Seguindo essa lógica, as **audiências e reuniões deverão ter caráter reservado**. Geralmente, das reuniões participam apenas os membros da comissão e o secretário. Enquanto das audiências participam os membros, as partes, seus representantes, testemunhas, peritos ou outros atores envolvidos no processo (art. 150 da Lei n. 8.112/1990).

A restrição de publicidade e de participação a qualquer pessoa é fundamental, pois assegura a eficiência dos trabalhos, evita pressões externas indevidas, mitiga a exposição do acusado e os efeitos nocivos que a mera existência do PAD ocasiona sobre ele. O caráter reservado dos atos serve igualmente para concretizar a **presunção de inocência**, uma vez que reduz a chance de a sociedade impor "sanções" indiretas externas ao acusado, como sua exposição indevida na imprensa ou em redes sociais. Em tempos de ansiedade, notícias falsas e descontextualização de fatos, medidas que tentem garantir a presunção de inocência são essenciais.

Os variados e exigentes trabalhos da comissão processante podem ser apoiados por um agente na condição de **secretário**. Sua função não é decisória, mas, sim, tipicamente executória, incluindo elaboração de minutas de atas, ordens e relatórios, apoio em audiência etc. Para assumir essa função, é possível tanto indicar um dos membros da comissão processante, à exceção do presidente, quanto um agente público externo à comissão. No Estatuto Federal, afirma-se que o secretário será indicado pelo presidente da comissão (art. 149, § 1º). Essa norma exige cautela. Se o secretário for externo à comissão, nem sempre o presidente terá poder hierárquico para indicá-lo, caso em que caberá à autoridade superior fazê-lo.

Embora os membros da comissão processante prescindam de competência para decidir pela condenação ou absolvição, suas tarefas são cruciais e influenciam a decisão final. Por isso, a escolha dos membros exige respeito a rígidos critérios de **impedimento e suspeição**, buscando-se resguardar a impessoalidade e a moralidade. Como já adiantado, o art. 149, § 2º, da Lei n. 8.112/1990, proíbe que participe de PAD "cônjuge, companheiro ou parente do acusado, consanguíneo ou afim, em linha reta ou colateral, até o terceiro grau". É preciso interpretar esse dispositivo com cuidado, pois seu texto não esgota as hipóteses de impedimento e suspeição. Cabe sempre observar as disposições subsidiárias das leis de processo administrativo e Códigos Processuais. Registre-se, ainda, que o Estatuto Federal se refere apenas ao impedimento de membros da comissão, mas é evidente que a regra se estende ao secretário e à autoridade superior que realizará efetivamente o julgamento.

Em termos teóricos, as comissões processantes são classificadas de acordo com o momento de sua formação e seu posicionamento organizacional. De acordo com o critério temporal, existem **comissões permanentes**, constituídas previamente aos fatos e que agem em inúmeros processos mediante convocação, e **comissões "ad hoc"**, criadas após os fatos e especialmente para apurá-los nos termos do ato de instauração.

Infelizmente, esse segundo tipo de comissão é ainda muito frequente no Brasil. Digo "infelizmente", pois o risco de manipulação aumenta nesse modelo, já que a autoridade superior competente para escolher os membros poderá buscar pessoas mais lenientes ou mais rígidas a depender dos interesses que têm no resultado do processo. Comissões permanentes tendem, de outra parte, a garantir mais neutralidade e menos influência. Além disso, seus membros gozam de mais experiência, haja vista que atuam em inúmeros processos.

Outra classificação pertinente resulta do posicionamento organizacional da comissão. Geralmente, as comissões se formam no âmbito do órgão em que ocorre a infração. Porém, em certas entidades, existem órgãos especializados em controle, que assumem funções disciplinares. Exemplo disso são as corregedorias internas. A depender da legislação de cada esfera federativa, é também possível delegar as funções de apuração para comissões que se encontrem até mesmo fora do âmbito da entidade em que a infração foi cometida. Como o poder disciplinar é inerente a cada entidade, essa apuração externa depende de **delegação** por lei ou algum acordo, como convênios de cooperação. No âmbito da União, o art. 143, § 3º, da Lei n. 8.112/1990 prevê essas duas possibilidades, ou seja, autoriza a apuração por órgão ou entidade diversos daquele em que tenha ocorrido a irregularidade, desde que mediante delegação expressa. Contudo, a lei reserva o poder de julgamento ao órgão em cujo âmbito o comportamento ocorreu.

Em termos operacionais, no cumprimento de suas funções, a comissão processante deverá se dedicar à apuração dos fatos indicados estritamente no ato de instauração. É preciso que todos os atos processuais guardem relação com a descrição fática originária e que o acusado se defenda desses fatos. Qualquer desvio de finalidade ou desrespeito ao objeto do termo acusatório poderá gerar a nulidade do PAD. Nesse contexto, surgem duas questões interessantes: (i) seria possível modificar os fatos indicados na instauração e apurar algo diferente? (ii) seria possível, mantendo-se os fatos, enquadrá-los no direito de forma distinta ao enquadramento do ato de instauração?

A resposta a essas questões exige que se resgatem alguns conceitos do processo penal, aqui aplicável por analogia, conforme entende possível o STF (RE 78.917). A alteração do tipo infrativo indicado na instauração equivale à *"emendatio libelli"*. Não se alteram os fatos, mas tão somente seu enquadramento jurídico. Como esse instituto é autorizado no processo penal, cabe por analogia no disciplinar. De acordo com o art. 383, *caput*, do CPP, "o juiz, sem modificar a descrição do fato contida na denúncia ou queixa, poderá atribuir-lhe definição jurídica diversa, ainda que, em consequência, tenha de aplicar pena mais grave".[14] Seguindo essa lógica, o STJ firmou tese de que "a alteração da capitulação legal ao acusado não enseja nulidade, uma vez que o indiciado se defende dos fatos nele descritos e não dos enquadramentos legais" (MS 15.905, MS 017370 e REsp 1335821). Embora permitido o reenquadramento, é preciso atentar às suas consequências, por exemplo, em relação ao rito procedimental, à defesa e à prescrição (ou decadência do poder disciplinar).

Distinta da *"emendatio libelli"*, a alteração dos fatos indicados na acusação indica o conceito de *"mutatio libelli"*. Esse tipo de modificação é mais sensível, sobretudo porque as provas e as manifestações de defesa se guiam pelos fatos indicados no termo acusatório. Nesse sentido, em havendo modificação dos fatos constantes do ato de instauração, não há outra conclusão, que não a necessidade de revogá-lo e publicar novo ato de instauração. Disso resulta a necessidade de se refazerem todos os atos processuais que não puderem ser aproveitados (cf. STJ REsp 617.103), mas sem prejuízo do aproveitamento do quanto já apurado em eventual sindicância investigativa. Com essa situação não se confunde, porém, a descoberta de fatos novos durante a instrução, indicando infrações adicionais e diferentes da apurada no PAD

---

14. A respeito do instituto, vale conferir as críticas adequadas de LOPES JÚNIOR, Aury. *Direito processual penal*, 21ª ed. Rio de Janeiro: Saraiva Jur, 2024, edição digital, p. 1076 e 1083.

em curso. Nesse caso, não há mudança da acusação, bastando que a comissão leve esses fatos ao conhecimento da autoridade superior competente para que dê início a outros procedimentos.

25.5.6 Proibições de desligamento e cautelar de afastamento preventivo

A instauração do PAD gera algumas proibições ao agente público acusado. Uma vez iniciada a apuração, o Estatuto do Servidor Civil autoriza o servidor a ser exonerado a pedido ou aposentado voluntariamente somente após a conclusão do processo e o cumprimento da penalidade, caso tenha havido condenação (art. 172 da Lei n. 8.112/1990). Essa proibição serve para impedir que o servidor se desligue do funcionalismo por instrumentos voluntários, visando a evitar a condenação e a aplicação das devidas sanções. Note, porém, que o texto legal não contém vedação de desligamento durante a sindicância, ainda que punitiva. Além disso, a vedação somente atinge os desligamentos voluntários. Não abarca aposentadoria compulsória ou por invalidez, nem a exoneração por decisão de ofício, tomada pela Administração Pública, por exemplo, em razão da não entrada em exercício.

A duração de ambas as proibições se inicia com a abertura do PAD ordinário ou sumário. A legislação não fala de seu término, o que, na prática, permitiria à Administração estender abusivamente o PAD para evitar o desligamento do servidor. Diante desse risco, o STJ já firmou a tese de que: "Em caso de inobservância de prazo razoável para a conclusão de processo administrativo disciplinar, não há falar em ilegalidade na concessão de aposentadoria ao servidor investigado" (AgRg no REsp 1177994/DF, de 19/10/2015). Em outras palavras, o limite das proibições coincide com o prazo máximo para as finalizações dos processos disciplinares em cada legislação.

Além de ocasionar as referidas proibições, a instauração do PAD abre espaço para a adoção de medidas cautelares, em especial, o **afastamento do exercício do cargo**. O intuito dessa medida discricionária é muito simples: busca-se evitar que o agente público acusado venha a influir na apuração da infração. Essa influência pode ocorrer seja pela tentativa de manipulação de outros agentes públicos, seja pela destruição de provas constantes de arquivos públicos. É preciso lembrar, porém, que o agente afastado é meramente acusado, descabendo tratá-lo como condenado em razão da presunção de inocência. Por isso, durante o período de afastamento, continuará a fazer jus a seus vencimentos e a algumas parcelas adicionais, salvo aquelas de caráter indenizatório pagas aos servidores ativos.

No âmbito federal, a cautelar de afastamento encontra previsão explícita e algumas limitações. O Estatuto autoriza o afastamento provisório sem prejuízo de remuneração pelo prazo de até 60 dias, com possibilidade de prorrogação por igual prazo (art. 147 da Lei n. 8.112/1990). Note que o prazo total de 120 dias equivale precisamente à duração máxima prevista para o PAD ordinário. Ocorre que, na prática, o processo frequentemente ultrapassa esses prazos administrativos impróprios. Mesmo que isso ocorra, a medida cautelar de afastamento não poderá ser prorrogada novamente ou renovada.

25.5.7 PAD ordinário: inquérito (provas, defesa e relatório)

O **inquérito administrativo** é a segunda fase do PAD ordinário e, certamente, a mais longa e trabalhosa. No Judiciário, o inquérito civil ou penal é análogo a uma sindicância, uma investigação preparatória de caráter administrativo e que antecede o processo judicial. No Estatuto do Servidor Público Civil federal, porém, a palavra "inquérito" assume feição peculiar. Trata-se de uma ampla fase dentro do processo disciplinar instaurado, subdividindo-se em (i) produção de provas (instrução); (ii) defesa do acusado e (iii) elaboração do relatório final pela comissão processante.

A etapa de **instrução consiste na produção de provas lícitas, pertinentes e necessárias**. A comissão deve recusar e, quando cabível, mandar desentranhar dos autos as provas ilícitas, impertinentes ou desnecessárias, inclusive as meramente protelatórias. A partir dessa premissa, se o PAD tiver sido precedido de sindicância, não deverá a comissão repetir sem razão as provas já produzidas anteriormente. A repetição gerará provas desnecessárias, já que os autos da sindicância integram os autos do PAD. De igual forma, será desnecessária a perícia quando outro meio de prova mais simples puder comprovar o fato. Nesse sentido, o Estatuto do Servidor Civil federal dispõe que: "será indeferido o pedido de prova pericial, quando a comprovação do fato independer de conhecimento especial de perito" (art. 156, § 2º). Trata-se, evidentemente, de um comando que visa promover a razoabilidade instrutória e a duração razoável do processo.

Durante a instrução, a comissão produz provas de ofício ou a pedido do acusado. É igualmente possível emprestá-las de outros processos. A **prova emprestada é lícita** desde que se observem a ampla defesa e o contraditório. Caso se trate de prova constante de processo judicial, como os de apuração de crimes contra a Administração Pública ou de ato de improbidade administrativa, o empréstimo também dependerá de autorização judicial (**Súmula n. 591 do STJ**). Vale lembrar, porém, que jamais deverá ser emprestada prova que o Judiciário tiver considerado ilícita, formal ou materialmente. A prova gerada em sindicância, a seu turno, não configura prova emprestada, já que os autos da sindicância integram o PAD (art. 154 da Lei n. 8.112/1990).

Várias são as modalidades de prova empregadas no PAD. Algumas são **pré-constituídas** (como documentos, vídeos, gravações previamente existentes etc.). Outras são **constituendas**, isto é, geradas ao longo do processo (como a prova testemunhal, os pareceres e laudos técnicos). No Estatuto do Servidor Civil federal, há várias normas dedicadas às provas constituendas e sua forma de produção. Segundo a lei:

- O presidente da comissão processante intimará as testemunhas a depor mediante mandado, devendo-se comunicar sua chefia caso se trate de servidor público (art. 157 da Lei n. 8.112/1990). Os **depoimentos das testemunhas** serão orais, proibindo-se levá-los por escrito. Durante o depoimento, o secretário o reduzirá a termo (art. 158), que passará a compor os autos do PAD. Cada depoimento será colhido separadamente e acompanhado tanto pela comissão e pelo secretário, quanto pelo representante do acusado. O acusado propriamente dito não participa;

- Após a inquirição das testemunhas, a comissão processante realizará o **interrogatório dos acusados** separadamente, seguindo os procedimentos indicados acima (art. 159 da Lei 8.112/1990). Nesse interrogatório, também se autoriza a presença dos procuradores de cada acusado;

- A comissão poderá solicitar **acareações**, ou seja, audiências para esclarecer contradições identificadas seja durante a inquirição de testemunhas, seja durante o interrogatório de acusados (art. 158, § 2º);

- A comissão poderá igualmente solicitar pareceres, laudos e outras **provas técnicas**. Como já alertado, há que se observar a razoabilidade nesse tocante, vedando-se solicitações de provas técnicas para atestar fatos verificáveis por outros meios mais simples. Ainda no campo técnico, o Estatuto Federal permite a comissão propor à autoridade competente a **perícia médica do acusado** com o objetivo de verificar suas condições de sanidade mental (art. 160 da Lei n. 8.112/1990). No entanto, essa avaliação será incidental e processada em auto apartado, apenso ao processo principal. Na prática, a conclusão pela doença mental ao tempo do cometimento da infração terá o efeito de impedir a sanção disciplinar quando constatada a absoluta inimputabilidade do acusado (STJ, MS 11441/DF).

Após a instrução, o inquérito passa à defesa propriamente dita. No contexto do PAD, a palavra "defesa" tem duplo sentido. De modo geral, trata-se do direito do acusado a produzir provas e acompanhar sua produção, acessar o processo, designar procurador quando desejar, apresentar peças de defesa, acompanhar a produção de provas, interpor recursos etc. A defesa como uma garantia fundamental de qualquer cidadão acompanha o PAD todo, do seu início ao final. No âmbito federal, isso fica evidente em alguns dispositivos. Segundo o art. 153 da Lei n. 8.112/1990, "o inquérito administrativo obedecerá ao princípio do contraditório, assegurada ao acusado ampla defesa, com a utilização dos meios e recursos admitidos em direito". Já o art. 156 assegura "ao servidor o direito de acompanhar o processo pessoalmente ou por intermédio de procurador, arrolar e reinquirir testemunhas, produzir provas e contraprovas e formular quesitos, quando se tratar de prova pericial". Esse dispositivo evidencia todas as expressões da garantia constitucional da defesa no contexto disciplinar.

Em sentido estrito, o Estatuto do Servidor Público federal se refere à **defesa como uma peça elaborada pelo acusado para apresentar seus argumentos fáticos e jurídicos após a instrução**. Finalizada a produção de provas e tipificada a infração disciplinar, diz a Lei 8.112/1990 que o servidor será indiciado com a "especificação dos fatos a ele imputados e das respectivas provas" (art. 161). Isso significa que o indiciado será citado por mandato do presidente da comissão para apresentar defesa escrita em 10 dias. Na presença de dois ou mais indiciados, o prazo será comum e de 20 dias. Caso o indiciado se encontre em lugar incerto e desconhecido, a citação ocorrerá mediante publicação de edital no DOU e em jornal de grande circulação (art. 163), contando-se então um prazo de 15 dias para apresentação da defesa a partir da publicação. Há, portanto, **três prazos distintos para defesa** na lei federal, que ainda autoriza a prorrogação desses prazos pelo dobro diante da necessidade de diligências.

Em face do silêncio do acusado citado, a comissão declarará sua **revelia** em termo juntado aos autos do processo e devolverá o prazo de defesa. Além disso, a autoridade instauradora do PAD designará um servidor como **defensor dativo**. Não há necessidade de que esse defensor tenha formação jurídica. No entanto, precisará ser "ocupante de cargo efetivo superior ou de mesmo nível, ou ter nível de escolaridade igual ou superior ao do indiciado" (art. 164, § 2º, da Lei n. 8.112/1990).

Apoiando-se nas provas e nos argumentos trazidos pela defesa, a comissão processante segue para o momento conclusivo: a **elaboração do relatório final**. Nesse documento escrito minucioso, "resumirá as peças principais dos autos e mencionará as provas em que se baseou para formar a sua convicção" (art. 165 da Lei n. 8.112/1990). A convicção a que se refere o legislador nada mais que a opinião fundamentada da comissão quanto: (i) à inocência, seja em razão de falta de provas para condenar (*in dubio pro reo*), seja em virtude da comprovada ausência de materialidade e/ou autoria; (ii) à decadência do poder disciplinar (por vezes, impropriamente chamada de "prescrição") ou (iii) à condenação, desde que comprovadas autoria e materialidade, devendo-se indicar claramente quais foram as infrações cometidas e os dispositivos legais ou regulamentares transgredidos (art. 165 da Lei n. 8.112/1990).

Repita-se: **a comissão processante não julga**. Seu papel limita-se a conduzir a instrução, examinar a defesa e elaborar o relatório final. A indicação de condenação, absolvição ou declaração de prescrição tem natureza de parecer, espécie de ato opinativo. Dessa maneira, para que o PAD efetivamente se conclua, é preciso encaminhar seus autos, incluindo todas as provas, defesa e relatório, à autoridade que determinou a instauração para que realize o julgamento propriamente dito (art. 166 da Lei n. 8.112/1990).

25.5.8 PAD ordinário: julgamento e recursos

O **julgamento** final equivale ao momento de expedição da decisão administrativa, podendo ocorrer em uma ou mais instâncias a depender da legislação e da interposição de recursos administrativos manejados no caso concreto. De maneira geral, a decisão consistirá em uma das quatro alternativas seguintes:

(i) **Absolvição por falta de provas** para condenação, já que o princípio da presunção de inocência proíbe que se condene alguém quando houver dúvidas sobre a materialidade ou a autoria;

(ii) **Absolvição por comprovada inocência**, isto é, existem provas que demonstram ausência de materialidade (evento ou comportamento não ocorreu ou, se ocorreu, não foi tipificado como infração) ou de autoria (acusado não participou);

(iii) **Reconhecimento da decadência do poder disciplinar** (chamada indevidamente de "prescrição" em certas leis), o que impede o exercício do poder punitivo, ainda que se tenha configurado a prática infrativa; ou

(iv) **Condenação**, desde que comprovadas tanto a autoria, quanto a materialidade. É somente nesse cenário que se aplicarão as penalidades indicadas na legislação disciplinar, como advertência, suspensão, demissão, a destituição de cargo comissionado e a cassação de aposentadoria. Além disso, será necessário dar conhecimento do PAD ao Ministério Público quando a infração estiver capitulada como crime (art. 171 da Lei n. 8.112/1990).

Essas alternativas decisórias são comuns a qualquer PAD. No Estatuto do Servidor Civil Federal, porém, existe um conjunto de regras próprias sobre a fase decisória que merece registro. Além de estabelecer uma duração máxima de 120 dias para o processo, o art. 167 da Lei n. 8.112 adiciona um **prazo de 20 dias para julgamento**, contados do recebimento dos autos pela autoridade competente. Todos esses prazos, inclusive para decidir, são impróprios, de modo que sua extrapolação não gera nulidade. É possível que a autoridade não detenha competência para aplicar certas sanções mais gravosas, caso em que encaminhará à autoridade competente para tanto, que decidirá em prazo idêntico. Se houver dois ou mais acusados e diversidade de sanções, o julgamento será feito pela autoridade competente pela sanção mais grave.

É oportuno registrar que a autoridade julgadora não está sempre vinculada à opinião da comissão processante. No Estatuto do Servidor Civil da União, **a decisão poderá divergir do relatório** quando se evidenciar que a sugestão da comissão não se harmoniza com as provas produzidas no processo. A isso se deve somar a situação em que a comissão sugere uma sanção que se mostra incabível para a infração caracterizada. Em casos assim, diz a lei que o julgador "poderá, motivadamente, agravar a penalidade proposta, abrandá-la ou isentar o servidor de responsabilidade" (art. 168, parágrafo único da Lei n. 8.112/1990). Essa regra revela que a discricionariedade do julgador para divergir do relatório é bastante limitada na legislação federal. Além disso, toda decisão divergente exigirá ampla e cuidadosa motivação, diferentemente da decisão de acatamento das sugestões da comissão, que pode meramente fazer referência aos fundamentos do relatório final, sem necessidade de motivação autônoma (art. 50, § 1º, da Lei n. 9.784/1999 – LPA federal).

Das decisões expedidas no âmbito do processo disciplinar cabem **reconsideração** à própria autoridade julgador e **recursos administrativos** nos termos da legislação específica. Os prazos recursais, as condições e efeitos da interposição, o número limite de instâncias, entre outros aspectos processuais, são estipulados por diferentes leis no âmbito da União, Estados e Municípios. Especificamente no Estatuto do Servidor Público Civil federal, o regime recursal é assim desenhado:

- No prazo de 30 dias da ciência ou publicação da decisão, cabe ao servidor condenado dirigir a petição à autoridade que julgou por intermédio da autoridade a que estiver subordinado (art. 108 da Lei n. 8.112/1990);

- A petição ingressará como pedido de reconsideração à autoridade julgadora, que deverá apreciá-lo no prazo de 30 dias. O ingresso da petição por si só já ocasiona a **interrupção da "prescrição"** (art. 111);

- Diante do indeferimento da reconsideração, o interessado poderá, igualmente em 30 dias, interpor recurso administrativo à instância imediatamente superior. Esse recurso poderá receber **efeito suspensivo** da decisão recorrida a juízo da autoridade competente (art. 109); e

- Do indeferimento do primeiro recurso administrativo, poderá ser interposto novo recurso hierárquico. Como a Lei n. 8.112 não estipula limites à recorribilidade, há que se aplicar subsidiariamente o teto de três instâncias constante da LPA federal.

25.5.9 Decadência do poder punitivo e prescrição

O decurso do tempo tem efeitos jurídicos relevantes. Ora ocasiona a decadência como perda de poderes. Ora ocasiona a prescrição como impossibilidade de exercício de uma pretensão. No subsistema de responsabilidade disciplinar, esses dois institutos são extremamente relevantes. A decadência diz respeito à perda do poder punitivo disciplinar da Administração Pública. Aqui se necessita verificar em quanto tempo a Administração Pública verá extinta a possiblidade de sancionar infrações disciplinares. De outro lado, importa analisar a prescrição, ou seja, a perda da possibilidade de o agente público questionar a sanção sofrida no Judiciário.

A **decadência do poder punitivo disciplinar** varia na federação conforme a legislação disciplinar. No Estatuto do Servidor Público Civil da União, o tema é tratado de modo explícito. Note, apenas, que o legislador usou indevidamente o termo "prescrição" quando na verdade se trata do conceito de decadência do poder estatal. Feita essa advertência terminológica,[15] a Lei n. 8.112/1990 indica que **os**

---

15. Também no sentido de que não se trata de prescrição, mas sim de decadência do poder disciplinar – tal qual a decadência do poder anulatório –, cf. os ensinamentos precisos de FROTA, Hidemberg Alves da. A

prazos decadenciais do poder disciplinar são múltiplos, variando conforme o tipo de sanção e a relação da infração administrativa com tipos criminais. De acordo com o art. 142 da Lei n. 8.112/1990, esse poder decairá (na verdade, a lei diz "prescreverá"): em 5 anos para infrações puníveis com demissão, cassação de aposentadoria ou disponibilidade e destituição de cargo em comissão; em 2 anos para infrações puníveis com suspensão; em 180 dias para infrações puníveis com advertência; e de acordo com a legislação penal para infrações disciplinares simultaneamente capituladas como crime.

O **termo inicial** do prazo decadencial recai na data em que o fato se torna conhecido para o órgão público competente para exercer o poder disciplinar. Não interessam o momento de cometimento, nem quando efetivamente a infração se encerrou. Mencionados prazos sofrem **interrupção**,[16] ou seja, são zerados por força de dois eventos:

- O primeiro deles é a abertura da sindicância ou a instauração do PAD. Para evitar que o alongamento do PAD possa comprometer indevidamente a decadência como instrumento de controle do poder estatal, a jurisprudência firmou o entendimento de que, uma vez esgotados os prazos legais de duração do PAD ordinário, a contagem necessariamente se reiniciará mesmo que o processo não tenha sido encerrado. Trata-se da **Súmula n. 635** do STJ, cujo teor é o seguinte: "os prazos prescricionais [decadenciais, na verdade] previstos no art. 142 da Lei n. 8.112/1990 iniciam-se na data em que a autoridade competente para a abertura do procedimento administrativo toma conhecimento do fato, interrompem-se com o primeiro ato de instauração válido – sindicância de caráter punitivo ou processo disciplinar – e **voltam a fluir por inteiro, após decorridos 140 dias desde a interrupção**". Esses 140 dias equivalem ao prazo total para conclusão do PAD ordinário; e

- O segundo é a interposição de pedido de reconsideração ou de recurso hierárquico. Nesse caso também se mostra imprescindível reiniciar a contagem tão logo os órgãos recursais extrapolem os prazos para expedição da decisão sobre o recurso. Em analogia à citada Súmula 635 do STJ, o entendimento ora defendido serve para impedir que o atraso nas instâncias recursais venha a prejudicar o condenado, estendendo injustificadamente o lapso da interrupção decadencial.

---

  natureza jurídica do prazo para o exercício do poder disciplinar da Administração Pública – considerações sobre a prescrição e a decadência na Teoria Geral do Direito Administrativo e do Direito Civil. *Boletim de Direito Administrativo – BDA*, v. 28, n. 5, p. 521 a 532, e CARVALHO, Raquel Melo Urbano. *Curso de direito administrativo*. Salvador: JusPodivm, 2008, p. 482-483.
16. Embora geralmente se afirme que a decadência não aceita suspensão ou interrupção, o ordenamento jurídico reconhece essa possibilidade seja no Código Civil (art. 207, parte inicial), seja na legislação administrativa, como se vislumbra nas mencionadas regras do Estatuto federal a respeito da perda do poder disciplinar em razão do decurso do tempo.

A legislação brasileira ainda trata da prescrição da pretensão de o condenado questionar ou discutir as sanções disciplinares. No âmbito administrativo, esses prazos prescricionais são tratados pelos diferentes estatutos disciplinares. Nesse sentido, o art. 110 da Lei n. 8.112/1990 é claro ao dispor que prescreve: em 5 anos, o direito de questionar atos de demissão, cassação de aposentadoria ou disponibilidade, e em 120 dias, para todos os outros casos, salvo quando houver norma especial.[17] Já o questionamento das decisões disciplinares da Administração Pública na esfera judicial submete-se à **prescrição quinquenal** estipulada no Decreto n. 20.910/1932. Aplicável nos três níveis da federação, esse diploma prevê que "(...) todo e qualquer direito ou ação contra a Fazenda federal, estadual ou municipal, seja qual for a sua natureza", prescreve em cinco anos "contados da data do ato ou fato do qual se originarem".

25.5.10 Revisão, invalidação e cancelamento de sanções disciplinares

Diferentemente da sindicância e dos PAD, utilizados para apurar infrações e aplicar sanções, no âmbito do poder disciplinar, existem processos administrativos que se destinam ora a modificar sanções já aplicadas, ora a extingui-las por definitivo. São eles os processos de revisão disciplinar, típicos desse subsistema, e os processos de invalidação.

Muito antes de ser consagrada em regras gerais de processo administrativo na LPA federal, a revisão já se apresentava no Estatuto do Servidor Público Civil da União nos seguintes termos: "o **processo disciplinar poderá ser revisto**, a qualquer tempo, a pedido ou de ofício, quando se aduzirem fatos novos ou circunstâncias suscetíveis de justificar a inocência do punido ou a inadequação da penalidade aplicada" (art. 174 da Lei 8.112/1990). Esse dispositivo demonstra que:

- A revisão é um processo administrativo instaurado por pedido do condenado ou por decisão de ofício das entidades federais e cuja finalidade exclusiva é rediscutir a adequação de uma sanção por elas aplicada. Esse pedido é dirigido ao Ministro de Estado ou a autoridade de hierarquia equivalente (art. 177 da Lei n. 8.112/1990);
- O motivo da revisão é a suposta **inadequação da sanção** aplicada, ou seja, sua incapacidade para atingir a finalidade pública esperada – conceito que não se confunde com o de injustiça (art. 176 da Lei n. 8.112/1990). Essa inadequação deriva tanto de um fato novo (como uma prova que demonstra a **inocência do servidor condenado**, mas que não era, nem podia ser conhecida no momento em que o PAD transcorreu) ou de uma circunstância relevante (como um elemento externo ao processo, mas que demonstra os efeitos negativos da sanção para interesses públicos específicos);

---

17. Sobre esse artigo, cf. RIGOLIN, Ivan Barbosa. *Comentários ao regime único dos servidores públicos civis*, 7ª ed. Rio de Janeiro: Saraiva, 2012. p. 289 a 291.

- A revisão pode ser instaurada **a qualquer tempo**. O Estatuto federal autoriza que poderá ser requerida até mesmo após o falecimento, a ausência ou o desaparecimento do servidor público condenado. Nesses casos, qualquer membro da família será legitimado a requerê-la (art. 174, § 1º). Já no caso de incapacidade mental do condenado, o pedido será apresentado pelo curador (art. 174, § 2º);
- A revisão será conduzida por uma **comissão revisora** composta por três servidores estáveis (art. 177, parágrafo único), que deverá concluir os trabalhos em 60 dias (art. 179), respeitando, no que couber, as normas aplicáveis ao PAD;
- Ao final do processo, a autoridade que aplicou a penalidade revista julgará a revisão no prazo de 20 dias do recebimento dos autos e poderá: (i) manter a sanção ou (ii) entendê-la inadequada, substituindo-a por outra mais branda ou a extinguindo. Na verdade, o Estatuto federal trata apenas da extinção, mas na prática a inadequação poderá mostrar a necessidade de sanção mais branda apenas. A extinção será compulsória, porém, quando demonstrada a inocência superveniente do condenado. A única proibição é substituir a sanção aplicada por outra mais grave. **A *reformatio in pejus* é expressamente vedada em revisão** (art. 182, parágrafo único, da Lei n. 8.112/1990).

Outra técnica capaz de extinguir a sanção disciplinar é a **invalidação**. Se uma sanção for produzida com vícios formais ou materiais de legalidade, dois caminhos se abrirão para a Administração: (i) o primeiro será o de convalidar o vício caso se mostre sanável, a exemplo da expedição de julgamento fora de prazo sem a devida prorrogação, e (ii) o segundo será invalidar, por **vício insanável**, a decisão emitida na sindicância punitiva ou no PAD. Os vícios insanáveis são os que não aceitam convalidação, a exemplo da aplicação de uma sanção não prevista em lei ou do uso de sanção de suspensão quando a legislação impõe claramente a demissão.

Embora tanto a revisão, quanto a invalidação ataquem a decisão disciplinar, juridicamente, os dois institutos são muitos distintos. A revisão se baseia na inadequação da sanção, depende da comprovação de fato novo ou circunstância relevante, permite a extinção da decisão condenatória ou a substituição da sanção por outra mais branda, além de jamais admitir *reformatio in pejus*. Já a invalidação visa a extinguir uma decisão marcada por vício de legalidade insanável, podendo atingir decisões condenatórias ou absolutórias, ainda que, na prática, mostre-se prejudicial ao condenado.

Além disso, a invalidação da decisão não impede novo processo disciplinar. Veja o que diz o Estatuto do Servidor Civil federal: "verificada a ocorrência de vício insanável, a autoridade que determinou a instauração do processo ou outra de hierarquia superior declarará a sua nulidade, total ou parcial, e ordenará, no mesmo ato, a constituição de outra comissão para **instauração de novo processo**" (art. 169, caput da Lei n. 8.112/1990). Nessa hipótese, nada impede que a sanção aplicada no segundo processo seja mais gravosa que a aplicada no processo originário invalidado. Confirmando essa hipótese, o STJ já firmou entendimento de que: "Reconhecida a nulidade de PAD pela existência de vício insanável, antes do seu julgamento, não há que se falar em *reformatio in pejus* quando a segunda comissão processante opina por penalidade mais gravosa" (MS 15321/DF, de 19.12.2016).

Tema importante é o relativo à **decadência do poder anulatório na responsabilidade disciplinar**. Ainda que os estatutos disciplinares silenciem sobre a questão, fato é que existem regras gerais de direito administrativo sobre o instituto. O cotejo dessas regras mostra que a decadência poderá se aplicar no campo disciplinar conforme o conteúdo da decisão viciada. Se a pretensão de invalidação recair sobre decisão disciplinar de absolvição e o servidor estiver de boa-fé, a decadência ocorrerá em 5 anos após a decisão (art. 54 da LPA federal). Por conseguinte, não mais será lícito invalidar a decisão absolutória. De outra via, se a decisão disciplinar for condenatória, não se poderá cogitar de decadência do poder de invalidação. É nesse sentido que se deve interpretar o art. 114 do Estatuto do Servidor Público da União, segundo o qual: "a Administração deverá rever seus atos, a qualquer tempo, quando eivados de ilegalidade". A expressão "a qualquer tempo" somente faz sentido para a invalidação de "condenação" disciplinar. A absolvição disciplinar, por se tratar de decisão administrativa benéfica, abrirá espaço para a decadência do poder anulatório sempre que o condenado estiver de boa-fé e o prazo quinquenal se esgotar.

Em contraste com os processos de revisão e de invalidação, o **cancelamento** é uma mera forma de excluir os registros da sanção disciplinar dos assentamentos funcionais do agente público condenado. Explica-se. Quando sofrem sanções que não implicam desligamento, como a advertência e a suspensão, a Administração introduz o registro da punição no arquivo funcional do servidor. Mais tarde, porém, cumpridos os requisitos previstos na legislação dos diferentes entes federativos, é possível que se proceda ao cancelamento desse registro.

No âmbito da União, o Estatuto dos Servidores Civis trata dessa ferramenta explicitamente ao prever que: "as penalidades de advertência e de suspensão terão seus registros cancelados, após o decurso de 3 (três) e 5 (cinco) anos de efetivo exercício, respectivamente, se o servidor não houver, nesse período, praticado nova infração disciplinar" (art. 131 da Lei n. 8.112/1990). Os requisitos da legislação federal são de dois tipos. O primeiro consiste no **decurso do efetivo tempo de exercício** da função pública, variando a duração exigida conforme a gravidade da penalidade aplicada. O segundo consiste na **não reincidência**. Caso o servidor tenha cometido nova infração, o cancelamento ficará impossibilitado. Com essa regra, o legislador acena com a possibilidade de cancelamento do registro para estimular o agente a adotar melhores condutas, o que confere ao instituto um papel claramente preventivo.

25.5.11 Comunicabilidade: processos disciplinar, penal e civil

Múltiplas são as esferas de responsabilidade que se abrem diante de comportamentos do agente público. Uma mesma prática é capaz de ocasionar sanções administrativas disciplinares, ético-disciplinares nos conselhos profissionais, penais, civis, além de sanções em sistemas especiais como o da improbidade administrativa. Reconhecendo as múltiplas responsabilidades, a Lei n. 8.112/1990 dispõe que o servidor civil responde "civil, penal e administrativamente pelo exercício irregular de suas atribuições" (art. 121) e que "as sanções civis, penais e administrativas poderão cumular-se, sendo independentes entre si" (art. 125). Ocorre que o funcionamento desses sistemas, de modo simultâneo ou sequencial, gera riscos de decisões contraditórias, de excessos punitivos e de disfunções, colocando em risco tanto a legitimidade do Estado e do próprio direito, quanto a segurança jurídica do servidor acusado.

A comunicabilidade desponta nesse contexto como uma "ponte jurídica" entre os distintos sistemas de responsabilidade. A legislação estabelece regras de comunicabilidade entre esses sistemas para que suas decisões se harmonizem e para tornar mais sinérgico seu funcionamento. O problema é que nem sempre essas regras estão claras e bem-organizadas. Nem sempre o legislador cria as pontes necessárias para que os sistemas de responsabilidade operem de modo sincronizado e racional. No direito administrativo, até existem normas sobre o assunto, mas elas são esparsas e não cobrem todas as questões necessárias.

De especial importância para o direito disciplinar é a **relação com direito penal**. A razão dessa conexão é evidente. Muitos dos comportamentos infrativos no âmbito disciplinar representam crime. Como resultado, os processos penais e disciplinares tendem a se sobrepor na análise das mesmas condutas do agente público, impondo-se considerar as interferências recíprocas entre essas duas esferas. Em outras palavras, é imprescindível saber se e sob quais condições a decisão administrativa disciplinar afeta a sentença penal e vice-versa.

Quanto à primeira questão, a resposta é simples. As sindicâncias e processos disciplinares até podem ser fonte de provas emprestadas para o processo judicial, enquanto suas decisões podem contribuir para o convencimento do juiz no processo penal. No entanto, a decisão absolutória ou condenatória na esfera administrativa de forma alguma vincula o Poder Judiciário. De acordo com o STF, "a absolvição em processo administrativo disciplinar não impede a apuração dos mesmos fatos em processo criminal, uma vez que as instâncias penal e administrativa são independentes". (HC 77.784-MT). Na verdade, o fato de a Administração Pública reconhecer ou negar autoria ou materialidade em seus processos não impede apurações judiciais criminais, nem sentenças em sentido contrário às decisões administrativas disciplinares. Essa mesma lógica pode ser estendida aos processos civis, como os de improbidade.

Ocorre que a recíproca não é verdadeira. O processo penal acarreta impacto significativo sobre o poder disciplinar e suas manifestações processuais. Além de se permitir emprestar provas penais para o processo administrativo, certas decisões penais vinculam a Administração Pública. Para se compreender essas relações, é imprescindível diferenciar os crimes funcionais e os crimes não funcionais. Segundo Daniela Marinho Cury, os crimes funcionais são especiais, já que reclamam o pré-requisito de o sujeito ativo ser agente público. Dentro dessa grande categoria, os **crimes funcionais próprios** são os exclusivamente cometidos pelo agente público. Se o sujeito ativo não demonstrar essa qualidade, a conduta será atípica, não configurando crime. Diferentemente, os **crimes funcionais impróprios** são aquelas condutas que, se cometidas por particular sem a qualidade de agente público, caracterizarão outro tipo penal.[18] Tome o exemplo da apropriação de coisa alheia, bem indicado por Paulo Macera. Quando praticada por agente público, configurará crime de peculato, mas quando cometida por um particular equivalerá ao tipo de apropriação indébita ou furto.[19]

Quanto aos crimes funcionais, há três cenários distintos:

(i) Se a Justiça criminal condenar o agente público por reconhecer a autoria e materialidade, a Administração Pública ficará vinculada a condenar na esfera disciplinar,[20] desde que a decadência do poder disciplinar não tenha ocorrido. Vale registrar que, na condenação por crime funcional com sanção de mais de quatro anos, a perda da função será imposta no âmbito penal (art. 92, I do CP);

(ii) Se comprovada a ausência de autoria ou de materialidade no processo penal (inocência provada), a Administração Pública não poderá condenar pelo mesmo comportamento no âmbito disciplinar. Nesse sentido, o art. 126 da Lei n. 8.112/1990 dispõe que: "a responsabilidade administrativa do servidor será afastada no caso de absolvição criminal que negue a existência do fato ou sua autoria". É concebível, entretanto, que se configure **infração residual**, isto é, um comportamento que escapa ao âmbito da análise processual penal e abre espaço para apuração no âmbito disciplinar. Reconhecendo essa figura, a **Súmula 18 do STF** dispõe: "pela falta residual, não compreendida na absolvição pelo juízo criminal, é admissível a punição administrativa do servidor público"; e

---

18. Cf. CURY, Daniela Marinho S. *Conceito penal de funcionário público*. São Paulo: Almedina Brasil, 2020, edição digital, p. 56 e CAPEZ, Fernando. *Curso de direito penal: parte geral: arts. 1º a 120*. v. 1, 28ª ed. Rio de Janeiro: Saraiva Jur, 2024, edição digital, p. VIII.
19. MACERA, Paulo. Responsabilidade do agente público: uma análise do artigo 28 da LINDB à luz de aspectos estruturais e esferas da responsabilidade, fenômeno interpretativo e incerteza do direito. In: CONTI, José Maurício; MARRARA, Thiago; IOCKEN, Sabrina Nunes; CARVALHO, André Castro (Orgs.). *Responsabilidade do gestor na Administração Pública*. Belo Horizonte: Fórum, 2022, p. 153.
20. CARVALHO FILHO, José dos Santos. *Manual de direito administrativo*, 31ª ed. São Paulo: Atlas, 2017, p. 830.

(iii) Se o servidor for absolvido por falta de provas no processo penal (*in dubio pro reo*), a Administração Pública poderá apurar sua conduta integralmente, culminando ou não na condenação disciplinar, desde que não reconhecida a decadência.

Quanto aos **crimes não funcionais**, sem relação com a função pública, não haverá influência da decisão penal sobre a esfera administrativa a princípio. No entanto, explica Carvalho Filho que a condenação penal poderá: (a) ocasionar pena de privação de liberdade por tempo inferior a quatro anos, caso em que o servidor será afastado, devendo-se pagar o auxílio reclusão à sua família (art. 229 da Lei n. 8.112/1990) ou (b) ocasionar privação de liberdade por quatro anos ou mais, caso em que o servidor perderá o cargo, função pública ou mandato nos termos do art. 92, I, 'b' do CP. Diversamente, se o servidor for absolvido na esfera criminal, não haverá qualquer efeito na administrativa.[21]

Quanto ao **processo civil**, a questão da comunicabilidade se põe sobretudo em relação a apurações judiciais de improbidade, dado que elas igualmente se dirigem à pessoa física do agente público, podendo abordar elementos essenciais que repercutem na esfera disciplinar. De maneira geral, porém, não há regramento claro sobre as relações do processo civil com o administrativo disciplinar. Assim, vale o princípio geral da independência das instâncias. A decisão judicial civil não vincula a decisão administrativa disciplinar. Existem, porém, exceções. Por exemplo, o STJ entende que a Administração tem o dever de praticar o ato de demissão quando o Judiciário reconhece a prática de improbidade e ainda que não aplique a sanção de perda do cargo.[22] Obviamente, o poder disciplinar somente poderá ser exercido nesse caso se não operada sua decadência.

25.5.12 Acordos administrativos no campo disciplinar

Como em todos os demais subsistemas de responsabilidade administrativa, o direito disciplinar pode e deve se aproveitar de instrumentos pró-consensuais. Ocorre que os acordos nesse campo ainda se encontram em fase prematura, dependendo não apenas de mais embasamento legal, como também de regulamentos e de uma cultura institucional aberta à construção de soluções dialógicas e alternativas às clássicas formas de apuração e repressão de ilícitos. Para se compreender essa crítica, há que se dividir a análise dos acordos disciplinares em dois grandes grupos: os acordos de leniência e os ajustamentos de conduta.

Até o momento, no Brasil, os **programas de leniência** têm-se concentrado em leis especiais muito restritas e vinculadas ao direito sancionador nas relações de polícia

---

21. CARVALHO FILHO, José dos Santos. *Manual de direito administrativo*, 31ª ed. São Paulo: Atlas, 2017, p. 832.
22. Súmula n. 651, STJ e MS n. 21.544-DF, Rel. Min. Mauro Campbell Marques, 1ª seção, j. 22.02.2017, DJe 07.03.2017.

administrativa. No campo do poder disciplinar, como poder introverso, o acordo de leniência ainda não floresceu. Como acordo integrativo, a leniência se acopla aos processos e serve para incrementá-lo com provas robustas a fim de permitir a condenação de inúmeros infratores com o apoio de um deles: o infrator colaborador.

Esse tipo de acordo cooperativo para fins de instrução faria todo sentido no campo disciplinar. Afinal, muitas infrações desse gênero são praticadas por vários agentes públicos em conjunto, como fraudes em concursos públicos, pagamentos indevidos de verbas e desvios de recursos estatais. No entanto, o ordenamento nacional não absorveu a cultura dos programas de leniência como técnica consensual no poder disciplinar. Em parte, isso pode se explicar pelo corporativismo dentro das próprias entidades estatais e a predominância de uma cultura imunizante que impera em algumas delas, impedindo que floresçam mecanismos de denúncia, integridade e cooperação para viabilizar técnicas de repressão a ilícitos.

Diferentemente, os **ajustamentos de conduta** têm aos poucos ganhado espaço no campo disciplinar. A receptividade a esses acordos é muito maior que a oferecida à leniência por razões óbvias. Os ajustamentos são acordos substitutivos. Por meio deles, procede-se à correção do comportamento questionado sem a necessidade de apurá-lo em um PAD e sem a necessidade de considerá-lo lícito ou ilícito. Quando celebrado, o acordo suspende o processo. Quando cumprido, ou seja, quando comprovado que o acusado corrigiu sua conduta e/ou os efeitos nocivos ocasionados, a Administração Pública arquiva o processo. Assim, para o acusado, esse instrumento oferece vantagens como a de evitar os custos do processo, a exposição por ele gerada e o risco de condenação disciplinar. De outro lado, para a Administração Pública, permite a solução rápida para uma conduta questionável e ocasiona a economia de recursos financeiros, técnicos e humanos escassos, viabilizando seu direcionamento a ações prioritárias e estratégicas.

O caminho para os acordos de ajustamentos no campo disciplinar foi aberto aos poucos por iniciativas pontuais. É imprescindível registrar o pioneirismo do chamado **SUSPAD** como acordo de suspensão do processo disciplinar introduzido em 2006 na legislação municipal de Belo Horizonte por iniciativa do Controlador Geral à época, professor Luciano Ferraz (art. 6º da Lei Municipal n. 9.310/2006).[23] Com o tempo, porém, desapareceu a necessidade de criação de leis específicas para sustentar os acordos disciplinares. Ainda que não se refira ao poder disciplinar, o art. 26 da LINBD serve, desde 2018, com um fundamento geral à celebração de ajustamentos de condutas de agentes públicos, inclusive no âmbito disciplinar.

A partir de então, a União, os Estados e Municípios não mais necessitam disciplinar o acordo por meio de modificação de estatutos antigos ou criação de leis

---

23. FERRAZ, Luciano. Controle consensual da administração pública e suspensão do processo administrativo disciplinar (SUSPAD): a experiência do município de Belo Horizonte. *Interesse Público*, Belo Horizonte, v. 9, n. 44, jul. 2007.

próprias. Basta que editem regulamentos infralegais para tratar da aplicabilidade do art. 26 da LINDB como ajustamento de conduta substitutivo de sindicâncias punitivas ou de processos disciplinares. É fundamental que esses regulamentos tracem pormenores sobre: os requisitos da proposta, o órgão público responsável pela negociação, celebração e fiscalização do acordo; os requisitos e procedimentos para negociação e celebração; as obrigações básicas; as consequências do cumprimento e do descumprimento obrigacional, entre outras questões pontuais para conferir operacionalidade ao dispositivo geral da LINDB à luz das especificidades de cada microssistema de responsabilidade disciplinar.

Apesar disso, mesmo depois da introdução do art. 26 na LINDB, alguns entes federativos ainda têm preferido alterar seus estatutos para oferecer regras legais especiais sobre ajustamentos e meios autocompositivos como alternativas ao clássico PAD. Isso se vislumbra no Estatuto do Servidor Público Civil do Estado de São Paulo, que, em 2021, recebeu normas próprias sobre termo de ajustamento de conduta e suspensão condicional de sindicância (art. 267-A da Lei n. 10.261/1968). Como dito, desde a LINDB, não é necessário modificar as leis para tratar de acordos, bastando editar regulamentos. Porém, com a introdução das normas legais nos estatutos, geralmente se busca conferir maior aceitação e segurança jurídica aos acordos na matéria.

25.6 SÚMULAS

SUPREMO TRIBUNAL FEDERAL
- Súmula n. 18: Pela falta residual, não compreendida na absolvição pelo juízo criminal, é admissível a punição administrativa do servidor público.

SÚMULAS VINCULANTES
- Súmula Vinculante n. 5: A falta de defesa técnica por advogado no processo administrativo disciplinar não ofende a Constituição.
- Súmula Vinculante n. 11: Só é lícito o uso de algemas em casos de resistência e de fundado receio de fuga ou de perigo à integridade física própria ou alheia, por parte do preso ou de terceiros, justificada a excepcionalidade por escrito, sob pena de responsabilidade disciplinar, civil e penal do agente ou da autoridade e de nulidade da prisão ou do ato processual a que se refere, sem prejuízo da responsabilidade civil do Estado.

SUPERIOR TRIBUNAL DE JUSTIÇA
- Súmula n. 591: É permitida a "prova emprestada" no processo administrativo disciplinar, desde que devidamente autorizada pelo juízo competente e respeitados o contraditório e a ampla defesa.

- Súmula n. 592: O excesso de prazo para a conclusão do processo administrativo disciplinar só causa nulidade se houver demonstração de prejuízo à defesa.

- Súmula n. 611: Desde que devidamente motivada e com amparo em investigação ou sindicância, é permitida a instauração de processo administrativo disciplinar com base em denúncia anônima, em face do poder-dever de autotutela imposto à Administração.

- Súmula n. 635: Os prazos prescricionais previstos no art. 142 da Lei n. 8.112/1990 iniciam-se na data em que a autoridade competente para a abertura do procedimento administrativo toma conhecimento do fato, interrompem-se com o primeiro ato de instauração válido – sindicância de caráter punitivo ou processo disciplinar – e voltam a fluir por inteiro, após decorridos 140 dias desde a interrupção.

- Súmula n. 641: A portaria de instauração do processo administrativo disciplinar prescinde da exposição detalhada dos fatos a serem apurados.

- Súmula n. 650: A autoridade administrativa não dispõe de discricionariedade para aplicar ao servidor pena diversa de demissão quando caraterizadas as hipóteses previstas no art. 132 da Lei n. 8.112/1990.

- Súmula m. 651: Compete à autoridade administrativa aplicar a servidor público a pena de demissão em razão da prática de improbidade administrativa, independentemente de prévia condenação, por autoridade judiciária, à perda da função pública.

- Súmula n. 665: O controle jurisdicional do processo administrativo disciplinar restringe-se ao exame da regularidade do procedimento e da legalidade do ato, à luz dos princípios do contraditório, da ampla defesa e do devido processo legal, não sendo possível incursão no mérito administrativo, ressalvadas as hipóteses de flagrante ilegalidade, teratologia ou manifesta desproporcionalidade da sanção aplicada.

- Súmula n. 672: A alteração da capitulação legal da conduta do servidor, por si só, não enseja a nulidade do processo administrativo disciplinar.

- Súmula n. 674: A autoridade administrativa pode se utilizar de fundamentação *per relationem* nos processos disciplinares.

25.7 BIBLIOGRAFIA PARA APROFUNDAMENTO

ARAÚJO, Edmir. *O ilícito administrativo e seu processo*. São Paulo: Revista dos Tribunais, 1994.

BACELLAR FILHO, Romeu. *Processo administrativo disciplinar*, 3ª ed. São Paulo: Saraiva, 2012.

BACELLAR FILHO, Romeu; MARTINS, Ricardo Marcondes. *Tratado de direito administrativo*, v. 5: ato administrativo e procedimento administrativo. São Paulo: Revista dos Tribunais, 2014.

BARATA, Ana Maria Rodrigues; GONTIJO, Danielly Cristina Araújo; PEREIRA, Flávio Henrique Unes (Orgs.). *Direito administrativo sancionador disciplinar*. Rio de Janeiro: Centro para Estudos Empírico-Jurídicos (CEEJ), 2021.

CARVALHO, Antônio Carlos Alencar. *Manual de processo administrativo e sindicância*, 8ª ed. Belo Horizonte: Fórum, 2024.

CARVALHO, Antônio Carlos Alencar. *Penas máximas no processo administrativo disciplinar*: uma visão neoconstitucionalista do poder vinculado da administração pública, 2ª ed. Belo Horizonte: Fórum, 2024.

COUTO, Reinaldo. *Curso de processo administrativo disciplinar e sindicância*. São Paulo: Tirant lo Blanch, 2018.

DENYS, Debora Vasti da Silva do Bonfim. *Manual de processo administrativo disciplinar*. Belo Horizonte: Fórum, 2019.

DEZAN, Sandro Lucio; PACHECO, José Ernani de Carvalho. *Ilícito administrativo disciplinar*: da atipicidade ao devido processo legal substantivo, 2ª ed. Curitiba: Juruá, 2014.

DIP, Ricardo. *Conceito e natureza da responsabilidade disciplinar dos registradores públicos*. São Paulo: Quartier Latin, 2017.

FERRAZ, Luciano. *Controle e consensualidade*: Fundamentos para o controle consensual da Administração Pública (TAG, TAC, SUSPAD, acordos de leniência, acordos substitutivos e instrumentos afins), 2ª ed. Belo Horizonte: Fórum, 2020.

FROTA, Hidemberg Alves da. A natureza jurídica do prazo para o exercício do poder disciplinar da Administração Pública – considerações sobre a prescrição e a decadência na Teoria Geral do Direito Administrativo e do Direito Civil. *Boletim de Direito Administrativo – BDA*, v. 28, n. 5.

GOMES, Reginaldo Gonçalves. *Manual de processo administrativo disciplinar, sindicância investigatória e acusatória*: comentários às infrações previstas no estatuto dos servidores públicos federais – Lei n. 8.112/1990. São Paulo: Dialética, 2020.

GUIMARÃES, Francisco Xavier da Silva. *Regime disciplinar do servidor público civil da União*. Rio de Janeiro: Forense, 1998.

LESSA, Sebastião José. *Direito disciplinar aplicado:* doutrina e jurisprudência. Belo Horizonte: Fórum, 2016.

LUZ, Egberto Maia. *Direito administrativo disciplinar*: teoria e prática, 2ª ed. São Paulo: Revista dos Tribunais, 1992.

MATTOS, Mauro Roberto Gomes de. *Fishing expedition no direito administrativo sancionador*: inquérito civil público, processo administrativo disciplinar e ação de improbidade administrativa. Salvador: JusPodivm, 2024.

MATTOS, Mauro Roberto Gomes de. *Lei n. 8.112/90 interpretada e comentada*, 3ª ed. Rio de Janeiro: América Jurídica, 2006.

MEDAUAR, Odete (Coord.). Processo administrativo disciplinar: aspectos atuais. São Paulo: Cultural Paulista, 1998.

NOHARA, Irene Patrícia; MARRARA, Thiago. *Processo administrativo:* lei 9.784/1999 comentada, 2ª ed. São Paulo: Revista dos Tribunais, 2018.

POTENZA, Marcel. *Processo administrativo disciplinar e suas espécies*. São Paulo: Quartier Latin, 2010

REZENDE, Adriana Menezes de. *Do processo administrativo disciplinar e da sindicância*. Rio de Janeiro: Lúmen Juris, 2002.

RIGOLIN, Ivan Barbosa. *Comentários ao regime único dos servidores públicos civis*, 7ª ed. São Paulo: Saraiva, 2012.

SILVA, Edson Jacinto da. *Sindicância e processo administrativo disciplinar*: doutrina e prática. São Paulo: Servanda, 2011.

SOUZA, Manoel Messias de. *Manual de processo administrativo disciplinar.* São Paulo: Revista dos Tribunais, 2022. Salvador: JusPodivm, 2023.

STOCO, Rui. *Processo administrativo disciplinar*: processo disciplinar na administração pública, no Conselho Nacional de Justiça e nos tribunais. São Paulo: Revista dos Tribunais, 2018.

TRIDA, Rafael Camargo. *A comunicabilidade entre as instâncias penal e administrativa disciplinar.* São Paulo: Letras Jurídicas, 2016.

26
RESPONSABILIDADE POR IMPROBIDADE

26.1 INTRODUÇÃO

26.1.1 Fundamentos constitucionais

A moralidade administrativa é princípio de hierarquia constitucional, ancorado no art. 37, *caput*, da Constituição da República. Dela se extraem mandamentos de cooperação, de boa-fé, de razoabilidade e de probidade no agir administrativo. Apresentada em detalhes no volume 1 deste manual, a probidade administrativa nada mais é que o dever de agir de maneira honesta. Esse dever recai sobre (i) os agentes públicos no exercício das funções estatais e (ii) sobre os particulares nas relações travadas com a Administração Pública.

O dever de probidade que deriva da moralidade administrativa é reforçado dentro da própria Constituição da República pelo art. 37, § 4º. Esse dispositivo prevê a necessidade de se reprimir atos de improbidade mediante "a suspensão dos direitos políticos, a perda da função pública, a indisponibilidade dos bens e o ressarcimento ao erário, na forma e gradação previstas em lei, sem prejuízo da ação penal cabível".

É esse mandamento que sustenta todo o subsistema de controle de ato de improbidade. Sua existência atesta que o Poder Constituinte reputou bastante grave a desonestidade na gestão pública, ou seja, o comportamento, praticado por agentes públicos ou por particulares, inclusive pessoas jurídicas, intencionalmente voltado a atacar a moralidade administrativa. Por isso, a Constituição autoriza, contra os autores desses comportamentos, a aplicação de: (i) sanções administrativas e políticas; (ii) medidas reparatórias civis e (iii) medidas cautelares, como a indisponibilidade dos bens do acusado e de terceiros.

O § 4º do art. 37 também exige do Congresso Nacional **lei específica** para detalhar o sistema de repressão da improbidade, destacando que as medidas repressivas nessa área não afastarão, nem obstarão a adoção de medidas criminais em paralelo. Aqui se encontra o fundamento maior da Lei de Improbidade Administrativa – LIA e da própria Lei Anticorrupção – LAC. A reserva legal prevista no texto da Constituição evidencia que o Poder Constituinte atribuiu ao Congresso Nacional a tarefa de estruturar um regime especial de combate à improbidade, com aplicabilidade nacional, incidente sobre todas as unidades da federação.

Apesar do caráter nacional da legislação que edifica esse sistema de responsabilidade, não se trata de direito penal, sendo incorreto falar de "crime de improbidade". A LIA cuida de atos ilícitos de improbidade como infrações extrapenais submetidas a sanções de natureza administrativa, civil e política. Essas infrações **não se confundem com crimes**, como os de corrupção ativa ou passiva previstos no Código Penal.

De modo a confirmar esse entendimento, o art. 1º, § 4º, da LIA prescreve que o sistema de improbidade é disciplinado pelos princípios constitucionais do **direito administrativo sancionador** (e não do direito penal). Conquanto não haja clareza nem unanimidade a respeito desses princípios, seja pela falta de personalidade, seja pela reduzida maturidade do direito administrativo sancionador, é inegável que o legislador desejou caracterizar o ato de improbidade como **ilícito extrapenal**.[1] Tomando-se essa premissa, não configurará afronta à vedação do *bis in idem* a condenação da mesma pessoa física, por um único comportamento, tanto com base na Lei de Improbidade, quanto no âmbito criminal.

26.1.2 LIA – Lei de Improbidade Administrativa

A Lei n. 8.429/1992, amplamente reformada pela Lei n. 14.230/2021, é a atual Lei de Improbidade Administrativa (LIA). Apesar de seu papel central no sistema de responsabilidade em questão, não se trata da única lei a tipificar atos de improbidade no Brasil. Ilícitos do gênero também aparecem em outros diplomas, como o Estatuto da Cidade, entre outros.

O objetivo maior da LIA é estruturar o sistema de responsabilização por atos de improbidade. Em última instância, suas normas visam a tutelar a probidade na organização do Estado e no exercício de suas funções para, mediatamente, assegurar a integridade do patrimônio público e social (art. 1º).

Editada pelo Congresso com suporte no art. 37, § 4º, da Constituição da República, a LIA constitui verdadeira **lei nacional**, aplicável a todos os entes da federação, todos os Poderes e aos entes da Administração Direta e Indireta (art. 1º, § 5º, da Lei n. 8.429/1992). Assim, Estados e Municípios não estão autorizados a limitar seu conteúdo ou expandir a tipificação dos atos de improbidade.

Em termos estruturais, a LIA apresenta um texto relativamente enxuto e organizado. O capítulo I trata das disposições gerais e contém regras de aplicabilidade e objetivos da lei; o II enumera os atos de improbidade; o III, disciplina as "penas", que, na verdade, são extrapenais e de caráter misto (administrativas, civis ou políticas); o capítulo IV cuida da declaração de bens; o V, do procedimento administrativo e

---

1. Nesse sentido, cf. FERNANDES, Og; KOEHLER, Frederico Augusto Leopoldino; RUFINO, Jacqueline Paiva; FLUMIGNAN, Silvano José Gomes. *Lei de improbidade administrativa*, 2ª ed. São Paulo: JusPodivm, 2024, p. 89.

do processo judicial; o VI, das disposições penais; o VII, da prescrição e o VIII, das disposições finais.

Em 2021, a **Lei n. 14.230** promoveu enormes e polêmicas alterações na LIA. Embora tenha mantido a estrutura de capítulos praticamente intacta, essas modificações despontaram como evidente reação dos agentes políticos à **"vulgarização" da improbidade**. Esse fenômeno pode ser definido, em poucas palavras, como o manejo frequente e, por vezes, excessivo de ações de improbidade contra agentes públicos para combater não exatamente a desonestidade intencional, mas sim erros ou falhas de gestão que deveriam ser apurados em outras esferas, como a disciplinar.

Com o intuito de combater a vulgarização ou banalização da improbidade, a Lei n. 14.230, entre outras diversas mudanças pontuais, (i) restringiu todas as infrações de improbidade a comportamentos dolosos; (ii) impediu a aplicação da LIA juntamente com a Lei Anticorrupção (LAC) contra pessoas jurídicas; (iii) limitou fortemente a improbidade por violação de princípios de direito administrativo; (iv) alterou regras sancionatórias; (v) padronizou as regras de prescrição; (vi) tentou limitar a legitimidade ativa para ajuizamento da ação, regra que teve sua inconstitucionalidade parcial reconhecida pelo STF (ADI 7042 e 7043); (vii) consagrou o acordo de não persecução civil (ANPC) como técnica de ajustamento de conduta e instrumento substitutivo da ação de improbidade e (viii) restringiu as medidas cautelares de indisponibilidade de bens e de afastamento do agente público acusado de seu cargo, emprego ou função.[2]

26.2 SUJEITOS E MODOS DE RESPONSABILIZAÇÃO

26.2.1 Sujeitos passivos e legitimados para ação

São inúmeros os atores envolvidos no sistema de improbidade. **Sujeitos passivos são todas as pessoas jurídicas em que a improbidade ocorre**. O conceito indica as entidades que sofrem as infrações e os efeitos da improbidade. Apenas as pessoas jurídicas entram nessa categoria. Isso inclui tanto as pessoas jurídicas estatais, quanto algumas entidades não estatais. Por conseguinte, pessoas físicas não se enquadram como sujeitos passivos, somente como ativos. Ainda que pessoas físicas possam combater a imoralidade por meio de ações populares, não estão autorizadas a mover ações de improbidade.

Os *sujeitos passivos estatais* abarcam pessoas jurídicas de direito público interno (União, Estados, Municípios, autarquias, entre outros) e as pessoas jurídicas estatais

---

[2]. Para uma visão geral de todas as modificações promovidas em 2021 na LIA, vale examinar OLIVEIRA, José Roberto; GROTTI, Dinorá Adelaide Musetti. Panorama do sistema de responsabilização pela prática de atos de improbidade administrativa na Lei de Improbidade Administrativa reformada. In: OLIVEIRA, Jose Roberto Pimenta; POZZO, Augusto Neves Dal (Org.). *Lei de Improbidade Administrativa Reformada*. São Paulo: Revista dos Tribunais, 2022

de direito privado (como as sociedades de economia mista e as empresas públicas). Nessa categoria, entram todas as entidades da Administração Direta e Indireta das três esferas políticas da federação brasileira, bem como os órgãos que formam os Poderes Judiciário e Legislativo.

A LIA não se refere expressamente a **pessoas jurídicas de direito público externo**, como as Organizações Internacionais e Estados estrangeiros. Nesse ponto, o sistema de improbidade se afasta e se diferencia da Lei Anticorrupção, que expressamente impõe a responsabilização de atos infrativos cometidos em detrimento da Administração Pública estrangeira, ainda que fora do território nacional. O sistema de improbidade não abarca qualquer forma semelhante de tutela da Administração estrangeira ou internacional.

Os *sujeitos passivos não estatais* equivalem basicamente a pessoas jurídicas de direito privado sem qualquer participação do Estado ou, ainda que tenham, não sejam pessoa estatal, isto é, não participem da Administração Indireta. A extensão das sanções e dos atos de improbidade para o campo privado é realizada pela LIA de acordo com um critério puramente financeiro. Em linha com o art. 1º, § 6º, a lei também protege "entidade privada que receba subvenção, benefício ou incentivo, fiscal ou creditício, de entes públicos ou governamentais...". Sob a mesma lógica, o § 7º do mencionado artigo estende as normas do sistema de improbidade a atos praticados contra o patrimônio de entidade privada "para cuja criação ou custeio o erário haja concorrido ou concorra no seu patrimônio ou receita atual", ainda que não se trate de Administração Indireta. Nesse caso, porém, as sanções de ressarcimento de prejuízos causados ficam limitadas à repercussão do ilícito sobre a contribuição dos cofres públicos à entidade lesada.

Os **partidos políticos** e suas fundações escapam a essa regra. De acordo com o art. 23-C, incluído na LIA por força da Lei n. 14.230, os atos de prejuízo patrimonial e de enriquecimento ilícito em prejuízo dessas entidades privadas serão apurados nos termos da Lei n. 9.096/1995 (Lei dos Partidos Políticos), afastando-se a incidência a lei de improbidade. Ocorre que essa norma foi objeto da ADI 7236 e o STF entendeu, em sede cautelar, que a Lei dos Partidos Políticos não afasta a aplicabilidade da LIA. Segundo o STF, os atos praticados por essas entidades privadas e suas fundações estão sujeitos a ambos os sistemas de responsabilidade.

A figura dos sujeitos passivos não se confunde com a dos **legitimados para o ajuizamento** das ações de improbidade na Justiça. Na redação originária da LIA, a legitimidade ativa abrangia tanto para os entes que sofriam o ato de improbidade, que agiam por meio de suas advocacias, quanto para o Ministério Público. No entanto, com a reforma operada pela Lei 14.230/2021, o Congresso Nacional tentou restringir a legitimidade ativa para a ação ao MP. Ocorre que o STF, no julgamento das **ADI 7042 e 7043**, declarou inconstitucional sem redução de texto o art. 17, *caput*, da LIA. Desse modo, os legitimados voltaram a abarcar tanto o MP quanto os entes lesados (sujeitos passivos), que atuarão por suas advocacias públicas ou quem lhe faça as vezes.

26.2.2 Sujeitos ativos

Sujeito ativo é expressão que designa o **autor da infração**. Trata-se de quem pratica dolosamente o ato ou a omissão que se enquadra nos tipos de improbidade administrativa. Além disso, consideram-se sujeitos ativos aqueles que induzem ou concorrem dolosamente para a prática ilícita, ainda que não sejam agentes públicos, nem tenham praticado o comportamento (art. 3º, *caput*). Isso permite diferenciar, em termos meramente doutrinários: (i) o **sujeito ativo primário**, que efetivamente desenvolve o comportamento ilícito por omissão ou comissão e (ii) o **sujeito ativo secundário**, que induz o comportamento ou com ele concorre.

Na sua redação originária, a LIA também incluía como sujeito ativo secundário quem se beneficiava da prática ilícita. No entanto, a Lei n. 14.230/2021 excluiu essa figura. Desse modo, não mais se considera infrator aquele que apenas se beneficia da conduta ilícita sem que a tenha praticado, induzido sua prática ou com ela concorrido. Isso impede, por exemplo, que se responsabilize por improbidade um profissional contratado pela Administração sem licitação pelo simples fato de ter recebido o pagamento ajustado no contrato, ainda que se repute que os agentes de contratação tenham violado a LIA. O profissional apenas responderá se ele mesmo tiver praticado o ato ilícito, induzido sua prática ou concorrido com ela, mas não por ter se beneficiado do contrato que devidamente executou.

Diferentemente do conceito de sujeito passivo, limitado a pessoas jurídicas, a categoria dos sujeitos ativos como autores de atos de improbidade abrange tanto as pessoas físicas, quanto as pessoas jurídicas.

Como pessoa física, o conceito de sujeito ativo engloba agentes públicos em sentido amplo e particulares que se relacionam com a Administração Pública. De acordo com o art. 2º, *caput*, da LIA, entende-se como **agente público** para fins de combate à improbidade "o agente político, o servidor público e todo aquele que exerce, ainda que transitoriamente ou sem remuneração, por eleição, nomeação, designação, contratação ou qualquer outra forma de investidura ou vínculo, mandato, cargo, emprego ou função" no Estado brasileiro.

A definição legal envolve: (i) os agentes administrativos, comissionados ou ocupantes de cargo de provimento efetivo ou vitalício; (ii) os agentes políticos, eleitos ou nomeados; (iii) os militares e (iv) os colaboradores com a Administração Pública, ainda que atuem de maneira transitória e não recebam qualquer remuneração. Por força dessa ampla definição legal, trabalhadores voluntários, ocupantes de cadeiras em conselhos de políticas públicas e, até mesmo, estagiários da Administração Pública caracterizam-se como agentes públicos no campo da responsabilidade por improbidade.

Os autores de improbidade não se resumem a agentes públicos, embora, na prática, sejam eles os mais frequentemente acusados. O sujeito ativo também abarca **particulares** que se envolvem direta ou indiretamente com a prática do ato de improbidade. Nesse conjunto se inserem pessoas físicas ou pessoas jurídicas não estatais (*i.e.* empresas, associações, fundações, partidos políticos e organizações religiosas) que praticam o ato de improbidade em qualquer tipo de relação com a Administração Pública. Além disso, essas pessoas responderão quando, mesmo sem praticar o comportamento ímprobo, induzam sua prática ou concorram com ela (art. 3º, *caput*). Não responderão, contudo, pelo simples fato de se terem beneficiado do ato ilícito.

O art. 2º, parágrafo único, da LIA considera como sujeitos ativos todos aqueles que recebem recursos de origem pública com base em "convênio, contrato de repasse, contrato de gestão, termo de parceria, termo de cooperação ou ajuste administrativo equivalente". Esse dispositivo objetiva claramente reforçar que os **entes do terceiro setor** podem cometer atos de improbidade. Organizações Sociais (OS), Organizações da Sociedade Civil de Interesse Público (OSCIP), Organizações da Sociedade Civil (OSC) e outras figuras congêneres do chamado "setor público não estatal" que contratam com o Estado para receber fomento podem ser acusadas e condenadas por improbidade. Disso se conclui que, no sistema da improbidade, essas entidades podem figurar ora como sujeitos passivos (quando prejudicadas por ilícitos de terceiros), ora como sujeitos ativos (ao praticar o ilícito em desfavor do Estado).

A despeito da ênfase dada pelo art. 2º da LIA aos entes do terceiro setor, reitero que o sujeito ativo da improbidade é qualquer pessoa física ou pessoa jurídica que se relaciona com a Administração ou, ainda que não se relacione, que induz a prática desse tipo de infração ou com ela concorre. A diferença entre as pessoas físicas e jurídicas tem implicações sobretudo no campo punitivo. Certas sanções não se aplicam a pessoas jurídicas, como a suspensão de direitos políticos e a perda de cargo público. Ademais, se o infrator for pessoa jurídica, com ou sem finalidade lucrativa, exige a LIA que se dosem as sanções de modo a considerar os impactos econômicos e sociais, inclusive no sentido de prestigiar a manutenção da entidade (art. 12, § 3º).

26.2.3 Improbidade, agentes políticos e partidos

Dentre todas as espécies de agentes públicos, os políticos são os que suscitam os maiores debates acerca do sistema de combate à improbidade. A razão é simples. Agentes dessa categoria, como prefeitos e vereadores, submetem-se à legislação dos crimes de responsabilidade, uma forma especial de responsabilização político-administrativa.

Sob essas circunstâncias, já se discutiu se os agentes políticos também deveriam se sujeitar às regras da LIA. A princípio, a resposta para essa indagação se encontra na própria legislação. O art. 2º, *caput*, da Lei n. 8.429/1992 é claro ao prever que se submetem às suas normas o "agente político", incluindo os investidos em cargos por eleição, nomeação ou qualquer outra forma de investidura ou vínculo.

Confirmando esse mandamento legal, o Supremo Tribunal Federal firmou o entendimento de que os crimes de responsabilidade aplicáveis aos agentes políticos não repelem os atos de improbidade nem as sanções que acarretam. No **Tema 576**, a Corte adotou a tese de que "o processo e julgamento de prefeito municipal por crime de responsabilidade (Decreto-Lei n. 201/1967) não impede sua responsabilização por atos de improbidade administrativa previstos na Lei n. 8.429/1992, em virtude da autonomia das instâncias".

A jurisprudência reconhece a **autonomia das instâncias** penal, político-administrativa por "crime" de responsabilidade e a da improbidade, baseando-se no art. 37, § 4º, que prevê lei específica para o subsistema aqui debatido. De acordo com o STF, "a Constituição Federal inovou no campo civil para punir mais severamente o agente público corrupto, que se utiliza do cargo ou de funções públicas para enriquecer ou causar prejuízo ao erário, desrespeitando a legalidade e moralidade administrativas, independentemente das já existentes responsabilidades penal e político-administrativa de Prefeitos e Vereadores" (RE 976566, julgado em 2019).

A única exceção ao duplo regime sancionatório se aplica ao Presidente da República (art. 85, V, da Constituição). Além disso, a aplicação do duplo regime sancionatório aos demais agentes públicos não autoriza que se multipliquem sanções de igual natureza pelo mesmo comportamento ilícito. Trata-se da **vedação do *bis in idem***. Por exemplo, o agente político condenado à perda do cargo e à suspensão de direitos políticos em razão de crime de responsabilidade não se sujeitará a essas mesmas sanções em condenação posterior por ato de improbidade.

Com a reforma operada em 2021, a Lei n. 14.230 incluiu o art. 23-C na LIA com o objetivo de afastar a aplicação do sistema de combate à improbidade a atos ilícitos, como enriquecimento ilícito ou desvio de recursos públicos, cometidos por **partidos políticos** ou suas fundações. Essas entidades se sujeitariam tão somente à Lei dos Partidos Políticos (Lei n. 9.096/1996). Entretanto, como já adiantado, o Supremo Tribunal Federal proferiu decisão cautelar na **ADI 7236** e deu interpretação conforme à Constituição ao art. 23-C para que os partidos e suas fundações possam ser igualmente responsabilizados nos termos da LIA, sem prejuízo das normas especiais que os regem.

É preciso advertir, contudo, que esse posicionamento jurisprudencial não obsta, nem afasta a incidência da vedação do *bis in idem*. A duplicidade de regimes sancionatórios, embora autorizada, não permite a aplicação de sanções de igual natureza pelo mesmo comportamento ilícito. Além disso, como se trata de responsabilização de pessoa jurídica, a LIA deixará de incidir caso os partidos ou fundações infratoras tenham sido condenados previamente pela Lei Anticorrupção (art. 3º, § 2º, da Lei n. 8.429/1992).

26.2.4 Responsabilidade direta e indireta

Na grande parte das situações, há a **responsabilidade direta**, isto é, o infrator assume diretamente a responsabilidade pelos atos de improbidade e se submete às sanções previstas na LIA. A reforçar essa lógica, o art. 3º, § 1º, da LIA prevê que "os sócios, os cotistas, os diretores e os colaboradores de pessoa jurídica de direito privado não respondem pelo ato de improbidade que venha a ser imputado à pessoa jurídica, salvo se, comprovadamente, houver participação e benefícios diretos, caso em que responderão nos limites da sua participação". Se o ato for imputável à pessoa jurídica, não caberá responsabilizar automaticamente seus proprietários, administradores ou trabalhadores sem a devida comprovação de autoria e benefícios diretos.

Apesar dessa regra de proteção, a LIA prevê situações de responsabilidade indireta. Melhor dizendo: sob certas circunstâncias, o infrator, sujeito ativo, não equivalerá propriamente ao responsável. O sujeito que cometer a improbidade diferirá do sujeito que sofrerá as sanções decorrentes do ato ilícito. Quando essa dissociação entre infrator e responsável ocorre, fala-se de **responsabilidade indireta**, modelo que afasta o princípio da intranscendência ou pessoalidade da sanção. Nessa situação, pessoas que não tenham praticado o ato, nem induzido sua prática ou com ela concorrido, responderão no lugar do autor.

No texto legal, esse modelo se vislumbra: (i) na responsabilidade do sucessor ou herdeiro do infrator por dano ao erário ou enriquecimento ilícito em relação à obrigação de reparar até o limite do valor da herança ou patrimônio transferido (art. 8º da LIA); e (ii) na responsabilidade de sucessores por força de processos de alteração contratual, transformação, incorporação, fusão ou cisão societária (art. 8º-A). Na fusão e na incorporação, a responsabilidade indireta se restringirá à medida de reparação integral do dano causado no limite do patrimônio transferido ao sucessor. As demais sanções não serão aplicáveis à pessoa jurídica sucessora desde que a fusão ou incorporação tenha ocorrido depois do ato de improbidade, salvo em caso de comprovada simulação ou fraude (art. 8º-A, parágrafo único).

26.3 AS INFRAÇÕES DE IMPROBIDADE

26.3.1 Atos de improbidade: características principais

Sistematizados na LIA e presentes em alguns diplomas especiais, como o Estatuto da Cidade, os atos de improbidade dividem características básicas essenciais, quais sejam:

(i) **Natureza extrapenal**: os atos de improbidade configuram ilícitos de natureza híbrida e não penal,[3] relacionados necessariamente ao exercício das

---

3. Nesse sentido, cf. também OLIVEIRA, José Roberto; GROTTI, Dinorá Adelaide Musetti. Panorama do sistema de responsabilização pela prática de atos de improbidade administrativa na Lei de Improbidade

funções estatais, sobretudo as administrativas. Como não se trata de crime, não são apurados pelo sistema processual penal. Isso não impede que um mesmo comportamento tipifique ato de improbidade e crime simultaneamente. Nessa situação, o agente público ou privado responderá na esfera da improbidade e na penal. A natureza extrapenal da improbidade fica evidente no art. 37, § 4º, da Constituição, cuja redação aponta que o comportamento tipificado como improbidade poderá também ser tipificado como crime. Ora, se improbidade fosse crime, não faria qualquer sentido essa redação normativa. A LIA igualmente destaca a natureza extrapenal ao subordinar o sistema de improbidade aos **princípios constitucionais do *direito administrativo* sancionador** (art. 1º, § 4º). Embora esse ramo do direito administrativo empreste do sistema penal muitos dos seus princípios, com ele não se confunde;

(ii) **Ilícito doloso**: outra característica dos atos de improbidade é a exigência do dolo para sua configuração. Até a Lei n. 14.230, previa-se improbidade culposa por dano ao Erário, mas essa figura foi extinta. A redação vigente da LIA é explícita: "o mero exercício da função ou desempenho de competências públicas, *sem comprovação de ato doloso com fim ilícito*, afasta a responsabilidade por ato de improbidade administrativa" (art. 1º, § 3º). Para facilitar a separação das situações fáticas, a lei define o dolo como "**vontade livre e consciente de alcançar o resultado ilícito** tipificado nos arts. 9º, 10 e 11 desta Lei, não bastando a voluntariedade do agente" (art. 1º, § 2º). A lei, ainda, afasta qualquer risco de uso da improbidade por disputas interpretativas. É inaceitável acusar o agente público de improbidade por ter adotado interpretação que divirja da que os órgãos de controle entendem mais adequada. Por isso, nas palavras da lei: "não configura improbidade a ação ou omissão decorrente de divergência interpretativa da lei, baseada em jurisprudência, ainda que não pacificada, mesmo que não venha a ser posteriormente prevalecente nas decisões dos órgãos de controle ou dos tribunais do Poder Judiciário" (art. 1º, § 8º). Com isso, quis o legislador afastar o chamado "**ilícito de hermenêutica**", ou seja, a possibilidade de algum agente público ser condenado pelo simples fato de adotar uma interpretação que, apesar de legítima e aceitável, não se mostra a mais desejada à luz dos órgãos de controle. O STF, contudo, suspendeu a eficácia desse parágrafo em decisão cautelar expedida na **ADI 7236**; e

(iii) **Relativa abertura dos tipos infrativos**: a legislação descreve os ilícitos de improbidade ora de modo aberto e exemplificativo, ora de modo preciso e taxativo. Essa variabilidade no desenho do tipo infrativo confere evidente

---

Administrativa reformada. In: OLIVEIRA, Jose Roberto Pimenta; POZZO, Augusto Neves Dal (Org.). *Lei de Improbidade Administrativa Reformada*. São Paulo: Revista dos Tribunais, 2022, p. 54 e 57.

peculiaridade à improbidade. Na LIA, o art. 9º e o art. 10 apresentam a improbidade por enriquecimento ilícito e por dano ao Erário como tipos abertos, seguidos de vários comportamentos meramente ilustrativos nos seus respectivos incisos. Já o art. 11 da LIA e os tipos infrativos especiais, como os do Estatuto da Cidade, são taxativos. Isso significa que apenas os comportamentos descritos no texto legal configuram improbidade. Na redação originária, o art. 11 também continha um rol exemplificativo, mas o Congresso Nacional limitou a improbidade por violação de princípio com a reforma da Lei n. 14.230. Essa reforma legislativa se deu com o evidente intuito de reduzir a quantidade de acusações que a ampla carga semântica dos princípios autorizava no passado. Em outras palavras, o intuito do Congresso ao modificar a sistemática do art. 11 foi atacar a "**vulgarização da improbidade**", isto é, o uso excessivo de acusações de ato de improbidade com base em valores jurídicos plurissignificativos.

26.3.2 Improbidade por enriquecimento ilícito

O primeiro grupo de improbidade tratado pela LIA (art. 9º) envolve comportamentos dolosos que importam enriquecimento ilícito do autor por meio do auferimento de "qualquer tipo de vantagem patrimonial indevida em razão do exercício de cargo, de mandato, de função, de emprego ou de atividade" nas entidades estatais ou não estatais tuteladas pela lei.

Os incisos do próprio art. 9º ilustram esse tipo de improbidade. O uso do advérbio "notadamente", no *caput* do artigo, revela que tais incisos não esgotam o assunto. Comportamentos que se enquadrem no tipo infrativo do *caput* poderão ocasionar a condenação do autor ainda que não estejam descritos precisamente nos incisos. De outro lado, o mero enquadramento do comportamento nos incisos não configurará improbidade se: (i) não houver dolo ou (ii) não ocasionar enriquecimento ilícito do autor, apesar do dolo.

As condutas ilustradas no art. 9º são das mais variadas ordens, não cabendo aqui reproduzi-las integralmente. Apenas para fins de ilustração, configurarão improbidade por enriquecimento ilícito doloso os comportamentos praticado na Administração Pública ou em qualquer entidade tutelada pela lei e consistentes em: receber, para si ou outrem, dinheiro, bens ou vantagens econômicas, diretas ou indiretas, como comissão, percentagem, gratificação ou presente de quem tenha interesse, direto ou indireto, passível de ser atingido ou amparado pela ação ou omissão do agente público; perceber vantagem econômica para facilitar aquisição, permuta ou locação de bens ou a contratação de serviços por preço superior ao valor de mercado; perceber vantagem econômica para intermediar a liberação ou aplicação de verba pública de qualquer natureza ou para omitir ato de ofício, providência ou declaração a que esteja obrigado (art. 9º, I, II, IX e X), entre outros.

A Lei n. 14.230 modificou levemente o art. 9º, a começar pela inclusão, no *caput*, da necessidade de comprovação de dolo como requisito da configuração da improbidade. Ademais, o inciso IV teve sua redação aprimorada, passando a apontar que a utilização, pelo agente público, em obra ou serviço particular, de "qualquer bem móvel" da Administração pode configurar improbidade. A LIA se refere na atual redação a bens móveis em geral, não mais mencionando "veículos, máquinas, equipamentos ou material de qualquer natureza" (da redação antiga). Isso mostra que o texto foi ampliado em seu significado.

O inciso VI foi igualmente alargado por força de mudança redacional operada pela Lei n. 14.230. O texto atual reputa improbidade o recebimento de vantagens econômicas pelos agentes públicos para fazer "declaração falsa sobre *qualquer dado técnico* que envolva obras públicas ou qualquer outro serviço ou sobre quantidade, peso, medida, qualidade ou característica de mercadorias ou bens fornecidos a qualquer das entidades" tuteladas pela Lei. Como a LIA originariamente apontava apenas a falsidade em relação à "medição ou avaliação" de obras e serviços, a inserção da expressão "qualquer dado técnico" alargou o comando legal.

Diferentemente dos anteriores, com a reforma de 2021, o inciso VII sofreu limitações que visam a proteger o acusado. Esse inciso cuida da improbidade por aquisição, pelo agente público, para si ou para outrem, de bens com valores desproporcionais à **evolução de patrimônio ou renda**. A Lei n. 14.230 mudou esse dispositivo em dois aspectos. A uma, inseriu a exigência de que a aquisição do bem não apenas ocorra no exercício de mandato, cargo, emprego ou função, mas também que se dê "em razão deles". Em segundo, passou a assegurar ao agente acusado o direito de demonstrar a licitude da origem de sua evolução de renda ou patrimônio.

As mudanças quanto ao controle patrimonial dos agentes públicos não pararam por aí. A Lei 14.230 também alterou o art. 13. Em apertada síntese: a nova redação agora dispõe que a posse e o exercício do agente ficam condicionados à apresentação de declaração de imposto de renda à Receita Federal, e não mais mera "declaração de bens", como se dizia na redação originária. Com essa nova regra, evita-se que as unidades federativas utilizem diferentes formas de declaração para controle patrimonial, passando-se a adotar o padrão mais seguro e completo do Imposto de Renda. A recusa da entrega, inclusive com a atualização anual, ou a entrega de declaração falsa sujeitará o agente à pena de demissão, sem prejuízo de outras sanções.

26.3.3 Improbidade por lesão ao erário

O segundo grupo de improbidade consagrado pela LIA abarca comportamentos, omissivos ou comissivos, que causam "lesão ao erário" (art. 10). Nesse conjunto, incluem-se os ilícitos que ensejam perda patrimonial, desvio, apropriação, malbaratamento ou dilapidação dos bens ou haveres das entidades tuteladas pelo subsistema em questão.

A Lei n. 14.230/2021 alterou a redação do *caput* no sentido de restringir essa modalidade de infração. Isso ocorreu, pois: (i) extinguiu a improbidade *culposa* por dano ao erário, limitando-a aos comportamentos dolosos, e (ii) passou a exigir, como requisito da condenação, o impacto efetivo e comprovado para os cofres públicos.

A preocupação com a demonstração da intenção de causar dano é repetida no art. 10, § 2º, também inserido pela Lei n. 14.230/2021. De acordo com esse dispositivo, a "mera perda patrimonial decorrente da atividade econômica não acarretará improbidade administrativa, salvo se comprovado ato doloso praticado com essa finalidade". Assim, por ilustração, o agente público que tem por função realizar aplicações financeiras seguras para proteger os recursos financeiros ociosos não deverá responder por improbidade em razão de perdas patrimoniais resultantes de variações naturais dos investimentos sob as forças de mercado.

Já a exigência de prejuízo patrimonial efetivo e comprovado, incluída no art. 10, *caput*, revela que o legislador desejou repelir qualquer acusação com base em **danos presumidos** (dano *in re ipsa*). Essa mensagem aparece igualmente no art. 10, § 1º, nos seguintes termos: "nos casos em que a inobservância de formalidades legais ou regulamentares *não implicar perda patrimonial efetiva*, não ocorrerá imposição de ressarcimento, vedado o enriquecimento sem causa das entidades" tuteladas pela LIA.

Tomemos um exemplo. Caso desrespeitem-se formalidades legais em determinada licitação pública, mas o contrato administrativo seja celebrado e devidamente executado, não poderá o contratado ser condenado por improbidade de lesão ao erário, nem ser obrigado a ressarcir a entidade pública. Ora, se o contrato foi executado, não se comprovando perda patrimonial efetiva, não se aplicará o tipo do art. 10. Desse modo, eventual condenação à devolução de valores será ilegal, pois implicará o enriquecimento indevido da entidade estatal. Sobrará, porém, a possibilidade de condenação por outras modalidades de improbidade.

Assim como o art. 9º da LIA, o art. 10 apresenta um conjunto de incisos que exemplificam potenciais atos de improbidade por prejuízo ao erário. O caráter ilustrativo dos incisos fica patente no advérbio "notadamente" empregado no *caput*. Em razão disso, comportamentos que se enquadrem no tipo danoso poderão ocasionar a condenação do autor por improbidade ainda que não constem dos incisos. De outro lado, o mero enquadramento do comportamento nos incisos não configurará improbidade se: (i) não houver dolo ou (ii) não ocasionar dano efetivo e comprovado ao erário.

Os incisos do art. 10 são numerosos e muitos deles sofreram modificações com a Lei n. 14.230/2021. O inciso I prevê como improbidade facilitar ou concorrer para a "indevida" incorporação ao patrimônio particular, de pessoa física ou jurídica, de bens, rendas, verbas ou valores do patrimônio das entidades tuteladas. A redação atual destaca o adjetivo "indevida" no sentido de demonstrar que não constitui improbidade qualquer incorporação patrimonial justificada. Com isso, o legislador valorizou a necessidade de se demonstrar a ausência de causa legítima para a movimentação dos bens e valores.

O inciso VIII trata da improbidade por **frustração da licitude de licitação** ou processo seletivo para firmar parcerias do Estado com entes sem fins lucrativos, bem como pela dispensa indevida desses processos, desde que acarretem "perda patrimonial efetiva". Aqui, mais uma vez, a Lei n. 14.230/2021 alterou a redação originária do inciso para realçar a necessidade de comprovação do impacto patrimonial, evitando qualquer tipo de acusação baseada em danos presumidos (dano *in re ipsa*). Esse é o papel da expressão "perda patrimonial *efetiva*", como destacado anteriormente.

Outros incisos do art. 10 tiveram sua redação alterada pela Lei n. 14.230 pelo fato de que tratavam de negligências do agente público. Como a negligência é espécie de culpa e, hoje, não mais se aceita improbidade culposa, a Lei n. 14.230 atualizou os incisos. Na redação vigente, o inciso X prevê a improbidade de quem age "ilicitamente" na arrecadação de tributo ou renda, bem como no que diz respeito à conservação do patrimônio público. Já o inciso XIX trata da improbidade por "configuração de ilícito na celebração, na fiscalização e na análise das prestações de contas de parcerias firmadas pela Administração Pública com entidades privadas", não mais mencionando a negligência.

A Lei n. 14.230 igualmente procedeu à unificação do art. 10 com o revogado art. 10-A, incluído pela LC n. 157/2016 na LIA para abordar a improbidade por concessão ou aplicação indevida de benefício financeiro ou tributário. Esse comando agora se encontra no art. 10, XXII.

26.3.4 Improbidade por violação de princípios

A mais polêmica das categorias de improbidade reside no art. 11 da LIA, que trata dos atos que "atentam contra os princípios da Administração Pública". O *caput* do art. 11 prevê como ilícito que afronta esses princípios o comportamento doloso, comissivo ou omissivo, que "viole deveres de honestidade, de imparcialidade e de legalidade". A Lei n. 14.230/2021, ao estipular essa nova redação para o *caput*: (i) excluiu a menção a comportamentos que violem o dever de "lealdade às instituições", demasiadamente vago; (ii) fez a previsão expressa do dolo como requisito do ilícito e (iii) excluiu o advérbio "notadamente" do *caput*.

Não parou por aí. Com o objetivo claro de limitar as acusações e as condenações por violação a princípios, a reforma de 2021 incluiu vários parágrafos no art. 11 da LIA. Suas normas estipulam condições adicionais para a responsabilização, a saber: (i) o dolo na obtenção de benefício ou proveito; (ii) a ilegalidade frente à norma escrita e (iii) a lesividade relevante.

Em relação ao **dolo específico**, o art. 11, § 1º, prevê que somente haverá improbidade por violação de princípios "quando for comprovado na conduta funcional do agente público o fim de obter proveito ou benefício indevido para si ou para outra pessoa ou entidade". Não basta o mero objetivo de violar o princípio, é preciso o dolo na busca de vantagem mediante a violação do princípio.

Já o art. 11, § 3º, adiciona o requisito da **ilegalidade da conduta** ao prescrever que "o enquadramento de conduta funcional na categoria de que trata este artigo pressupõe a *demonstração objetiva da prática de ilegalidade no exercício da função pública,* com a indicação das normas constitucionais, legais ou infralegais violadas" (g.n.). A meu ver, esse parágrafo se assenta na visão equivocada de que o direito é um conjunto de normas escritas e nada mais! Ao fazê-lo, subjuga a moralidade administrativa a uma visão estreita de legalidade que não se compatibiliza com a ideia contemporânea de juridicidade.

A seu turno, o art. 11, § 4º, cria o requisito da **lesividade relevante** ao bem jurídico tutelado, sem o qual não haverá nem infração, nem o respectivo sancionamento. O intuito do legislador foi o de evitar acusações por afrontas mínimas a princípios, o que me parece correto, sobretudo pelo fato de que princípios são normas flexíveis. Eles necessitam se amoldar uns aos outros, razão pela qual é bastante frequente que um princípio seja mitigado para que outro possa ser concretizado. A lei ressalva, porém, que a lesividade relevante não significa reconhecimento de danos ao erário ou enriquecimento ilícito.

Para além disso, a Lei n. 14.230 adotou a **taxatividade**, ou seja, excluiu o caráter exemplificativo dos incisos do art. 11. Trata-se, sem nenhuma dúvida, de sua mais polêmica modificação. Antes da reforma operada pela Lei n. 14.230, o art. 11 seguia a mesma lógica dos artigos 9º e 10. Os incisos traziam comportamentos ilustrativos, o que conferia ao tipo infrativo imprecisão e abertura, já que qualquer violação intencional a princípios poderia ser considerada improbidade em potencial. Certamente por isso e para combater a mencionada "vulgarização da improbidade" daí resultante, o Congresso suprimiu o advérbio "notadamente" do art. 11, *caput*, embora o tenha mantido nos art. 9º e 10.

Dessa maneira, em contraste com a improbidade por enriquecimento ilícito e dano ao erário, a infração por violação de princípios se desdobra em tipos taxativos, o que a aproxima das figuras de improbidade contidas em outras leis, como o Estatuto da Cidade. A improbidade por violação de princípio somente se configurará quando caracterizada uma das condutas descritas nos incisos e cumpridos os demais requisitos apontados (dolo, ilegalidade e lesividade). Se o comportamento fático não se encaixar no tipo abstrato previsto em qualquer dos incisos, então não se poderá falar de improbidade no caso concreto. A descaraterização da improbidade não representa impunidade absoluta, porém. Será possível avaliar o comportamento violador de princípios e apenar seu autor em outras esferas, como a disciplinar.

Não foi apenas essa modificação que limitou significativamente a figura da improbidade por violação de princípios. A Lei n. 14.230 extinguiu alguns incisos do art. 11, extirpando do subsistema de improbidade condutas como o **desvio de**

finalidade e a práticas semelhantes à **prevaricação**. Essas figuras infrativas constavam dos incisos I e II nos seguintes termos: "praticar ato visando fim proibido em lei ou regulamento ou diverso daquele previsto, na regra de competência" (desvio de finalidade) e "retardar ou deixar de praticar, indevidamente, ato de ofício" (infração análoga ao crime de prevaricação).

Indo além, a reforma de 2021 revogou os tipos infrativos dos incisos IX e X, que tratavam respectivamente da improbidade por descumprimento de requisitos de acessibilidade e da improbidade por transferência de recursos a entidade privada, em razão de serviços na área de saúde sem a prévia celebração de contrato, convênio ou instrumento congênere. A partir de então, apesar de gravíssimos, esses comportamentos somente poderão ser apurados no campo da improbidade quando se enquadrarem nos art. 9º e 10. Fora dessas hipóteses, deverão ser examinados em outros âmbitos de responsabilidade, como o criminal e o disciplinar.

Apesar dessas mudanças e exclusões, de outro lado, a Lei n. 14.230/2021 pormenorizou o texto de certos incisos do art. 11 da LIA, que antes tinham redação concisa e aberta. Buscou, nesse movimento, ora harmonizá-los a novas leis, ora restringir seu alcance para limitar o subsistema de combate à improbidade.

Exemplo disso se verifica no art. 11, III, referente à improbidade do agente que revela "fato ou circunstância de que tem ciência em razão das atribuições e que deva permanecer em segredo, *propiciando o beneficiamento por* **informação privilegiada** *ou colocando em risco a segurança da sociedade e do Estado*" (g.n.). O trecho final em itálico não existia na redação originária e, a toda evidência, adiciona novo requisito para a condenação. Não basta revelar a informação que deveria ficar em segredo! É preciso que se comprove o impacto da conduta, ou seja, o efetivo beneficiamento de outros com a disponibilização de informações privilegiadas ou o risco à segurança social ou estatal advindo da circulação indevida da informação.

Ainda no campo da gestão de informações, o inciso IV foi igualmente objeto de detalhamentos em 2021. Esse comando reputa improbidade "**negar publicidade aos atos oficiais**, *exceto em razão de sua imprescindibilidade para a segurança da sociedade e do Estado ou de outras hipóteses instituídas por lei*" (g.n.). O trecho final adicionado pela Lei n. 14.230 adequadamente harmoniza a LIA com a Lei de Acesso à Informação (LAI) e com outras Leis especiais que autorizam, excepcionalmente, sigilo e restrições de informações em situações próprias.

Outro alvo da Lei n. 14.230 foi o texto do inciso V, que cuida da improbidade por comportamento que frustre, "*em ofensa à imparcialidade, o caráter concorrencial de concurso público, de chamamento ou de procedimento licitatório, com vistas à obtenção de benefício próprio, direto ou indireto, ou de terceiros*". A redação atual é bem mais ampla que a originária, que se restringia à frustração da licitude de concurso. De um lado, a Lei de 2021 alargou a improbidade por incluir outros processos administrativos de seleção, como os chamamentos e as licitações. De outro lado, restringiu o mandamento ao exigir, como condições da condenação: (i) a comprovação de ofensa à imparcialidade, de maneira que nem todo comportamento capaz de prejudicar o processo será ímprobo e (ii) a comprovação do intuito do sujeito ativo de obter benefício próprio, direto ou indireto, ou em favor de terceiros.

O inciso VI foi igualmente limitado na sua eficácia. Na atual redação, prevê que a omissão na **prestação de contas** por quem está obrigado a fazê-lo será improbidade desde que o agente "disponha de condições para isso" e desde que busque, pela omissão, "ocultar irregularidades". Isso revela que a condenação resta dependente da comprovação desses dois requisitos adicionais. Não basta apenas a omissão dolosa quanto à prestação de contas devida.

A Lei n. 14.230 ainda estendeu a improbidade por violação de princípios com alguns incisos novos. O inciso XII foi incluído na LIA para combater, no âmbito da Administração Pública e com recursos do erário, ato de publicidade estatal que viole o art. 37, § 1º da Constituição da República, de modo a "promover inequívoco **enaltecimento do agente público** e personalização de atos, de programas, de obras, de serviços ou de campanhas dos órgãos públicos". De outro lado, absorvendo a **Súmula Vinculante n. 13 do STF**, o inciso XI reputa improbidade o **nepotismo** direto ou cruzado como forma de nomeação de parente de até terceiro grau para cargo em comissão ou de confiança ou, ainda, para função gratificada na Administração Pública.

Saindo do campo das relações de parentesco, mas ainda ao tratar da nomeação de agentes, o art. 11, § 5º, incluído pela Lei n. 14.230, traz limitações à acusação ao estipular que "não se configurará improbidade a mera nomeação ou indicação política por parte dos detentores de mandatos eletivos, sendo necessária a aferição de dolo com finalidade ilícita por parte do agente". Esse comando não se destina aos casos de nepotismo. Direciona-se a situações em que pessoas de confiança do agente político são escolhidas para certos cargos sem, muitas vezes, ostentar as habilidades necessárias para o bom exercício da função. A meu ver, o § 5º foi introduzido na LIA para impedir o uso do princípio da moralidade administrativa como instrumento de combate a nomeações inadequadas, ou seja, de pessoas que não ostentam as qualidades necessárias para o desempenho de funções estatais.

26.3.5   Tipos especiais de improbidade

As condutas tipificadas nos arts. 9º, 10 e 11 da LIA não esgotam os atos de improbidade. O art. 1º, § 1º, reconhece que existem tipos previstos em leis especiais. Também o art. 11, § 2º, indica a presença de outros tipos fora da lei ao prever que "quaisquer atos de improbidade administrativa tipificados nesta Lei e *em leis especiais* e a *quaisquer outros tipos especiais de improbidade instituídos por lei*" se aplica a exigência de dolo do autor da infração na obtenção de proveito ou benefício indevido para si ou para outrem.

Exemplos de atos de improbidade fora da LIA aparecem, por exemplo, no **Estatuto da Cidade**. Nos termos do seu art. 52 da Lei n. 10.257/2001, incorrerá em improbidade o Prefeito que deixar de proceder a aproveitamento adequado de imóvel incorporado por desapropriação sancionatória urbana; utilizar incorretamente áreas obtidas por direito de preempção; utilizar recursos auferidos com outorga onerosa do direito de construir e alteração onerosa de uso de modo ilegal, entre outros comportamentos. Outras figuras de improbidade urbanística, principalmente voltadas a governadores e gestores de unidades regionais, apareciam no **Estatuto da Metrópole**. Ocorre que o art. 21 desse Estatuto foi revogado pela Lei n. 13.683/2018.

Além das normas urbanísticas, encontram-se tipos de improbidade em leis específicas de certas unidades federativas. Nesse sentido, a **Lei de Conflitos de Interesses da União** (Lei Federal n. 12.813/2013) considera improbidade a violação de regras de prevenção de conflitos de interesses durante o exercício da função pública ou após a cessação do vínculo do agente com a Administração federal (art. 12). Nota-se, aqui, uma espécie de improbidade de eficácia restrita a um nível federativo. Seguindo-se essa lógica, entendo que não seria descabido que Estados e Municípios ampliassem os tipos de improbidade em leis próprias, desde que respeitados os mandamentos básicos e gerais da LIA.

Assim como ocorre nas improbidades previstas na LIA, os tipos especiais que aparecem no Estatuto da Cidade, na Lei de Conflitos de Interesses e em outros diplomas somente se configuram quando houver dolo do agente. Embora algumas leis pareçam indicar improbidade de mera conduta, essa interpretação não se compatibiliza com o novo regramento da improbidade estipulado pela Lei n. 14.230/2021. Entendo, ainda, que os tipos especiais, por sua própria natureza, devem ser interpretados como taxativos, salvo norma expressa em sentido contrário.

26.4 AS SANÇÕES POR IMPROBIDADE

26.4.1 Sanções na LIA: aspectos gerais

Em resposta a atos de improbidade administrativa, devidamente apurados em ação judicial própria, a LIA estipula um conjunto de possíveis sanções, **aplicáveis cumulativa ou isoladamente**. Essas sanções consistem: na perda de bens ou valores acrescidos ilicitamente ao patrimônio do infrator ou de terceiros; na perda da função pública; na suspensão dos direitos políticos; na multa civil; na proibição de contratar com o Poder Público e/ou na de receber benefícios ou incentivos fiscais ou creditícios. Como se percebe, as sanções indicadas na legislação assumem diferentes naturezas jurídicas. Ora são medidas punitivas administrativas, ora políticas, ora civis, ainda que determinadas em sentença judicial. Entretanto, nenhuma delas têm natureza criminal.

Por força da autonomia do sistema de improbidade, as sanções da LIA não substituem as medidas de reparação civil de danos causados pelo comportamento, nem outras medidas administrativas e penais. Sem prejuízo da autonomia das diferentes responsabilidades, é preciso respeitar a **vedação ao *bis in idem***. Por exemplo, se um servidor já sofreu sanção disciplinar ou criminal de perda do cargo, não fará sentido aplicá-la na sentença de improbidade. Se já foi obrigado a reparar o dano em alguma ação indenizatória ou foi declarado inidôneo para participar de licitações e contratos, não deverá ser condenado novamente a tanto na esfera da improbidade. Note que isso não impede o Judiciário de estender a duração de certas sanções já aplicadas em outros processos de responsabilização quando a LIA autorizar penalidade mais longa e os critérios de dosimetria, aplicados ao caso, recomendarem o sancionamento mais rígido.

As sanções por improbidade também não se confundem com as **medidas cautelares** estipuladas pela própria LIA, sobretudo a indisponibilidade de bens e o afastamento provisório do agente público do seu cargo, emprego ou função. As sanções são reações estatais de repressão ao infrator, atingindo responsáveis diretos ou indiretos sob certos requisitos, enquanto as medidas cautelares se destinam a garantir o resultado útil do processo sancionador, direcionando-se fundamentalmente ao acusado.

Para além dessas considerações gerais e antes de se verificar as sanções da LIA em espécie, com seus respectivos regimes jurídicos, cumpre apontar os traços comuns a todas elas. Em apertada síntese, o sistema punitivo da LIA abrange sanções extrapenais de natureza híbrida, previstas taxativamente, de aplicação cumulativa ou isolada e dependentes de decisão judicial.

As **sanções são extrapenais**, pois, como demonstrado, atos de improbidade não configuram crimes, nem são apurados no processo penal.[4] Por simetria, as sanções assumem características administrativas, civis e políticas, mas não penais. A perda de função, a proibição de contratar e a de receber incentivos ou benefícios estatais têm caráter nitidamente administrativo. A suspensão de direitos políticos é sanção política. A multa e perda de valores são medidas repressivas civis.

Originariamente, o art. 12 da LIA não esclarecia se o Judiciário estava obrigado a cominar as sanções conjuntamente ou não. No entanto, em 2009, a redação legal foi alterada para autorizar a **aplicação isolada ou cumulativa** de acordo com a gravidade

---

4. Nesse sentido, Di Pietro aduz "(...) as sanções indicadas no artigo 37, § 4º, da Constituição não têm a natureza de sanções penais, porque, se tivessem, não se justificaria a ressalva contida na parte final do dispositivo, quando admite a aplicação das medidas sancionatórias nele indicadas 'sem prejuízo da ação penal cabível'". DI PIETRO, Maria Sylvia Zanella. *Direito administrativo*, 36ª ed. São Paulo: Atlas, 2023, p. 2.139. Em sentido contrário, Justen Filho aduz que: "Se o sancionamento correspondente à improbidade fosse exclusivamente civil ou administrativo, haveria competência para sua aplicação no âmbito da atividade administrativa. A exigência legal da intervenção do Judiciário comprova a natureza penaliforme do instituto. Um dos aspectos marcantes do direito penal reside na aplicação jurisdicional de suas normas". JUSTEN FILHO, Marçal. *Curso de direito administrativo*, 14ª ed. Rio de Janeiro: Forense, 2023, p. 798.

do fato. Isso significa que a sentença condenatória pode, mas não necessita aplicar todas as sanções contra o condenado ou quem por ele responda. Há discricionariedade de conteúdo. Permite-se ao juiz eleger as sanções que infligirá, levando em conta os critérios de dosimetria. Além disso, algumas das sanções deverão ser dosadas no tocante à amplitude de seus efeitos, como a suspensão de direitos políticos e a proibição de contratar, para as quais a LIA estabelece apenas limites máximos em anos.

Como as sanções do art. 12 são taxativas e dependentes de lei, não se aceita que o Judiciário imponha ao condenado sanções não previstas em lei. Tampouco é concebível que novas espécies sancionatórias venham a ser inseridas no ordenamento jurídico por fontes normativas administrativas, como Decretos e Resoluções. Isso violaria o art. 37, § 4º, e o art. 5º, II, da Constituição da República, dos quais se extrai a **reserva legal** na fixação das sanções por improbidade administrativa.

Ademais, todas as sanções previstas na LIA dependem de condenação por decisão judicial. A Lei é confusa quanto à possibilidade de execução provisória das sanções. A esse respeito, o art. 20 afirma que a perda da função pública e a suspensão dos direitos políticos só se efetivam com o trânsito em julgado. *A contrario sensu*, outras sanções poderiam se submeter à execução provisória. Ocorre que o art. 12, § 9º, nega essa conclusão, pois é expresso ao afirmar que as sanções da LIA "somente poderão ser executadas **após o trânsito em julgado da sentença condenatória**".[5]

QUADRO: características das sanções da LIA

Natureza jurídica	a. Híbrida: civil, política e administrativa
	b. Extrapenal
Aplicação	a. Cumulativa ou isolada
	b. Dependente de sentença judicial

Fonte: elaboração própria.

26.4.2 Sanções em espécie e dosimetria

As sanções por ato de improbidade encontram-se sistematizadas no art. 12 da LIA. Esse dispositivo contém regras sobre a decisão condenatória e permite a aplicação cumulativa ou isolada das sanções. Além disso, aponta as sanções para cada uma das três categorias de atos de improbidade constantes da LIA, conferindo-lhes pesos e limites diferenciados. O quadro esquemático a seguir oferece um panorama dessas normas.

---

5. Também nesse sentido, Justen Filho conclui: "As sanções impostas aos condenados em ação de improbidade apenas adquirem eficácia depois do trânsito em julgado da sentença condenatória. Essa determinação elimina a controvérsia sobre a ausência de efeito suspensivo de recursos". JUSTEN FILHO, Marçal. *Reforma da Lei de Improbidade Administrativa: Lei 14.230 comparada e comentada*. Rio de Janeiro: Forense, 2021, p. 179.

QUADRO: panorama das sanções por ato de improbidade

Espécies de sanção	Improbidade por enriquecimento ilícito	Improbidade por prejuízo ao erário	Improbidade contra princípios
Perda de bens ou valores acrescidos ilicitamente	Sim	Sim	Não prevista
Perda da função pública	Sim	Sim	Não prevista
Suspensão dos direitos políticos	Até 14 anos	Até 12 anos	Não prevista
Multa civil	Equivalente ao acréscimo patrimonial	Equivalente ao valor dos danos	Até 24 vezes a remuneração do agente
Proibição de contratar com o Poder Público ou de receber benefícios ou incentivos fiscais ou creditícios	Prazo não superior a 14 anos	Prazo não superior a 12 anos	Prazo não superior a 4 anos

Fonte: elaboração própria

Por força do art. 12 da LIA, o Judiciário deverá inicialmente decidir quem condenará, comprovando a autoria, a materialidade, o dolo, a lesividade relevante, entre outros parâmetros. Em seguida, para os sujeitos condenados, realizará juízos de discricionariedade quanto ao sancionamento. Em primeiro lugar, escolherá quais sanções aplicará, isto é, se todas elas cumulativamente ou apenas algumas. Em segundo, fixará a duração das sanções de suspensão dos direitos políticos e de proibição de contratar/receber benefício ou incentivos, caso tenha decidido aplicá-las no caso concreto.

Para nortear o Judiciário dentro dessas margens de escolha, a LIA oferece um conjunto amplo de parâmetros.

Ao decidir quem condenará, o juiz observará as sentenças civis e penais que tiverem concluído pela inexistência da conduta ou negativa de autoria (art. 21, § 3º). Não estará vinculado, porém, às decisões dos órgãos de controle, como os Tribunais de Contas. O art. 21 da LIA esclarece que a **aprovação ou rejeição de contas** não é determinante para decisão judicial. No entanto, atribui ao juiz a tarefa de considerar as provas produzidas perante esses órgãos de controle na formação de sua convicção, sem prejuízo de seu dever de comprovar o dolo na improbidade (art. 21, § 2º).

Nas tarefas de escolha das sanções e fixação de sua dose, o juiz deverá igualmente ponderar a **influência das medidas de controle** sobre o acusado. De acordo com a LIA, "os atos do órgão de controle interno ou externo serão considerados pelo juiz quanto tiverem servido de fundamento para a conduta do agente público" (art. 21, § 1º). Por exemplo, se o acusado tiver cometido o ato infrativo, porque o Tribunal de Contas lhe vedou alternativas, impôs uma certa conduta ou a indicou como mais acertada em atos opinativos, então esses elementos, embora não impeçam a condenação, jamais poderão ser ignorados na mensuração razoável das sanções.

Ao orientar o juiz a verificar o contexto em que o ato foi praticado, a LIA aproxima-se a duas disposições da LINDB, a saber: (i) a que exige do julgador interpretar as normas de direito público de acordo com os "**obstáculos e as dificuldades reais do gestor** e as exigências das políticas públicas a seu cargo..." (art. 17-C, III, da LIA e art. 22, *caput*, da LINDB) e (ii) a que impõe ao julgador levar em conta as **circunstâncias práticas** que houverem imposto, limitado ou condicionado a ação do agente (art. 17-C, III, da LIA e art. 22, § 1º, da LINDB). Como bem resume Jordão, esses dispositivos embutem um "pedido de empatia" com o gestor público e suas dificuldades.[6]

Ainda no tocante à escolha e à dosimetria das sanções, a LIA impõe ao juiz considerar a **gravidade do ato de improbidade** (art. 12, *caput*) e que a punição compense as sanções aplicadas em outras esferas ao mesmo condenado pelo mesmo comportamento LINDB (art. 21, § 5º). Com esse mandamento de compensação, o legislador certamente busca atingir dois objetivos:

- De um lado, reforça o respeito à vedação do *bis in idem*, ou seja, à multiplicação de sanções de mesma natureza pelo mesmo ato. Essa vedação está expressa no art. 12, § 7º, que trata da relação da LIA com a LAC;
- De outro lado, o art. 21, § 5º visa impedir o excesso punitivo. Não basta ao juiz olhar o processo de que cuida. É preciso que observe toda e qualquer condenação já incidente sobre o condenado para, no geral, mensurar o peso adequado da repressão estatal não apenas na ação de improbidade, mas sim em sua globalidade, ou seja, no conjunto de reações punitivas do Estado ao condenado. O papel de colaboração da defesa do acusado nessa tarefa é evidentemente essencial!

Seguindo a lógica da razoabilidade e da proibição de excesso, especificamente no tocante às *pessoas jurídicas*, a LIA exige que o Judiciário considere os **efeitos sociais e econômicos das sanções**, de modo a viabilizar a manutenção de suas atividades (art. 12, § 3º). Explica Guilherme Corona Lima que a disposição legal consagra o "princípio da preservação da empresa".[7] Para além das empresas, porém, entendo que o comando se destina a proteger toda e qualquer pessoa jurídica que tenha sido criada para exercer fins legítimos. Ao se referir ao impacto social, a LIA pede que se levem em conta no sancionamento aspectos como a geração de postos de trabalho, o papel social da entidade (sobretudo das que atuam no terceiro setor), a importância de seus produtos e serviços para os consumidores, cidadãos, entes públicos e privados etc. Ao tratar do impacto econômico, a lei requer do julgador ponderações sobre o papel da pessoa jurídica para o desenvolvimento, a geração de

---

6. JORDÃO, Eduardo. *Estudos antirromânticos sobre controle da Administração Pública*. São Paulo: JusPodivm, 2022, p. 46.
7. LIMA, Guilherme Corona Rodrigues. *Direito administrativo sancionador e a função social da empresa*. Rio de Janeiro: Lúmen Juris, 2022, p. 153-154.

riquezas, o equilíbrio da concorrência no setor, a arrecadação de tributos etc. Em suma, mais adequado é falar de um princípio de "**preservação da pessoa jurídica**".

Outros limites à responsabilização da pessoa jurídica dizem respeito aos **sucessores**. De acordo com a LIA, em casos de fusão e incorporação, não serão aplicáveis as sanções por improbidade à empresa sucessora quando decorrerem de *"atos e de fatos ocorridos antes da data da fusão ou da incorporação, exceto no caso de simulação ou de evidente intuito de fraude, devidamente comprovados"* (art. 8º-A, parágrafo único). As sucessoras não responderão por sanções de atos de improbidade ocorridos antes da operação concentrativa, ainda que a condenação sobrevenha após a realização dessa operação, salvo, naturalmente, quando se demonstrar que a concentração tenha servido a evitar intencionalmente a eficácia da condenação por improbidade. Assim, para responsabilizar os envolvidos em operações de concentração econômica, importa considerar dois fatores: (i) a boa-fé da pessoa jurídica sucessora e (ii) a data de ocorrência da improbidade.

26.4.3 Perda da função pública

A perda da "função pública" implica sujeitar o condenado por improbidade ao desligamento de suas funções laborais no Estado. Por função laboral, entenda-se qualquer tipo de trabalho realizado em pessoas jurídicas estatais de direito público interno ou de direito privado. Sob essa perspectiva ampla, a perda da função mencionada pela LIA como sanção inclui tanto a perda de meras funções transitórias e pontuais, como as exercidas por estagiários, representantes em conselhos de políticas públicas e temporários, como as desempenhadas no âmbito de empregos públicos e cargos públicos das mais diversas naturezas, ou seja, cargos comissionados, com ou sem mandato, cargos de provimento efetivo ou de provimento vitalício e cargos políticos.

Ao modificar a LIA, a Lei n. 14.230/2021 causou expressiva restrição a essa sanção. A meu ver, a reforma de 2021 gerou incongruências no ordenamento jurídico, além de riscos a interesses públicos primários. Em primeiro lugar, na redação atual, o art. 12 prevê a perda da função tão somente para quem cometer improbidade por enriquecimento ilícito e por prejuízo ao erário. O texto legal não mais aponta a perda de função para improbidade por violação de princípios. Essa exclusão expressa um retrocesso no combate a condutas gravíssimas, como a de frustrar a competição em licitações e concursos em geral.

A despeito do retrocesso evidente, o ordenamento jurídico brasileiro prevê que o infrator se sujeitará à perda de cargo, emprego ou função por decisão condenatória em outras esferas, como no processo disciplinar ou no processo penal a depender de algumas condições. Ocorre que a perda em processo disciplinar se restringe a certos agentes administrativos, não podendo atingir todo e qualquer agente público. Disso se conclui que as modificações ocasionadas pela Lei n. 14.230 promoveram questionável blindagem de agentes políticos e ocupantes de cargos vitalícios. Afinal, mesmo quando condenados em razão de improbidade por violação a princípios, esses grupos de agentes somente poderão ser desligados se sofrerem paralelamente condenações criminais ou em processos de crime de responsabilidade.

Outra restrição inicialmente trazida pela Lei n. 14.230 se refere ao tipo de vínculo funcional. A sanção extingue tão somente o vínculo que o agente público ou político detinha com o poder público na **época do cometimento da infração** (art. 12, § 1º). Por ilustração, se um professor doutor cometer improbidade por enriquecimento ilícito em certa universidade pública, mas, durante o processo judicial, for aprovado em novo concurso para ocupar cargo de professor titular, a sanção não mais lhe atingirá, pois o cargo ocupado na data do cometimento da infração é distinto do cargo ocupado na data da condenação, embora o condenado ainda figure como servidor público da mesma entidade.

É preciso advertir que o art. 12, § 1º teve sua eficácia suspensa pela decisão cautelar que o STF emitiu na **ADI 7236**. Entendo a suspensão adequada, já que os efeitos do dispositivo são bastante nocivos, sobretudo naquelas situações em que o cargo novo for ocupado na entidade em que o condenado tiver praticado atos de improbidade, tal como apontado no exemplo.

Para compensar em parte a restrição criada pelo art. 12, § 1º, a LIA oferece uma pequena válvula de escape: autoriza que o magistrado, em caráter excepcional, estenda a perda da função para os demais vínculos do condenado, "consideradas as circunstâncias do caso e a gravidade da infração" (art. 12, § 1º). Entretanto, o legislador pecou por limitar essa extensão da sanção à improbidade por enriquecimento ilícito, deixando de fora a improbidade por lesão ao erário. No exemplo mencionado do professor que se enriqueceu ilicitamente, portanto, a extensão da sanção de perda para o cargo de titular na mesma entidade poderia ocorrer. Porém, se tivesse praticado improbidade por prejuízo ao erário, a extensão não seria juridicamente possível.

A vedação da extensão da perda da função em caso de improbidade por lesão ao erário me parece inconstitucional. Onde existe a mesma razão, deve incidir a mesma lógica jurídica, não havendo espaço para privilégios ou discriminações imotivadas. Ademais, não entendo compatível com o interesse público, nem com a moralidade administrativa – princípios ancorados na Constituição –, vedar a extensão da perda de função a demais vínculos para aqueles que tenham sido condenados por ocasionar, dolosamente, prejuízos ao erário.

Para além dessas polêmicas e restrições, como se apontou anteriormente, a LIA veda qualquer iniciativa de execução provisória da sanção de perda de função. O art. 20 e o art. 12, § 9º apontam que a sanção somente poderá ser **executada após o trânsito em julgado**. Independentemente dessa vedação, para afastar riscos, é possível que as autoridades se utilizem da medida cautelar de afastamento do agente acusado do exercício de suas funções. Esse afastamento não tem caráter sancionatório.

Fixada por prazo determinado, visa unicamente a impedir que o acusado utilize sua posição funcional para destruir provas, de qualquer forma prejudicar a instrução ou cometer novas infrações.

26.4.4 Suspensão dos direitos políticos

A suspensão de direitos políticos é outra sanção bastante gravosa que a LIA prevê. Trata-se de medida punitiva temporária que impede a pessoa física condenada de gozar seus direitos políticos. Desse modo, o condenado não poderá propor ação popular, alistar-se para fins eleitorais, votar em eleições, plebiscitos e referendos, apresentar projetos de lei etc.[8]

Referida sanção encontra fundamento constitucional expresso. De acordo com o art. 15 da Constituição da República, "é vedada a cassação de direitos políticos, cuja perda ou suspensão somente se dará nos casos de: I – cancelamento da naturalização por sentença transitada em julgado; II – incapacidade civil absoluta; III – condenação criminal transitada em julgado, enquanto durarem seus efeitos; IV – recusa de cumprir obrigação a todos imposta ou prestação alternativa, nos termos do art. 5º, VIII [da Constituição]; V – *improbidade administrativa*, nos termos do art. 37, § 4º".

Harmonizando-se ao dispositivo constitucional, a LIA dispõe que a condenação por improbidade autoriza a imposição da sanção de suspensão de direitos políticos: (i) para infrações de enriquecimento ilícito pelo prazo máximo de 14 anos ou (ii) para infrações de prejuízo ao erário por prazo máximo de 12 anos. Para ato de improbidade por violação a princípios, não mais se prevê a sanção aqui discutida.

A execução da suspensão depende do trânsito em julgado da sentença condenatória (art. 20). Apesar disso, a LIA determina que a contagem do prazo da sanção computará "retroativamente o intervalo de tempo entre a decisão colegiada e o trânsito em julgado da sentença condenatória" (art. 12, § 10). Ocorre que o STF suspendeu a eficácia desse dispositivo na decisão cautelar emitida na **ADI 7236**.

A Lei n. 14.230, ao reformar a LIA, também excluiu a possibilidade de se impor a suspensão de direitos políticos, assim como a perda de função pública, aos condenados pela prática de ato de improbidade por violação de princípios. Apesar das gravíssimas condutas praticadas mediante violação dolosa de princípios, fica evidente que o atual regime sancionatório da LIA, estruturado em 2021, é muito mais brando e leniente a esse tipo de infrator.

---

8. De acordo com Carvalho Filho, "A sanção de suspensão de direitos políticos tem natureza política e expressa o que diz sua própria denominação. Traduz a impossibilidade de o autor da improbidade exercer, em determinado período, sua plena cidadania mediante o exercício de seus direitos políticos. Enquanto perdurar a sanção, não pode o autor, por exemplo, exercer seu direito de voto nem de se habilitar para ser eleito; ou seja, nem pode ser eleitor nem elegível". CARVALHO FILHO, José dos Santos. *Manual de Direito Administrativo*, 38ª ed. Rio de Janeiro: Atlas, 2024, p. 949.

A meu ver, essa discriminação dos regimes punitivos é questionável. Na prática, atos dolosos de violação de princípios podem ter gravidade e ocasionar impactos nocivos muito maiores que atos de enriquecimento ilícito ou lesão ao erário. Não bastasse isso, o regime atual impõe diversos requisitos para a caracterização da improbidade por violação a princípios, demonstrando que somente condutas muito graves poderão ser rotuladas como infrativas. Eis mais um motivo para justificar que o regime sancionatório aplicável nesses casos seja, no mínimo, tão duro quanto o incidente para as demais categorias de improbidade.

26.4.5 Proibição de contratar

Também são sanções contra atos de improbidade as proibições de contratar com o poder público, bem como de receber benefícios ou incentivos fiscais ou creditícios, direta ou indiretamente, ainda que por intermédio de pessoa jurídica da qual o condenado seja sócio majoritário. Esse tipo de sanção não é exclusivo da LIA, aparecendo também na Lei de Licitações e na Lei de Defesa da Concorrência (respectivamente, no art. 156, III e § 4º, da Lei n. 14.133/2021 e no art. 38, II da Lei n. 12.529/2011).

Essa sanção proibitiva pode ou não ser determinada pela autoridade judicial na condenação pela prática de improbidade. Não importa se o infrator cometeu ou não o ato de improbidade no âmbito de licitações, contratos administrativos, recebimento de benefícios ou incentivos. Todo e qualquer tipo de improbidade pode ocasionar sua cominação, ainda que sem qualquer relação com contratação ou fomento públicos.

A extensa aplicabilidade da proibição se justifica. Em termos de moralidade administrativa, proibir a participação em contratações públicas é recomendável para evitar que violadores da honestidade nas relações com o Estado venham a se beneficiar de recursos estatais e afastar dos mercados públicos agentes econômicos que agem de modo correto no trato com a Administração Pública. Em termos repressivos, a proibição se revela útil pelo impacto econômico que ocasiona sobre o condenado, pois o alija de acessar os vultosos recursos financeiros despendidos pela Administração tanto nas contratações tradicionais da Lei de Licitações, como em concessões comuns, parcerias público-privadas, parcerias sociais, contratos de gestão e outros módulos contratuais firmados entre o Estado e particulares.

Em 2021, muitas modificações foram introduzidas no regime da sanção em questão.

Em primeiro lugar, o art. 12, § 8º, inserido pela Lei 14.230, passou a exigir que a "proibição de contratação com o Poder Público deverá constar do **Cadastro Nacional de Empresas Inidôneas e Suspensas (CEIS)**", observadas as limitações territoriais contidas na decisão judicial. O escopo da norma não é outro, senão o de promover a devida divulgação da sanção, levando-a ao conhecimento do maior número de entes públicos. A medida é relevante, pois o condenado poderia ocultar sua situação de impedimento para a contratação, beneficiando-se ilicitamente de contratos, incentivos e créditos durante a vigência da sanção cominada em razão da prática de improbidade. A inclusão dos condenados no CEIS permitirá aos órgãos federais, estaduais e municipais acessar com rapidez e facilidade o *status* de um licitante ou contratante e obter informações sobre a vigência de eventuais proibições resultantes de condenações prévias por improbidade.

Em segundo lugar, a Lei n. 14.230 promoveu modificações relevantes no tocante aos limites temporais da sanção. A proibição se tornou potencialmente mais gravosa, porém simultaneamente mais flexível. A redação atual do art. 12 prevê prazos máximos de proibição de contratar que atingem até 14 anos na condenação por enriquecimento ilícito; até 12 anos na condenação por prejuízo ao erário e até 4 anos, por violação a princípios. Desde a reforma de 2021, a proibição pode se estender por muito mais tempo. No entanto, a redação atual também confere mais flexibilidade ao Judiciário, uma vez que não estipula um prazo mínimo de duração. Desse modo, autoriza o julgador a dosar a proibição de contratar, inclusive para fixar proibições reduzidas a meses ou dias.

Em terceiro lugar, após a reforma de 2021, mediante requerimento do réu na fase de cumprimento da sentença, o juiz "unificará eventuais sanções aplicadas com outras já impostas em outros processos, tendo em vista a eventual continuidade de ilícito ou a prática de diversas ilicitudes" (art. 18-A). Por conseguinte, a proibição de contratar imposta na condenação judicial por improbidade será acomodada a outras proibições do gênero, determinadas seja em processo judicial, seja em processo administrativo (como os de responsabilidade pela Lei de Licitações), de maneira a se evitar punição excessiva. Quando a unificação se mostrar cabível, no pior dos cenários, a proibição de contratar resultante de múltiplas condenações, administrativas ou judiciais não poderá superar o limite máximo de 20 anos (art. 18-A, parágrafo único, da LIA).

Em quarto lugar, a reforma de 2021 mudou as regras sobre o termo inicial da proibição de contratar. Na sua redação originária, a LIA previa tão somente o art. 20, de acordo com o qual "a perda da função pública e a suspensão dos direitos políticos só se efetivam com o trânsito em julgado da sentença condenatória". A interpretação *a contrario sensu* desse dispositivo levava o intérprete à conclusão de que outras sanções, como a proibição de contratar, seriam capazes de produzir efeitos antes do trânsito em julgado da condenação.

Com a Lei n. 14.230, porém, inseriu-se o § 9º no art. 12 da LIA, que assim prevê: "as sanções previstas neste artigo [12] somente poderão ser executadas após o trânsito em julgado da sentença condenatória". Estranhamente, a reforma de 2021 não modificou o precitado art. 20, deixando aparente contradição interna na LIA. Não obstante, o desejo do legislador parece evidente. As sanções por improbidade são extremamente graves, de maneira que não devem ser executadas sem que o provimento condenatório se estabilize com o trânsito em julgado. A pessoa condenada por improbidade em decisão ainda não transitada em julgado poderá continuar a participar de licitações e celebrar novos contratos até que o trânsito em julgado se materialize.

O legislador não esclarece se os contratos administrativos firmados pelo acusado antes do trânsito em julgado da condenação por improbidade e cuja execução perdura após o trânsito em julgado da condenação seriam suspensos/extintos. Essa discussão é relevante, pois a Lei n. 14.133/2021 estipula que todo contrato deverá embutir cláusula que preveja a "obrigação do contratado de manter, durante toda a execução do contrato, em compatibilidade com as obrigações por ele assumidas, todas as condições exigidas para a habilitação na licitação, ou para a qualificação, na contratação direta" (art. 92, XVI). Além disso, a LLic prevê que a "habilitação jurídica visa a demonstrar a capacidade de o licitante exercer direitos e assumir obrigações, e a documentação a ser apresentada por ele limita-se à comprovação de existência jurídica da pessoa e, *quando cabível, de autorização para o exercício da atividade a ser contratada*" (art. 66, g.n.).

Esses dispositivos poderiam sustentar a conclusão de que a condenação por prática de improbidade demandaria a rescisão imediata de contratos firmados anteriormente. Contudo, é preciso lembrar que a autorização para exercício de atividade é, na verdade, uma autorização profissional regulatória, emitida por conselhos e entes públicos que regulam a atividade laboral técnica. Não se trata de autorização em geral para poder contratar. Partindo-se dessa premissa, entendo que os efeitos de proibição de contratar operam apenas para o futuro, ou seja, para a celebração de novos contratos. Não exige, pois, a suspensão ou extinção dos contratos em curso firmados pelo acusado antes da condenação. Essa conclusão se reforça pelo art. 14, inciso III, da Lei n. 14.133, segundo o qual "não poderão disputar licitação ou participar da execução do contrato, direta ou indiretamente: (...) III – pessoa física ou jurídica que se encontre, *ao tempo da licitação*, impossibilitada de participar da licitação em decorrência de sanção que lhe foi imposta".

Outro problema que suscita debates diz respeito à possibilidade de o condenado à sanção de proibição de contratar vir a participar de procedimentos de contratação (direta, por licitação, por chamamento ou outro expediente) antes do termo final da proibição. Essa discussão é inevitável e remete mais uma vez ao precitado art. 14, III, da Lei n. 14.133, que impede a disputa na licitação ou a participação na execução de contrato administrativo de "pessoa física ou jurídica que se encontre, *ao tempo da licitação*, impossibilitada de participar da licitação em decorrência de sanção que lhe foi imposta".

Mesmo após a reforma, a LIA ainda deixa dúvidas sobre o assunto frente a comandos como o previsto no art. 14 da LLIC. Entretanto, é preciso observar que a Lei de Improbidade fala única e tão somente de proibição de *contratar*, excluindo qualquer efeito proibitivo de licitar ou participar de etapas preparatórias da contratação. Por seu teor mais restrito, a norma contida no sistema de combate à improbidade torna-se evidentemente diferente de outras semelhantes previstas no ordenamento pátrio.

A Lei de Licitações, por exemplo, fala expressamente de impedimento e de declaração de inidoneidade *para contratar e para licitar* (art. 156, III e IV).[4] Já a Lei de Defesa da Concorrência (Lei n. 12.529/2011) prevê a "*proibição de contratar* com instituições financeiras oficiais e *participar de licitação* (...) por prazo não inferior a 5 (cinco) anos" (art. 38, II). Diferentemente, a LIA se omite em relação à participação em licitações e procedimentos de contratação em geral. Trata apenas de proibição de contratar, mas não de proibição para licitar. Nesse contexto, entendo que a condenada poderá participar desses procedimentos de contratação durante a vigência da sanção desde que não celebre contratos antes do termo final da proibição sancionatória.

Além desses aspectos, em quinto lugar, a Lei 14.230 superou uma lacuna da redação originária da LIA e passou a incluir disposições sobre os efeitos espaciais da sanção, de modo a esclarecer onde a proibição produzirá efeitos. De acordo com o § 4º do art. 12: "em caráter excepcional e por motivos relevantes devidamente justificados, a sanção de proibição de contratação com o poder público **pode extrapolar o ente público lesado pelo ato de improbidade**, observados os impactos econômicos e sociais das sanções, de forma a preservar a função social da pessoa jurídica, conforme disposto no § 3º deste artigo" (g.n.).

Esse novo comando abarca inúmeras normas: (i) a sanção de proibição de contratar vale, regra geral, apenas em relação ao ente estatal que sofreu os efeitos do ato de improbidade; (ii) excepcionalmente, e mediante ampla motivação, os efeitos da sanção poderão ser ampliados. A LIA autoriza o Judiciário a estender a sanção para proibir a contratação em relação a todos os entes do mesmo nível federativo (como um impedimento de contratar da LLIC) ou, de maneira mais gravosa, para proibir a contratação com o Poder Público de modo absoluto por certo período, *i.e.*, aplicar a sanção para todos os níveis da federação (em semelhança a uma declaração de inidoneidade).

Ao estender a sanção, é imprescindível que se apresentem os motivos cabíveis, ponderando-se a natureza e a gravidade do comportamento ilícito que configura improbidade, bem como os efeitos ou consequências fáticas para a preservação da pessoa condenada e que aborde, ao menos: (a) os impactos econômicos e (b) os impactos sociais.

A LIA não explica exatamente o que seriam esses impactos, mas algumas orientações interpretativas se deixam extrair do objetivo explícito apontado pelo legislador, qual seja: não ocasionar a extinção da pessoa jurídica, com ou sem finalidade lucrativa. Se o objetivo é a preservação da entidade, então o efeito econômico pode ser interpretado como o efeito nocivo, em termos de receitas e faturamento, que a extensão da sanção de proibição de contratar ocasionará à condenada. Já os impactos sociais podem ser lidos como os efeitos para pessoas físicas dependentes da pessoa jurídica, em especial, seus empregados e demais trabalhadores, bem como suas famílias e, em última instância, a coletividade em que esses indivíduos se inserem.

Um último aspecto que merece consideração diz respeito à extensão da sanção a outras pessoas que não o próprio infrator. De acordo com a LIA, a proibição atinge não apenas o infrator condenado, como também a **"pessoa jurídica da qual seja sócio majoritário"** (art. 12, I a III). A extensão legal não se direciona aos acionistas ou sócios da pessoa jurídica condenada, nem aos proprietários do condenado. Trata-se de penalidade exclusivamente extensível às pessoas jurídicas que tenham o condenado como sócio com poder relevante. A legislação se preocupa com as sociedades sob **controle majoritário** do condenado e que, por conseguinte, sujeitam-se a manipulações no sentido de burlar a sanção de proibição de contratar ou de receber benefícios fiscais ou creditícios dirigida ao sócio infrator. Não há, portanto, extensão da responsabilidade às sociedades em que o condenado figura como sócio minoritário.

Proibição de contratar	Características
Divulgação	Obrigatória no CEIS
Limites temporais (duração da proibição)	Até 14 anos para enriquecimento ilícito; Até 12 anos para dano ao erário; Até 4 anos para violação de princípios.
Limites espaciais (âmbito de aplicabilidade da proibição na federação)	A princípio, vale para contratações da entidade que sofreu a improbidade, mas é possível a extensão de efeitos a outras entidades (sem limitação quanto ao nível federativo).
Limites materiais (possibilidade de gerar proibição de licitar e de participar de procedimentos de contratação em geral, inclusive preparatórios).	Restrita à contratação, não atingindo processos preparatórios ou a licitação propriamente dita.
Limites subjetivos (possibilidade de responsabilizar terceiros não infratores com a proibição de contratar)	Possível extensão às pessoas jurídicas de que o condenado seja sócio majoritário.

Fonte: elaboração própria

26.4.6 Multa e perda de bens ou valores

Ao lado das medidas de restrição de direitos, a LIA prevê uma série de consequências pecuniárias aos condenados por ato de improbidade. Nessa categoria de sanções, incluem-se a multa civil e a perda de valores, sem prejuízo da reparação de danos causados.

A multa civil é a sanção mais básica da responsabilidade por improbidade. De acordo com a LIA, essa será a única sanção aplicável contra os atos de improbidade menos ofensivos (art. 12, § 5º). Melhor dizendo: restrita a lesividade relevante ao mínimo necessário a tornar o comportamento infrativo, o Judiciário não deverá aplicar outras sanções além da multa. No entanto, conforme explicam José Roberto

Pimenta Oliveira e Dinorá Grotti, a LIA peca por não detalhar as características da "menor ofensividade".[9]

Os valores pecuniários da multa variam conforme o tipo infrativo pelo qual se condena o infrator. O montante equivalerá: (i) ao acréscimo patrimonial no caso de improbidade por enriquecimento ilícito; (ii) ao valor dos danos no caso de prejuízo ao erário e (iii) até 24 vezes a remuneração do agente condenado na violação de princípios. Embora a lei nada diga, entendo que esses valores de referência deverão ser devidamente atualizados diante dos efeitos corrosivos da inflação. Sem isso, a multa poderá se tornar irrisória.

Considerando a situação econômica do réu, as multas poderão ser **aumentadas até o seu dobro** com o objetivo de conferir eficácia à sanção em sua função repressiva e preventiva (art. 12, § 2º). Essa regra de elevação da multa é relevante, mas, a meu ver, terá pouca efetividade em relação a pessoas jurídicas condenadas, já que nem sempre a duplicação será suficiente para produzir efeito significativo sobre agentes com expressivo porte econômico, como grandes empresas. Para as pessoas jurídicas, mais adequado seria o legislador estipular uma multa com base no faturamento anual, como faz a Lei Anticorrupção e a Lei de Defesa da Concorrência.

A multa civil não se confunde com a **perda de valores ou bens** que, mediante a prática da improbidade, o condenado logrou acrescer ilicitamente ao seu patrimônio. De acordo com a LIA, todos os objetos e valores pecuniários que o infrator do ato agrega ao patrimônio serão perdidos. É preciso, também aqui, estipular a perda não somente do principal. Entendo ser igualmente necessário considerar a atualização monetária dos valores, bem como os frutos obtidos com o recurso principal, como os juros de aplicações financeiras.

Tome-se o exemplo de servidor público que tenha desviado dos cofres públicos um milhão de reais a seu favor há dois anos. A perda equivalerá ao montante do valor desviado, necessariamente atualizados, com os frutos eventualmente vinculados ao principal. A isso se poderá somar a multa civil no valor de mais um milhão de reais (montante equivalente ao acréscimo patrimonial). Desse modo, o valor das duas sanções atingirá, no mínimo, dois milhões de reais, sem prejuízo das atualizações, da reparação por danos causados e demais sanções.

26.4.7 Reparação de danos

Resultado adicional dos atos de improbidade consiste no dever de reparação de danos causados pelo infrator tanto ao sujeito passivo (entidade lesada), quanto

---

9. OLIVEIRA, José Roberto; GROTTI, Dinorá Adelaide Musetti. Panorama do sistema de responsabilização pela prática de atos de improbidade administrativa na Lei de Improbidade Administrativa reformada. In: OLIVEIRA, Jose Roberto Pimenta; DAL POZZO, Augusto Neves (Org.). *Lei de Improbidade Administrativa Reformada*. São Paulo: Revista dos Tribunais, 2022, p. 70.

a terceiros. A reparação de danos é a restituição da situação anterior à prática do ilícito. Ao obter a reparação devida pelo condenado, o sujeito prejudicado não obtém qualquer ganho, mas simplesmente retoma aquilo que era seu antes do ato infrativo. Por isso, nos casos em que o perdimento de bens ou valores já for suficiente para restaurar a situação anterior, fazendo desaparecer os danos materiais causados à Administração Pública, não sobrará razão para a reparação.

Da mesma forma, é imprescindível descontar da reparação os valores correspondentes ao que efetivamente o condenado prestou de serviços, entregou de mercadorias ou trabalhou (art. 18, § 3º, da LIA). O STJ já consagrava esse entendimento, reconhecendo em suas teses jurisprudenciais que "nas ações de improbidade administrativa, é indevido o ressarcimento ao erário de valores gastos com contratações, ainda que ilegais, quando efetivamente houve contraprestação dos serviços, sob pena de enriquecimento ilícito da Administração".[10]

Na prática, a reparação civil se viabiliza por dois caminhos: (i) a **reparação restitutória** implica a reconstituição da situação originária, enquanto (ii) a **reparação ressarcitória** exige o pagamento de indenização como montante pecuniário equivalente ao dano. A partir disso se conclui que a indenização é apenas uma das formas da reparação, não a única. Sempre que for possível, com razoabilidade, restaurar a situação anterior ao ilícito, essa opção deverá ser preferida à indenização, já que será melhor compensar com perfeição o prejuízo.

Imagine que um servidor tenha subtraído computadores da repartição pública em que atua. Ao ser condenado pela prática de improbidade, a devolução dos computadores subtraídos equivalerá à reparação restitutória. Caso os computadores tenham sido destruídos, vendidos a terceiros ou, por qualquer outra razão, não possam ser devolvidos, a reparação ocorrerá pelo pagamento de indenização no valor atualizado dos bens ao ente prejudicado.

O tratamento da reparação civil na LIA submete-se a muitas regras próprias. Várias delas se encontram no art. 18, que cuida igualmente de perda de valores e bens ilicitamente adquiridos. Em apertada síntese, esse dispositivo aponta que os valores de indenização ou do perdimento serão **direcionados à pessoa jurídica prejudicada pelo ilícito**, a qual deverá proceder ao pedido de liquidação do dano quando cabível. Diante de sua omissão, caberá ao Ministério Público proceder à liquidação de modo subsidiário (art. 18, § 2º). Uma vez calculado o valor, a LIA faculta ao Judiciário autorizar o parcelamento do pagamento dentro de certo limite, desde que o condenado demonstre incapacidade financeira de realizá-lo de imediato (art. 18, § 4º).

Para além do art. 18, encontram-se espalhadas pela LIA várias outras regras sobre a reparação. Em primeiro lugar, no tocante às entidades não estatais para cuja criação ou custeio o erário haja concorrido ou concorra, restringe a reparação

---

10. AgRg no AgRg no REsp 1288585/RJ, Rel. Ministro Olindo Menezes (Desembargador convocado do TRF 1ª região), Primeira Turma, DJe 09.03.2016.

de prejuízos à repercussão da infração sobre a contribuição dos cofres públicos à entidade lesada (art. 1º, § 7º). Isso não significa que o condenado possa deixar de reparar os danos remanescentes, mas simplesmente que não fará essa reparação em favor do Estado.

Em segundo lugar, a LIA impede o enriquecimento sem causa dos entes públicos em razão de determinações de ressarcimentos por atos de improbidade que não implicam perda patrimonial efetiva (art. 10, § 1º). Se não houver dano comprovado, não se cogitará de ressarcimento sob pena de transferência ilegítima de patrimônio ao Estado. Seguindo essa mesma lógica, a lei prevê que a reparação do dano deverá ser calculada de modo preciso, levando em conta ressarcimentos pelo mesmo comportamento já determinados nas instâncias criminal, civil e administrativa (art. 12, § 6º). Caso uma parcela ou a totalidade dos danos já tenha sido reparada em favor do sujeito lesado, determinar a repetição da reparação equivalerá a enriquecimento indevido desse sujeito.

Em terceiro lugar, a LIA traz amplo conjunto de regras de **responsabilidade indireta** pelo dever de reparar. O art. 8º prevê que o sucessor ou o herdeiro daquele que causar lesão ao erário ou que se enriquecer ilicitamente assumirá o dever de reparar até o limite do valor da herança ou do patrimônio transferido. Essa responsabilidade indireta também incidirá nas situações já comentados de alteração contratual, transformação, incorporação, fusão ou cisão societária. Todavia, em situações de fusão ou incorporação, a responsabilidade não ultrapassará o limite do patrimônio transferido (art. 8º-A, parágrafo único).

Em quarto lugar, a determinação de reparação de danos por ato de improbidade é vista como imprescritível. Isso se deve ao art. 37, § 5º, da Constituição da República, cujo texto assim dispõe: "A lei estabelecerá os prazos de prescrição para ilícitos praticados por qualquer agente, servidor ou não, que causem prejuízos ao erário, ressalvadas as respectivas ações de ressarcimento" (g.n.). Os atos ilícitos que causem danos ao erário se submetem à prescrição para fins punitivos. Contudo, o dispositivo ressalva da prescrição as ações de ressarcimento dos danos ao erário ocasionados pelo ilícito. A partir desse texto constitucional, no **tema 897** de repercussão geral (RE 852.375), de agosto de 2018, o STF registrou o entendimento de que "**são imprescritíveis as ações de ressarcimento ao erário** fundado na prática de ato doloso tipificado na Lei de Improbidade Administrativa".

Além das polêmicas mudanças de posicionamento dos Ministros do STF nesse caso, o entendimento apontado sofre críticas contundentes por esbarrar no princípio da segurança jurídica e na garantia constitucional de defesa. Ao comentar o julgamento do Supremo, Emerson Gabardo aduz que "a ampla defesa é incompatível com a eternidade".[11] Em outras palavras, sustentar a possibilidade de demandas por

---

11. GABARDO, Emerson. A nova decisão do STF sobre a imprescritibilidade do ressarcimento ao erário por ato de improbidade. *Colunistas*, n. 409, 2018, edição online, s.p.

reparação a qualquer tempo é o mesmo que inviabilizar a defesa, já que dificilmente alguém logrará manter provas e recordará dos fatos após períodos muito longos.

26.4.8 Sanções da LIA e da Lei Anticorrupção

Ao subsistema de combate a atos de improbidade, como graves violações à moralidade administrativa nas relações estatais, o ordenamento jurídico somou a Lei Anticorrupção (Lei n. 12.846/2013, LAC). Como se detalhará no próximo capítulo, essa lei nacional cria tipos infrativos e estipula sanções administrativas e civis contra as pessoas jurídicas condenadas por sua prática. Assim como a LIA, a LAC é nacional, tutela a moralidade administrativa e assume caráter extrapenal, não devendo ser confundida com os tipos criminais de corrupção previstos no Código Penal. No entanto, em contraste com a LIA, a LAC prevê infrações e aponta sanções apenas contra pessoas jurídicas, com ou sem finalidade empresarial. Essas penalidades incidem segundo um modelo de responsabilidade objetiva no qual o elemento volitivo do infrator é irrelevante.

Como a LIA também se estende a pessoas jurídicas, após a criação da LAC, surgiu uma dúvida relevante: é possível acusar e aplicar as sanções constantes das duas leis contra uma mesma pessoa jurídica condenada pelo mesmo comportamento? A princípio, a LAC permitiria essa duplicação punitiva, pois expressamente prevê que a aplicação de suas sanções "não afeta os processos de responsabilização e aplicação de penalidades" resultantes de "atos de improbidade administrativa" (art. 30, I, da Lei n. 12.846/2013). Esse dispositivo legal autorizaria condenar certa pessoa jurídica, por um mesmo comportamento, mas com sanções das duas leis, partindo-se da premissa de que a LIA e a LAC formariam subsistemas independentes.

Ocorre que esse entendimento merece ser revisto por alguns motivos. Tanto a LIA, quanto a LAC são pilares que sustentam um abrangente sistema de tutela da moralidade administrativa. Sob essa premissa, processos judiciais conduzidos de modo paralelo para apurar uma mesma conduta, mas com base em diferentes leis, mostram-se completamente redundantes, além de arriscados do ponto de vista de segurança jurídica. Absorvendo essa lógica, a Lei n. 14.230 procedeu a amplas modificações no texto da LIA e trouxe normas que impõem a reinterpretação do art. 30, I, da LAC.

A razão para essa afirmação é a seguinte: o art. 3º, § 2º, incluído na LIA em 2021 é expresso ao prever que as sanções por improbidade "não se aplicarão à pessoa jurídica, caso o ato de improbidade administrativa seja também sancionado como ato lesivo à administração pública" nos termos da LAC. A mensagem do legislador é simples: ao se elaborar a sentença da ação por improbidade, há que se observar se a pessoa jurídica acusada já foi condenada com base na Lei Anticorrupção e vice-versa.

Aparentemente, o art. 3º, § 2º, da LIA teria resolvido o problema da relação entre as leis de improbidade e anticorrupção. Todavia, a Lei n. 14.230 também inseriu o art. 12, § 7º, na LIA, originando algumas dificuldades interpretativas. Segundo esse dispositivo, as sanções aplicadas às pessoas jurídicas com base na LIA e na LAC deverão observar o princípio constitucional da vedação do *bis in idem*. Ora, se o art. 3º, § 2º, da LIA já prevê que a LAC não se aplicará, por que se falar de vedação de *bis in idem*? Enquanto o art. 2º, § 3º prevê a não aplicação da LIA após a LAC, o art. 12, § 7º aponta a possibilidade de cumulação das duas leis, desde que respeitada a vedação do *bis in idem* quanto às espécies sancionatórias.

A única interpretação que, a meu ver, harmoniza os dois dispositivos legais introduzidos na LIA em 2021 e afasta aparentes antinomias é a seguinte: ao se elaborar a sentença condenatória no processo de improbidade, o Judiciário necessitará verificar quais sanções foram impostas à pessoa jurídica condenada em processo paralelo baseado na LAC. A partir disso, a condenação por improbidade se limitará às sanções remanescentes, ou seja, às sanções da LIA não contempladas na sentença baseada na LAC. No processo judicial por ato de corrupção, da mesma forma, o Judiciário somente poderá determinar as sanções previstas na LAC e não impostas em condenação precedente baseada na LIA. Isso revela que o art. 30, I, da LAC necessita ser reinterpretado para se harmonizar à expressa vedação do *bis in idem* introduzida na lei de improbidade.

26.5 PROCESSOS E ACORDOS

26.5.1 Notícia de fato e representação

A verificação de atos de improbidade administrativa ocorre no âmbito da Administração Pública, do Ministério Público e do Judiciário. A apuração do ilícito na Administração se inicia seja em razão da fiscalização conduzida pelas próprias entidades estatais sobre suas atividades, especialmente por meio de órgãos de controle interno, seja por estímulo de órgãos externos, como os Tribunais de Contas. Geralmente, a improbidade se torna evidente ao longo de auditorias ou em sindicâncias e processos administrativos disciplinares. Com base nesses elementos, a entidade estatal pode ajuizar a ação necessária nos termos da LIA. Sem prejuízo da atuação administrativa, o Ministério Público também pode abrir inquéritos civis para verificar indícios de improbidade, utilizando-os para preparar o ajuizamento de ações de improbidade contra os envolvidos.

A descoberta dos elementos que permitem caracterizar a improbidade ora resulta da própria atuação estatal, ora de notícia de fato. Segundo Motta e Anyfantis, o conceito de **notícia de fato** é bastante amplo.[12] Trata-se de indicação de potencial

---

12. MOTTA, Fabrício; ANYFANTIS, Spiridon. Inquérito civil. In: DAL POZZO, Augusto Neves; OLIVEIRA, José Roberto Pimenta (Org.). *Lei de improbidade administrativa reformada*. São Paulo: Revista dos Tribunais, 2022, p. 481.

improbidade apresentada presencialmente ou não, por meio de atendimentos à população ou por outras formas. Isso inclui a obtenção de informações sobre potenciais ilícitos por meio de notícias publicadas pela imprensa, documentos, requerimentos ou representações.

Já a **representação** propriamente dita consiste na comunicação pessoal, intencional e formal de fatos que possam configurar improbidade à autoridade competente para examiná-los e, quando cabível, ajuizar a ação específica. A representação é realizada por pessoas externas ao Estado ou por qualquer agente público. A natureza do sujeito que representa é relevante em termos jurídicos. Afinal, para os particulares, a representação constitui um direito garantido legalmente (art. 14, *caput*, da Lei n. 8.429/1992). Já para os agentes públicos, constitui dever resultante do princípio da moralidade administrativa.

Como direito ou dever, a representação necessita ser exercida com cautela e respeito, pois é capaz de acarretar ao representado tanto efeitos jurídicos, quanto sociais, psicológicos e econômicos. Alguns desses efeitos dificilmente serão revertidos ainda que não se ajuíze a ação de improbidade ou, mesmo com o ajuizamento, culmine-se na absolvição do acusado. Exatamente por esses motivos, a **representação abusiva** ou de má-fé constitui crime e pode ocasionar a responsabilidade administrativa e civil do representante. Segundo a LIA, o representante que sabe da inocência do representado ficará sujeito a pena de detenção de seis a dez meses e multa, sem prejuízo do dever de reparar os danos materiais, morais ou à imagem que lhe causar (art. 19 da Lei n. 8.429/1992).

Em termos formais, a representação será assinada, escrita ou reduzida a termo, contendo a qualificação do representante, bem como as informações sobre o fato e sua autoria, além de eventuais provas de que tenha conhecimento (art. 14, § 1º, da Lei n. 8.429/1992). Ausentes os requisitos formais, a autoridade administrativa rejeitará a representação em despacho fundamentado, caso em que o representante poderá optar por apresentá-la diretamente ao Ministério Público (art. 14, § 2º). Porém, se recebida a representação, a autoridade da entidade prejudicada determinará a apuração imediata dos fatos nos termos da legislação disciplinar (art. 14, § 3º), podendo instaurar sindicância caso se revele necessário confirmar ou ampliar os indícios de autoria ou materialidade.

A LIA peca por nada dizer a respeito da divulgação dos dados do representante e das medidas para sua proteção. Na falta de norma sobre o tema, entendo ser aplicável ao campo da improbidade a regra geral da Lei n. 13.608/2018, que trata dos informantes ("*whistleblower*").[13] Segundo esse diploma, o "informante terá direito

---

13. Sobre a proteção de dados do informante e sua relação com a LGPD, cf. FALCÃO, Daniel; PEROLI, Kelvin. Proteção à identidade do *whistleblower* pela Administração Pública e o papel da proteção de dados pessoais. In: CONTI, José Maurício; MARRARA, Thiago; IOCKEN, Sabrina Nunes; CARVALHO, CARVALHO, André Castro (Coord.). *Responsabilidade do gestor na Administração Pública*. Belo Horizonte: Fórum, 2022, p. 276-280.

à preservação de sua identidade, a qual apenas será revelada em caso de relevante interesse público ou interesse concreto para a apuração dos fatos". Mesmo quando revelada pelos motivos aceitáveis enumerados na legislação, a Administração Pública deverá comunicar o informante e buscar sua autorização (art. 4º-B). Mais que isso, cabe ao Poder Público assegurar-lhe proteção contra eventuais retaliações por parte dos representados, tais como demissão arbitrária, alteração indevida de funções, entre outras (art. 4º-C da Lei n. 13.608/2018).

26.5.2 Apuração em processo administrativo

A improbidade como violação intencional da moralidade administrativa não é assunto exclusivo do processo judicial. Na verdade, as entidades administrativas também se debruçam sobre esses comportamentos infrativos no âmbito de inúmeros processos administrativos sancionadores. Exatamente por isso, a LIA reconhece o papel das autoridades administrativas na matéria. Todavia, indevidamente, seu texto gera a falta impressão de que a apuração da improbidade dentro da Administração Pública se limita exclusivamente aos processos administrativos disciplinares (art. 14, § 3º). Digo "indevidamente", pois a disposição legal é incompleta. Na verdade, no âmbito administrativo, a improbidade pode ser verificada em, pelo menos, três diferentes tipos processuais. Vejamos:

- Nos **processos disciplinares (PAD)**, antecedidos ou não de sindicância, apura-se infração disciplinar cometida por agentes públicos, incluindo colaboradores com a Administração Pública, e por usuários de serviços públicos, como estudantes de universidades públicas, pacientes de hospitais públicos, entre outros. Para os agentes públicos, o processo disciplinar pode culminar em demissão, tal como se vislumbra no Estatuto dos Servidores Civis da União (art. 132, IV, da Lei n. 8.112/1990). Para os usuários, as sanções são as mais diversas e variam conforme as leis e regulamentos especiais. Algumas infrações disciplinares podem também caracterizar improbidade, caso em que a entidade estatal poderá diretamente ajuizar a ação judicial e deverá notificar o MP;

- Nos **processos de responsabilização por ato de corrupção (PAR)**, regidos pela Lei n. 12.846/2013, apura-se comportamento exclusivamente praticado por pessoa jurídica, com ou sem finalidade empresarial. No entanto, muitas infrações de corrupção caracterizam improbidade seja das pessoas jurídicas acusadas no PAR, seja de pessoas físicas que escapam à Lei Anticorrupção. Assim, a autoridade administrativa poderá ajuizar a ação e deverá notificar o MP. Há que se observar, todavia, que na hipótese de condenação da pessoa jurídica no PAR, eventual condenação judicial superveniente com base na LIA não poderá violar a proibição do *bis in idem* (art. 12, § 7º, da LIA); e

- Nos **processos de responsabilização por infração licitatória ou contratual (PAR)**, apuram-se os atos praticados por profissionais ou pessoas jurídicas, como licitantes ou contratados, e que podem também igualmente configurar ato de improbidade. Nesses processos administrativos regidos pela LLic, a condenação administrativa poderá ocasionar advertência, multa e proibição de licitar e contratar (seja por impedimento, seja por declaração de inidoneidade). Além disso, em havendo indícios de improbidade, a autoridade responsável pelo PAR deverá dar notícia à advocacia pública, que poderá ajuizar a ação, e deverá notificar o Ministério Público.

A comunicação aos órgãos de controle é obrigatória segundo a legislação. Instaurado o processo administrativo sancionador, antecedido ou não de sindicância, a comissão processante ou outro órgão responsável pela apuração dará conhecimento ao Ministério Público e ao Tribunal ou Conselho de Contas sobre o trâmite (art. 7º e art. 15 da LIA). Trata-se de ato vinculado que terá como destinatários os dois órgãos de controle mencionados, não restando margem de escolha para a autoridade administrativa. O dever de comunicação não implica que a entidade administrativa ficará dependente do MP para ajuizar a ação de improbidade. Como se demonstrará oportunamente, a legitimidade ativa para a ação é concorrente, ou seja, partilhada pelo MP e pelas entidades lesadas pelo ato ilícito, por meio de seus órgãos de advocacia pública.

Na comunicação enviada ao MP, a autoridade competente pela apuração administrativa poderá solicitar aos órgãos de controle mencionados que designem representantes (art. 15, parágrafo único). A LIA não dá detalhes sobre os papéis do representante, resumindo-se a apontar sua função de acompanhamento. Entendo, portanto, que sua incumbência se limita a tomar conhecimento dos atos de apuração, podendo acompanhar diretamente as medidas de produção de provas, quando assim entender conveniente. No entanto, o acompanhamento não permite que o representante influencie os atos instrutórios ou decisórios na esfera administrativa. Não cabe ao órgão de controle apoderar-se das funções da autoridade administrativa responsável pela apuração.

Ao final do processo administrativo sancionador, desde que não tenha sido celebrado ajustamento de conduta, abrem-se quatro possíveis desfechos. Pode a autoridade competente decidir pela absolvição: (i) em razão de inocência comprovada do acusado; (ii) em razão da decadência do poder punitivo ou (iii) pela falta de provas quanto à autoria ou à materialidade, aplicando o princípio da presunção de inocência. De outra via, comprovadas a materialidade e a autoria, a Administração condenará o acusado e aplicará as sanções administrativas cabíveis de acordo com o tipo de processo administrativo (PAD, PAR etc.).

Mesmo quando reconhecida improbidade, as sanções cabíveis na condenação determinada na esfera administrativa não são as previstas na LIA. Na verdade, incidem as penalidades indicadas na própria legislação disciplinar, contratual, de corrupção ou outra aplicável ao processo administrativo em que o comportamento foi avaliado. A autoridade administrativa não poderá argumentar que o ilícito configura igualmente improbidade com o intuito de impor as sanções da LIA em processo administrativo. Tais sanções dependem necessariamente de processo judicial civil (movido pela advocacia pública ou pelo MP) e de condenação transitada em julgado.

26.5.3 Influência do processo administrativo sobre o judicial

Como o processo administrativo sancionador e a ação judicial de improbidade constituem esferas distintas e autônomas, a condenação administrativa não vincula a condenação no âmbito judicial, mas claramente a afeta. Em primeiro lugar, essa influência decorre da proibição do *bis in idem* – princípio segundo o qual sanções de mesma natureza não devem ser duplicadas contra o infrator por um mesmo ilícito.

Em segundo lugar, a interferência do processo administrativo sobre o judicial resulta da possibilidade de **unificação das sanções**. A LIA permite que o réu, na fase de cumprimento da sentença condenatória, solicite ao Judiciário que unifique as sanções aplicadas na sentença com as já impostas em processos anteriores (art. 18-A). Note que essa possibilidade de unificação não se resume a sanções advindas de outros processos "judiciais", como os da Lei Anticorrupção. A LIA é clara ao usar a expressão processo em sentido amplo, de modo que, a meu ver, a unificação também abarca sanções aplicadas na esfera administrativa.

Partindo-se dessa premissa, em caso de **continuidade do ilícito**, o Judiciário promoverá a maior sanção aplicada, aumentada de um terço, ou somará as sanções, devendo escolher a solução mais benéfica ao réu. Já na hipótese de **prática de novos atos ilícitos** pelo mesmo sujeito, o juiz somará as sanções. Porém, em relação às sanções de suspensão de direitos políticos e de proibição de contratar ou receber incentivos do Poder Público, a somatória das sanções não deverá extrapolar o limite temporal de vinte anos (art. 18-A, parágrafo único da LIA).

Resta claro, portanto, que a repressão da improbidade no campo judicial é autônoma. Assim, as decisões administrativas não obstam, nem retiram a importância da ação judicial de improbidade administrativa (AIA). Porém, exercem influência significativa sobre o processo judicial, sobretudo na hipótese de condenação. Em sentido reverso, como se verá no exame das regras de comunicabilidade, os processos judiciais também influenciam as decisões tomadas nas instâncias administrativas.

26.5.4 Inquérito civil no Ministério Público

A fim de conferir previsibilidade e garantias fundamentais aos eventuais acusados, a LIA dedica uma série de dispositivos ao inquérito civil, às medidas cautelares, à ação judicial e à prescrição. Em especial, o inquérito nada mais é que um trâmite administrativo realizado pelo Ministério Público e que se mostra (i) facultativo; (ii) inquisitorial e (iii) destinado à coleta de indícios sobre a infração de improbidade administrativa.

O objetivo maior de sua condução é verificar se há elementos de autoria e materialidade capazes de sustentar uma ação de improbidade. Dada sua facultatividade, o Ministério Público detém margem de escolha para decidir se conduzirá o inquérito civil com o objetivo de reunir elementos probatórios que autorizam o ajuizamento da ação.

Embora a abertura do inquérito civil seja ato discricionário e exclusivo do Ministério Público, a iniciativa para sua abertura varia. Ora a instauração ocorre de ofício, por iniciativa do próprio *parquet*, ora resulta de requerimento de autoridade administrativa vinculada ao sujeito passivo da improbidade ou a algum órgão de controle como o Tribunal de Contas, ora é consequência de representação formulada por qualquer pessoa jurídica ou física (art. 14 e art. 22 da LIA).

Ao longo do inquérito civil, **não há propriamente acusado**, nem acusação. O inquérito é empregado para apurar uma situação e evitar uma ação sem fundamentos ou uma ação que sirva única e exclusivamente a gerar prejuízos ao réu sem mínimas chances de prosperar. Durante o inquérito, o Ministério Público busca elementos e fundamentos para acusar determinadas pessoas da prática de improbidade.

Como os envolvidos são meros investigados, não acusados, não se beneficiam do devido processo administrativo. A natureza inquisitorial enseja limitação dos direitos dos envolvidos. De acordo com a LIA (art. 22, parágrafo único), garante-se aos investigados tão somente a oportunidade de manifestação por escrito e a juntada de documentos com o objetivo de comprovar alegações e auxiliar as autoridades nas elucidações dos fatos.

A ausência de contraditório e ampla defesa no inquérito civil não significa ausência de limites à atuação do Ministério Público. Em primeiro lugar, é preciso que o órgão se restrinja aos elementos necessários para compreender a situação e a viabilidade da ação. O MP não deve pretender antecipar a fase instrutória da ação e esgotá-la, aproveitando-se da ausência do devido processo. Em segundo lugar, os elementos buscados são aqueles pertinentes para fundamentar a propositura da ação e nada mais.[14] A atuação do MP se orienta pelo objeto da investigação, pela finalidade pública do procedimento e pela razoabilidade, proibindo-se que demande mais elementos do que o adequado e o necessário para satisfazer a finalidade procedimental.

Em terceiro lugar, a boa-fé exige que os todos os elementos colhidos pelo MP sejam juntados aos autos do procedimento, não se podendo ocultá-los. Há duas razões subjacentes a essa afirmação. De um lado, esses elementos demonstrarão se houve ou não desvio de finalidade na condução do inquérito. De outro, eles são

---

14. Também nesse sentido, MOTTA, Fabrício; ANYFANTIS, Spiridon. Inquérito civil. In: DAL POZZO, Augusto Neves; OLIVEIRA, José Roberto Pimenta (Org.). *Lei de improbidade administrativa reformada*. São Paulo: Revista dos Tribunais, 2022, p. 482.

essenciais para que o acusado na ação possa se valer do contraditório e da ampla defesa como garantias constitucionais. Não por outro motivo, a **Súmula Vinculante n. 14 do STF** dispõe que: "é direito do defensor, no interesse do representado, ter acesso amplo aos elementos de prova que, já documentados em procedimento investigatório realizado por órgão com competência de polícia judiciária, digam respeito ao exercício do direito de defesa".

Vale advertir que o princípio da eficiência administrativa, incidente também sobre os procedimentos investigatórios, não serve de escusa para obstar o direito de defesa. Uma vez encerradas as diligências, cabe ao MP inserir todos os elementos no inquérito e garantir o direito de acesso (cf. STF, HC 89.837-DF, 2009). Não é lícito escolher os elementos que juntará ao inquérito, excluindo-se alguns para uso futuro e surpreendente ao longo da ação judicial.[15] Além disso, adiar maliciosamente a incorporação de elementos ao inquérito para inviabilizar o acesso ou gerar elementos de surpresa não é compatível com a moralidade administrativa e com a boa-fé objetiva.

Ainda a propósito de aspectos temporais, a LIA prevê que o inquérito: (i) **suspende o prazo prescricional** por até 180 dias corridos e (ii) será **concluído no prazo de 365 dias** corridos, prorrogável por uma vez, de modo fundamentado e sob supervisão do órgão superior do MP. Com essas regras, o legislador quis fomentar a duração razoável do inquérito e a celeridade procedimental. Por consequência, as limitações temporais da LIA tendem a evitar a insegurança prolongada dos envolvidos.

Fato é, porém, que os prazos de conclusão do inquérito podem se mostrar exíguos para investigações extremamente complexas. Alexandre da Cunha Filho alerta que "investigações de grandes casos muitas vezes se estendem por anos, envolvendo pessoas com grande poder econômico e político, tramas intricadas envoltas em diferentes camadas de dissimulação (...)".[16] Nesse contexto, a limitação do inquérito traz o risco de tornar o subsistema de combate à improbidade mais efetivo apenas contra pequenas infrações, impedindo o combate dos ilícitos mais graves e impactantes à sociedade.

A solução para as dificuldades investigativas do MP em relação aos casos complexos poderia ser encontrada na afirmação de que os prazos citados são impróprios.[17] Entretanto, a meu ver, o melhor caminho é o bom planejamento. Caberá ao Ministério Público organizar-se internamente para gerir bem os seus recursos humanos e técnicos, de modo a alocá-los às investigações prioritárias. O MP também deverá se

---

15. Cf. nesse sentido FELDENS, Luciano. Súmula vinculante 14 do STF: o defensor entre a norma e suas 'interpretações livres'. *JOTA*, 09.04.2021, edição online, s.p.
16. CUNHA FILHO, Alexandre Jorge Carneiro da. Prescrição na Lei de Improbidade Administrativa. In: DAL POZZO, Augusto Neves; OLIVEIRA, José Roberto Pimenta (Org.). *Lei de improbidade administrativa reformada*. São Paulo: Revista dos Tribunais, 2022, p. 754.
17. Em sentido contrário, sustentando a natureza imprópria dos prazos de inquérito da LIA, cf. MOTTA, Fabrício; ANYFANTIS, Spiridon. Inquérito civil. In: DAL POZZO, Augusto Neves; OLIVEIRA, José Roberto Pimenta (Org.). *Lei de improbidade administrativa reformada*. São Paulo: Revista dos Tribunais, 2022, p. 489.

planejar internamente no sentido de evitar a abertura de múltiplos inquéritos sem os recursos que lhe permitam finalizá-los no prazo legal. Sem esse planejamento, como dito, o resultado inevitável dos prazos apontados pela LIA será a redução do sistema de improbidade às infrações de menor relevo.

Dentro dos prazos estipulados, o inquérito poderá ocasionar três desfechos: (i) a **celebração de acordo** de não persecução cível com os envolvidos (ANPC); (ii) o **ajuizamento de ação** de improbidade, devendo-se observar o limite de 30 dias corridos a partir do esgotamento do prazo de inquérito ou (iii) a determinação motivada de **arquivamento**, sem ação ou acordo. Nessa última situação, a decisão será controlada pela instância superior revisora do próprio Ministério Público. O órgão superior ou confirmará o arquivamento ou o rejeitará – por exemplo, em razão de falta de elementos suficientes ou por concluir pela necessidade de ajuizamento da ação. Nessa última hipótese, o ajuizamento ficará a cargo de promotor ou procurador distinto daquele que propôs o arquivamento.

26.5.5 Indisponibilidade de bens

Reconhecendo os riscos punitivos da prática da improbidade, é possível que os envolvidos, antes mesmo de se tornarem réus, possam adotar estratégias para ocultar o patrimônio ou se blindar contra as consequências pecuniárias de eventual condenação.

Em face desse risco, a LIA autoriza o ente legitimado a ação a requerer, em caráter antecedente ou incidente, a indisponibilidade dos bens dos envolvidos, buscando garantir a integral recomposição do erário ou a retirada do acréscimo patrimonial indevido (art. 16, *caput*). Esse pedido poderá adicionalmente embutir a solicitação de investigação, de exame e de bloqueio de bens, contas bancárias e aplicações financeiras no exterior (art. 16, § 2º).

Referidas medidas são bastante interventivas e restritivas de direitos fundamentais, podendo dificultar significativamente a vida dos envolvidos e o exercício de seus direitos fundamentais. A preocupação com esses efeitos não deve ser desprezada, pois o Judiciário pode considerar os envolvidos inocentes ao final do processo, absolvendo-os. Diante dessa possibilidade, é essencial que as medidas cautelares sejam manejadas com todo cuidado e sempre a partir de fundamentos plausíveis.

Não por outro motivo, a LIA exige que o pedido de indisponibilidade de bens seja deferido pelo Judiciário tão somente mediante "a demonstração no caso concreto de **perigo de dano irreparável ou de risco ao resultado útil do processo**" (art. 16, § 3º). Para tanto, o órgão judicial necessita levar em conta a "probabilidade da ocorrência" da improbidade e, quando já ajuizada a ação, ouvir o réu.

A **oitiva prévia do réu** constitui requisito de legalidade da indisponibilidade dos bens. Por isso, somente excepcionalmente poderá ser afastada. De acordo com a LIA, a oitiva será posterior à adoção da cautelar quando "o contraditório prévio puder comprovadamente frustrar a efetividade da medida" ou outras circunstâncias recomendarem a proteção liminar. Esses elementos justificadores deverão constar expressamente da decisão, não cabendo presumir a urgência (art. 16, § 4º).

Incorporando o art. 20 da LINDB ao campo da improbidade, a LIA proíbe que o Judiciário empregue princípios gerais, sem aplicá-los devidamente ao caso, para autorizar a medida cautelar de indisponibilidade dos bens, com ou sem a oitiva prévia. É imprescindível que se ponderem as consequências da decisão judicial, levando-se em conta os direitos fundamentais envolvidos e os interesses públicos, sobretudo a efetividade da tutela jurisdicional da moralidade administrativa.

Mais que isso, a LIA prevê explicitamente que o Judiciário deverá evitar qualquer medida que venha a acarretar "**prejuízo à prestação de serviços públicos**" (art. 16, § 12). A meu ver, a palavra "prejuízo" necessita ser interpretada não como mera "consequência financeira nociva" ao acusado. O impacto financeiro é de menor relevância. Importa, na verdade, verificar se a medida impedirá a continuidade ou a universalização do serviço oferecido à população. Imagine, por exemplo, a indisponibilidade decretada em desfavor de uma empresa contratada para realizar a reforma da UTI de certo hospital público. A adoção da cautelar em casos assim demanda extremo cuidado por conta dos riscos gerados aos usuários do SUS.

Outro princípio muito importante no contexto aqui debatido é o da **razoabilidade**. A regra da adequação exige que a medida judicial seja apta ao fim público e a necessidade aponta que a medida não deverá ser mais restritiva que o necessário a se atingir o fim público. Absorvendo essa lógica, a LIA aponta que:

- A indisponibilidade recairá sobre "bens que assegurem exclusivamente o integral ressarcimento do dano ao erário, sem incidir sobre os valores a serem eventualmente aplicados a título de multa civil ou sobre acréscimo patrimonial decorrente de atividade lícita" (art. 16, § 10, da Lei n. 8.429/1992);

- A indisponibilidade priorizará certos bens, como veículos, imóveis, ações e metais preciosos, devendo-se aplicar o **bloqueio de contas bancárias apenas de modo subsidiário**, ou seja, quando as medidas anteriores não forem possíveis (art. 16, § 11). A razão para esse comando é simples e consta da própria LIA. Ao bloquear as contas, o Judiciário arrisca comprometer desnecessariamente a subsistência do acusado ou de sua família. Já no caso das pessoas jurídicas, gera o risco de inviabilizar a atividade econômica e de ocasionar efeitos nocivos indiretos sobre terceiros, a exemplo dos trabalhadores, fornecedores e consumidores;

- O bem de família não será atingido por indisponibilidade, salvo quando se comprovar que seja "fruto de vantagem patrimonial indevida" resultante da prática de ato de improbidade (art. 16, § 14);

- A indisponibilidade de recursos financeiros deverá preservar a quantia de até quarenta salários-mínimos depositados em conta-corrente, poupança ou outras aplicações, não podendo comprometer esses valores (art. 16, § 13);

- A indisponibilidade se limitará a valor que represente a **estimativa do dano** indicada na petição inicial, sendo possível a **substituição da medida cautelar** por prestação de caução idônea, fiança bancária ou seguro-garantia judicial, a requerimento do réu (art. 16, § 6º);

- Na presença de vários réus, "a somatória dos valores declarados indisponíveis não poderá superar o montante indicado na petição inicial como dano ao erário ou como enriquecimento ilícito" (art. 16, § 5º); e

- A indisponibilidade somente poderá atingir **bens de terceiros** se demonstrada a efetiva concorrência desses sujeitos para os atos apurados no processo. Quando se tratar de pessoa jurídica, a extensão da cautelar, por exemplo, aos bens dos sócios, dependerá da instauração prévia do incidente de **desconsideração da personalidade jurídica** (art. 16, § 7º).

26.5.6 Afastamento temporário do acusado

Além da indisponibilidade de bens, a LIA prevê uma segunda medida cautelar. Trata-se da determinação judicial que afasta o agente público envolvido na prática apurada do exercício do cargo, do emprego ou da função em exercício, sem prejuízo da remuneração, desde que essa medida se revele necessária à instrução processual ou sirva para evitar a iminente prática de novos ilícitos (art. 20, § 1º).

A finalidade da medida de afastamento temporário é dúplice. Ora busca impedir que o agente público envolvido na prática utilize seu posto no Estado para destruir provas ou para, de alguma forma, dificultar ou prejudicar o andamento do inquérito ou a instrução processual. Ora se destina a evitar a continuidade da prática apurada ou a realização de novos atos de improbidade. Nos dois cenários, em se tratando de medida restritiva de direitos, é fundamental que a decisão cautelar de afastamento aponte as razões fáticas e os efeitos esperados que a justificam em linha com o dever de motivação, abrangendo o exame de consequências.

É de se questionar se o afastamento também se aplicará nos casos em que o agente público ocupa cargo diferente daquele em que praticou o pretenso ato de improbidade. A LIA não entra em detalhes a respeito dessa possibilidade. No entanto, entendo cabível a medida. Se, apesar de ocupar outro cargo, o agente acusado ainda for capaz de prejudicar a instrução ou praticar novo ato ilícito, então a cautelar se tornará imperativa.

Imagine que o agente tenha cometido a infração enquanto ocupava cargo de menor hierarquia em uma universidade pública e, no momento da ação de improbidade, passa a ocupar cargo de maior hierarquia dentro da mesma entidade. É possível que, no novo cargo, tenha até mais poderes para prejudicar as investigações e manipular, esconder ou destruir provas. Se isso for comprovado na realidade, então será legítima a determinação de afastamento cautelar.

Em toda e qualquer situação, a reforma de 2021 inseriu na LIA um **prazo máximo** para o afastamento cautelar, equivalente a 90 dias, prorrogáveis uma única vez por igual período, mediante decisão motivada (art. 20, § 2º). No máximo, portanto, o prazo atingirá 180 dias, já que se autoriza uma única prorrogação.

A limitação temporal do afastamento cautelar é relevante, pois se destina a evitar que a medida se transforme em uma "sanção" disfarçada, estendendo-se por período muito longo e irrazoável. Não obstante, o legislador andou mal ao limitar o período a 180 dias, sobretudo quando se considera que a LIA prevê 365 dias para a conclusão do inquérito, prorrogável por igual período de modo fundamentado (art. 23, § 2º). Sendo assim, a meu ver, o legislador deveria ter igualado a duração máxima do afastamento, ao menos, ao prazo básico do inquérito.

Outro argumento a justificar a crítica ao prazo limitativo do afastamento reside na remuneração. A LIA é clara ao afirmar que a **remuneração não será prejudicada** durante o período de afastamento (art. 20, § 1º). Em sendo assim, a perda decorrente do afastamento deve se limitar tão somente a parcelas adicionais que tenham relação direta com o exercício da função, a exemplo de auxílio para transporte e diária. Com isso, apenas para argumentar, mesmo que o afastamento pudesse mais longo, não haveria grande prejuízo ao agente envolvido.

26.5.7 A ação de improbidade

Independentemente da condução do inquérito, a condenação por ato de improbidade e a aplicação das gravosas sanções da LIA somente ocorrerão em ação judicial própria. Explica o legislador que a ação de improbidade administrativa (AIA) tem caráter repressivo e sancionatório (art. 17-D). Com isso, busca esclarecer que a AIA não se confunde com a ação civil pública (ACP).

Caso se pretenda realizar controle de legalidade de políticas públicas, por exemplo, para proteger o ambiente, a ordem urbanística, o patrimônio público e social, entre outros bens metaindividuais, o Ministério Público necessitará se valer da ação civil pública, observando a lei própria (art. 17-D, parágrafo único). Pelo mesmo motivo, a LIA autoriza o Judiciário a converter a ação de improbidade em ação civil pública quando entender cabível, desde que identifique "a existência de ilegalidades ou de irregularidades administrativas a serem sanadas sem que estejam presentes todos os requisitos para a imposição das sanções aos agentes incluídos no polo passivo da demanda" (art. 17, § 16).

A AIA seguirá o **procedimento comum** do CPC com as derrogações especiais estipuladas pela LIA. Seu ajuizamento prevenirá a competência do juízo para todas as ações posteriormente intentadas com a mesma causa de pedir ou o mesmo objeto (art. 17, § 5º). Em havendo ajuizamento de mais de uma AIA pelo mesmo fato, o

Conselho Nacional do MP dirimirá os conflitos de atribuições entre seus órgãos internos (art. 17, § 19, III da LIA).

Com a reforma de 2021, a **legitimidade ativa** para propor a AIA foi inicialmente limitada ao Ministério Público, excluindo-se as advocacias públicas em mais uma tentativa do legislador de conter as forças do sistema de combate à improbidade. No entanto, o STF deliberou que a limitação da legitimidade ativa é inconstitucional e invade o campo de organização das advocacias públicas. Como o Supremo suspendeu a eficácia do art. 17, *caput*, da LIA (**ADI 7042 e 7043**), a legitimidade ativa se reabre tanto ao Ministério Público, quanto às advocacias públicas de acordo com as competências fixadas em seus respectivos estatutos.

A ação de improbidade é interposta perante o foro do local onde se materializa o dano ou no local da pessoa jurídica prejudicada (art. 17, § 4º-A). O critério de fixação de **competência é territorial**, levando em conta a infração ou seu resultado. Não interessa, o domicílio do réu.

A petição inicial que dá origem à ação deve observar requisitos gerais do CPC e requisitos próprios da LIA. Impõe-se que: (i) individualize a conduta de cada réu e indique a improbidade cometida por cada um (art. 17, § 10-D), podendo-se solicitar a desconsideração de personalidade jurídica (art. 17, § 15); (ii) aponte elementos probatórios mínimos sobre a prática ilícita e sua autoria, salvo quando for motivadamente impossível antecipar esses elementos; e (iii) indique documentos ou justificativa com indícios suficientes sobre a veracidade dos fatos e o elemento volitivo, ou seja, o dolo (art. 17, § 6º).

Caso o autor da ação descumpra requisitos especiais ou gerais do peticionamento (art. 330 do CPC) ou caso o Judiciário entenda manifestamente inexistente o ato de improbidade, a petição inicial será rejeitada. Além disso, não deveria ser aceita a propositura da ação de improbidade se verificada absolvição penal dos acusados em ação que tenha discutido os mesmos comportamentos (art. 21, § 4º, da LIA). Ocorre que o STF suspendeu a eficácia desse comando legal por decisão cautelar proferida na **ADI 7236**. De modo reverso, uma vez cumpridos todos os requisitos, o órgão judicial competente autuará a petição inicial e ordenará a citação.

A interposição da ação de improbidade não mais ocasiona a necessidade de intimação do acusado para apresentar **defesa prévia**. Recebida a petição inicial, caminha-se diretamente para a citação e a abertura de prazo de contestação por parte do réu. Nesse tocante, a reforma da LIA traz norma polêmica e interessante: quando o réu for agente público, a **defesa caberá à advocacia pública** desde que seus órgãos tenham emitido "parecer atestando a legalidade prévia dos atos administrativos praticados pelo administrador público" (art. 17, § 20).

Como se sabe, o agente público possui as mais diferentes formações técnicas e profissionais. Não é necessariamente um jurista. Depende com frequência do apoio dos advogados públicos para escolher o caminho juridicamente lícito e mais razoável. Partindo dessa premissa, andou muito bem o legislador ao afirmar que a advocacia pública assumirá a defesa se o agente público acusado tiver adotado certo comportamento, porque os advogados de sua entidade sustentaram formalmente a licitude da prática. Seria no mínimo injusto que um agente público, levado a cometer um ato lastreado em entendimento jurídico especializado e formal, tivesse que arcar pessoalmente com elevados custos de defesa.

Ocorre que, na **ADI 7042**, o STF declarou a inconstitucionalidade parcial com redução de texto do art. 17, § 20, da LIA, e entendeu que **inexiste "obrigatoriedade" de defesa judicial pela advocacia pública**. O motivo que levou o STF a essa conclusão é o mesmo utilizado em várias outras decisões sobre a reforma da LIA em 2021: ao tratar da improbidade, não cabe ao Congresso introduzir normas que interfiram nas competências das advocacias públicas. Sob essa premissa, o Supremo registrou que existe, tão somente, a "possibilidade" (não a obrigatoriedade) de os órgãos da advocacia pública assumirem a representação judicial do agente público acusado. Se isso ocorrerá ou não, caberá aos Estados e Municípios decidir no âmbito de sua autonomia para legislar sobre as atribuições das respectivas advocacias públicas.

Seguindo-se no trâmite processual, uma vez apresentada a contestação pelo réu, abrem-se ao Judiciário as possibilidades de: (i) julgar conforme o estado do processo ao observar a inexistência manifesta do ato de improbidade ou (ii) desmembrar o litisconsórcio, se houver, com vistas a otimizar a instrução (art. 17, § 10-B). Além disso, avançando com a ação, deverá abrir prazo para a réplica do autor (Ministério Público ou advocacia pública nos termos do art. 17, § 10-C conforme as ADI 7042 e 7043). Após recebê-la, o juiz proferirá decisão para indicar com precisão a tipificação do ato de improbidade imputável a cada réu (art. 17, § 10-D).

Com base nessa decisão interlocutória, intimam-se as partes para que especifiquem as provas que desejam produzir, inaugurando-se a **etapa de instrução**. A essa relevante fase processual, a LIA dedica várias regras especiais. Por exemplo, assegura ao réu o direito de ser interrogado sobre os fatos; impede que se tome a recusa ao depoimento ou o silêncio do réu como confissão; afasta a aplicação da presunção de veracidade de fatos alegados pelo autor em caso de revelia; repele a imposição de ônus da prova ao réu etc. (art. 17, § 18 e 19).

Produzidas todas as provas e não havendo acordo entre as partes, o Judiciário então poderá: (i) absolver por comprovada inocência ou ausência de materialidade; (ii) absolver por falta de provas (*in dubio pro reo*); (iii) reconhecer a prescrição ou (iv) condenar quando comprovada a autoria e a materialidade, devendo-se estipular as sanções no limite da participação de cada acusado e dos benefícios diretos recebidos.

A LIA preocupa-se intensamente com a **sentença** e indica vários parâmetros a respeito, inclusive sobre a análise de mérito do juiz, buscando claramente proteger os direitos fundamentais dos acusados. Nesse sentido, apenas para ilustrar, o art. 17-C exige que a decisão condenatória: indique precisamente os elementos que configuram a infração, devendo-se conferir destaque ao dolo (conforme tese fixada no **Tema 1199 do STF**); considere as consequências práticas da decisão; considere os obstáculos e as dificuldades reais do gestor acusado; aplique o princípio da proporcionalidade; observe a natureza, a gravidade e o impacto da infração, bem como a extensão do dano; analise o proveito patrimonial, as atenuantes e agravantes, os antecedentes de cada infrator, bem como sua atuação para minorar os prejuízos e as consequências de sua conduta ilícita.

A sentença condenatória também deverá considerar **sanções relativas ao mesmo fato** já aplicadas ao condenado em outros processos administrativos ou judiciais. O intuito do legislador, com esse mandamento, é evitar excessos punitivos. Seguindo essa mesma lógica, a LIA autoriza que o condenado requeira, na fase de cumprimento da sentença, a unificação das sanções com outras já impostas em processos diversos (art. 18-A).

Indo além, a LIA é taxativa ao afirmar que será nula a decisão de mérito que condenar o réu por tipo diverso daquele definido na petição inicial ou condenar sem a produção das provas por ele tempestivamente especificadas (art. 17, § 10-F). Além disso, se a sentença judicial for de improcedência ou de extinção da ação sem resolução de mérito, estará sujeita ao **reexame obrigatório** (art. 17, § 19, IV, da Lei n. 8.429/1992).

26.5.8 Prescrição

A prescrição nada mais é que o efeito extintivo de certa pretensão em razão do decurso do tempo. A pretensão sujeita à prescrição no campo da improbidade é a da entidade estatal (sujeito passivo) ou do Ministério Público de ajuizar a ação contra os possíveis infratores com o objetivo de levar o Judiciário a condená-los. Finalizado o lapso temporal indicado na legislação, a ação não poderá ser proposta e, se proposta ainda assim, será extinta sem resolução de mérito.

As razões para a prescrição são evidentes. Pudessem os órgãos estatais ajuizar uma ação a qualquer tempo, as pessoas físicas e jurídicas permaneceriam em estado constante de insegurança. Imagine uma ação de improbidade ajuizada trinta, cinquenta ou oitenta anos depois da conduta que se pretende apurar. Certamente, os acusados estarão impossibilitados de produzir provas e sequer se recordarão precisamente dos fatos. Por esses motivos, aceitar a imprescritibilidade equivaleria a aniquilar a estabilidade das relações, a segurança jurídica e, pior, a garantia da ampla defesa seria aniquilada. Sob essas circunstâncias, resta evidente que a imprescritibilidade é uma exceção, que necessita contar com previsão constitucional, enquanto a previsibilidade é a regra geral.

Seguindo essa lógica, a LIA prevê regras de prescrição ordinária e de prescrição intercorrente. A regra de **prescrição ordinária** consta do art. 23, dispositivo bastante modificado e simplificado com a reforma de 2021. O STF, no tema 1199, fixou a tese de que essas novas regras são irretroativas, aplicando-se os marcos temporais introduzidos com a reforma a partir da publicação da Lei n. 14.230.

De acordo com a presente redação do art. 23 da LIA, a pretensão de ajuizamento de ação de improbidade administrativa **prescreve em oito anos** contados da ocorrência do fato ou, no caso de infrações permanentes, do dia em que tiver cessado. Já o art. 23, § 1º, determina que a instauração do inquérito ou do processo administrativo de apuração da improbidade suspende a prescrição por 180 dias corridos. Decorrido esse tempo ou assim que concluída a apuração, o prazo prescricional voltará a correr.

A redação da LIA deixa evidente que o **termo inicial** da prescrição leva em conta a data de ocorrência da conduta ou de seu término. Não interessa, portanto, a data em que a Administração Pública ou o Ministério Público tomaram conhecimento da prática. Tampouco interessa o momento em que o sujeito se desligou das funções públicas, do emprego ou do cargo, nem as regras da prescrição penal, caso a conduta também seja tipificada como crime. Importa tão somente a data de ocorrência ou de finalização da conduta.

Ao estipular a data da prática ou de sua finalização como termo inicial, a LIA evita o risco de os órgãos públicos distorcerem a contagem da prescrição, afastando o problema existente nos modelos em que o ordenamento fixa o termo inicial na data de conhecimento do fato pelo Poder Público.[18] Isso revela que o legislador, na reforma de 2021, preocupou-se com a situação dos envolvidos, não com os órgãos públicos. A contagem da prescrição ignora qualquer tipo de ocultação do ilícito. Se os envolvidos estiverem no cargo, emprego ou função, e usarem seus poderes para impedir que se descubra a prática infrativa, nada mudará para a contagem da prescrição. A LIA tampouco considera que muitos órgãos públicos prescindem de recursos para exercer de modo eficiente as funções de fiscalização e descobrir esses ilícitos. Por tudo isso, a despeito do longo prazo de oito anos, é evidente que o regime de prescrição definido pela reforma de 2021 favorece os envolvidos.

Essa afirmação se reforça por mais um fator: em complemento à regra de oito anos, a lei prevê uma segunda regra de prescrição ao exigir que se ajuíze a ação, no máximo, em trinta dias após o prazo para conclusão do inquérito. Se não houver inquérito, o prazo de oito anos valerá normalmente. Porém, se instaurado o inquérito civil, o prazo para ajuizar a ação se submeterá ao teto de oito anos e, cumulativamente, ao teto de trinta dias após a conclusão do procedimento investigativo ou o esgotamento do prazo legal para sua duração (art. 23, § 3º, da LIA).

---

18. Waldir Simão e Gustavo Carvalho, a respeito, afirmam ser melhor convivermos com prazos de prescrição longos, que com datas de contagem incertas. Cf. SIMAO, Waldir; CARVALHO, Gustavo Marinho de. Apontamentos sobre a Lei n. 14.230/2021 e a responsabilidade por improbidade administrativa. In: CONTI, José Maurício; MARRARA, Thiago; IOCKEN, Sabrina; CARVALHO, André Castro (Org.). *Responsabilidade do gestor na Administração Pública*: improbidade e temas especiais. Belo Horizonte: Fórum, 2022, p. 22.

As limitações à pretensão punitiva não se encerram aí. A LIA ainda trata da **prescrição intercorrente**, isto é, determina a extinção da pretensão punitiva em razão de decurso de um prazo entre as medidas tomadas pelo Estado no sentido de buscar a responsabilização. Essa é certamente umas das alterações mais polêmicas da reforma promovida em 2021. Para entendê-la, é preciso resgatar as regras de **interrupção da prescrição**.

De acordo com a LIA (art. 23, § 4º), a interrupção ocorrerá pelo ajuizamento da ação; pela publicação da sentença condenatória; pela publicação de decisão ou acórdão do TJ, do TRF, do STJ ou STF, confirmando a condenação ou reformando a decisão de improcedência. Enquanto a suspensão apenas paralisa a contagem do prazo, a interrupção ocasiona seu reinício do zero. Seguindo essa lógica, a interrupção deveria zerar a contagem do prazo de oito anos, mas não foi isso que o legislador previu.

Uma vez interrompido o prazo geral, a lei indica que a contagem da prescrição será retomada do dia da interrupção pelo **prazo de quatro anos** (art. 23, § 5º). Note bem: ocorrida a interrupção do prazo geral, a prescrição se reiniciará, mas pela metade do prazo geral (quatro anos, não oito). Imagine que o Ministério Público ajuíze a ação, ocasionando a interrupção da prescrição. Nesse momento, o prazo será zerado e imediatamente se reiniciará a contagem, mas somente de quatro anos.

Caso o Judiciário não prolate a sentença dentro desse período quadrienal, a prescrição intercorrente da pretensão punitiva se materializará. O juiz ou o Tribunal, depois de ouvido o MP, deverá reconhecê-la imediatamente, de ofício ou a pedido das partes (art. 23, § 8º). Se, na presença de recurso de apelação, o Tribunal competente impuser a condenação dentro do prazo quadrienal, então a prescrição novamente se interromperá, dando início a nova contagem de quatro anos de prescrição intercorrente. Assim, na presença de recursos para o STJ ou STF, os Tribunais Superiores necessitarão se manifestar também dentro do quadriênio, sob o risco de se prescrever a pretensão punitiva.

Seguindo esse modelo de prescrição, é possível que atrasos na condução do processo pelo Judiciário inviabilizem a condenação, ainda que as provas sejam robustas e a acusação se mostre totalmente procedente. Esse risco se eleva ainda mais ao se considerar que a decisão absolutória não é citada pelo legislador como causa de interrupção da prescrição. Como explica Alexandre da Cunha Júnior, "se é difícil ver o julgamento de um caso de improbidade no prazo de 4 anos em uma instância, em duas a tarefa pode ser simplesmente irrealizável".[19] Tudo isso atesta, em síntese, que o legislador buscou reformar a prescrição não para facilitar a atuação dos órgãos públicos, mas para favorecer os envolvidos. Esse modelo pode criar uma situação esdrúxula, em que os ilícitos mais simples são facilmente combatidos, enquanto os ilícitos mais graves e complexos, beneficiam-se da prescrição.

---

19. CUNHA FILHO, Alexandre Jorge Carneiro da. Prescrição na Lei de Improbidade Administrativa. In: DAL POZZO, Augusto Neves; OLIVEIRA, José Roberto Pimenta (Org.). *Lei de improbidade administrativa reformada*. São Paulo: Revista dos Tribunais, 2022, p. 755.

26.5.9 Acordo de não persecução civil (ANPC)

Por longo período, o sistema de responsabilização de improbidade resistiu às técnicas de consensualização. O art. 17, § 1º, da LIA proibia de modo expresso e direto a transação, o acordo ou a conciliação nas ações de improbidade. Os problemas dessa vedação eram muitos. Impedido de utilizar vias consensuais, o Estado perdia a chance de resolver algumas situações rapidamente, de se concentrar em casos prioritários e impactantes, bem como de empregar estrategicamente seus recursos investigativos.

Aos poucos, no entanto, as vantagens da consensualização foram percebidas pelo legislador. Conhecida como "pacote anticrime", a Lei n. 13.964/2019 alterou a LIA e introduziu finalmente os acordos. Raphael de Matos Cardoso bem observa que essa solução não foi bem-sucedida, pois o art. 17-A, então inserido na LIA, sofreu veto da Presidência da República. Dessa maneira, o instrumento consensual restou sem qualquer detalhamento normativo.[20] Isso levou o Congresso Nacional, na reforma operada em 2021, a retomar o assunto, introduzindo o art. 17-B com seus inúmeros parágrafos para tratar do acordo de não persecução civil (ANPC).

Embora a disciplina agora existente na LIA se mostre relativamente detalhada, o regime jurídico do ANPC não é tão claro quanto possa parecer à primeira leitura. Para evidenciar o funcionamento desse mecanismo contratual e os problemas da legislação, é preciso abordá-lo em suas diversas etapas: (i) a proposta; (ii) a negociação; (iii) a celebração; (iv) a execução e (v) a avaliação. Dado o escopo desse manual, essa análise considerará aspectos estritamente legais, não adentrando atos regulamentares.

A proposta do ANPC não é expressamente disciplinada pela LIA. Na falta de norma legal, entendo que a legitimidade para sua propositura recai tanto sobre o acusado quanto sobre o ente com legitimidade ativa para ajuizar a ação de improbidade. Embora a lei destaque o papel do Ministério Público, as advocacias públicas também podem se valer do ANPC, sobretudo depois que o STF restaurou sua legitimidade ativa para a ajuizar a ação de improbidade (cf. ADI 7042).

A razão para se defender uma **ampla legitimidade de propositura** está atrelada aos benefícios envolvidos na consensualização. Sabe-se que os acordos geram benefícios para os particulares, para o ente lesado e para o Ministério Público. Enquanto os particulares geralmente se valem do acordo para evitar os riscos de condenação ou de sofrer sanções excessivas, além de todos os males relacionados à condição de acusado, o Estado persegue a vantagem de, mediante acordo, solucionar rapidamente uma questão, redirecionar suas equipes e recursos para assuntos mais relevantes,

---

20. CARDOSO, Raphael de Matos. Acordo de não persecução cível na Lei de Improbidade Administrativa: a orientação do MPF e a reforma da Lei n. 14.230/2021. In: CONTI, José Maurício; MARRARA, Thiago; IOCKEN, Sabrina; CARVALHO, André Castro (Org.). *Responsabilidade do gestor na Administração Pública*: improbidade e temas especiais. Belo Horizonte: Fórum, 2022, p. 291.

ver os danos reparados com mais agilidade, entre outras. Por isso, no silêncio da lei, é preciso entender que a legitimidade de propositura é ampla.

Em termos temporais, a proposta se mostra cabível **antes ou depois da instauração do processo** judicial. Uma vez apresentada por alguma das partes envolvidas, é imprescindível que a outra a aceite. Não existe acordo imposto. Nessa aceitação, porém, a LIA estipula uma condição. Diz o art. 17, § 10-A, que se deve verificar a "possibilidade de solução consensual" no caso concreto. A meu ver, a palavra "possibilidade" equivale à "utilidade pública". Não pode o Estado celebrar acordos sem que, motivadamente, demonstre os benefícios esperados no caso concreto a partir de uma análise de consequências da via consensual. Os acordos não são benesses, presentes, favores aos acusados. O Estado os utiliza por uma razão de utilidade pública, como já dito e repetido anteriormente. A aceitação da proposta somente é lícita e legítima se fundada em razão legítima de interesse público.

Se a proposta for aceita no início do processo, as partes podem solicitar ao juiz a interrupção do prazo para a contestação por até 90 dias (art. 17, § 10-A). Isso não significa, a meu ver, que reste vedado propor o acordo após a contestação.[21] Muito pelo contrário. A proposta é aceitável para a Administração Pública sempre que ainda for capaz de demonstrar as utilidades e benefícios da via consensual conforme as circunstâncias do caso concreto. Nesse sentido, a própria LIA é clara ao permitir o acordo durante "a apuração do ilícito, no curso da ação de improbidade ou no momento da execução da sentença condenatória" (art. 17-B, § 4º).

Aceita a proposta, as partes abrirão a segunda fase, equivalente à **negociação das obrigações** do acordo. Embora LIA aponte que o MP negociará o acordo (art. 17-B, § 5º), a legitimidade necessita ser ampliada para abranger também a advocacia pública. Afinal, essa regra fazia sentido diante da restrição da legitimidade ativa ao MP, mas o STF afastou essa restrição. Desse modo, entendo que as advocacias não apenas podem ajuizar a ação, como também negociar e celebrar o ANPC antes o processo ou durante seu curso.

Ao longo das tratativas, as partes deverão introduzir, ao menos, as **cláusulas obrigatórias** previstas na LIA (art. 17-B). O ANPC deverá conter cláusula de integral ressarcimento do dano e prever a reversão da vantagem indevidamente obtida pelo réu em favor da pessoa jurídica lesada. Para a reparação do dano, o Tribunal de Contas competente será obrigatoriamente ouvido para que, no prazo de 90 dias, indique os parâmetros cabíveis à mensuração (art. 17-B, § 3º). Essa regra está com sua eficácia suspensa em razão da decisão cautelar expedida pelo STF na **ADI 7236**.

---

21. Em igual sentido, CARDOSO, Raphael de Matos. Acordo de não persecução cível na Lei de Improbidade Administrativa: a orientação do MPF e a reforma da Lei n. 14.230/2021. In: CONTI, José Maurício; MARRARA, Thiago; IOCKEN, Sabrina; CARVALHO, André Castro (Org.). *Responsabilidade do gestor na Administração Pública*: improbidade e temas especiais. Belo Horizonte: Fórum, 2022, p. 296.

As normas da LIA atestam que o foco do legislador recaiu sobre aspectos pecuniários. Para além dessas duas obrigações básicas, a LIA nada mais prevê, gerando um problema enorme à compreensão das verdadeiras funções do ANPC. A lei não indica se o acordo persegue a finalidade de ajustamento de conduta, de leniência ou de ajustamento de cumprimento de sanções. Na falta desses indicativos, a única conclusão possível é a de que o acordo é versátil, aceitando essas **múltiplas funções**. Isso significa que poderá ser empregado:

- (i) Como espécie de **leniência**, acordo integrativo ao processo judicial, caso em que pressuporá confissão e deverá prever obrigações de cooperação instrutória e medidas de abrandamento das sanções ao final do processo;

- (ii) Como **ajustamento de conduta**, acordo substitutivo do inquérito ou do processo judicial, devendo prever obrigações de correção do comportamento questionado ou reversão dos efeitos nocivos por ele gerados, combinado com o compromisso estatal de arquivamento do processo sem julgamento de mérito caso o acordo seja cumprido; ou

- (iii) Como ajustamento de forma e do tempo de **cumprimento da decisão condenatória**, acordo integrativo ao processo, especificamente quando celebrado na fase de execução da sentença. Nesse ponto, é preciso reiterar que a LIA expressamente autoriza o acordo nessa fase, o que pressupõe que se dê a ele uma função específica de ajustar o cumprimento da decisão, não de substituir a condenação.

Para além dessas obrigações centrais, as partes necessitam negociar aspectos acessórios da relação consensual, como eventuais relatórios de cumprimento, medidas e sanções por descumprimento, possibilidade eventual de alteração das obrigações pactuadas por onerosidade excessiva, causas de extinção e suas respectivas consequências. A respeito disso, a LIA contém duas regras interessantes. Esclarece que o ANPC poderá envolver a obrigação de se adotar mecanismos e **procedimentos internos de integridade**, auditoria, incentivo a denúncias de irregularidades, código de ética, entre outras medidas em favor do interesse público e das boas práticas de gestão (art. 17-B, § 6º).

Seja no estabelecimento das obrigações acessórias, seja no tocante às principais, a LIA exige que se respeite a proporcionalidade do conteúdo obrigacional com "a personalidade do agente, a natureza, as circunstâncias, a gravidade e a repercussão social do ato de improbidade, bem como as vantagens, para o interesse público, da rápida solução do caso" (art. 17-B, § 2º). Agrego a isso a necessidade de respeito à moralidade e ao princípio do interesse público. O cuidado com esses princípios cresce ao longo da apuração e conforme o processo avança. É por isso que, a meu ver, apenas para exemplificar, seria completamente descabido celebrar um ANPC na fase de execução de sentença condenatória com finalidade de ajustamento de conduta ou de cooperação instrutória (leniência). Ora, se o processo já culminou em decisão, não há interesse público nessas soluções negociadas.

Mais que isso, a moralidade exige **relação de pertinência** entre as obrigações negociadas e inseridas no acordo com suas finalidades e com o bem jurídico tutelado. Por exemplo, um ANPC com função de ajustamento de conduta por prática de nepotismo obviamente não deve conter obrigações de doação de ração de cachorro ou doação de recursos a fundações, já que se mostram completamente impertinentes ao bem tutelado. É claramente ilegal manejar o acordo para extrair vantagens injustificadas dos envolvidos na prática questionada ou para gerar benefícios a pessoas ou entidades que, no caso concreto, sequer sofreram efeitos ou prejuízos.

Ainda sobre a fase de negociação, a LIA trata da **articulação das partes com outros atores**. É preciso que o ente federativo lesado seja necessariamente ouvido (art. 17-B, § 1º). Por ente federativo, entenda-se não apenas a pessoa jurídica da União, dos Estados ou dos Municípios, como também suas entidades da Administração Indireta.[22] Essa exigência se mostra especialmente pertinente para os acordos negociados pelo Ministério Público. Além disso, quando negociado pelo MP e antes da ação judicial, será imprescindível a aprovação da proposta pelo órgão ministerial competente para apreciar os arquivamentos de inquéritos civis. Entretanto, essa regra não parece caber para acordos negociados pela advocacia pública representante do ente lesado, antes ou ao longo da ação. Note-se, ainda, que a LIA também previa a necessidade de oitiva do TCU em relação a apuração de danos, mas esse dispositivo foi declarado inconstitucional pelo STF (**ADI 7236**).

Finalizada a negociação com a oitiva e autorização de todos os sujeitos indicados na legislação, parte-se para a **fase de celebração** do acordo. Como dito e repetido, a LIA autoriza firmar o ANPC antes ou durante a ação de improbidade, bem como na fase de execução de sentença. A celebração envolve o indiciado ou acusado, de um lado, e o órgão com legitimidade ativa para mover a ação, a saber: a advocacia pública ou o Ministério Público. A despeito de quem celebra e do momento em que isso ocorre, a LIA é clara quanto à **necessidade de homologação judicial**. Não basta que as partes firmem o acordo. Sua validade está condicionada à chancela do Poder Judiciário, ainda que inexista ação de improbidade em curso (art. 17-B, § 1º, III, da Lei n. 8.429/1992).

A quarta fase do ANPC consiste na **execução obrigacional**. Nesse período, espera-se que as partes ajam no sentido de cumprir suas obrigações conforme o pactuado. Embora a LIA nada diga, é possível que se negociem formas de alteração do acordo, por exemplo, em razão de caso fortuito, força maior, onerosidade excessiva, entre outras fatores. A previsão de cláusulas sobre esse assunto é fundamental para evitar conflitos ao longo de sua execução e para conferir adaptabilidade ao acordo diante de mudanças contextuais.

---

22. Nesse sentido, FERNANDES, Og; KOEHLER, Frederico Augusto Leopoldino; RUFINO, Jacqueline Paiva; FLUMIGNAN, Silvano José Gomes. *Lei de improbidade administrativa*, 2ª ed. São Paulo: JusPodivm, 2024, p. 98.

A quinta e última fase é a de **extinção do acordo**. Aqui abrem-se dois caminhos. De um lado, se a parte cumprir o pactuado, ensejará o dever de o Estado tomar as medidas prometidas. Se o ANPC for usado como forma de leniência, o acusado colaborador será condenado e, nesse momento, receberá as reduções de sanção conforme seu grau de cooperação na juntada de provas. Diferentemente, se o ANPC equivaler a ajustamento de conduta, seu cumprimento obrigará o Estado a arquivar o inquérito ou a ação judicial, não se expedindo sentença de condenação ou absolvição.

É igualmente possível que o ANPC se extinga antecipadamente por várias outras razões, como a impossibilidade superveniente das obrigações pactuadas, a invalidação do acordo ou o **descumprimento das obrigações**. Nesse último cenário, a LIA é clara: proíbe que o investigado ou o demandado celebre novo ANPC pelo prazo de 5 anos, contado do conhecimento do efetivo descumprimento (art. 17-B). Aparentemente, a **proibição quinquenal** vale não apenas para a prática que foi objeto do acordo, mas para qualquer outra que possa ser rotulada como improbidade, ainda que em outros inquéritos e processos judiciais. Sem prejuízo desses efeitos indicados na lei, outras consequências do descumprimento poderão ser estipuladas seja em atos regulamentares, seja em cláusulas do próprio acordo – sempre com o devido respeito ao regime jurídico administrativo e seus princípios fundamentais.

26.6 SÚMULAS

SÚMULAS VINCULANTES

- Súmula Vinculante n. 13: A nomeação de cônjuge, companheiro ou parente em linha reta, colateral ou por afinidade, até o terceiro grau, inclusive, da autoridade nomeante ou de servidor da mesma pessoa jurídica investido em cargo de direção, chefia ou assessoramento, para o exercício de cargo em comissão ou de confiança ou, ainda, de função gratificada na administração pública direta e indireta em qualquer dos poderes da União, dos Estados, do Distrito Federal e dos Municípios, compreendido o ajuste mediante designações recíprocas, viola a Constituição Federal.

- Súmula Vinculante n. 14: É direito do defensor, no interesse do representado, ter acesso amplo aos elementos de prova que, já documentados em procedimento investigatório realizado por órgão com competência de polícia judiciária, digam respeito ao exercício do direito de defesa.

SUPERIOR TRIBUNAL DE JUSTIÇA

- Súmula n. 634: Ao particular aplica-se o mesmo regime prescricional previsto na Lei de Improbidade Administrativa para o agente público.

- Súmula n. 651: Compete à autoridade administrativa aplicar a servidor público a pena de demissão em razão da prática de improbidade administrativa, independentemente de prévia condenação, por autoridade judiciária, à perda da função pública.

26.7 BIBLIOGRAFIA PARA APROFUNDAMENTO

AGRA, Walber de Moura. *Comentários sobre a Lei de Improbidade Administrativa*: de acordo com as alterações promovidas pela Lei nº 14.230/2021, 3ª ed. Belo Horizonte: Fórum, 2022.

ALMEIDA, Pedro Luiz Ferreira de. *Improbidade administrativa e o princípio da insignificância*. Rio de Janeiro: Lúmen Juris, 2020.

BEZERRA FILHO, Aluízio. *Processo de improbidade administrativa*, 4ª ed. São Paulo: JusPodivm, 2022.

BITTENCOURT NETO, Eurico. *Improbidade administrativa e violação de princípios*. Belo Horizonte: Del Rey, 2005.

CAPEZ, Fernando. *Improbidade administrativa*: limites constitucionais, 2ª ed. São Paulo: Saraiva, 2015.

CARDOSO, Raphael de Matos. *A responsabilidade da pessoa jurídica por atos de improbidade e corrupção*. Rio de Janeiro: Lúmen Juris, 2019.

CARVALHO FILHO, José dos Santos. *Improbidade administrativa*: prescrição e outros prazos extintivos, 3ª ed. São Paulo: Atlas, 2019.

CASTRO, Leonardo Bellini de. *Lei Anticorrupção:* impactos sistêmicos e transversais. Leme: JH Mizuno, 2019.

CASTRO, Leonardo Bellini de; VALENTE, Marcella Querino Mangullo; SILVA, Mateus Camilo Ribeiro (Orgs.). *Direito administrativo sancionador e tutela da probidade*. Rio de Janeiro: Centro para Estudos Empírico-Jurídicos (CEEJ), 2024.

CONTI, José Maurício; MARRARA, Thiago; IOCKEN, Sabrina Nunes; CARVALHO, André Castro (Coord.). *Responsabilidade do gestor na Administração Pública*, v. 3: improbidade e temas especiais. Belo Horizonte: Fórum, 2022.

CONTI, José Maurício; MARRARA, Thiago; IOCKEN, Sabrina Nunes; CARVALHO, André Castro (Coord.). *Responsabilidade do gestor na Administração Pública*, v. 2: aspectos fiscais, financeiros, políticos e penais. Belo Horizonte: Fórum, 2022.

CONTI, José Maurício; MARRARA, Thiago; IOCKEN, Sabrina Nunes; CARVALHO, André Castro (Coord.). *Responsabilidade do gestor na Administração Pública*, v. 1: aspectos gerais. Belo Horizonte: Fórum, 2022.

FERNANDES, Og; KOEHLER, Frederico Augusto Leopoldino; RUFINO, Jacqueline Paiva; FLUMIGNAN, Silvano José Gomes. *Lei de Improbidade Administrativa*, 2ª ed. São Paulo: JusPodivm, 2024.

FIGUEIREDO, Marcelo. *Probidade administrativa*. São Paulo: Malheiros, 2004.

GABARDO, Emerson. A mudança de entendimento do STF sobre a imprescritibilidade das ações de ressarcimento ao erário. *Colunistas*, n. 81, 2016.

GABARDO, Emerson. A nova decisão do STF sobre a imprescritibilidade do ressarcimento ao erário por ato de improbidade. *Colunistas*, n. 409, 2018.

GAJARDONI, Fernando da Fonseca; CRUZ, Luana Pedrosa de Figueiredo; GOMES JUNIOR, Luiz Manoel; FAVRETO, Rogerio. *Comentários à Nova Lei de Improbidade Administrativa*, 5ª ed. São Paulo: Revista dos Tribunais, 2021.

GARCIA, Emerson; ALVES, Rogério Pacheco. *Improbidade administrativa*, 8ª ed. São Paulo: Saraiva, 2014.

HARGER, Marcelo. *Improbidade administrativa*. São Paulo: Atlas, 2015.

JUSTEN FILHO. Marçal. *Reforma da lei de improbidade administrativa comentada e comparada*: Lei 14.230, de 25 de outubro de 2021. Rio de Janeiro: Forense, 2022.

LACERDA, Caroline Maria Vieira. *Os impactos da Lei de Introdução às Normas do Direito Brasileiro nas ações de improbidade administrativa*. Belo Horizonte: Fórum, 2021.

LANE, Renata. *Acordos na improbidade administrativa*: termo de ajustamento de conduta, acordo de não persecução cível e acordo de leniência. Rio de Janeiro: Lúmen Juris, 2021.

LIMA, Diogo de Araújo; GOMES JÚNIOR, Luiz Manoel. *Acordo de não persecução cível*. São Paulo: Revista dos Tribunais, 2022.

LIMA, Guilherme Corona Rodrigues. *Direito administrativo sancionador e a função social da empresa*. Rio de Janeiro: Lúmen Juris, 2022.

LUCON, Paulo Henrique dos Santos; COSTA, Eduardo José da Fonseca; COSTA, Guilherme Recena (Coord.). *Improbidade administrativa*: aspectos processuais da Lei n. 8.429/92. São Paulo: Atlas, 2013.

MARQUES, Mauro Campbell (Coord.). *Improbidade administrativa*: temas atuais e controvertidos. Rio de Janeiro: Forense, 2016.

MARRARA, Thiago (Org.). *Princípios de direito administrativo*, 2ª ed. Belo Horizonte: Fórum, 2021.

MARRARA, Thiago. A proibição de contratar com o Poder Público na Lei de Improbidade: o que mudou com a Lei n. 14.230/2021? In: PIMENTA, José Roberto Oliveira; DALL POZZO, Augusto Neves (Org.). *Lei de improbidade administrativa reformada*. São Paulo: Revista dos Tribunais, 2021.

MARRARA, Thiago. Atos de improbidade: como a Lei n. 14.230/2021 modificou os tipos infrativos da LIA? *RDDA*, v. 10, n. 1, 2023.

MARRARA, Thiago. O conteúdo do princípio da moralidade administrativa: probidade, razoabilidade e cooperação. *RDDA*, v. 3, n. 1, 2016.

MARTINS JÚNIOR, Wallace Paiva. *Probidade administrativa*, 3ª ed. São Paulo: Saraiva, 2006.

MATTOS, Mauro Roberto Gomes de. *O limite da improbidade administrativa*. Rio de Janeiro: América Jurídica, 2005.

NEVES, Daniel Amorim Assumpção; REZENDE DE OLIVEIRA, Rafael Carvalho. *Comentários à reforma da lei de improbidade administrativa*: Lei 14.230, de 25.10.2021 comentada artigo por artigo. Rio de Janeiro: Forense, 2022.

NÓBREGA, Guilherme Pupe; MUDROVITSCH, Rodrigo de Bittencourt. *Lei de improbidade administrativa comentada*: de acordo com a Reforma pela Lei n. 14.230/2021. São Paulo: Lúmen Juris, 2022.

NOLASCO, Rita Dias. *Ação de improbidade administrativa*. São Paulo: Quartier Latin, 2010.

OLIVEIRA, Jose Roberto Pimenta; POZZO, Augusto Neves Dal (Org.). *Lei de Improbidade Administrativa Reformada*. São Paulo: Revista dos Tribunais, 2022.

PAZZAGLINI FILHO, Marino. *Lei de improbidade administrativa comentada*, 8ª ed. São Paulo: JusPodivm, 2022.

SANTOS, Kleber Bispo dos. *Acordo de leniência na Lei de Improbidade Administrativa e na Lei Anticorrupção*. Rio de Janeiro: Lúmen Juris, 2018.

SOUSA, Welson de Almeida Oliveira. *Improbidade administrativa*: a responsabilidade do prefeito por atos dos secretários: uma investigação jurisprudencial. Rio de Janeiro: Lúmen Juris, 2020.

SPITZCOVSKY, Celso. *Improbidade administrativa*. Rio de Janeiro: Gen, 2009.

ZIMMER JÚNIOR, Aloísio. *Corrupção e improbidade administrativa*: cenários de risco e a responsabilização dos agentes públicos municipais. São Paulo: Revista dos Tribunais, 2018.

27
RESPONSABILIDADE POR CORRUPÇÃO

27.1 INTRODUÇÃO

27.1.1 Definição e tratamento penal da corrupção

Corrupção deriva de corromper, cuja raiz latina indica quebrar ou deteriorar algo. Assim como a improbidade, trata-se de uma manifestação da desonestidade nas relações que se desenvolvem no Estado, no mercado e na sociedade. Determinados sujeitos buscam obter vantagens indevidas para si ou oferecê-las para outrem mediante estratégias ilegítimas ou escusas.

O fenômeno da corrupção tem múltiplas causas e ocorre em três situações distintas: (i) nas **relações puramente particulares**, por exemplo, quando empresas fornecedoras corrompem funcionários do setor de compras de outras para vender seus serviços (corrupção privada); (ii) nas **relações entre particulares e o Estado**, como a empresa que suborna o regulador para lhe conferir benefícios em um processo administrativo para reequilíbrio econômico-financeiro de uma concessão ou (iii) em **relações puramente públicas**, por exemplo, quando agentes públicos corrompem outros para receber proteção, ocultar ilegalidades ou avançar indevidamente na carreira.

Para o direito administrativo, interessam as duas últimas formas: a corrupção nas relações público-privada e público-público. Inúmeras são as manifestações diuturnas desse fenômeno. Veja as compras de licenças administrativas para conduzir veículos automotores, o vazamento intencional de gabaritos de provas em concursos públicos, a negociação de informações estratégicas sobre políticas econômicas do governo ou a oferta de benefícios a agentes públicos para desclassificar ou inabilitar indevidamente empresas em licitações, viabilizando que outras dominem mercados. Há, além disso, expressões mais sutis de corrupção como a oferta de vantagens ou a troca de favores com chefias, dirigentes e agentes de fiscalização para fazer vistas grossas diante de infrações ou ilegalidades diversas.

Esses vários exemplos revelam que o significado de corrupção é bastante amplo e alargado, mostrando-se difícil estabelecer precisamente seus limites. No direito, porém, cada disciplina jurídica absorve o fenômeno de maneira própria. Não existe um conceito jurídico unitário de corrupção. A depender do ramo examinado, essa prática toma contornos próprios e ocasiona formas de responsabilização peculiares.

Muito antes de a Lei Anticorrupção brasileira ter sido criada, permitindo a aplicação de sanções pela Administração Pública contra os infratores, a corrupção envolvendo particulares e agentes públicos foi criminalizada no Código Penal por meio de dois tipos: a corrupção passiva, como crime praticado pelo agente público contra a Administração, e a corrupção ativa, como crime praticado por particular contra a Administração em geral.

O art. 317 do Código Penal descreve o crime de **corrupção passiva** como "solicitar ou receber, para si ou para outrem, direta ou indiretamente, ainda que fora da função ou antes de assumi-la, mas em razão dela, vantagem indevida, ou aceitar promessa de tal vantagem". Aqui, a corrupção surge como infração penal cometida pelo agente público em desfavor do Estado em qualquer dos três Poderes. Não obstante, esse crime é capaz de igualmente produzir efeitos nocivos sobre terceiros, a sociedade ou o mercado.

Já o art. 333 trata da **corrupção ativa** como a conduta de "oferecer ou prometer vantagem indevida a funcionário público, para determiná-lo a praticar, omitir ou retardar ato de ofício". Em 2002, o Congresso introduziu no Código Penal uma figura complementar no art. 337-B, denominada *"corrupção ativa em transação comercial internacional"*. Esse crime consiste em "prometer, oferecer ou dar, direta ou indiretamente, vantagem indevida a funcionário público estrangeiro, ou a terceira pessoa, para determiná-lo a praticar, omitir ou retardar ato de ofício relacionado à transação comercial internacional".

Em todos os crimes indicados, há um ponto comum: a vantagem indevida! Além disso, o tratamento penal da corrupção encontra algumas limitações em razão de dois fatores básicos. Em primeiro lugar, os crimes utilizam a corrupção num sentido mais restrito, limitando-a a situações que envolvem ao menos dois sujeitos: o que promete, oferece ou dá as vantagens indevidas e o agente público que as solicita ou as recebe para beneficiá-lo. Embora a corrupção ativa e a passiva sejam independentes, podendo ocorrer de forma isolada, ambos os crimes descritos pressupõem uma interação entre duas ou mais pessoas.

Em segundo lugar, o direito penal volta-se aos ilícitos cometidos por pessoas físicas, dando origem a penas contra particulares e agentes públicos. Esse sistema não consegue atingir pessoas jurídicas, como empresas e associações, na qualidade de infratoras. Se uma empresa oferecer vantagens indevidas e certo agente público as aceitar, haverá corrupção passiva, mas não ativa, porque o sistema penal não sanciona pessoa jurídica nesse campo. Como decorrência dessa limitação, o direito penal torna-se incapaz de gerar estímulos suficientes para combater o fenômeno. Uma vez que a sanção penal se restringe à pessoa física envolvida no ilícito, a condenação penal não impedirá que a pessoa jurídica continue recrutando pessoas físicas para cometer a corrupção que a beneficia indevidamente.

Essas limitações estruturais do direito penal somadas a um movimento internacional de combate à corrupção, fortemente atrelado a interesses de expandir mercados e gerar um ambiente de concorrência baseado mais em preço, qualidade e inovação, que em trocas escusas de favores, tornaram-se fatores essenciais para explicar o desenvolvimento de um subsistema próprio de responsabilidade dentro do direito administrativo e voltado exclusivamente para o combate à corrupção. Forja-se, assim, o contexto propício à edição da Lei Anticorrupção no Brasil (Lei n. 12.846/2013).

27.1.2 Combate à corrupção na esfera internacional

O combate à corrupção ganhou paulatinamente destaque no plano internacional nas últimas décadas e, com isso, fomentou os Estados soberanos a desenvolver legislação interna sobre o assunto para além dos tipos penais clássicos. A meu ver, dois são os fatores que explicam esse movimento na arena internacional. De um lado, colocam-se a globalização econômica e os interesses na abertura de mercados e na defesa da justa concorrência. De outro, os efeitos nocivos da corrupção para o desenvolvimento e os direitos fundamentais.

A globalização econômica é fortemente guiada pelo interesse de grandes empresas transnacionais na abertura de novos mercados e no aumento do número de consumidores. A lógica é simples: de nada adianta produzir sem a possibilidade de escoar a produção. Esses objetivos geram pressões para a harmonização e padronização dos sistemas jurídicos, no sentido de reduzir custos de transação e facilitar a circulação econômica. Mais que isso, a busca por mercado pede segurança jurídica, previsibilidade, regras claras para a entrada e a manutenção das empresas no mercado. Ocorre que a segurança jurídica se torna inviável diante de uma Administração Pública suscetível à corrupção. Afinal, a corrupção fomenta decisões estatais que se direcionam ao atendimento de interesses dos corruptores, não se pautando por critérios racionais de mercado, de bem-estar ou de interesse público. Combater a corrupção, portanto, torna-se uma forma de criar um ambiente mais previsível e confiável para a atuação econômica.

Soma-se a isso a constatação de que as práticas de corrupção distorcem as políticas públicas, prejudicam o uso adequado de recursos públicos e geram benefícios indevidos para certos agentes em detrimento de uma grande maioria. Decisões manipuladas para favorecer corruptores frequentemente implicam retirar os recursos de quem necessita, fragilizando a Administração e suas políticas públicas. Para gerar benefícios indevidos aos corruptores, os agentes públicos corrompidos prejudicam ou sacrificam direitos fundamentais da maioria. Exemplos simples demonstram essa consequência. Agentes públicos que, corrompidos por uma empresa farmacêutica, adquirem sem licitação medicamentos sabidamente vencidos desperdiçam os recursos financeiros destinados à compra de insumos úteis à saúde coletiva e prejudicam os pacientes do sistema público.

Os impactos da corrupção tanto para a globalização econômica e a justa concorrência, quanto para a concretização de direitos fundamentais e a efetividade de políticas públicas estão na raiz de um movimento global de combate à corrupção nas relações que envolvem o Estado. Materializando esse movimento, as organizações internacionais aprovaram três tratados, todos eles internalizados pelo Brasil e que exerceram influência significativa para a elaboração da Lei Anticorrupção.

O Decreto Presidencial n. 3.678/2000 promulgou a **Convenção sobre o Combate à Corrupção de Funcionários Públicos Estrangeiros em Transações Comerciais Internacionais**, aprovada em 17 de dezembro de 1997 no âmbito da Organização para a Cooperação Econômica e Desenvolvimento (OCDE). Em vigor desde 1999, esse documento internacional visa a combater os atos de corrupção na esfera do comércio internacional, além de prever ações para assegurar a cooperação entre os países signatários.

Já o Decreto Presidencial n. 4.410/2002 promulgou a **Convenção Interamericana contra a Corrupção**, aprovada na Organização dos Estados Americanos (OEA), em 29 de março de 1996, em Caracas. Esse documento objetiva "promover e fortalecer o desenvolvimento dos mecanismos necessários para prevenir, detectar e punir a corrupção", além de promover ações de cooperação entre os países.

A seu turno, o Decreto Presidencial n. 5.687/2006 promulgou a **Convenção das Nações Unidas contra a Corrupção**, aprovado pela Assembleia Geral da ONU pela Resolução 55/6 de 2000. Assinado em Mérida, no México, esse documento reconhece a necessidade de prevenção, criminalização, cooperação internacional e recuperação de ativos em matéria de enfrentamento à corrupção. Além disso, estipula o dia 09 de dezembro como o dia internacional da luta contra a corrupção em todo o mundo.

27.1.3 A Lei Anticorrupção brasileira

Diante das limitações do direito penal e do forte impulso gerado pelos documentos internacionais que o Brasil internalizou, o Congresso Nacional aprovou a **Lei n. 12.846**, de 1º de agosto de 2013, hoje regulamentada pelo **Decreto n. 11.129/2022**. Conhecida como Lei Anticorrupção (LAC), esse diploma introduz um novo sistema de responsabilização no direito administrativo, centrado nos denominados atos de corrupção contra a Administração Pública nacional e estrangeira.

O foco do sistema estruturado pela LAC é a corrupção praticada por particulares nas relações com a Administração Pública. Esses particulares devem ser compreendidos como **pessoas jurídicas, com ou sem finalidade empresarial**. Melhor dizendo: o foco da lei anticorrupção não é a responsabilização de pessoas físicas, como se vê no direito penal. Seu texto normativo não apresenta infrações ou sanções para pessoas físicas, nem trata de acordos de leniência voltados a esses sujeitos. Todas as normas são pensadas para viabilizar a responsabilização das pessoas jurídicas, superando as limitações da legislação penal na matéria.

Apesar de voltada às pessoas jurídicas, a LAC não se aplica integralmente a todas as entidades estatais. Como se demonstrará oportunamente, pessoas jurídicas de direito público não podem ser consideradas infratoras. Por exemplo, se uma autarquia ou um Município se envolverem em corrupção para obter benefícios indevidos não se sujeitarão ao subsistema em questão. No entanto, nada impede a aplicação da lei a sociedades, associações e fundações estatais de direito privado. A Lei n. 13.303/2016, inclusive, reconhece essa aplicabilidade, mas aponta que as **empresas estatais**, ao cometer ato de corrupção, ficarão sujeitas às sanções administrativas da LAC e a uma única de suas sanções judiciais: o perdimento de bens, valores e direitos (art. 94).

O fato de muitas empresas se envolverem em corrupção não autoriza, porém, que se denomine a Lei n. 12.846 como "Lei Anticorrupção empresarial" ou "Lei da Empresa Limpa". Esses rótulos são inadequados e errôneos. Em primeiro lugar, a corrupção não é prática exclusiva de empresas. Qualquer entidade pode se envolver em corrupção, inclusive as do terceiro setor, primariamente dedicadas ao interesse público e sem qualquer finalidade lucrativa. Por conseguinte, em segundo lugar, inúmeras pessoas jurídicas privadas, para além das empresas, enquadram-se no conceito de infrator definido pela LAC e se sujeitam às suas sanções administrativas ou civis. Embora não mencione partidos políticos ou organizações religiosas, a LAC reconhece expressamente a extensão de suas normas tanto às sociedades simples ou empresárias, quanto às fundações ou associações (art. 1º, parágrafo único, da Lei n. 12.846/2013).

Para viabilizar a política de combate à corrupção, o conteúdo normativo da LAC se divide em sete capítulos. Basicamente, seus dispositivos tratam da aplicabilidade nacional de suas normas, dos bens tutelados, dos atos lesivos à Administração Pública nacional ou estrangeira, da responsabilização administrativa, das sanções administrativas, do acordo de leniência, da responsabilização judicial, entre outros assuntos para sua operacionalização, como os cadastros nacionais – temas que serão tratados em itens futuros.

27.1.4 Relações entre a LAC, LAI, LLic e LDC

Antes de detalhar os sujeitos, as infrações, as sanções, os processos e acordos que estruturam o subsistema anticorrupção adotado no Brasil, é preciso entender suas relações com outros campos de responsabilização administrativa, em especial os regidos pela Lei de Improbidade (LAI), pela Lei de Licitações (LLic) e pela Lei de Defesa da Concorrência (LDC).

Essa consideração prévia é relevante, pois vários dos comportamentos que tipificam corrupção pela LAC configuram, ao mesmo tempo, ilícitos perante as leis mencionadas. Bom exemplo disso se vislumbra no cartel licitatório. Essa gravíssima prática é capaz de ocasionar aos envolvidos a aplicação de sanções licitatórias, concorrenciais, por corrupção e por improbidade, sem contar as penalidades criminais e a reparação civil por danos causados.

Embora a LAC e a LIA se fundamentem na necessidade de tutelar a probidade e a moralidade administrativa, encontrando sua raiz também no art. 37, § 4º, da Constituição da República, seus sistemas de responsabilidade não são idênticos por várias razões. A LAC usa o modelo de **responsabilidade objetiva** e de **dualidade repressiva** (sanção administrativa e sanção judicial), focando a **infração cometida por pessoa jurídica**. A LIA prevê a responsabilidade subjetiva (dependente de comprovação de dolo), por meio de processo judicial e contra pessoas físicas ou jurídicas.

Sob essas circunstâncias, as relações entre as duas leis sempre ensejaram controvérsias, que se acentuavam diante do art. 30 da LAC, segundo o qual as sanções por ato de corrupção não afetam os processos de responsabilização por ato de improbidade administrativa. Diante desse artigo da LAC e da falta de normas da LIA sobre a política anticorrupção, a princípio, as duas leis operariam como subsistemas de responsabilidade completamente autônomos.

Após a reforma de 2021, o cenário jurídico se modificou. O art. 3º, § 2º, da LIA passou a prever que as sanções por improbidade "não se aplicarão à pessoa jurídica, caso o ato de improbidade administrativa seja também sancionado como ato lesivo à administração pública" nos termos da LAC. Já o art. 12, § 7º, dispõe que as sanções impostas contra pessoas jurídicas com base na LIA e na LAC deverão observar o princípio constitucional da vedação do *bis in idem*.

Conforme explicado no capítulo anterior, a interpretação conjunta do art. 30, da LAC e dos arts. 3º, § 2º, e 12, § 7º, da LIA levam ao entendimento de que o Judiciário, quando da prolação da sentença condenatória na ação de improbidade, necessitará verificar as sanções já determinadas à pessoa jurídica condenada nos processos baseados na LAC, limitando-se a aplicar contra os infratores as sanções remanescentes da LIA. Essa lógica também se estenderá ao Judiciário ao julgar a ação de corrupção caso a condenação por improbidade tenha ocorrido anteriormente.

A lógica de interação da LAC com a LIA não se repete de forma idêntica nas relações com a LLic e a LDC. Caso determinada conduta se mostre, ao mesmo tempo, ato de corrupção e infração licitatória ou contratual, a solução será distinta. De acordo com o art. 159 da Lei 14.133, nessa hipótese, a Administração Pública conduzirá um **processo administrativo de responsabilização unificado** e regido pela LAC.

Esse processo apurará a conduta com base nas duas leis, mas originará uma decisão unificada. Caso tenha natureza condenatória, porém, a Administração não poderá cominar duas vezes a mesma sanção contra o infrator. As penalidades administrativas da LLic e da LAC se combinarão sem sobreposição. Como consequência, será ilícita a duplicação da multa (uma com base na LAC e outra na LLIC). Ainda que constatada a infração às duas leis, a multa será única e baseada apenas nos critérios da LAC. As normas da LLic revelam, portanto, que o art. 30, *caput*, da LAC foi **revogado de modo tácito e parcialmente**.

A dinâmica entre a LAC e a LDC também apresenta suas peculiaridades. De acordo com o art. 29 da LAC, a apuração de um ato de corrupção não obsta que o CADE apure o mesmo comportamento no processo sancionador de defesa da concorrência (controle de condutas). A ativação do subsistema de combate à corrupção não interfere na funcionalidade do direito concorrencial sancionador. O legislador tampouco determina a unificação de processos administrativos sancionatórios, nem proíbe expressamente a duplicação de sanções da mesma natureza. A interação dos sistemas de responsabilização é diferente, pois os processos regidos pela LAC e pela LDC tutelam bens jurídicos completamente diversos.

Isso não obstante, é imperioso que a segunda condenação do comportamento já punido na esfera administrativa leve em conta a **razoabilidade punitiva**, ou seja, o comando do art. 22, § 3º da LINDB, segundo o qual: "as sanções aplicadas ao agente serão levadas em conta na dosimetria das demais sanções de mesma natureza e relativas ao mesmo fato". Ainda que esse comando legal se refira a agentes, ou seja, a pessoas físicas, a razoabilidade é princípio geral do direito administrativo, incidindo também nas situações em que uma mesma pessoa jurídica responda pelo mesmo comportamento em dois ou mais processos administrativos sancionatórios, como os regidos pela LAC e pela LDC.

27.2 SUJEITOS E MODOS DE RESPONSABILIZAÇÃO DA LAC

27.2.1 Sujeito passivo

Sujeito passivo é o **ente estatal atingido diretamente pelo ato de corrupção**. No sistema de responsabilidade instituído pela LAC, esse conceito engloba tanto a Administração Pública nacional, quanto a Administração Pública estrangeira. Ao enumerar esses sujeitos passivos, a lei estende de forma significativa o âmbito de eficácia espacial da política de combate à corrupção brasileira, como se demonstrará a seguir.

O conceito de Administração Pública não se esgota apenas no Poder Executivo. Da perspectiva orgânica, a **Administração Pública nacional** abrange todas as entidades que desempenham função administrativa nas três esferas da federação, incluindo seus respectivos órgãos internos. Por consequência, a LAC desponta no combate à corrupção praticada no Poder Executivo, no Judiciário, no Legislativo, assim como nas variadas entidades da Administração Indireta, com personalidade de direito público interno ou de direito privado, da União, dos Estados, do Distrito Federal e dos Municípios. Isso significa que, paralelamente às pessoas políticas, as autarquias, fundações, empresas e associações estatais estão plenamente habilitadas a aplicar os comandos da lei para coibir práticas corruptivas em seus âmbitos.

Alinhada às convenções internacionais, a LAC tutela tanto a Administração Pública nacional quanto a **Administração Pública estrangeira** contra atos de corrupção cometidos por entes brasileiros. O conceito de Administração estrangeira abrange dois componentes: (i) "os órgãos e entidades estatais ou representações diplomáticas de país estrangeiro, de qualquer nível ou esfera de governo, bem como as pessoas jurídicas controladas, direta ou indiretamente, pelo poder público de país estrangeiro" (art. 5º, § 1º) e (ii) as organizações públicas internacionais, como a ONU, a OEA e a OMC (art. 5º, § 2º, da LAC).

Embora a definição legal se mostre abrangente, a tutela da Administração Pública estrangeira é limitada. O art. 28 é expresso ao dizer que a Lei Anticorrupção se destina a combater os atos lesivos praticados apenas por pessoa jurídica brasileira contra a Administração estrangeira, ainda que cometidos no exterior. A condição para se incluir a Administração estrangeira como sujeito passivo da prática ilícita reside no reconhecimento da nacionalidade brasileira do infrator. Não interessa a territorialidade, ou seja, o local em que o ato foi praticado. Basta que se cumpra o critério subjetivo ativo. A LAC incidirá se o infrator for (i) pessoa jurídica com natureza de sociedade, fundação ou associação e (ii) brasileira. Diferentemente, se o ato for cometido por estrangeiro contra a Administração estrangeira, a lei brasileira se mostrará inaplicável.

Os efeitos práticos do reconhecimento do sujeito passivo se manifestam nas competências para a apuração e a repressão das práticas corruptivas. Uma vez reconhecida como sujeito passivo, a entidade da Administração nacional torna-se competente para **instaurar o processo administrativo de responsabilização, negociar acordos de leniência e impor sanções** previstas na LAC. No entanto, quando se reconhecer uma entidade estrangeira como sujeito passivo, a Controladoria Geral da União (CGU) se tornará competente para instaurar o processo, negociar os acordos e julgar administrativamente a prática (art. 9º e art. 16, § 10, da LAC).

Atos de corrupção praticados contra entidades que não se enquadrem no conceito de sujeito passivo não se enquadrarão nos tipos constantes da LAC. Por conseguinte, não se submeterão ao subsistema em questão os atos de corrupção cometidos em desfavor de entidades do terceiro setor (como OSC, OS ou OSCIP), entes paraestatais (como fundações de apoio), partidos políticos, organizações religiosas, sociedades, fundações e associações não estatais. A princípio, esses atos configuram corrupção exclusivamente privada, não ensejando instauração de PAR, nem aplicação das sanções da Lei Anticorrupção. Eventualmente, porém, tais práticas serão puníveis com suporte nos dispositivos da Lei n. 8.429/1992, que estende a tutela da probidade para entes privados não estatais sob certas condições (art. 1º, § 5º da LIA).

27.2.2 Sujeito ativo (infrator)

Sujeito ativo é a **pessoa que pratica corrupção** em desfavor da Administração nacional ou estrangeira. Trata-se do infrator. Em termos práticos, sua identificação é fundamental, pois responderá na esfera administrativa e na esfera judicial pela prática de corrupção disciplinada na LAC. Essa responsabilidade é objetiva, independente de comprovação de elemento volitivo (culpa ou dolo). Além disso, não pressupõe dano específico. Basta que se comprove a conduta tipificada na lei e a autoria para que se possa condenar.

O sujeito ativo não abarca qualquer tipo de pessoa. A política brasileira de combate à corrupção limita a figura do infrator a certas pessoas jurídicas. O art. 1º, parágrafo único, da LAC é claro ao estender a aplicabilidade da lei "às sociedades empresárias e às sociedades simples, personificadas ou não, independentemente da forma de organização ou modelo societário adotado". Além disso, reconhece a aplicação da lei a "quaisquer fundações, associações de entidades ou pessoas, ou sociedades estrangeiras, que tenham sede, filial ou representação no território brasileiro, constituídas de fato ou de direito, ainda que temporariamente".

Esse comando legal é peça fundamental para se compreender os limites da política de combate à corrupção no Brasil, pois traz os parâmetros para delimitação do sujeito ativo. Assim:

- Pessoas jurídicas de direito privado, com ou sem finalidade lucrativa, podem ser consideradas infratoras. Tanto as **sociedades**, quanto as **fundações e associações** enquadram-se no conceito de sujeito ativo. Isso confirma o que já foi dito: é completamente errôneo afirmar que a LAC é uma lei anticorrupção "empresarial". A limitação da lei apenas às empresas não encontra fundamento legal, nem motivo de ordem lógica;

- As sociedades, associações ou fundações estrangeiras que tenham sede, filial ou representação no Brasil também se enquadram no conceito de sujeito. Contudo, é imprescindível algum vínculo com o Brasil. Empresas estrangeiras que não têm qualquer relação com o país serão responsáveis apenas eventualmente nos termos de leis estrangeiras;

- Pessoas jurídicas de direito privado pertencentes ao Estado, a meu ver, também se enquadram no conceito de sujeito ativo. Dada a ausência de qualquer ressalva no texto legal, **fundações, associações ou empresas estatais** envolvidas na prática de corrupção devem ser sancionadas. Essa interpretação me parece a mais harmônica com o interesse público. Seria contraditório o Estado criar uma política de combate à corrupção e aceitar que suas próprias sociedades, fundações ou associações pudessem praticar atos do gênero e se beneficiar indevidamente da corrupção. Cabe ao Estado agir de modo exemplar perante a sociedade e ao mercado, não havendo espaço para que se beneficie indevidamente de imunizações de responsabilidade em um assunto tão relevante;

- Como já antecipado, as **empresas estatais se beneficiam de um regime especial**, pois o art. 94 da Lei n. 13.303/2016 prevê que, ao cometerem ato de corrupção, elas se submeterão apenas às sanções administrativas e à sanção judicial de perdimento dos bens, direitos ou valores que representem vantagem ou proveito direta ou indiretamente obtidos da infração. Em outras palavras, o Estatuto das Empresas Estatais impede que essas empresas sofram as sanções de suspensão ou interdição parcial de atividades, dissolução compulsória ou proibição de receber incentivos, subsídios, subvenções, doações ou empréstimos de órgãos e entidades públicas e instituições financeiras controladas pelo poder público. A meu ver, esse favorecimento legal das empresas estatais é inconstitucional, seja porque lhes dá tratamento mais benéfico em comparação aos demais agentes econômicos, seja porque essas empresas, como parte da Administração Indireta, sujeitam-se ao princípio constitucional da moralidade administrativa e deveriam ser sancionadas com mais rigor quando envolvidas em corrupção, não com injustificável brandura.

Da definição do art. 1º, parágrafo único, da LAC, também se extraem parâmetros sobre as pessoas que escapam ao conceito de sujeito ativo. As imunizações tácitas da lei se aplicam a três grupos:

- Em primeiro lugar, as **pessoas físicas** não se caracterizam como sujeito ativo na LAC. É verdade que qualquer cidadão pode cometer corrupção em sentido amplo, mas será punido na esfera administrativa apenas com suporte na LLic e na LIA, sem contar a responsabilidade penal por crime de corrupção. Essas eventuais punições em nenhuma medida condicionam a aplicação da LAC às pessoas jurídicas a que pertencem. A LAC é clara ao dispor que "a pessoa jurídica será responsabilizada independentemente da responsabilização individual das pessoas naturais..." (art. 3º, § 1º). Em outras palavras, se as pessoas físicas não forem acusadas ou, se acusadas, forem absolvidas, em nada impactará a responsabilização da pessoa jurídica a que se vinculam em termos societários ou laborais.

- Em segundo lugar, a LAC exclui de seu sistema as **pessoas jurídicas de direito público interno**, isto é, a União, os Estados e os Municípios, assim como as autarquias (tradicionais, especiais, fundacionais ou interfederativas). Essas entidades apenas se encaixarão no conceito de sujeito passivo. Defendo, porém, que essa imunização não deve abarcar fundações ou associações estatais de direito privado;

- Em terceiro lugar, a LAC se cala em relação à corrupção praticada por **partidos políticos e organizações religiosas**. A meu ver, essa omissão é bastante nociva, uma vez que tais entidades são pessoas jurídicas de direito privado e se relacionam de modo frequente e intenso com o Estado. De *lege ferenda*, seria adequado reformar a legislação para que suas normas abarquem tais entidades. Sem prejuízo de eventuais alterações futuras, fato é que a inaplicabilidade atual da LAC não impede que partidos e organizações religiosas venham a responder por improbidade administrativa com base nos comandos da LIA.

27.2.3 Responsabilidade indireta e desconsideração da personalidade jurídica

A figura do infrator (sujeito que comete o ato infrativo típico) geralmente equivale à do responsável (sujeito que sofre as sanções). Porém, situações existem em que o ordenamento jurídico expressamente transfere a responsabilidade por uma prática ilícita a sujeito diferente do infrator, mas que com ele mantenha algum tipo de relação. Fala-se, nesse caso, de **responsabilidade indireta**. Diferentemente da regra geral em que o infrator coincide com o responsável, na responsabilidade indireta, o infrator se dissocia do responsável.

Na LAC, a responsabilidade indireta vem consagrada expressamente: (i) no art. 4º, que trata de duas situações distintas, e (ii) no art. 14, que trata de desconsideração da personalidade jurídica.

Em primeiro lugar, de acordo com o art. 4º da Lei Anticorrupção, alterações contratuais, **transformações, incorporações, fusões ou cisões societárias** não extinguem a responsabilidade. Se a pessoa jurídica condenada se envolver em fusão ou incorporação, vindo a desaparecer, a responsabilidade será da pessoa jurídica sucessora. Nesse caso, porém, limita-se a punição ao "pagamento de multa e reparação integral do dano causado, até o limite do patrimônio transferido". Outras sanções, como a suspensão de atividades empresariais, não serão aplicáveis à sucessora, desde que, naturalmente, o ato infrativo tenha sido cometido "antes da data da fusão ou incorporação". Essa regra somente será excepcionada em caso de "simulação ou evidente intuito de fraude, devidamente comprovados" (art. 4º, § 1º da LAC).

Ainda no art. 4º da LAC, o legislador previu a responsabilidade indireta por meio da solidariedade. Melhor dizendo: as sociedades controladas, controladoras, coligadas ou as consorciadas serão solidariamente responsáveis pela prática de atos de corrupção tipificados na lei. Aqui, igualmente, a responsabilidade indireta se limita à obrigação de pagamento de multa e reparação integral do dano causado. Por exemplo, se imposta medida de suspensão de atividade empresarial contra uma empresa condenada por ato de corrupção, sua controladora não poderá ser atingida pela sanção.

Em segundo lugar, a responsabilidade indireta vem consagrada nas regras que permitem a **desconsideração da personalidade jurídica**. Dispõe o art. 14 da LAC que a desconsideração poderá ocorrer sempre que a personalidade jurídica for utilizada com "abuso do direito" para facilitar, encobrir ou dissimular a prática de ilícitos de corrupção ou para provocar confusão patrimonial. Nesse caso, as sanções aplicadas à pessoa jurídica serão estendidas para os seus administradores e seus sócios com poderes de administração, observados o contraditório e a ampla defesa. O problema maior desse dispositivo é a ausência de parâmetros sobre a extensão punitiva. Os sócios e administradores responderão às mesmas sanções ou se sujeitarão a sanções próprias? Como os administradores e os sócios são pessoas físicas, quais seriam essas sanções? Infelizmente, a LAC não dá pistas sobre como resolver essas questões, tornando essencial a regulamentação sob pena de tornar inútil a desconsideração da personalidade jurídica na prática.[1]

27.3 AS INFRAÇÕES DE CORRUPÇÃO

27.3.1 Características gerais da infração

A LAC cumpre o papel de coibir os atos lesivos à administração pública, nacional ou estrangeira, tipificados como corrupção. Essa infração engloba condutas praticadas por certas pessoas jurídicas que atentem contra o patrimônio público nacional ou estrangeiro, contra princípios da administração pública ou contra compromissos internacionais assumidos pelo Brasil.

As infrações de corrupção previstas na LAC são ilícitos administrativos, sujeitos a punições tanto em processo administrativo, quanto em ação judicial. Não se trata de crime, devendo-se apartar os atos de corrupção aqui debatidos dos crimes de corrupção ativa e passiva previstos no Código Penal. Além da natureza administrativa, o exame do art. 5º da Lei n. 12.846 revela uma série de outras características da infração em debate que tornam esse sistema de responsabilidade bastante peculiar. Essas características do ilícito de corrupção no direito administrativo se resumem na:

- **Natureza taxativa.** Diferentemente dos atos de improbidade administrativo por dano ao erário ou por enriquecimento ilícito da LIA, todos os atos de corrupção tratados na LAC são apresentados de modo taxativo. Não se consideram como ato de corrupção as condutas não enumeradas e detalhadas nos incisos do art. 5º;

- **Natureza unissubjetiva ou plurissubjetiva.** A figura da corrupção punível pela LAC envolve tanto um comportamento isolado de certa pessoa jurídica, quanto vários comportamentos praticados em conjunto por dois ou mais sujeitos. Exemplo de corrupção unissubjetiva é aquela em que uma concessionária tenta fraudar processos de reequilíbrio econômico-financeiro. A corrupção ocorre a despeito da participação de outras pessoas jurídicas ou do agente público responsável pela gestão contratual. Em contraste, exemplo de corrupção plurissubjetiva é o cartel licitatório para fixação de sobrepreço em licitações. Várias empresas se unem com o objetivo de se beneficiar mediante combinação de preços e fraudar o caráter competitivo do certame;

---

1. Sobre a desconsideração na LAC, cf. HEINEN, Juliano. *Comentários à Lei Anticorrupção*. Belo Horizonte: Fórum, 2015, p. 226.

- **Natureza comissiva ou omissiva.** A prática dos atos ilícitos previstos na LAC pode ocorrer tanto por um comportamento positivo do infrator (agir de certo modo), quanto negativo (não agir). Veja a infração de dificultar atos estatais de investigação. Frequentemente, a dificuldade de investigar resulta de omissões do infrator, como a não entrega de dados ao Estado ou a proibição indevida para realização de inspeções;
- **Natureza permanente ou instantânea.** Atos de corrupção podem se prolongar no tempo ou ocorrer de forma pontual, esgotando-se brevemente. Vale advertir que a corrupção permanente não se mostra necessariamente mais grave ou mais nociva que a instantânea. Comportamentos breves e isolados também podem deflagrar efeitos nocivos enormes, definitivos e de grande impacto. Talvez por essa razão, a LAC não prevê a duração da conduta como um critério modificador da multa ou de dosimetria da pena; e
- **Natureza comum ou própria.** Muitas das infrações de corrupção são comuns, pois qualquer pessoa jurídica de direito privado indicada pela LAC poderá praticá-las. É o caso da criação de dificuldades a investigações estatais. Todavia, alguns atos de corrupção configuram infrações próprias, já que somente certas pessoas jurídicas poderão cometê-las. Isso se vislumbra na corrupção por fraude a equilíbrio econômico-financeiro. Praticarão esse tipo infrativo somente as pessoas jurídicas contratadas pela Administração Pública ou aquelas que tiverem alguma atuação no processo de reequilíbrio, como empresas de consultoria ou auditorias independentes.

É bastante usual a divisão entre infrações materiais (de dano ou resultado), de perigo ou formais (de mera conduta). Uma análise da Lei Anticorrupção permite afirmar que não há um padrão quanto aos tipos infrativos nesses aspectos. Certas infrações pressupõem o dano efetivo aos valores tutelados pela LAC, como a criação de dificuldade para a investigação estatal. Não basta que a pessoa jurídica se volte contra a investigação. A infração somente será praticada se comprovada a geração de real "dificuldade" para as autoridades públicas. Em outros casos, porém, é suficiente o perigo de lesão ao bem jurídico tutelado, não havendo necessidade de que se comprove uma lesão específica. Isso se verifica na corrupção por estratégias de afastamento de outros licitantes, mediante fraude ou oferecimento de vantagem de qualquer tipo. Não interessa o dano para que a infração de corrupção se configure.

O reconhecimento da existência de infrações de corrupção com dano ao bem tutelado e de infrações de corrupção por mero perigo de dano resulta de uma interpretação sistemática da LAC. Em primeiro lugar, alguns tipos infrativos do art. 5º deixam evidente a distinção. Em segundo lugar, ao abordar os critérios de dosimetria da sanção, o art. 7º, IV, da LAC prevê que se considerem ou o "grau de lesão" decorrente do ilícito ou o "perigo de lesão". Com isso, o legislador indica que a Lei Anticorrupção abarca tanto as infrações de dano, quanto as de perigo.

27.3.2 Ato de corrupção em espécie

Os atos lesivos tipificados como infrações de corrupção pela LAC estão dispostos em uma lista exaustiva. Apenas configurarão infrações os comportamentos descritos nos incisos do art. 5º da lei. Ao adotar essa técnica de tipificação, o subsistema de combate à corrupção se diferencia do voltado à repressão da improbidade. A LIA se resume a indicar exemplos de tipos infrativos de improbidade por dano ao erário e por enriquecimento ilícito, valendo-se de listagem exaustiva apenas para improbidade por violação a princípios. Já a LAC enumera exaustivamente todos os comportamentos infrativos.

Apesar da taxatividade dos tipos infrativos contidos no art. 5º, a redação que o legislador conferiu aos incisos é bastante ampla e aberta. Empregam-se muitos conceitos indeterminados e polissêmicos. Isso permite que diferentes comportamentos sejam enquadrados em cada uma das descrições de infração de corrupção, tal como se demonstrará a seguir.

O inciso I do art. 5º da LAC tipifica como corrupção as condutas de "**prometer, oferecer ou dar, direta ou indiretamente, vantagem indevida** a agente público, ou a terceira pessoa a ele relacionada". Esse ilícito equivale praticamente ao crime de corrupção ativa tratado no Código Penal. Trata-se de infração de perigo e baseada em um comportamento comissivo. Não é necessário que um dano efetivo ao bem tutelado ocorra, pois a Lei emprega os verbos "dar", "oferecer" e "prometer". Para que a infração administrativa se consume, basta que se comprove que uma pessoa jurídica, de modo expresso, registrou a oferta de vantagem indevida a um agente público ou pessoa a ele relacionada. A vantagem indevida pode ser material, pecuniária, política, sexual ou de qualquer outra natureza, como aduzem Anyfantis e Motta.[2] Já o destinatário da vantagem é o agente público ou "terceira pessoa a ele relacionada". Esse conceito é bastante abrangente. Na falta de definição pela LAC, entendo que engloba parentes, como filhos, mães etc., até pessoas que mantenham outra relação próxima com o agente, como seus sócios em empresas.

O inciso II trata como corrupção as condutas de "comprovadamente, **financiar, custear, patrocinar ou de qualquer modo subvencionar a prática dos atos ilícitos** previstos nesta Lei". O núcleo da infração está na conduta de transferir recursos que viabilizem práticas de corrupção por outras pessoas físicas ou jurídicas. O legislador busca coibir que pessoas jurídicas usem seu poder econômico para estimular a corrupção. Para a configuração da infração, não interessa o motivo do apoio, mas tão somente que ocorra. É também imprescindível que se comprovem as condutas daqueles que receberam os recursos por patrocínio ou qualquer outro modo. Se a pessoa beneficiada pelos recursos não praticar corrupção, o tipo ficará afastado.

---

2. MOTTA, Fabrício; ANYFANTIS, Spiridon Nicofotis. Comentários ao art. 5º. In: DI PIETRO, Maria Sylvia Zanella; MARRARA, Thiago (Org.). *Lei anticorrupção comentada*, 4ª ed. Belo Horizonte: Fórum, 2024, p. 113.

O inciso III tipifica como corrupção a conduta de certa pessoa jurídica utilizar-se "**de interposta pessoa física ou jurídica** para ocultar ou dissimular seus reais interesses ou a identidade dos beneficiários dos atos praticados". Essa infração se diferencia da anterior, porque não interessa o apoio econômico nesse caso. Se uma pessoa jurídica se valer de outra pessoa para ocultar ou dissimular seus atos ilícitos, cometerá ato de corrupção. Ocultar, nesse contexto, significa esconder, enquanto dissimular equivale a disfarçar ou a distorcer a realidade. Exemplo simples dessa prática é o grupo econômico que cria empresa com a finalidade exclusiva de afastar concorrentes de processos licitatórios no sentido de favorecer outras sociedades do grupo. Outro exemplo se vislumbra na empresa condenada por impedimento de licitar que institui nova pessoa jurídica apenas com o fim de se manter indevidamente no mercado, afastando os efeitos da sanção sofrida.

O inciso IV do art. 5º da LAC traz uma série de práticas infrativas que dizem respeito ao comportamento de pessoas jurídicas no âmbito das contratações públicas. Embora a lei se valha da expressão "licitações", entendo que esses atos também podem ser praticados no âmbito de contratações diretas (dispensa ou inexigibilidade), procedimentos auxiliares e outros processos seletivos com função análoga, como os chamamentos públicos de entidades do terceiro setor. Além disso, esses ilícitos podem eventualmente ocorrer antes mesmo da fase competitiva do certame, materializando-se em práticas ilícitas durante a fase interna ou de preparação do certame. Em mais detalhes, o inciso IV tipifica como corrupção as condutas de:

- "**a) frustrar ou fraudar, mediante ajuste, combinação ou qualquer outro expediente, o caráter competitivo de procedimento licitatório público**". Veja que o legislador não usou expressamente o termo "cartel licitatório",[3] mas é disso que se trata. As pessoas jurídicas combinam preços, dividem mercados, estipulam quantidade e qualidade, frustrando a verdadeira competição que deveriam pautar os processos licitatórios. Além de constituir corrupção, essas condutas tipificam ilícito concorrencial, abrindo espaço para a atuação do CADE,[4] além de gerarem punições criminais às pessoas físicas envolvidas;

- "**b) impedir, perturbar ou fraudar a realização de qualquer ato de procedimento licitatório público**". Nesse tipo infrativo de corrupção, o intuito do legislador é punir qualquer tipo de comportamento, comissivo ou omissivo, que sirva para obstar o procedimento licitatório. O tipo legal é bastante complicado e merece interpretação cautelosa. A meu ver, não se deve considerar corrupção, por exemplo, o comportamento do licitante consistente em ques-

---

3. Sobre as várias formas do cartel licitatório, cf. CECCATO, Marco Aurélio. *Cartéis em contratações públicas*. Rio de Janeiro: Lúmen Juris, 2018, p. 93 e ss.
4. Cf. MARRARA, Thiago. *Sistema Brasileiro de Defesa da Concorrência*. São Paulo: Atlas, 2015, p. 205.

tionar administrativa ou judicialmente falhas da licitação. A perturbação ou o impedimento somente configurarão atos ilícitos quando praticados sem motivo legítimo, configurando abuso de direito de petição ou desvio semelhante;

- "c) **afastar ou procurar afastar licitante, por meio de fraude ou oferecimento de vantagem de qualquer tipo**". O núcleo dessa infração está na restrição à justa competição. Não há necessidade de que o infrator obtenha vantagem direta e imediata. Trata-se de infração de perigo, bastando comprovar que certa pessoa jurídica usou fraude ou a oferta de vantagens para afastar um licitante do certame ou para tentar atingir esse resultado. Mesmo que o afastamento não tenha sido bem-sucedido, a infração se configurará;

- "d) **fraudar licitação pública ou contrato dela decorrente**". Esse tipo é extremamente aberto do ponto de vista semântico e inclui diversas técnicas de corrupção mediante fraude no campo das contratações públicas. Em poucas palavras, a fraude é o uso de meio enganoso para obtenção de vantagem indevida. Por isso, esse tipo geral abarca inúmeros comportamentos e se interpenetra a vários incisos do art. 5º da LAC;

- "e) **criar, de modo fraudulento ou irregular, pessoa jurídica para participar de licitação pública ou celebrar contrato administrativo**". Esse inciso também replica o inciso III do art. 5º, adaptando-o à realidade da contratação pública. É o caso, já citado, da empresa impedida de licitar, cujos sócios fundam nova sociedade com a mesma finalidade comercial no intuito de obstar os efeitos impeditivos da sanção aplicada à primeira empresa;

- "f) **obter vantagem ou benefício indevido, de modo fraudulento, de modificações ou prorrogações de contratos** celebrados com a administração pública, sem autorização em lei, no ato convocatório da licitação pública ou nos respectivos instrumentos contratuais". O foco dessa espécie de corrupção está na obtenção de vantagens ou benefícios mediante técnicas de enganação, especificamente, nas modificações ou prorrogações de contratos administrativos. Se a modificação ou prorrogação for realizada conforme a lei, o ato convocatório ou as cláusulas contratuais, a princípio, não haverá corrupção. Trata-se de infração própria, pois apenas as pessoas jurídicas contratadas poderão praticá-la; e

- "g) **manipular ou fraudar o equilíbrio econômico-financeiro dos contratos** celebrados com a administração pública". Aqui igualmente se vislumbra uma infração própria de corrupção, exclusivamente praticada por contratados ou por pessoas jurídicas que atuem nos processos administrativos de reequilíbrio na qualidade de consultoras, de auditorias independentes ou funções análogas. A infração pode ser comissiva ou omissiva, por exemplo, mediante ocultação de dados essenciais que permitam a verificação do verdadeiro impacto econômico-financeiro do alegado evento desequilibrante sobre o contrato administrativo.

O inciso V trata do art. 5º da LAC trata de conduta consistente em "**dificultar atividade de investigação ou fiscalização** de órgãos, entidades ou agentes públicos, ou intervir em sua atuação, inclusive no âmbito das agências reguladoras e dos órgãos de fiscalização do sistema financeiro nacional". Há duas ações principais nesse tipo corrupção: dificultar ou intervir em investigações estatais de qualquer natureza. A geração de dificuldade aponta uma infração de resultado. Se a pessoa jurídica acusada agir contrariamente à investigação, mas não for bem-sucedida em gerar qualquer dificuldade, não haverá ilícito. Já a intervenção pressupõe uma interferência descabida na investigação, por exemplo, mediante promessa de vantagens ou benefícios a autoridades públicas. Para a corrupção por interferência, a meu ver, basta que se caracterize a conduta, independentemente do resultado efetivo.

27.4 AS SANÇÕES POR CORRUPÇÃO

27.4.1 A dualidade repressiva

A prática das infrações de corrupção tipificadas na LAC enseja a aplicação de um conjunto variado de sanções contra a pessoa jurídica condenada. Diferentemente de outros subsistemas de responsabilidade do direito administrativo, a LAC divide essas sanções em dois grupos: as administrativas e as judiciais. No âmbito administrativo, o ente estatal que conduz o processo de responsabilização fica limitado a impor ao condenado tão somente as sanções de multa e de publicação da decisão condenatória. Sanções adicionais a essas duas poderão recair sobre o infrator apenas no âmbito de uma ação judicial própria.

A razão de se empregar esse exótico sistema de responsabilização dual pela infração de corrupção parece residir na gravidade das distintas medidas punitivas. Enquanto as sanções determinadas pelo administrador público resumem-se a consequências pecuniárias e à exposição do infrator, as sanções judiciais produzem efeitos extensos e gravosos, já que podem consistir até mesmo na extinção da pessoa jurídica infratora. Por isso, embora a LAC permita que as sanções do processo administrativo sejam aplicadas no processo judicial, jamais a Administração Pública poderá impor as sanções judiciais no âmbito do processo administrativo.

A bipartição ou dualidade processual do subsistema de combate à corrupção deflagra implicações unicamente para fins de aplicação de certos tipos de sanções. Esse modelo não gera consequências sobre a tipologia das infrações, nem sobre as figuras dos sujeitos ativos e passivos. Nenhum desses elementos varia em relação ao processo judicial ou ao administrativo. Os critérios de dosimetria apresentados pela LAC devem ser considerados da mesma forma nos dois âmbitos, ainda que as medidas punitivas se diferenciem conforme a via judicial ou administrativa.

27.4.2 Sanções administrativas

As sanções administrativas aplicáveis pela prática de corrupção no processo administrativo de responsabilização (PAR) mostram-se bastante limitadas. Resumem-se à multa e à publicação extraordinária da decisão condenatória administrativa. À primeira vista, o art. 6º da LAC gera a impressão de que as duas sanções deveriam ser aplicadas sempre cumulativamente. Entretanto, o § 1º desse dispositivo desfaz essa impressão ao apontar que as "sanções serão aplicadas fundamentadamente, **isolada ou cumulativamente**, de acordo com as peculiaridades do caso concreto..." (g.n.). Assim, o ente responsável pelo julgamento do PAR poderá aplicar unicamente a multa, apenas a publicação ou ambas as medidas.

A **multa administrativa**, especificamente, é sanção de natureza pecuniária. Sua imposição gera para a pessoa jurídica condenada o dever de entregar determinado valor pecuniário à Administração Pública. Copiando parcialmente o modelo da legislação de defesa da concorrência, o sistema anticorrupção prevê a multa em percentuais do faturamento do condenado. Esse percentual varia de **0,1% a 20% do faturamento bruto anual**, excluídos os tributos. O valor daí resultante será destinado, preferencialmente, ao órgão ou à entidade lesada (art. 24 da Lei n. 12.846). Apesar da disposição legal, nesse ponto, a meu ver, mais adequado seria reverter os valores a algum fundo dedicado a políticas de integridade ou prevenção de corrupção.

O fato de a infração de corrupção ser permanente ou pontual não muda a regra de cálculo da multa. O faturamento a ser considerado será sempre o bruto e relativo ao "**último exercício anterior ao da instauração do processo administrativo**". Não interessa quando a infração ocorreu, nem quanto tempo durou. Tampouco interessa o momento em que a decisão administrativa é prolatada. A LAC é expressa: o faturamento a se considerar equivale sempre ao do exercício anterior ao da abertura do processo. Desse modo, apenas para ilustrar, se o processo for aberto em 2025, o exercício a ser considerado será o de 2024, ainda que a infração tenha sido cometida ao longo de 2023 e 2022.

Caso, por alguma razão, não se possa empregar o critério do faturamento como base de cálculo para a fixação da multa, a LAC oferece uma solução subsidiária: a Administração deverá cominar a multa em valor absoluto, que varia de seis mil reais a sessenta milhões de reais (art. 6º, § 4º). Note que essa solução não é alternativa, mas sim subsidiária. Não cabe à entidade escolher se usará o critério de percentual do faturamento ou estipulará a multa em valor bruto. O critério do faturamento é a regra geral, devendo ser empregado sempre que possível.

Além de ser subsidiária, a solução adicional dada pela LAC apresenta um problema. Embora a faixa de valor da multa se mostre abrangente, o legislador pecou ao não utilizar a técnica da deslegalização. Explico. Para evitar a corrosão inflacionária do valor da multa, deveria a lei ter exigido do Executivo a atualização monetária constante do valor por meio de Decreto ou outro ato infralegal. Sem essa atualização, em alguns anos, os valores fixados perderão gradualmente seu potencial repressivo, em especial sobre os grandes infratores.

A despeito do critério para mensuração, a LAC prevê que o valor líquido da multa **não será inferior à vantagem auferida** pelo infrator, quando for possível sua estimação. Essa regra tem uma função econômica evidente. O intuito do legislador é mostrar ao infrator que a corrupção não vale a pena do ponto de vista financeiro. Sem essa regra, o infrator eventualmente sofreria uma sanção insignificante diante do benefício financeiro que obteve com o ilícito, estimulando-o a prosseguir com novas práticas de corrupção.

A LAC não explica se a regra em questão poderia ocasionar uma sanção em percentual superior ao limite de 20% do faturamento bruto. Na falta de clareza, a princípio, interpreta-se o ordenamento em favor do acusado, devendo-se excluir essa hipótese. Também pesa a favor desse entendimento o fato de que a LAC prevê, no âmbito da ação judicial, a sanção de perdimento de bens, direitos ou valores que representem vantagens (art. 19, I). Considerando-se essa possibilidade, ainda que o limite de 20% do faturamento possa gerar multa menor que o benefício, não haverá qualquer inconveniente prático, pois esse ganho financeiro será perdido quando aplicada a sanção judicial.

Ainda sobre esse tema, cabe advertir que a LAC se refere à consideração apenas da vantagem obtida, não fazendo menção ao dano causado. Por isso, o dano não serve como régua da base de cálculo. Uma vez comprovado, será apenas considerado como critério de dosimetria (art. 7º da LAC) e levado em conta para fins de reparação, dentro do mesmo processo ou fora dele. Nesse sentido, a lei esclarece que a aplicação das sanções administrativas de multa ou publicação extraordinária não exclui, em qualquer hipótese, essa obrigação de reparação integral do dano (art. 6º, § 3º).

A segunda sanção aplicável na via administrativa é a **publicação extraordinária da decisão condenatória**. Tem-se aqui um exemplo de "sanção por exposição". Ao exigir que o próprio infrator divulgue a condenação, o legislador busca viabilizar a repressão não estatal, social ou econômica. Ao saber da corrupção praticada, consumidores, fornecedores, patrocinadores ou financiadores poderão aplicar medidas que não só reprimam a prática, como também estimulem o condenado a agir de melhor forma no futuro.

De acordo com a LAC (art. 6º, § 5º), a publicação ocorrerá em forma de extrato e será veiculada em **meios de comunicação de grande circulação** na área da prática da infração e de atuação do condenado. Alternativamente, será veiculada em meio de circulação nacional e afixada em edital, por prazo de 30 dias no mínimo, no estabelecimento ou local do exercício da atividade, de forma visível ao público, bem como em página eletrônica. Conquanto a lei não deixe claro, a divulgação na página eletrônica necessita seguir a mesma lógica, ou seja, aparecer tanto nas páginas do sujeito ativo quanto do sujeito passivo.

27.4.3 Sanções judiciais

Por força da dualidade repressiva que marca o sistema anticorrupção, a determinação de sanções administrativas não esgota o conjunto de medidas punitivas. Com ou sem processo administrativo, é possível que as advocacias públicas ou os Ministérios Públicos ajuízem uma ação para a apuração de corrupção e condenação da pessoa jurídica acusada. De acordo com a Lei Anticorrupção (art. 19), as sanções aplicáveis de modo isolado ou cumulativo no processo judicial consistem em:

- **Perdimento dos bens, direitos ou valores** que representem vantagem ou proveito direta ou indiretamente obtidos da infração, ressalvado o direito do lesado ou de terceiro de boa-fé (ou seja, sem prejuízo de terceiros exercerem pretensões reparatórias por danos advindos do ilícito). Assim como os recursos da multa, os valores recuperadores serão direcionados preferencialmente à entidade que sofreu à corrupção (sujeito passivo). A LAC, porém, não é peremptória a respeito, deixando espaço para que os regulamentos de cada esfera federativa tratem da destinação. Vale lembrar, ainda, que a sanção de perdimento é capaz de atingir não somente a pessoa jurídica infratora, como seus dirigentes e administradores (art. 3º, § 1º e § 2º da LAC);

- **Suspensão ou interdição parcial de atividades.** Com isso, o Judiciário impede o condenado de prosseguir com suas atividades econômicas de modo integral ou parcial, ocasionando-lhe significativos prejuízos financeiros. Contudo, a LAC é bastante deficiente ao tratar dessa penalidade. Em primeiro lugar, o art. 19, III, não deixa claro se poderão ser suspensas ou interditadas quaisquer atividades ou somente aquelas relacionadas diretamente com o ilícito. Na falta de esclarecimento, a interpretação mais adequada me parece ser a restritiva, limitando-se somente às atividades em que a corrupção ocorreu. Em segundo lugar, o dispositivo legal não aponta a duração dessa sanção. Para resolver essa lacuna, pode-se adotar, por analogia, o prazo de 1 a 5 anos da proibição de incentivos.[5] Ainda que se trate de direito sancionador, o uso da analogia para proteger o condenado contra excessos punitivos é válido, sobretudo quando se percebe que uma suspensão por período indefinido, na prática, implicaria a "morte" da pessoa jurídica condenada;[6]

---

5. Em igual sentido, HEINEN, Juliano. *Comentários à Lei Anticorrupção*. Belo Horizonte: Fórum, 2015, p. 258.
6. Di Pietro explica que a "suspensão ou interdição de atividades pode, indiretamente, provocar a dissolução da empresa, em hipótese que não se enquadra entre as previstas no art. 19, § 1º, da lei. Por outras palavras, pode-se, por meio delas, alcançar objetivo não permitido pelo legislador, que é o de levar à dissolução a empresa em situação outra que não a enquadrada no art. 19, § 1º (...). A aplicação dessa penalidade pode contrariar o princípio da razoabilidade, sob o aspecto da adequação ou desproporção entre meios e fins. O entendimento do Supremo Tribunal Federal, desde longa data, tem sido no sentido de impedir que o poder sancionatório seja exercido de forma irrazoável, ainda que fundado em lei". DI PIETRO, Maria Sylvia Zanella. Comentários ao art. 19. In: DI PIETRO, Maria Sylvia Zanella; MARRARA, Thiago (Coord.). *Lei Anticorrupção comentada*, 4ª ed. Belo Horizonte: Fórum, 2024, p. 288.

- **Dissolução compulsória da pessoa jurídica.** Aqui se vislumbra a sanção mais gravosa em razão da prática de corrupção. O art. 19, III, contém uma verdadeira "pena de morte" da pessoa jurídica. Trata-se de sanção extrema e cuja aplicação irresponsável, sem a devida análise de consequências, certamente deflagrará efeitos nefastos para muito além do processo sancionador. Digo isso, pois ao extinguir irrefletidamente uma pessoa jurídica, o Judiciário "indiretamente punirá" seus trabalhadores e suas famílias, os fornecedores, os distribuidores, os consumidores, o mercado e a concorrência. Em alguns casos, a sanção poderá gerar monopólios ou concentrações indesejadas. Dado esse risco, o próprio legislador limitou o uso da dissolução compulsória a duas situações expressas. Na primeira, a pessoa jurídica condenada serve, de forma habitual, para facilitar ou promover a prática de atos ilícitos. Na segunda, a pessoa condenada serve para ocultar ou dissimular interesses ilícitos ou a identidade dos beneficiários dos atos praticados (art. 19, § 1º). Vale repetir, porém, que a caracterização dessas situações não deve ocasionar automaticamente a extinção sem uma análise de consequências diante de todos os riscos sociais e econômicos envolvidos. É exatamente por conta desses riscos que se sustenta, na atualidade, um **princípio de preservação da pessoa jurídica**;[7]

- **Proibição de receber incentivos, subsídios, subvenções, doações ou empréstimos** de órgãos ou entidades públicas e de instituições financeiras públicas ou controladas pelo Poder Público, pelo prazo mínimo de 1 (um) e máximo de 5 (cinco) anos. Essa sanção é bastante interessante, pois proíbe o Estado de oferecer recursos financeiros ao infrator condenado durante certo período. A regra se acopla perfeitamente ao princípio da moralidade administrativa. Não faz qualquer sentido que as entidades estatais apoiem particulares que utilizam meios escusos, como a corrupção, para auferir benefícios indevidos. A princípio, a LAC trata de uma proibição extensível a recursos de qualquer entidade ou órgão financeiro vinculado ao Poder Público. Com isso, a meu ver, a sanção se estende para todas as esferas federativas, daí a necessidade de que seja devidamente publicizada, tornando-se capaz de produzir os efeitos esperados.

Essas quatro sanções podem ser impostas de modo isolado ou cumulativo, salvo em relação às empresas estatais, que somente poderão sofrer a sanção do art. 19, inciso I, quando condenadas no Judiciário por corrupção (art. 94 da Lei n. 13.303/2016). É preciso que o Judiciário faça as mensurações necessárias, sobretudo quanto à duração das suspensões, interdições ou proibições. Ao exercer essas duas margens de discricionariedade, entram em jogo os critérios de dosimetria estipulados no art. 7º da LAC.

---

7. Cf. LIMA, Guilherme Corona Rodrigues. *Direito administrativo sancionador e a função social da empresa*. Rio de Janeiro: Lúmen Juris, 2022.

As sanções judiciais se aplicam mesmo que o infrator já tenha sido punido na esfera administrativa (art. 18 da LAC). Diferentemente, se a entidade competente não tiver instaurado o processo administrativo de responsabilização (PAR), o Ministério Público, ao ajuizar a ação, poderá solicitar tanto a aplicação das sanções propriamente judiciais do art. 19, quanto as sanções administrativas do art. 6º. Essa regra da LAC viabiliza que o Judiciário supra a omissão indevida das autoridades competentes para promover a responsabilização administrativa. No entanto, o contrário não se aceita: as sanções judiciais jamais poderão ser impostas na esfera administrativa.

27.4.4 Critérios de dosimetria

Os critérios de dosimetria entram em jogo para orientar o Estado em dois juízos de discricionariedade que se apresentam no exercício de qualquer poder punitivo. O primeiro diz respeito a quais sanções aplicar ao condenado (uma, algumas ou todas?). O segundo se refere à duração e aos valores de cada sanção, dentro das margens legais estipuladas.

A LAC traz seus critérios de dosimetria de modo expresso (art. 7º), misturando elementos objetivos (ou materiais) e elementos subjetivos (ou pessoais). Diante da condenação da pessoa jurídica por atos de corrupção, tanto a Administração Pública quanto o Judiciário deverão considerar esse conjunto de critérios para escolher se as sanções serão impostas de forma isolada ou combinada e para mensurar o peso da multa, bem como da proibição, interdição, suspensão de atividade ou proibição para receber recursos estatais.

Os **critérios objetivos de dosimetria** da LAC exigem a observação das características da infração ou de seus efeitos, abarcando: (a) a gravidade do ilícito em termos de afronta ao bem jurídico tutelado; (b) a consumação ou não dos efeitos; (c) o grau de lesão ou perigo de lesão ao bem jurídico e (d) o efeito negativo ocasionado pela infração.

Veja que o art. 7º, III, da LAC fala de "consumação ou não da infração". Como a lei não pune a tentativa, entendo que se deve interpretar essa expressão legal como consumação ou não dos "efeitos" da infração. Melhor dizendo: só existe infração de corrupção consumada! Assim, o que o legislador quer dizer ao enumerar os critérios de dosimetria é que se deverá observar a consumação ou não dos "efeitos" resultantes da prática. De modo semelhante, a LAC também exige que se considere se a prática gerou uma lesão efetiva ao bem jurídico ou somente perigo de lesão.

Os **critérios subjetivos de dosimetria** da LAC, diferentemente, requerem o exame da situação pessoal do infrator ou seus objetivos com a infração, envolvendo a consideração sobre: (e) a vantagem auferida ou pretendida pelo infrator; (f) a situação econômica do infrator; (g) a cooperação com a apuração das infrações cometidas; (h) a existência de mecanismos e procedimentos internos de integridade, auditoria e incentivo à denúncia de irregularidades, bem como a aplicação efetiva de códigos de ética; e (i) o valor dos contratos mantidos pelo infrator com o ente ou órgão lesado.

Alguns desses critérios subjetivos de dosimetria exigem atenção. Em primeiro lugar, embora a LAC se valha da responsabilidade objetiva, em que o dolo ou a culpa não exercem papel essencial na caracterização da infração, os critérios de dosimetria levam em conta o elemento volitivo do infrator, como se verifica na menção do legislador ao que o infrator pretendia auferir de vantagem.

Em segundo lugar, a LAC aparentemente visa prestigiar os infratores que contavam, na época da infração, com programas de integridade. A meu ver, porém, o legislador deveria ter adotado a solução inversa. Se uma pessoa jurídica conta com programas de integridade e comete corrupção, entendo que deveria ser punida com mais rigor que o infrator que prescindia de programa análogo. Afinal, se um programa existia e a infração ocorreu, a falha é dupla, uma vez que tanto o órgão executivo quanto o órgão de controle interno da pessoa jurídica infratora deixaram de agir adequadamente. Sob essa premissa, beneficiar infratores que apresentam programas de integridade serve apenas para estimular programas de fachada. Não bastasse isso, a regra tende a beneficiar apenas as grandes empresas, que detêm condições de investir em programas do gênero, colocando em pior situação as micro e pequenas empresas.

Em terceiro lugar, a LAC indica a cooperação do infrator na apuração do ilícito como critério de dosimetria. Aqui, a cooperação adquire um sentido amplo, não devendo se limitar ao fato de o infrator ter celebrado um acordo de leniência. Mesmo as pessoas jurídicas que não tenham firmado o acordo poderão auxiliar o Estado ao longo da apuração, de modo a fazer jus à redução do peso das sanções cabíveis.

27.4.5 Cadastros nacionais: CNEP e CEIS

A efetividade das sanções da LAC não depende apenas do comportamento do infrator. Após a condenação, o próprio Estado necessita agir para que as medidas repressivas produzam seus efeitos. Essa lógica vale para grande parte das sanções judiciais. Sem uma atuação estatal ativa, as decisões de proibir o condenado de receber recursos financeiros do Poder Público, de suspender ou interditar as suas atividades econômicas ou de extingui-lo não serão efetivas.

Partindo da premissa de que o sistema anticorrupção depende da colaboração de inúmeros órgãos e entes estatais nos mais diferentes níveis federativos, portanto, a LAC previu, de forma bastante adequada, dois cadastros para a divulgação de medidas punitivas aplicadas tanto nos processos administrativos, quanto nos processos judiciais.

O **Cadastro Nacional de Empresas Punidas (CNEP)**, criado e mantido pelo Poder Executivo Federal, tem como finalidade reunir e dar publicidade às sanções impostas com base na LAC pelos Poderes Executivos, Legislativos e Judiciários de todas as esferas da federação (art. 22 da LAC). Cumpre aos órgãos e entes públicos federais, estaduais e locais informar as sanções determinadas contra os infratores e manter atualizado esse cadastro.

A LAC define as informações básicas que deverão ser prestadas, incluindo o CNPJ da pessoa punida, o tipo de sanção aplicada, a data de punição e a data final da vigência do efeito limitador ou impeditivo gerado pela sanção contra o infrator, quando for o caso. Em complemento, os entes públicos deverão fornecer informações sobre os acordos de leniência celebrados com base na LAC e sobre seu cumprimento, salvo quando o sigilo se impuser para evitar prejuízos à investigação do ilícito e ao andamento do processo administrativo (art. 22, § 3º). Os registros de acordos de leniência, assim como das sanções, serão excluídos do CNEP somente após decorrido o prazo previsto no ato sancionador, cumprido o acordo e reparado o dano causado (art. 22, § 5º).

Diferentemente do CNEP, o **Cadastro Nacional de Empresas Inidôneas e Suspensas (CEIS)**, também instituído e mantido pelo Poder Executivo federal, assume a função de concentrar os dados sobre as sanções aplicadas nos termos da Lei de Licitações (art. 23 da LAC).[8] Como muitas condutas infrativas à Lei de Licitações são também violadoras da LAC, em caso de condenação, o órgão competente por conduzir o processo de responsabilização unificado deverá fornecer as informações para ambos os cadastros citados. Esse dever de alimentar o CNEP também se estende à Administração Indireta, inclusive às empresas estatais submetidas a regime contratual próprio. De acordo com a Lei n. 13.303 (art. 37), a empresa pública e a sociedade de economia mista deverão informar as sanções que aplicarem contra seus contratados nos termos determinados pelo art. 23 da LAC.

27.5 ASPECTOS PROCESSUAIS

27.5.1 Processo administrativo de responsabilização (PAR)

O subsistema de combate à corrupção adota um modelo de dualidade repressiva. Isso significa que a LAC se vale de duas vias processuais: a administrativa e a judicial. A via administrativa de apuração e repressão aos atos infrativos da LAC é denominada de **processo administrativo de responsabilização (PAR)**.

De maneira geral, cabe à autoridade máxima do órgão ou entidade dos Poderes Executivo, Legislativo ou Judiciário, determinar a instauração do PAR para apurar a prática de corrupção e, ao final, para julgar, proferindo decisões absolutórias ou condenatórias. Embora a LAC atribua a competência de instaurar e julgar apenas

---

8. Cf. MARTINS JÚNIOR, Wallace Paiva. Comentários ao art. 23. Comentários ao art. 19. In: DI PIETRO, Maria Sylvia Zanella; MARRARA, Thiago (Coord.). *Lei Anticorrupção comentada*, 4ª ed. Belo Horizonte: Fórum, 2024, p. 319.

para a autoridade máxima, ao mesmo tempo autoriza que ela delegue o exercício dessas funções a órgãos de hierarquia inferior, vedando a subdelegação (art. 8°, § 1°, da LAC). Diante dessas normas, apenas para exemplificar, o reitor, como autoridade máxima de uma universidade pública, é o único competente para instaurar o PAR e julgá-lo, mas pode delegar a prática desses atos a pró-reitores, diretores, controladores ou outras autoridades da universidade. Essas autoridades, contudo, não poderão subdelegar referidos poderes.

Especificamente no âmbito do Poder Executivo federal, a LAC atribui à CGU competência concorrente para instaurar processos administrativos de responsabilização e para avocar processos instaurados por outras autoridades do Executivo da União. A **avocação pela CGU** se limita a duas hipóteses. Ela poderá atrair o exercício da competência: (i) para exame da regularidade da apuração realizada por outra entidade ou órgão do Executivo federal ou (ii) para corrigir o andamento do PAR (art. 8°, § 2°).

Esses poderes da CGU se restringem ao Executivo da União, não se aplicando aos Poderes Judiciário e Legislativos federais, nem aos Estados e Municípios. Em razão da autonomia federativa, nessas esferas subnacionais, compete às Assembleias Legislativas e às Câmaras de Vereadores, respectivamente, decidir se atribuirão poder a órgãos análogos à CGU seja para instaurar processos de responsabilização, seja para avocar processos instaurados por outros órgãos na mesma esfera federativa.

Existe apenas uma exceção à autonomia municipal e estadual. De acordo com a LAC, a CGU figura como o único órgão competente para processar e julgar os atos de **corrupção contra a Administração Pública estrangeira** (art. 9°). Quando o sujeito passivo for externo, nenhum Estado ou Município estará autorizado a realizar a apuração nos termos da LAC, competindo exclusivamente à CGU ou órgão que o suceda fazê-lo. Tampouco o Judiciário ou o Legislativo da União poderão conduzir esses processos administrativos.

Independentemente de o sujeito passivo ser a Administração nacional ou a estrangeira, o rito do PAR não varia. Na abertura, as autoridades competentes agem de ofício ou mediante provocação (art. 8°). É desnecessário que recebam qualquer denúncia ou representação para agir. As entidades estatais gozam de discricionariedade para conduzir medidas investigativas no âmbito de programas de integridade dentro de seus próprios âmbitos. Ao fazê-lo, poderão encontrar indícios de prática de corrupção, devendo instaurar os procedimentos de apuração necessários sob pena de responsabilização das autoridades omissas (art. 27). Repita-se: não é discricionária, mas sim vinculada a abertura dos procedimentos de apuração da conduta de corrupção.

Embora a LAC nada diga a respeito de sindicâncias ou outros tipos de procedimentos preparatórios ao PAR, entendo que as esferas federativas estão autorizadas a se valer desses instrumentos. Ao regulamentar a LAC, União, Estados e Municípios poderão estabelecer etapas prévias ao PAR, por exemplo, com o objetivo de evitar processos acusatórios frágeis e destituídos dos indícios necessários. Afinal, acusações mal fundamentadas são problemáticas, quer porque desperdiçam os recursos públicos, financeiros e humanos, quer porque geram desgastes inúteis aos acusados.

Instaurado o processo, a LAC exige que uma comissão indicada pela autoridade máxima assuma sua condução. De acordo com a lei (art. 10), essa **comissão será formada por dois ou mais servidores estáveis**. Note, porém, que referido dispositivo necessita ser interpretado conforme a Constituição, ampliando-se seu sentido. A principal razão para essa advertência se encontra no regime de servidores. Como se sabe, a Administração Direta, as autarquias e fundações podem optar por regime celetista ou estatutário. Já os consórcios interfederativos e as empresas estatais seguem obrigatoriamente o regime celetista. Disso se conclui que as entidades estatais nem sempre contam com estatutários e isso comprova que a exigência do art. 10 viola a Constituição da República. Não cabe à LAC restringir a natureza dos servidores da comissão aos estatutários com estabilidade sob pena de desrespeitar o emprego autorizado de celetistas e, em última instância, de inviabilizar completamente a política de combate à corrupção em muitas entidades estatais.

De acordo com a LAC, a comissão se incumbirá de todos os atos de condução do PAR, incluindo as intimações, o recebimento e a análise da defesa, o levantamento e a organização de provas até a elaboração do relatório final. Em se tratando de processo sancionador, a comissão necessita zelar por todos os princípios processuais, em especial o contraditório e a ampla defesa, a vedação de provas ilícitas, impertinentes ou desnecessárias, e a presunção de inocência. A LAC não detalha esses princípios, mas eles se extraem do texto constitucional e das leis de processo administrativo que se aplicam subsidiariamente ao PAR.

Na verdade, a Lei Anticorrupção cuida apenas de alguns detalhes do processo, como a necessidade de que se conceda à pessoa jurídica acusada o prazo de 30 dias para a **defesa**, contados a partir da intimação (art. 11). Para a defesa e todos os demais atos, a pessoa jurídica será representada na forma de seu estatuto ou contrato social. Já as sociedades sem personalidade jurídica serão representadas pela pessoa a quem couber a administração de seus bens. A seu turno, a pessoa jurídica estrangeira será representada pelo gerente, representante ou administrador de sua filial, agência ou sucursal aberta ou instalada no Brasil (art. 26).

Após o recebimento de defesa, inicia-se a **fase de instrução** propriamente dita, dedicada à produção de provas pela pessoa jurídica acusada e pela comissão em nome da entidade competente. A LAC prevê que essa entidade poderá, a pedido da comissão, requerer medidas judiciais para a investigação e o processamento da infração, como a busca e apreensão (art. 10, § 1º). A despeito do meio utilizado, o importante é que a prova seja lícita, pertinente e necessária. Caso não respeitem essas regras, deverão ser recusadas ou desentranhadas do processo.

Durante o PAR, além de produzir provas, a comissão poderá sugerir à autoridade instauradora a adoção de **medidas cautelares** a qualquer momento. Exemplo de cautelar é a suspensão dos efeitos do ato que é objeto da investigação (art. 10, § 2º). A LAC não menciona a suspensão de contrato administrativo propriamente dito, mas nada impede essa sugestão pela comissão, já que a legislação contratual a permite de forma expressa, desde que respeitados certos requisitos (art. 137, § 2º, II e III, da Lei n. 14.133/2021).

Tomadas as medidas necessárias para a apuração da corrupção, a comissão então elaborará seu **relatório final** a respeito dos fatos apurados e sugerirá a absolvição ou a condenação de forma motivada, indicando as sanções que reputar cabíveis (art. 10, § 3º). A recomendação de absolvição se imporá sempre que houver comprovada inocência ou quando não houver prova de autoria e materialidade (*in dubio pro reo*). Já a recomendação de condenação dependerá de prova de autoria e materialidade. Uma vez finalizado, o relatório será encaminhado com os autos à autoridade instauradora. Além disso, nessa etapa, a comissão dará conhecimento do PAR ao Ministério Público para apuração de eventuais delitos (art. 15 da LAC).

De acordo com a LAC (art. 10, § 3º), é preciso que a comissão finalize o PAR no prazo de 180 dias contados da data de publicação da instituição do processo, com possibilidade de prorrogação mediante ato da autoridade instauradora. A lei não prevê limites para essa prorrogação, o que me parece acertado diante da complexidade de certos ilícitos de corrupção. No entanto, as prorrogações deverão ser devidamente motivadas para evitar que o PAR se prolongue por má-fé das autoridades e com o objetivo único de prejudicar indevidamente os acusados.

O PAR, juntamente com o relatório final da comissão, será remetido à autoridade instauradora que poderá tomar inúmeras medidas. Ainda que a LAC não trate do assunto, a autoridade poderá entender que o processo não esclarece questões ou fatos importantes, determinando a devolução à comissão para complementação instrutória ou a realização de diligências.

Estando o processo em condições de julgamento, a autoridade deverá, em primeiro lugar, remetê-lo para a **manifestação técnica da advocacia pública** ou órgão de assistência jurídica análogo. Em segundo lugar, com o relatório da comissão e o relatório do órgão jurídico, a autoridade competente proferirá seu **julgamento** e poderá (i) condenar a pessoa jurídica acusada, determinando as sanções administrativas cabíveis, (ii) reconhecer a prescrição ou (iii) absolvê-la em razão de comprovada inocência ou da falta de provas suficientes para confirmar a autoria ou materialidade (presunção de inocência).

É possível que, paralelamente ao PAR, corra um processo administrativo de reparação de danos pela prática de corrupção no âmbito da mesma entidade estatal. De acordo com a LAC, o trâmite desse processo reparatório próprio na esfera administrativa não interfere na aplicação imediata das sanções (art. 13). A lei nada diz, contudo, sobre a influência da decisão absolutória no PAR em relação ao processo de reparação de danos. Na prática, essa influência varia conforme a situação. Se o dano for reputado antijurídico por ter decorrido da corrupção, o reconhecimento da ausência de corrupção deverá implicar o arquivamento do processo reparatório. Porém, se a absolvição por corrupção não afastar a ocorrência de infrações residuais, como o ilícito concorrencial pela pessoa jurídica, o processo reparatório não será influenciado.

27.5.2 Processo judicial e cautelares

A condução do PAR é necessária para a aplicação das sanções de multa e de publicação extraordinária da condenação administrativa. Todas as demais sanções, a exemplo da suspensão de atividades econômicas e a extinção da pessoa jurídica, dependerão da condução de uma ação judicial própria, guiada pelos mandamentos da Lei da Ação Civil Pública (art. 21, *caput*, da LAC).

O PAR e a ação judicial são relativamente dependentes. Em situações normais, espera-se que o processo judicial suceda o processo administrativo. Impostas as sanções administrativas, a advocacia pública ou o MP ajuizarão a ação para viabilizar a aplicação das sanções adicionais da LAC pelo Judiciário.

Apesar disso, é possível que a entidade competente em qualquer esfera administrativa se omita na instauração do PAR e na apuração da corrupção. Em casos como esse, o Ministério Público poderá ajuizar diretamente a ação e, inclusive, solicitar ao Judiciário que imponha tanto as sanções judiciais propriamente ditas (art. 19), quanto as sanções que deixaram de ser determinadas no processo administrativo. Melhor dizendo: embora não se possa aplicar as sanções judiciais no PAR, o processo judicial pode absorver a função do processo administrativo, cabendo ao MP requerer ao juiz que supra a omissão da entidade estatal que indevidamente deixou de apurar o ilícito e sancionar o infrator.

No processo judicial, o Ministério Público ou a Advocacia Pública podem igualmente requerer **medidas cautelares**, como a indisponibilidade de bens, direitos ou valores necessários à garantia do pagamento da multa ou à reparação integral do dano causado. Essa medida deverá guardar proporcionalidade aos valores debatidos no processo, ou seja, não deverá o Judiciário impor indisponibilidade genérica ou desproporcional. Além disso, não deverá atingir terceiros de boa-fé conforme expressa determinação da LAC (art. 19, § 4º, parte final).

No julgamento, o Poder Judiciário encontra os mesmos caminhos que a Administração Pública. É possível que (i) reconheça a prescrição da pretensão; (ii) que condene o infrator desde que comprovadas a autoria e a materialidade ou (iii) que o absolva por falta de provas ou por inocência comprovada. A LAC deixa indevidamente de trazer normas de comunicabilidade entre a decisão administrativa e a judicial. Na falta de regras especiais, há que se entender que a decisão condenatória no PAR não impõe a condenação judicial, nem impede a absolvição nesse âmbito.

27.5.3 Prescrição

Assim como ocorre no âmbito dos vários sistemas de responsabilidade, a Lei Anticorrupção conta com regras de prescrição. Uma vez transcorridos os prazos legais, o Estado perde o poder de sancionar, seja na esfera administrativa, seja no âmbito judicial.

As razões para esse efeito prescritivo são simples. Em primeiro lugar, se o Estado pudesse apurar atos de corrupção a qualquer tempo, ou seja, mesmo depois de décadas, o acusado certamente não teria como se defender, pois dificilmente disporia de provas para aclarar a licitude de seu comportamento. Em segundo lugar, ao limitar temporalmente o exercício do poder punitivo, a prescrição afasta uma situação indefinida de insegurança e instabilidade jurídica.

De acordo com a LAC (art. 25), a prescrição para o exercício da pretensão punitiva em razão de atos de corrupção ocorre no **prazo quinquenal**, isto é, com o decurso do prazo de cinco anos. Esse prazo vale tanto para a pretensão punitiva na esfera administrativa, quanto para a exercida no âmbito judicial.

O termo inicial da contagem recai sobre a data de ciência da pretensa infração pelo Estado ou, no caso de infração permanente ou continuada, do dia em que tiver cessado. Segundo Motta e Anyfantis, na falta de definição legal, a infração continuada pode ser definida à luz do art. 71 do Código Penal como aquela em que o agente "mediante mais de uma ação ou omissão" comete infrações da mesma espécie e, "pelas condições de tempo, lugar, maneira de execução e outras semelhantes", as infrações subsequentes são havidas como continuação da primeira. Já a infração permanente é aquela cuja consumação se prolonga indefinidamente no tempo, sempre dependendo, para que cesse, de ação próprio do sujeito ativo.[9]

Essa diferença de infrações pontuais ou imediatas e infrações permanentes e continuadas é fundamental para a contagem do prazo, já que a LAC usa dois critérios distintos: se a infração for imediata e pontual, o prazo prescricional se iniciará com a ciência da conduta pelo Estado, mas se for permanente, começará quando a conduta tiver cessado. Melhor seria que o legislador padronizasse a regra com um critério único (ou a data de finalização da infração ou a ciência de sua ocorrência). Afinal, a contagem a partir da cessação da infração permanente ou continuada aumenta o risco de inviabilizar a pretensão punitiva caso os órgãos estatais competentes não contem com sistemas de fiscalização eficientes e sejam incapazes de tomar rápido conhecimento dos fatos.

A LAC também merece críticas pelo fato de não tratar de temas como a suspensão da prescrição, o reinício dos prazos e a prescrição intercorrente. Basicamente,

---

9. MOTTA, Fabrício; ANYFANTIS, Spiridon Nicofotis. Comentários ao art. 5º. In: DI PIETRO, Maria Sylvia Zanella; MARRARA, Thiago (Org.). *Lei anticorrupção comentada*, 4ª ed. Belo Horizonte: Fórum, 2024, p. 330.

a Lei se limita a prever que a **interrupção da prescrição** com a instauração do PAR ou do processo judicial que tenha por objeto a apuração da infração. Instaurado qualquer um dos referidos processos, o prazo de cinco anos será zerado e voltará a correr do início. Reiniciado o prazo com a abertura do PAD, a advocacia pública ou o MP terão até 5 anos para ajuizar a ação.

27.6 PROGRAMA DE LENIÊNCIA[10]

27.6.1 Definição

A Lei Anticorrupção absorve o movimento de consensualização do direito administrativo e o expressa na previsão de um programa de leniência (arts. 16 e 17). O programa foca basicamente na cooperação entre o Estado e infratores confessos. Seu elemento central é o acordo de leniência, mas o programa não se resume a isso, já que existem fases anteriores e posteriores ao acordo propriamente dito.

Diferentemente dos ajustamentos de conduta, que visam afastar a necessidade de um processo punitivo, o programa de leniência objetiva a **cooperação instrutória** no sentido de fortalecer o processo sancionador. O infrator que celebra o acordo se compromete formalmente a entregar provas acerca da autoria e da materialidade da conduta em troca da mitigação ou extinção das sanções. Com a celebração e o cumprimento do acordo, o Estado aceita agir de modo leniente, brando, suavizando as sanções contra o infrator colaborador ao condená-lo.

A adoção de programas de leniência na política de combate à corrupção encontra razões bastante evidentes. Além de serem muitas no Brasil, essas infrações tornaram-se sofisticadas e cada vez mais intricadas, exigindo esforços e investimentos altíssimos em fiscalização, além de técnicas investigativas sofisticadas. Ao atrair a cooperação voluntária de um infrator, o Estado incrementa sua capacidade de apuração e combate de práticas corruptivas. Com isso, apesar de mitigar ou extinguir as sanções contra o infrator colaborador, confere maior efetividade à política de combate à corrupção em favor de interesses públicos primários. A lógica por trás da leniência é claramente utilitarista: o Estado aceita a cooperação de um infrator confesso para que possa punir os demais envolvidos no ilícito.

27.6.2 Natureza e finalidade da leniência

A leniência (i) constitui acordo de direito administrativo, diferentemente da delação premiada, regida pelo direito penal; (ii) integra um processo punitivo,

---

10. Esse e os demais itens sobre programa de leniência na Lei Anticorrupção retomam, de modo resumido, afirmações e posicionamentos apresentados com mais detalhes em MARRARA, Thiago. Art. 16. In: DI PIETRO, Maria Sylvia Zanella; MARRARA, Thiago (Coord.). *Lei Anticorrupção comentada,* 4ª ed. Belo Horizonte: Fórum, 2024, p. 219-267.

convivendo com a via unilateral de decisão estatal, ao contrário dos acordos de ajustamento de conduta que, frequentemente, deflagram efeito substitutivo do processo; (iii) pressupõe comportamento pretensamente ilícito, ainda em curso ou já cessado, sempre desenvolvido em coautoria e (iv) exige que a Administração Pública não detenha condições de, por si só, desenvolver com sucesso as atividades instrutórias no curso do PAR.

O acordo de leniência não afasta ou substitui o processo sancionador. Sua finalidade é exatamente a de promover a cooperação para torná-lo viável e efetivo. É por isso que se diz que a leniência é integrativa. O acordo se acopla ao processo e não exclui a ação unilateral do Estado. Como serve para que a autoridade pública obtenha provas que facilitem a instrução e a punição, é natural que conviva com o processo e com a decisão final.

Dada a finalidade de cooperação instrutória, a leniência se tornará justificável na prática quando duas condições básicas se combinarem: (i) o Estado não dispuser de meios para desenvolver a instrução de modo satisfatório e (ii) o infrator, predisposto ao acordo, mostrar-se apto para contribuir com a instrução processual de forma significativa. Ausente alguma dessas condições, não deverá ser celebrado o acordo, sob pena de se utilizá-lo com o intuito único de beneficiar certo infrator em detrimento de outros – o que representaria desvio da finalidade do programa.

Além disso, o acordo de leniência tem beneficiários limitados. Se o programa de leniência beneficiasse todos os infratores, o exercício do poder punitivo ficaria impossibilitado e a própria finalidade primária da leniência seria aniquilada. O intuito do programa não é oferecer perdão nem autorizar a renúncia ao exercício do poder punitivo. Exatamente por isso, como se verá, a LAC proíbe que mais de uma pessoa jurídica celebre o acordo de leniência. Para viabilizar essa regra limitativa, utiliza-se um critério temporal, conhecido como *first come, first serve*.

27.6.3 Proposta e memorando de entendimentos

A primeira fase de um programa de leniência é a de propositura. Ocorre que a LAC não traz normas aprofundadas sobre a propostas e os momentos que antecedem a negociação do acordo. No âmbito regulamentar, porém, o Decreto n. 11.129/2022 (art. 38) contém várias regras, começando pela previsão de que a proposta será apresentada por escrito, excluindo a possibilidade de proposta oral.

Segundo o regulamento, na proposta, o infrator interessado declarará que foi expressamente orientado a respeito de seus direitos, garantias e deveres legais, e de que está consciente de que o desatendimento às determinações e às solicitações durante a negociação importará a "desistência" (sic) da proposta. A meu ver, essa previsão regulamentar é totalmente inadequada, pois a proposta é ato inicial. Seria mais oportuno que a declaração de orientação constasse do memorando de entendimentos, como documento posterior, não da proposta inicial. Ademais, o termo "desistência" está mal colocado no regulamento, pois desistir significa abrir mão, tratando-se de ato voluntário do interessado. O Decreto deveria ter utilizado o termo "inadmissão", já que a não observância dos mandamentos regulamentares obsta a admissibilidade, impedindo a abertura da negociação.

A proposta deverá ser apresentada até a **conclusão do relatório** a ser elaborado no PAR (art. 38, § 2º, do Decreto n. 11.129/2022). Se a instrução já tiver se encerrado, não sobrará interesse público na celebração do acordo, dado que não existirá espaço para colaboração, nem utilidade potencial em termos de produção de provas. Faço, porém, uma ressalva. Se o órgão julgador determinar a reabertura de instrução, há que se entender que o prazo para propostas de leniência igualmente se reabrirá. Afinal, enquanto houver instrução, restará motivo para colaboração.

De maneira geral, a proposta apresentada será tratada sob sigilo e o acesso ao seu conteúdo se limitará à Controladoria-Geral da União. A norma de sigilo é bastante oportuna, pois a divulgação da negociação pode levar os demais infratores à aniquilação de provas, prejudicando a instrução. Ademais, pode ocasionar pressões ou represálias contra o proponente da leniência. De acordo com a LAC (art. 16, § 6º), a proposta somente se tornará **pública após a efetivação do respectivo acordo**, salvo no interesse das investigações e do processo administrativo.

Uma vez registrada, a proposta será submetida a juízo de admissibilidade. Caberá ao órgão competente verificar a existência dos elementos mínimos para justificar o início da negociação (art. 39, *caput*, do Decreto n. 11.129/2002). A norma regulamentar não aponta exatamente o que seriam esses elementos mínimos, mas entendo que aí entra a consideração da condição de infrator, a potencial utilidade da colaboração oferecida, levando-se em conta as provas de que a Administração Pública já dispõe, a capacidade de auxiliar etc. Se a proposta for admitida nesse juízo inicial, a Administração então firmará com o proponente o "memorando de entendimentos", estabelecendo os parâmetros da negociação da leniência.

O memorando firmado também ocasionará o início da contagem do prazo de negociação, além de implicar a interrupção da prescrição e sua suspensão durante toda a negociação, mas limitada a 360 dias (art. 39, § 3º, do Decreto n. 11.129/2022). Essa norma regulamentar, aparentemente, choca-se com a regra do art. 16, § 9º, da Lei Anticorrupção, segundo o qual a interrupção do prazo não acontecerá antes da negociação, mas tão somente com a celebração do acordo.

Para a CGU, o memorando gera os poderes de: (i) suspender o processo de responsabilização a seu critério (art. 40 do Decreto n. 11.129/2022), conquanto ainda possa dar continuidade a medidas investigativas e adotar medidas processuais cautelares para evitar o perecimento de direitos ou garantir a instrução processual e (ii) de avocar os autos de processos administrativos em curso em outros órgãos da Administração Pública federal, desde que relacionados com os fatos objeto do acordo proposto.

O art. 39, § 2º, do Decreto n. 11.129/2022 aponta que o memorando poderá ser resilido a qualquer momento, a pedido da pessoa jurídica proponente ou a critério da Administração Pública federal. É preciso interpretar essa norma regulamentar com cautela. É fundamental que a Administração motive cuidadosamente eventual decisão de extinção unilateral do memorando, preferencialmente com base em fatos novos ou circunstâncias relevantes. Deve, igualmente, cuidar para não extinguir o memorando com o intuito de gerar benefícios indevidos a outros potenciais proponentes, sob pena de incorrer em desvio de finalidade

27.6.4 Negociação do acordo

Em sequência à fase de propositura, abrem-se as negociações. Essa fase abrange o período temporal em que a entidade competente e o infrator qualificado (respeitada a fila) interagem oficialmente no intuito de esboçar as obrigações da possível leniência, tendo em vista os objetivos estabelecidos na legislação, a saber: "a identificação dos demais envolvidos na infração" e "a obtenção célere de informações e documentos que comprovem o ilícito sob apuração" (art. 16, *caput*, I e II da LAC).

A LAC não estipula prazo de finalização da negociação, nem define regras sobre quem a conduzirá, nem como isso será feito ou por quem. Aos regulamentos caberá detalhar esses aspectos, atentando-se para a relevância de se promover a eficiência do procedimento e de se impedir a negociação por agentes públicos sem a devida capacitação.

Ao negociar, o infrator necessita demonstrar quais obrigações de cooperação é capaz de assumir, quais provas detém e se possui condições efetivas de cumprir o pactuado. Ao Estado, de outro lado, cumpre esclarecer as medidas de colaboração esperadas, os benefícios que oferecerá ao colaborador ao final do processo sancionador, os efeitos de eventual descumprimento etc.

Durante as negociações, debatem-se obrigações específicas do acordo, algumas já prefixadas pela legislação (como a de admitir a responsabilidade objetiva e cessar o envolvimento na infração investigada), outras deixadas para determinação pelos negociadores em vista das finalidades maiores do programa de cooperação (oferecer provas e identificar os demais envolvidos).

As partes devem negociar de boa-fé, não se comprometendo com obrigações sabidamente inexequíveis, e de forma a não exigir obrigações que se mostrem ilegais, impertinentes ou irrazoáveis diante de alternativas disponíveis. A negociação igualmente observará os princípios da legalidade, do interesse público e da moralidade.

A legalidade impõe que as cláusulas se harmonizem com a legislação e com os princípios do direito administrativo, explícitos ou implícitos, inclusive a moralidade. Da legalidade também resulta o dever de embutir no acordo as obrigações mínimas do infrator exigidas pela LAC, a saber: identificar os demais envolvidos na infração; fornecer rapidamente informações e documentos que comprovem o ilícito; colaborar efetivamente com as investigações; cessar o envolvimento na prática; confessar a participação no ilícito e comparecer às suas expensas a todos os atos processuais, quando solicitado.

Ainda a respeito das obrigações, o art. 16, § 4º, da LAC dispõe: "o acordo de leniência estipulará as condições necessárias para assegurar a efetividade da colaboração e o resultado útil do processo". O adjetivo "necessárias" reflete uma das regras basilares do princípio da proporcionalidade: as obrigações negociadas deverão ser as mais brandas entre as adequadas para atingir as finalidades da cooperação. O Estado não deve empregar sua posição de autoridade para impor obrigações despropositadas ou exageradas.

Já a razoabilidade impõe adequação do conteúdo do acordo ao seu fim de promover a cooperação instrutória efetiva. Mostram-se questionáveis normas regulamentares ou exigências da comissão de negociação no sentido de incluir cláusulas totalmente estranhas à finalidade da cooperação instrutória, a exemplo de cláusula de doação de recursos para entes públicos ou de obrigações de fazer descoladas da política de combate à corrupção. Essa advertência é oportuna, pois parece haver uma tendência de ampliar o conteúdo obrigatório de acordos de leniência por meio de normas regulamentares que nem sempre respeitam os objetivos desses instrumentos de cooperação.

27.6.5 Reparação de danos em leniência

A introdução de cláusulas de reparação civil nos acordos de leniência é polêmica. Diz o art. 16, § 3º, da LAC que a celebração do acordo de leniência não exime a pessoa jurídica da obrigação de reparar integralmente o dano causado. A lei dá a entender que esse assunto será tratado nos âmbitos próprios. Assim, os acordos não devem cuidar de responsabilidade civil, nem tratar de qualquer tipo de reparação de dano, a não ser aqueles que possam ser fácil e objetivamente identificados e que tenham sido causados ao ente que negocia o próprio acordo ou a outro que ele represente de alguma forma.

A restrição que defendo ao uso do acordo para fins de reparação civil se justifica. Em primeiro lugar, a leniência visa primariamente à cooperação instrutória, não à reparação de dano. Em segundo, uma prática de corrupção, apurada por certa esfera federativa, pode gerar danos a diferentes entes públicos, entes privados e pessoas físicas, não cabendo ao negociador público se substituir aos que sofreram o dano para negociar reparações em seu lugar sem qualquer legitimidade para tanto. Em terceiro, é bastante questionável tratar de danos sem garantir o direito de defesa do que se aponta como responsável. Em quarto, na fase inicial de apuração de uma prática de corrupção, dificilmente existirão informações suficientes para se tratar com segurança de danos.

No âmbito da União, adequadamente, o Decreto n. 11.129/2022 foi cuidadoso ao se referir apenas à reparação de parcela incontroversa, definida como "os valores dos danos admitidos pela pessoa jurídica [colaboradora]" ou aqueles "decorrentes de decisão definitiva no âmbito do devido processo administrativo ou judicial" (art. 37, § 2º). Essa norma impede que a comissão de negociação trate de reparação de danos que não tenham sido reconhecidos pelo colaborador ou não tenham sido apurados em processo administrativo ou judicial no qual ele tenha podido exercer o seu direito de defesa.

27.6.6 Discricionariedade de celebração e proposta frustrada

A negociação não culmina obrigatoriamente na celebração do acordo de leniência. Conquanto a lei garanta de maneira implícita um direito à negociação conforme a fila de qualificação, disso não se extrai um direito subjetivo à celebração. Dizendo de outro modo: o Estado não pode se recusar a negociar, mas detém certa margem de discricionariedade para verificar se o infrator qualificado à negociação detém ou não condições de efetivamente assumir e executar as futuras obrigações da leniência e de contribuir com os objetivos do programa. Ademais, cabe ao Estado avaliar a utilidade da leniência, tendo em vista, por exemplo, o momento em que foi proposta e os benefícios que gerará ao processo. Em síntese, a discricionariedade se pauta pela análise não apenas das condições de colaboração do infrator, mas também de elementos processuais e extraprocessuais (contextuais), como a maturidade da instrução e a capacidade de o Estado por si só obter as provas que o infrator tem a oferecer.

Diante da discricionariedade estatal, caberá ao infrator avaliar o melhor momento da proposta e, durante as negociações, convencer as autoridades que detém capacidade de identificar outros coautores do ilícito e de contribuir com a instrução do processo administrativo com elementos probatórios que o Estado não detenha, nem tenha capacidade de obter por si e que sejam imprescindíveis à condenação. Caso não se chegue ao consenso, a negociação restará frustrada e nesse cenário alguns problemas jurídicos despontarão.

De acordo com a lei, "**não importará em reconhecimento da prática** do ato ilícito investigado a proposta de acordo de leniência rejeitada" (art. 16, § 7º, da LAC). A norma revela que a mera busca do acordo não equivale à confissão definitiva e que a proposta não pode ser empregada como elemento de incriminação do infrator que intentou cooperar com o Estado, mas não obteve êxito. Apesar de útil, essa determinação da lei a respeito dos efeitos da negociação frustrada é extremamente tímida e não esgota todas as implicações dessa hipótese fática.

Além do efeito não incriminatório, para que o programa de leniência goze de credibilidade perante o mercado e a sociedade e se torne atrativo aos infratores, caso a negociação resulte infrutífera, a Administração Pública necessitará adotar outras medidas, a começar pela devolução de todos os documentos e demais elementos obtidos durante a negociação e que possam, de algum modo, gerar prejuízos ou riscos ao infrator com quem negociou. Também cabe ao órgão negociador destruir qualquer tipo de cópia digital ou física de documentos que tenha obtido do infrator, além de aniquilar gravações de áudio ou vídeo, e-mails etc. No âmbito da União, as consequências da negociação frustrada foram tratadas no art. 43 do Decreto n. 11.129/2022.

Embora as medidas de devolução e não utilização não constem expressamente da Lei Anticorrupção – que se resume a falar do afastamento da confissão (art. 16, § 7º) –, todas as mencionadas implicações da **desistência** ou da **rejeição da proposta** negociada decorrem de princípios gerais de direito administrativo. Por consequência, devem ser observadas em todos os níveis federativos, ainda que não constem de qualquer previsão normativa legal ou infralegal.

A Administração Pública, em caso de negociação frustrada, não tem qualquer autorização para utilizar elementos trazidos pelo infrator na fase de instrução, nem para transferir esses elementos a outros órgãos públicos, salvo quando o proponente estiver de acordo com a divulgação. É exatamente para impedir a ocorrência dessas situações (tanto por ação maliciosa do agente público, quanto por uma eventual determinação judicial) que se revelam fundamentais a devolução de todos os documentos e a destruição de todo e qualquer tipo de cópias e de gravações de áudio ou de vídeo.

Para evitar os riscos derivados da negociação frustrada, a depender da política de cada ente federativo, também poderá o órgão negociador se valer de negociações meramente orais, sem a transferência de documentos antes da celebração do acordo. A técnica da **leniência oral**, embora não prevista na LAC, é perfeitamente compatível com as finalidades do programa e com os princípios da Administração Pública.

27.6.7 Competências para celebração

De acordo com a LAC, "a **autoridade máxima de cada órgão ou entidade pública** poderá celebrar acordo de leniência com as pessoas jurídicas responsáveis pela prática dos atos previstos nesta lei [...]" (art. 16, *caput*). De acordo com a LPA federal, "entidades" são unidades administrativas dotadas de personalidade jurídica, enquanto os "órgãos" constituem suas subdivisões despersonalizadas. Dada a abrangência do conceito de órgão, é possível dizer que a redação da LAC não resolve precisamente o problema da competência para celebração da leniência. Isso exige que os entes federativos regulamentem o dispositivo legal para conferir maior clareza à competência de celebração.

Apesar da norma vaga do art. 16, *caput*, a LAC indica algumas competências pontuais e precisas em outros dispositivos. Nesse sentido, reconhece a competência da CGU, em primeiro lugar, para celebrar leniência no âmbito exclusivo do Executivo Federal e, em segundo lugar, para celebrar os acordos sobre infrações contra a Administração Pública estrangeira (art. 16, § 10).

Ainda sobre aspectos competenciais, é preciso discutir o uso do acordo de leniência em processos judiciais. Como visto, a LAC impõe aos infratores tanto sanções dependentes de decisão condenatória no PAR, quanto de sentença em processo movido pelas advocacias públicas ou pelo Ministério Público federal ou estadual. Além disso, é possível que o Ministério Público, diante da omissão da Administração Pública em conduzir o PAR, solicite ao Judiciário que aplique aos infratores as sanções civis e administrativas dentro do processo judicial.

Nessa última situação, em que o processo judicial absorve a função do PAR, o fato de se deslocar a responsabilização administrativa para o processo judicial movido pelo Ministério Público também deve deslocar para esta entidade a competência de negociar e eventualmente celebrar o acordo de leniência, que, nesse contexto excepcional, será acoplado ao processo civil, e não ao processo administrativo. A lacuna do art. 16 da LAC em relação ao acordo por excepcional responsabilização administrativa em processo civil não significa que o acordo tenha deixado de existir. É possível celebrá-lo nas mesmas condições do art. 16, mas, a meu ver, perante o Ministério Público estadual ou federal.

Outra questão interessante sobre competência diz respeito à **celebração conjunta do acordo** por vários órgãos públicos. A LAC não chega a distinguir a celebração isolada da celebração conjunta, não trata da cooperação entre entes lesados simultaneamente por uma mesma prática infrativa nem cuida da cooperação entre entidades responsáveis por diferentes tipos de responsabilização. A esse despeito, a cooperação e a coordenação das entidades estatais, inclusive em termos interfederativos, configuram ações essenciais à concretização da eficiência administrativa. Por isso, o trabalho conjunto em programas de leniência, desde a etapa de negociação até a celebração, revela-se plenamente compatível com o ordenamento jurídico. Na ausência de norma sobre o tema, a celebração conjunta ou isolada me parecer recair no âmbito da discricionariedade administrativa.

Sem prejuízo das normas infralegais, de *lege ferenda*, seria oportuno que o legislador brasileiro retomasse as discussões sobre a celebração conjunta do acordo e inserisse normas específicas e mais claras sobre o tema na LAC e em outros diplomas relacionados (como a Lei de Defesa da Concorrência, a Lei de Licitações e a Lei de Improbidade), sobretudo no intuito de valorizar a articulação organizacional, incrementar a segurança jurídica dos colaboradores e, por conseguinte, tornar o programa de leniência mais atrativo – sem o qual a política de combate à corrupção dificilmente atingirá graus mais satisfatórios de sucesso.

De modo bastante simplista, ao reconhecer uma prática que se está estabelecendo no país, poderia o legislador simplesmente autorizar de modo expresso as entidades competentes de combate à corrupção, nas mais diversas esferas (judiciais ou administrativas) de qualquer nível federativo, a optar pela celebração de convênios no intuito de integrar suas ações repressivas, inclusive por meio da negociação e assinatura conjunta de leniência.

Nesse cenário idealizado e com base na hipotética norma legal autorizativa da cooperação institucional, seria possível, por exemplo, não apenas a celebração conjunta entre CGU e AGU, mas também a celebração conjunta entre CADE (ou qualquer outra agência reguladora) e CGU com um mesmo infrator colaborador, sobre uma mesma conduta e que servisse de modo simultâneo para o PAR baseado na LAC e para o processo administrativo sancionador (controle de condutas) lastreado na Lei de Defesa da Concorrência.

27.6.8 Requisitos de celebração

A celebração da leniência da Lei Anticorrupção requer o cumprimento simultâneo de requisitos de ordem pessoal, temporal e finalística. O art. 16, § 1º, da LAC traz um rol de alguns requisitos, mas não esgota as exigências de celebração que se espalham pelo texto legal.

Em relação aos **requisitos pessoais**, é preciso que o infrator interessado no acordo: (a) seja pessoa jurídica, ou melhor, fundação, associação de entidades ou de pessoas, sociedade empresária ou sociedade simples, personificada ou não, a despeito da forma de organização ou modelo societário adotado, bem como sociedade estrangeira que tenha sede, filial ou representação no território brasileiro (art. 1º, parágrafo único); (b) confesse um comportamento infrativo de corrupção (art. 16, § 1º, III) e (c) tenha cessado completamente seu envolvimento com a prática investigada (art. 16, § 1º, II).

Tal como estruturada na lei, a leniência **não se destina a pessoas físicas** envolvidas em atos de corrupção. Conquanto a LAC mencione de modo explícito a responsabilização dos dirigentes ou administradores por infração culposa ou dolosa (art. 3º, § 2º), no geral, seu texto não prevê infrações e sanções contra pessoas físicas. Ademais, ao tratar especificamente da leniência, deixa explícito que o programa se destina somente às pessoas jurídicas (art. 16, *caput*).

A lacuna da LAC é bastante problemática! Embora a LAC não preveja punição para pessoa física, a conduta da pessoa jurídica que caracteriza corrupção pode configurar, simultaneamente, outras espécies de infrações, abrindo espaço para a punição da pessoa física. Veja o exemplo do cartel licitatório. Essa infração é punível pela LAC e, ao mesmo tempo, pela LAI, pela LLIC, pela LDC, sem contar a responsabilidade criminal. Assim, seria adequado que a LAC tratasse da posição das pessoas físicas no programa de leniência.

Na legislação anticorrupção, ainda por força dos requisitos pessoais, é essencial que a pessoa jurídica **confesse a prática ilícita e a cesse completamente**, não interessando seu papel de liderança ou não entre os demais infratores. O fato de o infrator que decide colaborar com o Estado ter agido como "chefe do bando", ter desempenhado papel estratégico, atraído outros infratores ou, diferentemente, ter apenas atuado como coadjuvante não deve ser levado em conta pelo órgão competente pelo programa de cooperação. Basta que o infrator, a despeito de seu papel diante dos coautores e da intensidade de seu comportamento infrativo, confesse a prática ilegal e a cesse (art. 16, § 1º, III, da LAC).

Exigir a cessão da prática é compreensível na medida em que violaria a moralidade administrativa a cooperação do Estado com uma pessoa jurídica que ainda se beneficia da infração e com ela prossegue. No entanto, em que momento será mais adequada a cessação, tendo em vista a necessidade de se proteger o sucesso do programa? No art. 16, § 1º, da LAC, a cessação da prática surge como requisito de celebração de acordo, mas, na parte final do inciso II, estabelece-se que a cessação da prática ocorrerá "a partir da data de propositura do acordo".

A LAC contém uma contradição, pois confunde a fase de qualificação e proposta com a fase de celebração da leniência. Se interpretado literalmente, o inciso II causará um problema grave, porque a cessação na fase de propositura sinalizará aos outros infratores a negociação de leniência que deveria ser sigilosa e que, em realidade, poderá não culminar em um acordo – já que sempre existe a possibilidade de negociação frustrada. Desse modo, defendo que a cessação da prática seja tomada como requisito de celebração e não de apresentação de proposta. Sob esse entendimento, a cessação não será exigível entre a propositura e a celebração, mas somente para a válida celebração. Para se resolver a contradição legal, o art. 16, §1º, *caput* da LAC deve prevalecer sobre a redação da parte final do inciso II.

Em relação aos **requisitos temporais**, para a celebração da leniência, é preciso que: (a) a pessoa jurídica "seja a primeira a se manifestar sobre seu interesse em cooperar para a apuração do ato ilícito" (art. 16, § 1º, I) e (b) proponha-se o acordo num momento em que a cooperação com o infrator se comprove útil à execução das tarefas investigatórias e probatórias do Estado – requisito esse que não consta do art. 16, § 1º, mas sim da lógica do acordo prevista no art. 16, *caput*.

A necessidade de primariedade temporal configura em verdade um requisito da própria qualificação da proposta e, por conseguinte, também se transforma em requisito de celebração. O objetivo da regra do "*first come, first serve*" é estimular a corrida pela leniência. Se fossem possíveis leniências múltiplas, a despeito da ordem de chegada, os infratores tenderiam a procrastinar a oferta de colaboração com o objetivo de verificar se o acordo lhe seria útil ou não diante das provas obtidas pelo Estado. Ao impor a regra da leniência única com o primeiro a se qualificar, a lei afasta esse risco, desestabiliza a relação entre os infratores e os induz a correr para o acordo.

Ao contrário do que faz crer uma primeira leitura da LAC, a celebração da leniência não ocorrerá necessariamente com o infrator que primeiro se apresentar, senão com o primeiro a se qualificar para negociar e superar a fase de negociação de maneira bem-sucedida. O fato de a pessoa jurídica se qualificar em primeiro lugar na fila de cooperação não lhe garante direito subjetivo ao acordo. Caso a negociação se frustre, a Administração abrirá negociações com os próximos qualificados e poderá celebrar um acordo ainda que o infrator interessado não tenha sido o primeiro a se qualificar em sentido técnico.

Na regulamentação federal da LAC, o requisito da unicidade do acordo com pessoas jurídicas foi relativizado indevidamente. Nos termos do art. 37 do Decreto n. 11.129, "a pessoa jurídica que pretenda celebrar acordo de leniência deverá: I – ser a primeira a manifestar interesse em cooperar para a apuração de ato lesivo específico, *quando tal circunstância for relevante*". O trecho final permite que, sob juízo de conveniência e oportunidade da CGU, celebrem-se várias leniências em um mesmo PAR. Da forma como posta, a norma autorizativa viola o texto legal, que permite uma única leniência para pessoas jurídicas em cada PAR. Além de inconstitucional por exorbitar o poder de regulamentação previsto no art. 84, IV, da Constituição da República, a norma poderá chancelar violações ao princípio da impessoalidade e ao princípio da moralidade, uma vez que não prevê critérios claros para aceitação de leniências adicionais, diferentemente do que se vislumbra na legislação concorrencial a respeito da leniência *plus*.[11]

Já em relação aos **requisitos finalísticos**, a LAC demanda que: a) a pessoa jurídica interessada se comprometa a cooperar "plena e permanentemente com as investigações e o processo administrativo, comparecendo, sob suas expensas, sempre que solicitada, a todos os atos processuais, até seu encerramento" (art. 16, § 1º, III) e que b) as provas e a cooperação ofertada gerem utilidade ao Estado. Requisitos adicionais, como os relativos à criação e ao aperfeiçoamento de programas de integridade ou relativos à reparação de danos, não constam da lei. Assim, apesar de previstos em certos decretos regulamentares, a meu ver, não deveriam ser tratados como exigências obrigatórias, nem impostos unilateralmente na negociação pelo Estado como condição *sine qua non* para o acordo.

O primeiro requisito finalístico previsto na LAC revela que a leniência corre por **conta e risco do infrator colaborador**. Ele assume os custos da cooperação, limitadas as exigências estatais até a conclusão do processo administrativo, e os riscos de outras punições derivadas da confissão e da cooperação probatória. Na fase de negociação, cabe ao Estado esclarecer os riscos ao proponente e examinar se ele dispõe de recursos financeiros para sustentar a execução do acordo e se está ciente de seus riscos. Como tais condições constam de lei, não pode a Administração Pública assumir os custos de cooperação, nem reduzir o risco do programa por meio da oferta, no acordo firmado, de benefícios sancionatórios não previstos na legislação – por exemplo, de que as pessoas físicas envolvidas no ilícito e vinculadas ao infrator colaborador não se tornarão rés em processos criminais.

O segundo requisito finalístico não consta de maneira expressa do art. 16, § 1º, porém resulta da necessidade de se garantir a efetividade da leniência. O Estado

---

11. Sobre as modalidades de leniência no direito da concorrência e a figura da leniência plus, cf. MARRARA, Thiago. *Sistema Brasileiro de Defesa da Concorrência*. São Paulo: Atlas, 2015, p. 354 e ss.

não está autorizado a mitigar ou extinguir as sanções em benefício de um infrator que conduz ao processo provas repetidas, provas impertinentes ou provas que o Estado possa obter facilmente por suas próprias forças e meios. Disso resulta que, na negociação, além de verificar o requisito temporal da oportunidade da leniência diante do momento processual, o órgão competente deverá avaliar a potencialidade de cooperação e a utilidade das provas e das informações que o infrator colaborador se dispõe a entregar. A análise preliminar de potencialidade de cooperação não se confunde com o exame da cooperação que se faz ao término do processo administrativo sancionador e no qual se mensuram os benefícios do infrator diante das ações que efetivamente executou ao longo da vigência do acordo.

27.6.9 Consequências da celebração

À celebração do acordo de leniência, a LAC confere três efeitos: (i) a divulgação do acordo; (ii) a interrupção do prazo prescricional e (iii) o dever de o colaborador suspender a participação no ilícito – já que, como defendido anteriormente, não se mostra cabível a imposição da cessação desde a fase de propositura.

A **obrigatoriedade de se divulgar a celebração do acordo** ao público consta da Lei Anticorrupção (art. 16, § 6º, da LAC), salvo nas situações em que a publicidade prejudicar as investigações ou a condução do processo sancionador. De modo geral, a publicidade será adequada para os acordos concomitantes, ou seja, aqueles firmados ao longo do processo de responsabilização. Acordos prévios, celebrados antes da abertura do processo, não devem ser divulgados para se evitar risco de pressão contra as investigações e se prevenir a extinção de provas. Por esse mesmo motivo, nos acordos prévios, entendo que sequer a cessação do envolvimento com a prática deveria ser exigida antes da abertura do processo.

Resta verificar o que deve ser tornado público. A LAC se refere à divulgação da celebração do acordo. Isso sugere que se torne pública a participação de um infrator no programa de leniência e não, a princípio, o acordo em si, com todas as suas cláusulas e eventuais anexos. A divulgação do acordo não parece ilegal, mas é preciso cuidar para que não sejam jogadas ao público informações sensíveis. Atente ainda para a lacuna do art. 16 da LAC no tocante ao meio de divulgação. Para solucionar o problema, há que se recorrer ao art. 22, cujo § 3º determina que as autoridades competentes para celebrar a leniência prestem e mantenham atualizadas no CNEP, após a "efetivação" do acordo, informações sobre sua execução (inclusive sobre seu descumprimento), salvo quando a divulgação acarretar prejuízo às investigações. O dever de divulgação cessa com o cumprimento integral do acordo (nos termos do art. 22, § 5º).

O segundo efeito da celebração do acordo consiste na **interrupção do prazo prescricional** para punição dos atos ilícitos tratados pela LAC (art. 16, § 9º). A mera proposta não afeta a prescrição, não a suspende, nem afeta o andamento do PAR. O art. 25, parágrafo único, interpretado em conjunto com o art. 16, § 9º, revela que a interrupção do prazo prescricional ocorre ou com a abertura do processo administrativo ou com a celebração da leniência. Disso resulta que a leniência somente deflagrará efeito interruptivo caso venha a ser celebrada antes da abertura do processo (leniência prévia). Quando for concomitante ao processo, a leniência não acarretará o efeito, pois a prescrição já terá sido interrompida.

27.6.10 Modificação do acordo

A LAC é omissa em relação ao importante tema da modificação dos acordos de leniência. Essa lacuna gera dúvidas sobre as situações em que as modificações serão aceitáveis e como elas ocorrerão. Na ausência de regras legais, duas afirmações se mostram cabíveis. Em primeiro lugar, a leniência é acordo de cooperação, razão pela qual não deve estender a ela qualquer norma sobre os contratos administrativos instrumentais regidos pela legislação comum de licitações. Em segundo lugar, esses acordos são marcados pela horizontalidade, não se mostrando oportuno conferir à Administração Pública certas prerrogativas, como o **poder de modificação unilateral** das cláusulas pactuadas. As modificações somente ocorrerão mediante consenso entre as partes. Modificações unilaterais pela Administração serão aceitáveis tão somente quando, no próprio pacto originário, forem previstas e aceitas por ambas as partes.

Ao regulamentar a LAC, o Decreto n. 11.129/2022 oportunamente trouxe algumas regras sobre alteração obrigacional do acordo de leniência e, ao fazê-lo, claramente afastou o regime dos poderes exorbitantes contratuais da Administração. No regulamento federal, a alteração do acordo é reconhecida, mas como uma hipótese excepcional e dependente do consenso entre as partes signatárias. O art. 54 do Decreto n. 11.129 estipula que o colaborador poderá apresentar pedido de alteração ou substituição das obrigações pactuadas. Embora não fale da Administração, a parte estatal naturalmente terá o mesmo direito.

Essas alterações ou substituições de obrigações originárias somente poderão ser aceitas se cumpridos requisitos específicos estipulados no Decreto federal, a saber:

(i) A manutenção dos resultados e requisitos originais que fundamentaram o acordo de leniência;

(ii) A maior vantagem para a Administração Pública, de maneira que se alcancem melhores consequências para o interesse público do que a declaração de descumprimento e a rescisão do acordo;

(iii) A imprevisão da circunstância que dá causa ao pedido de modificação ou à impossibilidade de cumprimento das condições originariamente pactuadas – essa imprevisão, a meu ver, requer interpretação ampla para contemplar não apenas eventos novos, mas igualmente fatos antigos, porém desconhecidos das partes;

(iv) A boa-fé da pessoa jurídica colaboradora em comunicar a impossibilidade de cumprimento de uma obrigação antes do vencimento do prazo para seu adimplemento; e

(v) A higidez das garantias apresentas no acordo.

Em complemento, o art. 54, parágrafo único, do Decreto n. 11.129 aponta que o exame do pedido de alteração levará em conta "o grau de adimplência da pessoa jurídica com as demais condições pactuadas, inclusive as de adoção ou de aperfeiçoamento do programa de integridade". Esse mandamento final me parece bastante problemático por algumas razões.

Em primeiro lugar, o pedido de alteração pode ocorrer exatamente pelas dificuldades de adimplemento. Por isso, não se justifica indicar o adimplemento do acordo como condição de admissibilidade do pedido. Em segundo, falar em "grau de adimplemento" é estranho, pois ou uma obrigação é cumprida ou não é. Importante é que o colaborador demonstre efetivo intuito de cumprir as obrigações principais para atingir a finalidade da cooperação instrutória. Em terceiro lugar, vincular o acordo de cooperação instrutória a programas de integridade é impertinente. Há que se cotejar pedidos de alteração à luz do interesse público de se manter a cooperação instrutória eficiente e efetiva, não se devendo atrelar sua aceitação ao cumprimento de obrigações acessórias que sequer guardam relação direta com a entrega de provas no âmbito do PAR.

27.6.11 Execução e fiscalização

A LAC exige que o acordo estipule as condições necessárias para assegurar a **efetividade da colaboração** e o **resultado útil do processo** (art. 16, § 4º), mas não aponta regras específicas sobre o monitoramento do acordo. Esse tema é de elevada importância, pois o monitoramento se destina a verificar constantemente, dentre outras coisas, se são realmente cumpridas as obrigações de cooperação na produção de provas, bem como as relativas à cessação da prática e a não divulgação de informações estratégicas.

Ao regulamentar a LAC e tratar dos acordos celebrados pelo Executivo federal, o Decreto n. 11.129/2022 dedicou alguns dispositivos ao tema. O art. 51, *caput*, prevê que o monitoramento das obrigações do acordo celebrado pela União será realizado, direta ou indiretamente, pela CGU. Essa previsão de monitoramento direto ou indireto mostra que a Controladoria poderá se valer de sua própria equipe ou de terceiros.

O monitoramento indireto por terceiros requer algumas cautelas. É preciso observar, no que couber, as regras de contratação da lei de licitações, que trata da possibilidade de recrutamento de especialistas externos para fiscalização de contratos públicos. Não deve a Controladoria transferir tarefas de monitoramento a qualquer pessoa, sem uma seleção imparcial e objetiva, sem a devida comprovação de ausência de conflitos de interesses, sem condições técnicas para desempenhar as tarefas de monitoramento.

Além de reconhecer a execução direta ou indireta, o Decreto n. 11.129 aponta uma lista exemplificativa de ferramentas de monitoramento, incluindo relatórios, documentos e informações fornecidos pela pessoa jurídica colaboradora. Tais informações e documentos podem ser obtidos por meio de reuniões, entrevistas, testes de sistemas ou visitas técnicas (art. 51, § 1º). Exige-se, ainda, que se publiquem as informações relativas ao monitoramento na página eletrônica da CGU, observados os mandamentos de sigilo e o interesse das investigações (art. 51, § 2º).

27.6.12 Descumprimento das obrigações

A LAC é igualmente tímida no tratamento do descumprimento do acordo de leniência. O art. 22, § 4º, determina que o descumprimento da leniência seja anotado no CNEP. Já o art. 16, § 8º, resume-se a prever que o inadimplemento ocasionará um "efeito de bloqueio", ou seja, impedirá a pessoa jurídica que celebrou o acordo, mas o descumpriu, de celebrar nova leniência pelo prazo de três anos contados do conhecimento, pela Administração Pública, do descumprimento. Para que produza efeito, entendo que essa vedação deve se estender a todos os entes da federação.

Especificamente no âmbito da União, as normas infralegais foram mais agressivas que as disposições gerais da LAC. O art. 53 do Decreto n. 11.129/2022 prevê que o descumprimento do acordo gerará os seguintes efeitos: (i) perda dos benefícios pactuados; (ii) impedimento para celebrar novo acordo pelo prazo de três anos contados do momento em que se tornar definitiva a decisão administrativa que tornar rescindido o acordo; (iii) vencimento antecipado das parcelas não pagas; (iv) execução do valor integral da multa (ou seja, sem os descontos), descontando-se frações pagas; (v) execução dos valores pertinentes a danos e ao enriquecimento ilícito, além de outros valores porventura pactuados no acordo; (vi) registro no CNEP pelo prazo de três anos; e (vii) aplicação das demais penalidades e consequências previstas nos termos dos acordos de leniência e na legislação aplicável.

Apesar dos avanços das normas administrativas criadas no plano federal, o tema permanece carente de regramento mais detalhado. É preciso, por exemplo, esclarecer o que se entende por inadimplemento, diferenciar o descumprimento de obrigações acessórias do descumprimento de obrigações principais, tratar de sanções contratuais e da extinção do ajuste antes da finalização do processo. Essas lacunas requerem uma reforma da Lei Anticorrupção e, até que isso ocorra, pedem o detalhamento por parte da União, dos Estados e Municípios em seus decretos regulamentares.

Na falta de normas legais ou regulamentares, cumpre aos negociadores tratar precisamente dos efeitos dos descumprimentos relativos aos diferentes tipos de obrigação, bem como das consequências incidentes sobre cada caso. Além disso, para que o efeito previsto no art. 16, § 8º, da LAC se imponha e se neguem os benefícios do acordo ao infrator colaborador, entendo ser imprescindível que se trate do inadimplemento significativo, não de qualquer descumprimento contratual mais simples.

Conforme prescreve a LAC, "o acordo de leniência estipulará as condições necessárias para assegurar a efetividade da colaboração e o resultado útil do processo" (art. 16, § 4º). Essas estipulações incluem a obrigação de o infrator identificar seus coautores e entregar provas e informações essenciais sobre a prática ilícita, ou seja, cabe-lhe auxiliar na caracterização da autoria e da materialidade (art. 16, *caput*). Disso decorre que cada ajuste conterá um rol de obrigações essenciais, cujo descumprimento prejudicará a efetividade da colaboração, ao lado de um rol de obrigações acessórias, cujo desatendimento não afetará a finalidade da leniência, não exigirá rescisão, não redundará na cassação dos benefícios, nem na vedação trienal de nova leniência, mas ocasionará a aplicação de sanções contratuais (como multas) contra o infrator colaborador.

Como dito, não se mostra adequado considerar qualquer tipo de mora ou de inadimplemento de obrigações menores, acessórias, como um motivo legítimo para a negação, ao infrator colaborador, dos benefícios prometidos pelo Estado. O importante para a produção dos efeitos benéficos é que o infrator atue de modo efetivamente cooperativo, cumprindo as normas e as finalidades essenciais do ajuste, em especial para a configuração da materialidade e da autoria.

Vale ainda discutir se a autoridade pública, diante de um descumprimento de cláusulas essenciais, detém o **poder de rescindir de forma unilateral** o acordo antes da conclusão do processo sancionador. Referida discussão ganha relevo ao se imaginar a situação em que um infrator recorre à leniência não pelo intuito de colaborar efetivamente, mas para evitar a colaboração de outros (já que a LAC veda múltiplos acordos com pessoas jurídicas). Nessa hipótese imaginária, o infrator usaria a leniência de modo malicioso para boicotar a cooperação e dificultar a instrução. A discussão também é útil para os casos em que o colaborador age de modo desidioso. Em cenários assim, não se afiguraria indevida a rescisão unilateral pela Administração, mas desde que prevista essa possibilidade em suas cláusulas. Nesse sentido, é perfeitamente aceitável ajustar, por exemplo, que o não comparecimento do infrator colaborador a referido número de atos processuais ocasionará a extinção antecipada da leniência e a perda dos benefícios, sem prejuízo da imposição de sanções contratuais, obtendo a Administração o poder de celebrar um novo acordo com os demais infratores conforme a fila de qualificação.

27.6.13 Cumprimento do acordo e benefícios

Os efeitos benéficos de um programa de leniência classificam-se em: (i) administrativos, internos e externos; (ii) civis e (iii) penais. Porém, o acordo de leniência constante do art. 16 da LAC, se cumprido, acarretará **apenas vantagens adminis-**

trativas e civis para a pessoa jurídica. Em termos formais, o cumprimento também exigirá a exclusão de informações do CNEP (art. 22, § 5º), reduzindo a exposição do colaborador. No entanto, na leniência por ato de corrupção, não haverá benefícios penais nem qualquer benefício administrativo ou civil para pessoas físicas.

Segundo a LAC, a "celebração" (sic) do acordo de leniência isentará a pessoa jurídica das sanções previstas no inciso II do art. 6º e no inciso IV do art. 19 e reduzirá em até 2/3 (dois terços) o valor da multa aplicável (art. 16, § 2º). Embora o legislador tenha usado a palavra "celebração", o que pretende dizer é que o reconhecimento do "cumprimento" do acordo de leniência por parte do infrator colaborador ao final do PAR gerará dois efeitos administrativos e um efeito civil, a saber:

(i) A **imunidade à sanção administrativa de publicação extraordinária** da decisão condenatória (art. 6º, II, da LAC). Não obstante o infrator colaborador também deva ser condenado, sobretudo porque confessa a infração, ele não se sujeitará à divulgação da infração. Para que esse benefício previsto na lei produza efeito prático, é preciso interpretá-lo de modo extensivo. Não basta a isenção em relação à sanção de publicação. A meu ver, é preciso que o nome do infrator não conste das publicações impostas aos demais condenados. Se seu nome constar de outras publicações, o benefício que o legislador pretendeu oferecer ao colaborador será aniquilado;

(ii) A **redução em até dois terços da multa administrativa**, a qual varia de 0,1% a 20% do faturamento bruto anual, excluídos os tributos, do último exercício anterior ao da instauração do processo ou, quando não for possível identificar o faturamento, de seis mil reais a sessenta milhões de reais (art. 6º, II e § 4º da LAC). Para conceder o benefício, a Administração terá que condenar o colaborador e fixar sua multa-base, aplicando em seguida o fator percentual redutor. Da maneira como disciplinado na LAC, o benefício de redução da multa se mostra bastante problemático. Em primeiro lugar, a lei deixou de fazer uma importante distinção entre a leniência prévia e a leniência concomitante ao processo. Para a leniência prévia, seria ideal que se garantisse um benefício maior que o da concomitante, já que o infrator confessa algo desconhecido pelo Estado. Todavia, o legislador ignorou essa distinção e, ao igualar o benefício, criou um regime jurídico que desestimula a cooperação anterior à abertura do PAR. Em segundo lugar, ao tratar da redução da multa, a despeito do momento da leniência, a lei somente prevê um teto de redução (2/3), sem a garantia de qualquer mínimo. Para que se confira segurança jurídica ao colaborador e se estimule a boa-fé da Administração Pública, é imprescindível que o acordo: a) preveja exatamente o percentual da redução pelo cumprimento da leniência ou b) estabeleça uma faixa de redução (por exemplo, de 1/3 a 2/3), deixando-se a mensuração final da redução para o momento de condenação conforme o grau de colaboração verificado ao longo da execução do acordo. Em terceiro lugar, é preciso que se garanta ao colaborador o benefício da menor multa. É inaceitável que o infrator, depois de auxiliar a Administração, sujeite-se à sanção pecuniária mais gravosa que a imposta ao infrator que não participa do programa de leniência e não colabora com a comprovação da materialidade e da autoria. Na Lei de Defesa da Concorrência, explicita-se que a "pena sobre a qual incidirá o fator redutor não será superior à menor das penas aplicadas aos demais coautores da infração" (art. 86, § 5º da Lei n. 12.529/2011). Já a LAC silencia sobre o assunto. A esse despeito, o **benefício da menor pena** resulta do princípio da moralidade administrativa, da própria lógica do programa de leniência e da boa-fé. Não houvesse essa garantia, pouca razão sobraria para se cooperar com o Estado. De todo modo, na falta de previsão legal, mais seguro ao colaborador é negociar a inserção do benefício da menor pena em cláusula do acordo;

(iii) A imunidade à sanção judicial de "**proibição de receber incentivos, subsídios, subvenções, doações ou empréstimos** de órgãos ou entidades públicas e de instituições financeiras públicas ou controladas pelo poder público, pelo prazo mínimo de 1 (um) e máximo de 5 (cinco) anos" (art. 19, IV, da LAC). Assim como ocorre em relação ao benefício de redução da multa, a disciplina do benefício civil da leniência da Lei Anticorrupção se mostra problemática. As sanções civis aplicáveis na ação judicial são quatro e podem incluir a suspensão da atividade empresarial até a dissolução da pessoa jurídica. Nesse contexto, seguindo-se uma interpretação literal da lei, o fato de a leniência ser cumprida não imunizará o colaborador contra um pedido de extinção de sua pessoa jurídica ou de suspensão de suas atividades. Essa situação é inaceitável. Para que se garanta a utilidade da leniência, para que seus benefícios sejam reais e efetivos, é preciso interpretar os mandamentos legais em sentido lógico e teleológico. Conquanto o art. 16 não o diga, a leniência impõe uma imunidade também contra a medida prevista no art. 19, III, da LAC. Se não for assim, de nada adiantará o benefício quanto ao inciso IV. O que a leniência não poderá incluir em hipótese alguma como benefício civil será a imunidade em relação à reparação de danos causados ao Estado ou a terceiros. O acordo não se presta ao arbitramento de indenizações civis ao Estado por expressa vedação legal (art. 16, § 3º), nem deve conter cláusulas sobre indenizações civis a terceiros por motivos já apresentados anteriormente.

A análise do art. 16, § 2º, da LAC revela que o cumprimento da leniência ocasiona somente **três benefícios explícitos**. Os benefícios afetam as sanções administrativas, mas não as excluem por completo, pois ao menos uma multa reduzida será aplicada ao colaborador. Além disso, atingem certas sanções civis. Porém, a leniência da LAC não gera benefícios no tocante a medidas de reparação civil e não produz qualquer benefício administrativo externo (ou seja, para processos administrativos sancionadores conduzidos por outras entidades da Administração Pública, como o CADE). A única exceção a essa regra é a de acordos que envolvam comportamentos tipificados, ao mesmo tempo, na LAC e na LLic. Afinal, nesses casos, a apuração ocorrerá no mesmo PAR e ensejará a condenação unificada.

Ainda sobre os efeitos, vale reiterar que o acordo no regime da LAC **não beneficia pessoa física** de qualquer maneira. Não há efeito penal, nem civil, nem administrativo a seu favor. A ausência desses benefícios é compreensível pelo fato de a LAC não prever infrações, nem sanções administrativas e civis para pessoas físicas, as quais somente poderão responder, dependendo de seu *status* jurídico, por infração disciplinar, ato de improbidade ou crime (licitatório, contra a Administração Pública, contra a ordem econômica etc.). Isso significa que eventuais acordos deverão ser buscados em outra seara, por exemplo, uma delação premiada no âmbito da Lei das Organizações Criminosas ou um acordo de leniência com base na Lei de Defesa da Concorrência.

De outro lado, é de se questionar se o legislador agiu adequadamente ao restringir os benefícios da leniência por ato de corrupção, mormente porque pessoas jurídicas nada mais são que ficções criadas e conduzidas, no seu dia a dia, por pessoas físicas. Sob essa premissa, a dúvida que resta é a seguinte: que pessoa jurídica será estimulada, por seus administradores, a procurar uma leniência que, ao final, poderá se reverter contra eles mesmos, inclusive mediante a imposição de gravíssimas sanções criminais? Ao ignorar as pessoas físicas, o legislador certamente reduziu a atratividade do programa de leniência da LAC.

27.6.14 Benefícios para grupos econômicos

A LAC traz normas próprias sobre os benefícios do cumprimento da leniência em relação aos **grupos econômicos**. Dispõe o art. 16, § 5º, que "os efeitos do acordo de leniência serão estendidos às pessoas jurídicas que integram o mesmo grupo econômico, de fato e de direito, desde que firmem o acordo em conjunto, respeitadas as condições nele estabelecidas". Nesse texto se observa que a lei não utilizou a expressão "grupo societário", mas sim "grupo econômico", e apartou os grupos de direito e de fato.

Na literatura comercialista, grupos econômicos não são tratados como sinônimos de grupos societários. Gustavo Saad Diniz define os grupos econômicos como "arranjos entre organizações que coordenam atividades econômicas em cadeias verticais ou horizontais", enquanto os grupos societários teriam sentido mais específico, na medida em que envolvem "organizações societárias de coordenação (nos consórcios) e subordinação (nos grupos de direito e de fato)".[12] Como a LAC não

---

12. DINIZ, Gustavo Saad. Falência de grupos societários: critérios de extensão de efeitos de falência. *In:* CEREZETTI, Sheila Neder; MAFFIOLETTI, Emanuelle Urbano (Org.). *Dez anos da Lei n. 11.101/2005.* São Paulo: Almedina, 2015, p. 529.

cuida apenas de ilícitos praticados por sociedades, a expressão "grupo econômico" é adequada.

Ao adjetivar os grupos como de fato ou de direito, a LAC adotou a classificação tradicional forjada pela doutrina societária. Em todo tipo de grupo, conforme Lígia Sica, o critério de identificação é a unidade de direção, e não de controle (já que este se apresenta apenas nos grupos por subordinação). Apesar desse aspecto comum, as ligações entre as sociedades nos grupos de direito se caracterizam por vinculação determinada por convenção, enquanto a relação entre as sociedades nos grupos de fato "decorre da mera participação de sociedade ou empresa no capital social da outra".[13] De acordo com Diniz, a identificação desses grupos de fato – os mais comuns na realidade brasileira – exige "específica análise e cruzamento de participações societárias para identificação das situações de coligação e controle".[14]

Referidos embasamentos conceituais permitem avaliar o alcance da LAC. O objetivo do art. 16, § 5º, é viabilizar a inclusão no programa de leniência de membros de grupos, quer os baseados em convenções, quer os estruturados em participações societárias. Esse dispositivo deve ser compreendido à luz de uma análise sistemática da LAC, a qual, ao tratar da responsabilidade pelas sanções por ato de corrupção, torna as sociedades controladoras, controladas, coligadas ou consorciadas solidariamente responsáveis pelo pagamento de multa e de reparação integral do dano causado (art. 4º, § 2º). Há solidariedade de controladoras, controladas e coligadas com a pessoa jurídica condenada, bem como solidariedade entre esta e pessoas com ela vinculadas por consórcio, sobretudo os destinados a viabilizar a participação em licitações, a celebração e a execução de contratos administrativos.

27.7 SÚMULA

SUPERIOR TRIBUNAL DE JUSTIÇA

- Súmula n. 645: O crime de fraude à licitação é formal, e sua consumação prescinde da comprovação do prejuízo ou da obtenção de vantagem.

27.8 BIBLIOGRAFIA PARA APROFUNDAMENTO

ATHAYDE, Amanda. *Manual dos acordos de leniência no Brasil*. Belo Horizonte: Fórum, 2021.

BITTENCOURT, Sidney. *Comentários à lei anticorrupção*: Lei 12.846/2013, 2ª ed. São Paulo: Thomson Reuters Brasil, 2019.

---

13. SICA, Lígia Paula P. A disciplina dos grupos empresariais e a Lei de Recuperação de Empresas em crise e falências: um convite a jurisprudência. In: CEREZETTI, Sheila Christina Neder; MAFFIOLETTI, Emanuelle Urbano (Org.). *Dez anos da Lei n. 11.101/2005*. São Paulo: Almedina, 2015, p. 111-112.
14. DINIZ, Gustavo Saad. Falência de grupos societários: critérios de extensão de efeitos de falência. In: CEREZETTI, Sheila Christina Neder; MAFFIOLETTI, Emanuelle Urbano (Org.). *Dez anos da Lei n. 11.101/2005*. São Paulo: Almedina, 2015, p. 532.

CANETTI, Rafaela Coutinho. *Acordo de leniência:* fundamentos do instituto e os problemas de seu transplante ao ordenamento jurídico brasileiro. Belo Horizonte: Fórum, 2019.

CARDOSO, Raphael de Matos. *A responsabilidade da pessoa jurídica por atos de improbidade e corrupção.* Rio de Janeiro: Lúmen Juris, 2019.

CARVALHOSA, Modesto. *Considerações sobre a Lei anticorrupção das pessoas jurídicas:* Lei n. 12.846 de 2013. São Paulo: Thomson Reuters Brasil, 2019.

CECCATO, Marco Aurélio. *Cartéis em contratações públicas.* Rio de Janeiro: Lúmen Juris, 2018.

CONTI, José Maurício; MARRARA, Thiago; IOCKEN, Sabrina Nunes; CARVALHO, André Castro (Coord.). *Responsabilidade do gestor na Administração Pública,* v. 3: improbidade e temas especiais. Belo Horizonte: Fórum, 2022.

CONTI, José Maurício; MARRARA, Thiago; IOCKEN, Sabrina Nunes; CARVALHO, André Castro (Coord.). *Responsabilidade do gestor na Administração Pública,* v. 2: aspectos fiscais, financeiros, políticos e penais. Belo Horizonte: Fórum, 2022.

CONTI, José Maurício; MARRARA, Thiago; IOCKEN, Sabrina Nunes; CARVALHO, André Castro (Coord.). *Responsabilidade do gestor na Administração Pública,* v. 1: aspectos gerais. Belo Horizonte: Fórum, 2022.

CUNHA, Rogério Sanches; SOUZA, Renee Do Ó. *Lei Anticorrupção Empresarial:* Lei 12.846/2013, 4ª ed. Salvador: JusPodivm, 2022.

DI PIETRO, Maria Sylvia Zanella; MARRARA, Thiago (Coord.). *Lei Anticorrupção comentada,* 4ª ed. Belo Horizonte: Fórum, 2024.

DIPP, Gilson; CASTILHO, Manoel Lauro Volkmer de (Coord.). *Comentários sobre a Lei Anticorrupção.* São Paulo: Saraiva, 2016.

FARIA, Mauro Teixeira. *Recuperação judicial de empresas e a Lei Anticorrupção.* Rio de Janeiro: Lúmen Juris, 2019.

FORTINI, Cristiana (Coord.). *Corrupção e seus múltiplos enfoques jurídicos.* Belo Horizonte: Fórum, 2018.

FREITAS JUNIOR, Dorival. *Lei Anticorrupção:* as inconstitucionalidades na responsabilização da pessoa jurídica. Curitiba: Juruá Editora, 2017.

HARGER, Marcelo. *Comentários à Lei Anticorrupção –* Lei n. 12.846/2013. Rio de Janeiro: Lúmen Juris, 2013.

HEINEN, Juliano. *Comentários à Lei Anticorrupção:* Lei 12.846/2013. Belo Horizonte: Fórum, 2015.

LEAL, Rogério Gesta. *Aspectos polêmicos da Lei Anticorrupção no Brasil.* Belo Horizonte: Fórum, 2022.

LIMA, Guilherme Corona Rodrigues. *Direito administrativo sancionador e a função social da empresa.* Rio de Janeiro: Lúmen Juris, 2022.

MARIN, Tâmera Padoin Marques. *A Lei anticorrupção e o acordo de leniência:* uma análise do regime geral para a celebração desse instrumento. Belo Horizonte: Fórum, 2019.

MARINELA, Fernanda; RAMALHO, Tatiany; PAIVA, Fernando. *Lei anticorrupção:* Lei n. 12.846, de 1º de agosto de 2013. São Paulo: Saraiva, 2015.

MARRARA, Thiago. Acordos de leniência no processo administrativo brasileiro: modalidades, regime jurídico e problemas emergentes. *Revista Digital de Direito Administrativo*, v. 2, n. 2, 2015.

MEYER-PFLUG, Samantha Ribeiro; OLIVEIRA, Vitor Eduardo Tavares. O Brasil e o combate internacional à corrupção. *Revista de Informação Legislativa*, n. 181, 2009.

NUCCI, Guilherme de Souza. *Corrupção e anticorrupção*. Rio de Janeiro: Forense, 2015.

PIMENTA, Raquel de Mattos. *A construção dos acordos de leniência da Lei Anticorrupção*. São Paulo: Tirant lo Blanch, 2020.

RAFIH, Rhasmye el. *Whistleblowing, delinquência econômica e corrupção*: desafios para a consolidação de uma política geral de reportantes no Brasil. São Paulo: Tirant lo Blanch, 2022.

RIBEIRO, Márcio de Aguiar. *Responsabilização administrativa de pessoas jurídicas à luz da lei anticorrupção empresarial*. Belo Horizonte: Fórum, 2017.

SANTOS, José Anacleto Abduch; BERTONCINI, Mateus; CUSTÓDIO FILHO, Ubirajara. *Comentários à Lei 12.846/2013*: lei anticorrupção, 2ª ed. São Paulo: Thomson Reuters Brasil, 2019.

SANTOS, Kleber Bispo dos. *Acordo de leniência na Lei de Improbidade Administrativa e na Lei Anticorrupção*. Rio de Janeiro: Lúmen Juris, 2018.

SILVEIRA, Renato de Mello Jorge; SAAD-DINIZ, Eduardo. *Compliance, direito penal e lei anticorrupção*. São Paulo: Saraiva, 2015.

SORÉ, Raphael Rodrigues. *A lei anticorrupção em contexto*: estratégias para a prevenção e o combate à corrupção corporativa. Belo Horizonte: Fórum, 2019.

ZARDO, Francisco. *Infrações e sanções em licitações e contratos administrativos*: com as alterações da Lei anticorrupção (Lei n. 12.846/2013). São Paulo: Thomson Reuters Brasil, 2019.

ZIMMER JÚNIOR, Aloísio. *Corrupção e improbidade administrativa*: cenários de risco e a responsabilização dos agentes públicos municipais. São Paulo: Revista dos Tribunais, 2018.

ZIMMER JÚNIOR, Aloísio. *Lei anticorrupção*: Lei 12.846/2013. São Paulo: Thomson Reuters Brasil, 2020.

ZYMLER, Benjamin; DIOS, Laureano Canabarro. *Lei anticorrupção (Lei nº 12.846/2013)*: uma visão do controle externo. Belo Horizonte: Fórum, 2019.

28
RESPONSABILIDADE CIVIL EXTRACONTRATUAL

28.1 FUNDAMENTOS GERAIS

28.1.1 Responsabilidade civil contratual e extracontratual

A esfera da responsabilidade civil tradicionalmente se diferencia no sistema de responsabilidade contratual e no sistema de responsabilidade extracontratual, ambos sujeitos a regras e lógicas próprias.

Na responsabilidade contratual, negocial ou obrigacional, apura-se o descumprimento de obrigações assumidas pelas partes contratantes, impondo-lhes as consequências punitivas previstas na legislação ou no próprio contrato. Trata-se de responsabilidade deflagrada quando uma parte contratante se comporta de forma desconforme às normas convencionais pactuadas ou às normas legais regentes do contrato. É imprescindível que o comportamento viole a obrigação contratual,[1] voluntária ou legalmente definida. Essa violação gera sanções próprias e estipuladas de modo flexível no âmbito do próprio contrato e, mais excepcionalmente, em leis que o disciplinam. Dentro dos limites de sua autonomia contratual, as partes podem inclusive deixar de prever medidas punitivas em relação a certos descumprimentos.

No direito administrativo, também se utiliza um sistema de responsabilidade contratual, mas em termos bastante reduzidos. Ocorre que essa **responsabilidade contratual pública** difere bastante da responsabilidade contratual civil por algumas razões:

- Em primeiro lugar, a relação pública é frequentemente subordinada a regimes jurídicos próprios, muitas vezes pautados em prerrogativas estatais que o distinguem do modelo de responsabilidade contratual civil. Por exemplo, nos contratos instrumentais regidos pela LLic, a Administração detém prerrogativas exclusivas, incluindo o poder de alterar unilateralmente as obrigações ou o poder de sancionar o particular contratado, mesmo que o contrato sequer preveja as sanções;

---

1. Cf. ROSENVALD, Nelson. Responsabilidade contratual. In: *Enciclopédia Jurídica da PUCSP*, tomo Direito Civil, 2ª ed., setembro de 2022, edição digital, s.p.

- Em segundo, a responsabilidade contratual pública é unidirecional em muitos contratos administrativos, sobretudo os instrumentais. Isso significa que se aplica unicamente aos inadimplementos cometidos pelo particular contratado, não se prevendo medidas sancionatórias contra o ente público contratante que viola as obrigações. Contra o ente público inadimplente, reserva-se ao particular unicamente a possibilidade de demandar a extinção contratual em arbitragem ou no Judiciário;
- Em terceiro, as consequências da responsabilidade contratual pública podem extrapolar a mera relação contratual, ensejando sanções gravíssimas e com efeitos extracontratuais aos particulares contratados pela Administração Pública. Exemplo disso se vê na LLic, que permite ao ente público aplicar contra o particular a sanção de impedimento de licitar e contratar com o Estado por inúmeros anos, afetando suas atividades econômicas em sentido amplo;
- Em quarto lugar, o Estado, na relação contratual, tutela seus interesses próprios, interesses públicos primários e, em certos contratos, interesses de terceiros, como usuários de serviços públicos, diferentemente do que ocorre nos contratos privados em geral.

Por conta dessas e doutras peculiaridades, a responsabilidade civil contratual não se adequa a grande parte dos contratos públicos. Nesse âmbito, é mais correto falar de responsabilidade administrativa contratual ou responsabilidade contratual pública, afastando-se primariamente a lógica e as normas do direito civil. É exatamente por esse motivo que, tradicionalmente, a doutrina do direito administrativo brasileiro, ao abordar a responsabilidade civil do Estado, limita-se ao sistema extracontratual.

Também conhecida como responsabilidade aquiliana ou delitual, a responsabilidade civil extracontratual é deflagrada em razão de **danos antijurídicos** resultantes de comportamentos não contratuais, lícitos ou ilícitos. Como se baseia no dano e preocupa-se com sua reparação, trata-se de uma esfera bastante ampla de responsabilidade, capaz de abranger inúmeras relações jurídicas. Em grande medida, a responsabilidade civil extracontratual do Estado e seus agentes é vista como a responsabilidade estatal por excelência, contando com amplo respaldo constitucional, sobretudo no art. 37, § 6º, da Constituição da República.

Em um contexto democrático, republicano e em que a legalidade se sobrepõe a todos, o reconhecimento desse sistema de responsabilidade estatal é inevitável e imprescindível. Se o Estado é do povo e para o povo, não deverá ficar imune ao dever de reparar danos antijurídicos, patrimoniais ou extrapatrimoniais, que, no exercício lícito ou ilícito de suas funções, venha a acarretar a pessoas físicas ou jurídicas. Como aponta Justen Filho, o aparato estatal não é fim em si mesmo, justificando-se somente como instrumento para "efetivar os valores fundamentais eleitos democraticamente pela comunidade",[2] extraindo-se daí a premissa da responsabilidade em debate.

Partindo-se dessa premissa, sempre que um cidadão ou um servidor, uma empresa ou qualquer outra pessoa jurídica sofrer danos resultantes, por exemplo, de buracos em rodovias, erros no atendimento médico do SUS, falhas no fornecimento de energia elétrica, será necessário apurar a responsabilidade civil extracontratual do Estado e dos agentes públicos envolvidos na atividade estatal. É sobre essa apuração que apuração que se discorrerá a seguir.

28.1.2 Peculiaridades da responsabilidade civil extracontratual

A responsabilidade civil extracontratual se desenvolveu primariamente no direito privado para viabilizar a reparação de danos que uma pessoa acarreta a outra. O responsável, nesse caso, será o próprio causador do dano ou quem responda em seu lugar, como os pais em relação aos filhos menores e o empregador em relação ao trabalhador (art. 932 do Código Civil).

Ao longo dos séculos, o sistema em questão se expandiu em sentido material e subjetivo. De um lado, a responsabilidade civil extracontratual, que sempre exerceu uma função reparatória e repressiva, tem gradualmente assumido uma função preventiva, buscando desestimular que novos danos venham a ser causados. De outro lado, com a evolução da legislação, a responsabilidade civil ganhou espaço no direito administrativo, passando a abarcar as situações em que danos são ocasionados pelo Estado, pelas pessoas jurídicas que atuam em seu nome e pelos agentes públicos.

Na atualidade, o art. 37, § 6º, da Constituição reconhece de forma geral a responsabilidade civil extracontratual tanto do Estado brasileiro (em termos objetivos, isto é, sem necessidade de comprovação de culpa ou dolo), quanto dos particulares que agem em nome do Estado (também objetivamente), bem como dos agentes públicos (em termos subjetivos, ou seja, mediante comprovação de dolo ou culpa). A Constituição ainda trata do assunto em outras normas específicas, por exemplo, acerca de ações danosas do Judiciário (art. 5º, LXXV). Já no plano legal, o Código Civil e a LINDB apresentam dispositivos relevantes acerca da matéria, somando-se a isso leis especiais que cuidam de tipos específicos de dano.

Em linha com diversos países ocidentais, o ordenamento jurídico brasileiro aceita que o Estado, como um conjunto de pessoas jurídicas, responda em ações civis ou na própria esfera administrativa por danos que cause a outrem fora das relações contratuais, sujeitando-se ao dever de reparar ora em favor de um cidadão, ora da pessoa jurídica prejudicada. Ao mesmo tempo, consagra a possibilidade legal de

---

2. JUSTEN FILHO, Marçal. A responsabilidade do Estado. In: FREITAS, Juarez (Org.). *Responsabilidade civil do Estado*. São Paulo: Malheiros, 2006, p. 248.

se exigir a reparação dos danos ocasionados pelos agentes públicos, como pessoas físicas que exercem funções laborais estatais.

Esse dever geral de reparar danos antijurídicos independe de infração. Em contraste com os sistemas de responsabilidade penal ou administrativa e com o próprio sistema de responsabilidade civil contratual ou obrigacional, a responsabilidade civil extracontratual incide ainda que a conduta geradora do dano não se revele infrativa. Melhor dizendo: é possível responsabilizar e determinar a reparação do dano a despeito de a conduta ser lícita ou ilícita. O que efetivamente importa para a responsabilização é a comprovação de dano antijurídico causado a alguém (pessoa física ou jurídica).

A forma como esse sistema se organiza em cada país varia bastante. Na França, por exemplo, a responsabilidade civil do Estado é usualmente chamada de "responsabilidade administrativa". Para os franceses, o adjetivo "administrativo" é usado para indicar que a responsabilidade civil do Estado é apurada na Justiça Administrativa.[3] No Brasil, porém, não se deve utilizar essa terminologia, pois existem inúmeros subsistemas próprios de responsabilidade administrativa que não se confundem com a responsabilidade civil extracontratual do Estado.

Além disso, inexiste justiça administrativa no direito pátrio. Por aqui, a responsabilidade civil do Estado, de quem age em seu nome e de seus agentes públicos, é apurada em ações judiciais na justiça comum, estadual ou federal. Mais recentemente, o ordenamento tem igualmente reconhecido a possibilidade de responsabilização civil do Estado e seus agentes em processos administrativos, reduzindo a necessidade de judicialização, bem como os custos, as despesas e os riscos de demora do provimento reparatório jurisdicional.

Confirmando essa tendência de um sistema multiportas para a responsabilidade civil extracontratual do Estado, a Lei de Processo Administrativo paulista reconhece ser possível requerer a reparação de danos na esfera administrativa (art. 65 e seguintes da Lei n. 10.177/1998). Já a LINDB, além de abordar a responsabilidade por decisões administrativas e opiniões técnicas (art. 28), reconhece a possibilidade de se usar o processo administrativo para "compensação de prejuízos" (art. 27). Isso demonstra que a ação judicial não é mais a única via, nem necessariamente a mais adequada para a responsabilização civil extracontratual do Estado.

28.1.3 A reparação civil: restituição ou indenização

Sempre que se fala em responsabilidade civil, inclusive do Estado, é comum que imediatamente se pense em indenizações e precatórios. É imprescindível desfazer esse mal-entendido. Em primeiro lugar, embora muito focada na reparação de danos, a responsabilidade extracontratual tem, cada vez mais, absorvido estratégias preventivas.

---

3. MOREAU, Jacques. La responsabilité administrative. In: GONOD, Pascale; MELLERAY, Fabrice; YOLKA, Philippe. *Traité de droit administratif,* tomo 2. Paris: Dalloz, 2011, p. 633.

Em segundo lugar, as formas de tutela reparatória são variadas. A responsabilidade civil não tem como consequência única e necessária a indenização ao sujeito lesado. Na verdade, existem duas formas básicas de reparação: (i) a restituição e (ii) a indenização.

A chamada **tutela restitutória** consiste em impor ao responsável pelo dano (que pode corresponder ou não ao sujeito lesante) a reconstituição da situação originária em favor do sujeito lesado. Busca-se reestabelecer a situação que existia antes da ocorrência do dano patrimonial ou extrapatrimonial. Imagine que, ao construir um viaduto, certo órgão da Prefeitura ocasione rachaduras em muros e paredes de residências privadas localizadas ao redor da obra. Por meio da tutela restitutória, o Município responsável se incumbirá de realizar as reformas necessárias nesses imóveis privados para que voltem à condição estrutural originária. A responsabilidade extracontratual, por meio da tutela restitutória, visa ao desfazimento do dano.

Diversamente, a **tutela indenizatória** implica um dever de compensar financeiramente o sujeito que sofreu o dano, seja porque a restituição à situação anterior não cabe, seja porque se mostra irrazoável, seja porque os envolvidos optam consensualmente por essa via. Imagine, ainda no exemplo citado, que a construção do viaduto ocasione a queda das casas e a impossibilidade de se reconstrui-las no local. Como não será possível o desfazimento do dano, impõe-se compensar financeiramente os proprietários das casas, utilizando-se a indenização como valor financeiro pago pelo lesante ou quem por ele responda ao lesado. O cálculo desse valor depende de critérios indicados pela legislação ou fixados em jurisprudência. Em geral, é **proporcional ao dano sofrido** (art. 944 do Código Civil), podendo ser majorado para desempenhar funções preventivas, além da função reparatória propriamente dita.

28.1.4 Modelos de responsabilidade civil extracontratual do Estado

O reconhecimento da responsabilidade extracontratual do Estado é fruto de uma longa evolução da cultura jurídica e de como se compreende a relação de seus entes, órgãos e agentes diante da sociedade. Ao longo desse percurso histórico, diversos modelos foram experimentados e refinados, culminando no sistema atual de responsabilidade objetiva dos entes estatais e de quem age em seu nome, consagrado no art. 37, § 6º, da Constituição da República.

Conquanto a terminologia adotada pela doutrina para descrevê-los varie de autor para autor, nessa evolução histórica, é possível identificar quatro modelos principais, quais sejam: (i) o da irresponsabilidade do Estado; (ii) o da responsabilidade subjetiva; (iii) o da responsabilidade objetiva e (iv) o da responsabilidade integral.

Não pretendo, com isso, afirmar que um modelo tenha sucedido o outro de maneira cronológica e perfeita, nem que todos os Estados mundo afora tenham experimentado a mesma sequência evolutiva. Esses modelos são apenas uma simplificação de como se compreende a temática. Além disso, ainda hoje, é concebível e usual que os ordenamentos utilizem diferentes modelos de responsabilidade simultaneamente, como faz o Brasil. Feita essa advertência, vejamos as caraterísticas centrais de cada um.

O **modelo de irresponsabilidade** é típico de arranjos estatais baseados em uma autoridade incontrastável, arbitrária, em que o governante representa poderes soberanos e absolutos sobre os indivíduos, com ou sem fundamento divino. Baseia-se na ideia de que o governante supremo não erra ("*the King can do no wrong*" ou "*le roi ne peu mal faire*").[4] Em contextos assim, descabe falar de responsabilidade extracontratual. Danos acarretados pelo Estado ou por quem atua em seu nome são absorvidos sem qualquer forma de reparação pelos particulares sujeitos ao poder soberano de comando dentro de um certo território.

Em um Estado democrático (do povo, pelo povo e para o povo) e pautado pela legalidade, a irresponsabilidade é incabível. A democracia impõe que o Estado repare o prejudicado por danos antijurídicos que lhe tenha ocasionado. Já o Estado de Direito coloca todos sob o império da lei, não havendo como se sustentar a responsabilidade extracontratual civil entre particulares e exclui-la em relação aos entes e agentes públicos. Como explica Di Pietro, "se o Estado deve tutelar o direito, não pode deixar de responder quando, por sua ação ou omissão, causar danos a terceiros".[5]

Sob essas premissas políticas contemporâneas, nasce o modelo de responsabilidade extracontratual do Estado. O modelo de irresponsabilidade, assim, fica restrito a casos especialíssimos, vinculados a poucos agentes públicos. Exemplo dessa situação excepcional se vislumbra no art. 53, *caput*, da Constituição de 1988, segundo o qual "os deputados e senadores são invioláveis, civil e penalmente, por quaisquer de suas opiniões, palavras e votos".

A não ser por algumas poucas exceções, fato é que o reconhecimento da responsabilidade extracontratual do Estado no contexto democrático se expandiu e se consagrou gradualmente na história recente. Isso ocorreu segundo modelos distintos, utilizados de forma isolada ou combinada em cada ordenamento jurídico. Nesse contexto, cumpre destacar os modelos de:

- **Responsabilidade subjetiva**, cuja caracterização depende da comprovação do dano antijurídico, de um comportamento estatal, de nexo causal entre os dois primeiros elementos, bem como de um elemento volitivo, ou seja, o dolo ou a culpa. Como se mostra essencial comprovar o elemento volitivo de quem causa o dano, dificulta-se em certa medida a responsabilização. Por isso, no Brasil, a responsabilidade subjetiva não se aplica a pessoas jurídicas estatais, mas vale para os agentes públicos, como se demonstrará oportunamente;

---

4. Cf. CRETELLA JÚNIOR, José. *O Estado e a obrigação de indenizar*. São Paulo: Saraiva, 1980, p. 61.
5. DI PIETRO, Maria Sylvia Zanella. *Direito administrativo*, 35ª ed. Rio de Janeiro: Forense, 2022, p. 820 e, em igual sentido, CAHALI, Yussef Said. *Responsabilidade civil do Estado*, 3ª ed. São Paulo: Revista dos Tribunais, 2007, p. 22.

- **Responsabilidade objetiva**, cuja caracterização depende do dano antijurídico, do comportamento estatal e do nexo de causalidade entre ambos. Esse modelo é também conhecido como do "risco administrativo", pois indica que o Estado se responsabiliza por danos acarretados pelo mau funcionamento ou pelo não funcionamento de suas funções, dispensando a prova sobre a vontade de um ou outro agente público. Com isso, a responsabilização torna-se mais fácil e simples, razão pela qual esse modelo é utilizado no Brasil contra os entes estatais e pessoas jurídicas que agem em seu nome, a exemplo das concessionárias de serviços públicos, mas não se aplica aos agentes públicos como pessoas físicas; e

- **Responsabilidade integral**, cuja caracterização depende apenas do dano antijurídico e o comportamento causador, ainda que remoto. Esse modelo facilita a responsabilização, já que as excludentes de responsabilidade não são empregadas. Basta o nexo causal fraco ou remoto para que se responsabilize e se exija a reparação. Fala-se, nesse contexto, da teoria do risco integral, segundo a qual, ao desempenhar certas atividades, o Estado deverá assumir automaticamente todos os riscos inerentes a ela, devendo se responsabilizar por danos, ainda que, por exemplo, ele tenha como causa próxima a culpa da vítima, um evento de força maior ou caso fortuito. A responsabilidade integral, por isso, é excepcional, sendo utilizada no Brasil apenas em situações específicas apontadas pela legislação.

Valem algumas considerações adicionais sobre os dois últimos modelos. A responsabilidade objetiva do Estado se apoiou inicialmente na ideia de "**falha do serviço**" ou "**culpa anônima**", segundo a qual bastaria que o sujeito prejudicado comprovasse o mau funcionamento das funções estatais para ser reparado, tornando-se desnecessária a identificação do agente estatal responsável pelo dano. Sob essa lógica, o que importa é a falha na atividade estatal, ou melhor: (a) a inexistência de uma função que deveria ter sido executada; (b) o mau funcionamento dessa função ou (c) o retardamento na sua execução.[6] Não interessa a presença do agente público, nem seu elemento volitivo.

Na atualidade, a responsabilidade estatal é frequentemente associada à "**teoria do risco administrativo**" ou "**risco social**". Parte-se da premissa de que o Estado, por ser mais poderoso e deter prerrogativas em relação aos administrados, deve assumir os riscos das funções que desempenha. Essa teoria também se assenta na lógica da socialização dos danos. Como o Estado age pela sociedade, sempre que uma ou poucas pessoas são sacrificadas ou prejudicadas para beneficiar a todos, compete-lhe repará-las em nome da própria sociedade.

---

6. HACHEM, Daniel; GABARDO, Emerson. Responsabilidade civil do Estado por omissão: uma proposta de releitura da teoria da *faute du service*. In: MARQUES NETO, Floriano de Azevedo; MENEZES DE ALMEIDA, Fernando Dias; NOHARA, Irene Patrícia e MARRARA, Thiago (Org.). *Direito e Administração Pública*. São Paulo: Atlas, 2013, p. 1.133.

É por esses fundamentos que certos ordenamentos jurídicos, como o brasileiro, reconhecem a responsabilidade objetiva do Estado nas relações extracontratuais. Dispensa-se a necessidade de comprovação de dolo ou culpa do agente público. Tampouco interessa saber se o serviço público funcionou mal[7] ou se a conduta geradora do dano é ilícita. Basta, como dito, a comprovação: (i) da existência de nexo causal, não mitigado por excludentes, entre (ii) um comportamento estatal, omissivo ou comissivo e (iii) o dano antijurídico sofrido pelo administrado.

Em algumas situações especiais, porém, deixa-se a regra geral da responsabilidade objetiva de lado para se adotar o modelo de **responsabilidade integral**, que torna muito mais fácil e simples a condenação do ente estatal. Certas atividades assumidas pelo Estado são tão arriscadas e perigosas, que o legislador lhe atribui o dever de reparar quaisquer danos que delas resultem, ainda que o nexo causal se revele fraco ou remoto. O Estado assume todo o risco da atividade, respondendo ainda que o dano tenha decorrido de culpa da vítima, caso fortuito, força maior ou outras excludentes. Como basta que se comprove que o comportamento estatal ocorreu para se deflagrar a responsabilização, esse modelo é excepcional.

28.2 A LEGISLAÇÃO BRASILEIRA

28.2.1 Evolução do direito brasileiro

Ao longo da história constitucional brasileira, o regime jurídico da responsabilidade evoluiu de modo significativo.[8] Na Constituição Imperial de 1824, dizia-se expressamente que a pessoa do Imperador era inviolável e "sagrada", não se sujeitando a responsabilidade alguma (art. 99). A irresponsabilidade também era o modelo aplicável ao regente (art. 129). Apesar disso, havia regras sobre responsabilidades dos ministros, inclusive por abuso de poder, ilegalidade ou atuação contra a liberdade, segurança ou propriedade dos cidadãos (art. 133), bem como regras de responsabilidade de juízes e oficiais de justiça (art. 156) e dos "empregados públicos" em razão de "abusos e omissões praticados no exercício de suas funções e por não fazerem efetivamente responsáveis aos seus subalternos" (art. 179). Observe, porém, que a Constituição Imperial não tratava da responsabilidade do Estado como pessoa jurídica.

Na mesma linha, caminhou a primeira Constituição da República de 1891. Seu texto continha muitas normas sobre responsabilidade dos agentes, pois se referia aos crimes de responsabilidade e crimes comuns dos ministros e do Presidente da

---

7. Nesse sentido, CAHALI, Yussef Said. *Responsabilidade civil do Estado*, 3ª ed. São Paulo: Revista dos Tribunais, 2007, p. 35.
8. Para mais detalhes sobre a responsabilidade na história constitucional brasileira, cf. MENEZES DE ALMEIDA, Fernando Dias; CARVALHO FILHO, José dos Santos. *Tratado de direito administrativo*, v. 6. São Paulo: Revista dos Tribunais, 2014, p. 303 e ss.

República (art. 52 a 54). Além disso, mencionava a responsabilidade dos "funcionários públicos" por abusos e omissões, bem como por indulgência ou negligência em não responsabilizarem efetivamente seus subalternos (art. 82). Contudo, apesar da adoção do modelo republicana, ainda nada se encontrava sobre a responsabilidade do Estado como pessoa jurídica.

Com o Código Civil de 1916, o cenário jurídico se transformou de modo significativo. O art. 15 representou uma tentativa inicial de consolidar a responsabilidade civil do Estado ao prever que "as pessoas jurídicas de direito público são civilmente responsáveis por atos dos seus representantes que nessa qualidade causem danos a terceiros, procedendo de modo contrário ao direito ou faltando a dever prescrito por lei, salvo o direito regressivo contra os causadores do dano".

Essa redação deixava margem para interpretações divergentes, já que não havia clareza quanto ao modelo de responsabilidade adotado. Assim, era possível entender que a responsabilidade seria tanto subjetiva, dependendo da verificação do elemento volitivo dos "representantes" da pessoa estatal, quanto objetiva. Além disso, o Código não fazia menção a pessoas jurídicas que agem em nome do Estado, como as concessionárias.

Seguindo a consagração da responsabilidade do Estado no Código Civil de 1916, a Constituição de 1934 avançou de forma muito significativa na matéria. Além de continuar a prever crimes de responsabilidade do Presidente e outras autoridades maiores, como os Ministros (art. 57 e art. 61), o art. 175, § 13, dispunha que o Presidente da República e demais autoridades seriam responsabilizados, civil e criminalmente, pelos abusos que cometessem. No entanto, a grande mudança foi consagrada no art. 171, segundo o qual os "funcionários públicos" seriam "responsáveis solidariamente com a Fazenda Nacional, Estadual ou Municipal, por quaisquer prejuízos decorrentes de negligência, omissão ou abuso no exercício dos seus cargos". Mais que isso, o dispositivo impunha que, nas ações contra a Fazenda, o agente causador da lesão deveria ser citado como litisconsorte.

A Constituição de 1937 seguiu esse mesmo modelo. Além de tratar dos crimes de responsabilidade (art. 85), prever a responsabilidade dos membros do legislativo por opiniões e votos perante sua respectiva Câmara e consagrar sua responsabilidade civil e criminal por difamação, calúnia e outras práticas (art. 43), o texto constitucional previa que os "funcionários públicos" seriam responsáveis solidariamente por prejuízos resultantes de negligência, omissão ou abuso no exercício das funções (art. 158).

A Constituição de 1946 tratou dos crimes de responsabilidade e dos crimes comuns do Presidente (art. 89) e dos Ministros (art. 92 e 93), além de ter incluído a responsabilidade contra o abuso de autoridade (art. 141, § 37). No tocante à responsabilidade civil do Estado, a Constituição avançou afastar o sistema de responsabilidade solidária, prevendo que "as pessoas jurídicas de direito público interno são civilmente responsáveis pelos danos que os seus funcionários, nessa qualidade, causem a terceiros" (art. 194). Percebe-se claramente que esse texto da Constituição de 1946 está na raiz das atuais regras da Constituição de 1988 sobre a temática.

A Constituição de 1967 repetiu a fórmula anterior sobre a responsabilidade estatal, mas avançou ao incluir a regra da ação regressiva contra o agente público. De acordo com seu texto, as pessoas jurídicas de direito público responderiam pelos danos causados por seus funcionários a terceiros, cabendo ação regressiva contra o agente responsável "nos casos de culpa ou dolo" (art. 105, *caput* e parágrafo único).

Finalmente, a Constituição de 1988 absorveu toda essa evolução para, no art. 37, § 6º, reconhecer: (i) a responsabilidade extracontratual objetiva de todas as pessoas jurídicas de direito público; (ii) a responsabilidade extracontratual objetiva de pessoas jurídicas particulares e prestadoras de "serviços públicos" e (iii) a responsabilidade subjetiva dos agentes públicos em ação de regresso.

Constituição	Modelo de responsabilidade
1824	Não previa responsabilidade do Estado
1891	Não previa responsabilidade do Estado
1934	Responsabilidade solidária entre Estado e agente
1937	Responsabilidade solidária entre Estado e agente
1946	Responsabilidade direta do Estado
1967	Responsabilidade direta do Estado e responsabilidade subjetiva do agente em ação de regresso
1988	Responsabilidade objetiva do Estado e das pessoas jurídicas que agem em seu nome e responsabilidade subjetiva do agente público em ação de regresso

Fonte: elaboração própria

28.2.2 Art. 37, § 6º, da CF: três normas gerais

Na legislação brasileira atual, três são os dispositivos fundamentais que disciplinam a responsabilidade extracontratual do Estado e de seus agentes públicos: o **art. 37, § 6º da Constituição da República**; o **art. 43 do Código Civil** e o **art. 28 da LINDB**. Apesar de levemente distintos quanto ao conteúdo normativo, desses comandos se extraem as seguintes linhas gerais do modelo brasileiro:

(i) As pessoas estatais respondem objetivamente;

(ii) As pessoas jurídicas não estatais, mas que atuam em nome do Estado, executando suas tarefas, também respondem objetivamente; e

(iii) A responsabilidade dos agentes públicos é apenas subjetiva.

O art. 37, § 6º, da Constituição é sem nenhuma dúvida o dispositivo mais relevante sobre a matéria. Com raízes nas Constituições anteriores, prevê que: "As pessoas jurídicas de direito público e as de direito privado prestadoras de serviços públicos responderão pelos danos que seus agentes, nessa qualidade, causarem a terceiros, assegurado o direito de regresso contra o responsável nos casos de dolo ou culpa".

Duas observações gerais sobre esse comando maior se impõem. De um lado, seu texto estrutura um sistema híbrido, baseado na combinação de modelos de responsabilidade, já que aponta tanto a objetiva (para as entidades públicas ou privadas), quanto a subjetiva (para as pessoas físicas). De outro lado, embora seja a disposição mais relevante do ordenamento brasileiro a respeito da responsabilidade extracontratual no direito público, a Constituição trata do assunto em vários outros dispositivos. Por isso, a correta aplicação do art. 37, § 6º, requer sempre uma interpretação sistemática e a consideração de regras especiais.

Dito isso, cabe olhar para cada um dos três mandamentos centrais que formam o dispositivo constitucional, a começar pela norma que consagra a responsabilidade civil extracontratual das pessoas jurídicas "estatais" segundo um modelo de **responsabilidade objetiva**. Na verdade, o texto não usa exatamente o adjetivo "estatal", resumindo-se a mencionar as pessoas jurídicas de "direito público". Interpretado restritivamente, esse conceito abarcaria apenas a União, os Estados e os Municípios, bem como as entidades de direito público da Administração Indireta, sobretudo as autarquias. Apesar disso, não me parece lícito afastar as entidades estatais de direito privado da regra geral. Se as empresas, associações ou fundações pertencentes ao Estado, mas com natureza jurídica privada, também estão autorizadas a exercer funções semelhantes às pessoas jurídicas de direito público, não há como se cogitar de sua responsabilidade subjetiva. Assim, o termo "pessoa jurídica de direito público" presente no art. 37, § 6º, necessita ser interpretado como sinônimo de toda e qualquer entidade estatal.

Situação especial envolve apenas as **empresas estatais em exercício de atividade econômica** em sentido estrito. Aqui, a Constituição abre espaço à construção de um regime legal próprio (art. 173, § 5º) ao exigir que o legislador estabeleça as características das responsabilidades dessas entidades empresariais que participam da Administração Indireta. Com base no comando constitucional, o Estatuto das Empresas Estatais (art. 8º, § 2º, da Lei n. 13.303/2016) prevê que essas pessoas jurídicas, salvo quando executarem atividade pública típica, se sujeitarão às regras gerais de responsabilidade incidentes sobre agentes econômicos não estatais, salvo disposição expressa em lei, regulamento ou instrumento contratual firmado com ente público.[9] Assim, por exemplo, se uma empresa estatal produzir medicamentos como qualquer outra farmacêutica de mercado, responderá nos termos do direito

---

9. Normas que coloquem as empresas estatais exercentes de atividade econômica em situação mais vantajosas em termos de responsabilidade devem ser devidamente justificadas sob pena de se tornarem inconstitucionais. Nesse sentido, PEREIRA JÚNIOR, Jessé; HEINEN, Juliano; DOTTI, Marinês Restelatto; MAFFINI, Rafael. *Comentários à Lei das Empresas Estatais:* 13.303/16, 2ª ed. Belo Horizonte: Fórum, p. 68.

privado. Diversamente, se for concessionária de serviço público, responderá pelo mesmo regime do titular do serviço público.

Outra cautela hermenêutica quanto ao art. 37, § 6°, da Constituição diz respeito à expressão "**prestadoras de serviços públicos**". Em interpretação literal, esse conceito abrangeria apenas os entes que desenvolvem atividades estatais de caráter prestativo, geradoras de comodidades diretas aos cidadãos, como o abastecimento de água, o atendimento de saúde e a distribuição domiciliar de energia elétrica.[10] Seguindo essa lógica, o artigo em comento não abarcaria atividades de polícia administrativa, regulação, intervenção na propriedade ou na economia, nem o fomento. Ocorre que essa interpretação é totalmente descabida. Como o Estado responde de forma objetiva em atividades benéficas, como os serviços públicos, sua responsabilidade jamais poderia seguir um modelo mais brando para funções administrativas restritivas. Salvo na presença de regras especiais, entendo que a responsabilidade objetiva prevista na Constituição necessita ser interpretada de forma a englobar tanto as pessoas estatais, de direito público ou privado, que exercem funções administrativas prestativas ou restritivas.

Além de tratar da responsabilidade das pessoas estatais propriamente ditas, ou seja, da União, Estados, Distrito Federal e Municípios, bem como de suas entidades da Administração Indireta, o art. 37, § 6°, contém uma segunda regra geral, segundo a qual **as pessoas jurídicas de direito privado que prestem "serviços públicos"** também respondem objetivamente. O texto estende a responsabilidade do Estado para particulares, mas essa extensão normativa exige duas cautelas interpretativas.

Em primeiro lugar, a referência da Constituição a pessoas jurídicas de direito privado pode causar certa estranheza por afastar a responsabilidade objetiva das **pessoas físicas** que atuam como delegatárias de funções públicas. Na verdade, porém, a restrição constitucional tem um fundamento lógico. As pessoas físicas que agem pelo Estado se enquadram geralmente no conceito de agentes públicos colaboradores, do que resulta que seguirão a mesma norma de responsabilidade dos agentes públicos. Seria bastante irracional aceitar que o agente concursado, por exemplo, responde apenas de modo subjetivo, mas que uma pessoa física em colaboração com o Estado se submete a regime mais rígido.

Em segundo lugar, a norma relativa aos particulares constante do art. 37, § 6°, também faz referência a serviços públicos. Ocorre que o Estado transfere a particulares outras funções para além do serviço público. Particulares atuam em atividades administrativas benéficas, como o fomento, e em atividades limitativas ou restritivas, como a desapropriação. Ora, se os particulares respondem objetivamente ao prestarem serviços públicos, com muito mais razão deverão se submeter a esse mesmo modelo de responsabilidade ao desempenharem funções restritivas ou limitativas em nome do Estado.

---

10. Para mais sobre o conceito de serviço público, cf. o capítulo específico no volume 2 deste manual.

A terceira norma geral constante do art. 37, § 6º, da Constituição diz respeito à adoção do modelo de **responsabilidade civil subjetiva para os agentes públicos**. Enquanto as entidades estatais e particulares que agem pelo Estado respondem objetivamente, a responsabilização do agente público pressupõe a comprovação de culpa ou dolo (elemento volitivo). Além disso, diz a Constituição que sua responsabilização ocorre em regresso. Deve-se apurar inicialmente a responsabilidade da pessoa jurídica que exerce a função estatal danosa e, somente em caso de condenação, essa entidade se voltará contra ao agente público.

Para fins de interpretação dessa terceira norma, dentro do conceito geral de agente público, é preciso incluir não apenas os agentes administrativos (estatutários, empregados ou temporários), como também os agentes políticos, os militares e os colaboradores. Existem, porém, algumas ressalvas constitucionais, como a que imuniza o **Presidente da República** durante o mandato (art. 86, § 4º).

Para além dessas três normas gerais do art. 37, § 6º, a Constituição prevê uma série de **regras especiais** sobre a responsabilidade extracontratual do Estado. Cabe mencionar, a esse respeito, os dispositivos que tratam:

- Da responsabilidade civil objetiva por danos nucleares (art. 21, XXIII, 'd');
- Da necessidade de o Estado indenizar o condenado por erro judiciário, assim como o indivíduo que ficar preso além do tempo fixado na sentença (art. 5º, LXXV);
- Da irresponsabilidade do Presidente da República, na vigência do seu mandato, por atos estranhos ao exercício de suas funções (art. 86, § 4º);
- Da responsabilidade dos agentes públicos após a cessação de estado de defesa ou do estado de sítio (art. 141, *caput*);
- Da exigência de lei própria a tratar da responsabilidade dos administradores e das empresas estatais em exercício de atividade econômica (art. 173, § 1º, V, e § 5º);
- Da responsabilidade por oferta irregular ou não oferecimento de ensino obrigatório (art. 208, § 2º); e
- Da necessidade de que lei própria discipline a responsabilidade civil dos notários, dos oficiais de registro e seus prepostos (art. 236, § 1º).

28.2.3 Art. 43 do CC e suas deficiências

O papel dos Códigos Civis em matéria de responsabilidade extracontratual é essencial. Neles se encontram as normas gerais sobre o tema, as quais, muitas vezes, auxiliam a solução de casos sobre a responsabilidade extracontratual do Estado, seus delegatários e agentes públicos.

O Código Civil de 1916 exerceu um papel determinante na matéria, sobretudo diante de lacunas da Constituição de 1891. Seu art. 15 reconheceu de forma expressa, geral e inaugural a responsabilidade civil das pessoas jurídicas de direito público por atos danosos de seus representantes no exercício das funções públicas. Seguindo essa tradição, o Código Civil de 2002 manteve **regra própria sobre a responsabilidade do Estado** no art. 43, que assim dispõe: "as pessoas jurídicas de direito público interno são civilmente responsáveis por atos dos seus agentes que nessa qualidade causem danos a terceiros, ressalvado direito regressivo contra os causadores do dano, se houver, por parte destes, culpa ou dolo".

Em comparação com o Código anterior, o art. 43 do Código atual avança ao tratar tanto da responsabilidade objetiva das entidades, quanto da responsabilidade subjetiva dos agentes públicos. Além disso, sua redação esclarece que o Estado responde apenas por comportamentos danosos que as pessoas físicas praticam nessa qualidade. Com isso, exclui-se do âmbito da regra a responsabilidade por atos danosos dos agentes públicos no âmbito de sua vida privada, ou seja, fora das funções efetivamente públicas.

Quando se compara o art. 43 do Código Civil com o art. 37, § 6º, da Constituição de 1988, notam-se, porém, mais problemas que avanços. De um lado, o Código Civil é mais correto ao não limitar a responsabilidade aos prestadores de serviços públicos, superando a indevida redação constitucional. Todavia, de outro lado, o Código: (i) faz referência a responsabilidade por "atos", enquanto a Constituição, de maneira muito mais adequada, refere-se a qualquer comportamento danoso, tornando evidente que a responsabilidade objetiva vale tanto diante de comportamentos comissivos, quanto de omissivos e (ii) omite-se quanto à responsabilidade dos particulares que atuem em nome do Estado, como as concessionárias e permissionárias de serviços públicos.

Em última instância, na presença de uma norma constitucional ampla e clara sobre a matéria, como o art. 37, § 6º, entendo que seria mais oportuno suprimir por completo o art. 43 do Código Civil ou, eventualmente, corrigir sua redação para que se harmonize com precisão ao mandamento constitucional e, quiçá, para aprofundar o tema da responsabilidade dos particulares no exercício das funções públicas.

28.2.4 Art. 28 da LINDB e limites da responsabilidade do agente

Contribuindo mais com polêmicas do que efetivamente com a previsibilidade, a Lei de Segurança Jurídica (Lei n. 13.655/2018) alterou a LINDB e nela introduziu o art. 28 com a seguinte redação: "o agente público responderá pessoalmente por suas decisões ou opiniões técnicas em caso de dolo ou erro grosseiro".

Embora direto e objetivo em sua redação, o dispositivo em questão tem como foco a responsabilidade do agente público, não se referindo à responsabilidade das entidades estatais, nem de particulares que agem em nome delas. Seu objetivo é disciplinar a responsabilidade de pessoas físicas que exercem funções laborais no Estado, incluindo desde colaboradores, militares, agentes administrativos até agentes políticos.

Aparentemente, ao introduzir o art. 28 na LINDB, o legislador quis mitigar a responsabilização do agente público, criando um ambiente mais propício à inovação e à experimentação na gestão. Essa afirmação se baseia tanto na doutrina, quanto na jurisprudência do STF. Tratando do dispositivo em questão, Binenbojm e Cyrino explicam que o art. 28 surge no contexto do "apagão das canetas", em que o ordenamento leva o administrador público a uma postura estritamente burocrática, pouco criativa ou inovadora, dado seu temor diante de órgãos de controle, como os Tribunais de Contas.[11] Reagindo a esse ambiente, o art. 28 se destina a gerar incentivos à criatividade administrativa, uma vez que combate os efeitos paralisantes que o medo e o risco de erro acarretam ao agente público. Afinal, como explica Valgas, "faltas leves são praticadas diuturnamente diante da falibilidade humana".[12]

Na própria LINDB, essa justificativa para o art. 28 ficava mais clara no § 1º, que foi vetado. Segundo prescrevia esse parágrafo, não configuraria erro grosseiro "a decisão ou opinião baseada em jurisprudência ou doutrina, ainda que não pacificadas, em orientação geral ou, ainda, em interpretação razoável, mesmo que não venha a ser posteriormente aceita por órgãos de controle ou judiciais". Percebe-se, desse comando vetado, que o intuito era realmente o de afastar a punição de agentes por decisões baseadas em interpretação razoável, ainda que não majoritária ou não acolhida por órgãos de controle ou jurisdicionais.

Apesar de apresentar escopo bem delimitado e justificativa clara, o art. 28 trouxe polêmicas variadas por muitas razões. A primeira delas diz respeito, a meu ver, à falta de evidências concretas sobre um excesso de responsabilização civil de agentes públicos no Brasil. As justificativas para o art. 28 aparecem muito mais como forma de discurso do que efetivamente em estudos empíricos que comprovem excessos. Seria imprescindível, sobretudo numa perspectiva de direito comparado, verificar com dados se os órgãos de controle são efetivamente punitivistas ou se a Administração Pública sanciona em excesso. Nesses estudos, seria ainda imprescindível fazer a devida diferenciação entre os diversos subsistemas de responsabilidade administrativa e os sistemas híbridos, como os de combate à improbidade e à corrupção.

Em segundo lugar, o art. 28 gerou um problema em razão da imprecisão quanto à abrangência de sua norma. O texto legal não diz claramente a que tipo de responsabilidade se refere. A norma abarcaria apenas a responsabilidade civil do agente público, dialogando com o art. 37, § 6º, da Constituição, ou se referiria aos diversos subsistemas de responsabilidade administrativa? Aparentemente, a falta de qualquer indicativo do legislador autoriza afirmar que o art. 28 se refere às duas esferas, isto é, à responsabilidade propriamente administrativa e à responsabilidade civil extracontratual. Trata-se, porém, de uma norma geral que, por sua natureza, cede

---

11. BINENBOJM, Gustavo; CYRINO, André. O art. 28 da LINDB: cláusula geral do erro administrativo. *RDA*, edição especial, 2018, p. 205 e 206.
12. SANTOS, Rodrigo Valgas dos. *Direito administrativo do medo*. São Paulo: Revista dos Tribunais, 2020, p. 285.

diante de comandos especiais previstos, por exemplo, nos Estatutos de Servidores e outras leis congêneres.

Em terceiro lugar, o dispositivo trata da responsabilidade por decisões e opiniões técnicas, ou seja, engloba imediatamente condutas de expedição de atos normativos, atos administrativos e atos opinativos. A grande inovação dessa redação está na fixação da responsabilidade por dolo ou erro grosseiro na elaboração de **pareceres ou laudos**. Aqui, a LINDB dialoga com a jurisprudência do STF (MS 24.631 e MS 27.867), que havia fixado entendimento de que o parecerista responderia por erro grosseiro, dolo ou falhas na elaboração de opiniões vinculantes. Com a LINDB, as causas para responsabilização se limitam ao **erro grosseiro** e ao **dolo**, não mais interessando se o parecer é vinculante ou facultativo.

Para além dessa discussão sobre os atos opinativos, o terceiro problema do art. 28 é sua lacuna quanto aos **atos de mera execução**. A meu ver, inexiste explicação lógica ou razoável para incluir os agentes de cúpula ou das carreiras jurídicas públicas em um regime mais benéfico de responsabilização, deixando-se os agentes que operam a máquina pública de fora da regra. Por isonomia, é preciso estender o art. 28 também para a responsabilização de agentes públicos em relação à prática de atos meramente materiais ou atos executórios, como atendimentos, aulas, condução de veículos e operação de máquinas.

A quarta e, decerto, maior polêmica sobre o art. 28 reside na expressão "**erro grosseiro**". Enquanto o art. 37, § 6º, da Constituição prevê a responsabilidade do agente público por culpa ou dolo, a LINDB substitui a "culpa" por "erro grosseiro". De acordo com o Decreto n. 9.830/2019, "considera-se erro grosseiro aquele **manifesto, evidente e inescusável praticado com culpa grave**, caracterizado por ação ou omissão com elevado grau de negligência, imprudência ou imperícia" (art. 12, § 1º). O erro grosseiro equivale à culpa grave, portanto. Para responsabilidade do agente, não basta uma simples negligência (omissão), imprudência (falta de cautela ou cuidado) ou imperícia (inabilidade ou falha técnica).

Tamanha foi a polêmica gerada pela expressão "erro grosseiro" que o art. 28 foi objeto da **ADI 6428**, ajuizada pelo PDT. Em 2024, seguindo o voto do relator, Ministro Barroso, o STF formou maioria para declarar a constitucionalidade do artigo questionado. Ao fazê-lo, fixou a seguinte tese: "1. Compete ao legislador ordinário dimensionar o conceito de culpa previsto no art. 37, § 6º, da CF, respeitado o princípio da proporcionalidade, em especial na sua vertente de vedação à proteção insuficiente" e "2. Estão abrangidas pela ideia de erro grosseiro as noções de imprudência, negligência e imperícia, quando efetivamente graves".

28.2.5 Responsabilidade integral: casos excepcionais

A teoria do risco integral é a forma mais radical e rígida de responsabilização. Nas hipóteses em que a legislação a emprega, é possível condenar o Estado com a mera comprovação do dano e do comportamento que o gerou, ainda que remotamente. A responsabilidade integral não depende de comprovação de elementos volitivos do agente público, como na responsabilidade subjetiva, nem mesmo admite excludentes de causalidade, como a força maior ou a culpa exclusiva da vítima.

Na responsabilidade integral, será muito mais fácil condenar o Estado, pois ele assumirá os riscos de qualquer dano resultante de suas atividades a despeito de qualquer causalidade próxima. Ainda que se constate a causa da vítima ou de terceiros ou que um evento natural tenha dado causa imediata ao dano, o Estado será responsabilizado, não se aceitando qualquer discussão sobre excludentes. Como esclarece Cavalieri, essa teoria autoriza impor o dever de reparação mesmo quando o nexo causal inexista ou se mostre extremamente diluído. O dever de reparar é "imputado aquele que cria o risco, ainda que a atividade por ele exercida não tenha sido a causa direta e imediata do evento. Bastará que a atividade de risco tenha sido a ocasião, mera causa mediata ou indireta do evento, ainda que este tenha tido por causa direta e imediata fato irresistível ou inevitável, como a força maior e o caso fortuito".[13]

Um exemplo comumente citado como de responsabilidade integral é o relativo aos danos ocasionados por **atividade nuclear**. O tema é tratado no art. 21, XXIII, 'd', da Constituição e na Lei n. 6.453/1977. De acordo com o dispositivo constitucional, a União detém competência para explorar os serviços e as instalações nucleares de qualquer natureza, além de deter o monopólio de pesquisa, lavra, enriquecimento, reprocessamento, industrialização e comércio de minérios nucleares e derivados. Nessas atividades, cabe-lhe observar regras próprias, como a de responsabilidade civil independente da "existência de culpa". Note que a Constituição não aponta expressamente a responsabilidade integral, mas simplesmente indica que a responsabilidade não depende de culpa. Isso demonstra, a princípio, que se trata de responsabilidade objetiva. Não obstante, parte significativa da doutrina entende que não haveria necessidade de norma especial para repetir a responsabilidade objetiva do art. 37, § 6º, da Constituição. Valendo-se desse argumento, a interpretação mais adequada do comando seria a de reconhecer que o art. 21, XXIII, embute a responsabilidade integral de modo implícito.[14]

O STJ, porém, confirmou que se trata de responsabilidade objetiva e não integral, ao julgar o caso da contaminação pelo Césio 137 no Município de Goiânia. Segundo o Tribunal, a União e o Estado são responsáveis solidariamente pela fiscalização e vigilância sanitário-ambiental de atividades com aparelhos radioativos. Se a União tivesse desenvolvido programas de inspeção sanitária dos equipamentos de radioterapia, a cápsula de Césio 137 que ocasionou a tragédia de Goiânia em 1987

---
13. CAVALIERI, Sérgio. *Programa de responsabilidade civil*, 11ª ed. São Paulo: Atlas, 2014, p. 74, p. 184.
14. Nesse sentido, DI PIETRO, Maria Sylvia Zanella. *Direito Administrativo*, 36ª ed. Rio de Janeiro: Forense, 2023, p. 823 e CAVALIERI, Sérgio. *Programa de Responsabilidade Civil*, 11ª ed., São Paulo: Atlas, 2014, p. 74, 195 e 196.

não teria ocorrido. Apesar de ter reconhecido a responsabilidade pela omissão da União, o STJ apontou expressamente se tratar de "responsabilidade civil objetiva e solidária a acidentes nucleares e radiológicos" (REsp n. 1.180.888/GO, relator Ministro Herman Benjamin, julgado em 17.06.2010).

Outra situação frequentemente citada como apta a gerar a responsabilidade integral da União é a de **atentados terroristas, atos de guerra ou eventos correlatos contra aeronaves** de matrícula brasileira operadas por empresas brasileiras de transporte aéreo público, excluídas as empresas de táxi aéreo. Aqui, mais uma vez, impõem-se cautelas interpretativas. De acordo com a Lei n. 10.744/2023, a União não assume direta e automaticamente a responsabilidade. Trata-se de uma autorização legal para que o Estado assuma a responsabilidade integral nesses casos e dentro de certo limite pecuniário. Caso a assunção ocorra, a União ficará sub-rogada em todos os direitos que a empresa aérea ou o beneficiário detiver contra aqueles que, por ato, fato ou omissão, tiver causado os prejuízos reparados com o dinheiro público (art. 6º).

Vale destacar que o direito privado prevê certas situações excepcionais de responsabilidade integral que ocasionalmente serão úteis ao direito administrativo. O art. 399 do Código Civil, por exemplo, explica que o devedor em mora responderá pelos danos resultantes da impossibilidade da prestação que assumiu, inclusive em razão de caso fortuito ou força maior, caso algum desses eventos ocorra durante o atraso.

Em síntese, o modelo de responsabilidade integral (i) facilita extremamente a imposição do dever de reparar ao Estado, uma vez que (ii) depende apenas de prova do dano e de sua ocorrência no âmbito de uma certa atividade estatal e (iii) não aceita contraprova da excludente de responsabilidade,[15] razão pela qual (iv) é utilizado tão somente nas situações excepcionais reconhecidas pela legislação de forma expressa ou implícita.

28.2.6 Elementos da responsabilidade civil extracontratual

A configuração da responsabilidade civil extracontratual do Estado, dos agentes públicos ou de particulares que ajam em nome da Administração Pública depende do cumprimento de uma série de requisitos ou pressupostos no caso concreto.

No modelo de responsabilidade civil subjetiva, aplicável exclusivamente aos agentes públicos como pessoas físicas que exercem função pública, os requisitos que necessitam ser comprovados para ocasionar a responsabilização do Estado abrangem: (i) a conduta estatal (omissiva ou comissiva); (ii) o elemento volitivo do agente público (dolo ou culpa/erro grosseiro); (iii) o dano resultante da conduta (material ou moral); (iv) o nexo de causalidade e, por consequência lógica, (v) a ausência de excludentes, como a força maior, o caso fortuito ou a culpa exclusiva da vítima.

---

15. CAHALI, Yussef Said. *Responsabilidade civil do Estado*. São Paulo: Malheiros, 1995, p. 40.

Diferentemente, no modelo de responsabilidade objetiva, a caracterização da responsabilidade é mais simples, pois depende da comprovação (i) da conduta estatal; (ii) do dano resultante da conduta; (iii) do nexo de causalidade entre a conduta e o dano, bem como (iv) da ausência de excludente de responsabilidade. Em comparação com a subjetiva, aqui não se faz necessária qualquer comprovação de culpa, erro grosseiro ou dolo do agente público.

Já na responsabilidade integral, modelo excepcional que facilita extremamente a condenação do Estado, basta a comprovação (i) da atividade estatal; (ii) do dano ocorrido e (iii) do nexo causal, ainda que remoto ou indireto. Aqui, não interessam nem o elemento volitivo, nem o nexo causal imediato ou próximo. O fato de a causa direta residir em evento de força maior, caso fortuito ou de conduta exclusiva da vítima não afasta a responsabilidade, desde que o dano tenha como ocasião uma atividade estatal e o legislador tenha atribuído todos os riscos dessa atividade ao Estado.

QUADRO: componentes da responsabilidade civil extracontratual

Responsabilidade	Sujeito	Requisitos objetivos	Excludentes	Elementos volitivos
Subjetiva	Agentes públicos	Comportamento; Dano antijurídico e Nexo causal.	Afastam/mitigam a responsabilidade	Culpa/erro grosseiro ou dolo
Objetiva	Pessoas jurídicas		Afastam/mitigam a responsabilidade	Inaplicável
Integral	Pessoas jurídicas		Inaplicável	Inaplicável

Fonte: elaboração própria

28.3 O COMPORTAMENTO DANOSO

28.3.1 A definição de "comportamento"

A responsabilidade pressupõe um "comportamento danoso". Essa expressão, aparentemente simples, esconde uma série de dificuldades interpretativas. Em primeiro lugar, é preciso entender o que significa "comportamento" e, em segundo, o que significa "danoso".

Quando se fala da responsabilidade do Estado como pessoa jurídica, o termo "comportamento" ou "conduta" abrange dois conjuntos de atividades. O primeiro abarca as ações ou omissões propriamente humanas e executadas por agentes públicos no exercício de suas funções oficiais. Isso envolve as atividades de agentes das mais diferentes naturezas, como os políticos, os militares, os administrativos e os colaboradores. Repita-se, porém, a advertência. Para que esses comportamentos humanos sejam imputados à pessoa jurídica e permitam sua responsabilização extracontratual, é fundamental que sejam executados no desempenho de funções oficiais e não na vida privada da pessoa física. A mesma lógica vale para a atuação dos trabalhadores de pessoas jurídicas de direito privado que agem em nome do Estado e respondem objetivamente como tal.

O segundo conjunto de comportamentos abarca atividades não humanas. Em muitas situações, tanto o Estado, quanto as pessoas jurídicas de direito privado que agem em seu nome interagem com a sociedade e com os cidadãos por meio de máquinas, robôs, sistemas e outros aparatos que prescindem do agente público. Com a consagração da inteligência artificial e do governo digital, cada vez mais funções estatais se realizarão dessa forma. Ocorre que a ausência do ser humano não afasta o risco de que o Estado ocasione danos. É possível que seus sistemas ou equipamentos funcionem mal, não funcionem ou funcionem com atraso irrazoável, de modo a ocasionar lesões materiais ou morais a pessoas físicas ou jurídicas, ensejando a responsabilidade extracontratual.

Um "comportamento danoso" poderá ser considerado para fins de responsabilização de certa entidade estatal a despeito da existência da conduta humana ou do exame dessa conduta. A teoria francesa da *"faute du service"* já revelava isso. Para responsabilizar, basta que o Estado funcione mal, com atraso irrazoável ou não funcione. Hoje, diante da teoria do risco administrativo, nem mesmo essas falhas necessitam ser comprovadas, basta que se ateste que o dano antijurídico resultou do comportamento estatal. O papel do agente público e o elemento volitivo somente necessitarão ser averiguados quando se desejar debater a sua responsabilidade civil, que, como visto, segue o modelo subjetivo e depende da comprovação de culpa (erro grosseiro) ou dolo.

O segundo aspecto relevante quanto ao conceito de comportamento diz respeito ao seu efeito. Para que se fale de responsabilidade civil, não basta provar o comportamento. É preciso que se comprove o dano antijurídico que dele resulta em termos materiais (ou econômicos) ou morais. O comportamento necessita se mostrar "danoso" a uma ou mais pessoas físicas ou jurídicas. Mesmo na responsabilidade integral, essa condição é inafastável, pois a existência da atividade estatal será a ocasião que terá permitido a materialização do dano a despeito de culpa da vítima, de força maior, caso fortuito ou conduta de terceiro.

Responsabilidade extracontratual

Do Estado
- Por ação lícita ou ilícita
- Ou por omissão ilícita
- Independemtente de dolo ou culpa

Do agente
- Por omissão ou ação
- Sempre ilícita
- Com dolo ou culpa (erro grosseiro)

Fonte: elaboração própria

28.3.2 Espécies de comportamentos estatais danosos

Os comportamentos danosos e capazes de ensejar a responsabilidade extracontratual do Estado e, eventualmente, de um agente público, abrangem: (i) comportamentos comissivos ou omissivos; (ii) comportamentos ilícitos ou lícitos; (iii) comportamentos executivos, legislativos ou judiciários, bem como (iv) comportamentos de particulares que atuam em nome do Estado, sob algumas condições.

O conceito de comportamento danoso é bastante abrangente. Embora o art. 37, § 6º, da Constituição preveja que as "pessoas jurídicas de direito público e as de direito privado *prestadoras de serviços públicos*" responderão objetivamente pelos danos causados, na verdade, a responsabilidade se imporá também por danos acarretados no âmbito de outras funções estatais. A expressão "serviço público", constante do dispositivo, necessita ser interpretada em sentido amplíssimo, inclusive de forma a abarcar tanto as atividades prestativas, como também atividades de restrição ou limitação. Disso resulta que a responsabilidade objetiva do Estado ou da pessoa jurídica de direito privado que agir em seu nome incidirá por danos causados:

- Na **prestação de serviços públicos**, como os de saúde, de educação, de fornecimento de energia elétrica domiciliar, de abastecimento de água e de esgoto, de lazer, cultura, esporte, até serviços públicos como o de atendimento jurídico da população vulnerável pela defensoria ou os serviços do Poder Judiciário. Exemplos de danos são os que resultam de erro médico no SUS, do corte indevido de energia elétrica com prejuízo ao comércio, da falta indevida de água em prejuízo da saúde etc.;

- Na **oferta de bens públicos** de uso comum do povo à população, como áreas em praças, parques, ruas, avenidas, estradas e rodovias. Caso típico de responsabilidade, nessa matéria, é a decorrente de acidente por buracos ou pela presença indevida de animais em vias de circulação de pedestres ou veículos;

- Na **execução do fomento estatal**, como a oferta de bolsas de estudo, de auxílios de pesquisa ou outros apoios prestados pelo Estado fora de uma relação contratual. Exemplo disso é o dano causado ao bolsista que depende do fomento para sobreviver, mas recebe bolsas com excessivo atraso;

- No desempenho de **atividades restritivas em geral**, como as baseadas no poder disciplinar, no poder de polícia, no poder de restrição da propriedade ou no poder regulatório. Exemplo disso é a responsabilidade por dano em operações de fiscalização, ações policiais ou por exigências abusivas em processos de licenciamento;

- No exercício da **função normativa** em sentido amplo, incluindo tanto a atividade propriamente legislativa, quanto a atividade regulamentar nos três Poderes. Veja, por ilustração, o dano resultante de uma resolução inconstitucional no âmbito regulatório ou de uma lei de efeitos concretos.

Os danos que o Estado é capaz de ocasionar a pessoas físicas e jurídicas advêm dos mais diferentes tipos de funções estatais. Contudo, para que a responsabilidade extracontratual incida é preciso que esses danos sejam ocasionados pelo Estado fora de um contrato. Se um Município, na qualidade de contratante, ocasionar um dano a uma empreiteira contratada nos termos da Lei de Licitações para construir uma ponte, não se falará de responsabilidade extracontratual. Da mesma forma, se a União ocasionar um dano financeiro a uma concessionária de rodovia federal, tampouco se falará de responsabilidade extracontratual. De maneira geral, esses danos ocasionados pelo Estado nas relações contratuais são resolvidos por meio de processos de reequilíbrio econômico-financeiro.[16]

28.3.3 Funções privadas desempenhadas pelo Estado

O Estado exerce uma série de funções típicas, primárias ou inerentes. Algumas dessas funções são monopolizadas, outras não. Para todas elas, vale o regime da responsabilidade extracontratual objetiva, salvo quando a legislação estipular algum regime especial, como o de responsabilidade integral. É preciso averiguar, porém, se essa mesma lógica vale para as funções privadas que os diversos entes estatais desempenham.

A Constituição autoriza expressamente o Estado a ingressar no mercado para fins de relevante interesse coletivo ou segurança nacional. É isso que lhe permite instituir empresas estatais, por exemplo, para produzir medicamentos, fabricar aeronaves e material bélico. Essas atividades são desempenhadas em grande medida pelo Poder Executivo, sobretudo por empresas como entidades da Administração Indireta. Existem, porém, situações mais raras de execução de atividade econômica pelos demais Poderes, a exemplo do que se vislumbra em cursos pagos oferecidos por Escolas da Magistratura Brasil afora.

Esses entes estatais que assumem funções econômicas em sentido estrito se envolvem em relações de direito privado em sentido amplo. Melhor dizendo: ingressam em relações consumeristas, comerciais, civis e trabalhistas sob forte influência do direito privado, ainda que o direito administrativo geralmente incida em menor grau. Por essa razão, a Constituição prevê, em dois momentos, que essas funções não se submetem às regras do art. 37, § 6º. Vejamos:

- Em primeiro lugar, a Constituição abre essa exceção ao se referir à responsabilidade objetiva de pessoas jurídicas de direito público apenas em funções de serviço público. Embora o art. 37, § 6º, seja impreciso no uso do conceito técnico de serviço público, por interpretação negativa, o texto normativo evidencia que as pessoas estatais no exercício de funções tipicamente privadas seguem o direito comum; e

---

16. Para mais detalhes, cf. os capítulos sobre contratos administrativos e concessões no terceiro volume deste manual.

- Em segundo lugar, a Constituição afasta a incidência do art. 37, § 6º, por explícita regra especial constante do art. 173, § 1º. Esse comando exige que o Poder Legislativo aproxime as empresas estatais em função econômica em sentido estrito ao regime próprio das empresas não estatais.

Disso resulta que as entidades estatais em exercício de função privada, ou seja, exploradoras de atividades econômicas em sentido estrito, não devem ter sua responsabilidade extracontratual regida pelo art. 37, § 6º da Constituição, mas sim pelas regras de direito civil,[17] direito do consumidor e outros ramos privados. Note bem. Isso não significa que estarão imunes à responsabilidade objetiva. Muito pelo contrário. É possível que, pelo direito privado, também se imponha a responsabilidade objetiva e chegue-se ao mesmo modelo. Porém, isso não ocorrerá por força do art. 37, § 6º, da Constituição, dada sua inaplicabilidade a essas entidades por conta do critério funcional.

28.3.4 Funções públicas por particulares e responsabilidade do Estado

De acordo com a redação expressa do art. 37, § 6º, da Constituição, a responsabilidade civil extracontratual objetiva se estende às "pessoas jurídicas de direito privado prestadoras de serviços públicos". Esse comando gera algumas dúvidas. Em primeiro lugar, quem responde pelos particulares em função pública? Em segundo, a regra incide somente sobre concessionárias, permissionárias e outras delegatárias de serviços públicos ou para qualquer pessoa jurídica de direito privado que desempenhe, de alguma forma, funções estatais? Em terceiro, o dispositivo abarca apenas pessoas jurídicas ou, igualmente, pessoas físicas?

Quanto à primeira dúvida, a resposta é simples. O art. 37, § 6º não transfere ao Estado a responsabilidade extracontratual dos particulares em função pública. O dispositivo se resume a indicar que, por executarem esse tipo de função, a responsabilidade desses particulares por danos causados a usuários ou terceiros de qualquer natureza é equivalente à do Estado, ou seja, objetiva (STJ, REsp 1.095.575). Por isso, a regra geral é o particular responder diretamente e de modo objetivo, não cabendo ao Estado assumir o dever alheio de reparar os danos, salvo em situações especiais.

Uma das exceções se vislumbra nas hipóteses de extinção da pessoa jurídica privada. Empresas podem falir, enquanto as pessoas jurídicas de direito público não. Exatamente por isso, caso um particular em função pública, como uma concessionária, venha a falir, sua responsabilidade será transferida para o ente estatal concedente. Trata-se, aqui, de **responsabilidade subsidiária** do Estado em relação ao particular que agiu em seu nome e não foi capaz de reparar danos que causou.

---

17. JUSTEN FILHO, Marçal. A responsabilidade do Estado. In: FREITAS, Juarez (Org.). *Responsabilidade civil do Estado*. São Paulo: Malheiros, 2006, p. 229.

Sobre essa hipótese, inclusive, o STJ declarou que o prazo prescricional para exigir a reparação somente se iniciará na data de falência da concessionária (REsp 1.135.927).

Outro exemplo de responsabilidade subsidiária do Estado é apontado na Lei de Licitações quanto aos encargos trabalhistas não pagos por empresa contratada (art. 121, § 2º, da Lei n. 14.133/2021). Se isso ocorrer, o ente estatal contratante, ainda que não mantenha relação laboral com os trabalhadores privados, será responsabilizado de modo subsidiário, devendo arcar com os danos da omissão da empresa que contratou.

A **responsabilidade solidária** do Estado em relação a particulares no exercício de função pública também já foi reconhecida na jurisprudência e na legislação. No REsp 28.222, o STJ entendeu não ser possível excluir a responsabilidade solidária do Município com a concessionária por dano ambiental causado na execução de serviços públicos de coleta de esgoto urbano. A Lei de Licitações também prevê responsabilidade solidária do Estado com a empresa contratada por danos a terceiros, particularmente em razão da inadimplência da contratada por encargos previdenciários (art. 121, § 2º, da Lei n. 14.133/2021).

A segunda questão diz respeito à abrangência do conceito de "pessoa jurídica prestadora de serviço público" que a Constituição utiliza. O entendimento que defendo é o de que, mais uma vez, o art. 37, § 6º, necessita ser interpretado de modo extremamente amplo. Ainda que o legislador se refira a particulares prestadores de "serviços públicos", sobretudo concessionárias e outras figuras delegatárias, a regra se estende a qualquer pessoa jurídica de direito privado que se envolva no exercício de funções públicas das mais diferentes naturezas, inclusive as funções restritivas, como a polícia administrativa.

Exemplo disso são oficinas particulares, credenciadas por órgãos de trânsito, para auxiliar na avaliação de veículos em processos de licenciamento. Aqui, não há delegação de serviço público, mas sim de atos de polícia. De todo modo, ao agir no exercício das funções públicas, as oficinas privadas podem causar danos a terceiros, devendo responder objetivamente como se fossem o próprio Estado, a despeito de qualquer discussão sobre falhas na fiscalização do contrato (art. 120 da Lei n. 14.133/2021). De igual modo, a responsabilidade objetiva deve incidir sobre entes de colaboração tanto do terceiro setor[18] quanto da administração paraestatal, como os do Sistema S, quando atuam com recursos financeiros do Estado.[19]

A terceira e mais difícil questão diz respeito ao tipo de particular que age em nome do Estado. A Constituição se refere apenas à responsabilidade objetiva das **pessoas jurídicas de direito privado**. Contudo, muitas pessoas físicas também se

---

18. Cf. FORTINI, Cristiana. Organizações Sociais: natureza jurídica da responsabilidade civil das Organizações Sociais em face dos danos causados a terceiros. *RERE*, 2006, edição digital.
19. CARVALHO FILHO, José dos Santos. *Manual de direito administrativo*, 38ª ed. Rio de Janeiro: Atlas, 2024, p. 467.

envolvem no exercício de funções públicas. Profissionais ora se colocam no papel de delegatários, como os registradores de imóveis, ora são contratados pelo Estado, a exemplo de consultores e pareceristas. Seria possível estender a regra de responsabilidade objetiva a essas pessoas físicas? A meu ver, a resposta é negativa por uma razão simples. Ao desempenhar funções públicas, essas pessoas físicas agem como agentes públicos colaboradores. Seguindo essa premissa, devem se submeter à regra constitucional da responsabilidade subjetiva. Por isso, será imprescindível a comprovação de dolo ou culpa/erro grosseiro como condição para sua responsabilização extracontratual civil.

28.3.5 Responsabilidade por atividades lícitas

Os subsistemas de responsabilidade administrativa, os sistemas híbridos de combate à corrupção e à improbidade e o sistema de responsabilidade contratual são baseados na ocorrência de um comportamento ilícito denominado infração. Sem a ilicitude do comportamento, não cabe falar de responsabilidade.

Apesar dessa corriqueira interdependência entre infração e responsabilidade, existem sistemas em que a ilicitude da conduta nem sempre importa. É o que ocorre no campo da responsabilidade extracontratual civil. Para se responsabilizar alguém, basta a comprovação da conduta, do dano antijurídico e do nexo de causalidade direto entre os dois elementos anteriores. Em se tratando de conduta comissiva e danosa, a ilicitude ou licitude do comportamento será indiferente para fins de condenação. Em outras palavras: a deflagração da responsabilidade extracontratual civil pressupõe apenas a **antijuridicidade do dano**, isto é, o reconhecimento de que o sujeito atingido não deve suportá-lo. Presente o dano antijurídico, haverá responsabilidade civil extracontratual tanto por ação lícita, quanto por ação ilícita.

Muitas são as situações de responsabilidade civil por conduta lícita. Imagine os danos causados a comerciantes instalados em uma avenida interditada por alguns meses para a reforma de uma avenida ou os danos causados a proprietários urbanos pelos tremores resultantes de obras públicas. Embora lícitas, essas atividades e operações causadoras de danos autorizam a responsabilização extracontratual civil do Estado desde que os danos se mostrem anormais e específicos.

Se o dano for de menor monta e corriqueiro, não se deve tratar de responsabilidade por comportamento estatal lícito. É preciso que o dano seja anormal, significativo, expressivo. Da mesma forma, não há que se falar de reparação se os danos forem genéricos, incidindo sobre todas as pessoas que se encontram no contexto da ação estatal. O dano ensejador da responsabilidade e passível de reparação é o individualizado.

A individualização do dano é o ponto chave da responsabilidade por conduta estatal lícita. Por seu efeito específico e seletivo, esse dano fere o tratamento isonômico que o Estado deve dispensar aos cidadãos. Disso se extrai que o fundamento maior da responsabilidade por comportamento lícito é o **princípio da igualdade**. Dizendo de outro modo: em atividades lícitas, o dano será considerado antijurídico ao impor a um ou a alguns sujeitos determinados um sacrifício de direito em favor da coletividade. Sempre que isso ocorrer, o Estado, como representante da coletividade, deverá ser condenado a compensar esse sacrifício com uma reparação na forma de restituição da situação originária ou na forma de indenização.

Alguns autores, como Celso Antônio Bandeira de Mello[20] e Fernando Dias Menezes de Almeida,[21] diferenciam a responsabilidade propriamente dita do mero **dever de indenizar** em relação aos comportamentos lícitos geradores de danos antijurídicos, como o sacrifício de direitos ocasionado pelas medidas de intervenção do Estado sobre a propriedade. Contudo, entendo frágil essa diferenciação. A essência da responsabilidade civil extracontratual está na imposição da reparação a certo sujeito por força de danos antijurídicos resultantes de comportamento seu ou alheio. A responsabilidade não deriva do comportamento infrativo, mas sim do dano antijurídico causado. O que interessa para esse sistema de responsabilidade é saber se o sujeito atingido tem ou não o dever de suportar o dano. No caso da reparação por comportamentos estatais lícitos, como visto, o que muda é a razão para a caracterização do dano como antijurídico. Aqui, a antijuridicidade não resulta da natureza infrativa da conduta causadora, mas sim do tratamento anti-isonômico dispensado pelo Estado ao sujeito lesado.

Não bastasse isso, nos casos de comportamento lícito, mas danoso, a imposição da reparação não deve ser confundida com mero dever de indenizar. Não se pode afirmar que esse tipo de situação ocasione apenas indenização. Como conceito abrangente, a reparação embute técnicas de restituição, como reestabelecimento da situação originária, e técnicas de indenização, como pagamentos pecuniários para compensar o dano antijurídico ocasionado. Nada impede que, mesmo diante da licitude da conduta danosa, fale-se de um dever de reparar com a restituição da coisa à sua condição originária. Imagine-se a requisição de um veículo particular pela Administração que, ao ser usado, venha a ser danificado. Aqui, cabe tanto a indenização, como a devolução do veículo consertado.

Tampouco se deve afirmar que o dever de reparar danos por comportamentos lícitos se limite a hipóteses previstas na legislação e que a indenização seja sempre prévia. É verdade que, em grande parte das situações, o próprio legislador antevê o risco de danos e impõe algum tipo de indenização. Na desapropriação ordinária, por exemplo, fala-se de indenização prévia, justa e em dinheiro. Porém, na ocupação de imóveis para obras públicas e na requisição, fala-se de indenização posterior. Além

---

20. BANDEIRA DE MELLO, Celso Antônio; ZOCKUN, Carolina Zancaner; ZOCKUN, Maurício; ZANCANER, Weida. *Curso de direito administrativo*, 37ª ed. Belo Horizonte: Fórum, 2024. p. 867-868.
21. MENEZES DE ALMEIDA, Fernando Dias; CARVALHO FILHO, José dos Santos. *Tratado de direito administrativo*, v. 7: controle da Administração Pública e responsabilidade do Estado. São Paulo: Revista dos Tribunais, 2014, p. 242.

disso, existem casos em que o legislador sequer prevê indenizações, como ocorre na realização de obras públicas que impactam vizinhos. A falta de dispositivo legal não impede, contudo, que a reparação se imponha como sanção extracontratual civil baseada na ocorrência de dano anormal e específico a alguém. A ausência de previsão legal é irrelevante, pois, nesses casos, o fundamento da responsabilidade e da imposição da reparação está justamente na violação do princípio da igualdade.

28.3.6 Responsabilidade do Estado por omissão

Outro tema polêmico e muito relevante na prática é o das omissões do Estado e seus agentes. Imagine o falecimento de um paciente no SUS pelo fato de a equipe de atendimento deixar de ministrar os remédios necessários, a contaminação de pessoas por material radioativo por falha da fiscalização sanitária em relação ao descarte de resíduos, a colisão entre veículos por falta de placas que indicassem a orientação da via pública ou a ocorrência de lesões corporais entre presos em razão de omissões da equipe de segurança penitenciária. Nesses e noutras situações, é fundamental debater a responsabilidade extracontratual do Estado e de seus agentes por omissão, inação ou inatividade.

Parte da doutrina brasileira[22] entende que a regra constitucional da responsabilidade objetiva não incide nessas situações. Somente se poderia falar de responsabilidade subjetiva, baseada na comprovação do elemento volitivo (dolo ou culpa). Isso, na prática, dificulta extremamente a condenação. A razão por trás desse entendimento é compreensível. Sustenta-se que a omissão equivale à negligência que, por sua vez, enquadra-se no conceito amplo de culpa. Por conseguinte, somente se poderia falar de responsabilidade de omissão segundo o modelo subjetivo. Para se condenar civilmente o Estado, seria imprescindível a comprovação do elemento volitivo (culpa ou dolo).

Discordando dessa tese e em linha com Nohara,[23] Hachem e Gabardo,[24] entendo que a exigência do elemento volitivo é imprescindível apenas para a responsabilização do agente que se omite. Para os entes estatais, como pessoas jurídicas, a aplicação do modelo de responsabilidade subjetiva é indefensável por uma razão igualmente simples. A ideia de culpa se baseia em um comportamento voluntário e consciente. Ocorre que pessoas jurídicas não configuram sujeitos dotados de livre-arbítrio, nem

---

22. DI PIETRO, Maria Sylvia. *Direito administrativo*, 37ª ed. Rio de Janeiro: Forense, 2024, p. 740; BANDEIRA DE MELLO, Celso Antônio; ZOCKUN, Carolina Zancaner; ZOCKUN, Maurício; ZANCANER, Weida. *Curso de direito administrativo*, 37ª ed. Belo Horizonte: Fórum, 2024, p. 882; ARAGÃO, Alexandre Santos de. *Curso de direito administrativo*, 2ª ed. Rio de Janeiro: Forense, 2013, p. 587. Atlas, 2024, p. 474. Ainda: STJ, REsp 7201.439-RJ, 2ª Turma, Rel. Min. Eliana Calmon, 21.08.2007 (Informativo STJ n. 328, ago./2007).
23. NOHARA, Irene Patrícia. *Direito administrativo*, 13ª ed. Rio de Janeiro: Forense, 2024, p. 772.
24. Cf. as excelentes considerações sobre o tema em HACHEM, Daniel; GABARDO, Emerson. Responsabilidade civil do Estado por omissão: uma proposta de releitura da teoria da *faute du service*. In: MARQUES NETO, Floriano de Azevedo; MENEZES DE ALMEIDA, Fernando Dias; NOHARA, Irene Patrícia e MARRARA, Thiago (Org.). *Direito e Administração Pública*. São Paulo: Atlas, 2013, p. 1.138.

de vontade ou consciente no sentido tradicional. Ao se falar de responsabilidade do Estado por omissão, não interessa a comprovação de dolo ou culpa por parte de pessoas físicas.

O problema desse raciocínio é que ele poderia transformar o Estado em um segurador universal. Caso não se exija prova do elemento volitivo, o Estado certamente será chamado a responder por qualquer dano sofrido por um cidadão, a exemplo de furtos de veículos e bicicletas em vias públicas ou afogamentos de pessoas em praias e rios. A preocupação com os riscos de excessiva responsabilização é legítima. No entanto, para contorná-la, basta que se limite esse tipo de responsabilidade extracontratual aos casos de **omissão ilícita**.

Assim, especificamente na responsabilidade de entidades estatais por omissão, não será suficiente provar o dano antijurídico e a inação. Será imprescindível demonstrar a ilicitude do não agir, que corresponde à violação, pelo Estado, de um dever de agir específico. Repita-se: diferentemente do que ocorre na responsabilidade por comportamento comissivo, em que não interessa sua licitude ou ilicitude, na responsabilidade por omissão, a ilicitude é condição da responsabilidade e sua constatação depende da inobservância de um **dever específico de agir**.

Imagine um edifício que dependa de licença urbanística para ser construído. No curso do processo administrativo de licenciamento, o Município tem o dever específico de analisar o projeto e controlar as características da edificação. Se a construção licenciada vier a ruir, porque o agente local competente não realizou a devida análise, o Município deverá responder ao lado do construtor pelos danos causados a terceiros. A mesma lógica se aplica a casos de acidentes e incêndios em estabelecimentos ou eventos privados que o Poder Público tem o dever específico de fiscalizar e autorizar previamente.

No STF, inúmeros são os julgados paradigmáticos sobre omissões estatais. Uma análise panorâmica dessa jurisprudência revela que: (i) prevalece o entendimento no sentido de que a responsabilidade do Estado como pessoa jurídica é objetiva e (ii) a responsabilização por omissão depende da violação de um dever específico, impondo-se (iii) uma causalidade direta com os danos acarretados. Alguns julgados ilustram essas posições:

- Ao examinar os danos resultantes de explosão de loja de fogos de artifício, o Tribunal fixou a seguinte tese: "Para que fique caracterizada a responsabilidade civil do Estado por danos decorrentes do comércio de fogos de artifício, é necessário que exista a violação de um dever jurídico específico de agir, que ocorrerá quando for concedida a licença para funcionamento sem as cautelas legais ou quando for de conhecimento do poder público eventuais irregularidades praticadas pelo particular" (**tema 366**, RE 136861, julgado em 2020);

- Ao examinar danos causados a terceiros por fugitivos do sistema prisional, o Tribunal firmou a seguinte tese: "Nos termos do artigo 37, § 6º, da Constituição Federal, não se caracteriza a responsabilidade civil objetiva do Estado por danos decorrentes de crime praticado por pessoa foragida do sistema prisional, quando não demonstrado o nexo causal direto entre o momento da fuga e a conduta praticada" (tema 362, RE 608880, julgado em 2020); e

- Ao examinar omissões na gestão do sistema prisional, o Tribunal firmou a tese que: "em caso de inobservância do seu dever específico de proteção previsto no art. 5º, inciso XLIX, da Constituição Federal, o Estado é responsável pela morte de detento" (RE 841526, julgado em 2020).

Em uma de suas teses, o STJ entendeu que "há responsabilidade civil do Estado nas hipóteses em que a omissão de seu dever de fiscalizar for determinante para a concretização ou o agravamento de danos ambientais". No REsp 1.113.789/SP, julgado de referência, o Tribunal determinou que o Município de São Paulo deveria assumir a responsabilidade pela regularização de um loteamento irregular, uma vez que o loteador não cumpriu as exigências legais. Como o Município se omitiu na prevenção dos danos ambientais, foi responsabilizado solidariamente com o loteador (REsp 1.113.789/SP).

28.4 O COMPORTAMENTO DO AGENTE PÚBLICO

28.4.1 Conduta humana e responsabilidade da pessoa jurídica

O debate acerca do comportamento danoso do agente público é fundamental por uma série de razões. Em primeiro lugar, se a pessoa física agiu no exercício da função pública, torna-se possível cogitar da responsabilidade extracontratual do Estado. Em segundo, a verificação da conduta danosa, acompanhada do necessário elemento volitivo, é condição para a responsabilidade extracontratual civil do próprio agente público.

Vejamos, de início, a relação entre o comportamento da pessoa física e a responsabilidade da pessoa jurídica. Como se disse anteriormente, o Estado responde objetivamente no exercício de suas funções públicas ora em razão de danos causados por máquinas, estruturas, sistemas e, até mesmo, meios de inteligência artificial e governo eletrônico, ora em razão de danos advindos de atividades humanas. Isso revela que, em muitos casos, a responsabilidade extracontratual da pessoa jurídica independe da conduta humana, mas, noutros, sim.

Para que a atuação da pessoa física seja tomada como um comportamento da pessoa jurídica estatal para fins de responsabilidade é preciso que se mostre oficial. Em outras palavras, o Estado brasileiro somente responderá quando um ser humano agir ou deixar de agir na qualidade de agente administrativo (estatutário, celetista ou temporário), agente político (salvo quando houver regra especial de irresponsabilidade), militar ou colaborador (trabalhadores voluntários, estagiários, membros de conselhos de políticas públicas etc.). Sem a relação da conduta com a função pública, não caberá responsabilidade da pessoa jurídica.[25] Nesse sentido, Themístocles Brandão Cavalcanti há muito tempo dizia: "para que a responsabilidade do Estado cubra o ato do funcionário, é preciso estabelecer a relação entre o ato e o serviço; em outras palavras, que tenha sido o ato praticado para o serviço ou, pelo menos, durante o serviço (...)".[26]

Ocorre que, para além de suas funções laborais como agentes públicos, as pessoas físicas têm espaços de vida privada e intimidade que se desenvolvem fora dos âmbitos estatais. Por conseguinte, nem todos os danos que cometer ao longo de sua vida equivalerão a danos no exercício de funções públicas. Se o dano for resultado de sua conduta na esfera particular, descolando-se das funções públicas que exerce, não se poderá falar de responsabilidade do Estado. Aqui, portanto, a conduta do ser humano não equivalerá a um comportamento institucional, restando apenas a possibilidade de se discutir a chamada responsabilidade pessoal.

Ao tratar de morte de inocente por disparo de arma de fogo pertencente à polícia militar e manejada por policial (RE 603626, de 2012), o STF abordou esse tema e esclareceu que existem "pressupostos legitimadores da incidência do art. 37, § 6º", da Constituição (...). Para que a regra se aplique no caso concreto, é preciso que se configure a "**oficialidade da atividade causal e lesiva** imputável a agente do Poder Público que tenha, **nessa específica condição**, incidido em conduta comissiva ou omissiva, independentemente da licitude, ou não, do comportamento funcional" (g.n.).

Em outras palavras, as pessoas jurídicas estatais respondem objetivamente pela conduta de pessoas físicas apenas quando elas efetivamente agem na função de agentes públicos. Existe, pois, uma diferença entre o comportamento privado e o comportamento funcional, o que gera implicações relevantes para a responsabilidade extracontratual do Poder Público. Por ilustração, se um agente público, durante seu período de férias, envolver-se em um acidente e ocasionar danos materiais a terceiros, essa conduta não ensejará a responsabilidade do Estado, já que se circunscreve ao âmbito da vida privada, estranha ao exercício da função pública.

28.4.2 Conduta humana e responsabilidade do agente

Outra razão justifica a análise das condutas humanas no sistema de responsabilidade extracontratual civil. O art. 37, § 6º, da Constituição prevê que as pessoas estatais condenadas por danos resultantes de comportamentos de agentes públicos

---

25. Nesse sentido, ZANCANER, Weida. *Da responsabilidade extracontratual da Administração Pública*. São Paulo: Revista dos Tribunais, 1981, p. 62 e CAHALI, Yussef Said. *Responsabilidade civil do Estado*, 2ª ed. São Paulo: Malheiros, 1995, p. 104.
26. CAVALCANTI, Themístocles Brandão. *Tratado de direito administrativo*, 5ª ed. Rio de Janeiro: Freitas Bastos, 1964, p. 384 e 385.

detêm, contra eles, o direito de regresso nos casos de dolo ou culpa. A conduta omissiva ou comissiva do agente não enseja apenas a responsabilidade da pessoa jurídica estatal com a qual mantém algum vínculo laboral. Essa conduta é também capaz de ensejar a responsabilidade da própria pessoa física que, na qualidade de agente, causou o dano e, sob certas condições, a responsabilidade de pessoas físicas que, embora não tenham causado o dano, assumem o posto de responsáveis pelos danos de seus subordinados.

A responsabilidade dos agentes públicos é repetida por inúmeras leis, em especial, os Estatutos dos Servidores Públicos Civis de diversas esferas federativas. Na União, o art. 122 da Lei n. 8.112/1990 prevê a responsabilidade do agente por ato omissivo ou comissivo, doloso ou culposo, que resulte em prejuízo ao erário ou a terceiros. A norma é bastante esclarecedora, pois, em primeiro lugar, evidencia que as condutas danosas podem consistir em ações ou em omissões. Assim, por exemplo, respondem civilmente tanto a equipe médica que causa a morte de um paciente no SUS por ministrar medicamentos incorretos (ação), quanto por deixar de ministrar os medicamentos no momento devido (omissão).

Em segundo lugar, o art. 122 esclarece que o agente será responsável não apenas por danos que cause a um terceiro, desvinculado do Estado, como também por danos ocasionados em desfavor do próprio Estado. Assim, por ilustração, um motorista oficial que venha a se envolver dolosamente em um acidente de trânsito responderá perante terceiros que tenham sido atropelados e perante o Estado pelos danos causados ao veículo oficial.

É importante ter em mente que a responsabilidade extracontratual do agente público apresenta inúmeras peculiaridades. Trata-se de **responsabilidade subjetiva**, dependente da comprovação do elemento volitivo (dolo ou culpa/erro grosseiro). Além disso, essa responsabilidade se sujeita a regras processuais próprias. Se o dano for causado ao próprio Estado, a responsabilidade poderá ser discutida imediatamente em processo administrativo nos termos do art. 27 da LINDB. Diferentemente, se o dano for ocasionado a terceiro, caberá a esta pessoa mover a ação contra o Estado que, somente se condenado, buscará a responsabilidade do agente em ação de regresso, desde que comprovado o elemento volitivo (teoria da dupla garantia). Esses aspectos processuais serão aprofundados posteriormente. Por ora, cumpre examinar o elemento volitivo, apontar as espécies de condutas danosas praticadas pelos agentes, dando-se destaque à responsabilidade por expedição de atos normativos e atos opinativos.

28.4.3 Dolo ou intenção

Desde que existente dolo ou culpa, a Constituição da República autoriza a responsabilização extracontratual civil do agente público por comportamento danoso. O dolo nada mais é que a **vontade consciente de praticar determinada conduta** (dolo genérico) ou de **praticá-la para atingir certo objetivo (dolo específico)**. Essa intenção marca um comportamento voluntário e consciente. Se o agente público faz apenas o que manda seu superior ou aquilo que a lei aponta, sem exercer vontade própria, evidentemente não haverá dolo no sentido aqui identificado, mas sim mero cumprimento de ordem hierárquica ou de dever legal. Da mesma forma, quando alguém for coagido a fazer algo ou o fizer sem plena consciência em razão de certo distúrbio psiquiátrico, não se poderá cogitar de dolo.

Dada a relação do dolo com a vontade e a consciência de uma pessoa física, é questionável exigir a identificação desse elemento volitivo no comportamento de pessoas jurídicas. Pessoas jurídicas são ficções criadas pelo direito. Na prática, seus comportamentos são resultado da vontade e da consciência de pessoas físicas – essas, sim, com intenções boas e ruins. Seja por essa razão, seja pelo fato de que os danos causados pelo Estado nem sempre advêm de um comportamento humano, mostra-se descabido condicionar a responsabilidade de pessoas jurídicas à comprovação do elemento volitivo. Eis a razão de a responsabilidade do agente público ser geralmente subjetiva (como se vê quer na esfera extracontratual civil, quer na criminal), mas a responsabilidade do Poder Público e das demais pessoas jurídicas ser objetiva (seja na esfera civil, seja nos subsistemas administrativos).

A intenção do agente público aceita algumas diferenciações. O **dolo genérico ou indireto** representa a vontade consciente de praticar o comportamento danoso em si. Imagine que o agente tenha a intenção de dirigir um veículo oficial para atropelar alguém. Diferentemente, o **dolo específico** indica que a finalidade do indivíduo se concentrava na prática de uma conduta danosa para atingir objetivo adicional. Retomando-se o mesmo exemplo, imagine que o motorista tenha acelerado o veículo oficial para atingir outro agente público que odiava com o propósito de matá-lo e substitui-lo na sua função de chefia. Já o **dolo eventual** indica a intenção de praticar certa conduta sem a intenção de acarretar danos, mas com a consciência do risco de fazê-lo.

No sistema de improbidade administrativa, o dolo é o único elemento volitivo capaz de ocasionar a responsabilização por disposição expressa da lei. O agente somente será condenado se comprovada a vontade livre e consciente de cometer o ilícito (art. 1º, § 2º, da Lei n. 8.429/1992). Na responsabilidade civil extracontratual, a situação é distinta. O agente público poderá ser condenado tanto pelo comportamento danoso e genericamente doloso, quanto por condutas culposas, como se demonstrará a seguir.

28.4.4 Culpa e erro grosseiro

O dolo não é o único elemento volitivo que permite a responsabilização extracontratual civil do agente público. O art. 37, § 6º, da Constituição também aceita sua condenação ainda que comprovada mera culpa. Esse conceito se manifesta como:

- **Imprudência**, entendida como falta de cuidado, de atenção ou de cautela ao agir. O agente opta por um caminho perigoso ou temerário, atuando de forma diversa e mais arriscada em relação ao que deveria. Exemplo típico é o do enfermeiro que, sem necessidade, ministra a pacientes medicamentos em doses mais elevadas que a recomendada;
- **Imperícia**, entendida como falta de técnica, inaptidão ou erro profissional. O agente emprega conhecimentos técnicos descabidos ou de maneira incorreta, ocasionando, por isso, um dano. Exemplo disso é o agente público que realiza uma conexão incorreta de fornecimento de energia elétrica no domicílio, ocasionando curto-circuito e queima de aparelhos eletrônicos dos usuários do serviço público; e
- **Negligência**, entendida como a omissão quanto à conduta esperada. Trata-se de inação quando havia dever específico de agir. Imagine, por exemplo, a equipe médica do SUS que opera um paciente sem lhe aplicar anestesia ou deixa de ministrar os medicamentos anticoagulantes a pacientes com alto risco de trombose. Imagine, ainda, a equipe de segurança de certa penitenciária que se recusa a perseguir fugitivos, permitindo que novos crimes sejam imediatamente cometidos nos arredores da unidade prisional em razão da fuga.

Ao permitir a responsabilidade extracontratual dos agentes públicos por danos resultantes de comportamentos culposos, a Constituição não faz qualquer qualificação da culpa. Não importa se a negligência, a imprudência ou a imperícia se mostram leves, médias ou graves. Já no plano infraconstitucional, muitas leis repetem esse mandamento, a exemplo do art. 122 da Lei n. 8.112/1990. Entretanto, como já se apontou, a LINDB trouxe uma nova regra geral que destoa desses mandamentos.

O art. 28 prevê que "o agente público responderá pessoalmente por suas decisões ou opiniões técnicas em caso de **dolo ou erro grosseiro**". Em vez de repetir o conceito de culpa, presente na redação constitucional, o legislador o substituiu pelo conceito de "erro grosseiro", definido em regulamento como o erro "manifesto, evidente e inescusável praticado com culpa grave, caracterizado por ação ou omissão com elevado grau de negligência, imprudência ou imperícia" (art. 12, § 1º, Decreto n. 9.830/2019).

Embora a LINDB não se manifeste expressamente sobre responsabilidade extracontratual civil, sua norma se estende para esse campo. Partindo-se dessa premissa, passou-se a debater se o legislador poderia limitar a responsabilidade civil do agente público ao utilizar o conceito de erro grosseiro como equivalente à culpa grave, abrindo espaço para impunidade em casos de culpa leve ou média.

Na **ADI 6428**, julgada em 2024, o STF resolveu a questão e firmou a tese de que "compete ao legislador ordinário dimensionar o conceito de culpa previsto no art. 37, §6º, da CF, respeitado o princípio da proporcionalidade, em especial na sua vertente de vedação à proteção insuficiente". Além disso, esclareceu que "2. Estão abrangidas pela ideia de erro grosseiro as noções de imprudência, negligência e imperícia, quando efetivamente graves".

A grande questão que atualmente se coloca diz respeito ao parâmetro que deve ser utilizado na prática para diferenciar a culpa leve ou média da culpa grave. O Decreto n. 9.830/2019, que regulamenta a LINDB, contribui com a elucidação dessa dúvida ao oferecer alguns parâmetros. Em primeiro lugar, explica que a gravidade da culpa não decorre automaticamente do montante do dano ao erário (art. 12, § 5º). Ainda que o dano causado seja expressivo em termos financeiros, a culpa poderá ser caracterizada como leve ou média. O montante pecuniário do dano não serve isoladamente para se mensurar a gravidade da culpa.

Em segundo lugar, o regulamento esclarece que a gravidade necessita ser cotejada diante da "**complexidade da matéria e das atribuições** exercidas pelo agente público" (art. 12, § 4º). É preciso ser mais tolerante em relação aos agentes públicos que lidam com assuntos extremamente delicados e difíceis tecnicamente. Diferente é a situação do agente que lida com assuntos simples e corriqueiros, em relação aos quais a tolerância ao erro se reduzirá. Essa lógica vale para tratar da responsabilidade tanto daquele que causa diretamente o dano, como do agente que detém poder hierárquico sobre o causador do dano e, portanto, deveria exercer sobre ele um poder de vigilância (art. 12, § 7º).

28.4.5 Espécies de atos danosos praticados pelo agente

A responsabilidade extracontratual do agente público resulta da prática tanto de atos decisórios, como atos administrativos propriamente ditos e atos normativos gerais e abstratos, quanto de atos não decisórios, como os opinativos e executórios. Para a responsabilização, o que efetivamente importa é o comportamento (praticado com dolo ou culpa/erro grosseiro), o dano antijurídico e o nexo de causalidade entre ambos. O fato de o ato ser decisório ou não decisório, a princípio, não interessa.

Imagine que certa empresa tenha sido indevidamente prejudicada em sua atividade econômica por uma medida preventiva imposta pelo CADE na área concorrencial. Essa medida configura um ato administrativo lícito de natureza cautelar. Trata-se de decisão concreta e que, porventura, ocasionará danos antijurídicos ao seu destinatário ou a terceiros. Nessa hipótese, caberá primariamente à autarquia federal responder na esfera extracontratual por eventuais danos antijurídicos e ao agente que decidiu pela medida responder em regresso pelos danos causados com dolo ou culpa.

Da mesma forma, estará sujeito ao sistema de responsabilidade extracontratual o motorista de um veículo oficial que causar danos a pedestres e à Administração Pública por se envolver em acidente ao trafegar em altíssima velocidade num movimentado centro urbano. Em comparação com o caso anterior, aqui não existe propriamente um ato administrativo, nem uma ação decisória do agente público. O comportamento do motorista equivale a um ato material ou de mera execução. Ainda assim, nada obsta que responda em regresso pelo comportamento imprudente e danoso que realizou.

Esses exemplos servem unicamente para evidenciar que a **natureza jurídica do ato** praticado pelo agente não interfere na possibilidade de responsabilização extracontratual civil. Apesar disso, algumas situações geram dificuldades práticas e suscitam polêmicas. A primeira delas diz respeito à responsabilidade por atos normativos praticados no âmbito da Administração Pública, sobretudo por órgãos colegiados compostos por inúmeros agentes públicos. A segunda questão se refere à responsabilidade por atos opinativos, como os pareceres jurídicos. Esses temas serão abordados a seguir no estudo dos regimes especiais de responsabilidade extracontratual.

28.5 REGIMES ESPECIAIS DE RESPONSABILIDADE

28.5.1 Condutas do Poder Legislativo

Os três Poderes equivalem a agrupamentos de órgãos especializados dentro de uma mesma pessoa política (União, Estado, Distrito Federal e Município). Por isso, é completamente injustificável afirmar que os danos antijurídicos causados pelo Executivo ensejam a responsabilidade extracontratual objetiva do Estado, mas que os danos ocasionados a terceiros pelo Legislativo e pelo Judiciário não geram qualquer tipo de responsabilidade.

O Estado de Direito é uno, aplicando-se a todos os Poderes. Somente se poderia cogitar de alguma imunidade à responsabilidade civil extracontratual de órgãos públicos caso a Constituição assim previsse. Ocorre que essa previsão inexiste. Embora a Constituição aponte de modo expresso a irresponsabilidade dos legisladores, inclusive no âmbito civil (art. 53), essas regras se referem a certos agentes políticos como pessoas físicas, não ao Estado como conjunto de pessoas jurídicas.

Nesse contexto, fica evidente que o ordenamento brasileiro repele qualquer tentativa de se sustentar a irresponsabilidade por danos oriundos de funções legislativas e judiciárias. Argumentos como a soberania ou o regime especial dos agentes que exercem essas funções são descabidos e anacrônicos, de modo que dispensam qualquer exame aprofundado. O que realmente importa debater são as nuances e peculiaridades da responsabilidade extracontratual civil do Estado pelos danos antijurídicos acarretados pelo Legislativo e pelo Judiciário.

Para se compreender a situação específica do Poder Legislativo, vale resgatar a oportuna sistematização de funções proposta por Menezes de Almeida, segundo a qual esse Poder edita:

a. **Atos formal e materialmente legislativos**, como as leis ordinárias, leis complementares e emendas constitucionais;
b. **Atos formalmente legislativos, mas materialmente administrativos**, a exemplo das leis de efeitos concretos;
c. **Atos formalmente legislativos, mas materialmente jurisdicionais**, como o julgamento do Presidente da República por crime de responsabilidade e
d. **Atos formal e materialmente administrativos**, como a nomeação de servidores, a aplicação de sanções disciplinares e a celebração de contratos administrativos.[27]

As situações em que o Legislativo atua mediante atos formalmente administrativos submetem-se à lógica da responsabilidade por danos no exercício da função administrativa. Já na prática dos atos materialmente jurisdicionais, mais adequado é estender ao Legislativo as normas previstas para o Poder Judiciário.

Especificamente no que se refere à função legiferante propriamente dita, a responsabilidade extracontratual civil tem sido reconhecida por danos antijurídicos resultantes de três situações: (i) a expedição de uma lei inconstitucional; (ii) a expedição de lei de efeitos concretos, ainda que constitucional e (iii) a omissão legislativa inconstitucional. Cada uma dessas situações merece comentários apartados.

Leis inconstitucionais são as editadas com vícios formais ou vícios materiais. A lei se torna formalmente inconstitucional quando o legislador peca na observância, por exemplo, de quórum para aprovação ou desrespeita a reserva de iniciativa. Já as materialmente inconstitucionais são as que contêm norma de conteúdo incompatível com o texto constitucional. Uma vez reconhecida e declarada a inconstitucionalidade, é possível que todos os que tenham sofrido danos anormais e específicos venham a exigir sua reparação, correndo o prazo prescricional do trânsito em julgado da declaração de inconstitucionalidade, seja ela abstrata ou incidental.[28]

O STF e o STJ já trataram da responsabilidade extracontratual do Estado por leis inconstitucionais em algumas situações. Isso se vislumbra nos RE 158.962 e no REsp 571.645/RS. Vejamos:

- O RE 158.962 foi interposto contra uma decisão que declarou inconstitucionais as normas da Lei n. 8.024/1990, as quais determinavam o bloqueio de cruzados novos e a devolução dos valores em 12 parcelas. Entretanto, os recursos perderam seu objeto, pois, com a antecipação da restituição pela Portaria n. 729/91 e a finalização desse processo em 1992, todos os valores

---

27. MENEZES DE ALMEIDA, Fernando; CARVALHO FILHO, José dos Santos. *Tratado de direito administrativo*, v. 6: controle da Administração Pública e responsabilidade do Estado. São Paulo: Revista dos Tribunais, 2014, p. 430.
28. Nesse sentido, ESTEVES, Júlio César dos Santos. *Responsabilidade civil do Estado por ato legislativo*. Belo Horizonte: Del Rey, 2003.

bloqueados foram devolvidos integralmente. Apesar disso, no caso, o STF evidenciou a possibilidade de discutir a responsabilidade civil do Estado por danos causados por leis inconstitucionais. Esse entendimento abriu caminho para que os indivíduos afetados pudessem buscar indenização, mesmo após a restituição dos valores, quando comprovados os prejuízos decorrentes da aplicação de normas inconstitucionais; e

- O REsp 571.645/RS tratou igualmente da responsabilidade civil do Estado em relação ao bloqueio de cruzados novos, conforme a Medida Provisória n. 168/90 e a Lei n. 8.024/90. Nesse julgado, o STJ reconheceu que a responsabilidade civil por ato legislativo é admitida quando o STF declara a inconstitucionalidade da lei em controle concentrado.

A responsabilidade por **leis de efeitos concretos** também vem sendo reconhecida no Brasil. Diferentemente das leis em sentido material, compostas por normas gerais e abstratas, as de efeito concreto normatizam situações específicas. O Legislativo exerce função formalmente legiferante, mas materialmente administrativa. Exemplo disso é a lei que tomba determinado imóvel ou a institui uma área de proteção ambiental, de forma a atingir imóveis e proprietários específicos. Como esse tipo de lei equivale a um ato administrativo geralmente lícito, mas que sacrifica o direito de alguns em benefício de todos, a responsabilidade extracontratual civil do Estado se impõe. O dano antijurídico nessas situações não resulta da inconstitucionalidade da lei, mas sim do rompimento da igualdade, já que certas pessoas são sacrificadas em favor da coletividade.

O STF já impôs a responsabilização do Estado por leis de efeitos concretos. No RE 571.969 reconheceu a responsabilidade da União por danos causados à Varig, como concessionária de serviço de transporte coletivo aéreo, em razão da ruptura de equilíbrio econômico-financeiro decorrente dos efeitos dos Planos "Funaro" e "Cruzado". Com isso e ainda que reconhecida a licitude dos planos, determinou a indenização, pois eles acarretaram prejuízos a certos particulares de maneira desigual.

A terceira e última situação de responsabilidade é a decorrente da **omissão legislativa**.[29] Para se compreender esse caso, é preciso diferenciar duas situações. Quando a Constituição prevê reserva legal, ou seja, exige lei para disciplinar certos assuntos, é possível que ora não estipule qualquer limite temporal ao exercício da atividade legiferante, ora fixe um prazo, determinando que a lei seja editada dentro de alguns dias ou até determinada data. Se o Poder Legislativo ignorar injustificadamente esse prazo, ultrapassando-o, incorrerá em "mora legislativa" e poderá eventualmente responder por danos às pessoas que dependem da lei para exercer seus direitos.

Mesmo que inexista prazo para legislar em determinada situação, entendo que a responsabilidade extracontratual do Estado igualmente se imporá quando a

---

29. Em detalhes, cf. a pesquisa de EIRAS, Larissa. *Responsabilidade civil do Estado Legislador*. São Paulo: Dialética, 2022, em geral.

mora legislativa for significativa e injustificável. Aliás, nesses casos, é importante que o STF fixe um prazo para que o Legislativo corrija sua inação e faça surgir o dever específico de agir que, uma vez violado, tornará inegável o dano antijurídico e viabilizará a responsabilização.

Em síntese: o Estado deverá assumir a responsabilidade extracontratual pelos danos antijurídicos resultantes da omissão legislativa quando: (a) for reconhecida a violação de prazo para legislar ou a mora legislativa se mostrar irrazoável (a despeito de prazo exato); (b) a mora tiver sido reconhecida seja no controle concentrado, seja em mandado de injunção, e (c) eventual prazo adicional concedido pelo Judiciário para o exercício da função legiferante tiver se esgotado.

Para além desses requisitos específicos, a responsabilidade extracontratual civil do Estado pela função legislativa pressupõe a comprovação do dano antijurídico e sua dependência causal da atividade legiferante (lei de efeito concreto, lei inconstitucional ou omissão legislativa). Se o dano for ocasionado pelo Congresso Nacional, a responsabilidade será da União; se causado pelas Assembleias Legislativas, será dos Estados e se acarretado pelas Câmaras de Vereadores, dos Municípios. Afinal, os órgãos legislativos não têm personalidade jurídica, configurando meros arranjos de órgãos públicos como subdivisões internas das pessoas políticas da federação brasileira.

28.5.2 Atos normativos da Administração

A função normativa representa um gênero que abarca tanto a função legiferante propriamente dita, quanto a expedição de normas gerais e abstratas de regulamentação das leis por meio do Poder Executivo e do Poder Judiciário. A responsabilidade por esses atos regulamentares suscita polêmicas e dificuldades próprias.

Em primeiro lugar, pode-se ter a impressão de que os atos normativos são incapazes de gerar danos antijurídicos diretamente pelo fato de que seus efeitos dependem de concretização, seja por atos administrativos, seja por atos materiais. Como não geram danos imediatos, não se poderia cogitar da responsabilidade extracontratual da entidade estatal ou do agente público que o editou. Sucede que esse raciocínio é incorreto por duas razões.

De um lado, existem atos normativos que imediatamente interferem nos comportamentos de pessoas externas ao Estado a despeito de qualquer medida estatal de concretização. Muitos atos normativos gozam de eficácia plena, independendo de ação intermediária do agente público para que produzam efeitos jurídicos na esfera de particulares. Imagine a resolução editada pelo conselho diretivo de uma agência reguladora que proíba certos comportamentos por empresas reguladas no mercado. A resolução citada no exemplo deflagra efeito imediato a despeito de ato administrativo ordinatório concreto. Por isso, caso seu cumprimento venha a acarretar danos antijurídicos, a responsabilidade extracontratual civil se imporá.

De outra parte, mesmo os atos normativos cujos efeitos dependem da prática de um ato estatal de concretização são capazes de ensejar a responsabilidade de ente que o editou. Imagine uma resolução que trate da emissão de licenças urbanísticas. Uma vez cumpridos os requisitos da normativa pelo interessado, a licença terá que ser expedida. Se o ato administrativo concreto for resultado direto do ato normativo, o dano antijurídico deverá ser assumido pelo ente que criou a norma, não pelo ente que a executou. Somente se deve excluir a responsabilidade de quem editou o ato normativo quando o dano antijurídico decorrer de um comportamento indevido do agente que expediu o ato concreto.

Por tudo isso, é plenamente concebível impor a responsabilidade extracontratual civil tanto do Estado, quanto de agentes públicos, por danos antijurídicos resultantes de atos normativos infralegais, como regulamentos ou regimentos. Diferentemente do que ocorre com os agentes políticos, como deputados e senadores, os agentes públicos do Judiciário e do Executivo não se beneficiam da regra da inviolabilidade civil e penal por suas condutas, de modo que também poderão responder em regresso desde que se comprove dolo ou culpa/erro grosseiro.

Na prática, entretanto, a responsabilidade pessoal dos agentes públicos é bastante complexa e rara quando se consideram danos por atos normativos. Existe uma razão que explica esse fenômeno. Boa parte dos atos normativos da Administração é criada por órgãos colegiados, como conselhos de políticas públicas ou conselhos diretores de agências reguladoras. O ato não é expressão da vontade de um agente específico, mas sim da maioria de vontades dos agentes que exercem poder de voto no colegiado.

Em assim sendo, qualquer ação de regresso teria que ser manejada contra todos os que efetivamente votaram a favor da expedição do ato, o que se torna a responsabilização bastante difícil e custosa, sobretudo em colegiados muito numerosos. É importante alertar, porém, que a ação somente será dirigida a quem efetivamente contribuiu com a elaboração do ato normativo gerador do dano antijurídico. Não há que se responsabilizar aqueles que não influenciaram de forma significativa a decisão normativa, não participaram da votação ou que, formalmente, registraram seu voto contrário ou abstenção. Disso se extrai a importância de que os membros de colegiados, na presença de suspeitas de ilicitudes, registrem expressamente suas posições contrárias ou abstenções nos processos de elaboração de regulamentos ou outras normas gerais e abstratas.

28.5.3 Atos opinativos

Questão mais polêmica diz respeito aos atos opinativos expedidos por agentes públicos, como pareceres jurídicos em licitações ou laudos de engenharia. Esses atos contêm apreciações geralmente técnicas que se destinam a subsidiar o processo de tomada de decisões estatais nos três Poderes. Dada a ausência de efeitos decisórios, referidos atos somente são capazes de afetar a realidade quando adotados por outros agentes públicos em suas decisões concretas ou normativas. Em razão disso, por certo tempo se entendeu que pareceristas não deveriam responder por seus atos opinativos.

Hoje, contudo, inúmeros fatores sustentam a necessidade de que emissores de atos opinativos respondam sob certas condições. Em primeiro lugar, o agente público com função decisória tem as mais diversas formações profissionais, o que não lhe garante condições de apreciar criticamente os atos opinativos que lhe são oferecidos por órgãos internos de assessoramento ou consultores externos. Exatamente por essa falta de conhecimento técnico, o agente que decide frequentemente observa os atos opinativos, sejam eles vinculantes, sejam eles meramente sugestivos.

Em segundo lugar, a responsabilidade de quem emite o ato opinativo se impõe, porque também pode agir com dolo ou culpa no sentido de causar danos antijurídicos. Não é difícil imaginar que alguns agentes, responsáveis por laudos ou pareceres, busquem prejudicar ou favorecer alguém. Podem igualmente cometer erros graves, como expedir um parecer jurídico com suporte em lei há muito tempo revogada e inaplicável ao caso concreto. Dadas essas variadas possibilidades, seria contraditório aceitar a responsabilidade extracontratual daquele que decide, mas afastar a daquele que influencia significativamente a decisão com suas opiniões e análises técnicas.

Em terceiro lugar, a jurisprudência e a legislação avançaram no Brasil de maneira a reconhecer essa responsabilidade. De início, esse movimento se fez sentir na jurisprudência do Supremo Tribunal Federal em que se firmou o entendimento de que o parecerista responde sempre que sua opinião for vinculante no conteúdo.

No MS 30.892, a Primeira Turma do Supremo examinou a responsabilidade de um coordenador jurídico da Companhia Docas do Espírito Santo (CODESA) por emitir parecer em consulta obrigatória no contexto de uma Tomada de Contas Especial conduzida pelo TCU. O Tribunal destacou que, na elaboração de pareceres vinculantes, a responsabilidade do parecerista é ampliada, uma vez que sua opinião técnica influencia diretamente a decisão administrativa. Por isso, o parecerista poderá ser responsabilizado na esfera civil extracontratual se sua atuação causar prejuízo ao erário. Nos processos de responsabilização, a Corte ressaltou a importância de se analisar tanto o caráter jurídico do parecer (se vinculante ou meramente opinativo), quanto a cautela do parecerista em sua elaboração.

Já no MS 35.196/DF, o STF estabeleceu parâmetros importantes para evitar abusos na imputação de responsabilidade aos pareceristas. Dentre eles, cumpre realçar: (i) a necessidade de avaliar a culpa de forma proporcional ao poder de influência do parecerista; (ii) o reconhecimento da assimetria de informações, especialmente em temas não jurídicos; (iii) a aceitação natural de divergências de opinião em questões jurídicas; e (iv) a possibilidade de o parecerista registrar condicionantes de cautela em suas manifestações.

Mais tarde, especificamente em 2018, a LINDB foi alterada, passando a contar com o art. 28. Segundo esse dispositivo, "o agente público responderá pessoalmente por suas decisões ou **opiniões técnicas** em caso de dolo ou erro grosseiro". Como já explicado, esse dispositivo abarca, de um lado, a responsabilidade propriamente administrativa do agente (disciplinar ou outras) e, de outro, a responsabilidade extracontratual civil.

A partir de então, o agente que emite pareceres, laudos ou qualquer outra forma de ato opinativo no âmbito estatal deverá responder civilmente em regresso se comprovado dolo ou erro grosseiro. De maneira bastante adequada, a LINDB não condicionou essa responsabilidade à natureza vinculante ou não do parecer, afastando-se da jurisprudência até então firmada pelo STF. Como a lei torna irrelevante a natureza do parecer, entendo que o emissor do ato opinativo responderá seja quando ocasionar danos imediatamente, seja quando tiver influenciado de modo significativo a decisão administrativa que causou danos antijurídicos.

Questão interessante diz respeito à necessidade de se responsabilizar conjuntamente tanto o emissor do ato opinativo, quanto o agente público que tomou a decisão normativa ou concreta baseada na opinião ou laudo. Essa questão foi resolvida pelo art. 12, § 6º, do Decreto n. 9.830/2019 que regulamentou os arts. 20 a 30 da LINDB da seguinte forma: "A responsabilização pela opinião técnica **não se estende de forma automática ao decisor** que a adotou como fundamento de decidir e somente se configurará se estiverem presentes elementos suficientes para o decisor aferir o dolo ou o erro grosseiro da opinião técnica ou se houver conluio entre os agentes".

Esse importante dispositivo regulamentar prescreve que a responsabilização conjunta do agente que emite o ato opinativo e daquele que decide não se impõe em todos os cenários. Como dito, é perfeitamente aceitável que o decisor não tenha capacidade de aferir a conduta dolosa ou gravemente culposa daquele que emitiu o ato normativo, caso em que não deverá responder pelos danos causados. Diversamente, se era possível perceber o dolo ou a culpa grave do responsável pela elaboração do documento técnico, o agente decisor responderá em conjunto. Isso também ocorrerá quando tiver agido em conluio com o agente que emitiu o ato opinativo, buscando, por exemplo, prejudicar ou beneficiar indevidamente alguém.

28.5.4 Condutas do Poder Judiciário

A responsabilidade extracontratual civil do Estado por condutas do Poder Judiciário também é objeto de debates acirrados. A despeito de qualquer argumento, não se pode negar que os órgãos e os agentes que compõem e movimentam esse Poder se submetem, como todos os outros, ao Estado de Direito. Disso resulta seu dever de observar integralmente a Constituição e a legislação e a possibilidade jurídica de responderem civilmente por danos antijurídicos causados a terceiros no exercício de suas funções.

Assim como os demais Poderes, o Judiciário exerce funções típicas e atípicas. Por isso, é oportuno diferenciar a responsabilidade civil extracontratual decorrente:

(i) De **atividades administrativas realizadas no Judiciário**, ora por medidas concretas (como a gestão de arquivos, a condução de licitações e contratos e a organização de concursos públicos), ora por medidas gerais e abstratas (como a edição de regulamentos);

(ii) De **atividades propriamente jurisdicionais** ou materialmente judiciárias, entendidas como funções típicas deste Poder e regidas pelo Código de Processo Civil, pelo Código de Processo Penal e outras leis processuais e

(iii) Da **conduta pessoal de juízes** e demais agentes públicos que atuam no Poder Judiciário no desempenho tanto de funções atípicas, quanto de típicas.

Em relação à **atividade de administração judiciária** em sentido amplo, a regra é simples. A responsabilidade civil extracontratual segue a lógica do art. 37, § 6º, da Constituição, salvo na presença de norma especial. Se os órgãos públicos que formam o Judiciário acarretarem danos antijurídicos na condução de licitações, concursos de seleção de pessoal ou na execução de atos materiais, como atendimentos ao público, a responsabilidade extracontratual civil do Estado será objetiva. Vale apenas lembrar que o Judiciário em si não é um ente estatal, senão um conjunto de órgãos espalhados pela União e pelos Estados. Desse modo, eventuais ações de reparação serão ajuizadas contra essas pessoas políticas, não contra o órgão judiciário em si.

Dentro da atividade de administração judiciária existem funções concretas e funções normativas gerais e abstratas, como a expedição de regimentos, regulamentos e instruções. Para essas últimas funções também incide a responsabilidade extracontratual civil do Estado em linha com as nuances já apontadas neste capítulo. Em primeiro lugar, cumprirá verificar se a conduta danosa resulta diretamente da aplicação da norma geral e abstrata ou de um desvio cometido pelo agente público competente ao adotar a medida de concretização. Em segundo lugar, no âmbito do regresso contra os agentes do Judiciário que editaram a norma geral e abstrata, é imprescindível separar aqueles que efetivamente votaram a seu favor ou com ela diretamente contribuíram, afastando-se a responsabilidade daqueles que registram seu voto contra o ato normativo ou sua abstenção.

Quanto à **atividade materialmente jurisdicional**, a questão é mais complexa, pois aqui incidem as normas processuais e existem certas peculiaridades. Algumas dessas medidas judiciais são transitórias e temporárias (como as medidas cautelares), enquanto outras tornam-se definitivas e imutáveis (como acórdãos). Em grande parte, esses atos possuem conteúdo individual e concreto (como as sentenças), mas existem os gerais e abstratos (como as Súmulas Vinculantes). Ademais, muitas das medidas jurisdicionais são tidas como indelegáveis, exatamente por serem típicas do Judiciário.

Sem prejuízo dessa rica classificação, é inegável que todas essas atividades propriamente jurisdicionais também podem ocasionar danos antijurídicos, ensejando a responsabilidade extracontratual civil do Estado e, eventualmente, dos agentes públicos em regresso. Imagine certa empresa prejudicada por condenação baseada em corrupção, como a "compra de sentença" – situação que, por mais estapafúrdia, ainda ocorre no Brasil. Imagine, ainda, o indivíduo acusado por perseguição do promotor, seu reconhecido inimigo político ou pessoal, ou o cidadão mantido preso, apesar de sabida sua inocência. Esses e outros casos de corrupção, falha, não prestação ou atraso irrazoável na prestação do serviço jurisdicional exigem apuração cuidadosa e eventual responsabilização extracontratual sempre que comprovados danos antijurídicos.

Nem a coisa julgada, nem a ausência do elemento humano em certas atividades jurisdicionais servem para afastar o dever de reparar. Imagine os danos ocasionados por uma sentença transitada em julgado que, muito tempo depois, revele-se fruto de corrupção da parte vencedora ou os danos causados por um sistema de inteligência artificial que emita certos despachos indevidamente. A coisa julgada no primeiro caso e a falta de agente público envolvido no segundo não obstam a responsabilidade extracontratual do Estado como pessoa jurídica.

É também concebível que as atividades jurisdicionais, apesar de lícitas, acarretem danos antijurídicos. Nessas circunstâncias, a reparação somente será devida quando efetivamente determinada em lei ou quando o dano for realmente anormal, específico e significativo. Imagine, por exemplo, que determinada empresa sofra certos prejuízos econômicos, de reputação e imagem em razão da abertura de um processo que vem a ser posteriormente extinto sem provimento de mérito em uma sentença juridicamente correta. Embora o prejuízo exista e se mostre específico, não é anormal, pois todos os cidadãos estão sujeitos ao risco do questionamento judicial de seus comportamentos. Não basta o dano corriqueiro para se impor a responsabilização do Estado. A mesma lógica vale para um indivíduo justificadamente acusado pelo Ministério Público, mas que vem a ser absolvido na instância criminal. Não há dano antijurídico, dada a ausência de quebra nociva e anormal do tratamento isonômico.

No direito positivo brasileiro, o fundamento maior para a responsabilidade por atividades materialmente jurisdicionais consta do texto constitucional. O art. 5º, LXXV, da CF é expresso ao impor a responsabilidade extracontratual do Estado mediante **indenização por erro judiciário** e caso alguém permaneça **preso para além do tempo** fixado em sentença.

A expressão "erro judiciário" necessita ser compreendida em sentido amplo e de modo a abarcar atividades de sistemas ou humanas, assim como condutas omissivas ou comissivas que violem a Constituição, a legislação ou os regulamentos. Seguindo essa lógica, engloba não apenas as situações inaceitáveis de corrupção judiciária, como também as hipóteses de abuso de autoridade, desvio de finalidade, até erros graves na aplicação de legislação, como uso de norma revogada ou considerada inconstitucional. Falhas de sistemas operacionais utilizados no Judiciário necessitam igualmente ser incluídas nesse conceito, sobretudo diante da consolidação do processo eletrônico e do dever de se disponibilizar sistemas ágeis, eficientes e seguros à população e aos operadores do direito.

Em complemento à norma constitucional e em linha com a Lei Orgânica da Magistratura, o art. 143 do Código de Processo Civil aponta que o **juiz responderá, civil e regressivamente, por perdas e danos** quando: no exercício de suas funções, proceder com dolo ou fraude; recusar, omitir ou retardar, sem justo motivo, providência que deva ordenar de ofício ou a requerimento da parte. Nesse último caso, a omissão será considerada contanto que a parte interessada requeira expressamente ao juiz que determine a providência, mas o juiz não a aprecie no prazo legal.

A seu turno, o art. 626 e o art. 630 do Código de Processo Penal indicam a **possibilidade de o réu solicitar justa indenização** quando o Tribunal, julgando procedente a revisão, alterar a classificação da infração, absolver o réu, modificar a pena ou anular o processo. De acordo com o art. 621, a revisão é admitida diante de sentença condenatória contrária a texto expresso da lei penal ou à evidência dos autos; quando a condenação se fundar em depoimentos, exame e documentos comprovadamente falsos ou quando, após a sentença, descobrirem-se novas provas de inocência do condenado ou circunstância que determine ou autorize a diminuição especial da pena.

Apesar do amplo reconhecimento pela responsabilidade extracontratual do Estado e dos agentes por danos causados no âmbito do Poder Judiciário, na prática, esse sistema ainda enfrenta enormes desafios. Como a responsabilidade depende do próprio Judiciário na qualidade de controlador definitivo de si mesmo, envolve uma aproximação perigosa entre controlador e controlado que torna as medidas de responsabilização menos efetivas, menos isentas e mais suscetíveis a influências e corporativismos.[30] Essa circunstância afeta não apenas a responsabilidade extracontratual civil por atividades danosas eventualmente desenvolvidas nesse Poder, como também medidas disciplinares e baseadas na lei de improbidade administrativa.

Apesar dos obstáculos e desafios, a jurisprudência tem avançado positivamente, a exemplo do que revelam julgados importantes do STF e do STJ no sentido de reconhecer a responsabilidade do Judiciário. Vale cita alguns exemplos:

- No RE 505.393/PE, o Supremo reconheceu a responsabilidade civil por erro judiciário, determinando indenização por danos morais em razão de condenação desconstituída em revisão criminal e de prisão preventiva. O Tribunal indicou a desnecessidade de comprovação de dolo ou culpa do magistrado,

---

30. MACERA, Paulo; MARRARA, Thiago. Responsabilidade civil do Estado por erro judiciário: aspectos conceituais, doutrinários e jurisprudenciais. *Revista de Direito Administrativo Contemporâneo*, n. 18, 2015, p. 136 e 137.

já que a responsabilidade da pessoa jurídica estatal é objetiva, baseando-se no risco administrativo;

- No RE 755.613 AgR-ED/ES, analisou-se o caso de um recurso de apelação, protocolado dentro do prazo legal, mas erroneamente considerado intempestivo pelo Tribunal de origem, pois recebido por um setor incorreto do próprio tribunal. Para o Supremo, embora o advogado tenha incorrido em erro ao protocolar a petição no local indevido, o setor responsável deveria tê-la recusado, já que não tinha competência para processar o documento. Assim, o erro não poderia ser atribuído exclusivamente ao advogado. O Estado deve responder, pois o Judiciário falhou ao aceitar indevidamente a petição;

- No REsp n. 859.781/PE, a Segunda Turma do STJ reconheceu a responsabilidade civil do Estado e determinou a indenização por dano moral em razão de um erro do Judiciário ao bloquear indevidamente valores na conta corrente de um sócio que não fazia parte da relação processual de uma Reclamação Trabalhista; e

- No REsp n. 427.560/TO, o STJ determinou indenização por danos morais causados por uma prisão preventiva injusta.

28.5.5 Mediadores, conciliadores e árbitros

O direito brasileiro contém inúmeras regras especiais de responsabilidade no tocante a pessoas físicas que se envolvem no exercício de funções estatais. A **Lei de Mediação**, por exemplo, aponta que os agentes públicos (estatutários ou empregados) que vierem a participar do processo de composição extrajudicial de conflitos, "somente poderão ser responsabilizados civil, administrativa ou criminalmente quando, mediante dolo ou fraude, receberem qualquer vantagem patrimonial indevida, permitirem ou facilitarem sua recepção por terceiro, ou para tal concorrerem" (art. 40 da Lei n. 13.140/2015).

Essa norma especial busca delimitar precisamente a função desses agentes, na medida em que: (i) condiciona a responsabilização a comportamentos dolosos ou realizados mediante fraude e (ii) a situações em que o lesante busque vantagem patrimonial indevida para si ou para outrem. Note que o dispositivo legal não abarca a responsabilidade por conduta culposa. Diante disso, adotando-se a lógica empregada pelo Supremo no julgamento da constitucionalidade do art. 28 da LINDB e considerando-se que o legislador pode modelar os sistemas de responsabilidade apesar do texto geral do art. 37, § 6º, da Constituição, é possível afirmar que essa limitação legal da responsabilidade não se mostra inconstitucional.

Ainda no campo dos mecanismos de solução de disputas, a **Lei de Arbitragem** também cria um regime próprio ao dispor que "os árbitros, quando no exercício de suas funções ou em razão delas, ficam equiparados aos funcionários públicos, para os efeitos da legislação penal" (art. 17 da Lei n. 9.307). Embora esse dispositivo trate apenas da responsabilidade criminal, o mesmo diploma equipara os árbitros a agentes públicos. O art. 14 da Lei n. 9.307/1996 prevê que os árbitros estão sujeitos, no que couber, aos mesmos deveres e responsabilidades dos juízes nos termos determinados pelo Código de Processo Civil. Em assim sendo, árbitros respondem na esfera da responsabilidade extracontratual civil pelas hipóteses do art. 143 do CPC no que couber.

Há, porém, uma peculiaridade. Se a Câmara de Arbitragem for uma entidade não estatal, a responsabilidade pessoal do árbitro não será apurada em ação de regresso, mas diretamente, pois não há como se ajuizar a ação contra o Estado previamente para depois se manejar a ação de regresso. Nessa situação, conquanto a lei equipare o árbitro ao juiz para fins de responsabilidade extracontratual civil, aquele não se beneficiará da teoria da dupla garantia.

28.5.6 Notários e registradores

Notários e registradores são os ornitorrincos do direito administrativo. Seu regime é bastante peculiar. São selecionados por concurso público, mas agem como delegatários de serviços públicos (art. 236, *caput*, da Constituição). Porém, diferentemente de empresas concessionárias e permissionárias (ADI 2415), trata-se de um conjunto de pessoas físicas que gerem em nome próprio as receitas, os custos, as despesas e os investimentos da atividade estatal que assumem.

De acordo com a Constituição, uma lei própria deverá regular as atividades e disciplinar a "responsabilidade civil e criminal dos notários, dos oficiais de registro e de seus prepostos", definindo a fiscalização de suas atividades pelo Poder Judiciário. Dando vida a esse mandamento, o Congresso editou a Lei dos Cartórios (Lei n. 8.935/1994) e dedicou o art. 22 para tratar especificamente da responsabilidade.

O art. 22 inicialmente previa que os notários e oficiais de registro responderiam "pelos danos que ele e seus prepostos" causassem a terceiros, "na prática de atos próprios da serventia, assegurado aos primeiros direito de regresso no caso de dolo ou culpa dos prepostos". Esse comando sofreu duas modificações por leis posteriores. A última e atual redação foi dada pela Lei n. 13.286/2016. Desde então, o art. 22 dispõe que: "os notários e oficiais de registro são civilmente responsáveis por todos os prejuízos que causarem a terceiros, por culpa ou dolo, pessoalmente, pelos substitutos que designarem ou escreventes que autorizarem, assegurado o direito de regresso". Além disso, a Lei 13.286 incluiu um parágrafo único para estabelecer a prescrição da pretensão de reparação civil em três anos, contados da data de lavratura do ato registral ou notarial.

Percebe-se, assim, que a própria Constituição abriu espaço para a criação de um regime legal especial a esses agentes. O art. 22, inicialmente, não deixava claro se a responsabilidade seria objetiva ou subjetiva. Superando essa dificuldade, com a reforma de 2016, a legislação consagrou a **responsabilidade subjetiva** ao exigir expressamente a culpa ou o dolo como condição da condenação. Além disso, a lei criou um sistema híbrido de responsabilidade direta e indireta. É direta nas situações em que o notário ou o registrador responde pelos seus próprios atos, mas indireta quando responde pelo ato dos substitutos ou escreventes que designarem, sem prejuízo do direito de regresso contra eles.

Esse sistema de responsabilidade peculiar foi questionado perante o STF inúmeras vezes (RE 201595, RE 518894). O caso mais paradigmático foi o RE 842846, que deu origem ao **tema 777** no ano de 2019. André Abelha narra com detalhes a situação. Em 2003, com a morte de sua esposa, um catarinense solicitou pensão ao INSS, mas teve seu pedido recusado em razão de erro no nome da esposa. Foi ao Judiciário e obteve êxito para alterá-lo, mas somente após anos sem receber qualquer pensão. A partir disso, o viúvo acionou novamente o Judiciário com o intuito de responsabilizar o Estado de Santa Catarina pela falha. Após perdas nas instâncias inferiores, o caso chegou ao Supremo, no qual, segundo Abelha, formaram-se três correntes. A primeira delas entendia que o Estado deveria responder de modo objetivo e direto. A segunda, que o Estado responderia de modo objetivo, mas somente subsidiariamente. A terceira, de que o Estado não responderia, já que a responsabilidade recairia exclusivamente sobre o delegatário.[31]

Por maioria de oito votos, a primeira corrente venceu, firmando-se a tese de que "O Estado responde, objetivamente, pelos atos dos tabeliães e registradores oficiais que, no exercício de suas funções, causem dano a terceiros, assentado o dever de regresso contra o responsável, nos casos de dolo ou culpa, sob pena de improbidade administrativa". Ao justificar a posição firmada com voto do relator Fux, o Supremo entre outras coisas apontou que "os serviços notariais e de registro são exercidos em caráter privado, por delegação do Poder Público". Desse modo, tabeliães e registradores oficiais equivalem a "**particulares em colaboração** com o Poder Público que exercem suas atividades *in nomine* do Estado, com lastro em delegação prescrita expressamente no tecido constitucional". Uma vez que desempenham "um feixe de competências estatais, os titulares de serventias extrajudiciais qualificam-se como agentes públicos". Por reflexo, **o Estado responde objetivamente** pelos atos dos tabeliães e registradores oficiais que, no exercício de suas funções, causem danos a terceiros, assentado o dever de regresso contra o responsável, nos casos de dolo ou culpa, sob pena de improbidade administrativa.

Mais que isso, nesse caso relevante, o STF apontou que "os serviços notariais e de registro, mercê de exercidos em caráter privado, por delegação do Poder Público (art. 236, CF/88), não se submetem à disciplina que rege as pessoas jurídicas de

---

31. Cf. ABELHA, André. A responsabilidade civil dos cartórios e o Tema 777 do STF. Artigo online de 16.02.2023 disponível em *Migalhas de responsabilidade civil*, edição digital, s.p.

direito privado prestadoras de serviços públicos. É que esta alternativa interpretativa, além de inobservar a sistemática da aplicabilidade das normas constitucionais, contraria a literalidade do texto da Carta da República, conforme a dicção do art. 37, § 6º, que se refere a 'pessoas jurídicas' prestadoras de serviços públicos, ao passo que notários e tabeliães respondem civilmente enquanto pessoas naturais delegatárias de serviço público, consoante disposto no art. 22 da Lei n. 8.935/94". Para além disso, o STF realçou que a própria Constituição prevê reserva legal e permite a instituição de um regime próprio, não se podendo equiparar os notários e registradores às pessoas jurídicas que prestam serviços públicos. Por tudo isso, também em linha com o art. 28 da Lei de Registros Públicos (Lei 6.015/1973) e com o art. 38 da Lei 9.492/97, o Supremo concluiu que a responsabilidade desses agentes é subjetiva.

28.6   O DANO

28.6.1   O dano antijurídico

O dano capaz de ocasionar a responsabilidade extracontratual civil é um dano antijurídico de natureza material ou moral sofrido por uma ou mais pessoas físicas ou jurídicas. A antijuridicidade do dano resulta de duas situações:

- A primeira é sua relação com um comportamento ilícito. Se uma ação ou omissão, que viola o ordenamento jurídico, ocasionar prejuízos a alguém, a princípio, esse prejuízo será antijurídico e deverá ser reparado; e

- A segunda situação reside na violação do tratamento isonômico da pessoa prejudicada em relação à coletividade. A despeito de a ação ou omissão que o causa ser ilícita ou lícita, o dano será antijurídico quando representar a quebra da igualdade na relação entre o Estado e a sociedade, impondo a uma pessoa certo sacrifício de maneira a beneficiar outros ou a coletividade.

Essa segunda situação é de especial importância para a responsabilização por condutas lícitas. Nesses casos, será pressuposto da responsabilidade extracontratual a comprovação de um dano **anormal, específico e significativo**. A anormalidade indica que se mostra incomum, diferenciado em relação aos danos que a atividade lícita ocasiona para todos. Além disso, o dano necessita ser significativo, ocasionando perdas materiais ou prejuízos sentimentais expressivos, caracterizando uma lesividade relevante. Meros dissabores ou qualquer leve prejuízo, ainda que financeiro, não bastarão. O dano ainda necessita ser específico, causando um impacto direto sobre determinada pessoa, que então terá direito à reparação. Se o comportamento prejudicar a coletividade como um todo, fará desaparecer a necessidade de reparação. Afinal, todos serão beneficiados e prejudicados pela conduta, não havendo sacrifício de um em benefício da coletividade.

28.6.2 O dano material

O dano antijurídico material é aquele que tem efeito patrimonial direto sobre a pessoa lesada. É possível cogitar inúmeras expressões desse tipo de dano. Em termos de impacto financeiro, um determinado comportamento estatal pode:

(i) **Ocasionar a redução patrimonial indevida** de certa pessoa, como ocorre quando um acidente na rede de distribuição de energia elétrica ocasiona o incêndio da casa ou do carro de uma família, reduzindo-os a cinzas;

(ii) **Acarretar a frustração de receitas** que alguém deveria receber, tal como se vê nos descontos ilícitos na folha de pagamento de certo servidor público estatutário em razão de falhas de cálculo do órgão de recursos humanos; ou

(iii) **Aumentar os custos ou despesas** de alguém, como ocorre quando as provas de um concurso são adiadas por vazamento indevido de gabarito ou por desorganização quanto ao local de aplicação, fazendo que os candidatos assumam despesas adicionais com viagens e estadia.

Na terminologia do direito civil, perfeitamente extensível ao direito administrativo, os danos materiais são geralmente classificados como: (a) **danos emergentes**, como a perda patrimonial ou pecuniária direta e imediata, a exemplo do valor do veículo destruído; (b) **lucros cessantes**, como valores futuros que deixarão de ser recebidos por quem sofreu o dano – a palavra "lucro", nessa expressão, tem um sentido impróprio, pois indica receita ou valor futuro e estimado que não será incorporado ao patrimônio da vítima, não se referindo necessariamente ao "excedente da atividade empresarial"; e (c) **perda de oportunidades**, como a impossibilidade de celebrar contratos, de ocupar um cargo ou de realizar as provas de um concurso. Também se considera perda de oportunidade a situação do paciente que, atendido no SUS, recebe diagnóstico errado, permitindo que uma doença se agrave e ocasione sua morte ou sequelas que poderiam ter sido evitadas.

A **avaliação e a quantificação do dano** patrimonial dependem de uma série de provas, como documentos, perícias e cálculos. No âmbito processual, os lucros cessantes envolvem desafios muito maiores que os danos emergentes,[32] já que não basta verificar apenas o valor que seria recebido pela pessoa prejudicada, senão efetivamente o que seria incorporado como ganho patrimonial. Imagine uma empresa que deixa de assinar um contrato administrativo por força de anulação de licitação, posteriormente declarada ilícita pelo Judiciário. O valor que receberia caso o contrato tivesse sido assinado não será integralmente lucro cessante, dado que parte desse valor serviria para pagar custos e despesas, de modo que não representaria ganhos econômicos reais à empresa.

---

32. JUSTEN FILHO, Marçal. A responsabilidade do Estado. In: FREITAS, Juarez (Org.). *Responsabilidade civil do Estado*. São Paulo: Malheiros, 2006, p. 244.

Ainda no campo processual, também é importante registrar que muitos danos materiais não são passíveis de prova técnica ou documental, por exemplo, em razão do desaparecimento do objeto. Imagine o rompimento de uma barragem estatal que ocasione o desaparecimento de bens pertencentes aos proprietários das casas inundadas. Em casos assim, provas documentais e periciais se mostram geralmente incapazes de mensurar o dano exato, devendo-se aceitar outros tipos de prova, inclusive provas exclusivamente testemunhais, como já apontou o STJ (cf. REsp 1658897/PB).

28.6.3 O dano moral

Também chamado de dano extrapatrimonial, o dano moral é uma categoria que se refere à lesão ou ofensa causada a certa pessoa em aspectos não financeiros ou materiais. Diferente do material, que se expressa em prejuízos econômicos ou materiais mensuráveis, o dano moral consiste em uma lesão a **atributos imateriais da pessoa lesada**, como a dignidade, a honra, a imagem, a intimidade, a reputação, a saúde mental e emocional e os direitos de personalidade.

Embora o dano moral seja originariamente humano, psíquico ou sentimental, a expansão do conceito aos poucos permitiu sua aplicação às pessoas jurídicas. Como essas pessoas constituem ficções jurídicas, não podem sofrer abalos psíquicos. Todavia, é possível que certas condutas prejudiquem indevidamente sua reputação, sua imagem ou credibilidade. Reconhecendo essa hipótese, a Súmula 227 do STJ prevê de modo direto que "a **pessoa jurídica pode sofrer dano moral**".

Em certas situações, o dano moral se soma ao dano material e vice-versa. Por isso, de acordo com a **Súmula n. 37 do STJ**, "são cumuláveis as indenizações por dano material e dano moral oriundos do mesmo fato". Imagine que a ruína de uma obra pública aniquile uma casa e objetos de elevadíssimo valor sentimental da família que ali habitava. A destruição desses objetos representa um dano material e, ao mesmo tempo, um dano moral.

Como se trata de um abalo interno do indivíduo, a mensuração do dano moral é desafiadora na prática. Exige-se uma série de provas de diferentes espécies. Essa dificuldade de caracterização do dano se transmite para a definição da reparação. No geral, caso não se torne possível reverter a causa geradora do dano e restituir a situação anterior, a indenização se imporá como única medida reparatória para compensar o sofrimento, a humilhação ou o abalo da vítima.

28.7 A CAUSA E AS EXCLUDENTES

28.7.1 Nexo de causalidade

O nexo de causalidade indica a relação de causa e efeito. Para comprová-lo, há que se demonstrar que certo dano antijurídico (efeito) resulta de uma atividade ou comportamento anterior (causa). A relação de causa e efeito tem um sentido fático e cronológico. A causa é sempre **precedente e condicionante**, ainda que parcialmente, do efeito. Disso decorre que inexistirá causalidade se o comportamento ou atividade tiver ocorrido após o dano. Da mesma forma, não se poderá cogitar de causalidade se, em um juízo hipotético, ficar claro que a supressão da atividade ou conduta em nada teria alterado o dano.

Muitas são as teorias jurídicas sobre a causalidade, como a da equivalência dos antecedentes ou da causalidade adequada.[33] Porém, concordo integralmente com Menezes de Almeida em sua análise crítica sobre essas propostas teóricas. A causalidade é uma relação do mundo físico. Não se pode definir uma prévia solução abstrata por teorias para se "resolver, por antecipação, um problema que é eminentemente empírico". Na realidade, para um mesmo evento, sempre existem muitas causas, podendo-se examiná-las com maior ou menor abrangência, inclusive no tempo e no espaço. Assim, esclarece Menezes de Almeida, "a identificação da causa, para efeito de solução de um litígio envolvendo responsabilidade civil, envolve, inevitavelmente um processo de decisão" acerca "da(s) **causa(s) juridicamente relevante(s)**".[34]

Outra advertência pertinente diz respeito à diferença entre os conceitos de imputação e causalidade. Nos sistemas de responsabilidade, a **imputação é a vinculação jurídica**, não fática, de determinada atividade ou comportamento à sanção. Frequentemente, o causador direto do dano é o responsável, ou seja, aquele que sofrerá as sanções pela responsabilização (modelo de responsabilidade direta). Contudo, em outras situações, a imputação se dá com pessoas distintas, sem qualquer relação com o comportamento danoso (modelo de responsabilidade indireta). Isso fica claro nas muitas situações em que se responsabiliza o Estado subsidiariamente por danos causados por uma concessionária de rodovias a motoristas de veículos prejudicados por buracos na pista. A relação de imputação é jurídica e não equivale à relação de causalidade, que é fática. Por isso, os sujeitos envolvidos na imputação não necessariamente coincidem com aqueles envolvidos na causalidade.[35]

28.7.2 Causalidade indireta e omissão estatal

O dano antijurídico é facilmente compreendido quando deriva de atos comissivos de efeito concreto. A relação de causa e efeito entre uma ação específica que gera impactos nocivos diretamente sobre pessoas determinadas não gera muitas

---

33. Sobre a causalidade no direito administrativo, SANTOS, Rodrigo Valgas dos. Nexo causal e excludentes da responsabilidade extracontratual do estado. In: FREITAS, Juarez (Org.). *Responsabilidade civil do Estado*. São Paulo: Malheiros, 2006, p. 277.
34. MENEZES DE ALMEIDA, Fernando; CARVALHO FILHO, José dos Santos. *Tratado de direito administrativo*, v. 6: controle da Administração Pública e responsabilidade do Estado. São Paulo: Revista dos Tribunais, 2014, p. 386.
35. Os modelos de responsabilidade direta e indireta foram abordados no capítulo sobre a teoria da responsabilidade administrativa neste volume do manual.

dúvidas. Mais difícil é compreender o dano antijurídico resultante de omissões ou de atos normativos, portadores de normas gerais e abstratas. Essas duas situações exigem maior cautela, pois a causalidade entre a conduta estatal e a geração do dano é indireta.

Vejamos por ora a questão da **omissão estatal** com três exemplos. Se uma equipe do SUS deixar de ministrar o medicamento programado a um paciente, certa enfermidade poderá se agravar e matá-lo. O dano à saúde e à vida do paciente não resulta do medicamento. Na verdade, é causado diretamente pelo agente patogênico. Já a falta do medicamento desponta apenas como causa indireta do evento, pois cria as condições propícias para que a doença progrida e a morte ocorra. Imagine, agora, que um presidiário fuja, aproveitando-se da omissão dos agentes de segurança, e em seguida furte transeuntes ao redor da penitenciária. O dano aos moradores será causado diretamente pelo fugitivo, não pelo Estado. A omissão dos agentes estatais será apenas a causa indireta, pois terá criado as condições para o cometimento das ações criminosas. Igual lógica pode ser aplicada a um terceiro caso: o suicídio de um preso ocorrido no interior do estabelecimento prisional. A ação do suicida é a causa direta de sua morte, enquanto a falha dos sistemas de monitoramento do estabelecimento prisional representa a causa indireta.

Essas três situações ilustrativas demonstram um ponto comum. Para que a omissão estatal possa ser tomada como causa suficiente de um dano antijurídico e acarrete a responsabilização do Estado é preciso que se comprove tanto a violação de um **dever específico de agir**, quanto a **relação causal próxima** da omissão com a atividade ou conduta que causa efetivamente o dano. Esse entendimento já foi bastante repetido nos Tribunais Superiores brasileiros, como atesta o julgamento do RE 841.526/2012/RS pelo STF.

Sob relatoria do Ministro Fux, o Tribunal se posicionou nesse julgado sobre a morte de detento e esclareceu que "a omissão do Estado reclama nexo de causalidade em relação ao dano sofrido pela vítima nos casos em que o Poder Público ostenta o dever legal e a efetiva possibilidade de agir para impedir o resultado danoso". Para o Supremo, se não for possível ao Estado agir para evitar a morte do detento, não haverá nexo de causalidade, afastando-se a responsabilidade do Poder Público, "sob pena de adotar-se *contra legem* e a *opinio doctorum* a teoria do risco integral, ao arrepio do texto constitucional". Caso o Estado demonstre a causa impeditiva de sua atuação na proteção do detento, o nexo de causalidade será rompido. Diante disso, o Supremo firmou a tese de que, "em caso de inobservância do seu dever específico de proteção previsto no art. 5º, inciso XLIX, da Constituição Federal, o Estado é responsável pela morte de detento" (**Tema 592**).

Ainda sobre a omissão estatal, o STJ também consolidou teses importantes. Para o Tribunal, "não há nexo de causalidade entre o prejuízo sofrido por investidores em decorrência de quebra de instituição financeira e a suposta ausência ou falha na fiscalização realizada pelo Banco Central no mercado de capitais" (REsp 2176957/

RJ). A responsabilidade extracontratual do Estado foi afastada nesse caso tanto pela falta de causalidade próxima, quanto pela inexistência de violação do dever específico de agir. Ademais, o Tribunal já firmou a tese de que "o Estado não responde civilmente por atos ilícitos praticados por foragidos do sistema penitenciário, salvo quando os danos decorrem direta ou imediatamente do ato de fuga" (REsp 719738/RS e REsp 980844/RS).

28.7.3 Causalidade indireta e atos normativos

A causalidade indireta também se vislumbra na discussão sobre a responsabilidade extracontratual do Estado por danos resultantes de atos normativos. Na prática, nenhuma norma geral e abstrata produz efeito sem que uma atividade ou conduta a materialize ou concretize. A atividade de concretização é realizada ora pelo próprio sujeito lesado ao cumprir fielmente a norma, ora resulta da ação de um agente público ou do aparato estatal, quando expedem atos materiais ou administrativos no intuito de concretizar a norma. Isso mostra que a causalidade entre o ato abstrato e geral com o dano é mediata ou indireta. Entre norma e dano sempre haverá uma atividade ou conduta intermediária, diretamente causadora do dano.

Ainda sobre a responsabilidade do Estado por atos normativos, outra questão importante se põe. É imprescindível verificar se a atividade de concretização é resultado fiel da norma abstrata ou, diferentemente, se embute um desvio ou uma distorção. Explico. Se o agente executar a norma abstrata fielmente e, ainda assim, o dano antijurídico for causado, a responsabilidade será do ente que editou a norma. Em sentido diverso, se o agente executar a norma de modo incorreto ou ilícito, a responsabilidade será do ente executor, não de quem editou a norma geral e abstrata.[36]

Essa distinção entre **concretização fiel** da norma e concretização indevida da norma pode parecer irrelevante, mas tem efeitos significativos para a responsabilização. Como a estrutura estatal é um arranjo de inúmeras pessoas jurídicas de direito público ou privado espalhadas pelas esferas federal, estaduais e municipais, nem sempre a entidade que normatiza se confundirá com a entidade executora da norma geral e abstrata. Assim, saber se o ato de concretização é fiel ou não à norma importa para definir se a responsabilidade extracontratual civil recairá sobre **quem normatizou ou quem executou**.

Imagine que o Presidente da República expeça um decreto para regulamentar uma política pública nacional de saúde e que o Município, ao praticar atos concretos na aplicação do decreto federal, gere um dano ao cidadão. A responsabilidade extracontratual pelos danos antijurídicos será da União ou do Município? Contra qual ente se deverá ajuizar ação reparatória?

---

36. Também nesse sentido, MENEZES DE ALMEIDA, Fernando; CARVALHO FILHO, José dos Santos. *Tratado de direito administrativo*, v. 6: controle da Administração Pública e responsabilidade do Estado. São Paulo: Revista dos Tribunais, 2014, p. 433.

Se o Decreto federal for considerado inconstitucional, ainda que o Município tenha sido o executor fiel das normas, todos os danos resultantes, ainda que no nível local, serão de responsabilidade da União. Diversamente, se o dano resultar da aplicação incorreta ou ilícita da norma federal pelo agente público local, a responsabilidade será do Município como executor, não da União como ente normatizador. Embora o ato municipal esteja aparentemente vinculado ao ato normativo federal, a causa do dano é o comportamento ilícito do agente público municipal.

Esse simples exemplo revela que, no tocante aos atos normativos, além da peculiaridade da relação de causalidade, é sempre imprescindível verificar se o dano resultou propriamente da norma geral e abstrata (ou seja, do comportamento do ente normatizador) ou se foi fruto das condutas indevidas (não necessariamente ilícita) daqueles entes que a concretizam por meio de atos materiais ou administrativos (ou seja, do comportamento do executor).

28.7.4 Causa da vítima ou de terceiros

Discutir "excludentes de causalidade" nos processos que cuidam da responsabilidade do Estado é bastante usual. A palavra "excludente" necessita aqui ser compreendida como "ausência" ou "inexistência" de causalidade por parte do Estado. Dizer que o Estado foi absolvido em razão duma ou doutra "excludente" equivale a dizer que a atividade estatal não foi tomada como a causa do dano. A confirmação da excludente indica que a causa do dano não foi a conduta do ente estatal ou do agente público acusado, mas outra.

Quatro são os fatores geralmente indicados como excludentes de responsabilidade do acusado: (i) **a causa da vítima**; (ii) **a causa de terceiros**; (iii) **o caso fortuito** e (iv) **a força maior**. O termo "causa" da vítima ou de terceiros pode gerar certa estranheza, pois, usualmente, fala-se de "culpa da vítima ou de terceiros". Contudo, explica Menezes de Almeida[37] que a causalidade não guarda qualquer relação com um exame de elementos volitivos, como a culpa. A questão diz respeito a descobrir a causa relevante de um dano e nada mais. Não interessa verificar a culpa da vítima ou de terceiros, mas simplesmente de saber se a causa do dano está nas suas condutas. Por isso, mais correto é usar a expressão "causa da vítima".

Partindo-se dessa premissa, em processo judicial de responsabilização extracontratual civil, o Estado será inocentado sempre que a causa relevante do dano for exclusivamente a ação ou omissão da própria vítima. Se a vítima produziu o único comportamento relevante para a ocorrência do dano moral ou material que ela mesma sofreu, inexistirá causalidade entre o dano e a ação estatal. Desse modo, o Estado será inocentado, tal como já entendeu o STF ao afastar a responsabilidade

---

37. MENEZES DE ALMEIDA, Fernando; CARVALHO FILHO, José dos Santos. *Tratado de direito administrativo*, v. 6: controle da Administração Pública e responsabilidade do Estado. São Paulo: Revista dos Tribunais, 2014, p. 390.

do Estado por autolesão resultante de acidente envolvendo pedestres em linha de trem. Se o pedestre propositalmente ignorou a sinalização e os avisos de passagem de trem, tornou-se a causa única da autolesão, não cabendo ao Estado responder (RE 548319).

A causa da vítima nem sempre exclui por completo a responsabilidade do Estado. Se o Estado tiver se comportado de modo a gerar a causa relevante, somada à causa da vítima, sua responsabilidade poderá ser reconhecida, mas de maneira atenuada por força da **concausa**. Nesse sentido, o art. 945 do Código Civil dispõe que: "se a vítima tiver concorrido culposamente para o evento danoso, a sua indenização será fixada tendo-se em conta a gravidade de sua culpa em confronto com a do autor do dano". Essa lógica vale integralmente para o direito administrativo.

Ainda no tocante à corresponsabilidade, o STJ também já firmou tese, mais uma vez relacionada a acidentes em linhas férreas. Para o Tribunal, "no caso de atropelamento de pedestre em via férrea, configura-se a concorrência de causas, impondo a redução da indenização por dano moral pela metade, quando: (i) a concessionária do transporte ferroviário descumpre o dever de cercar e fiscalizar os limites da linha férrea, mormente em locais urbanos e populosos, adotando conduta negligente no tocante às necessárias práticas de cuidado e vigilância tendentes a evitar a ocorrência de sinistros; e (ii) a vítima adota conduta imprudente, atravessando a via férrea em local inapropriado" (Tese julgada sob o rito do art. 543-C do CPC/73 – Tema 518).

Assim como a da vítima, a **causa exclusiva de terceiro** afasta a responsabilidade, enquanto a causa de terceiro somada à causa estatal (ou concausa) implica a responsabilidade mitigada do Estado. Frequentemente, a causa de terceiro é referida como "culpa" de terceiro. No entanto, é preciso abandonar essa expressão, pois não há qualquer necessidade de se realizar um exame de imprudência, imperícia ou negligência, nem sobre a intenção. A expressão "causa de terceiro" apenas indica que os comportamentos das partes em conflito não foram a causa relevante do dano.

Fala-se de terceiro, pois o causador do dano não se confunde com a vítima, que ajuíza a ação de responsabilização como autor, nem com o acusado, como o ente estatal que figura como réu na ação de responsabilização extracontratual. Uma vez comprovada a causa exclusiva de terceiro, o Estado será absolvido, a não ser que o ordenamento preveja a imputação de responsabilidade indireta, ou seja, caso a legislação preveja a responsabilidade do Estado ainda que não seja ele o verdadeiro causador do dano. Se a causa do dano residir na conduta de terceiro e o Estado não for legalmente indicado como responsável pelos comportamentos desse terceiro, então não poderá ser responsabilizado na esfera extracontratual civil.

28.7.5 Caso fortuito e força maior

Caso fortuito e força maior são fatores excludentes extremamente relevantes e tratados no direito há centenas de anos. Apesar de vastamente utilizados na legislação e na prática, até hoje não há consenso sobre sua definição. O Código Civil trata ambos da mesma forma ao prescrever que "o caso fortuito ou de força maior verifica-se no fato necessário, cujos efeitos não era possível evitar ou impedir" (art. 393). Já na legislação geral de direito administrativo não há uma definição geral consolidada. Dadas essas circunstâncias, tomando-se as expressões pelos seus nomes, entendo adequado considerar **a força maior como um evento irresistível** e o **caso fortuito como um evento imprevisível**.

Em outras palavras, a força maior é um evento geralmente natural que, mesmo conhecido, não se sujeita ao controle da humanidade, mostrando-se inevitáveis os seus efeitos. Exemplos disso são as erupções vulcânicas, os maremotos, os furacões e as quedas de meteoros. Ainda que hoje se possa prever alguns desses eventos, não é possível impedi-los ou controlá-los. Os danos que são capazes de acarretar estão além das forças humanas individuais ou coletivas. Exatamente por isso, se o dano for resultado desses eventos, a princípio, não há como se atribuir a responsabilidade extracontratual civil a qualquer pessoa. A vítima absorverá o dano e, eventualmente, poderá ser beneficiada por compensação via seguros. Diferente é a situação da responsabilidade contratual, pois, aqui, o contrato ou a legislação geralmente estipulam quem deverá assumir os impactos da força maior.

De outro lado, o caso fortuito é evento marcado pela imprevisibilidade. Caso sua ocorrência fosse antevista, provavelmente se poderia evitar ou o próprio evento, ou os seus efeitos prejudiciais. Porém, como não são previsíveis, sua ocorrência não poderá ser controlada e os danos provavelmente ocorrerão. Imagine um animal que foge da jaula no zoológico municipal, a tubulação de abastecimento de água que estoura ou a explosão de um cilindro de gás em um hospital público. Se essas situações fossem previstas, o ser humano lograria impedir ou reduzir seus efeitos nocivos. No entanto, como não foram previstas, acarretam danos independentemente de qualquer nexo de causalidade com uma conduta estatal, da vítima ou de terceiros. Assim, comprovado que não existe outra causa relevante para além do caso fortuito, a vítima assumirá os prejuízos isoladamente, não se podendo falar de responsabilidade extracontratual civil do Estado. Já no campo da responsabilidade contratual, assim como ocorre com a força maior, a situação é diferente, pois a legislação ou as cláusulas usualmente definem quem assumirá os prejuízos.

Voltando ao campo da responsabilidade extracontratual, salvo na presença de norma especial, a princípio, o Estado não assume responsabilidade por danos advindos de caso fortuito ou força maior. A razão é simples. Não existe causalidade entre o comportamento estatal e o evento danoso. Para que se confirme essa situação, porém, muitos elementos devem ser examinados. Imagine os danos ocasionados por fortes chuvas estimuladas por semeadura de nuvens realizada por órgãos públicos em áreas secas ou acarretados por uma multidão alucinada em razão de restrições policiais abusivas e ilegais. Em casos assim, a atividade estatal será, ao menos, uma causa indireta, mas próxima, que deverá ser considerada para responsabilização.

Nesse sentido, por exemplo, o STJ já firmou a tese de que o Estado responde objetivamente pelas lesões sofridas por vítima baleada em razão de tiroteio ocorrido entre policiais e assaltantes (cf. AgRg no AREsp 359962/SP).

28.8 ASPECTOS PROCESSUAIS

28.8.1 Reparação judicial, regresso e dupla garantia

A unicidade de jurisdição permite a qualquer pessoa recorrer ao Judiciário para obter reparação por danos antijurídicos causados pelo Estado mediante o reconhecimento de sua responsabilidade extracontratual civil. Não há necessidade de a vítima esgotar as vias administrativas, nem mesmo de buscar a reparação em processo administrativo anterior. A via reparatória judicial se abre a despeito da via administrativa, mas desde que se respeitem os prazos de prescrição estipulados pela legislação.

Questão interessante diz respeito ao polo passivo dessas ações de reparação. Nas situações em que o dano antijurídico resulta claramente de um comportamento estatal, surge a dúvida a respeito da legitimidade passiva. A ação deve ser movida apenas contra a pessoa jurídica estatal, apenas contra o agente ou contra ambos? O Supremo Tribunal Federal já se manifestou sobre esse tema polêmico. Ao apreciar os danos gerados por um Decreto Municipal do Município de Assis para promover intervenção na Santa Casa local, o Tribunal construiu a **teoria da dupla garantia** (RE 327.904).

De acordo com esse entendimento jurisprudencial, as ações de reparação não podem ser ajuizadas diretamente contra os agentes públicos. A vítima necessita ajuizar a ação contra a pessoa jurídica estatal, que responderá de modo objetivo por suas ações e omissões. O nome "dupla garantia" é explicado pelo próprio Supremo. A **primeira garantia** gerada por esse modelo favorece o particular vitimado, dado que será muito maior sua chance de obter a reparação de uma pessoa jurídica que de uma pessoa física. A **segunda garantia** favorece o agente público, que somente responderá perante a entidade estatal a que se vincular, reduzindo-se riscos de responder a inúmeras ações ajuizadas por qualquer pretensa vítima.

Em virtude da dupla garantia, o agente público ou seus sucessores[38] somente responderão se a pessoa jurídica estatal for condenada, mover o processo subsequente de regresso e lograr comprovar dolo ou culpa/erro grosseiro do agente para alcançar a condenação. Com esse entendimento, o STF impediu que agentes públicos, mesmo os dolosa e escancaradamente responsáveis pelo dano, respondam antes da condenação do próprio ente estatal a que se vinculam.

---

38. De acordo com o art. 122, § 3º da Lei n. 8.112/1990: A obrigação de reparar o dano estende-se aos sucessores e contra eles será executada, até o limite do valor da herança recebida.

Esse modelo está igualmente baseado em uma interpretação restritiva do texto constitucional, já que o art. 37, § 6°, prevê que os agentes respondem em regresso (cf. RE 344.133/PE). Note bem: a Constituição não afirma que os agentes respondem "apenas" em regresso, mas o Supremo interpretou o texto dessa forma para sustentar a polêmica teoria da dupla garantia.

De um lado, ajuizar a ação apenas contra o Estado pode ser benéfico à vítima, já que (i) os requisitos para a condenação no modelo objetivo são mais simples; (ii) o processo tende a ser menos custoso e lento em termos probatórios e (iii) a pessoa jurídica detém maior capacidade de arcar com a reparação, sobretudo por indenizações. De outro lado, porém, entendo que a teoria da dupla garantia gera certos malefícios.

O primeiro deles é a necessidade de multiplicação de processos: o principal e o de regresso, ainda que se conheça o agente e se tenha elementos probatórios robustos contra ele. O segundo é o efeito imunizante do mau gestor. A teoria em questão reduz significativamente os riscos do agente por seus comportamentos baseados em dolo ou erro grosseiro, desestimulando-os a agir de modo mais cuidadoso e respeitoso. Em um sistema que levasse a sério as ações de regresso, esse malefício não existiria, mas, na prática, o regresso nem sempre é buscado, criando um ambiente de elevada impunidade. Em terceiro lugar, a teoria forjada no Supremo pode gerar descrédito do Estado perante cidadãos, dado que o proíbe de cobrar a responsabilidade de certo agente público quando tem provas robustas tanto do dano, quanto do dolo ou do erro grosseiro. Em outras palavras, a teoria criada pelo Supremo vai muito além de meras garantias, merecendo debates e aprofundamentos científicos.

28.8.2 Reparação na esfera administrativa

Por longo período, a responsabilidade extracontratual do Estado foi altamente judicializada. Os danos ocasionados pelas atividades e comportamentos estatais eram exclusivamente apreciados em lentas ações movidas no Judiciário contra a Fazenda Pública e entes da Administração Indireta. Com o tempo, felizmente, o ordenamento brasileiro avançou e abriu novas vias de reparação, de modo que, hoje, a responsabilidade extracontratual do Estado pode ser: (i) determinada por decisão judicial; (ii) determinada por decisão administrativa ou (iii) reconhecida pelo próprio Estado em acordos celebrados com as vítimas tanto na esfera administrativa, quanto na judicial.

A reparação na via administrativa é mais recente e ainda enfrenta desafios. Sua efetividade é prejudicada ora em razão do corporativismo que permeia certas instituições públicas, ora por certo receio dos agentes públicos em relação aos órgãos de controle. Não bastasse isso, aceitar a responsabilidade civil pode abrir portas ao reconhecimento de outras formas de responsabilização, como a disciplinar, a por improbidade e a penal. Esse risco gera intensos desestímulos à reparação de danos dentro da própria entidade estatal que os ocasionou.

Apesar desses vários obstáculos, a legislação atual é clara no sentido de que a reparação civil não mais depende de judicialização. É perfeitamente possível que o próprio ente estatal reconheça sua responsabilidade ou em decisão unilateral expedida no âmbito de processos administrativos das mais diversas naturezas ou em acordo, formulado de modo consensual com a vítima.

O reconhecimento da possibilidade de reparação civil na esfera administrativa encontra fundamento em leis de processo administrativo e em normas gerais da LINDB. Por exemplo, a Lei de Processo Administrativo Paulista prevê um "**procedimento de reparação de danos**" (art. 65 e seguintes da Lei Paulista n. 10.177/1998), enquanto a Lei de Processo Administrativo baiana avança ainda mais ao tratar do processo de reparação de danos patrimoniais causados pela Administração Pública a terceiros e, por via reversa, pelo administrado ao Erário (art. 136 e seguintes da Lei n. 12.209/2011).

Após sua ampliação em 2018, a LINDB passou a contar com o art. 27, que reconhece essa técnica nos seguintes termos: "a decisão do processo, nas esferas administrativa, controladora ou judicial, poderá impor compensação por benefícios indevidos ou prejuízos anormais ou injustos resultantes do processo ou da conduta dos envolvidos". Embora o dispositivo não fale de responsabilidade extracontratual civil, sua utilidade para fins reparatórios fica evidente nas expressões "compensação por prejuízos anormais ou injustos".

Nesse sentido, adoto o posicionamento de Heinen, segundo o qual o art. 27 autoriza a reparação de danos antijurídicos: (i) causados dentro do próprio processo (endoprocessuais) ou (ii) causados pelas partes do processo, mas fora dele (extraprocessuais).[39] A meu ver, porém, a conduta extraprocessual que ocasiona o dever de reparação não necessita estar relacionada, nem ser concomitante ao processo. Embora o foco do art. 27 seja a compensação dos custos e despesas ocasionados pelo processo em si, a despeito de sua natureza ou finalidade,[40] entendo que o comando autoriza a instauração de um processo administrativo posteriormente às condutas dos envolvidos e exatamente com a finalidade de apurar a responsabilidade extracontratual civil pelos danos antijurídicos que delas resultaram.

A LINDB exige, porém, o respeito a determinados requisitos para que essa reparação ocorra. De um lado, a lei destaca a importância da motivação da decisão de compensação. De outro, exige a oitiva prévia das partes sobre o seu cabimento, forma e, eventualmente, valor. Além disso, o art. 27 deixa patente que a reparação poderá ser reconhecida tanto por decisão unilateral da Administração, quanto mediante "compromissos processual entre os envolvidos" (art. 27, § 2°).

---

39. HEINEN, Juliano. Não existe processo grátis: âmbito de proteção do art. 27 da LINDB. In: RAMOS, Rafael (Coord.). *Comentários à nova LINDB*. Belo Horizonte: Fórum, 2023, p. 152.
40. SUNDFELD, Carlos Ari; VORONOFF, Alice. Quem paga pelos riscos dos processos? *RDA*, edição especial, 2018, p. 182.

Questão interessante diz respeito ao uso da via administrativa e dos acordos administrativos também para a responsabilidade extracontratual civil do agente público. Como demonstrado, no âmbito judicial, formou-se a teoria da dupla garantia, de modo que o agente apenas responderá em regresso, nunca na ação inicial. No âmbito administrativo, contudo, essa lógica não se aplica. O formalismo mitigado não impede que o processo administrativo, inclusive o disciplinar, seja empregado para viabilizar técnicas de reparação.

A questão polêmica diz respeito a como a Administração Pública procederá nessas situações. É lícito determinar a responsabilidade e a medida de reparação de modo autoexecutório ou o Estado deverá agir somente de maneira consensual? A princípio, entendo que a determinação de reparação tanto pela via unilateral, quanto pela via consensual são legítimas, salvo proibição expressa na legislação do respectivo ente federativo.

Aceitar o reconhecimento unilateral ou consensual da responsabilidade do agente na esfera administrativa não significa, contudo, aceitar a imposição de qualquer mecanismo de reparação. Veja a questão do desconto de valores devidos em folha de pagamento. Como adequadamente explica Carvalho Filho, o desconto é aceitável desde que mediante concordância do agente público, não se podendo aplicar a autoexecutoriedade administrativa nesse tocante.[41] Esse posicionamento se harmoniza ao Estatuto do Servidor Público Federal, que prescreve: "salvo por imposição legal, ou mandado judicial, nenhum desconto incidirá sobre a remuneração ou provento" (art. 45 da Lei n. 8.112/1990). Assim, ainda que a Administração Pública possa reconhecer unilateralmente o dano e a responsabilidade do agente, não lhe cabe usar a autoexecutoriedade em relação ao meio de reparação.

28.8.3 Prescrição

Ponto fundamental para a discussão da responsabilidade extracontratual civil do Estado é a prescrição. No âmbito do direito privado, o art. 206, § 3º, V, do Código Civil, estipula que a pretensão de reparação civil prescreve em três anos. Para o direito administrativo, contudo, essa disposição não se aplica, pois há disposições próprias relativas ao tema.

O Decreto n. 20.910/1932 submete ao **prazo de prescrição de cinco anos** "todo e qualquer direito ou ação contra a Fazenda Federal, estadual ou municipal" (art. 1º). O termo inicial de contagem recai na data em que o ato ou fato ocorre. Em caso de fatos repetitivos, como pagamentos mensais de remuneração a menor ao agente público, a prescrição atinge cada um isoladamente. A **Súmula 85 do**

---

41. CARVALHO FILHO, José dos Santos. *Manual de Direito Administrativo*, 38ª ed. Rio de Janeiro: Atlas, 2024, p. 489.

STJ é clara nesse sentido ao dispor que: "nas relações jurídicas de trato sucessivo em que a Fazenda Pública figura como devedora, quando não tiver sido negado o próprio direito reclamado, a prescrição atinge apenas as prestações vencidas antes do quinquênio anterior à propositura da ação". Diferentemente, o termo inicial do prazo prescricional recairá na data de encerramento do evento se ele tiver caráter continuado.

A Lei n. 9.494/1997 trata igualmente da prescrição e abrange o mandamento do Decreto n. 20.910/1932. De acordo com o art. 1º-C, "prescreverá em cinco anos o direito de obter indenização dos danos causados por agentes de pessoas jurídicas de direito público e de pessoas jurídicas de direito privado prestadoras de serviços públicos". Essa redação é mais ampla pelo fato de que menciona a prescrição para pretensões de reparação tanto de danos gerados pelo Estado, quanto os ocasionados pelos particulares que agem em seu nome como prestadores de serviços públicos, a exemplo das concessionárias, permissionárias, autorizatárias e organizações sociais.

Os prazos prescricionais sujeitam-se a suspensão e interrupção. A **suspensão** equivale à paralização da contagem do prazo. Uma vez encerrada a causa suspensiva, o prazo volta a correr do ponto em que parou. De acordo com o art. 5º do Decreto n. 20.910/1932, a demora do titular do direito ou do crédito em prestar esclarecimentos ou em promover o andamento da ação ou do processo administrativo não tem, porém, efeito suspensivo. Já a **interrupção** consiste no reinício do prazo, que volta a correr do zero. O Decreto n. 20.910 conta com regra própria sobre o tema. Aponta que "a prescrição interrompida" corre apenas "pela metade do prazo, da data do ato que a interrompeu ou do último ato ou termo do respectivo processo" (art. 9º). Normas sobre a suspensão e interrupção constam, ainda, do Código de Processo Civil.

As normas gerais de prescrição do Decreto n. 20.910, da Lei n. 9.494 e do CPC não esgotam o assunto. Para certos tipos de atuação estatal, igualmente danosas, existem normas especiais:

- No tocante às formas de **intervenção do Estado na propriedade**, o Decreto-Lei n. 3.365/1941 prevê que se extingue "em cinco anos o direito de propor ação que vise à indenização por restrições decorrentes de atos do Poder Público" (art. 10, parágrafo único). Esse comando vale para restrições estatais em geral, não somente para a desapropriação. Aplica-se, ainda, na reparação de danos ocasionados durante inspeções ou levantamentos de campo necessários à imissão na posse (art. 7º, parágrafo único); e

- No tocante a danos ocasionados durante o **regime militar**, o STJ já firmou a tese de que as ações indenizatórias são imprescritíveis quando relativas à violação de direitos fundamentais, não se aplicando o prazo quinquenal do Decreto n. 20.910/1932.

28.9 SÚMULAS

SÚMULAS VINCULANTES

- Súmula Vinculante n. 11: Só é lícito o uso de algemas em casos de resistência e de fundado receio de fuga ou de perigo à integridade física própria ou alheia, por parte do preso ou de terceiros, justificada a excepcionalidade por escrito, sob pena de responsabilidade disciplinar, civil e penal do agente ou da autoridade e de nulidade da prisão ou do ato processual a que se refere, sem prejuízo da responsabilidade civil do Estado.

SUPERIOR TRIBUNAL DE JUSTIÇA

- Súmula n. 37: São cumuláveis as indenizações por dano material e dano moral oriundos do mesmo fato.
- Súmula n. 85: Nas relações jurídicas de trato sucessivo em que a Fazenda Pública figure como devedora, quando não tiver sido negado o próprio direito reclamado, a prescrição atinge apenas as prestações vencidas antes do quinquênio anterior a propositura da ação.
- Súmula n. 227: A pessoa jurídica pode sofrer dano moral.
- Súmula n. 647: São imprescritíveis as ações indenizatórias por danos morais e materiais decorrentes de atos de perseguição política com violação de direitos fundamentais ocorridos durante o regime militar.
- Súmula n. 652: A responsabilidade civil da Administração Pública por danos ao meio ambiente, decorrente de sua omissão no dever de fiscalização, é de caráter solidário, mas de execução subsidiária.

28.10 BIBLIOGRAFIA PARA APROFUNDAMENTO

ANNONI, Danielle. *Responsabilidade do Estado pela não duração razoável do processo*. Curitiba: Juruá, 2008.

ARAUJO, Edmir Netto de. *Responsabilidade do Estado por ato jurisdicional*. São Paulo: Revista dos Tribunais, 1981.

BARROS, Octavio de. *Responsabilidade pública*. São Paulo: Revista dos Tribunais, 1956.

BINENBOJM, Gustavo; CYRINO, André. O art. 28 da LINDB: cláusula geral do erro administrativo. *RDA*, edição especial, 2018.

BRAGA NETTO, Felipe Peixoto. *Manual da responsabilidade civil do Estado à luz da jurisprudência do STF e do STJ e da teoria dos direitos fundamentais*, 5ª ed. Salvador: JusPodivm, 2019.

CAHALI, Yussef Said. *Responsabilidade civil do Estado*, 4ª ed. São Paulo: Revista dos Tribunais, 2014.

CANOTILHO, José Joaquim Gomes. *A responsabilidade do Estado por atos lícitos*, 2ª ed. Belo Horizonte: Fórum, 2019.

CARVALHO FILHO, José dos Santos; ALMEIDA, Fernando Dias Menezes de (Org.). *Tratado de Direito Administrativo*: controle da administração pública e responsabilidade do Estado, 3ª ed. São Paulo: Thomson Reuters Brasil, 2022.

CAVALCANTI, Themístocles Brandão. *Responsabilidade civil do Estado*, 2ª ed. Rio de Janeiro: Borsoi, 1957.

CONTI, José Maurício; MARRARA, Thiago; IOCKEN, Sabrina Nunes; CARVALHO, André Castro (Coord.). *Responsabilidade do gestor na Administração Pública*, v. 3: improbidade e temas especiais. Belo Horizonte: Fórum, 2022.

CONTI, José Maurício; MARRARA, Thiago; IOCKEN, Sabrina Nunes; CARVALHO, André Castro (Coord.). *Responsabilidade do gestor na Administração Pública*, v. 2: aspectos fiscais, financeiros, políticos e penais. Belo Horizonte: Fórum, 2022.

CONTI, José Maurício; MARRARA, Thiago; IOCKEN, Sabrina Nunes; CARVALHO, André Castro (Coord.). *Responsabilidade do gestor na Administração Pública*, v. 1: aspectos gerais. Belo Horizonte: Fórum, 2022.

DI PIETRO, Maria Sylvia Zanella; MARRARA, Thiago; PEDREIRA, Ana Maria; NOHARA, Irene Patrícia (Org.). *Responsabilidade do Estado*: Estudos em Homenagem ao Professor Edmir Netto de Araújo. São Paulo: LiberArs, 2021.

EIRAS, Larissa. *Responsabilidade civil do Estado Legislador*. São Paulo: Dialética, 2022.

ESTEVES, Júlio César dos Santos. *Responsabilidade Civil do Estado por ato legislativo*. Belo Horizonte: Del Rey, 2003.

FABRI, Andrea Queiroz. *Responsabilidade do Estado*: planos econômicos e iniciativa privada. Belo Horizonte: Fórum, 2005.

FALEIROS JÚNIOR, José Luiz de Moura. *Responsabilidade civil do Estado e tecnologia*. Indaiatuba: Foco, 2023.

FREITAS, Juarez (rg.). *Responsabilidade civil do Estado*. São Paulo: Malheiros, 2006.

FERRARI, Paola Nery. *A responsabilidade do Estado decorrente de atos jurisdicionais*. Belo Horizonte: Fórum, 2010.

HACHEM, Daniel; GABARDO, Emerson. Responsabilidade civil do Estado por omissão: uma proposta de releitura da teoria da *faute du service*. In: MARQUES NETO, Floriano de Azevedo; MENEZES DE ALMEIDA, Fernando Dias; NOHARA, Irene Patrícia e MARRARA, Thiago (Org.). *Direito e Administração Pública*. São Paulo: Atlas, 2013.

HELENE, Hélio. *Responsabilidade do Estado por ato legislativo*. São Paulo: Saraiva, 2011.

HIGA, Alberto Shinji. *Terceiro setor*: da responsabilidade civil do Estado e do agente fomentado. Belo Horizonte: Fórum, 2009.

LOBÃO, Marcelo Meireles. *Responsabilidade do Estado pela desconstituição de contratos administrativos em razão de vícios de nulidade*. São Paulo: Malheiros, 2008.

LOUREIRO FILHO, Lair da Silva. *Responsabilidade pública por atividade judiciária*. São Paulo: Revista dos Tribunais, 2005.

LUVIZOTTO, Juliana Cristina. *Responsabilidade civil do Estado legislador*. São Paulo: Almedina, 2015.

MACERA, Paulo. *Responsabilidade do Estado por omissão judicial*. Dissertação de mestrado: FD/USP, 2015.

MACERA, Paulo; MARRARA, Thiago. Responsabilidade civil do Estado por erro judiciário: aspectos conceituais, doutrinários e jurisprudenciais. *Revista de Direito Administrativo Contemporâneo*, v. 3, n. 18, 2015.

MARRARA, Thiago; BARBOSA, Allan Fuezi de Moura. Responsabilidade do Estado "pelo" contrato: reflexões a partir da responsabilidade do contratante por lacunas e erros em concessões de serviços públicos. In: GOMES, Carla Amado; BITENCOURT, Eurico et al. (Coord.). *Responsabilidade nos contratos públicos*. Lisboa: ICJP/CIDP, 2020.

MARTINS, Guilherme Magalhães; ROSENVALD, Nelson. *Responsabilidade civil e novas tecnologias*. Indaiatuba: Editora Foco, 2020.

PEGADO, Mário José de Assis. *A Responsabilidade do Estado por ato jurisdicional e o juiz*: análise dos atos jurisdicionais e tutela provisória danosos sob o enfoque das divergências doutrinárias, da Constituição e do Novo CPC. Rio de Janeiro: Lúmen Juris, 2017.

PIRES, Luís Manuel Fonseca; GUERRA, Alexandre Dartanhan de Mello; BENACCHIO, Marcelo (Coord.). *Responsabilidade civil do Estado*: desafios contemporâneos. São Paulo: Quartier Latin, 2010.

PORFÍRIO JÚNIOR, Nelson de Freitas. *Responsabilidade do Estado em face do dano ambiental*. São Paulo: Malheiros, 2002.

PUCCINELLI JÚNIOR, André. *A omissão legislativa inconstitucional e a responsabilidade do Estado legislador*, 2ª ed. São Paulo: Saraiva, 2013.

REISDORFER, Guilherme Dias. *Responsabilidade pré-contratual do Estado*. Belo Horizonte: Fórum, 2024.

SALAZAR, Alcino de Paula. *Responsabilidade do Poder Público por atos judiciais*. Rio de Janeiro: Coton, 1941.

SCAFF, Fernando Facury. *Responsabilidade civil do Estado intervencionista*. Rio de Janeiro: Renovar, 2001.

SCAPIN, Andreia. *Responsabilidade do Estado por dano tributário*. Belo Horizonte: D'Plácido, 2017.

SEVERO, Sérgio. *Tratado da responsabilidade pública*. São Paulo: Saraiva, 2009.

STERMAN, Sonia. *Responsabilidade do Estado*, 2ª ed. São Paulo: Revista dos Tribunais, 2011.

UNGARO, Gustavo Gonçalves. *Responsabilidade do Estado e direitos humanos*. São Paulo: Saraiva, 2012.

ZANCANER, Weida. *Da responsabilidade extracontratual da Administração Pública*. São Paulo: Revista dos Tribunais, 1981.

ZOCKUN, Maurício. *Responsabilidade patrimonial do Estado*. São Paulo: Malheiros Editores, 2010.